集美年鉴

JIMEI NIANJIAN

2019

厦门市集美区人民政府　主办
厦门市集美区地方志办公室　编纂

方志出版社
Publishing House of Local Records

编辑说明

一、《集美年鉴》是由集美区人民政府主办、集美区地方志办公室编纂的年度资料性文献，自2012年起逐年出版，《集美年鉴（2019）》为总第八卷。

二、《集美年鉴（2019）》坚持以马克思列宁主义、毛泽东思想、邓小平理论、“三个代表”重要思想、科学发展观和习近平新时代中国特色社会主义思想为指导，坚持辩证唯物主义和历史唯物主义的观点，力求客观反映集美区2018年经济、政治、文化、社会和生态建设取得的新进展、新经验、新成就以及出现的新问题，为资政存史提供详实的资料。

三、《集美年鉴（2019）》记载时限原则上为2018年1月1日至12月31日。个别跨年度重大事件的时限适当上溯。

四、《集美年鉴（2019）》采用分类编辑法，正文部分设置类目、分目、条目3个层次；内容复杂的在分目之下增设次分目。全书设25个类目、30个分目、141个次分目、906个条目。条目为基本记述单元，一事一条，标题加“【 】”标示。

五、《集美年鉴（2019）》的单位和机构的名称，在首次出现时使用全称，以后再次出现均使用简称。年鉴中涉及到的专指性较强的缩略语，采取集中注释的方法，放在索引之后，供读者阅读时对照。

六、《集美年鉴（2019）》人物·名录类目的人物部分，收录2018年新任区级领导干部，获省（部）及以上级别表彰的个人或集体、在国际性体育比赛中夺冠的运动员以及年度新闻人物；名录部分收录获中共厦门市委、市政府及以上级别表彰的先进集体和先进个人。

七、《集美年鉴（2019）》附录，收入区委、区政府的年度工作报告（节选），辑录事关全区经济建设、社会发展和人民生活的重要文献，以及区委、区政府重要文件的目录等。

八、《集美年鉴（2019）》的稿件由区属和驻区各单位提供，并经相关单位负责人审核。因统计口径等原因，各单位提供的个别数据可能与区统计局的数据不一致，使用时请以区统计局的数据为准。

九、《集美年鉴（2019）》的条目作者署名统一放在相应条目的后面。为节省版面，同一作者写有多个条目的，只在最后一个条目后面署名；同一条目的署名作者一般不超过3个，超过3个的用单位署名。

十、《集美年鉴（2019）》卷首有中英文目录，其中英文目录设至分目一级。卷末设索引，分别有条目索引、图片索引、表格索引，均按汉语拼音字母顺序排列。

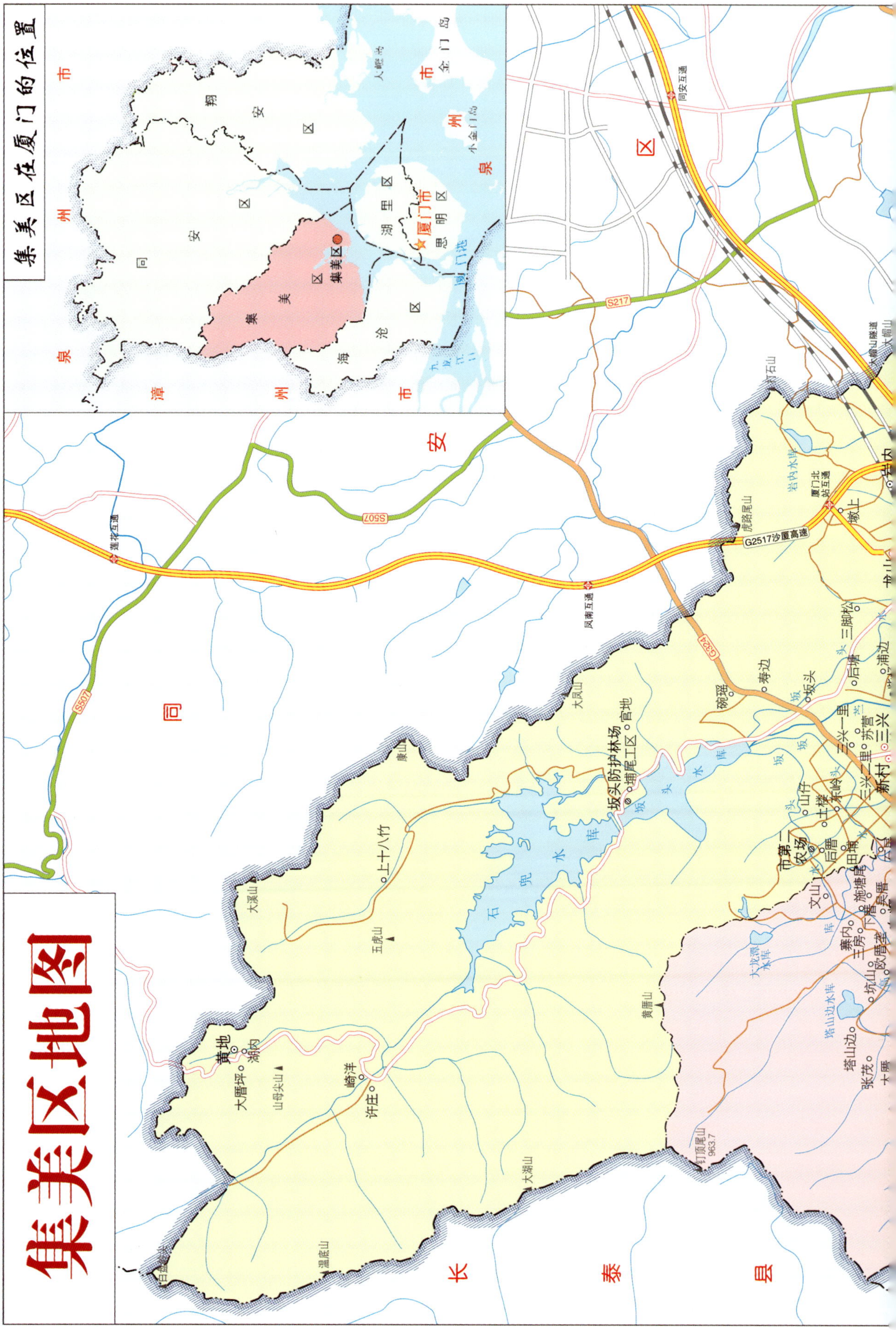
集美区地图
集美区在厦门的位置
泉州市
翔安区
同安区
集美区
湖里区
思明区
海沧区
漳州市
厦门市
同安区
长泰县
G2517沙厦高速
S507
S217
G324
石兜水库
坂头水库
坂头防护林场
埔尾工区
官地
上十八竹
王虎山
大溪山
黄地
湖内
大厝坪
山母尖山
许庄
崎洋
大湖山
温底山
黄厝山
钉顶尾山
963.7
塔山边
张茂
坑山
三房
寨内
文山
市第二农场
后溪
寿边
虎路尾山
大凤山
康山
莲花互通
凤南互通
同安互通
厦门北站互通
三脚松
坂头
后埔
新村
三兴二里
三兴一里
苏营
土楼
东岭头
山仔
田埔
施塘尾
下寮
欧厝
吴厝

集美区
集美街道
侨英街道
杏林街道
杏滨街道
灌口镇
后溪镇
湖里区
思明区
海沧区
厦门高崎国际机场
高崎站
厦门大桥
集美大桥
杏林大桥
集杏海堤
马銮海堤
海沧大桥
海沧隧道（在建）
厦门园博苑
杏林湾水库
马銮湾
东明港
浔江港
厦门西港
天竺山水库
岩坑水库
三魁岭水库
龟山水库
埭辽水库
图例
设区市行政中心
县级行政中心
街道办事处
镇政府
其他居民地
社区居委会
村委会
自然村
设区市行政区域界
县级行政区域界
镇、街道界
高速公路及出入口
铁路
在建铁路
国道
省道
县道
一级道路
二级道路
三级道路
乡间道路
海堤
机场
山峰
绿地
审图号：闽S〔2019〕19号
福建省制图院 编制
比例尺 1∶85 000
资料截至2018年12月
注：本图界线为权宜画法，不作划界依据。

改革开放四十周年——集美区经济社会发展成就回眸

2018年是我国改革开放四十周年，集美区40年的发展历程是厦门市改革开放辉煌成就的一个缩影。1978年，集美区的前身厦门市郊区的财政收入325万元，城镇居民人均纯收入634.22元，农民人均纯收入仅102元。改革开放之后，集美经济快速发展。2018年，全区财政总收入123.21亿元，城镇居民、农村居民人均可支配收入分别为48746元、27077元。2017年、2018年连续两年获评全国综合实力百强区，昔日的小渔村已经发展成为厦门市重要的产业区、文教区和新城区。

城市建设

2002年6月，时任福建省委副书记、省长习近平在厦门调研时提出“跨岛发展”战略。2010年8月，中共集美区委提出打造“一心四片”（即杏林湾核心区和集美片区、杏林片区、灌口片区、后溪片区）的集美城市发展新格局。2018年，集美区完成社会固定资产投资344.81亿元，城市建成区超过80平方公里，逐步成为一座高颜值的生态花园城市。

集美中心城区远眺（2013年6月摄，区志办供图）

1990 年代的集美岑西路商业街
（王文津 1995 年摄）

集美岑西路新貌（颜志伟 2020 年 1 月摄）

集美同集路银江路段旧貌
（林火荣 1996 年 12 月摄 ）

集美同集路银江路段新貌（黄丹平 2020 年 3 月摄）

1958—2001 年位于银江路的集美区政府行政办公楼，2001 年 8 月拆除，并在原址重新翻建（王文津 1992 年摄）

2002 年 8 月落成的集美区行政办公大楼（颜志伟 2013 年 6 月摄）

集美万达广场建设前的原貌（雷雨亭 2007 年 9 月摄）

集美万达广场新貌（雷雨亭 2018 年 9 月摄）

集美东海岸商住区原貌（杨友全 1995 年 1 月摄）

集美东海岸商住区原貌
（周科文 2001 年 12 月摄）

集美东海岸商住区新貌（颜志伟 2016 年 7 月摄）

集美新城核心区建设前的原貌（颜志伟 2010 年 12 月摄）

集美新城杏林湾商务营运中心建设前原貌
（王进法 2010 年 6 月摄）

集美新城杏林湾路建设工地
（王进法 2011 年 11 月摄）

集美新城核心区全景（王进法 2018 年 7 月摄）

集美新城核心区与园博苑远眺（李鸾汉 2019 年 12 月摄）

集美新城杏林湾商务营运中心（颜志伟 2016 年 7 月摄）

杏林城区杏滨路商住区全景（颜志伟 2016 年 11 月摄）

杏林城区杏东路商住区新貌（雷雨亭 2020 年 3 月摄 ）

杏林城区杏东路商住区旧貌（陈朝瑭 1996 年 5 月摄）

灌口小城镇东部新城商住区（林志杰 2018 年 8 月摄）

2012 年 3 月，灌口小城镇东部新城商住区开工建设（王进法 2012 年 3 月摄）

经济建设

交通

集美区位于厦门市的几何中心，是厦门本岛通往内陆的重要门户。改革开放前，厦门岛和集美之间的交通仅靠高集海堤和船渡。1991—2008 年，厦门大桥、集美大桥和杏林公铁大桥先后通车，泉厦、漳厦高速公路也从集美境内穿行而过。2010 —2017 年，福厦高速铁路和厦门地铁 1 号线相继开通运营。集美成为岛外同时拥有高铁和地铁的行政区。

20 世纪 80 年代的集美火车站
（林火荣 1988 年摄）

集美老火车站变身为地铁 1 号线集美学村站
（颜志伟 2020 年 1 月摄）

1990 年代的集杏海堤
（林火荣 1996 年 6 月摄）

原鹰厦铁路集杏海堤段改建为地铁 1 号线轨道
（沈伟泉 2018 年 12 月 摄）

2010 年 4 月 26 日，厦门北站投入使用（叶木楼 2019 年 12 月摄）

1997 年 12 月 16 日，途径集美的泉厦高速公路通车（林世泽 摄）

2008 年 8 月 31 日，厦门北站至第一码头的 BRT 快速公交通车（陈立新 摄）

杏滨路原貌（陈朝瑭 1996 年 11 月摄）

杏滨路新貌（林志杰 2018 年 3 月摄）

施工中的厦门大桥（林良材 1989 年摄）

厦门大桥（左）与高集海堤（右）俯瞰（王火炎 2017 年 8 月摄）

杏林大桥（右）与集杏海堤（左）俯瞰（叶木楼 2018 年 9 月摄）

集美进出岛通道“三桥一堤”俯瞰。从左到右分别为集美大桥、厦门大桥、高集海堤和杏林公铁大桥（李骞汉 2018 年 8 月摄）

工业

1978 年，郊区工业企业仅 31 家，工业总产值 1499 万元。1989 年 5 月和 1992 年 12 月，杏林和集美两个台商投资区先后设立，台商和外商投资企业迅速发展。2018 年，集美区有规模以上工业企业 468 家，高新技术企业 272 家，实现规模以上工业总产值 958.99 亿元，合同利用外资 2.18 亿美元。1998—2010 年，集美区七次获评“全国科技进步先进区”；2018 年获评“全国科技创新百强区。”

1992 年 3 月，集美台商投资区北部工业园区开始动工。图为 1998 年工业区远眺（杨景初 摄）

集美台商投资区北部工业园区新貌（杨景初 2018 年摄）

杏林台商投资区工业园区（林火荣 2007 年摄）

灌口机械工业园区建设前原貌
（王进法 2000 年 5 月摄）

2004 年 9 月，厦门机械工业集中区开工。图为厦门金龙联合汽车工业有限公司灌南新厂建设工地
（王进法 2005 年 5 月摄）

2006 年 3 月，厦门金龙联合汽车工业有限公司灌南新厂建成投产（王进法 2012 年 6 月摄）

厦门软件园三期2013年12月开园。园区规划总用地面积10平方千米。2018年底，累计注册企业1809家，入驻企业1021家，全年实现营业收入38.57亿元。图为软件园三期研发楼一隅
（林志杰 2018年3月摄）

1985 年 9 月，厦门宏发电声股份有限公司投产，为厦门经济特区首批内联企业之一。图为公司生产车间（林志杰 2014 年 5 月摄）

路达（厦门）工业有限公司是 1990 年成立的台资企业。图为公司生产车间（黄嵘 2012 年 7 月摄）

厦门正新橡胶工业有限公司创建于 1989 年 5 月，为台商独资企业。图为轮胎生产车间（陈兆卫 2012 年 10 月摄）

华懋（厦门）织造染整有限公司是 1992 年 6 月投产的外资企业。图为公司生产车间（林志杰 2016 年 3 月摄）

现代服务业

改革开放以后，集美区改革商业体制，实行“国营、集体、个体一起上”的政策，商业网点迅速发展。1990 年代后，逐步形成多种经济成份、多条流通渠道、多种经营方式并存的商品流通新体制。2018 年，全区第三产业生产总值 359.19 亿元，社会消费品零售总额 157.34 亿元，住宿餐饮业营业额 28.74 亿元，接待游客 1778.18 万人次，实现旅游收入 93.6 亿元。

2013 年 6 月 8 日，集美万达广场正式开业（颜志伟 摄）

2017 年 6 月 26 日，位于集美北部商圈的国贸商城银泰百货正式开业
（叶明耀 2019 年 2 月摄）

2010 年 4 月 26 日，集美首家五星级酒店——京闽北海湾度假酒店开业（颜志伟 2012 年 10 月摄）

2011 年 12 月 18 日，全国总工会厦门劳模疗休养中心正式开业。图为疗休养中心俯瞰（颜志伟 2013 年 7 月摄）

全国重点文物保护单位、国家 AAAA 级景区——陈嘉庚纪念胜地（杨景初 2008 年 7 月摄）

2011年，厦门北站商务营运中心建成投入使用（颜志伟2016年7月摄）

2016年5月，厦门电商谷投入使用（颜志伟2016年11月摄）

2015年，厦门北站汽车物流中心投入使用（颜志伟2016年11月摄）

社会建设

教育

改革开放后，集美区加大教育经费投入，发展各级各类教育。2003 年，厦门市委、政府决定以集美学村为基础，在杏林湾畔兴建生态文教区，吸引国内外公办高校和民办高校前来办学。2018 年，辖区内有省、市、区直属各级各类学校 254 所，其中高等教育院校 10 所，中等职业学校 7 所，普通中学 17 所，小学 45 所，幼儿园 168 所，特殊教育学校 1 所，成人培训机构 6 所，共有学生 260019 人。

1980 年代初的集美学村（杨景初 供图）

2006 年 5 月，集美学村入选第六批全国重点文物保护单位。图为集美学村俯瞰（2013 年 6 月摄 区志办 供图）

集美小学（林志杰 2016 年 6 月摄）

集美中学道南楼（佘正平 2019 年 11 月摄）

集美大学新校区建设前的原貌（孙吉龙 1992 年 5 月摄）

集美大学新校区建设工地（姚凡 1996 年 9 月摄）

集美大学新校区新貌（黄丹平 2018 年 11 月摄）

华侨大学厦门校区建设前的原貌
（王文津 2001 年 11 月摄）

华侨大学厦门校区全景（颜志伟 2020 年 3 月摄）

厦门医学院全景（林志杰 2018 年 7 月摄）

厦门医学院建设前的原貌
（王进法 2011 年 5 月摄）

厦门理工学院全景（颜志伟 2016 年 12 月摄）

中科院城市环境研究所远眺(颜志伟 2011 年 6 月摄)

中科院海西研究院厦门稀土研究所全景（颜志伟 2019 年 11 月摄）

文化体育

改革开放以后，集美区先后兴建文化馆、图书馆、电影院、青少年宫、体育活动中心、老年活动中心等设施，文化体育事业蓬勃发展。2014 年 12 月，获评“全国文化先进区”。2018 年，全区设有文化馆 1 个，公共图书馆 2 个，影剧院 8 个，青少年宫 1 个，老年活动中心 2 个，镇街文化中心 6 个。全区体育场地 2423 片，其中各类球场（篮球、足球、羽毛球、乒乓球等）1262 片，球馆（篮球、羽毛球、乒乓球、台球等）297 片，游泳池 38 片，游泳、跳水馆 22 片，健身路径 327 片，健身步道 17 片，综合训练场馆 77 片，小运动场 118 片，田径场 34 片，健身房 231 片。

2006 年 4 月启用的嘉庚体育馆（颜志伟 2008 年摄）

2015 年 6 月投入使用的嘉庚剧院（颜志伟 2016 年 11 月摄）

2018 年 10 月投入使用的厦门市图书馆集美新馆（林志杰 摄）

2018 年 12 月投入使用的集美区青少年宫滨水总部（郭伟斌 摄）

1995 年 6 月，集美国际龙舟邀请赛首次以“嘉庚杯”“敬贤杯”命名。图为 2017 年“嘉庚杯”“敬贤杯”海峡两岸龙舟赛（区文体局 供图）

2012 年 4 月 30 日，首届“CST 正新轮胎杯”国际海峡自行车公开赛在月美池公园举行（郭梦吉 摄）

2015 年 10 月 12 日，第一届世界大学生三对三篮球赛在华文学院举行。图为获得男子组前三甲球队合影（林志杰 摄）

2017 年 8 月，第七届厦门国际武术大赛在嘉庚体育馆举行（林志杰 摄）

卫生

1990 年代，集美区开始开展初级卫生保健工作，建立起比较完善的三级预防保健网络。卫生技术人员队伍逐渐壮大，医疗设备日趋完备，医疗卫生技术水平不断提高。至 2018 年年底，全区共有医疗卫生机构 281 家，其中社区卫生服务中心 4 家、卫生院 2 家、社区卫生服务站（村卫生所）32 家、民营医院 4 家、门诊部 32 家；共有执业医师 1659 人，常住人口每千人拥有执业医师 2.46 人；共有全科医生 99 人，每万人拥有全科医生 1.47 人；共有病床 2138 张，每千人拥有床位 3.17 张。

2003 年 6 月，杏林医院并入厦门市第一医院，更名为厦门市第一医院杏林分院。图为厦门市第一医院杏林分院全景（雷雨亭 2013 年 7 月摄）

1980 年代位于尚南路的的集美医院（陈朱明 供图）

2003 年 11 月，集美医院与厦门市第二医院合并，总部迁至集美盛光路新址。图为厦门医学院附属第二医院全景（李晓兰 2018 年 8 月摄）

社会保障

改革开放以来，集美区坚持以人民为中心的发展思想，持之以恒保障和改善民生，一大批惠民举措落地实施。1992 年，率先在全市开展农村社会养老保险试点。2005 年，开始实行被征地人员基本养老保险。2008 年，开始实施社会救助“绿洲计划”。2011 年，获评全国十大最关爱民生的县（区）。2018 年，全区社会保障和就业支出 5.7 亿元，45 周岁以上目标人群城乡居民基本养老保险参保率 100%。

2012 年 12 月，集美社会福利中心落成（王进法 摄）

灌口镇铁山社区幸福院（冯立东 2017 年 9 月摄）

2018 年 11 月 25 日，集美区首个居家社区养老服务照料中心在京闽悦府园博湾温泉康养中心揭牌（冯立东 摄）

集美滨水小区。该小区 2013 年 11 月获中国建筑业工程质量的最高荣誉“鲁班奖”，为全国首个获此殊荣的保障性住宅工程（颜志伟 2013 年 6 月摄）

侨英街道兑山社区安置房（林志杰 2013 年 5 月摄）

灌口镇幸福小区安置房（林火荣 2015 年 4 月摄）

生态文明建设

1980 年开始，厦门市有关单位在杏林设空气监测点。1986 年，集美开始对北溪引水渠、坂头水库、杏林湾进行水体水质监测。2011 年，集美区通过国家级生态区考核验收。2013 年开始，生态文明建设纳入各镇街、各部门的环保目标责任书，生态环保建设保障体系逐步完善。2018 年，集美区空气质量优良率 98.4%，空气细颗粒物浓度等 6 项污染物指标达标率 100%，坂头——石兜水库饮用水水源地水质达标率 100%，一般工业固体废物综合利用率 82.56%。

1990 年代的杏林湾水产网箱养殖（王文津 1993 年摄）

1990 年代的马銮湾水产网箱养殖（陈朝瑭 1997 年 4 月摄）

2015 年 6 月杏林湾环湖慢行绿道全线贯通（林志杰 2018 年 7 月摄）

治理后的杏林湾成为福建水上运动中心训练基地（何文鸿 2019 年 12 月摄）

园博苑建设前的原貌（周赞家 2004 年 5 月摄）

园博苑建设工地（周赞家 2007 年 3 月摄）

2005 年 9 月，园博苑动工兴建，2007 年 9 月开园，是世界上独一无二的水上大观园（黄少毅 2017 年 5 月摄）

敬贤公园建设前的原貌（周科文 2001 年 5 月摄）

2002 年敬贤公园建成并对外开放（陈季玉 2008 年 9 月摄）

灌口镇风景湖公园建设前的原貌（王进法 2011 年 10 月摄）

2014 年灌口镇风景湖公园建成并对外开放（林志杰 2018 年 9 月摄）

宁宝公园建设前的原貌（周赞家 2003 年 7 月摄）

2018 年宁宝公园建成并对外开放（雷雨亭 摄）

月美池公园治理前的原貌（周赞家 2003 年 4 月摄）

治理后的月美池公园（林志杰 2014 年 8 月摄）

治理前的九天湖流域原貌（王进法 2011 年 11 月摄）

治理后的九天湖流域（杨劲坚 2018 年 8 月摄）

后溪镇溪西村下庄社分散式污水处理站2015年6月投入使用（林志杰 摄）

杏林污水处理厂1995年投入使用（雷雨亭 2015年10月摄）

集美污水处理厂2000年投入使用（颜志伟 2015年10月摄）

目 录

大事记

中共厦门市集美区委员会

厦门市集美区人民代表大会

厦门市集美区人民政府

政协厦门市集美区委员会

纪检监察

法治·军事

民主党派・群众团体

工业·建筑业·房地产业

商贸服务业・旅游业

建设·环保

交通·物流·邮政

通信与信息业

经济管理与监督

财政·税务·审计

教　育

科学技术

文化・体育

社会民生

镇街概貌

人物·名录

附　录

索　引

缩略语注释

CONTENTS

DISTRICT OVERVIEW

CHRONICLE OF EVENTS

CPC COMMITTEE OF JIMEI District, XIAMEN

STANDING COMMITTEE OF THE PEOPLE'S CONGRESS OF JIMEI DISTRICT, XIAMEN

PEOPLE'S GOVERNMENT OF JIMEI DISTRICT, XIAMEN

CPPCC OF JIMEI DISTRICT, XIAMEN

DISCIPLINE INSPECTION & SUPERVISION

RULE OF LAW & ARMED FORCE

DEMOCRATIC PARTIES & SOCIAL ORGANIZATIONS

AGRICULTURE & WATER CONSERVANCY

INDUSTRY, CONSTRUCTION INDUSTRY AND REAL ESTATE INDUSTRY

COMMERCIAL TRADE & TOURISM INDUSTRY

CONSTRUCTION INDUSTRY & ENVIRONMENTAL PROTECTION

PUBLIC TRANSPORTATION, LOGISTICS & POST SERVICE INDUSTRY

TELECOMMUNICATION & INFORMATION INDUSTRY

COMPREHENSIVE ECONOMY MANAGEMENT

FINANCE, TAXATION & AUDIT

EDUCATION

SCIENCE AND TECHNOLOGY

CULTURE & ATHLETICS

PUBLIC HEALTH & FAMILY PLANNING

SOCIETY & LIVELIHOOD

TOWNS & SUB-DISTRICTS OVERVIEW

FIGURES & DIRECTORY

APPENDIX

INDEX

Abbreviation Notes

区情概览

自然地理

【地理位置】集美区位于福建省厦门市西北部，北纬24°25′～24°46′，东经117°57′～118°04′，西北与漳州市长泰县交界，东北与同安区接壤，西南与海沧区毗邻，南与厦门岛隔海相望。区行政中心驻集美街道岑东路168号。集美原名“浔尾”，以地处浔江之尾而得名，至明代雅化为“集美”。2018年，集美区辖灌口、后溪2镇和集美、杏林、侨英、杏滨4个街道。境域东至侨英街道东安前占社，西至灌口镇深青村，北抵尖母仑山界，南至马銮；长24.4千米，宽19千米，面积275.79平方千米，呈箭头状指向西北。

【地貌】集美区有滨海低山、丘陵、台地、平原、滩涂等多种地貌类型，地势西北高、东南低。山地分布于西、北、东部与长泰、同安交界处，为海拔500～1000米的低山和中山。高丘陵多分布在西部，海拔300～500米，坡度20～30度，主要为花岗岩和火山岩。花岗岩丘陵多呈孤立状，无植被，山体裸露，山坡石蛋发育，山顶常见蘑菇石、风动石。火山岩丘陵山顶浑圆，山坡和缓，似覆锅状，土层较厚，植被生长良好。低丘陵多分布于东、西界山附近，海拔200～300米，坡度15～25度，丘顶呈浑圆状。台地海拔50～200米，地表起伏，坡度平缓，零星分布于苎溪、许溪中游地带。平原主要分布于南部海岸沿线，海拔皆在50米以下，可分为海蚀平原和海积平原。平原外侧为海滩、沙洲和沙嘴。

【山脉】集美区境山脉属戴云山脉与博平岭的延伸部分，主要山脉相对集中在西北与长泰县、东北与同安区交界处。主要山峰有62座，其中海拔800米以上山峰5座，500～800米17座，300～500米22座，100～300米的低丘18座，最高峰为海拔963米的钉顶尾山。

【河流】集美区境的河流多发源于西部丘陵山地，具有河面狭、河床浅、支流少、流程短的特点。境内较长的河流有后溪（苎溪）、深青溪和瑶山溪。此外还有北溪引水工程集美段和坂头水库的左干渠、右干渠和高干渠4条人工河流。后溪是境内最长的河流，发源于戴云山脉与博平岭山脉交界处的后寮仑山白帆岭，源头至后溪镇段称苎溪。与支流许溪汇合后称作后溪，注入杏林湾水库，全长23千米，流域面积209.3平方千米，河道平均坡降8.11‰。上游建有石兜水库（库容8500万立方米）和坂头水库（库容558万立方米），年供厦门市区工业和居民用水4336万立方米，灌溉农田1333公顷。许溪，发源于漳州市与厦门市海沧区交界的大岭，至后溪镇与苎溪交汇，全长12.1千米，流域面积56.7平方千米。深青溪，发源于仙棋山南麓，于西滨汇入马銮湾，全长11.84千米，流域面积15.64平方千米，平均坡降10.4‰。瑶山溪，发源于小龙潭北侧山地，上源有两支，西支源于前山南侧，东支源于上塘，两支汇合后流入风景湖，于西滨汇入马銮湾，全长10.35千米，流域面积15.78平方千米，平均坡降8.31‰，河道宽度3米～10米。

【海域】集美区海域为厦门西部海域和同安湾海域的一部分，面积约40平方千米。海岸线起自东安村的后垵，经凤林美、集美、杏林、高浦、马銮至陈井，全长21千米。集美半岛和杏林半岛东南岸（新阳大桥以东）为侵蚀海岸，马銮湾和杏林半岛西南岸则为堆积型海岸。全区21个村有临海滩涂，总面积3841公顷。2005年利用养殖面积1522公顷。2006年起，依据市政府规划，集美区域滩涂实行禁养，滩涂养殖日渐萎缩。海域内有岛屿2个。宝珠屿，位于集美半岛西南海域，面积5200平方米。乌贼屿，东距高集海堤南端3.6千米，因形状得名，面积2000平方米，涨潮时浪可没顶。域内礁石未作调查。鳌园原为岩礁，屿上建有天妃宫（又称鳌头宫）。20世纪50年代，陈嘉庚捐资填海筑堤，扩建成鳌园，与陆地连成一片。另在高浦村东南海域，呈一字排列有3块礁石，分别称为大菰礁、二菰礁、三菰礁，均为干出礁。大菰礁石处航道上，设有灯桩。

【土壤】集美区土壤母质以第四纪红色黏土为主，兼有洪积物、冲积物和海积物。土壤类型可分为砖红壤性红壤、红壤、黄壤、水稻土、盐土、风沙土6个土类，以下分为15个亚类、30个土属、35个土种。按垂直分布，可分为山地土壤、耕地土壤和水域滩涂。山地土壤以红壤面积最大，砖红壤性红壤次之，黄壤最少。耕地土壤分成旱作土壤和水田土壤。旱作土壤主要为砖红壤性红壤，兼少量盐土和风沙土。水田土壤可分为渗育型水稻土、潴育型水稻土、潜育型水稻土和盐渍型水稻土。渗育型水稻土多为梯田，地下水位低，属地表水型，耕作层较浅，质地以中壤为主，肥力中下，适于水旱轮作，主要用于水田及部分园地，“旱、瘠、薄”为此类水田的主要生产阻碍因素。潴育型水稻土主要分布于溪流、冲积平原和部分山垄田，分布较广，以灌口、后溪、侨英、杏林为多，质地以轻壤和中壤为主，肥力中上，乃境内稳产高产的水稻土类型。潜育型水稻土分布于山垄谷地或冲积平原的低洼地，地下水位高，排水条件差，土壤长期渍水，土温较低，亚铁等有毒物质量积累多，“冷、酸、锈”系此类土壤的主要特点。盐渍型水稻土主要分布在沿海一带的海积平原，由滨海盐土经洗盐种稻后形成，地形平坦，土层深厚，有机质丰富，但土质黏重，耕作困难，且易受海潮或地下盐分的威胁，主要生产障碍因素为“盐、碱、黏”。

【植被】 集美区属中国—日本植物亚区的华南地区，具有从热带向亚热带过渡的特点。植物以热带、亚热带的成分为主，地带型植被为南亚热带雨林。由于早期植被遭受破坏，原始森林早已绝迹，现为人工林、次生林、灌木丛、草丛、农田、果园和观赏性植被类型。林地植被，人工林、次生林林相参差不齐，结构简单，树种单一，以马尾松为主，有少量杉木，其余为相思树、桉树、木麻黄、木荷、枫香、乌桕等。灌木种类有桃金娘、黄瑞木、杜鹃、金樱子、小叶赤楠、鹅掌柴、枸骨柴等。草本种类有芒萁骨、五节芒、扇形铁线蕨、海金沙、地捻等。林地植被主要分布在山地和沿海地区，常以2～3种组成混合林，有灌木丛和草丛在其间共生。依林相可分为阔叶林、针叶林、混交林、经济林（木本栽培植被）和灌木丛、草丛。长绿阔叶林，分布于海拔200米以下的沿海丘陵、台地，面积不大，且零星分布。长绿针叶林，区内分布面积最大，多数为人工林，少数为天然更新，分布于海拔500米～900米的山地。混交林，境内呈块状分布于海拔500米以下的部分丘陵、山地。主要建群种有马尾松、杉木与木荷、杉木与柳杉、木麻黄与相思树混交。灌木丛和草丛，分布在低谷、台地、平原。盐生植被，分布于海滨滩涂，境内有盐地鼠尾栗、互花米草和南方碱蓬3个群落。水生植被，淡水生植物多分布水库、溪河、池塘等处，主要群落有凤眼莲和浮萍群落、空心莲子草群落、狭叶香蒲群落和水蓼群落。栽培植被，分为木本栽培植被和草本栽培植被。木本栽培植被有人工栽培的油茶、油桐和橡胶林群落，多分布在海拔200米以下，地势开阔的缓坡地带；果树林、茶园、桑园及庭院观赏树群落则分布在海拔100米以下低丘山脚、台地、水库、村庄周围、公园和庭院。龙眼、荔枝、柑橘、杧果成片分布，其他呈散生或零星分布。草本栽培植被有粮食作物、油料作物、蔬菜作物、糖原料作物、纤维作物、饲料作物和绿化作物7个群落。

【资源】 集美区背山面海，各种土地类型自西北向东南呈阶梯状分布。西北至东北部属低山地和高丘陵地，为林区和旅游区；中部和南部地势平缓起伏，地貌以低丘陵地和台地为主，间有盆谷地和风沙地，是工业区和果、粮、油等经济作物区；滨海有小平原及滩涂，为工业区与旅游区。中部与南部分布有溪流、坑塘、水库等水域，土地资源类型齐全，组合状况较佳。除沿海滩涂软土地段工程条件较差外，一般丘陵地抗压强度每平方厘米970千克～2190千克，工程地质条件较好；平原台地为第四纪残积物和冲积、冲洪积物组成的黏土或非黏土地段，承载力为每平方米14吨～45吨，土层厚，工程地质条件较好。全区土地面积275.79平方千米，人口密度（按户籍人口计算）每平方千米959.70人，人均占有土地1041.98平方米，属土地资源极端超载区。境内多年平均水资源总量2.17亿立方米，其中地表水1.82亿立方米，地下水0.35亿立方米。全区水能资源理论蕴藏量1926千瓦，可开发总装机容量1605千瓦。林业用地10429.73公顷（含国营坂头林场），约占土地面积的37.82%。林业用地中，有林地9747.01公顷，占林业用地的86.7%（其中经济林3266.13公顷）；疏林地8.27公顷，占0.1%；灌木林地609.73公顷，占5.8%；未成林造林地111.47公顷，占1.1%；苗圃地22公顷，占0.2%；无林地631公顷，占6.1%；生态公益林面积1731.13公顷。森林覆盖率40.7%。列入国家I级保护的陆生野生动物为蟒蛇和白颈长尾雉，国家II级保护的动物有猕猴、穿山甲、小灵猫、鬣羚（别名苏门羚）、红隼、仓鸮、草鸮、猫头鹰；列入CITES公约附录II级保护的动物有眼镜蛇。其他森林野生动物尚有松鼠、白鹭、燕子、喜鹊、山猪、豪猪、獐、狐狸、野兔、白环蛇等。全区挂牌保护的古树名木294株，其中榕树249株，杧果、枫香、黄连木各11株，樟树5株，榆树2株，龙眼、伊兰、蔷薇、红豆、薄姜木各1株，树龄最长的为540岁。（区志办）

【气候】 2018年，集美区气候年景一般，气象灾害造成的损失较轻。气候总体特征表现为：气温偏高，年平均气温22.3℃，较常年偏高0.9℃（因缺乏长期历史观测资料，常年值以同安国家基本站资料作为参考，下同），春雨季、雨季和夏季气温异常偏高至偏高。降水量1167.1毫米，比常年平均少24%，显著偏少，集美区代表站降水量集美湖904.5毫米，集美水土保持站1200毫米，降水空间分布呈由东南向西北递增趋势，基本符合常年分布规律；降水时空分布不均，大部分月、季降水量与常年同期相比均存在明显差异；日最大降水量出现在黄地村 98.4 毫米，日期为 6 月 18 日。日照正常，全年日照时数 1922.0 小时，比常年（1914.4 小时）多 7.6 小时。影响台风数量偏少，全年共受 3 个台风影响，比常年少 1 个。

2018 年集美区各季（福建季）降水量和气温

表 1

季节		冬季	春雨季	雨季	夏季	秋季
降水量（毫米）	量值	196.6	75.7	324.1	448.9	121.8
	与平常年份相比	46.2 偏多	−185.2 异常偏少	−128.8 偏少	−160.8 偏少	53.3 显著偏多
气温（℃）	量值	14.3	19.9	27.3	28.9	21.4
	与平常年份相比	0.1 正常	2 异常偏高	2.2 异常偏高	0.8 偏高	−0.1 正常

【自然灾害】2018 年影响集美地区的自然灾害主要有台风、暴雨、高温和干旱等。(1) 台风。2018 年影响集美区台风主要特点，数量偏少，全年共受 3 个台风影响，比常年少 1 个，分别是第 8 号台风“玛莉亚”、22 号台风“山竹”、26 号台风“玉兔”；风大雨小，3 个台风均带来相对明显的大风影响，但带来的雨量均较小；损失轻，全年由于台风影响造成的经济损失相对偏轻。(2) 暴雨：4 次暴雨天气过程分别出现在冬季、雨季和夏季，其中 1 次为台风暴雨，3 次为非台风暴雨，总数少于常年。(3) 气象干旱：3 月 21 日至 5 月 5 日春季中旱， 6 月 25 日至 7 月 31 日夏季中旱。(4) 冰雹：8 月 1 日，在副热带高压控制下，出现高温天气，配合西南暖湿气流的水汽输送，下午 2:30 ~ 3:00，灌口镇一带出现局地短时强对流天气，雨水中夹杂着冰雹，冰雹有指甲盖大小。冰雹天气持续时间较短，未造成灾害。(5) 高温：全年高温日数 30 天，比常年多 20 天。

（杨奇志　刘火霖）

人文地理

【建置沿革】集美区境，商代属扬州地，周代为七闽地，春秋战国时属越地，秦属闽中郡。西汉初属闽越国，元封元年（公元前 110 年）属会稽郡。东汉属闽侯官县地，三国时属建安郡东安县。晋太康三年（282 年），析东安县置同安县，区境隶属之。当年，同安县即废，区境属晋安县。隋开皇九年（589 年）属南安县。其后，南安县先后隶属建安郡（治所在今福州）、建州、丰州、泉州（今福州）、武荣州、闽州（今福州）、长乐郡、清源郡、泉州，区境随县为其属地。后唐长兴四年（933 年），闽王王审知次子延钧在福州称帝，升大同场为同安县。此后，区境随同安县先后隶属泉州、泉州路、泉宁府、泉州分省。明初改泉州分省为泉州府，区境此后一直随县为其属地。民国元年（1912 年），同安县隶属南路道（民国 3 年易名厦门道），民国 16 年改直隶福建省，民国 23 年隶于福建省第五督察区，次年改隶福建省第四专员公署。其间，民国 22 年 11 月至 23 年 1 月福建事变时隶属中华共和国人民革命政府兴泉省，区境皆随而隶之。1949 年 9 月 23 日，集美解放，区境随同安县隶属华东军政委员会福建省第五行政督察专员公署，1950 年 7 月改隶福建省泉州行政督察专员公署（后改为晋江专区）。1953 年 11 月，集美乡改隶厦门市，改设集美镇。1957 年 7 月 30 日，合集美镇、灌口区的 11 乡及岛内禾山乡为郊区，设厦门市人民委员会郊区行政办事处。1987 年 7 月 6 日，郊区易名集美区至今。

【行政区划】2018 年，侨英街道增设凤安社区。厦门市第二农场改为二农社区，归属后溪镇。全区设灌口、后溪 2 镇，杏林、集美、侨英、杏滨 4 个街道，46 个社区，21 个建制村。另有厦门坂头防护林场、福建省天马华侨农场、福建省天马种猪场。　（区志办）

2018 年集美区行政区划

表 2

镇（街）	居委会（村委会）	
	个数	名　　称
灌口镇	19	第一社区 第二社区 上头亭社区 黄庄社区 铁山社区 双乐社区 安仁社区 李林村 上塘村 田头村 陈井村 井城村 东辉村 顶许村 坑内村 双岭村 三社村 浦林村 深青村
后溪镇	14	龙山社区 新村社区 三兴社区 英村社区 二农社区 后溪村 前进村 仑上村 东宅村 溪西村 黄地村 崎沟村 后垵村 岩内村
杏林街道	11	宁宝社区 纺织社区 曾营社区 内林社区 杏北社区 宁海社区 园博社区 莲亭社区 杏林社区 高浦社区 西亭社区
集美街道	5	岑东社区 岑西社区 盛光社区 银亭社区 浔江社区
侨英街道	10	乐海社区 滨水社区 叶厝社区 海凤社区 浒井社区 凤安社区 东安社区 凤林社区 兑山社区 孙厝社区
杏滨街道	8	三秀社区 日东社区 锦鹤社区 康城社区 西滨社区 前场社区 锦园社区 马銮社区

【人口】2018 年年末，集美区共有 104545 户，户籍人口 314868 人，其中当年出生 7069 人，出生率 22.45‰；死亡 998 人，死亡率 3.17‰；自然净增人口 6071 人。户籍人口中，男性 155029 人，女性 159839 人，性别比为 97（女性为 100）；18 岁以下 84070 人，占 26.70%；18 ～ 34 岁 79961 人，占 25.40%；35 ～ 59 岁 113495 人，占 36.05%；60 岁及以上 37342 人，占 11.86%。另有暂住人口 705986 人。

2018 年集美区户籍人口变动情况

表 3　　单位：人

单位	户数	人口总数		按年龄分组				迁入	迁出	暂住
		人口	其中：男	18 岁以下	18–34 岁	35–59 岁	60 岁以上			
集美区	104545	314868	155029	84070	79961	113495	37342	28165	8562	706007
灌口镇	19985	58609	28787	14994	13943	21705	7967	2399	853	108691
后溪镇	15513	48193	23411	11712	12817	16984	6680	2733	1053	84613
集美街道	8927	30355	15178	7035	7529	11207	4584	1568	1645	40924
杏林街道	26740	77452	37732	22213	18985	28152	8084	10508	1866	115817
侨英街道	15675	48973	24387	13328	14608	16749	4288	6100	1802	209120
杏滨街道	17705	51286	25543	14770	12079	18698	5739	4857	1343	146842

【民族】2018 年，集美区户籍人口由 42 个民族组成，其中汉族 308335 人，占 97.93%；少数民族 41 个，共 6533 人，占 2.07%。少数民族中，畲族最多，1828 人；回族次之，991 人；土家族 735 人。其他依次为壮族 492 人，苗族 405 人，蒙古族 386 人，朝鲜族 233 人，满族 233 人，维吾尔族 203 人，侗族 157 人，彝族 130 人，瑶族 122 人，布依族 88 人，白族 73 人，藏族 72 人，哈萨克族 46 人，锡伯族 45 人，黎族 37 人，傣族 27 人，高山族 25 人，仫佬族 23 人，仡佬族 23 人，哈尼族 20 人，土族 18 人，羌族 15 人，达斡尔族 13 人，俄罗斯族 13 人，水族 11 人，毛南族 10 人，纳西族 9 人，京族 7 人，柯尔克孜族 5 人，傈僳族 5 人，佤族 4 人，鄂温克族 4 人，拉祜族 3 人，布朗族 3 人，乌孜别克族 2 人，普米族 1 人，鄂伦春族 1 人，景颇族 1 人，裕固族 1 人，穿青人 13 人（主要分布在贵州西北地区，未列入 56 个民族）。　（杨勇）

【语言】集美区通行普通话和闽南话，党政机关、企事业单位、群众团体公务活动使用普通话，人际交流视对象而定，本地人之间说闽南话，与外地人则说普通话。民间交流基本用闽南话，近年灌口实验小学还开设有闽南话课程。闽南话可分作厦、漳、泉 3 个方言片区。集美原属同安，同安古属泉州，集美话属泉属同安话系统；集美地介泉、漳之间，故集美话为介乎泉漳之间的一种土语。集美话有 17

个声母，89 个韵母，7 个声调。集美话语音有以下特点：①无声母“f”，“肥”读“bui”，“飞”读“be”；②无卷舌音字，“zh、ch、sh”读同“z、c、s”，另一部分“zh、ch”读为“d、t”，“猪”读“di”，“虫”读“tang”；③普通话部分读“j、q、x”的字，集美话读“g、k、h”，“见”读“gian”，“俭”读“kian”，“喜”读“hi”；④集美话无撮口呼，普通话的撮口呼字，集美话基本上读作“u”或“i”，“军”读“gun”，“鱼”读“hi”，“讯”读“sin”；⑤集美话保留合口鼻音韵尾“m”，故全套的 3 个鼻音韵尾“m、n、ng”齐全，“心”读“sim”，“盐”读“iam”等；集美话保留古代入声字韵尾的读音“p、t、k”及其弱化形式喉塞尾韵“h”，“十”读“tsap”，“七”读“tshit”，“六”读“lak”，“鸭”读“ah”等。另集美话有 7 个声调，比普通话多 3 个声调。集美话文白异读现象突出，读书音和说话音自成体系。集美话内部亦稍有区别，后溪接近同安话，灌口接近海沧龙海音，杏林受厦门老市区影响较大。

【民俗】 集美人主粮为大米，甘薯（地瓜）、小麦次之，芋头为辅。一日三餐，“两干一稀”或“两稀一干”。稀以甘薯粥为主，或以大米杂以瓜、芋、菜煮粥。粥、饭有淡、咸、甜之分。淡粥有白粥、番薯粥；咸粥有芋粥、蚝仔（牡蛎）粥、鲛鱼粥和鸭肉粥；甜粥主料为糯米和糖，以辅料不同有绿豆粥、龙眼干粥等。咸饭有菜饭和油饭之别，芋饭、菜豆饭、高丽菜（甘蓝）饭、菜头（萝卜）饭、芥菜饭，以菜为主，俗称菜饭；油饭多为肉丁、香菇糯米饭，若掺以虾仁、蚝干、莲子等则称“八宝饭”；甜饭一般为甜糯米饭，俗称秫米糕，简称米糕。菜肴有肉食、海鲜、豆制品与新鲜蔬菜，以清淡为主。灌口一带风味小吃品种颇多，有韭菜盒、油葱馃、芋包、炸五香、蚝仔煎、土笋冻、石花冻、灌口卤鸭、顶许狗肉、鱼孚肉粽、阿大水饺、三德利盐鸡盐鸭等。年节食俗，春节吃年糕，年初九吃红寿龟，二月二吃蚝仔饭，三月三和清明吃薄饼，立夏吃苋面，端午吃粽子，中秋吃月饼，重阳吃栗子糕，立冬吃“四物汤”，冬至吃汤圆，十二月十六吃“尾牙”，除夕吃火锅。集美人习惯喝茶，称茶叶为“茶芯”，称饮茶为“吃茶”，讲究茶礼。家里、店里、单位里均设有茶几、沙发，备有茶具，茶杯小巧如同酒杯。一泡茶，首冲不喝，作为洗杯之用，冲喝四五次，即将茶渣倒出，重新烫壶、烫杯。主人斟好茶，以手示意，说声“请”，请客人认杯。因杯小茶满温度高，很少端杯敬茶。客人认茶时，以手示意，说声“多谢”，或以手指轻叩茶杯放置处作为答礼。春节、婚庆以甜茶待客，祭祀亦敬清茶三杯。集美民居多为闽南式风格，歇山顶、燕尾脊，以“两落六间张”为普遍，前落两房一厅，中为两厢房夹天井，后落为两大房一祖厅，前有谷埕，旁有护厝。一般为土木结构，夯土为墙，或土坯砌墙，屋架以杉木为柱，厅房铺方砖，天井以砖或石条铺地。行业习俗，古时有祭“田公田婆”之俗，一年 4 次。下种前、插秧前、夏至日、开镰收割前，均需备祭品祭祀。集美渔民崇尚红色，渔船甲板刷红漆，新船下水挂红布条；旧时，渔民地位低贱，禁止海陆通婚，渔民只能自相婚嫁。渔港建有龙王宫、金王爷宫、福海宫等，供渔民出海占卜抽签朝拜之用。捕捞收网时，如遇漂尸或网里、鱼腹中存有尸体残骸，须带回渔港处理，并祭祀“田头妈”。

【宗教信仰】 集美区有佛教、道教、基督教、天主教。佛教传入始于后唐五代，境内佛教信徒除出家的比丘（俗称和尚）、比丘尼（俗称尼姑）和在家修行的男女居士外，尚有在寺院带发修行的出家女，通称“菜姑”。境内信佛者多而出家者少，住僧大多来自惠安、南安等地，信徒 6000 余人。本地较有名望的僧人有宋代的孙应祖师（孙厝人）、清代的释佛化（灌口人，俗姓林），居士有集美社陈敬贤、后溪兑山李博用等；较有名望的寺院有圣果院、白虎岩、寿石岩、西竺寺等。基督教、天主教约于晚清时传入，现有基督教堂 5 所，活动点 2 处，天主教堂 1 所，牧师、传道等神职人员和教徒、慕道友 1000 余人。集美民间信仰有神祇信仰、物灵信仰、巫术信仰和祖先崇拜等。寺庵宫庙或大或小，大者如宫殿，小者仅容一人祭拜，村中路旁、山脚田边，随处可见。供奉的神灵有保生大帝、土地公、关帝爷、真异大

每年农历正月十五，集美大社都会举行“开闽王”王审知、“进士祖”陈文瑞及黑面祖师刘香巡游。图为信众祭拜祈福（林志杰 摄）

师、屿仔尾公、王姬娘娘等60种之多。以主祀保生大帝的庙宇为多，境内产生的神为真异大师、屿仔尾公，境内特有神为王姬娘娘、南岳圣侯、陈姓王公等。土地公在集美民间颇受尊崇，几乎村村社社均有土地庙，家家户户皆供土地像，商店店面窄小便在墙上开一小龛，供奉“福德正神神位”，点燃电光长明烛。关帝在集美被视为财神，犹受商家崇祀。物灵信仰有龟、虎、石、犬、榕树、水等。龟在集美极受崇拜，民间敬龟、爱龟，但不食龟。每年正月十五日或重要祭神日，多用糯米或面粉做成“龟粿”，向神上香、礼拜后，默述心愿，祈神赐龟。墓冢亦做成龟背状。榕树枝繁叶茂，生长快、寿命长，在集美受到普遍崇拜。端午节，乡人向树祷告后，折其枝叶插于门框，以避邪、驱鬼、防疫。榕树周围严禁大小便，孩童有违者，家长须携至树前，请求宽恕。或将土地公神位安放在榕树下或树洞中，同受乡人祭拜。

【名胜古迹】集美区地面遗存丰富，有新石器时代及历朝集美先人的生产、生活、征战遗址，有古代、近代和当代名人墓葬，有佛、道寺观和基督、天主教堂，有各姓宗族祠堂和具有闽南特色的古民居，有内容丰富的各类石刻和碑刻，有留存至今的井、塘、坊、塔和铳楼，有供人瞻仰、凭吊的名人和革命烈士陵园，有名闻遐迩的中国教育第一村——集美学村。据集美区文物部门普查资料，全区有文物点221处。其中，近现代重要史迹及代表性建筑57处、古遗址61处、古墓葬12处、古建筑85处、石窟寺及石刻6处。嘉庚故居和陈嘉庚纪念馆保存有大量陈嘉庚工作和生活的用具、用品和照片。鳌园有毛泽东等名人题刻和精美石雕，集美学村具有嘉庚建筑风貌的规模庞大的早期校舍建筑群，堪称集美文物之双绝。鳌园，占地8789平方米，由大门、长廊、纪念碑、嘉庚墓和四周石雕围墙组成。长廊两侧为雕刻历史故事的青石浮雕58幅，各长50米。纪念碑矗立于鳌园中部，坐北朝南，碑高28.6米，正面镌刻毛泽东题写的“集美解放纪念碑”七个鎏金大字，背面镌刻陈嘉庚撰写并手书的284字碑文。纪念碑南侧为陈嘉庚墓，龟形墓表由13块青石构成。墓圹内侧嵌青石浮雕15块，介绍其前半生经历。墓前为长方形拜亭，穹顶、屋檐处共有青石浮雕54幅；墓后为博物观，高7米，宽30米，两面嵌石雕94幅，名人楹联穿插其间。四周围墙嵌青石雕近300幅。园内共有名人楹联、诗词、题词题刻29幅，涵盖人文历史、政治经济、社会文明、文化教育等内容的石雕数百幅，雕刻技法有镂雕、浮雕、沉雕、圆雕、影雕等，组成精美的石雕群，堪称“博物大观”。1988年，被国务院列为第三批全国重点文物保护单位。集美学村，陈嘉庚创办的集美学校所在地的总称，位于集美半岛南部。20世纪20—30年代，陈嘉庚先后捐资建成居仁、尚勇、立功、立德、立言、约礼、博文、尚忠、诵诗、敦书、即温、明良、延平、允恭、肃雍、文学、务本、崇俭、克让、瀹智、葆真、养正等校舍20余座；20世纪50—60年代，在国家支持下，陈嘉庚又筹资建成延平、南薰、黎明、道南4楼和南侨楼群，以及为教学和生活服务的公共建筑大礼堂、医院、图书馆、科学馆、音乐室等，总计70余栋，建筑面积26万余平方米，校园占地面积约2平方千米，形成誉满中外的集美学村。其中尚忠、诵诗、敦书、即温、允恭、崇俭、克让、延平、南薰、黎明、道南及南侨楼群中的13-16号楼为全国重点文物保护单位。学村建筑，古今结合、中西结合，中国式、闽南式、南洋式、西洋式多元建筑风格相互融合，形成独特的嘉庚建筑风格。1985年美国前总统尼克松参观集美学村时，对校园环境赞叹不已。

【旅游景点】集美是福建省著名的旅游风景区，厦门四大游览区之一。旅游资源十分丰富，既有西北部山地生态旅游景点，又有东南部的滨海生态旅游环线；既有风光优美的自然景观旅游圈，又有底蕴深厚的人文景观旅游集群，集山、岩、谷、海、岛、潭、池、桥、瀑、动物、植物、园林、名胜古迹、特色建筑等各种景观之大成。西北部山地生态旅游景点有万宝山、越尾山、双龙潭、白虎岩、东辉大峡谷等。东南部的滨海生态旅游环线，包括陈嘉庚纪念胜地、集美学村、园博苑、龙舟池和散落其间的集美寨遗址、延平故垒、李林园、水族馆等景点。陈嘉庚纪念胜地由嘉庚公园、嘉庚故居、陈嘉庚纪念馆、归来堂、归来园、鳌园组成，总面积16万平方米，系全国中小学爱国主义教育基地、全国爱国主义教育及廉政教育基地。鳌园为国家AAAA级旅游风景区，园中的陈嘉庚陵墓属全国重点文物保护单位。蜚声海内外的集美学村，乃陈嘉庚创办的十多所学校所在地的统称，数十栋独具嘉庚建筑风格的校舍掩映于绿树花丛之中，亭台水榭屹立在凝碧晶莹的龙舟池畔，构成独一无二的校园风光。龙舟池分外、中、内三池，总面积24万平方米。池畔建有7亭，龙脊凤檐，雕梁画栋。每年端午，皆在此举行龙舟竞赛活动。园博苑，占地面积6.76平方千米（包括水面），拥有九个岛屿和两个半岛，荟萃中外园林各流派于一园，集园林展示、休闲度假、文化娱乐于一体，堪称海上花园。中部腹地人文景观，有凤山庙、山口庙、深青古桥、黄庄古桥、贞寿牌坊、深青驿遗址、笔架寨遗址、皇渡庵、皇帝井、圣果院、苎溪桥、观音院、白虎岩、寿石岩、城内城遗址等，新建景点有双龙潭生态运动景区、灵玲国际马戏城、嘉庚剧院、诚毅科技探索中心、厦门老院子民俗文化风情园等，形成一个人文景观集群。

【历代名人】 集美区依山临海，人杰

地灵。早在五代后唐天成三年（928 年），高浦的石琚即考中进士，成为境内的第一位进士。宋代，高浦石氏科甲簪缨，中进士者 12 人，其中石遵、石赓、石仲攸 3 人于皇祐元年（1049 年）同登冯京榜，有“一门同榜三进士”之誉；石起宗位列榜眼，石选位列探花，均出任吏部尚书，石亘出任户部尚书，荣极一时，与地处同安东部的黄氏并称望族，时人有“东黄西石”的美谈。明、清两代，安仁里和仁德里考取的文、武两科举人 121 人，进士 20 人。明、清以降，倭寇屡次侵犯东南沿海，朝廷实行海禁政策，集美人被迫远赴东南亚谋生。他们凭着刻苦耐劳的精神，有的成为工商业巨子，有的成为科技精英，有的成为政界要人，涌现一批出类拔萃的人物。创业有成后，他们纷纷回乡捐资助学，兴办公益事业，为家乡的经济和社会建设作出了巨大的贡献。被毛泽东誉为“华侨旗帜、民族光辉”的陈嘉庚，倾资兴学，捐资 1 亿多美元，创办集美学校和厦门大学，资助和支持发展的学校达 118 所；又成立南洋筹赈祖国难民总会，为国筹募抗战经费 30 余亿元，劝募救国公债 1500 万元，寒衣 30 万件，代雇回国服务机工 3200 余人，是海外华侨中的杰出代表。新中国成立后，陈嘉庚当选全国政协副主席、全国人大常委会委员、全国华侨事务委员会委员、中华全国归国华侨联合会主席。陈嘉庚胞弟陈敬贤，襄助兄长经营实业，筹办集美学校，被师生尊称为“二校主”。星马“橡胶大王”和“黄梨大王”李光前，南安县人，陈嘉庚女婿，鼎力支持岳父在家乡兴资办学，先后捐资近千万元。李光前逝世后，其所创立的李氏基金又向集美大学捐资 2918 万元，建设体育馆、图书馆、竞武馆等项目 9 个。新加坡南洋大学创办人陈六使暨其兄陈文确，侨领、新加坡森林集团有限公司创办人孙炳炎，以及陈水成、陈永和、陈永进等集美侨胞，追随陈嘉庚，服务桑梓，热心公益，捐款捐物，不遗余力。另有“金刚手、菩提心”的吴县知县陈文瑞，台湾辟荒人之一陈永华，开华侨回乡办学之先河的曾广庇，民主革命先驱庄尊贤、陈飏臣、郑螺生，“爪哇糖王”黄仲涵，女中英杰李林，抗日名将李良荣、李友邦，孤胆英雄叶中央，新加坡首任民选总统王鼎昌，中国海藻学研究的奠基人、中国科学院院士曾呈奎，现代朦胧诗人汪国真等。（区志办）

经济社会发展

经济建设

【经济运行质量】 2018 年，集美区经济总体稳中有进。全年实现地区生产总值（GDP）686.22 亿元，比上年增长 7.8%，经济总量连续三年居岛外第一位，获评全国综合实力百强区。其中，第一、第二、第三产业生产总值分别为 2.77 亿元、324.25 亿元、359.19 亿元，与上年相比，分别增长 3.5%、7.5% 和 8.1%；三次产业结构从上年的 0.38 ∶ 48.40 ∶ 51.52 调整为 0.41 ∶ 47.25 ∶ 52.34，第一、第二、第三产业比例更趋合理，产业结构优化。区财政总收入 123.21 亿元，增长 9.1%，其中区级财政收入 34.58 亿元，增长 10.6%。全区居民人均可支配收入 45775 元，增长 9.7%，增幅居全市第一位，其中城镇居民人均可支配收入 48746 元、农村居民人均可支配收入 27077 元，分别增长 8.9% 和 9.7%。

【制造业转型发展】 2018 年，集美区规模以上工业总产值 958.99 亿元，比上年增长 9.8%；实现规模以上工业增加值 237.90 亿元，与上年相比增长 8.1%，占经济总量的 37.4%。全区产值上亿元企业 151 家，增加 24 家；完成工业产值 850 亿元，增长 10.9%，其中年产值 10 亿元以上企业 17 家，实现产值 496.08 亿元。三大传统支柱产业（机械、电子、轻纺）全年完成产值 682.57 亿元，增长 8.3%，占规模以上工业总产值的 68.9%。其中，机械产业完成产值 457.59 亿元，增长 12.8%，占规模以上工业总产值的 46.2%，是全区最大的支柱产业；电子产业完成产值 113.12 亿元，下降 7.2%；轻纺产业完成产值 111.86 亿元，增长 9.1%。制造业向高端智能化转型，国内首款无人驾驶巴士“阿波龙”小规模量产，厦门奥佳华智能健康设备工业 4.0 项目、厦工智能电传控制系统产业化项目开工建设，厦门宏发电声股份有限公司被工业和信息化部评为制造业单项冠军企业。厦门建霖健康家居股份有限公司、路达（厦门）工业有限公司等 9 家企业入选《寻找中国制造隐形冠军》丛书。新材料产业蓄势起航，厦钨稀土永磁电机产业园开工，中科院厦门稀土材料研究所投入运营，金鹭特种合金制品、春保精密钨钢制品市场销量大幅增长，新材料产学研共进格局初步形成。

【创新创业】 2018 年，集美区新认定国家级高新技术企业 133 家，全区国家级高新技术企业达到 272 家，实现工业产值 692.28 亿元。形成以机器人及数控技术应用研发平台、教育部“蓝火计划”中国高校（厦门）科技成果转化中心、快速制造国家工程研究中心、中科院协同创新体四大创新平台为支撑的创新发展新格局。成功举办国家级“双创”活动——“创响中国”厦门站暨“一带一路”创新大会，厦门理工工业设计等 8 家众创空间被认定为国家级众创空间。修订台湾青年创业就业政策，154 个台湾青创团队、319 名台湾青年入驻创业。人才扶持引进力度加大，新引进各类高层次人才 93 人，其中国家“千人计划”人才 1 人、省级各类人才计划 42 人、市级各类人才计划 50 人。集美区获评“全国科技创新百强区”。

【现代服务业】2018 年，集美区第三产业增加值 359.19 亿元，与上年同期相比增长 8.1%，占经济总量的 52.3%，提高 0.8 个百分点。社会消费品零售总额 157.34 亿元，增长 13.5%；住宿餐饮业营业额 28.74 亿元，增长 11%，增速居全市第一位；旅游接待游客 1778.18 万人次，增长 46.23%；旅游景区、大型活动接待游客 1423.62 万人次，增长 47.76%；宾馆饭店住宿接待游客 354.56 万人次，增长 40.81%；实现旅游收入 93.6 亿元，增长 50%。星巢越中心投用，熊猫馆运营，铛铛车旅游专线开通，新增 AAA 级景区 2 个，集美研学旅行产业基地获评省对台交流和国家第二批港澳青少年内地游学基地。全区 104 家规模以上服务业企业实现营业收入 79.47 亿元，增长 20.6%，其中其他营利性服务业（含软件信息业）实现营业收入 58.92 亿元，增长 28.1%。区产业引导基金财政承诺出资 20 亿元，撬动社会资本形成 123 亿元基金总规模，参股子基金数量及规模保持全市第一名。全市首个基金聚集区开业，吸引 166 家股权投资类企业注册，管理规模 160 亿元。（何　彪）

2018 年集美区主要经济指标完成情况

表 4

指标名称	计量单位	实 绩	比上年增长（%）	指标名称	计量单位	实 绩	比上年增长（%）
地区生产总值	万元	6862202	7.8	合同利用外资	万元	146351	361
第一产业	万元	27748	3.5	实际利用外资	万元	122835	455
第二产业	万元	3242540	7.5	外贸进出口总额	万元	4747155	11.5
第三产业	万元	3591914	8.1	出口总额	万元	3996834	13.3
规模以上工业总产值	万元	9589888	9.8	进口总额	万元	750321	2.9
建筑业总产值	万元	2945917	17.0	金融机构存款余额	万元	5376066	0.5
批发零售贸易业销售总额	万元	4387851	22.1	城乡居民储蓄	万元	2250856	−0.8
社会消费品零售总额	万元	1573434	13.5	金融机构贷款余额	万元	3681180	10.5
固定资产投资额（不含农户）	亿元		21.4	来集旅游人数	万人次	2003	53.9
新建商品房销售面积	平方米	654244	−43.5	全体居民人均可支配收入	元	45775	9.7
住宅销售面积	平方米	214678	−50.0	城镇居民人均可支配收入	元	48746	8.9
区财政总收入	万元	1232068	9.7	农村居民人均可支配收入	元	27077	9.7
区级财政收入	万元	345825	10.6	在岗职工平均工资	元	73935	6.1
区级财政支出	万元	582867	3.3	常住人口年末数	万人	70.0	3.9

招商引资

【概况】2018 年，集美区国内招商引资 292.38 亿元，引进项目 1375 个，实际利用外资 18051 万美元，合同利用外资 21815 万美元。其中，合同外资 500 万美元以上项目 6 个，合同外资 19554 万美元，占 89.64%；新引进项目 118 个，合同外资 15264 万美元，占 69.97%；增资项目 16 个，增资 10139 万美元，占 46.48%。厦钨永磁电机产业园和奥佳华项目开工建设，罗普特兵器科技馆和北大青鸟音乐基地项目进入用地挂牌手续办理阶段。

2018年集美区主要招商引资项目表

表5　　单位：（外资）万美元、（内资）万元

序号	单　位	资金类型	金额	序号	单　位	资金类型	金额
1	厦门兆祁隆房地产开发有限公司	内资	249900	9	厦钨电机工业有限公司	内资	40000
2	中交一公局厦门工程有限公司	内资	100008	10	宝昌环球电力有限公司	内资	23000
3	厦门万舜文化产业投资发展有限公司	内资	50000	11	厦门恩宏富科技有限公司	内资	20000
4	世纪宝姿（厦门）实业有限公司	外资	5815	12	厦门禄庆贸易进出口有限公司	内资	18000
5	厦门宏发电声科技有限公司	内资	21800	13	橙联（中国）有限公司	外资	2000
6	纵目科技（厦门）有限公司	内资	10000	14	中亿嘉（福建）置业有限公司	内资	12500
7	厦门富力盈盛房地产开发有限公司	内资	41000	15	罗普特（厦门）文化传媒有限公司	内资	10000
8	宝姿（中国）有限公司	外资	5767	16	德景泰一号（厦门）物联网投资合伙企业（有限合伙）	内资	10000

注：1～6为增资项目，7～16为新增项目，16为有限合伙

【服务业招商】2018年，杏林湾商务营运中心餐饮、金融、影视娱乐、运动生活等基础商业配套基本完成，园区入驻企业500余家，员工8500余人，整体入驻率70%。厦门国贸股份全资子公司美岁商业与中国零售商业的引领者之一银泰商业集团达成合作，导入高效率、优体验、高性价比的新零售模式。尚柏奥特莱斯项目建设进展顺利。海翼工业物流中心一、三期投产，二期办理开工前期手续。典泰新兴海峡物流园竣工投用。嘉晟供应链一期竣工投用，二期开始主体建设。橙联跨境电商产业园项目运营总部签约落地。

【软件园招商】2018年，软件园三期园区新增通过入园审核企业735家，新增入驻企业349家、员工1万人。至年底，累计通过入园审核企业2202家，企业注册1809家，全年营业收入176.13亿元；累计入驻企业1021家、员工2.2万人。软件园三期园区在建建筑面积82.4万平方米，其中D09号楼9.1万平方米、A10号楼20.5万平方米、B06/08号楼26.3万平方米、B14/16号楼26.5万平方米，主楼封顶；配套及公建用房1.6万平方米，处于室内装饰及室外工程建设阶段。是年，云知声、英视睿达、纵目科技、慧影医疗、云汇天下等多家人工智能企业落地，推进人工智能上游算法、芯片和下游应用企业合作，形成人工智能产业应用链群；新引入中版集团、宇信科技、中盾安信、博芯科技、时代凌宇等龙头企业，“五大产业”链群得到补强。

【自贸区招商】2018年，集美区引进自贸区企业144家，注册资本41.31亿元。其中，内资企业140家，注册资本41.18亿元；外资企业4家，合同利用外资0.13亿元；批发零售类占20%，国际贸易类、金融类、投资管理类占32%，软件信息、文化传媒广告类占3%，其他占45%。设立产业投资公司引导基金参股子基金14支，规模54.38亿元。

（许可欣）

体制机制改革

【营商环境优化】2018年，集美区落实省、市提升营商环境行动计划，坚持新发展理念，弘扬“马上就办”和“钉钉子”精神，对标国际一流，着力打造法治化、国际化、便利化的营商环境。（1）深化“放管服”改革。推行权责清单动态管理，压缩审批时限至规定时限35%以内。优化再造建设工程项目审批流程，建设电子证照库。强化事中事后和“双随机一公开”监管。开展证明事项清理，公布取消区政府规范性文件设定的证明事项51项。“一趟不用跑”和“最多跑一趟”事项占比92%，推行办理结果快递送达。台商台胞服务年活动深入开展，落深落细厦门“惠台60条”。（2）打造政策“洼地”。加大惠企力度，着力营造助企扶企政策氛围。出台或修订《集美区鼓励软件和信息服务业发展奖励暂行办法》《集美区促进商贸业加快发展扶持办法》等16项企业扶持政策，强化宣传解读，支持企业用好用足，全年兑现各类扶持资金近5亿元。（3）破解融资难题。加强基金引导，鼓励民间资本设立各类产业基金，形成“直接投资+引导子基金”业务模式，化解企业“融资难、融资贵”问题。区产业引导基金财政出资18.3亿元，撬动社会资本形成110亿元基金总规模，参股子基金数量及规模保持全市第一。全市首个基金集聚区开业，吸引166家股权投资类企业入驻，注册规模达160亿元。（4）抓实服务企业。建立“项目领导挂钩责任制”，区四套班子主要领导挂钩项目建设，深入企业开展调查研究，找准找对制约企业发展的主要问题，帮助企业研究制订定切实可行的解决方案。重点项目实行挂钩领导负责制，为投资者和项目建设提供零距离和全天候服务，企业满意度

显著提升。2018年，在市发改委委托第三方机构对全市各区营商环境的综合评估中，集美区营商环境指数评估得分79.40分，在全市各区中排名第一位。

【“6+7”工程实施意见出台】2018年，《集美区贯彻落实〈厦门市加快高质量发展推动“双千亿”工作实施意见〉实施方案》出台，提出打造六大产业链群，实施七大投资工程。1.打造六大产业链群。（1）机械装备产业，着力推进“两化”融合，大力发展大中型客车、工程机械、输配电设备等优势行业，打造海西先进制造业基地。国内首款无人驾驶巴士“阿波龙”小规模量产，厦工智能电传控制系统产业化项目开工，奥佳华项目落地，机械装备业迈向高端智能步伐加快。（2）软件和信息服务业，全力推动软件园三期建设，大力发展人工智能、物联网、大数据、信息安全、移动互联网等细分领域，构建“龙头企业+成长企业+小微企业”的产业集群体系，打造“海西硅谷”。网宿科技、宇信科技等全国软件百强企业先后进驻，中控智慧、云知芯、好慷信息、路桥信息等龙头企业发展迅速，软件园三期获评省级现代服务业集聚示范区。（3）文化创意与旅游产业，力促演艺娱乐、影视、动漫游戏、数字化、新媒体、文化创意、文化旅游等重点产业发展。北大青鸟、星巢越中心、集美研学旅游产业基地总部大楼投用，成功举办海峡两岸（集美）龙舟文化节、两岸青少年知行合一研学营，“人文集美”知名度不断提升。熊猫科普馆开业运营，联发集美大社文创示范街区开放。（4）现代物流业，重点扶持铁路、电商、冷链、汽车物流和城际城市配送物流等业态，橙联物流营运管理总部落户，唯捷物流完成注册，二手车交易市场加快建设，集美物流园一期5个项目摘牌，辖区集聚物流企业逾400家，初步形成冷链物流、汽车物流、城际城市配送等产业集群。（5）新材料产业，着力发挥稀土、石墨烯、复合材料创新资源优势，争创国家新材料产业集聚区，重点发展稀土永磁电机、新能源电池、稀有金属材料等特色新材料新能源产业，中科院厦门稀土材料研究所运行，金鹭特种合金、春保钨钢产量大幅增长，厦钨稀土永磁电机产业园部分投产，形成稀土、新材料产学研共进格局。（6）都市现代农业，力促种子种苗业、现代设施农业、农产品加工业、农产品物流服务业和休闲农业等特色农业发展，深化一、二、三产融合。塔斯曼铁皮石斛组培中心、果乐园、灌口休闲农业、白虎岩山地休闲农业等项目建设加快。2018年，软件和信息服务业、文化创意与旅游、新材料等产业均实现两位数增长。2.实施七大投资工程。2018年度入库项目总计611个，年度计划投资235.72亿元，实际完成投资231.88亿元。产业投资工程计划完成83.56亿元，实际完成75.88亿元；轨道及配套开发投资工程计划完成33.42亿元，实际完成41.66亿元；集美新城投资工程计划完成65.83亿元，实际完成59.38亿元；马銮湾新城投资工程计划完成13.84亿元，实际完成13.79亿元；乡村振兴投资工程计划完成12.08亿元，实际完成11.80亿元；民生补短板投资工程计划完成15亿元，实际完成投资14.73亿元；城市更新投资工程计划完成11.93亿元，实际完成14.57亿元。

塔斯曼生物有限公司铁皮石斛智能化种植温室（塔斯曼生物有限公司 供图）

【社会信用建设】2018年，集美区加快征信系统和信息共享机制建设，推进政务诚信建设、商务诚信建设、社会诚信建设、司法公信建设、诚信教育建设与诚信文化建设，积极拓展白鹭分应用场景，出台《集美区守信联合激励与失信联合惩戒办法实施细则》，强化工作落实，成效亮点凸出。在全市各区中，率先推动政务中心智慧审批综合平台、电子证照库、行政处罚网上运行系统、投资项目在线审批平台等领域的管理系统与社会信用信息共享平台对接，实现平台数据高质量、高效率、自动化和批量化归集；率先拓展信用信息公示事项范围，在全区各单位实现行政许可和行政处罚“双公示”全覆盖基础上，将行政强制、行政征收、行政给付、行政确认、行政裁决等公共信用信息全部纳入信用目录并归集至信用信息平台，同时在“信用集美”上进行公示；率先推动完善信用网站、服务窗口、自助查询终端等多个信用信息公示渠道，将信用信息与社区网格化平台有机对接，信用信息查询落地和服务社区；率先推动构建以信用为核心的监管体系。

链接：

白鹭分是厦门市推出的面向市民生活应用的个人信用分，是信用大数据创新中心的第一个信用创新产品。白鹭分由厦门市信用办公室主办、市信用服务中心支持、厦门信息集团大数据运营有限公司运营，对厦门市政务、公共事业部门数据进行归集计算得出，覆盖厦门市411万常住人口。白鹭分于2018年7月5日发布，应用内容紧切市民生活的热点、痛点，发挥社会信用体系的调节作用，构建市民、信用体系、应用场景三方互动、降低社会熵值的信用生态。

【生态体制改革】2018年，集美区以“找准短板、突出重点、打造亮点”的总体工作思路，承接改革试点任务，加快推进生态文明体制改革。（1）探索建立生态环境损害赔偿制度。根据国家、省、市试点要求，区委、区政府于2017年9月印发《集美区生态环境损害赔偿工作实施方案》，明确生态环境损害赔偿范围、责任主体、索赔主体和损害赔偿解决途径，探索建立相应的鉴定评估管理与技术体系、生态损害赔偿修复和赔偿资金监督管理及运行机制，落实损害担责原则。（2）开展自然资产离任审计。根据中共中央办公厅、国务院办公厅《领导干部自然资源资产离任审计规定（试行）》，区审计局从2018年起对离任领导干部任职期间自然资源资产管理和生态环境保护责任履行情况进行审计，重点审计土地、水、森林等自然资源和相关生态环境保护情况。（3）建立环境资源司法保护机制。区环保局与区检察院联合印发《关于加强环境保护法律监督与依法行政协作机制的实施意见》，建立环境资源保护行政执法与司法无缝衔接机制、环境资源保护联席会议制度，环境资源源头保护、损害赔偿、责任追究得到落实，环境公益诉讼、环境资源案件查处等制度不断完善。（4）探索把生态文明建设纳入“以奖代补”政策机制。借助集美诚毅志愿者联盟人力和资金优势，实施红树林保护项目，定期开展红树林保护志愿服务活动。在2018年省志愿服务大赛上，红树林项目获得铜奖。

（王晓燕）

城市和生态建设

【城市建设】2018年，集美区启动集美新城城市品质提升年建设，完成固定资产投资202.9亿元，新城连片成势，企业入驻率50%，商品房入住率85%，人气商气快速集聚。马銮湾新城集美片区开工建设项目43个，总投资69亿元，当年计划投资13亿元，完成投资13.73亿元，完成交地16.8公顷、拆迁（含非住宅等）6.6万平方米。骨干路网建设全面启动，蔡林小学、华锐双语学校开工建设。全区“两环六横六纵”内部网路体系基本成型，国道新324线改线，灌新路全线通车，同集路与集源路交叉口、厦门大桥桥头等堵点疏通。继续推进福厦客专和轨道4、6号线等重点项目建设，轨道1号线站点周边交通接驳配套完善。美丽乡村建设进展顺利，5个省级农村社区建设示范单位完成创建任务，11条农村公路改造及交通完善工程全面开工，果乐园、白虎岩等休闲农业项目建设加快推进。

（何彪）

【公园绿地建设】2018年，集美区围绕“促进发展、服务民生，提升形象”的宗旨，按照“绿化加彩化，一城春色半城花”的工作目标，坚持绿化、彩化、花化、文化、香化“五化”理念，遵循“适种、经济、美观”的原则，落实“近期与长远相结合、重建与提升相结合”要求，展现人文集美，提升辖区园林绿化美化水平，城市面貌焕然一新。第二轮绿化区级财政投资项目13个，总投资额0.7亿元，绿化提升面积20万平方米。其中8个项目完工，5个项目在收尾。

【环卫设施和污水管网建设】2018年，集美区按照市政环卫绿化维护管理一体化的改革思路，加强城乡环境卫生基础设施建设。至年底，改造公厕60座，在建清洁楼2座。实施集中式截污纳

国道新324线灌口镇双岭村路段俯瞰（林志杰 2018年8月摄）

管建设的村庄（居）138个、分散式污水治理的村庄69个。至年底，实行集中式截污纳管的145个村庄全部完工，累计完成投资7亿元；实行分散式污水治理的69个村庄管网和处理设施建设全部完工，完成投资1.8亿元。

【夜景工程维护】2018年，集美区夜景工程维护范围为集美、杏林两大片区，以切实做好安全生产工作为重点，加强对夜景设施进行安全隐患排查，对已出现故障的夜景灯具进行全面整改、恢复，防止各类安全事故发生。至年底，维护两大片区夜景271处。

（建设局）

【生态环境建设】2018年，集美区完成生态文明体制改革任务19项。新建空气质量微站20个，在全市率先建成网格化大气污染监控平台。推进工业废气、机动车尾气、工地扬尘、餐饮油烟等多污染协同共治，完成11家机砖厂和黄标车淘汰任务，全年空气质量综合指数2.90，优良天数占98.4%，在全市各区中排名第一位。推行领导干部自然资源资产任期审计，继续深化河湖长制，开展第二次全国污染源普查。加强黑臭水体和小流域综合治理，排查整治九天湖源头污染，完成敬贤公园等12处受污水体治理。强化饮用水源地保护，加大石材企业防污整治力度，集中式饮用水源水质达标率保持100%。全面推行生活垃圾分类，实现街镇7米以下道路市场化保洁管养，在全市市容环卫精细化管理考评中名列前茅。强化土壤污染管控和修护，建立多元化土壤防治体系，开展涉重金属行业污染整治、工业固体废物处置工作。推进重金属环保智能化监控和重点污染源自动监控设备安装工作，完成22家涉重金属企业的在线监测数据接入、4家印染企业总磷在线监控及3家企业总磷总氮在线监控设备安装，全区土壤环境质量保持稳定。

（何　彪）

【杏林湾水库治理】2018年，集美区首创采用中联环就地截污、就地处理、就地回用的生态补水新模式，在杏林湾流域内规划建设每天处理污水能力5000吨至3万吨的污水再生处理站13座。9月19日，全国人大常委会执法检查组实地检查集美新城核心区污水处理站，给予高度评价。

【九天湖治理】2018年，集美区加大九天湖水环境综合整治力度，多管齐下，综合施策，完成九天湖湖内清淤、上游截污、沉砂池及泵站建设等多个工程。同时将九天湖上游的董任路排洪沟、锦园溪纳入区河长制巡查范围，将九天湖纳入城发公司管养范围，建立长效监管体系。

（建设局）

重点项目建设

【概况】2018年，集美区安排重点项目154个，总投资2684.4亿元，年度计划投资188.68亿元。至年底，实际完成投资224.15亿元，完成年度计划的118.8%。其中，省重点项目26个，年度计划投资71.37亿元，累计完成投资96.64亿元，完成年度计划的135.41%；市重点项目34个，年度计划投资63.83亿元，累计完成投资79.68亿元，完成年度计划的124.83%；区重点项目94个，年度计划投资53.48亿元，累计完成投资47.83亿元，完成年度计划的89.43%。重点项目投资完成序时或超序时进度项目有轨道交通1号线及配套工程（集美段）、轨道交通4号线（集美段）、海翔大道提升改造工程（公铁立交—孚莲路段）、长泰枋洋水利枢纽工程等。其中，集美区政府作为责任单位的省、市级重点项目17个，全年计划投资23亿元，累计完成投资32.34亿元，完成全年投资任务的140.63%，综合排名全市第一位。

【集美新城商务中心二期】集美新城商务中心位于集美新城核心区，占地面积3.47公顷，总建筑面积10.12万平方米，项目总投资44716万元，建成后拥有标准间495间、套房50套、KTV49间，并有精品店、中餐厅、西餐厅、酒吧、宴会厅、多功能厅、游泳池、温泉SPA、健身房、棋牌活动室、商务中心、会议室等设施。2018年年底，基本完成整体装修，待验收。

【恒大帝景大型商业综合体】恒大帝景大型商业综合体位于集美区后溪镇，项目计划总投资50亿元，总占地面积7.07公顷，主要建设内容包括住宅和商业两部分。住宅建筑面积19.87万平方米，商业建筑面积7999.92平方米，其他配套建筑面积1539.88平方米，预计入住人口超过6000人。项目建设分为两期，首期建设2018年年底基本完工，待验收。

【尚柏奥特莱斯大型商业街】尚柏奥特莱斯大型商业街项目位于集美区海翔大道与天水路交叉口，2017年2月香港新沣集团拍得该地块，总投资7亿元，总建筑面积逾10万平方米，其中地下室4.95万平方米，地上建筑5.46万平方米，将建成以名品折扣店为主力，涵盖餐饮、亲子娱乐、休闲旅游等业态的大型回廊街区式商业街。2018年，项目建设进展顺利。

【奥佳华智能工业生产基地】2018年8月28日，厦门奥佳华智能健康设备有限公司竞得集美区侨英街道孙坂南路与侨英路交叉口西侧用地，作为公司智能工业生产基地。项目建设计划总投资8.15亿元，总用地面积7.07万平方米，总建筑面积13.65万平方米，建设内容包括研发楼、办公楼、综合楼、针车区、注塑区、装配区等生产车间及相关配套设施。建成后，可实现年产智能按摩椅100万台，预计可实现年产值逾20亿元、年税收2亿元，解决就业3000人。12月，该项目正式开

工建设。（骆燕玲）

文化和社会建设

【教育事业】2018年，集美区继续深化教育强区战略，大力扩充教育资源，成立集美教育公司。推动学校、幼儿园与住宅同步建设，全年新开办初中2所、小学1所、幼儿园8所，新增初中学位3600个、中学学位1890个、幼儿园学位2880个。中小学规范办学成绩显著，双岭小学通过省2018年义务教育管理标准化学校省级创建评估。加强教师队伍建设，招聘在编教师296人。启动外国语学校集美校区建设，推动中锐双语等一批优质民办学校项目落地。

【卫生事业】2018年，集美区优化医疗卫生资源布局，灌口卫生院提升工程开工建设，集美新城医院、第一医院杏林分院新院区、区妇幼保健院住院部，以及北部新城等社区卫生服务中心完成前期规划。推进分级诊疗制度和医联体建设，组建家庭医生签约服务团队71个，完成家庭医生签约87508人，签约覆盖率30.26%。

【社区治理体系建设】2018年，集美区出台《关于加强社区（村）网格化建设的实施意见》，以社区网格为基础，推动各部门业务网格化协同管理。至年底，完成社区网格、食药网格、社区矫正网格、“两违”网格、环保网格、燃气安全网格、医疗网格7个网格的信息化建设，环卫网格、消防网格正在建设中。完成业务驱动走访采集任务130816个，采集率81.15%。强化城市公共安全管理指挥平台建设，建立事件指挥、调度和督办机制，实现业务应用系统无缝联动。“家住厦门”智慧小区共治平台创新的“枫桥经验”在中央电视台宣传推广，并获评中国“互联网+政务”优秀实践案例50强。整合22支志愿服务品牌队伍，形成总基地+志愿服务驿站格局。建成全省面积最大的区级社区矫正中心，被省司法厅指定为中苏社区矫正发展性研讨会现场考察点。年内，集美区为全区3.86万名老人购买老龄安康险，新增农村幸福院6家，引进京闽悦府园博温泉康养中心，开办杏林街道居家社区养老服务照料中心，新增养老床位500张。（何彪）

【文明城市创建】2018年，集美区文明城市创建工作进入常态化，在福建省文明城市创建测评中取得全省第二位、全市第一位的好成绩。为加强创建督查力度，集美区组建区级文明创建暗访团，对创建工作进行巡查暗访，发送督办通知单341份。设立各镇街、各单位分管领导在线的集美文明创建巡查督办微信群，形成区创建办实地巡查、在线督办，区效能督查办在线督查，责任单位线下整改、即时反馈的工作机制。《集美报》出版文明专刊23期，曝光暗访和“回头看”中存在的问题；开辟“随手拍”栏目，刊登市民发现、举报的问题，推动各责任单位落实文明创建责任制。加强对《厦门经济特区促进社会文明若干规定》宣传工作，将个人不文明行为信息纳入文明单位创建考评负面清单。加强文明交通行为培育，举办“寻找零交通违法达人”道路交通安全宣传活动15场，在社区书院、主要交通路口显示屏滚动播放“交通违法我监督”栏目21期。加强文明旅游行为培育，在全区中小学校采用国旗下讲话、校园广播、音频视频、宣传栏等形式，开展文明旅游宣传教育，覆盖8.6万人。发起“我们这样爱国”微话题，倡导健康过节、文明过节，点赞身边爱国情怀，活动阅读量超180万人次，参与讨论逾8000人次。

【志愿服务】2018年，集美区升级“1+12”志愿服务阵地，构建志愿队伍孵化机制，培育“爱健康”“救心圈”等专业志愿服务队伍，填补社区志愿服务内容。成立全区首支“苔芯”台胞志愿服务队，鼓励台胞参与社区建设与治理。设立“爱心积分城”，制定以志愿服务时长为基础，按一定比例折算个人积分，以兑换相应礼品的激励制度，提升志愿者的获得感和荣誉感。强化榜样引领，培育和推广卢妈妈爱心队、集美飞鹰义务救援队等品牌志愿服务队伍及项目，开展巡回演讲、报告等活动，让“有困难找志愿者，有时间做志愿者”成为新风尚。强化专业支撑，发挥集美学村高校师资优势，用好志愿服务培训师资库，

7月31日，区卫计系统志愿服务者为环卫工人健康体检（冯立东 摄）

组织居家护理安全、垃圾分类、交通安全、志愿服务礼仪等培训88场，培训7800多人次。坚持以群众需求为导向，结合清明、端午等传统节日，开展社区移风易俗主题活动，倡导简约适度、健康文明的生活方式，累计服务人数10700人次。坚持生态环境建设，开展“放飞春天，播种希望”红树苗植树活动，共建集美海岸生态保护林；开展垃圾分类活动100余场，志愿服务1.3万人。是年，集美诚毅志愿者联盟被省委文明办评为最佳志愿服务组织，“万棵红树等鳌来”志愿服务项目获省志愿服务大赛铜奖。

【移风易俗】2018年，集美区纪委监委联合区文明办成立移风易俗工作督察组，制定专项巡查方案，督查移风易俗工作推进情况，发现问题列出清单及时向镇街通报，督促整改。加强农村文明新风建设，引导村民将民俗日转化为全民健身日和专题宣传教育活动日。后溪镇将传统的城隍庙民俗活动转变为传统文化申遗及两岸文化交流活动。加强宣传引领，发挥全媒体平台作用，运用电视、报纸、微信、海报、动漫片、镇街社区户外宣传栏等载体，全面宣传移风易俗工作，制播《崇尚勤俭节约》等动漫片3部，印制各类宣传单、倡议书10万份，举办树文明新风文艺会演12场，吸引群众4000人。推出大型实地访谈节目“移风易俗大家谈”，邀请陈嘉庚后裔介绍陈氏家风家训。《85岁老党员做起移风易俗宣传员，文明新风进村居》被中国文明网要闻栏目报道。凸出基层组织治理功能，依托村干部和老人协会、乡贤理事会、宗亲理事会等基层组织，成立移风易俗劝导队和文明劝导队31支，劝导村民民俗日不宴请、红白喜事不大操大办。发挥党员、干部先锋模范作用，组织全区党员、干部、公职人员签订承诺书10497份。依托社区书院平台，结合传统民俗日，开展优秀传统民俗、家风家训、志愿服务等活动10余场，吸引2000余人参与。在6个镇街38个村（居）开展移风易俗问卷调查，发放问卷1000份，调查显示集美区大操大办现象减少，居民对开展移风易俗工作满意度高。

5月22日，厦门外国语学校集美分校学生谢伊获评全国首届新时代好少年（冯立东 摄）

【未成年人思想道德建设】2018年，集美区加强对未成年人爱国主义教育，协办福建省“童心向党”歌咏展演，开展“我的中国梦”“做一个有道德的人”等主题教育活动，组织“向国旗敬礼”等4项集中性活动和“学礼仪、用礼仪”网络知识竞赛等7项重点活动。推进社会实践基地建设，推荐灵玲马戏城等4家企事业单位申报市级中小学生社会实践基地。集美鳌园景区（嘉庚纪念馆）等6个社会实践基地共接受参观学习的未成年人5.6万人次。区青少年宫开设琴棋书画及各类球类等培训项目35项，吸引3800余人次参加各项培训活动。培育未成年人思想道德建设工作品牌项目，双塔小学开展“墨香雅韵满校园，书道育人谱新篇”活动，获评2018全国中小学德育工作典型经验学校；曾营小学开展“弘毅至善，育新时代好少年”品牌活动，培育出全国首届新时代好少年谢伊。加大社会环境整治力度，以镇街为单位，建立校园周边管理微信群6个，查处校园周边影响未成年人健康成长的违规违法行为140余起。关注未成年人心理健康，开通电话预约、微信工作号、QQ在线预约咨询渠道，提供面对面个体心理咨询184人次、团体心理辅导960余人次、在线心理咨询520余人次。开展各种心理主题活动180余场，组织外来务工子女心理夏令营、法制心理主题夏令营、随班跟读青少年（即残疾儿童）心理夏令营，扩大受众覆盖面。（张倩莹）

大事记

1月

2日 第六届海外华裔青少年中华文化大赛（知识竞赛）总决赛暨颁奖典礼在嘉庚剧院举行。来自意大利、泰国、澳大利亚、马来西亚、美国、奥地利等国家的选手参加总决赛，意大利队、马来西亚队、奥地利队分获“状元奖”“榜眼奖”和“探花奖”，美国队、泰国队、澳大利亚队获“进士奖”。本次活动由国务院侨务办公室、中国海外交流协会主办，华侨大学承办。

6日 “新时代、正青春”集美学村微电影主题创作大赛颁奖仪式在集美新城华谊兄弟影视中心举行。本次活动于2017年11月启动，共收到各高校作品34部，经评委评审和网络投票，《心结》《梦回大社》《青春同行》《莫兰蒂》《信》等作品分获一、二、三等奖及优秀奖。此次赛事由集美区委宣传部主办，集美辖区各高等院校宣传部（团委）协办，厦门市天下集美文广传媒有限公司承办。

8日 华侨大学土木工程学院郭子雄教授为第二完成人的“超高层建筑钢骨高强混凝土结构体系抗震关键技术及其应用”项目在国家科学技术奖励大会上获国家科学技术进步二等奖。

17日 由公安部金盾影视文化中心组织创作的主旋律电影《情满万家》，在集美大学尚大楼举行开机仪式。该片以中宣部授予“时代楷模”称号的全国公安系统一级英模、厦门市公安局集美分局民警陈清洲忠诚履职、服务群众的故事为素材进行创作。

20日 集美大学首位博士后、福建省首位水产学博士后钟婵通过毕业考核。钟婵在集美大学从事科研工作，曾获国家自然科学基金青年项目支持。集大水产学博士后科研流动站是全省唯一的水产学博士后科研流动站。

23日 由《人民日报》、微博、新浪网联合主办的“初心、使命、新征程”2018政务V影响力峰会在北京举行。会上，集美公安分局指挥情报中心教导员陈清洲的微博“交警陈清洲”获评“全国十大公职人员微博”和“特别贡献奖”。

26日 集美区人民检察院、集美区河长制办公室签订合作文件，并成立驻区河长办检察室，为全市首个驻区河长办检察室。

27日 2018年中网青少年巡回赛福建赛区厦门站比赛在杏林长青运动馆开赛。该赛事首次登陆集美，有20名青少年选手参加比赛。中网青少年巡回赛是国内大型青少年业余网球赛事之一，已在北京、深圳、湛江、西安、昆明等地先后举行，参赛选手累计1000余人。

28日 “灵动青春”台湾青年创业园开园暨项目签约仪式在厦门灵玲国际马戏城举行。创业园位于厦门灵玲国际马戏城文创商业街，总占地面积23.33公顷，以“文创+旅游”为特色，整合两岸研学旅行、文创、商贸等资源，引进台湾优质青年创业项目。红点创意设计公司、台湾知名糕饼工作坊、台北故宫文创产品研发团队、台湾文艺金像奖漫画类第一名获奖团队、台湾亲子教育机构等首批18家台湾创业团队入驻创业园。

30日 海翔大道与田集连接线立交工程建成开通。该工程于2015年7月开工，设置定向左转匝道3条、右转匝道4条。海田立交通车后，海翔大道同安、翔安、海沧方向车辆可在厦门收费站直接进入沈海高速、厦沙高速，出高速的车辆可经海翔大道前往海沧和同安。

31日 芬兰司法部部长安蒂·海凯宁一行参观考察集美区社区矫正中心。

2月

2日 集美区乐安中学青少年人工智能实验室挂牌，为全省首个在中学成立的人工智能实验室。实验室配置高性能计算机6套和3D深度摄像头等设备。

11日 厦门理工学院入选福建省示范性应用型本科高校及专业群建设名单。

26日 “世界大学学术排名”公布，集美大学排位第223名，厦门理工学院排位第337名。“世界大学学术排名”由中国政府授权上海交通大学世界一流大学研究中心研究发布，2003年首次发布，每年公布两次。

28日 中日合资蒙发利稻田健康科技（厦门）有限公司落户集美区侨英街道。该公司整合三家世界级行业龙头企业优势技术资源，开发智能按摩保健和健康管理技术。

3月

14日 厦门理工学院新丝路时尚学院揭牌，为国内首家具备本科学历资格的时尚学院。学院拟设服装与服饰设计、服装表演、播音与主持艺术、编导、广告模特与空乘、网络与新媒体等专业，9 月开始招生。新丝路集团是中国时尚著名品牌，首次与本科院校融合办学。

20 日　厦门医学院附属第二医院联合保险公司在全市率先推出医疗意外险，包括母婴安康生育保险和妇科、心胸外科、介入诊疗、骨科、普外科、泌尿科、肝脏科、肛肠科、眼科、胆道胆囊手术安心保障险 11 个险种。投保者在手术过程中如出现意外，可申请医疗赔付，最高赔付额 30 万元。

22—25 日　集美二小学生“捕虫灯”项目获第三十三届福建省青少年科技创新大赛一等奖和卢嘉锡科技教育基金会专项奖。

23 日　福建省教育厅、省财政厅、省发改委公布福建省一流大学（5 所）和一流学科（8 所）建设高校及建设学科名单，华侨大学入选福建省一流大学建设高校，集美大学和厦门理工学院入选福建省一流学科建设高校。

26 日　国务院学位委员会发布 2017 年审核增列的博士、硕士学位授权点名单，华侨大学新增哲学、应用经济学、化学、土木工程、建筑学 5 个一级学科博士点，数学、外国语言文学、环境科学与工程、公共管理 4 个一级学科硕士点。集美大学新增机械工程、工商管理、信息与通信工程、设计学 4 个一级学科硕士点和社会工作、体育、会计、艺术 4 个硕士专业学位授权点。

31 日　第三届中国高校计算机大赛团体程序设计天梯赛总决赛华东赛区比赛在集美大学举行。来自厦门大学、华侨大学、闽南师范大学、泉州师范学院、泉州信息工程学院及集美大学 6 所院校的 17 支队伍 170 人参赛。集美大学获华山论剑组福建赛区团体赛总分第二名，由集美大学老师指导的电子竞技俱乐部参赛队伍获华山论剑组福建赛区第一名。

4 月

3 日　中国侨联副主席康晓萍一行考察集美区华侨文化工作，先后参观陈嘉庚纪念馆、陈文确陈六使陈列馆，并与集美学校委员会、陈嘉庚纪念馆、华侨博物院、集美嘉庚文化志愿者服务队、集美街道等单位负责人就新时代如何弘扬嘉庚精神、宣传侨乡文化进行交流。

13 日　区法院黄湧获第四届“全国审判业务专家”称号，为本届福建省法院系统唯一获此荣誉的法官。

21 日　集美区首支由台胞组成的“苔芯”志愿服务队在集美诚毅志愿者基地举行授牌仪式，正式加入集美诚毅志愿者联盟。

22 日　“嘉庚风、中华情”第三届世界华侨寻根之旅活动在厦门老院子景区举行，来自马来西亚、菲律宾、缅甸、泰国等 20 多个国家的 600 多位海内外华侨及华侨学生代表，祭奠拜谒先祖，共叙血脉亲情。

29 日　曾营小学蓝帆管乐团受邀参加“中华号角”2018 上海之春国际音乐管乐艺术节暨“中华杯”中国第十二届非职业优秀管乐团队展演，获比赛铜奖。

30 日　2018 年“体彩杯”厦门集美第七届海峡自行车公开赛暨环青海湖自行车联赛（厦门站）在正新（厦门）汽车国际文化中心举办，两岸 50 多支车队近 400 名选手参赛。赛事设男子山地大众组、男子山地精英组、女子山地公开组和骑跑两项体验组，森地客鑫元鸿车队的郭鑫伟、凯旋单车俱乐部的颜锦弟、迈腾伊诺华轮胎队的廖彬彬、极致天柴单车俱乐部的曹建华分获男子精英组、男子大众组、女子山地组、女子骑跑组冠军。

4 月 3 日，全国侨联副主席康晓萍（前左二）一行考察陈文确、陈六使陈列馆（黄添龙　摄）

5 月

5—6 日　第四届全国心理服务机构发展模式研讨会在集美举办，来自全国各地的心理学专家学者和相关社会机构负责人 400 余人参会，就心理服务机构的发展模式、心理服务机构如何承接政府购买服务、服务机构品牌建设、资源整合与平台嫁接、社会需求与心理学人才培养等主题展开交流。会上，11 家心理服务单位共同发起，成立全国心理服务机构联盟，建立行业自律标准。

10 日　智能机器人在区行政服务中心正式上岗服务。该机器人具有与办事群众打招呼、接受业务咨询和信息查询等自助服务功能，是厦门市所有政务服务大厅“入职”的第一个机器人。

同日 厦门理工学院入选国务院学位委员会公布的2017年审核增列硕士学位授予单位，其中机械工程、管理科学与工程获批一级学科硕士学位授权点，工程专业获批硕士学位授权点。

同日 集美大学制冷专业1997届校友、罗普特科技集团董事长陈延行向母校教育发展基金会捐赠1000万元，支持学校建设与发展。陈延行曾于2000年在厦门创立罗普特科技集团，先后多次在集大设立奖学金，捐赠设备。

19日 厦门医学院通过省红十字会和省卫计委联合组织的实地考核，正式取得遗体接受单位资质，成为厦门市第二家遗体接受单位。

22日 厦门外国语学校集美分校七年级学生谢伊入选中央文明办、教育部、共青团中央、全国妇联、中国关心下一代工作委员会公布的全国首批“新时代好少年”，为全省唯一获此殊荣的学生。谢伊连续数年远赴青海省玉树藏族自治州，为藏族孩子送“爱心餐”、救助脊柱侧弯患儿，被誉为爱洒藏区的“小志愿者”。

23日 集美区获“2017年度福建省教育工作先进县”和福建省首批“教育强县”称号。

31日 集美区羽毛球协会被评为2018年厦门十佳体育协会，为全市唯一获评的区级体育社团。

6月

2—7日 海峡论坛首届创意涂鸦大奖赛在集美大社举行，两岸30名参赛选手以交叉组队方式进行创作比赛。两岸青年共组的团队“BE YOUNG”获本次涂鸦大奖赛一等奖。中共中央台办、国台办主任刘结一等出席颁奖仪式。

8日 厦门(集美)对台研学旅行基地揭牌。基地总部设在厦门灵玲国际马戏城，为全国首个对台研学旅行基地和福建省首批“1+X”对台研学基地。

同日 集美区政府发布《集美区关于鼓励对台青少年来集研学旅行奖励办法》，为全国率先发布的县区级对台研学政策。首批享受该政策的“中华六艺、知行合一”两岸青少年研学营和首届海峡两岸航天主题研学营现场举行开营授旗仪式。

8—10日 两岸特色庙会在厦门(集美)对台研学旅行基地总部大楼举行。本届庙会为海峡论坛配套活动，以“童享蓝天、灵动两岸”为主题，设有两岸童玩区、两岸青少年研学区、两岸商贸交流区、两岸青创集市区、两岸主题演绎区，打造集研学旅行、商贸交流、亲子童玩、文创集市等为一体的大市集和嘉年华。庙会由厦门市政府、福建省政府台湾事务办公室主办，集美区政府承办，厦门市政府台湾事务办公室、市旅游发展委员会、市会展局协办。

18日 海峡音乐公社在集美新城启动。海峡音乐公社位于集美新城星巢越中心，中心总面积1.3万平方米，设有声乐室、录音棚、草坪舞台、流行音乐剧场、音乐博物馆、音乐创作空间、音乐沙龙等设施，为两岸音乐人提供排练、录音、演出的舞台和空间。中国原创音乐领军人物、怒放青春文化产业集团董事长、海峡音乐公社发起人许晓峰，海峡音乐人李泉，怒放青春文化产业集团总裁钟仪阳出席启动仪式。

6月19日，集美铛铛车旅游专线正式运营（林志杰 摄）

19日 厦门首条铛铛车旅游专线正式运营。铛铛车以厦门北站、龙舟池为始发站和终点站，途经园博园、天沐温泉、灵玲国际马戏城、诚毅科技探索中心、嘉庚剧院、杏林湾绿道、厦门老院子景区，双向对开，单程23千米，运行时间约55分钟，票价为每票2元，一次购票可全天使用。首批投放的7辆铛铛车均为无轨绿色能源车，外观酷似老上海的有轨电车，造型复古，色彩鲜艳，伴有悦耳的“铛铛”铃声，故命名为铛铛车。

21日 2018“联发杯”海上丝绸之路国际篮球邀请赛在集美落幕，澳大利亚ACBC篮球队、菲律宾NU篮球队、金门酒厂篮球队分获冠军、亚军和季军。

27日 厦钨永磁电机产业园落户集美区后溪工业组团。产业园规划用地面积66.67公顷，投资60亿元，用5～10年时间分期建设。生产的永磁电机主要用于工业节能电机、伺服与智能装备、新能源汽车、绿色环保、农林牧渔等领域，建成达产后可实现年工业总产值 700 亿元。

7 月

1 日 集美区 64 个村（居）全部完成党组织换届选举工作，一次性选举成功率 100%，共选出党组织班子成员 287 人。

4 日 由厦门金龙客车股份有限公司制造的全球首款 L4 级自动驾驶巴士金龙阿波龙下线，销往日本，实现中国自动驾驶电动车的首次外销。

5 日 原集美区国家税务局、地方税务局合并，国家税务总局厦门市集美区税务局正式挂牌。实行国地税“一厅通办”“一网通办”“主税附加税一次办”。

7 日 厦门理工学院成立全国首个高校红色孵化器——厦龙筑梦红色孵化器。该项目位于厦门龙岩山海协作经济区，由厦门理工学院牵头建设，规划总建筑面积 2 万平方米，可同时容纳创业团队（企业）80 ~ 100 个。红色孵化器统筹厦门理工学院创新创业资源，从“互联网 + 农业”、智能制造、物流电商、生态环保、美丽乡村等方向入手，对接龙岩市的产业需求。

12 日 教育部考试中心批复在厦门理工学院设立用于英国签证及移民雅思考试考点，为厦门市首个雅思考点。

15 日 集美中学附属滨水学校荣获中国首届体操节暨 2018 年全国啦啦操联赛总决赛的公开小学组规定花球和校园规定示范套路冠军。本次比赛在山东日照举行，为全国首届综合性体操节盛会，由国家体育总局体操运动管理中心、山东省体育局、日照市政府主办。

17 日 2018 年全国中学生心理夏令营活动在集美研学总部开营。夏令营以“真诚、信任”为主题，来自甘肃、江西、福建等 20 多所学校的 170 名营员参加开营活动。

18—22 日 集美区举办第三届“嘉庚风、中华情”香港集美校友后裔夏令营，30 名香港大中小学生先后前往华侨大学、鳌园、陈嘉庚纪念馆、厦门老院子景区、正新汽车国际文化中心等景区参观学习。本次活动由集美区海外联谊会、区侨联主办，集美校友总会协办，华侨大学华文学院承办。

8 月

2—5 日 集美大学体育学院 2016 级武术与民族传统体育专业学生陈惠颖，代表中国大学生武术队参加在中国澳门举办的首届世界大学生武术锦标赛，获得女子南拳冠军、女子南刀冠军，是中国武术队在本次比赛中唯一获得双金的选手。中国、巴西、法国、意大利等 25 个国家和地区代表队参加此项赛事。

5 日 世界教育机器人大赛（WER）2018 赛季中国赛区南方地区公开赛在诚毅科技探索中心举行，10 多个省份的近 200 支参赛队伍 500 多名中小学生参赛。赛事设积木教育机器人普及赛、能力挑战赛（电教赛制）、工程创新赛（科协赛制）等赛项，优胜选手将有机会参加年终的 WER 世锦赛。赛事由世界教育机器人大赛中国赛区组委会主办，集美区科协、厦门欣欣之成智能科技有限公司、诚毅科技探索中心承办。

9 日 由好慷在家家政公司发起的第七届国际家政员工节晚会在集美新城举行。晚会由三大篇章八个节目串联而成，由好慷在家家政公司员工唱诗班演出。开幕式上，由 1589 架无人机组成的表演编队在集美新城夜空组合变幻出“颜值厦门”“集美最美”“向家政从业者致敬”等文字，以及白鹭、嘉庚建筑、集美学村等图案。此次无人机编队表演刷新吉尼斯世界纪录。

10—13 日 首届“华为杯”中国研究生创“芯”大赛决赛在厦门理工学院集美校区举行。来自全国近 50 所高校的 148 支队伍、近 500 名在读研究生参赛。华东师范大学、西安电子科技大学、电子科技大学的 3 项参赛作品获特等奖。本次赛事由教育部学位与研究生教育发展中心、中国科协青少年科技中心联合主办，清华海峡研究院、厦门理工学院等单位承办。

11 日 集美工业学校南校区（原福建化工学校）启动搬迁工作，南北校区由此合二为一。

8 日 中华台商经贸交流协会福建代表处在集美区成立，300 多名来自海

8 月 18 日，中华台商经贸交流协会（中国台湾）福建代表处在集美区成立（林志杰 摄）

峡两岸的商界嘉宾参加揭牌仪式。中华台商经贸交流协会于 2015 年在台湾成立，福建代表处成立后，将搭建两岸企业、市场、人才之间的合作桥梁，为台湾同胞在闽学习、创业、就业、生活提供服务。

同日 2018 年“美岁天地杯”第七届厦门国际武术大赛在集美嘉庚体育馆开幕。比赛项目包括武术套路比赛、跆拳道比赛和武术段位考试，27 个国家和地区及国内 27 个省、直辖市、自治区的 405 支队伍、6068 名选手参赛。厦门市海沧区五祖拳协会获评最大团队奖，广西百色市武术协会、陕西咸阳东洲武术学校、厦门市同安区武术协会等 15 个单位获评武德风尚奖。

19—20 日 2018 年“创客中国”互联网 + 大数据创新创业大赛总决赛在集美闭幕，集美辖区企业希蓝科技（厦门）有限公司的“扁鹊 AI 动态心电分析及服务系统”获特等奖。

22 日 在集美区总工会八届四次全委会上，厦门飞鹏运动器材有限公司台湾籍员工张本树被选为区总工会第八届委员会兼职副主席，厦门新凯复材有限公司台湾籍员工林於宏被选为区总工会第八届委员会委员。

23 日 集美大学运动训练专业 2016 级学生全鑫在雅加达亚运会皮划艇激流回旋男子单人皮艇比赛中夺得冠军。这是中国队继广州亚运会后，时隔八年再夺该项目冠军。

25—26 日 福建省首届社区卫生中心主任论坛暨管理培训班在厦门北海湾惠龙万达嘉华酒店举办。论坛由省基层卫生协会社区卫生分会主办，思明区嘉莲街道社区卫生服务中心、海沧区海沧街道石塘社区卫生服务中心、集美区集美街道社区卫生服务中心承办。全省各市、县、区 200 余名卫生计生行政部门负责人和社区卫生领域工作者参会。本届论坛围绕社区卫生服务的改革与探索、经验与反思、家庭医生签约服务等内容进行交流。

29 日 集美大学评选出首批本科教学贡献奖，理学院高峰、信息工程学院方怡冰、食品与生物工程学院郭彩华、航海学院兰培真 4 名教师入选，每人获奖金 10 万元。

9 月

8 日 厦门软件园三期园区获评 A 类省级“现代服务业集聚示范区”。

10 日 灌口镇中心卫生院院长姜汉祥获中国农村卫生协会授予的“全国乡镇卫生院优秀院长”称号。

13 日 中国高校（厦门）科技成果转化中心暨“蓝火计划”教育机器人研究院在集美软件园三期园区揭牌。

15—17 日 中国心理产业博览会在集美新城市民展览馆举行。会议以“品牌、创新、融合”为主题，由“心满意足”嘉年华、2018 中国心理产业发展论坛、集美“心灵绿洲”十周年论坛等活动组成，是中国心理行业的首次全景式展示。本次活动由中国科学技术协会科普部、中国关心下一代工作委员会儿童研究发展中心、中国标准化研究院指导，中国心理学会心理学普及工作委员会、集美区文化改革发展工作领导小组办公室、集美区科学技术协会、福建师范大学心理学院主办。

20 日 集美区 64 个村（居）“两委”换届选举工作全部结束，选举产生新一届村（居）党组织和村（居）委会班子成员 460 名。其中党组织班子成员 286 名、村（居）委会成员 310 名，除 3 名下派干部担任书记（按规定不能担任村居委会主任）的村（居）外，其余 61 个村（居）全部实现村（居）党组织书记、村委会主任“一肩挑”。

26 日 厦门市集美区禁毒协会成立仪式在诚毅志愿者联盟培训与调度平台举行，为厦门市第一个区级群众性禁毒社会团体。同日，区禁毒协会举办首批宣讲师资培训会，近 80 名教师及社工参加培训。

30 日 厦门医学院附属第二医院“陈荣昌名医工作室”成立。

10 月

1 日 厦门市图书馆集美新城馆开馆。新馆大楼位于集美区杏林街道诚毅中路 380 号，总建筑面积 10 万平方米，其中供图书馆使用的建筑面积 6 万平方米，设计馆藏图书 300 万册，设有阅览座席 3000 个，是福建省单体面积最大的公共图书馆建筑。

9 日 《2018 年中国中小城市绿皮书》发布，集美区入选“2018 年度

10 月 16 日，集美大学校友吴志民（右）以个人名义向母校捐赠 1000 万元（林志杰 摄）

全国综合实力百强区”“2018 年度全国科技创新百强区”“2018 年度全国新型城镇化质量百强区”，为厦门市唯一入选全国综合实力百强的行政区。该成果由中小城市经济发展委员会、中小城市发展战略研究院、中小城市发展指数研究所、中城国研智库等机构发布。

11 日 华侨大学材料科学与工程学院魏展画教授撰写的《外量子效率超过 20% 的钙钛矿发光二极管》研究论文在国际上最具影响力的学术期刊之一——《自然》（《Nature》）在线发表。为华大首次在《自然》期刊发表的研究成果。

16 日 集美大学校友吴志民以个人名义向母校捐赠 1000 万元，向集美大学 100 周年献礼。吴志民是集美大学中文 89 级校友，为深圳华捷运国际货运代理，欧其诺酒业、豪昌盛实业有限公司董事长，福建省人大代表，漳州市工商联副主席，深圳市漳州商会会长。

17 日 集美区双塔小学入选教育部办公厅公布的 2018 年全国中小学德育工作典型经验单位名单。

18 日 2018 年度陈嘉庚奖学金新生颁奖仪式暨集美学村奖教奖学颁奖仪式在福南堂举行，203 名海外华侨华人学生、458 名集美学村师生分别获得陈嘉庚奖学金和奖教金。

20 日 集美大学举行建校 100 周年纪念大会，全国人大常委会原副委员长陈至立，省委书记、省人大常委会主任于伟国等省、市领导，来自海内外的嘉宾、校友数千人参加大会。

21—22 日 第十届中国文化软实力研究高层论坛暨第二届嘉庚论坛在厦门北海湾惠龙万达嘉华酒店举行。来自中央有关部委、重点高校、重点科研机构的特邀嘉宾，以及“一带一路”沿线 30 多个国家（地区）的海外侨领、华侨精英、知名企业家 200 余人参加会议。

21 日 集美中学举行建校 100 周年庆祝大会。陈嘉庚后裔代表团、海内外校友 2000 余人参会。会上，香港集美校友会、香港集美中学校友会为母校百年校庆捐款 100 万元，成立集美中学教育发展基金；集美中学初中 103 组高中 63 组陈志民校友捐款 200 万元，成立“陈永全奖学助学基金”。

22 日 2018 中国影视基地峰会在集美举行，全国知名影视基地的负责人和影视产业相关人士就影视基地运营、发展思路和未来前景展开对话交流。会议由省新闻出版广电局、中国电影制片人协会指导，集美区委宣传部、厦门文广传媒集团主办，厦门市影视产业服务中心承办，中国电影网、集美街道办事处协办。

10 月 21 日，集美中学举行百年校庆庆典活动（林志杰 摄）

23 日 集美区和欣社工服务中心陈东、欣立社工服务中心陈藤入选厦门市首批 10 名专业社会工作领军人才名单。

22—27 日 集美区新源小学健美操队代表厦门市参加在深圳举行的 2018 第七届全国全民健身操舞大赛总决赛，获得广场健身操（舞）（自选动作）徒手广场健身操特等奖（第一名）、有氧健身操舞 2017 全国规定套路校园健身操特等奖、有氧健身操舞 2012 年全民健身操等级规定动作轻器械健身操 2 级一等奖。

31 日 厦门市农村土地确权登记颁证及农村集体产权制度改革现场推进会在灌口镇田头村举行。集美区土地确权工作始于 2014 年 10 月，涉及 5 个镇（街）42 个行政村 9128 家农户。至 2017 年底，确权工作任务基本完成。2018 年 4 月，通过农业部验收。

是月 《集美年鉴（2017）》获评福建省一等年鉴，为全市唯一获此荣誉的综合年鉴。《集美年鉴》创刊于 2012 年，至 2018 年已连续编纂出版 7 部。

11 月

2 日 第十一届海峡两岸（厦门）文化产业博览交易会在厦门国际会展中心开幕。厦门海丝版权产业基地和快乐工场两个落地厦门软件园三期的文创项目在主会场签约。

4 日 灌口籍运动员黄闽豪在 2018 年世界举重锦标赛中夺得男子 67 公斤级比赛抓举冠军。

5 日 集美灌口国家场内车辆检测中心、应急管理部天津消防研究所，与厦门金龙客车有限公司、国安达股份有限公司共同组织的国内首次客车实体火灾燃烧与防控技术实验测试在集美进行。

15—17 日 第十一届厦门国际动漫节在集美举行。活动包括“金海豚奖”作品大赛颁奖典礼、“一带一路”动漫游戏产业发展峰会、国际动漫编剧论坛、国际动漫衍生品论坛、游戏开发大赛路演暨游戏专场论坛、福建省动漫游戏产业人才培养研讨对接会暨动画数字媒体专业建设论坛、东盟ACG 产业论坛暨国际动漫游戏 IP 交易对洽会等，来自 16 个国家和地区的企业代表、业界同人、动漫游戏爱好者等千人参与活动。本届“金海豚”作品大赛设奖项 15 个，收到 54 个国家和地区的参赛作品 2662 部，其中境内作品 2224 部，境外作品 438 部，55 部作品获奖。其中，《风语咒》获最佳影视动画长片金奖，阿根廷的《AsíSon Las Cosas》获得最佳系列动画片金奖。

15—18 日 2018 世界大学生三对三篮球联赛总决赛在华侨大学厦门校区举行。入围总决赛的队伍 32 支，其中从五大洲六场资格赛中产生的男、女冠军队 20 支，2017 年男、女冠军队 2 支，中国东道主男、女队 2 支，外卡队 8 支。华侨大学男队和清华大学女队分获男子组和女子组总冠军。

16 日 杏林湾基金聚集区揭牌。杏林湾基金聚集区位于杏林湾商务运营中心，由集美区政府打造，区产业投资有限公司运营管理，依托成熟的区产业引导基金，采用“基金 + 基地”运营模式，形成集政府部门、大型资管公司、金融机构和优质投资项目为一体的基金产业上下游产业链。揭牌仪式上，乐爱融创基金、金砖一创基金、英诺天使基金、京道天琴基金、路达华犇基金 5 家基金首批签约入驻。有 166 家股权投资类企业注册，基金规模 160 亿元。

同日 集美区社区矫正中心检察工作室成立。

16—20 日 “三圈霸道杯”第 23 届“驾驭未来”全国青少年车辆模型教育竞赛总决赛在厦门三圈模型科技体验基地举行。比赛设赛项 17 个，来自全国 20 多个省、市、自治区的 1200 余名青少年运动员参赛。本届比赛由中国航空运动协会、中国航海模型运动协会、中国车辆模型运动协会、中国大学生体育协会、中国中学生体育协会、中国青少年科技辅导员协会主办，厦门市体育局、集美区政府、厦门轻工集团有限公司承办。

17 日 T.621 手机（移动终端）动漫国际标准 2018 产业（应用）大会在集美开幕，厦门华邮数字文化产业技术研究院（筹）落户软件园三期。会议由集美区政府、厦门市文化广电新闻出版局、中国移动咪咕公司联合举办，来自相关领域的专家和企业代表围绕数字文化标准产业化发展之路展开交流探讨。

同日 乐安中学的“一种双脉冲、调频电火花的轨道小车”项目，在第 34 届厦门市青少年科技创新大赛中获评青少年创新成果一等奖，“基于模糊综合评价模型的青少年篮球运动员选拔”“一种新型内聚力实验装置”两个项目获评二等奖，另有 4 个项目获评三等奖。本届比赛参赛中小学 210 所，师生 1 万余名，申报参赛项目 1165 项，涵盖数学、物理、天文学、化学、能源科学、行为与社会科学等 13 个学科。

17—18 日 集美大学体育学院武术与民族传统体育专业 2014 级校友栗志峰、2016 级学生陈惠颖代表中国武术套路国家队，参加在缅甸仰光国家体育馆举行的第二届世界杯武术套路比赛，分获男子刀术冠军和女子南拳冠军。

24 日 第二届两岸大学生国际贸易经营实战沙盘竞赛在集美大学财经学院举行，来自福建、山东、江西、浙江、重庆、河南、广东、湖南 29 所高校的 29 支队伍近 200 名选手参赛。集美大学、江西财经大学、重庆大学城市科技学院获本科组一等奖，深圳职业技术学校获职高组一等奖。

24—26 日 2018 年全国职业院校技能大赛教师教学能力大赛在山东济南举行。集美工业学校陈佳琪、何华国、陈晓君教学团队的“少刷屏，多发现——公益活动标识设计与绘制”课程，获中职组实训教学赛项全国一等奖第一名。本次比赛由教育部举办，大赛分中职组、高职组、军事职业教育组三个组别，共收到初赛作品 1305 件，进入决赛作品 362 件。

25 日 杏林街道居家社区养老服务照料中心在京闽悦府园博湾温泉康养中心揭牌。该中心为全区首家以民建公助模式建成的镇（街）级项目，是推进居家社区养老服务照料中心建设运营的尝试。中心面积 1800 平方米，设有活动室、餐厅、书画阅览室、棋牌室、瑜伽室、医疗康复室、午休室，配置有二级中医院，设中医内科、外科、针灸科、推拿科等科室，床位 30 张。

29 日 集美区选送的“家住厦门”智慧小区共治平台跻身全国“互联网 + 政务”优秀实践案例“50 强”。该平台可协调物业、业主、业委会和政府之间的互动，完成上线业主投票、业委会选举、邻里纠纷调解等小区公共事务和物业保修等民生服务，已在文滨花园等 6 个小区进行试点。

12 月

2 日 集美改革开放主题广播剧——《跨岛筑梦人》在中央人民广播电台“中国之声”首播。该剧以厦门跨岛发展，集美新城的变化为时间线索，以四位年轻人的生活变迁轨迹为故事线索，展现厦门改革开放的宏伟史篇和集美改革开放 40 年的丰硕成果。该剧由市委宣传部指导，中央人民广播电台、集美区委宣传部、集美区广播电视台出品。

7 日 集美区青少年宫新馆（滨水总部）正式开放。新馆位于集美新城，2015 年 12 月动工，主体工程 2017 年 12 月竣工，占地面积 1.5 万平方米，建筑面积 2.7 万平方米，为全省建筑面积最大、配套设施最好的县区级青少年宫之一。

10 日 由厦门市市场监管局与集美区法院共同成立的商事登记行政争议联合调处中心在区法院揭牌。该中心为全省首个商事登记行政争议联合调处平台，旨在通过协调化解方式，快速化解集美法院管辖的商事登记行政争议。

13 日 集美区融媒体中心挂牌。此乃整合全区媒体资源，统筹报纸、电视、广播、“一微一端”、政府网站、文艺刊物《集美风》、LED 户外大屏等媒体资源重置重组的综合媒体。

15—16 日 集美大学龙舟队在海南陵水黎族自治县举行的 2018 中华龙舟大赛总决赛中获青少年男子组总决赛冠军。该赛事分为 8 站，各分站比赛积分高的 36 支队伍晋级总决赛，争夺职业男子组、公开混合组、男子精英组、青少年男子组、青少年女子组 5 个组别年度总冠军。

15—16 日 集美区杏南中学学生陈力泓、宋扬“积木教育机器人”项目获世界教育机器人大赛（WER）2018 赛季世界锦标赛（科协赛制）高中组二等奖。

18 日 厦门北站台湾青年双创基地联合工会委员会揭牌，为集美区首个台青基地工会。

20 日 两岸大学生创新创业基地成立。基地位于集美区灌口镇，由区人力资源和社会保障局、区台办、厦门市海峡人才市场和建霖匠仕众创空间共同筹建，为两岸大学生初创团队或个人提供法律、税务、财务等公益性服务，导师指导和创业培训，以及产品设计开发所需的专业化设备。

22 日 集美区杏东小学获“为 2019 厦门马拉松赛喝彩”啦啦队比赛小学组金奖。此次比赛小学组有参赛队 16 支，设“六人七足”协作跑、“博学少年团才智大闯关”知识问答、舞蹈啦啦操比拼三个环节。

24 日 集美职业技术学校通过教育部、人力资源社会保障部和财政部组织的“国家中等职业教育改革发展示范学校建设计划”项目学校验收，确定为“国家中等职业教育改革发展示范学校”。

28 日 奥佳华智能健康科技集团股份有限公司的智能按摩椅生产基地在集美北部工业区开工。基地建筑面积 16 万平方米，建成达产后年产智能按摩椅百万台。（张燕红）

2017 年
大事补录

5 月 15 日 集美新城公交首末站完成竣工验收，项目用地面积 6162.42 平方米，总建筑面积 29872 平方米，地下 2 层、地上 8 层，主要功能为公交场站配套用房、社区服务中心、人防等。

11 月 10 日 集美职业技术学校跻身教育部、财政部认定的优质省级职教师资培养培训基地，为福建省唯一上榜的中职校。

12 月 5 日 集美区工商业联合会第三次获评全国“五好”县级工商联。

12 月 18 日 厦门理工学院学生金正建、厦门工学院学生张河林入选福建省首届 100 名“最美学生”名单。

12 月 16 日 集美大学诚毅学院舞蹈作品《成人礼》获省第五届大学生艺术节展演（决赛）一等奖，并入围全国总决赛，是全市高校唯一入选全国赛的舞蹈作品。

12 月 20 日 集美区法院出台刑事案件涉案财物处理办法，联合区公安分局、区检察院开通“网上流转系统”，实现涉案财物一处规范存储、全程网上流转、全面留痕监督，在全市率先实现刑事案件涉案财物跨部门网上流转。

12 月 26 日 集美小学、集美二小等 6 所小学入选全省首批义务教育教改示范性建设学校。

12 月 31 日 厦门地铁 1 号线开通试运营，为岛外首个开通地铁线路的行政区。地铁 1 号线全长 30.3 千米，共设 24 个站，起点镇海路站，终点岩内站。集美段长 13.6 千米，设车辆基地 1 个，岩内站、厦门北站、天水路站、集美大道站、集美软件园站、诚毅广场站、官任站、杏锦路站、杏林村站、园博苑站、集美学村站 11 个站。

是月 杏南中学等 17 所中小学被省教育厅认定为省“义务教育管理标准化学校”。

是月 集美动漫小镇入选福建省第二批特色小镇创建名单，全市入围小镇仅 2 个。（张燕红）

2017 年 12 月 31 日，厦门地铁 1 号线开通试运营（林志杰 2017 年 12 月 31 日 摄）

中共厦门市集美区委员会

会　议

【区委八届十二次全体全体会议】2月11日，中共集美区委八届十二次全体会议召开。区委委员、候补委员参加会议，区各套班子领导，区法院院长、区检察院检察长，区纪委监委班子领导，各镇（街）党政主要负责人，区直各部、委、办、局，各人民团体，文教区管委会、台商投资区管委会主要负责人列席会议，区委书记李钦辉主持会议。李钦辉代表区委领导班子向全委会做年度工作总结报告，其他区级领导班子和领导干部做书面述职，李钦辉代表区委常委会向全委会报告2017年度干部选拔任用工作情况，参会人员对区级领导班子和领导干部进行民主测评，对区委常委会2017年度干部选拔任用工作情况和2017年度新选拔任用的正处级领导干部履职情况进行民主测评。

【区委八届十三次全体全体会议】3月5日，中共集美区委八届十三次全体会议召开。区委委员、候补委员参加会议，区委书记李钦辉主持会议。会议对七名处级领导干部进行票决。

【区委八届十四次全体全体会议】10月12日，中共集美区委八届十四次全体会议召开。区委委员、候补委员参加会议，邀请市政协办公厅巡视员、集美新城开发建设指挥部常务副总指挥陈友谊，区各套班子领导，区法院院长，区检察院检察长，区纪委监委委员，区级离退休老干部，各镇（街）党政主要负责人，区直各部、委、办、局，区人大、政协各委、办、室，各人民团体、区属企业主要负责人，各民主党派负责人，部分省部属、市属单位、高校院所及金融机构领导，各村居书记，全区副处级以上干部，集美区出席市第十二次党代会和区第八次党代会代表中的部分基层干部列席会议，区委书记李钦辉主持会议。李钦辉代表区委常委会作报告，同时审议通过《中共集美区委关于坚持高质量发展落实赶超建设高素质高颜值现代化国际化城市的实施意见》和《中共集美区委八届十四次全体会议决议》。会议要求全区各级各部门要认真贯彻落实习近平总书记对福建、厦门工作的重要指示精神，紧紧围绕高质量发展落实赶超这一战略目标，以供给侧结构性改革为主线，以强化创新驱动为引擎，以推动“6+7”工作为抓手，以全面深化改革扩大开放为动力，以融入闽西南协同发展区为载体，以增进民生福祉为根本出发点和落脚点，加快构建推动高质量发展的体制机制，打好防范化解重大风险、精准脱贫、污染防治三大攻坚战，坚定不移推进全面从严治党，努力建设高素质高颜值跨岛发展最美新市区，开创新时代“五大发展”示范区建设新局面。

【区委八届十五次全体全体会议】11月9日，中共集美区委八届十五次全体会议召开。区委委员、候补委员参加会议，区委书记李钦辉主持会议。会议对八名处级领导干部进行票决。

【区委八届十六次全体全体会议】12月29日，中共集美区委八届十六次全体会议召开。区委委员、候补委员参加会议，区各套班子领导，区法院院长、区检察院检察长，区纪委监委班子成员，各镇（街）党政主要负责人，区直各部、委、办、局，各人民团体，文教区管委会、台商投资区管委会主要负责人列席会议，区委书记李钦辉主持会议。会议书面传达省委十届七次全会、市委十二届八次全会精神，区委常委、组织部部长肖峰传达《集美区机构改革方案》，书面报告2018年区委常委会工作，李钦辉代表区委领导班子向全委会做2018年集美区委领导班子工作总结报告，其他区级领导班子和领导干部进行书面年度总结述职，李钦辉代表区委常委会向全委会报告2018年度干部选拔任用工作情况，参会人员对区委常委会2018年度干部选拔任用工作情况和2018年度新选拔任用的正处级领导干部履职情况进行民主测评。

【全区领导干部会议】2018年，中共集美区委共召开2次全区领导干部会议。1月11日，区委召开全区领导干部会议，民主推荐市管干部人选。区委委员、候补委员，区各套班子领导，区法院院长、区检察院检察长，换届后退出本级正职领导职务的老干部，各镇街党政主要领导参加会议。10月19日，区委召开全区领导干部会议，进行区级班子测评和优秀干部推荐。区委委员、候补委员，区各套班子领导，区法院院长、区检察院检察长，区纪委监委班子成员，各镇街党政主要领导，党委部门、政府部门、人民团体主要负责人，区委组织部班子成员参加会议。（李　婧）

决策部署

【“6+7”工程决策与实施】2018年，区委主动融入全市坚持高质量发展，落实赶超建设高素质高颜值现代化国际化城市决策部署，提出坚持高质量发展，落实赶超建设高素质高颜值跨岛发展最美新市区的目标，出台《集美区2018—2020年实施乡村振兴战略行动纲要》《贯彻落实厦门市加快高质量发展推动“双千亿”工作实施方案》《关于建立“6+7”工作协调推进机制的通知》等文件，重点打造机械装备产业、软件和信息服务业、文化创意与旅游产业、现代商贸物流业、新材料产业、现代都市农业六大产业链群，重点实施产业投资、轨道及配套开发、集美新城、马銮湾新城、乡村振兴、民生补短板、城市更新七大投资工程，推动集美新时代“五大发展”示范区建设。是年，集美区完成地区生产总值686.22亿元，比上年增长7.8%，总量位列全市各区第三位，连续三年保持岛外第一位；固定资产投资增长21.4%，增速位居全市第二位；批发零售贸易和住宿餐饮业营业额增速均位列全市第一位；营商环境评价位列全市第一位；“五个一批”项目正向激励考评，第一季度排名全省第五位、全市第一位，第四季度排名全省第七位、全市第一位；空气质量综合指数跃居全市各区第一位；实现市对区质量考核“四连冠”；文明城区考评成绩排名全省第二位、全市第一位；市对区综治考评成绩排名全市第一位；上榜《人民日报》，获评全国综合实力百强区、全国科技创新百强区、全国新型城镇化质量百强区，获福建省教育工作先进县和首批“教育强县”等称号。

【全面从严治党主体责任专项检查】2018年3月，区委下发《关于开展2017年度全面从严治党主体责任落实情况检查的通知》，由区委常委、区政府副区长带队，抽调相关部门人员，组成10个检查小组，对14个区委直属党组织2017年度全面从严治党主体责任落实情况进行实地检查，汇总“问题清单”，对被检查单位班子成员开展集体约谈。检查工作从3月下旬开始，4月底结束。检查后，形成问题清单128个，被检查单位共制订整改措施143条。至8月，完成整改111条，正在落实32条。区委常委约谈单位主要负责人19人，检查组约谈被检查单位领导班子成员、下属单位主要负责人98人，问责追责20人（处级干部12人），其中谈话提醒11人、批评教育8人、诫勉谈话1人。至年底，全面从严治党主体责任检查“问题清单”整改基本完成。（林起沼）

【习近平新时代中国特色社会主义思想大学习活动】2018年，区委把学习宣传贯彻习近平新时代中国特色社会主义思想作为首要政治任务，印发《关于在全区进一步兴起习近平新时代中国特色社会主义思想大学习热潮的通知》《关于进一步开展习近平新时代中国特色社会主义思想大宣讲工作实施意见》《2018年全区各级党委（党组）理论学习中心组学习意见》《集美区贯彻落实〈中国共产党党委（党组）理论学习中心组学习规则的实施意见〉的通知》《关于加强和改进区委理论学习中心组学习的实施办法》《关于加强领导干部学习教育的通知》，组织《习近平谈治国理政》《习近平新时代中国特色社会主义思想30讲》等学习读本的学习推广，全年区委理论学习中心组集中学习24次。组织两轮全区领导干部中共十九大精神集中轮训活动，处级以上干部参加轮训逾500人次，区委书记带头作专题报告。发挥区委党校干部教育主渠道作用，继续办好“集美讲堂”，培训干部722人次。

【省委巡视反馈问题整改】2018年6月15日至7月20日，省委巡视一组对集美区进行巡视。巡视组围绕党的政治建设、思想建设、组织建设、作风建设、纪律建设、反腐败斗争和落实上轮巡视整改等方面，召开汇报座谈会6场，个别谈话206人（次），查阅资料4588卷，调研走访3个单位，受理信访90件（次），抽查核实个人事项报告10人，了解有关情况。11月9日，省委巡视一组向集美区委反馈巡视意见，指出51个问题，提出6条整改意见，移交信访件52件。区委书记履行“第一责任人”责任，先后主持召开区委常委会及巡视整改工作领导小组会议7次、区委专题会3次、巡视整改专题民主生活会1次。各级领导干部结合职责分工和工作实际，逐项抓好巡视反馈意见整改工作，建章立制，做好巡视“后半篇文章”。全区共整改问题49个，基本完成整改2个；出台或修订规章制度84项。对移交的问题线索逐一调查核实，问责31人，整改工作取得阶段性成效。（林骏斌）

组织工作

【概况】2018年，中共集美区委设基层党组织1172个，其中党委57个、党总支36个、党支部1079个。在基层党委中，机关党委8个、事业单位党委3个、镇党委2个、村党委16个、社区党委20个、国有企业党委2个、非公企业党委6个；区委派出的党工委9个，其中机关党工委4个、街道党工委4个、非公企业和社会组织党工委1个。全区共有党员16006人，其中预备党员328人；女党员6585人，占党员总数的41.14%；少数民族党员159人，占党员总数的0.99%；35岁及以下的党员6299人，36～45岁3835人，46～55岁2542人，56～60岁652人，61岁及以上2678人；研究生学历648人，大学本科7294人，大专2988人，中专

1062人，高中、中技1555人，初中及以下2459人。

【村级组织换届】2018年5月18日至9月20日，集美区64个村（居）组织换届选举，其中行政村21个、社区43个(含14个未改制的“村改居”社区)。共选举产生村（居）“两委”（“支委”和“村、居委”）成员460名，其中党组织班子成员286名、村（居）委会成员310名，全面完成各项指标任务。新选出的“两委”班子呈现“五高一快”的特点：（1）“一肩挑”（党组织书记和村、居委会主任“一肩挑”)比例高，除3个由下派干部担任书记(按照规定不能担任村(居)委会主任)的村(居)外，其余61个村（居）全部实现“一肩挑”，超额完成省、市下达的35%的任务指标，所占比例全市、全省最高。（2）一次性选举成功率高，村（居）党组织、村（居）委会换届选举一次性成功率100%。（3）“交叉任职”比例提高，“交叉任职”136人，占“两委”成员总数的30%，比上年增长89%。(4)学历水平提高，高中以上学历437人，比增13%；大专以上学历354人，占“两委”成员总数的77%，比增48%，且每个村（居）至少有1名；研究生学历7人。（5）女性成员比例提高，女性成员203人，占“两委”成员总数的44%，比增22%，且实现每个村（居）至少有1名。（6）班子“新陈代谢”加快，35周岁以下218人，占“两委”成员总数的47%，比增27%，且每个村（居）至少有1名；新进班子成员127人，占“两委”总数的28%；新任党组织书记29人，占45%。

【基层组织建设】2018年，集美区突出政治功能，抓实各领域基层党建工作。（1）农村党建。选派49名干部和18名科技特派员充实基层一线，35个村（含村改居）集体经济收入全部超过20万元，灌口镇田头村和双岭村集体经济发展案例入选《福建省发展壮大集体经济案例选编》。（2）城市基层党建。全区召开党建联席会议74场，带动489家驻区单位融入基层治理，协调解决基层治理难题47个。集美街道“共建共享”创新做法入选人民网全国城市基层党建创新案例。（3）机关党建。围绕“新思想、新担当、新作为”主题，开展专题学习讨论69场，组织机关党员干部723人次培训轮训4场，开展领导干部参加双重组织生活情况专项检查，抽查党员领导干部150名。（4）党员教育管理。开展“党章强化学习年”活动，举办党章知识竞赛、主题征文、演讲比赛等活动73场。组建“银铃讲师团”，到各镇(街)、村(居)宣讲43场。在《集美报》开设“书记笔谈”栏目15期，在“天下集美”微信公众号开展“两学一做看变化”活动，引导党员干部围绕推进“双千亿”等中心工作发挥先锋模范作用，推动市对区考核拆迁完成量位居全市第二位。（5）支部规范化建设。推进达标创星活动，1081个党支部对标“六个基本”落实问题整改，实现全面规范提升。开展典型“比、晒”活动，打造“明星支部”14个。（梁荣昌）

9月14日，灌口镇东辉村村委会换届选举。图为选民在投票（林志杰 摄）

【干部教育培训】2018年，集美区采取集中轮训和专题辅导等形式，引导干部内强本领、外化言行，培养忠诚干净担当的高素质专业化干部队伍。突出理想信念教育，开展习近平新时代中国特色社会主义思想大学习活动，组织全区处级干部轮训2期，机关处科级干部及国企参训人员650人次；抽调73名处科级干部参加区委党校春、秋季处科级主体班。强化专业能力培训，选派16批65人次干部参加省、市调训和各类专项培训，组织2批74人次参加“千人学堂”专题讲座。

【干部选拔任用】2018年，集美区坚持事业为上、人事相宜，选拔敢于负责、勇于担当、善于作为、实绩突出的干部。突出一线导向，提拔处科级一线干部40人，占干部提拔数的65%，其中提拔处级一线干部 14 人，占 61%，一线干部的提拔比例提高；统筹处级非领导职数，调整 3 个职数用于解决长期服务在重点项目、重要工作岗位优秀干部的职级待遇，占同期非领导职数使用数的 75%。安排 17 名处级干部担任镇街班子成员或到区直一线部门参与班子分工，优化一线部门班子知识和年龄结构；安排 17 名经历较单一的处科级干部分批次交流轮岗，补齐干部经验短板；调整 7 名长期在镇街或一个岗位任职的处科级干部交流任职，激发干部活力。

【人事制度改革】2018 年，集美区改进干部考核方式方法，完善知事识人体系，把日常走访和近距离考察相结合。搭建一线锻炼阵地，选派 23 个部门 37 人到镇街、征拆指挥部、重点工作办公室参与班子分工，承担重点项目，接受实践磨炼；开展蹲点式专题考察，以村居换届工作为考察重点，组建 6 个组工考察小组，分别挂钩督导 6 个镇街，全程跟踪考察村居换届工作，近距离、多角度考察识别镇街班子和 320 名一线干部在完成急难险重任务中的表现；加强日常性考察了解，结合区直部门工作示范机制以及年轻干部队伍建设，到建设、执法、卫计等 6 个部门走访干部 190 余名，从工作、生活细节了解印证干部一贯表现。

【年轻干部培养】2018 年，集美区坚持用当其时，及时选拔任用能干事、干成事的处科级年轻干部，提拔“80 后”（1980 年后出生）处级干部 7 名，安排到一线部门或重要岗位任职，占全区“80 后”处级干部人数的 70%；提拔“85 后”科级干部 22 名，安排 13 名担任领导职务，占比 59%。注重干部队伍梯次建设，选拔任用主动作为、实绩突出的各年龄段干部，提拔处级干部“60 后”的 7 人、“70 后”的 9 人、“80 后”的 7 人，调动各年龄段干部的积极性。（苏海雕）

【人才政策体系进一步完善】2018 年，集美区突出需求导向，听取接纳人才、辖区企业、高校和职能部门的意见建议，修订“聚贤集美”人才计划政策，从建立市场化人才评价、激励机制，优化人才引育机制，加大人才发展保障，深化产学研合作等方面提出具体措施 35 项。全年吸引新入选国家、省、市各级人才计划人才 55 名，累计 313 名，连续四年新增市“双百计划”人才落户数、人才专项经费投入全市领先。

【人才平台建设】2018 年，集美区围绕六大重点产业链群，加快升级人才创新创业平台，推进软件园三期、杏林湾商务营运中心、创业大厦、北站创业大街等创业园区建设，建成永磁电机产业园、电子城•国际创新中心等一批技术研发创新平台，累计提供创业场所面积 278 万平方米，集聚软件信息服务、新材料等重点产业企业 1800 家、人才 6.5 万人。加快企业研发机构建设，推动企业新建市级以上重点实验室、企业技术中心等科研平台 34 个，累计建成企业技术中心 37 个、企业研究生工作站 27 个、重点实验室 29 家，带动 63.14% 的规模以上企业建立研发机构，吸引科研人员 3404 名。加速“双创”空间拓展，引入百度创新中心、腾讯云技术空间、阿里云“创客 +”、小样青年社区等国内知名众创空间，支持建霖卫浴等龙头企业设立众创平台，带动全区建成市级以上众创空间 40 家，吸引 1200 多个创业团队 6000 多名双创人才落户创业。设立创新创业专项资金，向 458 个创业团队发放创业扶持资金 2817 万元，拨付其他认定奖励、中介机构服务补助等 1.5 亿元。

【产学研融合】2018 年，集美区发挥高校、科研院所集聚优势，加强与高校、院所战略协作，推动产学研深度融合。与 37 家高校、院所建立合作关系，建成全国首个中外高校合作共建的国际离岸孵化器，推动中科院厦门稀土材料研究所投入运营，形成以机器人及数控技术应用研发平台、教育部“蓝火计划”中国高校（厦门）科技成果转化中心、快速制造国家工程研究中心、中科院协同创新体四大创新平台为支撑的创新发展新格局，与辖区企业签订产学研合作协议 218 项，促进科技成果转化升级。创新设立企业首席技术顾问，给予首席技术顾问每月最高 1.5 万元的团队工作津贴，鼓励高校、科研院所中的科研人员与辖区企业开展合作，共同开展产品研发和技术创新，合作申报产业化科技项目。

【两岸人才交流】2018 年，集美区在全国率先出台区级《鼓励对台青少年来集研学旅行奖励办法》，厦门（集美）对台研学旅行基地成为全国首个对台研学基地和全省首批对台交流基地，吸引 1307 名台湾青年前来研学交流。依托台湾生产力中心，开设企业高阶管理班、NeST 企业家二代研习班等培训课程，为 75 名两岸企业家二代提供专项辅导，邀请 70 家台湾小微企业和台湾暨南国际大学管理学院总裁班 59 位台湾人才到集美区参访交流，在第十届海峡论坛期间承办两岸创意设计众包平台建设研讨会，促进两岸文创、设计人才互动交流。修订《鼓励台湾青年来集创业就业专项扶持办法》，打造“灵动青春”台湾青年创业园，建成青创基地 5 个，累计引进台湾团队 154 个，入驻台湾青年 391 人，兑现 55 个台湾团队创业启动扶持资金 405 万元。推行“以台引台”模式，鼓励“一品威客”等平台发挥台青资源优势，赴台举办两岸青年人才创业发展分享会 10 场，累计招募到集美创业就业台湾人才 100 余名。实行人才认定制，鼓励企业自主招聘急需紧缺台湾专业人才，每引进 1 名台湾专业人才，给予企业最高 10 万元、猎头机构 2 万元的奖励。

【全要素保障各项措施全面实施】2018年，集美区加大人才投入，形成“政府资金+产投基金+社会资本”三位一体的金融支撑体系。全区人才财政投入4.64亿元，带动社会人才投资5.32亿元，92家落户“双百”企业完成总产值2.4亿元，比上年增长38.76%，销售总收入2.1亿元。区产业引导基金形成拥有29支参股子基金123亿元基金的规模，参股子基金数量及规模居全市第一名，累计投资27个人才项目4.35亿元。建成全市首个基金聚集区，吸引166家股权投资类企业注册，管理规模达160亿元。举办“创客•集美”专场对接会、参股子基金投融资项目路演，推动3家企业达成投资意向，其中1家融资1000万元。加大人才安居保障力度，建成软件园三期、杏林湾商务营运中心等重点产业园区人才公寓4422套，入住2772套6315人次。落实《集美区企业人才房租补贴办法》，全年兑现113家企业3529名企业骨干人才房租补贴2941万元。加强政治引领，区委常委会、政府常务会召开专题研究人才工作会议28次，区党政领导联系服务人才56次，协调解决人才问题38件。营造爱才尊才的氛围，制订《集美区拔尖人才选拔管理办法》，给予人才携带亲属到辖区景点参观休养等待遇。建成创业大厦人才项目成果展厅和创业先锋榜，全年接待参访92批2898人次。举办首届集美区人才发展环境微电影大赛，征集优秀作品11部，全方位展示集美人才创新创业成果和优质营商环境。（罗　蕾）

【党员电化教育平台建设】2018年，区委电教中心应用“互联网+”继续推进户外LED远教广场建设，新建集党员教育、文体活动、便民服务等为一体的远教党群广场4处（金博水岸、龙山社区、后垵村委会、田头村），全区109个远教站点全面升级并投入使用。FM89.2“集美先锋视界”广播栏目采访播出各行业表现优异的党员24人，集美电视台“集美先锋视界”党建电视节目摄制12名党员的先进事迹，与上年度拍摄的12期先进事迹视频一并制作光碟500套，分发到各基层党组织。组织“映像先锋”远教巡回放映队，放映《做合格党员三字经》《八闽先锋》《党的生活》《榜样3》等微动漫、微视频和红色电影150余场，观看的党员、群众4万余名。组织参加全市首届党员教育微视频大赛，获一等奖、二等奖、网络人气奖各1部，优秀奖3部。2018年，“嘉庚故里先锋网”累计点击量7万余人次，“集美组工”“集美先锋视界”微信公众号推送信息900余篇，信息点击阅读量90余万次。（叶燕瑜）

【非公领域党建】2018年，集美区区、镇领导直接挂钩联系135家非公企业出资人，推动非公企业党建工作。开展互联网企业党建“百日攻坚”行动，新建党组织58个。至年底，全区有非公企业党组织514个、社会组织党组织41个。培育厦门蓝斯通信股份有限公司党建示范点，推动党建工作写入公司章程。举办首届非公领域“主题党日”优秀案例征集评选，征集案例68个，评选出优秀案例16个，展示非公领域党组织的工作特色和亮点。依托厦门“党建e家”，加强党组织规范化管理，完成383个“空壳”、问题支部的整改工作。建成全区非公领域党建管理平台，动态录入555家非公党组织的党建工作、企业发展情况，提升党建工作信息化水平。采取购买服务形式，配备社工14名，组织非公党组织到党群中心、创业大厦举行入党宣誓、过政治生日、“党员好声音”等集体活动255场次。开设非公党建咨询服务窗口，梳理涉企事项19项，为重视党建工作的企业开辟绿色通道，办结企业申请登记15家。推动165个党组织开展党企交流、圆桌会议等活动367场，在42家非公企业设立“党员责任区”53个、“党员先锋岗”266个。在各镇街评选表彰非公企业“党员之星”9人，开展宣讲身边党员故事活动，形成“向党员看齐”良好氛围。（张　强）

宣传工作

【概况】2018年，集美区宣传思想文化战线贯彻全国、全省、全市宣传思想工作会议和宣传部部长会议精神，在全区兴起习近平新时代中国特色社会主义思想和中共十九大精神大学习热潮。结合集美大学、集美中学百年校庆，开展“嘉庚精神宣传月”“嘉庚文化周”主题系列活动；总结“心灵绿洲”十年成果，举办中国心理产业博览会、发展论坛、专题展、研讨会、培训班等活动，继续深化“心灵绿洲”品牌；以庆祝改革开放40周年为主题，组织创作《跨岛筑梦人》《嘉庚组歌》《华侨旗帜》等文艺作品，《青山青史》《再会吧，延安》《咱厝的榕树》等文艺精品在全国和全省获奖；发挥集美特色，成功举办海峡两岸龙舟文化节、两岸特色庙会、集美学村文化艺术节、集美学村周末音乐会、集美•阿尔勒国际摄影季、集美新城荧光夜跑、龙舟唱晚集美学村音乐节等文化品牌活动，打造人文集美城市形象；梳理历史文化资源，完成《集美学村文化》《集美侨乡文化》《民俗与民艺》等集美历史文化丛书的编撰和大型实景电视歌仔戏《顾靖尧与林湘君》拍摄任务。

【理论武装】2018年，集美区委下发《关于在全区进一步兴起习近平新时代中国特色社会主义思想大学习热潮的通知》《关于加强领导干部学习教育的通知》《2018年全区各级党委（党组）理论学习中心组学习意见》《集美区贯彻落实〈中国共产党党委（党组）理论学习中心组学习规则的实施意见〉的通知》《关于加强和改进区委理论学习中心组学习的实施办法》，围绕学习贯彻习近平新时代中国特色社会主义思想、中共十九大精神、全面从严治党、扫黑除恶等重点内容，举办专题讲座、和座谈讨论，区委理论学习中心组全年集中学习24次，区委书记李钦辉带头作《深入学习贯彻中共十九大精神，把新时代五大发展示范区蓝图化为美好现实》专题报告。邀请国家文物局原党组成员、副局长童明康作《近现代文物建筑的价值及保护问题》专题报告。举办“集美讲堂”4讲，邀请许耀桐等国内知名专家授课，帮助领导干部开阔视野、提高理论素养。做好《习近平谈治国理政》《习近平新时代中国特色社会主义思想30讲》学习读本的组织学习和发行工作。印发《关于进一步开展习近平新时代中国特色社会主义思想大宣讲工作实施意见》，推进习近平新时代中国特色社会主义思想进企业、进农村、进机关、进校园、进社区、进军营、进网络工作，推动全区各个领域、各条战线、各行各业全面兴起大学习热潮。结合庆祝改革开放40周年主题宣传教育，开展“新时代、新思想、新作为”理论宣讲轻骑兵暨“讲述集美40年”百姓宣讲团进基层宣讲活动，通过“讲故事＋讲经验＋讲体会”的介入式、嵌入式宣讲模式，以接地气、有温度的故事，宣传习近平全面深化改革重要事迹，讲述改革开放的厦门经验、集美故事，展示改革开放特别是中共十八大以来的历史性成就和变化。宣讲团4人获评省、市基层优秀宣讲员，区委宣传部获省委宣传部授予的基层理论宣讲员宣讲比赛优秀组织奖。举办主题为“全民大学习、奋进新时代”的“24小时马拉松式全民学习日”活动，融线上线下同步学习为一体，打造全天候、接力式、多元场景的学习模式。区委宣传部组织创作的《阿集小美说十九大》动漫视频在全市多个平台播放，以动漫形式宣传中共十九大精神。开展“学习新思想、奋力新作为”理论征文活动，收到的理论文章分别在《厦门日报》《集美报》陆续刊登。结合集美区经济社会发展实际和“一精神三文化”特质，组织《集美新城文脉传承导入工程研究》等课题调研，完成《嘉庚家风家训研究》编写。举办第十四届海峡两岸（集美）端午文化论坛、2018集美社科论坛暨第二届学村文化研讨会、大学生嘉庚论坛、社科普及周活动，传承和弘扬嘉庚精神，促进华侨文化、闽南文化、学村文化研究，深化“一精神三文化”内涵，为区委、区政府科学决策提供参考。

【思想道德建设】2018年，区委宣传部把弘扬嘉庚精神作为培育和践行社会主义核心价值观的特色载体，结合集美大学、集美中学百年校庆，开展“嘉庚精神宣传月”“嘉庚文化周”活动，举办“不忘初心、诚毅前行”嘉庚主题大型原创音乐会、“庚·读者”经典诵读、“嘉庚语录心中记”中小学现场硬笔软笔大赛、“嘉庚精神”校园巡回宣讲、厦门市青少年嘉庚建筑纸模型比赛等活动。创新红色文化教育方式，将红色文化阅读作为2018“人文集美·悦读季”的重要内容，通过征文比赛、微电影、小视频、红色文化之旅等活动，传承红色文化基因。总结“心灵绿洲”十年成果，继续深化“心灵绿洲”品牌，举办中国心理产业博览会暨中国心理产业发展论坛、“遇见更好的你”心理学专题展、第四届全国心理服务机构发展模式研讨会、集美区“心灵绿洲”社区志愿队骨干心理健康辅导培训班、集美区高校大学生心理志愿者培训班、集美区家庭心理论坛、“新时代、心萌芽、心幸福”未成年人心理健康教育论坛及各类群体心理健康宣传教育活动，办好“心灵绿洲”广播节目，推动心理健康知识普及。发挥陈嘉庚纪念馆、集美鳌园等爱国主义教育基地功能，结合普法、综治、计生、国防教育、征兵、食品安全等工作和清明、端午等传统节日，举办2018“海峡两岸（厦门）青少年航天梦”等主题活动。加强53座科普画廊管理，举办“诚毅科普大讲堂”8场，开展全国科技工作者日、科技活动周科普宣传活动，灵玲国际马戏城等7家单位获“厦门市科普教育基地”称号。

【精神文明建设】2018年，集美区完善文明创建工作机制，推动各责任单位落实文明创建责任制。组建区级文明创建暗访团，每月对创建工作进行巡查暗访。设立各镇街、单位分管领导在线的“集美文明创建巡查督办微信群”，由区创建办实地巡查、在线督办，区效能督查办在线督查，对整改不力的单位进行效能督查问责，确保立行立改、落实见效。在《集美报》开设“文明专刊”，宣传文明创建中涌现的示范单位、文明践行者、志愿服务最美人物，宣传公共文明行为规范，对不文明行为进行曝光，引导市民文明行为，树立文明城区形象。建立集美诚毅志愿者联盟阵地，形成1+12服务格局。整合卢妈妈爱心志愿服务队、飞鹰救援队等22支志愿服务队伍，引入全区首支台商志愿服务队——“苔芯”志愿服务队，实行“联盟＋志愿队伍”形式，创新志愿服务内容，提升志愿服务质量，扩大志愿服务参与面。强化志愿服务培训，发挥志愿服务培训师资库作用，组织居家护理安全、垃圾分类、交通安全、志愿服务礼仪等方面的培训88场，培训7800余人次。抓好社区书院品牌建设，召开社区书院推进会，促进书院特色服务“百花齐放”。通过“以社工挖达人，达人带义工”的方式挖掘达人600名，培育志愿者队伍38支。对全区38家社区书院开展确认工作，17家新建社区书院全部通过达标书院审核，其中凤山、滨水、康城3家社区书院被市委文明办评为典范社区书院。开展美德少年推荐评选活动，谢伊获评全国首批“新时代好少年”。印发《关于开展2018年集美区“做一个有道德的人，童心筑梦新时代”主题教育系列活动的通知》和《关于开展“扣好人生第一粒扣子”主题教育实践活动的通知》，开展“我的中国梦”、“做一个有道德的人”、“阳光心灵、快乐成长”、向国旗敬礼、“学礼仪、用礼仪”网络知识竞赛、“童心向党”歌咏展演等主题教育系列活动，引导青少年健康成长。在2018年全省文明城区考评中，集美区获得全省第二名、全市第一名的成绩，蝉联2015—2017年度省级文明城区。

【媒体宣传】2018年，集美区各新闻单位围绕学习宣传贯彻习近平新时代中国特色社会主义思想、中共十九大精神、庆祝改革开放40周年、推进“6+7”工作、打好“三大攻坚战”、补民生短板、“扫黑除恶”等重大活动开展宣传工作。在区属媒体开设《新时代、新作为、新篇章——在习近平新时代中国特色社会主义思想指引下》专栏。各新闻单位向中央广播电视总台发稿或协助央视来集采访，央视《朝闻天下》栏目报道集美区跨岛发展成就，外语频道直播海峡两岸龙舟文化节活动，“新闻+”客户端直播集美·阿尔勒国际摄影季开幕式、元旦航拍直播集美。浓墨重彩做好庆祝改革开放40周年的新闻宣传报道工作，在《厦门日报》《厦门晚报》《海西晨报》《集美报》开设《跨岛发展看集美，深化改革再出发》《改革开放40年·潮起浔江》等专题、专栏、专版，与新浪网联合推出“人文集美、跨越之路”系列短视频，阅读量超过2700万次，播放量近1200万次，一度排在新时代话题榜单第七位，全方位、立体化展示集美城市形象。区广播电视台全媒体演播厅建成投用，《集美报》、集美广播电视台一批作品获省市新闻奖。其中，广播系列报道《砥砺奋进的五年》、电视消息《闽南“阿婆”美翻了》、纪实电影《致童年》获厦门新闻奖一等奖。集美广播与蜻蜓FM、阿基米德FM合作，网络在线收听取得新突破。区属媒体官方微信“天下集美”公众号和“人文集美”手机APP，针对时下热点策划选题，第一时间传达党和政府决策，报道集美区重大活动、民生热点、集美人文、便民信息等，其中“天下集美”公众号推送图文1327篇，阅读总次数276万次，传播力超过95.57%的公众号。继续办好人民网、厦门网、腾讯网等新闻网站和重要商业网站的合作平台，与“华人头条”合办集美频道，在厦门移动电视开设“走进新集美”栏目，加大对外宣传力度，扩大集美对外影响力。推进媒体融合发展和新形势下区属媒体机制创新，区融媒体中心挂牌，探索“报台微端”紧密型运作模式，构建“统一策划、一次采集、多种生成、全媒传播”现代化传播体系。做好网上舆情监控，编发并报送《网络舆情月报》12期、《集美网络舆情信息》42期、突发事件和重大活动舆情专报15期、《媒体集美摘报》105期，处理重大活动和重要突发事件舆情监控9起。

【文化建设】2018年，集美区推动“深入生活、扎根人民”主题实践活动制度化长效化，组织文艺工作者深入群众、体验生活、创作采风。设立集美区文艺发展专项资金，出台《集美区文艺发展专项资金扶持奖励办法》，扶持文艺创作。以庆祝改革开放40周年为主题，组织创作广播剧《跨岛筑梦人》《青山青史》、主题歌曲《集美，汇集天下美》、大型文献纪录片《跨越——集美改革开放40年》、交响合唱《嘉庚组歌》、话剧《华侨旗帜》、纪实文学《集美学村的先生们》、诗集《不长年轮的三角梅》等文艺精品，征集原创歌曲并出版《新时代的集美音》专辑，举办庆祝改革开放40周年原创主题音乐会、摄影作品展、美术作品展等文化活动。广播剧《青山青史》获第十八届中国广播剧研究会广播剧专家评析连续剧一等奖，广播剧《再会吧，延安》获福建省广播电视艺术奖二等奖，微电影《致童年》获全省“新时代、新风尚”主题优秀公益广告及微电影评选活动微电影优秀作品奖，闽南童谣《咱厝的榕树》获评“魅力校园”第十三届全国校园文艺会演暨第十八届校园春节联欢晚会金奖。发挥集美特色，举办海峡两岸龙舟文化节、第十届海峡论坛两岸特色庙会、第二届集美学村文化艺术节、“听见

9月28日，第二届集美学村文化艺术节开幕。图为学生朗诵《以青春的名义宣誓》

（林志杰 摄）

集美”厦门集美学村周末音乐会、集美•阿尔勒国际摄影季、集美新城荧光夜跑、龙舟唱晚集美学村音乐节、星巢音乐节、企业文艺调演等文化品牌活动，打造人文集美城市形象，扩大集美城市知名度和影响力。梳理盘点历史文化资源，完成《集美学村文化》《集美侨乡文化》《民俗与民艺》等集美历史文化丛书的编撰工作。推进集美闽南曲艺创作示范基地建设，办好中小学闽南戏曲示范点，举办“新时代、新思想、新集美”戏曲进基层巡演活动。落实《集美区民间文艺团体扶持办法》，给予民间文艺团队演出补助、创作补助、师带徒补助，推动民间文艺团队发展，提高闽南文化的传播力和影响力。创新闽南文化传承形式，完成大型实景电视歌仔戏《顾靖尧与林湘君》拍摄任务。推进文化遗产保护传承，开展全区非物质文化遗产普查暨民间文学、海洋文化专题调查，举办2018年厦门市“文化和自然遗产日”暨集美区主会场宣传展示活动、全市首届歌仔说唱征文与展演比赛等。加强文物保护工作，分批对不可移动文物点进行老化电线线路改造和文物保护立碑工作。继续做好基层综合性文化服务中心建设工作，少儿图书馆通过第六次全国公共图书馆评估定级考核，继续保持“国家一级图书馆”称号。实施文化惠民工程，主办集美文艺讲堂22场，举办“三下乡”“我们的中国梦，文化进万家”“人文集美·悦读季”“新时代、新集美、新风采”宣传中共十九大精神文艺下基层巡演、“新时代、新风采”新春摄影书画展、“我们的节日——端午”经典诵读晚会等文艺活动，丰富群众的精神文化生活。

（郑诗桐）

统一战线工作

【概况】2018年，集美区统一战线学习贯彻中共十九大精神和习近平关于加强和改进统一战线工作的重要思想，引导民主党派基层组织、区工商联和无党派人士凝心聚力，参加高素质高颜值跨岛发展最美新市区建设。区委统战部在国家会计学院举办纪念“五一口号”发布70周年暨“不忘合作初心、继续携手前进”专题研讨班和2018年统战理论培训班，在古田干部学院举办学习贯彻习近平新时代中国特色社会主义思想专题研讨班，强化统一战线成员政治共识，坚定听党话、跟党走信念。成立集美区新的社会阶层人士联谊会，举办第二届“嘉庚论坛”，召开政党协商会议2次，组织各民主党派参加各种工作会议、座谈会10次，推荐15名党外代表人士担任集美区党风政风监督员及特邀审计员。各民主党派基层组织、区工商联和无党派人士完成调研课题38个，提出各种意见建议34条。召开集美区海外联谊会第五届理事会暨集美区第八次归侨侨眷代表大会，选举产生第八届集美区归国华侨联合会。接待来自东南亚、美洲、非洲等30多个国家和地区的海外人士200多人。

【共同思想政治基础进一步巩固】2018年，集美区委统战部在国家会计学院举办纪念“五一口号”发布70周年暨“不忘合作初心、继续携手前进”专题研讨班和2018年统战理论培训班，组织各民主党派集美基层组织、区工商联、无党派人士、新的社会阶层人士和统战干部121人，学习习近平新时代中国特色社会主义思想和中共十九大精神，贯彻习近平总书记对福建、厦门工作的重要指示，参观华侨博物馆“五一口号”70周年主题联展、厦门市博物馆改革开放40周年建设成就展、厦门自贸区、厦门邮轮母港、厦门市文创展示中心、集美新城核心区；在古田干部学院举办学习贯彻习近平新时代中国特色社会主义思想专题研讨班，组织各民主党派基层组织、区工商联、无党派人士、新的社会阶层人士和统战干部35人，参观古田会议会址、才溪乡调查纪念馆、松毛岭战役遗址和红军长征第一村——中复村等革命圣地，进一步强化统一战线成员政治共识，坚定听党话、跟党走信念。另先后举行中共十九大精神网络知识竞答活动、“垃圾分类、你我同行”宣传活动、免费肝脏健康检测志愿服务活动、趣味运动会、户外团队拓展等活动，共有400余人次参加各项活动。

【多党合作】2018年，区委统战部组织学习习近平总书记在全国“两会”民盟、致公党、无党派人士、侨联界别联组会上的重要讲话精神，完善区委与各民主党派政党协商制度，推进多党合作事业发展。落实区委领导与党外人士联谊交友制度，密切党员领导干部同党外人士的关系，及时掌握党外人士思想动态。协助区委做好与各民主党派政党协商工作，全年召开政党协商会议2次，组织各民主党派参加中共福建省委巡视整改专题民主生活会前征求意见座谈会、区政府廉政工作会议、“项目推动年”动员部署会等会议10场。推荐15名党外代表人士担任集美区党风政风监督员及特邀审计员，完善民主监督机制。制定《2018年集美区多党合作工作要点》，健全政府部门与各民主党派联系工作机制，明确多党合作内容，推动决策科学化民主化。下拨民主党派活动经费61万元，推动各民主党派基层组织加强自身建设，履行民主监督职能，围绕区委区政府中心工作开展各项活动。

【新的社会阶层人士统战工作】2018年，集美区成立新的社会阶层人士联谊会，制定《集美区新的社会阶层人士联谊会会务管理若干规定》，坚持每两个月一次会长办公会制度，加强联谊会组织规范化管理。成立“一鹭同心”厦门市新的社会阶层人士创新实践基地“嘉庚风”驿站、“两岸e家”驿站和线上“E鹭同心”社区。创新领导干部与新阶人士联谊交友模式，定期开展“一杯茶一颗心——部长茶吧”活动。打造活动品牌，举办新阶联会员IPO路演沙龙，组织新的社会阶层代表人士登台路演，推介公司文化，介绍企业产品，开展企业合作。创建统战工作网络化平台，依托新浪厦门新媒体运营平台，举办统战部部长访谈、新阶代表人士嘉庚精神座谈会和两岸交流视频专访活动，在新浪微博开辟“嘉庚风、两岸情”专栏，全程直播集美区新的社会阶层人士联谊会第一次会员代表大会暨成立大会，形成线上线下同时发力的统一战线工作新局面。是年，集美区新的社会阶层人士1人入选新浪网策划的“百城致敬40年·城市人物”系列活动，5人入选“新浪厦门”策划的“我与厦门共成长——厦门市新的社会阶层人士庆祝改革开放40周年”视频展播活动。

【党外人士为集美发展建言献策】 2018年，区委统战部动员各民主党派、工商联、无党派和新的社会阶层人士融入全区工作大局，围绕“6+7”“双千亿”等中心工作，为集美区落实高质量发展实现赶超目标建诤言、献良策。党外人士围绕人才引进、城市规划管理、民生保障、文化旅游等方面提出意见建议34条。实行“党委出题、党派调研”，各民主党派基层组织、区工商联和无党派人士与区委、区政府相关部门对接，完成调研课题38个。组织党外人士调研中国（福建）自由贸易试验区厦门片区、海关知识产权保护、经济特区邮轮母港和“五大发展”示范区建设发展情况，为党外人士知情明政提供条件。

【党外代表人士队伍建设】 2018年，区委统战部贯彻落实《中国共产党统一战线工作条例（试行）》和区委《实施意见》，按照政治坚定、业绩突出、群众认同的标准，着力建设一支数量充足、结构合理、素质优良、作用突出的党外代表人士队伍。协助组织部门做好党外干部的发现、考察、推荐、培养工作，举办统战理论培训班3期。加强新的社会阶层人士联谊会组织建设，完善新的社会阶层代表人士人才库，首批31名青年优秀人才、技术骨干、管理人员纳入人才库。

【海外联络联谊】 2018年，集美区举办第二届“嘉庚论坛”，来自中央相关部委、高校和科研机构的40多位专家学者和“一带一路”沿线32个国家（地区）的150多位华侨华人出席论坛。加强与海外侨胞、港澳台社团的联络联谊，做好陈嘉庚、陈文确、陈六使等海外家族、海外侨领和重大节假日、重大会议到访集美海外人士的接待保障服务工作，全年共接待来自东南亚、美洲、非洲等30多个国家和地区的海外人士200多人。召开集美区海外联谊会第五届理事会暨集美区第八次归侨侨眷代表大会，选举产生第八届集美区归国华侨联合会。举办第三届“嘉庚风、中华情”香港集美校友后裔夏令营、第十二届海外华裔子女冬令营、第三届“嘉庚风、中华情”华裔学生看集美、第三届“嘉庚风、中华情”世界华侨寻根祭祖等活动，共有300余人参加活动。（吴旭雯）

政策研究

【课题调研】 2018年，区委办和经研中心安排重点调研课题13个，各课题牵头单位和参与单位密切配合，开展调查研究，形成调研报告13篇。《推动集美区实体经济创新发展的对策研究》《集美区提升政府托管住宅小区物业服务管理水平的对策与建议》《集美区物流产业竞争力评估与提升研究》3篇被评为优秀等次，《以全域旅游视角推动集美区研学旅行产业发展的研究》《集美新城文脉传承导入工程研究》等4篇被评为良好等次，《集美区实施乡村振兴过程中环境保护与资源利用对策研究》《构建集美区富有成效可持续的生态安全水系的对策研究》等6篇被评为合格等次。《集美区2017重点课题调研报告集》于2018年8月出版。

10月21日，第二届嘉庚论坛在万达嘉华北海湾酒店举行（统战部 供图）

2018 年集美区重点课题成果评审情况

表 6

等次	课 题 名 称	牵 头 单 位
优秀	推动集美区实体经济创新发展的对策研究	工商联
	集美区提升政府托管住宅小区物业服务管理水平的对策与建议	政府办
	集美区物流产业竞争力评估与提升研究	区委办、厦门理工学院
良好	以全域旅游视角推动集美区研学旅行产业发展的研究	文体旅游局
	集美新城文脉传承导入工程研究	宣传部、集美新城指挥部办公室
	完善法律援助值班律师制度研究——以集美区值班律师工作情况为视角	司法局
	集美学村申报世界遗产可行性研究	发改局
合格	集美区实施乡村振兴过程中环境保护与资源利用对策研究	区委办、中科院城市环境研究所
	构建集美区富有成效可持续的生态安全水系的对策研究	人大办
	集美区积极盘活土地资产资源，拓展产业和城市发展空间研究	政协办
	关于监察体制改革背景下加强审查调查工作的探讨	纪委、监委
	关于完善年轻干部“选育管用”全链条机制的研究	组织部
	2018 年集美区医联体建设现状及发展的调研报告	卫计局

【深改工作】 2018 年，集美区经研中心积极参与区委改革办的日常事务工作，起草 2018 年工作要点等文件，共有 28 项改革创新成果被中央主要媒体宣传报道，164 项成果被《福建日报》《八闽快讯》等省主要媒体刊物采用，110 项成果在《厦门特区快讯》《工作情况交流》《厦门改革情况》等刊物上登载。 （麻琳琳）

机关党建

【概况】 2018 年，集美区直机关党工委指导机关党组织开展“达标创星”活动，引导机关党员奋勇争先，为推进集美区高质量发展，建设高素质高颜值最美新市区而尽职尽力。1 月，区直机关党工委机关党支部获评“学习十九大、永远跟党走”答题闯关活动“支部之星”。至年底，区直机关党工委辖直属党委 1 个、党总支 8 个、党支部 32 个，共有党员 1414 人，其中当年新发展党员 10 人，21 个直属党组织完成换届选举。

【专题学习活动】 2018 年，区直机关党工委将学习贯彻中共十九大精神和习近平新时代中国特色社会主义思想作为区直机关的首要任务和基础性工作，与机关党建各项工作同部署、同落实、同考核。举办区直机关党务干部培训班，召开区直机关党的政治建设推进会暨兴起习近平新时代中国特色社会主义思想大学习热潮动员会，发放《习近平新时代中国特色社会主义思想三十讲》等书籍，在各直属党组织围绕“新思想、新担当、新作为”主题开展专题学习讨论，引导机关党员学懂弄通习近平新时代中国特色社会主义思想，增强履职担当，打通理论武装“最后一公里”。联合区委宣传部，举办“新时代、新思想、新作为”理论宣讲报告会 2 场，听课党员 500 余人次。

【机关党的建设】 2018 年，区直机关党工委在各直属党组织开展党支部“达标创星”工作，推进党支部建设规范提升年活动。根据“达标创星”的标准，评定区委办党支部、组织部机关党支部、纪委机关党支部等 24 个机关支部为先进支部，评定和欣社工服务中心党支部为社会组织先进支部。推进使用“党建 e 家”，依托该平台落实基层党务工作。各直属党组织共召开党员大会 1339 次、支委会 800 次、党小组会 1365 次，上党课 356 次，举办主题党日活动 300 次、志愿服务活动 388 次、参观活动 112 次，实现平台内接转组织关系 224 人、转入平台 109 人、转出 3 人。

【基层党组织政治功能强化】 2018 年，区直机关党工委突出政治建设的统领地位，做好“一个带头、三个表率”，引导基层党组织在各项工作中发挥战斗堡垒作用。各直属党组织共开展学习习近平总书记关于扫黑除恶重要批示精神活动 152 场，签订党员干部扫黑除恶专项承诺书 1236 份，向农村基层党组织和党员宣讲扫黑除恶政策 7 次。选送 2 部作品参加全市首届党员教育微视频大赛，介绍推广党建工作经验。督促所辖党组织领导干部参加“双重”组织生活会。开展在职党员进社区报到服务活动，推进城市基层党建工作。

【全面从严治党主体责任落实】2018年，区直机关党工委履行全面从严治党主体责任，制定2018年主体责任清单和主要负责人清单，逐条逐项进行责任分解，明确责任人和完成时限，并报至区信息化监管平台，逐项落实到位。区直机关党工委书记履行第一责任人职责，与各直属党组织主要负责人签订2018年度区直机关全面从严治党主体责任书，层层传导压力，强化政治担当。1月，组织召开所属党组织书记述职评议工作会议，指定区检察院党总支书记和区档案局支部书记为2017年度述职对象，对直属党组织书记抓基层党建工作情况进行民主评议，压实管党治党责任。（高双双）

机构编制管理

【概况】2018年，集美区启动区级党政机构改革工作，《集美区机构改革方案》获市委、市政府批复，确定全区设置党政机构31个，其中党委机构10个、政府工作部门21个，改革工作进入组织实施阶段。落实省、市制定的政府工作部门权责清单管理办法，健全清单管理机制，编制专项权责清单和便民服务事项清单，梳理首批区级便民服务事项（行政许可、公共服务）203项。开展“减证便民”行动，取消涉及7个部门24个办理事项的证明事项18项，从源头上避免各类“奇葩”证明、循环证明现象。全区党政机关和事业单位中文域名注册缴费和续费单位288个，域名注册率127.23%。

【区级党政机构改革】2018年，根据中央、省委和市委有关机构改革的要求和部署，区委成立机构改革工作协调小组，区委书记李钦辉任组长。11月30日，区委常委会会议审议并通过《集美区机构改革方案》。12月28日，改革方案获市委和市政府批复，进入组织实施阶段。改革方案确定，全区设置党政机构31个，其中党委机构10个（纪检监察机关1个，工作机关9个），政府工作部门21个。（1）组建区委议事协调机构9个：区委国家安全委员会、区委财经委员会、区委审计委员会、区委军民融合发展委员会、区委全面深化改革委员会、区委全面依法治区委员会、区委网络安全和信息化委员会、区委外事工作委员会及区委教育工作领导小组。（2）加强区委职能部门的统一归口协调管理职能，区委组织部统一管理区委机构编制委员会办公室和公务员等工作；优化区委宣传部职责，将区委精神文明建设办公室的职责划入区委宣传部，对外加挂区政府新闻办公室牌子；区委统一战线工作部统一管理民族、宗教、侨务工作。（3）新组建和优化职责的机构：组建区农业农村局，整合区农林水利局职责、区发展和改革局的农业投资项目管理职责、区财政局的农业综合开发项目管理职责、市国土资源部门的农田整治项目管理职责；组建区卫生健康局，整合区卫生和计划生育局职责、区发展和改革局承担的区深化医药卫生体制改革领导小组办公室职责、区老龄工作委员会办公室职责、区安全生产监督管理局的职业安全健康监督管理职责；组建区退役军人事务局，整合区民政局的退役军人优抚安置和拥军优属职责、区人力资源和社会保障局的军官转业安置职责；组建区应急管理局，整合区安全生产监督管理局职责、区政府办公室的应急管理职责、公安消防管理职责、区民政局的救灾职责、市国土资源部门的地质灾害防治职责、区农林水利局的水旱灾害防治和森林防火职责，以及区防汛抗旱指挥部、区森林防火指挥部、区减灾委员会、区抗震救灾指挥部职责。（4）与中央、省、市机构基本对应的其他机构：区委办公室、区委区直机关工作委员会、区委巡察工作领导小组办公室作为区委工作机关；区政府办公室、区发展和改革局、区教育局、区民政局、区财政局、区人力资源和社会保障局、区建设局、区统计局作为区政府工作部门。（5）因地制宜设置的机构：区委老干部局作为区委工作机关；区工业和信息化局、区商务局、区市政园林局、区城市管理局、区行政审批管理局、区政府信访局作为区政府工作部门。（6）统筹推进区人大、政协机构改革和群团组织改革。（7）深化事业单位改革，将完全、主要和部分承担行政职能的事业单位全部纳入改革范围，全面清理事业单位承担的行政职能，理顺政事关系，实现政事分开。

【事业单位机构编制调整】2018年，集美区对事业单位机构及编制进行调整。（1）调整集美区教育系统2018—2019年度中小学、幼儿园、职业技术学校教职工人员控制数，区属小学教职工人员控制数2937名，区属中学教职工编制控制数1825名，区属职业技术学校教职工控制数262名，区属幼儿园教职工控制数845名。（2）支持医疗事业发展，将厦门市集美区灌口镇中心卫生院更名为“厦门市集美区灌口医院”，加挂“厦门市集美区灌口镇中心卫生院”牌子，经费来源渠道为财政拨补，为公益二类事业单位，核定使用人员控制数171名。（3）配合做好公共资源交易服务职责调整工作，区级公共资源交易综合服务统一由厦门市公共资源交易中心承担，撤销厦门市建设工程交易中心集美分中心，划转事业编制4名，从厦门市集美区国有资产管理中心连人带编划转承担相关公共资源交易任务的人员编制2名。

【行政审批制度改革】2018年，集美区贯彻落实中央关于全面深化改革的战略部署，加快转变政府职能，着力推进简政放权、放管结合、优化服务工作，切实转变政府职能，优化政府服务。（1）健全清单管理机制。落实省政府办公厅印发的《福建省政府工作部门权责清单管理办法》，做好与《厦门市权责清单动态管理办法》的衔接，根据法律法规规章的立、改、废、释和上级取消下放、部门职能调整等变动情况，及时做好各部门权责事项、便民服务事项、前置审批事项、中介服务事项、减权放权事项等清单的动态调整。（2）编制专项权责清单。会同区安委办共同推动建立安全生产领域权责清单；推进工程建设项目审批制度改革，建立企业投资项目管理专项权责清单，梳理公布区级企业投资项目管理专项权责清单事项39项；推动建立部门间协助配合机制，组织编制行政协助事项清单。（3）编制便民服务事项清单。落实《福建省人民政府办公厅关于开展2018年度设区市及平潭综合实验区“互联网+政务服务”绩效考核的通知》精神，梳理首批区级便民服务事项（行政许可、公共服务）203项，并在区政府门户网站和厦门市权责清单管理平台对外公布，方便群众查询和办理。

【“减证便民”专项行动】2018年8月，集美区按照“五个一律”的要求，对涉及企业、群众办事的各种证照和“奇葩”证明、循环证明再次进行清理，在逐一审核证明事项并征求各相关部门意见基础上，取消涉及7个部门24个办理事项的证明事项18项，从源头上避免各类“奇葩”证明、循环证明现象。

【事业单位登记管理】2018年，集美区按照新标准规范办理事业单位登记管理事项，建立法人管理微信平台，采取明确流程、网上预审、平台纠错、现场确认、网站公示等措施，提升服务质量和效率。全年办理机关（群团）统一社会信用代码变更16家，注销1家，事业单位年度报告公示166家，设立登记17家，变更登记52家，注销登记4家，发（缴）事业单位法人证书125份，发放事业单位登记管理法律文书198份。强化信用体系对办理法定代表人事项的约束与运用，全年通过中国执行公开信息网和“信用厦门”查询信用记录43件。（林　洁）

党校教育

【概况】2018年，区委党校举办各类培训班7期，受训学员722人次。其中，处科级干部培训班2期75人次，机关事业干部培训班2期79人次，青年干部培训班1期17人次，处级以上干部学习中共十九大精神集中轮训班1期293人次，处以上领导干部深入学习贯彻习近平新时代中国社会主义思想第二轮集中轮训班1期258人次。

【课程设置】2018年，区委党校坚持党校姓党的根本原则，强化政治引领，坚持质量立校，聚焦主课主业，围绕区委中心工作开展干部培训工作。（1）突出主业主课。在主体班次教学安排中，坚持做到党的理论教育和党性教育课不低于总课时的70%，其中党性教育课不低于总课时的20%。坚持把习近平新时代中国特色社会主义思想、中共十九大精神、“五位一体的总体布局”等作为理论教育中心内容。把理想信念、宗旨、党章、党纪党规、党史、革命传统、道德品行、反腐倡廉等作为党性教育重点内容，确保主业、主课的主导地位。（2）服务区委中心工作。围绕党委、政府重大战略部署，坚持党委、政府中心工作推进到哪里，教育培训就跟进到哪里，将“四个全面”、五大发展理念、人文集美、集美区“十三五”战略规划、集美新兴产业发展趋势、五大发展示范区建设等纳入主体班次必学内容，根据履职需求和干部成长的需要开展精准培训，开设“习近平新时代中国特色社会主义思想”“新思想引领新征程——学习贯彻中共十九大精神”“习近平新时代中国特色社会主义思想在福建的孕育与实践”等专题讲座。科处级干部班、青干班融入集美特色的“一精神三文化”，加强市情区情教育，强化新时代干部急需本领能力培训。（3）开辟特色异地委培路线。满足学员在理论学习和拓宽视野方面多样化、个性化的培训需求，组织春秋两季科处级班、青干班学员分赴深圳盐田党校、

10月16日，区委党校组织科处级班学员到延安梁家河异地培训（官文捷 摄）

延安梁家河、苏州进行异地培训，寻访梁家河、参观纪念馆、走进革命旧址，领悟习总书记扎根基层、心系群众、不畏困难、艰苦奋斗的梁家河精神，传承红色基因，引导党员干部坚定理想信念，增强党性意识。

【科研成果】2018年，区委党校搭建“学员新思考”“课后反思”“早间话题”“学员论坛”四大交流平台，发挥学员的主体作用，编印《学员新思考》2辑、学员专辑VCD6辑。向区委、区政府提交《提升集美海岸线休闲游的几点建议》《浅析集美区城市道路重复开挖建设问题》和《关于设立集美学村大景区的建议》等呈阅件5篇。服务区委、区政府中心工作，组织学员参与区情研究和解决重大现实问题的对策性研究，开展科研活动，向区委、区政府提出有价值的对策和建议。利用各级媒体反映党校工作动态，交流工作经验，展示工作成果，上报的宣传信息被各级采用64篇，其中市级6篇、区级58篇。（黄淑容）

信访工作

【概况】2018年，集美区信访局接受区级来访来信307批1146人次，比2017年分别下降21.48%和51%；其中集体访39批739人次，同比分别下降57.14%和61.55%。发生到市集体访25批784人次，同比分别上升38.89%和127.91%；到省集体访1批5人次，同比减少26人次；进京集体访1批5人次，与2017年持平；进京到非接待场所人员5批5人次，同比减少3批3人次。全年受理各级转交办件990件，同比上升106.68%，其中市信访局转办件227件、省信访局转办件392件、国家信访局转交办件117件、各级巡视（察）组和换届办等单位转交办件254件。受理“12345”平台（市长专线）转交办件13202件，同比上升53.53%。信访保持“四下降一好转”（来信来访、到区集体访、赴省集体访、进京到非接待场所上访同比下降，信访秩序进一步好转）的良好局面。

【信访基础业务规范】2018年，区信访局办理初信初访548件1441人次，依托省信访信息系统，实施依法处理信访事项“路线图”，办理答复后息诉息访497批（件）1371人次，初访办结率90.69%，有效防止初次信访事项激化升级，减少重复信访和越级上访。加强网上投诉平台建设，打造网上信访主渠道，全年网上信访占信访总量的49.01%，比上年提高18.1个百分点。

【信访矛盾化解】2018年，区信访局落实中央、省、市关于信访矛盾化解攻坚战的决策部署，共组织排查重要信访矛盾纠纷12批54项，涉及房地产、集资融资、三农、教育、退役军人等重点领域和重点群体。化解杏北新城119户业主办证难等群体性信访事项34项，办结省级件1件、市级积案5件，息诉息访率100%。长期进京上访、缠访、闹访的陈、张、林、连4人等重点人员签订息诉息访协议，信访积案得到有效化解。

【信访法治建设】2018年，区信访局严格落实诉访分离、涉法涉诉信访依法终结制度，全年移送涉法涉诉信访事项18件。继续推进依法分类处理信访诉求工作，指导区人社局等20个单位和部门梳理依法分类处理诉求清单，共依法分流、引导进入劳动监察27批159人次，移送纪检监察部门12件，引导进入其他法定途径65件。与司法局联合建立访调对接中心，6—12月，对依法可以通过人民调解方式处置的信访矛盾纠纷，通过访调对接调解18件，某学院学生坠亡等17件重大信访事项调解成功，调解成功率94.44%。

【信访工作责任制落实】2018年，区信访局强化信访督办督查工作。区信访联席办与各镇街签订信访工作责任书，将信访工作纳入年度目标考核体系。全年对矛盾纠纷排查、积案化解、重点信访人员稳控等重点工作组织督查督办35次。建立“12345”平台诉求件督办回访工作机制，通过“12345”平台督办诉求件13202件，接收率、联系率、答复率、办结率均达到100%，群众满意度提升至98.08%。

【换届专项信访】2018年村级组织换届选举期间，共收到涉及村级组织换届选举信访举报事项155件，均按照《关于实行村级组织换届选举信访举报事项专办制度的通知》要求，实行限时办结，履行告知答复制度，及时予以办结，换届选举期间总体信访态势平稳。

（叶秋芽）

档案管理

【概况】2018年，集美区档案局贯彻落实国家档案局第8号令、第10号令，抓好档案规范化管理。接收到期档案实体51个全宗244卷14460件和全文数据。继续推进“集美寻珍”丛书编辑工作，编辑《集美寻珍》（8—13）6辑，出版2辑，共142万字。组织拍摄的田头村歌——《田头之歌》MV入选集美区庆祝改革开放40周年《新时代的集美音》原创音乐作品专辑。推进“存量档案数字化、增量档案电子化”建设，扫描馆藏档案110万页，帮助31家单位扫描6万余页，累计330万页。加大本地图书资料征集力度，建设集美区本地图书特藏室，藏书2000余册。

【机关和企业档案规范化管理】2018年，区档案局督促各镇街、区直机关、国有企业贯彻落实国家档案局第8号令、第10号令，按要求编制并报送文书档案保管期限表，抓好档案规范化管理。区卫计局、人社局、文体局、执法局、计生协、区委办、灌口镇、后溪镇、集美街道、编办、老干部局11家单位完成国家档案局第8号令落实工作；杏林建设开发公司、集美城市建设发展有限公司、集美国有资产投资有限公司、天下集美文广传媒有限责任公司4家国有企业完成国家档案局第10号令落实工作。

【“集美寻珍”丛书编辑】2018年，区档案局编辑出版《集美寻珍（8）》和《集美寻珍（12）》2辑。《集美寻珍（8）》收录鳌园楹联67副，附楹联解读赏析短文67篇；《集美寻珍（12）》记录集美区改革开放辉煌成就。编辑《集美寻珍（9）》和《集美寻珍（11）》2辑，记载集美风土人情；汇编《集美寻珍（10）》和《集美寻珍（13）》资料2辑，《集美寻珍（10）》辑录乔羽、谷建芬、汪国真、张铭清等人填词作曲的歌赋作品157首，《集美寻珍（13）》记录1978—2018年间的各类庆典活动。

【“乡村记忆档案”示范项目建设】2018年，区档案局敦请灌口镇田头村与鹰坑谷民俗文化园签订《“田头乡村记忆馆”合作框架协议》，加强“田头乡村记忆馆”文化项目的业务指导与监督管理。以深化“乡村记忆档案”为出发点，与灌口美丽乡村艺术团（合唱团）缔结共建协议，组织拍摄田头村歌——《田头之歌》MV，该MV入选集美区庆祝改革开放40周年《新时代的集美音》原创音乐作品专辑。10月，在福建省乡村记忆档案示范项目建设总结会上，集美区以《乡村振兴，文化点睛》为题做经验交流。

（余薛锋）

老干部工作

【概况】2018年，集美区老干部局宏观管理的离退休干部45人，离休干部遗属19人。其中，区离休干部12人，异地安置离休干部4人，“5·12”干部4人，原区五套班子退休干部25人。老干局宏观管理的离退休干部平均年龄79.2岁，其中离休干部、“5·12”退休干部平均年龄89.6岁。

【离退休干部政治思想建设】2018年，全区老干部工作坚持用习近平新时代中国特色社会主义思想武装头脑，提升离退休干部政治站位。4月下旬，举办第五期老干部读书班和正处级退休干部读书班，通过专家辅导、讨论交流、撰写心得等形式，引导离退休干部领会习近平新时代中国特色社会主义思想。10月中旬和11月上旬，举办学习贯彻习近平新时代中国特色社会主义思想辅导讲座和知识竞赛，全区离退休党组织班子成员、部分离退休老领导及社区离退休党员干部代表200人参加讲座。

【离退休干部党组织建设】2018年，集美区新成立离退休干部党支部6个。区老干部局贯彻落实省委组织部等四部门下发的《关于加强离退休干部基层党组织建设的通知》精神，制定《中共集美区离退休干部工作委员会工作职责》《中共集美区离退休干部工作委员会议事规则》《离退休干部党支部主要职责》《离退休干部党支部组织生活制度》和《离退休干部党支部联系党员制度》。5月，选派19名老同志参加厦门市第十八期离退休干部党支部书记培训班。6月，举办离退休干部党建业务培训班，区离退休党工委委员及各离退休党支部书记40人参加培训。按照规定，全部落实离退休党组织书记每月300元、其他班子成员每月150元的工作补贴。区离退休党工委给每个离退休党支部下拨区管党费5000元，并按“六有”标准建设“老党员之家”13个。

【老干部服务工作】2018年，区老干部局组织老干部参加各级重要会议及重大活动。1月上旬和10月中旬，两次召开全区老干部政情通报会。坚持区级领导挂钩联系老干部和慰问制度，全年慰问老干部及遗偶164人次，发放慰问品及慰问金14.6万元。在做好“四必访”的基础上，对宏观管理的离退休干部逐一入户家访。推进老干部“四就近”服务站建设，新建三秀、滨水和园博社区服务站3个。应用政府购买服务方式，为区内离休干部、“5•12”退休干部、离休干部遗偶提供居家养老服务。成立老党员老干部志愿服务队，开展以谈心聊天、代购柴米油盐为主的“二帮一”志愿服务活动。与邮政局签订协议，在老干部生日当天代送鲜花和生日蛋糕，并电话送上生日祝福。敬老节期间，为逢五、逢十及80周岁以上的老干部过集体生日。

【老干部活动】2018年，区老干部局以“展示阳光心态、体验美好生活、畅谈发展变化”为主线，开展“我看改革开放新成就”活动。组织老干部参观考察集美公安分局情报指挥中心、厦门自贸区、远海自动化码头等新建项目及仙岳公园等“美丽厦门共同缔造”示范点，实地感受厦门改革发展的新变化。召开专题座谈会2场，组织老干部畅谈发展变化，并将38名老干部的书面发言汇编成册。区老年大学新开教学班10个，新增学员500人次，共开班251个，学员9016人次。9月，举办“绘万里河山，颂盛世辉煌”老干部书画摄影展和“学习新思想、踏上新征程、增添正能量”庆祝中华人民共和国成立69周年文艺演出活动。

（陈　晨）

关心下一代工作

【概况】2018年，集美区关心下一代工作委员会利用镇（街）、村（居）班子换届契机，配齐配强各级关工委班子，开展“五好”关工委评选活动，把关心下一代工作纳入社区网格化服务管理，组织125名“五老”志愿者与98名困难儿童、“五失”青少年开展结对帮扶活动。举办各基层关工委、企业关工委骨干学习习近平新时代中国特色社会主义思想和中共十九大精神专题学习班。各基层关工委因地制宜，举办参观革命纪念馆、读红色书籍、看红色影片、瞻仰烈士陵园等主题教育活动98场，参加的中小学生27800人次。全区关工委系统联系有关企业和各种基金会，资助学生1680人，发放助学金258万元。

【基层关工委建设】2018年，集美区镇（街）、村（居）两级班子换届。按照厦门市委规定，各镇街关工委主任由同级党委（或党工委）副书记兼任，村居关工委主任由支部书记兼任，镇（街）、村（居）两级关工委常务副主任由同级退休的老领导担任，配齐配强各级关工委班子，增强班子领导力、凝聚力、执行力。5月，区关工委制定《集美区关工委第七轮创“五好”关工委考评方案》，经过基层关工委自查、镇街和系统关工委复查、区关工委组织核查，全区创“五好”达标率96%，卫计局、上塘中学、双乐社区、卓毅建筑工程有限公司关工委被评为集美区第七轮“五好”关工委。区关工委组织各基层关工委、企业关工委骨干和“五老”骨干120余人，在市委党校举办习近平新时代中国特色社会主义思想和中共十九大精神专题学习培训班。各镇街关工委在社区建立关工委网格小组，把关心下一代工作纳入社区网格化服务管理。组织“五老”志愿者对网格内留守儿童、流动儿童、孤残儿童、“问题儿童”，以及“五失”青少年进行调查，建立档案，开展“一对一”“多对一”结对帮扶工作。全区有125名“五老”志愿者与98名困难儿童、“五失”青少年结对帮扶，从思想、生活、就业、婚姻、家庭上给予关怀和帮教。社区“五老”志愿者主动承担网吧义务监督和校园周边文化环境整治工作，全年参加网吧巡视2300多人次，劝阻未成年人进入网吧15人次。

【主题教育】2018年，区关工委组织区、镇（街）两级报告团，深入学校、社区（村）、企业，举办中共十九大精神、“三爱两史”、改革开放四十周年、“一精神三文化”等专题讲座50场次，受教育7000多人次。各级关工委利用冬（夏）令营举办各类主题教育活动98场，参加的中小学生27800人次。灌口镇关工委利用凤山书院教育基地，邀请报告团林和兴向青少年讲述“辛亥革命在灌口”“灌口小刀会”的历史故事，激发青少年爱国爱乡情怀；集美街道各社区关工委组织青少年参观李林纪念馆，观看《厉害了，我的国》《创新中国》等红色影视，邀请老党员陈少斌讲述“闽西南第一个共青团支部”的故事；侨英街道关工委创建“红色书院”，组织中小学生瞻仰兑山烈士陵园，重温红色经典，缅怀先烈壮举；杏滨街道关工委组织青少年以“精品书香，红书阅读会”为主题，开展“读一本红色书籍”活动。区关工委协同区文明办、区教育局、区妇联、团区委等部门，在全区中小学校开展“红旗飘飘，引我成长”实践读书征文活动，评选出一等奖61篇、二等奖98篇、三等奖77篇，后溪中心小学等8个单位获优秀组织奖。此外，推荐市评获教育部关工委表彰的文章46篇。

【法治教育】2018年，集美区各级关工委开展送法进学校、进社区、进企业活动，举办各类法律知识讲座15次，受众4000余人次；利用各类法治教育基地，组织教育活动8场，参加青少年2500人次。政法系统关工委与区司法局配合，探索“管教矫帮”四位一体的未成年人社区矫正新模式；政法系统关工委“五老”志愿者，对5名在社区矫正的未成年人进行有针对性的矫正教育，并承担未成年人监护人，为之出面监护22起26人次。区政法委关工委在厦门一中分校、集美二小、上塘中学、启明学校举办法制夏令营，组织青少年参加法律知识讲座和法律知识竞赛，参观普法教育基地，旁听模拟示范法院审判等法治教育活动。

【关爱活动】2018年，集美区关工委系统经手发放或配合发放助学金258万元，资助学生1680名。其中，厦门建霖集团董事长吕理镇及夫人资助集美大学和厦门理工学院62名品学兼优

11月14日，区关工委为品学兼优的贫困生颁发芳德助学金（陈锡萍 摄）

贫困生24.8万元；公司三位领导每人每年捐资1万元，支持区关工委、“五老”工委资助单亲家庭贫困学生。2018年为建霖集团建厂40周年，该公司协同区关工委为4所中学100名品学兼优学生发放奖学金10万元。商人节期间，区商会会长王瑞祥资助单亲家庭贫困生10万元。各镇街、各系统关工委也发挥各自资源优势，开展民间助学活动。集美街道关工委联系三个民间基金会，全年发放奖学、助学金74.6万元，惠及907人次；联系集美校委会专款资助新录取大学生50人9.4万元。灌口镇设立教育基金会，有资金200余万元，定期开展奖学、助学、奖教活动；灌口镇个协关工委每年“六一”儿童节和春节期间，分别到一所中小学开展慰问、资助活动。政法系统关工委配合见义勇为协会，资助见义勇为人员子女5人助学金2万元。侨英街道兑山小学设立李国美助学金，杏林街道杏苑小学设立华侨助学基金会，还有部分社区（村）亦设有助学、奖学专项资金。区关工委分别与民进厦门市委和农工党厦门市委开展共建活动。“六一”期间，民进厦门市委在后溪中心小学开展赠书活动，捐赠优秀儿童读本658本，价值1万余元；农工党厦门市委在凤山书院为青少年开办国学讲坛、道德讲坛，组织医学专家、医师到灌口为青少年和群众开展义诊和心理健康咨询服务。各镇街关工委与社区书院指导中心建立共建关系，利用辖区内书院，开展弘扬节庆文化、特色文化、嘉庚文化、优秀传统文化活动，培育和践行社会主义核心价值观，促进青少年健康成长。（陈锡萍）

台湾事务

【概况】2018年，集美区先后举办或承办“两岸创意设计众包平台建设”研讨洽谈会、两岸创二代培训班等活动，助力在集台企发展。建立全国首个对台研学基地，举办台湾青年创业园台青政策说明会、“集美研学记忆”两岸青年创作工作营等活动，支持两岸青创基地建设。成立集美区首支由台胞组成的苔芯志愿服务队，举办“嘉庚杯”“敬贤杯”海峡两岸龙舟赛、第十四届海峡两岸（集美）端午文化论坛、海峡两岸首届创意涂鸦大奖赛、首届两岸青年摄影展、第七届海峡自行车公开赛暨环青海湖自行车联赛等活动，加强两岸文化、体育、社区和民间交流。受理台商台胞台属求助件15件，保障台商合法权益。

【集美区扶持台企发展】2018年，集美区积极扶持实体经济，主动靠前服务，实施一系列有效的政策措施，助力在集台企发展。5月5日，以“探索建设自由贸易港，共同繁荣海峡国际中转市场”为主题的海峡两岸自由贸易港建设模式研讨会在华侨大学厦门校区举行。6月11日，作为第十届海峡论坛第三届两岸人才机构合作洽谈会的组成部分，“两岸创意设计众包平台建设”研讨洽谈活动在厦门软件园三期园区“创+驿站”举行，两岸数十名文化创意、设计等行业领域的“行家里手”参会。7月26日，2018年集美区两岸创二代培训班开班，30名两岸创二代青年在漳州东南花都进行封闭式培训。8月18日，“中华台商经贸交流协会”（中国台湾）福建代表处揭牌暨战略合作单位签约仪式在集美举行。是年，台企厦门立林科技有限公司转型研发人工智能产品，厦门悠度休闲用品股份有限公司从“做产品”延伸到“做服务”。厦晖橡胶金属工业有限公司筹建研发大楼、厂房、无尘车间、智能立体仓储等设施，总建筑面积约9万平方米。

【两岸青创基地建设】2018年1月17日，区台办举行“灵动青春”台湾青年创业园台青政策说明会。3月16—23日，“集美研学记忆”两岸青年创作工作营在集美研学旅行基地举行，来自台湾、厦门两地50余名大学生联手打造集美研学旅行馆。4月，厦门建霖健康家居股份有限公司匠仕创客空间高海良的“卫浴行业自动化组装设备”项目，以高分通过集美区创新创业项目扶持专家评审会评审，获得15万元扶持资金。7月2日，2018年“华夏文明、薪火相传”台湾青年学生厦门见习活动在灵玲国际马戏城举行，来自台湾的22名大学生开启在厦为期一个月的见习之旅。7月16日，来自台湾玄奘大学、台湾科技大学、台湾明志大学和台湾中原大学等高校的30名台湾大学生，以及在集美就读的20名台湾大学生齐聚集美创业大厦，开展实习就业联谊活动。12月18日，区总工会主席黄云茜带队调研厦门北站台湾青年双创基地，并为厦门北站台湾青年双创基地联合工会委员会揭牌。12月22日，由区文体广电出版旅游局主办，厦门悠度营地教育科技有限公司承办的集美区大学生研学导师培养班在悠度城市营地开班，从近千名大学生中筛选出的50名学员参加培训。是年，大陆唯一对台研学旅行基地——集美研学总部大楼先后获评福建省对台交流基地、全国港澳青少年研学旅行基地、厦门市青少年社会实践基地。

【两岸文化交流合作】2018年1月1日，由团区委主办，保利剧院、北站台湾青年双创基地协办的“今夜集美真好听”台湾青年交流会暨新年音乐会在嘉庚剧院举行。3月10日，在集台商和台生志愿者参加在集美大桥桥头凤林湾举行的种植红树苗和清理海滩垃圾志愿活动。4月14日，台湾金曲奖获得者、音乐制作人、歌手栾克勇在集美海蛎文创空间举行的“数字音乐全方位教学系统”厦门首场发布会上，传授数字音乐编曲新模式。4月21日，集美区首支由台胞组成的苔芯志愿服务队成立。4月23日，在中国载人航天庆祝2018年“中国航天日”

主题活动暨第二届海峡两岸青少年航天梦主题活动启动仪式上，英雄航天员刘旺在诚毅科技探索中心与两岸青少年零距离互动。5月20日，两岸研学主题馆在厦门灵玲国际马戏城开馆，两岸亲子家庭共同绘制研学吉祥物。6月2—3日，第十四届海峡两岸端午文化论坛在集美举行。6月7日，海峡论坛首届创意涂鸦大奖赛结果揭晓，由两岸青年共组的“BE YOUNG”团队获一等奖。中共中央台办、国台办主任刘结一参观涂鸦作品，并为一等奖获奖者颁奖。6月8日，全国首个对台研学基地揭牌，全市首部对台研学奖励办法发布，两岸青少年研学营开营。6月8—11日，第十届海峡论坛两岸特色庙会在厦门灵玲国际马戏城举行。6月18日，海峡音乐公社在集美新城启动。8月18日，集美区“浪漫七夕、心动两岸”青创联谊活动在园博苑举行，来自辖区各个台湾青创基地的两岸创业青年、社区居民以及两岸情侣、夫妻代表等百余人参加活动。8月22日，集美区总工会八届四次全委会选举厦门飞鹏运动器材有限公司台籍员工张本树为兼职副主席，增补厦门新凯复材科技有限公司台籍员工林於宏为委员。8月26日，集美区首届两岸青年摄影展《看见集美》在杏林文体中心开展。展览由来自台湾的16名大学暑期实习生发起，展出台湾大学生创作的摄影及视频作品200余幅。9月4日，福建省科学技术协会、集美大学、武夷学院、台湾“中华公共事务管理学会”等单位在诚毅科技探索中心站联合主办的2018闽台青年学子（创新创业）科技研习营。来自台中教育大学、屏东大学等19所台湾高校的45名本科生、硕士生，与来自华侨大学、集美大学的学子们一同参观交流。9月12日，台湾诗人、作家杨渡做客集美文艺讲堂，讲述《歌声中的台湾故事》。

【两岸体育交流合作】2018年4月30日，2018年“体彩杯”厦门集美第七届海峡自行车公开赛暨环青海湖自行车联赛（厦门站）在正新（厦门）汽车国际文化中心举办，来自两岸50多支车队近400名选手参赛。6月2—3日，第十三届“嘉庚杯”“敬贤杯”海峡两岸龙舟赛在集美龙舟池开桨，来自台湾的24支龙舟队参赛。7月7—8日，2018年第七届海峡两岸“黑松油切麦茶杯”乒乓球邀请赛在集美杏林文体中心篮球馆及乒乓球馆举办。

8月26日，集美区首届两岸青年摄影展《看见集美》在杏林文体中心开展。图为展览现场（林志杰 摄）

【两岸基层组织交流】2018年4月，集美区海外联谊会组团访问台湾台中市，集美区6个社区与台中市相应的基层组织结对交流。其中，纺织社区与台中市北区文庄里对接，叶厝社区与台中市北区乐英里对接，东安社区与台中市西区民尤里对接，宁宝社区与台中市西区公德里对接，盛光社区与台中市西区利民里对接，曾营社区与台中市西区广民里对接。

【两岸民间交流往来】2018年3月9日，台湾台中市顺天宫抚顺将军庙组团到集美区灌口镇东辉村山口庙开展进香联谊活动。4月18—21日，台湾高雄市后劲族亲林孟洲等20余人与集美区上塘林氏宗亲交流。4月29日，台湾新北市舍人宫主委林明相率参访团到灌口山口庙参加文化交流活动。5月2日，台湾宜兰庆和庙陈汉荣主委率团到灌口山口庙进行文化交流。5月22—27日，厦门市中山华侨研究会会长孙碧民等4人赴台交流考察。5月23—28日，应金门县进程镇浯岛城隍庙及北镇庙管理委员会邀请，林亚花率领的集美区鑫华圃歌仔戏剧团演员40人参加庆祝浯岛邑主城隍庙迁治338周年庆典活动。9月13日，台湾新北市五股区山安宫信徒30人到灌口山口庙参拜交流。

【台商合法权益维护】2018年，区台办稳妥处置涉台纠纷和涉台突发事件，加强对台资企业治安防控的指导及涉台案件的调处工作，强化相关部门的协调合作。全年受理台商台胞台属求助件15件，及时处置台企在环保、用地、股权、劳资、子女就学等方面的问题，反馈率和按时报结率均为100%。

（陈文婕）

厦门市集美区人民代表大会

综　述

【概况】2018年，集美区召开人民代表大会1次、人大常委会会议9次、人大常委会主任会议5次，听取、审议区政府及其部门、区法院、区检察院专项工作报告20项；开展执法检查1项，组织市、区两级代表专项视察10次，进行专题询问1次，作出重大事项决定、决议5项；任免国家机关工作人员26人次；督办代表提出的建议、批评和意见115件。

【决议和决定】2018年，区人大常委会审议通过重大事项决议和决定5项。3月27日，区人大常委会作出《关于构建集美区可持续生态安全水系议案》的交办决定。5月17日，区人大常委会通过《关于加强检察公益诉讼工作的决定》。7月25日，区人大常委会听取并审议区政府《关于2017年集美区本级财政决算的报告》《关于2017年度集美区本级预算执行和其他财政收支的审计工作报告》，作出《关于批准2017年集美区本级财政决算的决议》。9月28日，区人大常委会通过《关于加大特色公共交通建设，提升集美旅游水平议案办结的决定》。11月28日，区人大常委会听取和审议区政府《关于集美区2018年1—10月财政预算执行情况和财政预算调整草案的报告》，作出《关于批准2018年区本级预算调整草案的决议》。

【常委会读书班】2018年，区人大常委会举办两期专题读书班。4月19日，举办提高区人大常委会组成人员和代表履职能力与自身建设的学习研讨春季读书班，区人大常委会组成人员参加学习。中国政法大学教授郑俊果应邀作《弘扬宪法精神，坚持依宪治国——〈中华人民共和国宪法修正案〉的内容解读和〈中华人民共和国监察法〉的解析与践行》讲座，市人大常委会人事任免处处长周军作《落实新发展理念，创新人大工作》专题辅导。10月24日，区人大常委会举办学习习近平新时代中国特色社会主义思想及提高履职能力的专题辅导秋季读书班，区人大常委会组成人员参加学习，市建设局巡视员、副局长、博士林树枝应邀作《城市规划、建设与管理的模式探讨》辅导，市人大常委会人事代表室任免处处长周军应邀作《功夫在诗外——提高代表议案建议质量》辅导，市委党校政治学教研部负责人、教授熊必军应邀作《习近平总书记关于政治方面的重要论述》辅导，市委党校经济教研部教授李萍应邀作《坚持以习近平新时代中国特色社会主义新思想为指导，建设高素质创业之城》辅导。（黄巧瑜）

代表大会

【区十二届人代会第三次会议】2018年12月26—29日，区十二届人大召开第三次会议。会议听取和审议区长何东宁所作的《政府工作报告》，作出《关于集美区人民政府工作报告的决议》，决定批准该报告；审议区财政局局长胡国才受区政府委托所作的《关于集美区2018年财政预算执行情况和2019年财政预算草案的报告》，审查集美区2019年财政预算草案，作出《关于集美区2018年财政预算执行情况和2019年财政预算的决议》，决定批准该报告，批准2019年区本级财政预算；听取和审议主任陈建荣所作的区人民代表大会常务委员会工作报告，作出《关于集美区人民代表大会常务委员会工作报告的决议》，决定批准该报告；听取和审议区法院院长温文华所作的区人民法院工作报告，作出《关于集美区人民法院工作报告的决议》，决定批准该报告；听取和审议区检察院检察长彭明武所作的区人民检察院工作报告，作出《关于集美区人民检察院工作报告的决议》，决定批准该报告。（黄巧瑜）

常委会会议

【十二届人大常委会第十六次会议】2018年3月27日，区十二届人大常委会召开第十六次会议。区人大常委会副主任丁加生主持，区人大常委会主任陈建荣、副主任及委员22人出席会议，区委常委、区长何东宁，区委常委、组织部部长肖峰，区政府副区长林声群，区检察院检察长彭明武，区法院副院长刘鹭育，区政府办副主任薛树清，区建设局市政科科长王志鹏，区农林水利局谷学连，市环境保护局集美分局调研员颜海炜，集美新城指挥部督查审计部主任黄小达，集美城发公司副总经理陈志强列席会议。会议听取并审议区政府区长何东宁关于提请黄新聪等人任免职的议案和区人民法院关于提请李晨等人任职的议案，表决通过任免名单；会议举行颁发任命书仪式，并组织被任命人员向宪法宣誓。会议讨论并表决通过《区人大常委会2018年工作要点》。会议听取并审议区人大城建环资工委所作的《关于构建集美区可持续生态安全水系议案审议结果的报告》，决定将“关于构建集美区可持续生态安全水系”的议案转为区人大常委会议案，交由区政府办理。区人大法制内司工委书面报告2017年度规范性文件备案审查工作情况。

【十二届人大常委会第十七次会议】

2018年4月3日，区十二届人大常委会召开第十七次会议。区人大常委会副主任陈清苗主持，区人大常委会主任陈建荣、副主任及委员19人出席会议，区委常委、区纪委书记、区监察委员会主任刘琦龙，区公安分局局长王嘉兴列席会议。会议听取厦门市公安局集美分局局长王嘉兴关于提请许可对集美区人大代表连某唐采取强制措施的报告，根据《中华人民共和国全国人民代表大会和地方各级人民代表大会代表法》第三十二条、第四十八条和《福建省实施〈中华人民共和国全国人民代表大会和地方各级人民代表大会代表法〉办法》第二十五条、第三十二条的规定，决定许可公安机关对连某唐依法采取强制措施，并暂时停止其执行代表职务。

【十二届人大常委会第十八次会议】

2018年5月17日，区十二届人大常委会召开第十八次会议。区人大常委会副主任陈清苗主持，区人大常委会主任陈建荣、副主任及委员23人出席会议，区委常委、区纪委书记、区监察委员会主任刘琦龙，区政府副区长林声群、黄颖，区法院院长温文华，区检察院检察长彭明武，区政府办主任孙加庆，区城市管理行政执法局局长熊志伟，市国土资源与房产管理局集美分局局长王胜，市环境保护局集美分局局长吕嘉扬，集美区市场监督管理局局长王国赞，区农林水利局副局长林生产，区机构编制委员会办公室主任胡国进，区财政局局长胡国才，区教育局局长欧阳萍，区人力资源和社会保障局局长施素达，集美区国有资产投资有限公司董事长蔡拥护，区人大代表刘丁健、陈丹娜、张超怀、王惠燕等人列席会议。会议听取并审议区监察委员会主任刘琦龙提请关于黄依柱等人任免职的议案和区人大常委会主任会议提请关于陈晓辉职务任命的议案，表决通过任免名单；会议举行颁发任命书仪式，并组织被任命人员向宪法宣誓。会议听取并审议区人民检察院检察长彭明武所作的《集美区人民检察院关于公益诉讼工作情况的报告》，作出《关于区检察院公益诉讼工作情况报告的审议意见》，并通过《集美区人民代表大会常务委员会关于加强检察公益诉讼工作的决定》。会议听取并审议区政府副区长黄颖代表区政府所作的《集美区人民政府关于加强教师队伍建设工作情况的报告》，作出《关于加强教师队伍建设情况报告的审议意见》。

【十二届人大常委会第十九次会议】

2018年7月25日，区十二届人大常委会召开第十九次会议，区人大常委会副主任陈来福主持，区人大常委会主任陈建荣、副主任及委员23人出席会议，区政府副区长黄颖，区法院院长温文华，区检察院检察长彭明武，区监察委员会副主任黄依柱，区财政局局长胡国才，区审计局副局长杨仁太，集美城市发展有限公司董事长江栋恒，区人大代表刘洁、林亚姜列席会议。会议听取并审议区人民法院关于提请免去洪婷婷等人民陪审员职务的议案、区人民检察院关于提请黄毓凯等人免职的议案，表决通过相关免职名单。会议审议并表决同意接受汪某灿、连某唐辞去集美区第十二届人民代表大会代表职务。会议听取并审议区财政局局长胡国才受区政府委托所作的《关于2017年集美区本级财政决算的报告》、区审计局副局长杨仁太受区政府委托所作的《关于2017年度集美区本级预算执行和其他财政收支的审计工作报告》。经过审议，会议通过区人大常委会《关于2017年区本级财政决算的审议意见》，同意区政府《关于2017年集美区本级财政决算的报告》，决定批准2017年集美区本级财政决算。

【十二届人大常委会第二十次会议】

2018年9月4日，区十二届人大常委会召开第二十次会议。区人大常委会副主任陈来福主持，区人大常委会主任陈建荣、副主任及委员22人出席会议，区委常委、区纪委书记、区监察委员会主任刘琦龙，区法院院长温文华，区检察院检察长彭明武，区公安分局副局长王光锋等人列席会议。会议听取厦门市公安局集美分局关于提请许可对集美区第十二届人大代表张某强采取强制措施的报告，根据《中华人民共和国全国人民代表大会和地方各级人民代表大会代表法》第三十二条、第四十八条和《福建省实施〈中华人民共和国全国人民代表大会和地方各级人民代表大会代表法〉办法》第二十五条、第三十二条的规定，决定许可公安机关对张某强依法采取强制措施，并暂时停止其执行代表职务。

【十二届人大常委会第二十一次会议】

2018年9月28日，区十二届人大常委会召开第二十一次会议。区人大常委会副主任李梅英主持，区人大常委会主任陈建荣、副主任及委员22人出席会议，区政府副区长黄颖，区检察院检察长彭明武，区监察委员会副主任黄依柱，区法院副院长刘鹭育，建设局副书记吴炳和，区公安分局副局长许群选，区教育局副调研员张旭扬，区安监局副调研员张时民，集美消防大队副大队长黄先炜，区文体旅游局局长吴吉堂，区交通运输局局长陈金平，集美街道办事处主任李勇岩，集美城发副总经理童启明，区人大代表叶美旋、李荣真、林书进、许洪玉、王惠燕、陈允超列席会议。会议听取和审议关于贯彻实施《中华人民共和国消防法》《厦门市消防管理若干规定》执法检查报告，区人大常委会副主任邱晓晖代表区人大常委会执法检查组所作的《关于检查〈中华人民共和国消防法〉〈厦门市消防管理若干规定〉实施情况的报告》，作出《集美区人大常委会关于我区贯彻实施〈中华人民共和国消防法〉〈厦门市消防管理若干规定〉情况报告的审议意见》，交区政府处理。会议听取和审议区政府副区长黄颖代表区政府所作的《关于加大特色公共交通建设，提升集美旅游水平议案办理情况的报告》，审议通过《关于加大特色公共交通建设，提升集美旅游水平议案办结的决定》。会议听取蔡爱兰、王瑞祥等市十五届人大代表所作的述职报告。会议听取区人大常委会办公室主任颜建艺所作的关于《集美区人民代表大会常务委员会组成人员守则》的起草说明，审议并表决通过该守则。会议审议并表决同意接受余江河辞去市十五届人大代表职务。会议听取并审议区人民法院关于提请免去谢礼审判员职务的议案，表决通过相关免职名单。会议听取区政府关于开展“七五普法”中期督导检查工作情况的书面报告。

【十二届人大常委会第二十二次会议】

2018 年 11 月 28—29 日，区十二届人大常委会召开第二十二次会议。区人大常委会副主任邱晓晖、李梅英主持，区人大常委会主任陈建荣、副主任及委员 23 人出席会议，区委常委、区长何东宁，区委常委、区纪委书记、区监察委员会主任刘琦龙，区委常委、常务副区长孙建辉，区委常委、组织部部长肖峰，区政府副区长黄颖、林声群、李大出，区法院院长温文华，区检察院检察长彭明武，区政府办主任孙加庆，区财政局局长胡国才，区审计局副局长杨仁太，区农林水利局局长周文胜，区建设局局长邹荣生，集美新城开发建设指挥部副总指挥庄源源，市环境保护局集美分局局长吕嘉扬，侨英街道办事处主任陈锡彬，区教育局局长欧阳萍，集美规划分局副局长许海生，区人大代表陈松立、张超怀、杜明宽、洪鸿宾、黄启得、陈思达、苏颖、张朱华、庄卫红列席会议。会议听取和审议区政府区长何东宁关于提请周文胜等任免职的议案、区监察委员会主任刘琦龙关于提请李瑞宗等任免职的议案、区人民检察院检察长彭明武关于提请施金连等任免职的议案，表决通过相关任免职名单；会议举行颁发任命书仪式，并组织被任命人员向宪法宣誓。会议审议并表决同意庄源源辞去集美区第十二届人民代表大会代表职务。会议审议并通过代表资格审查委员会《关于区十二届人大代表变动情况的报告》，决定补选区十二届人大代表 3 名。会议听取区财政局局长胡国才受区政府委托所作的《关于集美区 2018 年 1—10 月财政预算执行情况和财政预算调整草案的报告》，决定批准 2018 年区本级预算变更草案。会议听取和审议区审计局副局长杨仁太受区政府委托所作的《关于 2018 年度审计查出问题整改情况的报告》，并对审计查出问题整改情况开展满意度测评，评测结果为满意。会议听取和审议副区长李大出代表区政府所作的《集美区人民政府关于构建集美区可持续生态安全水系议案办理情况的报告》、副区长林声群代表区政府所作的《集美区人民政府关于区十二届人大二次会议代表建议办理落实情况的报告》。会议听取区政府《关于 2018 年 1-10 月国民经济和社会发展计划执行情况的报告》《关于 2018 年环境保护目标完成情况的报告》、副区长黄颖代表区政府所作的《关于〈中华人民共和国义务教育法〉实施情况的报告》，并就相关问题进行专题询问，形成《集美区人大常委会关于区政府贯彻实施〈中华人民共和国义务教育法〉情况专题询问的审议意见》，交区政府处理。

【十二届人大常委会第二十三次会议】

2018 年 12 月 6 日，区十二届人大常委会召开第二十三次会议。区人大常委会副主任陈清苗主持，区人大常委会主任陈建荣、副主任及委员 21 人出席会议，区政府副区长黄颖，区法院院长温文华，区检察院检察长彭明武，区监察委员会副主任黄依柱列席会议。会议审议并表决同意接受张某强辞去集美区第十二届人民代表大会代表职务。会议传达学习全国、省、市人大常委会学习贯彻习近平总书记关于坚持和完善人民代表大会制度的重要思想会议精神，以及区委书记李钦辉的有关批示。

【十二届人大常委会第二十四次会议】

2018 年 12 月 21 日，区十二届人大常委会召开第二十四次会议。区人大常委会副主任陈来福主持，区人大常委会主任陈建荣、副主任及委员 23 人出席会议，区政府副区长林声群，区法院院长温文华，区检察院检察长彭明武，区政府办主任孙加庆，区发改局局长、统计局局长陈锡彬列席会议。会议听取并审议区发改局局长、统计局局长陈锡彬受区政府委托所作的《集美区“十三五”规划纲要中期评估报告》，作出《关于集美区国民经济和社会发展第十三个五年规划纲要中期评估报告的审议意见》。会议研究区十二届人大三次会议召开时间及有关事项，决定区十二届人大三次会议于 2018 年 12 月 26 日至 29 日召开；表决通过主席团和秘书长建议名单、财政经济审查委员会组成人员建议名单、议案审查委员会组成人员建议名单、各代表团召集人建议名单、依法列席和决定列席会议人员建议名单、代表资格审查委员会人员建议名单。会议讨论并原则同意《集美区人民代表大会常务委员会工作报告（建议稿）》，由区人大办公室进一步修改后提请大会审议。会议听取和审议区十二届人大常委会代表资格审查委员会主任委员陈清苗所作的《关于区十二届人大代表变动情况及补选代表的代表资格审查报告》，同意该报告提交区十二届人大三次会议备案。（黄巧瑜）

常委会主任会议

【十二届人大常委会第七次主任会议】2018年5月4日，区十二届人大常委会召开第七次主任会议。区人大常委会主任陈建荣主持，副主任陈清苗、陈来福、李梅英、邱晓晖、丁加生，人大办主任颜建艺出席会议，区政府副区长石扬，区人力资源和社会保障局局长施素达，区财政局调研员林素厅，区教育局副局长黄世明，后溪镇人大主席，杏林街道、集美街道、杏滨街道人大工委主任，人力资源和社会保障局职鉴中心主任陈国裕，区人大代表杜明宽、张超怀、陈松立，区人大常委会相关委室负责人列席会议。会议听取副区长石扬代表区政府所作的《集美区人民政府关于壮大企业人才队伍，创新实施金蓝领人才工程项目落实情况的报告》。

【十二届人大常委会第八次主任会议】2018年6月27日，区十二届人大常委会召开第八次主任会议。区人大常委会主任陈建荣主持，副主任陈清苗、陈来福、邱晓晖、丁加生，党组成员黄云茜，人大办主任颜建艺出席会议，区政府副区长吴金平，区交通运输局局长陈金平，区建设局局长邹荣生，集美规划分局局长刘文兴，灌口镇、后溪镇人大主席，杏林街道、集美街道、侨英街道、杏滨街道人大工委主任，区人大常委会相关委室负责人列席会议。会议听取副区长吴金平代表区政府所作的《集美区人民政府关于地铁站点公共交通接驳线路安排情况的报告》和区交通局局长陈金平关于全区公共交通建设的情况汇报。

2018年8月23日，区人大常委会关注环保事业，听取区政府关于开展垃圾分类工作的情况报告。图为集美街道垃圾分类志愿者指导居民进行垃圾分类（冯立东 摄）

【十二届人大常委会第九次主任会议】2018年7月4日，区十二届人大常委会召开第九次主任会议。区人大常委会副主任陈清苗主持，副主任丁加生，党组成员黄云茜，人大办主任颜建艺出席会议，区人大常委会相关委室负责人列席会议。会议讨论研究决定资金拨付事项。

【十二届人大常委会第十次主任会议】2018年8月23日，区十二届人大常委会召开第十次主任会议。区人大常委会主任陈建荣主持，副主任陈清苗、陈来福、丁加生，党组成员黄云茜，人大办主任颜建艺出席会议，区政府副区长吴金平，区法院院长温文华，灌口镇、后溪镇人大主席，杏林街道、集美街道、侨英街道人大工委主任，区建设局局长邹荣生，区城市管理行政执法局城管办副主任黄国华，区人大常委会相关委室负责人列席会议。会议听取区法院院长温文华所作的《关于提升办案质量，维护司法公正工作情况的报告》。会议听取区政府副区长吴金平代表区政府所作的《集美区人民政府关于开展垃圾分类工作情况的报告》。

【十二届人大常委会第十一次主任会议】2018年10月31日，区十二届人大常委会召开第十一次主任会议。区人大常委会副主任陈清苗主持，副主任陈来福、李梅英，党组成员黄云茜，人大办主任颜建艺出席会议，区政府副区长石扬、吴金平，灌口镇、后溪镇人大主席，杏林街道、集美街道、侨英街道、杏滨街道人大工委主任，集美区卫生和计划生育局局长黄新聪，灌口镇副镇长张荣华，集美区国有资产投资有限公司董事长蔡拥护，区建设局局长邹荣生，集美文教区管理委员会副主任鄢荣钗，区建设局住宅办主任吴苹，区人大代表李水团、王进元，区人大常委会相关委室负责人列席会议。会议听取区政府副区长石扬代表区政府所作的《集美区人民政府关于灌口镇中心卫生院提升创建二级综合性医院工作情况的报告》和副区长吴金平代表区政府所作的《集美区人民政府关于安置房产权办理情况的报告》。（黄巧瑜）

监督工作

【民生监督】2018年，区人大常委会围绕教育、医疗卫生、交通、环境等

11 月 16 日，区人大常委会组织市人大代表视察集美大学轮机学院公共停车场建设
（冯立东 摄）

与百姓密切相关的工作开展监督，助推民生改善工作。关注教育事业，听取和审议区政府关于加强教师队伍建设情况的报告，开展《中华人民共和国义务教育法》实施情况的专题询问，建议合理配置教育资源，加快教育项目建设，重视教师队伍培训，全面提高教师队伍整体素质，促进义务教育质量进一步提升。关注医疗卫生事业，听取区政府关于灌口镇中心卫生院提升创建二级综合性医院工作情况的报告，建议区政府加快院区及新址建设进度，提升医疗技术水平，提高医院运营管理能力，确保灌口镇中心卫生院提升创建二级综合性医院各项工作取得实质性进展。关注环境保护事业，听取区政府关于 2018 年环境保护目标完成情况和关于开展垃圾分类工作情况的报告，组织代表视察黑臭水体治理工作，对环境保护工作提出意见建议，助推集美环境有效提升。持续关注安置房产权办理工作，继续跟踪督促政府部门加快办理速度，并协同区政府向上呼吁，争取市相关部门帮助协调解决安置房产权办理的共性问题。关注群众出行，听取区政府关于地铁站点公共交通接驳线路安排情况的报告，组织市、区代表视察公交车接驳、铛铛车运营线路、集美大学轮机学院地下停车场建设等情况，着力打造便利的出行环境。

【经济监督】2018 年，区人大常委会继续加强对经济运行的监督，强化财政决算、预算执行、审计工作的审查监督，听取和审议区政府关于 2017 年区本级财政决算的报告、关于 2017 年区本级财政预算执行情况和其他财政收支的审计工作报告、关于 2018 年 1—10 月财政预算执行情况和财政预算调整的报告、关于 2018 年 1—10 月国民经济和社会发展计划执行情况的报告等，确保有限的区级财政资金发挥最大效益，助推经济持续健康发展。听取和审议区政府关于 2018 年度审计查出问题整改情况的报告，并就整改情况开展满意度测评，督促政府相关部门认真落实整改意见，维护审计监督严肃性。听取区政府关于壮大企业人才队伍，创新实施金蓝领人才工程项目落实情况的报告，审议集美区国民经济和社会发展第十三个五年规划纲要中期评估报告，组织市、区人大代表视察工业制造业、软件信息业、重点项目建设，助推集美区“6+7”产业发展项目和投资项目加快实施，促进经济加快转型升级。

【司法监督】2018 年，区人大常委会坚持厉行法治，推进严格执法、公正司法、全民守法。开展《中华人民共和国消防法》和《厦门市消防管理若干规定》实施情况的执法检查，保障消防法律法规正确有效实施。配合市人大开展《厦门经济特区多元化纠纷解决机制促进条例》执法检查整改情况的专题调研，巩固提升执法检查效果。听取区政府关于开展“七五普法”中期督导检查工作情况和区法院关于提升办案质量维护司法公正工作情况的报告，促进政府部门依法行政、司法机关公正司法。组织代表视察集美区公共安全管理中心，推进“扫黑除恶”专项斗争，依法终止 2 名涉嫌违法犯罪的区人大代表的代表职务。继续做好规范性文件备案审查工作，审查政府规范性文件 16 件，确保规范性文件的合法性、严肃性。

2018 年集美区人大常委会组织的代表视察情况

表 7

时间	视察内容
4 月 12 日	区人大常委会组织部分区人大代表视察区公安分局公共安全管理中心，实地了解区公共安全管理中心工作情况
4 月 24 日	区人大常委会组织部分区人大代表视察路达（厦门）工业有限公司、厦门建霖健康家居股份有限公司，了解企业人才队伍建设，创新实施金蓝领人才工程项目落实情况

续表

时间	视察内容
5 月 30 日	区人大常委会与湖里区人大常委会共同组织市人大代表跨区视察、交叉视察。市人大集美代表小组视察湖里区创新园服务创新产业发展情况
6 月 21 日	区人大常委会组织部分区人大代表视察杏林九天湖和灌口瑶山溪、许溪水系治理情况，召开座谈会，组织区政府相关部门听取人大代表意见建议，督促区政府加强水系治理建设
6 月 21 日	区人大常委会组织视察厦门大桥至集美大桥集美一侧岸线整治工程情况，召开座谈会，听取整治工程设计方案介绍并进行讨论
9 月 10 日	市人大湖里代表小组视察集美区水上运动中心、环杏林湾景观(坐电瓶车)、集美新城市民广场、商务营运中心、灵玲马戏城。通过跨区视察、交叉视察，有助于人大代表开阔视野、拓宽思路、取长补短，跳出既有思维模式，履职实践更接地气
10 月 10 日	区人大常委会组织视察田集连接线路段（兑山下蔡、浒井）、地铁集美学村站、杏滨路段等处沿街建筑立面改造、环境整治情况，召开座谈会，由建设局汇报新一轮外立面改造提升情况，包括项目进展和资金使用情况，并听取人大代表的意见、建议，督促区政府加强城市精细化管理
11 月 16 日	区人大常委会组织市人大代表视察杏林九天湖、灌口瑶山溪、许溪水系治理情况，召开座谈会，组织区政府相关部门听取人大代表意见建议，督促区政府加强水系治理建设
11 月 16 日	区人大常委会组织市人大代表，视察集美轮机学院公共停车场、尚柏奥特莱斯工程、集美天水鹭花卉世界等重点建设项目和现代农业情况
11 月 27 日	区人大常委会组织部分市、区人大代表，对区十二届人大二次会议部分代表建议办理情况进行视察，视察美学村文创街区、杏林湾营运中心基金聚集区，召开座谈会，督促政府加强文化建设

（黄巧瑜）

其他工作

【专题询问】2018 年 7 月 23 日，区人大常委会组织 130 余名区人大代表，分组听取区政府关于全区经济运行情况和区公共养老服务业发展情况的通报。区政府办、区发改局、区民政局等部门负责人列席政情通报会，现场回答人大代表的询问。11 月 29 日，区人大常委会第二十二次会议听取区政府《关于〈中华人民共和国义务教育法〉实施情况的报告》，并就如何加强教师队伍建设、提升教师素质、坚持教育改革创新、提高教育教学质量等问题等进行专题询问。

【建议、批评和意见跟踪督办】区十二届人大二次会议期间，与会代表依法向大会提出建议、批评和意见 111 件，闭会期间另交办 4 件，共计 115 件，其中重点建议 4 件。所提建议选题广泛，内容涉及全区经济和社会生活的各个方面。2018 年，区人大常委会坚持“办前联系、办中沟通、办后回访”的工作机制，常委会领导牵头督办、各工委具体跟踪，强化议案、建议督办力度，通过专题调研、跟踪检查、专项视察、专题询问等方式，督促各承办单位强化责任、认真办理，用实际行动回应代表和群众关切。召开建议办理座谈会，与代表面商会谈、征询意见，对办理单位重视程度、答复情况、办理效果进行评价。代表对办理情况不满意的建议，常委会督促承办单位重新办理，要求承办单位加强与代表联系沟通，提出解决问题的办法，据实向代表解释说明。经过各方共同努力，115 件代表建议均已办结并答复，代表对建议办理答复均表示满意。

【代表工作】2018 年，区人大常委会积极拓展代表履职渠道，召开政情通报会，保障代表知情知政。邀请代表列席常委会会议，参加常委会相关活动，全年共邀请代表列席常委会会议 36 人次，参加常委会组织的执法检查、视察调研、座谈评议等活动 268 人次。组织代表履职培训，就代表如何履职、提升监督水平、抓好建议督办等进行系列学习培训，全年组织 2 批次代表履职培训学习，参加人数 320 人次。组织代表回原选区述职，增强代表履职意识。

【信访工作】2018 年，区人大常委会适应涉法涉诉信访改革要求，健全信访工作制度和案件督办机制，提高信访办理的质量和成效，通过信访更好地了解社情民意，联系人民群众，有针对性地开展监督工作。常委会坚持领导接访，办公室安排专人负责做好信访工作，定期对信访情况进行汇总和协调，促进信访反映的典型和共性问题得到解决。全年受理群众来信 48 件，接待群众来访 29 批 51 人次，办理省、市人大信访转办件 16 件，督促有关部门依法处理，推动一批信访问题得到解决。（黄巧瑜）

厦门市集美区人民政府

会 议

【区政府全体成员（扩大）会议】2018年3月1日，集美区人民政府召开全体成员（扩大）会议。会议决定2018年在政府系统开展“项目推动年”主题活动。区长何东宁在会上讲话，要求政府系统各级各部门一要坚定信念讲党性，贯彻落实中共十九大精神，筑牢政治灵魂，找准政治定位。二要坚定意念推项目，转变观念，领导带头，务实推进，创新机制。三要坚定决心抓落实，马上就办，雷厉风行，统筹安排。四要坚定方向强素质，落实全面从严治党主体责任，始终坚持廉洁自律，坚决纠正“四风”，切实增强本领。“项目推动年”活动开展以来，省、市重大项目推进速度明显加快。全区属地省、市重大项目共15个，完成投资67.61亿元，完成年度计划的130.85%。全区“重中之重”项目共30个，完成投资72.54亿元，完成年度计划的105.5%。全区“五个一批”攻坚项目34个，总投资266.82亿元，全部按计划完成。征地拆迁取得重大突破。2018年共征地453.91公顷，完成年度计划的75%；拆迁91.6万平方米，完成年度计划的110%。

【区政府常务会议】2018年，区长何东宁主持召开了33次区政府常务会议，即十二届人民政府第二十二次至第五十四次常务会议。详见下表：

2018年集美区人民政府常务会议

表8

时间	会议名称	议 题
1月9日	第二十二次区政府常务会议	研究集美研学旅行基地建设、集美新城中央公园配套工程等议题
1月23日	第二十三次区政府常务会议	研究2018年第一批财政性建设项目安排等议题
2月9日	第二十四次区政府常务会议	研究农村分散式污水处理设施建设及调试运行、全区环卫维护管理、推进安全生产领域改革发展的实施意见等议题
3月5日	第二十五次区政府常务会议	研究2017年度镇街、部门党政领导生态环保目标责任书考核及2018年度责任状、马銮湾新城规划（集美片区）内湾退养整治等议题
3月19日	第二十六次区政府常务会议	研究2018年“重中之重”项目计划、建立完善集美区食品安全责任体系的实施意见等议题
3月26日	第二十七次区政府常务会议	研究统筹推进城乡义务教育一体化改革发展实施方案、第三批集美区非物质文化遗产项目及非物质文化遗产传承人等议题
4月2日	第二十八次区政府常务会议	研究事业单位公务用车制度改革实施意见、2018年集美区大型文体活动安排等议题
4月13日	第二十九次区政府常务会议	研究限额以下政府采购工程及工程配套服务企业协议供应商库管理暂行办法等议题
4月26日	第三十次区政府常务会议	研究农村公路路长制实施方案，2018年第二批财政性建设项目投资计划等议题
5月4日	第三十一次区政府常务会议	研究原教育印刷厂改造、2018年美丽乡村建设投资计划等议题
5月10日	第三十二次区政府常务会议	研究2017年度社会治安综合治理领导责任制考评等议题
5月21日	第三十三次区政府常务会议	研究2018年法治政府建设重点工作安排、开展守信联合激励与失信联合惩戒工作实施细则等议题
5月28日	第三十四次区政府常务会议	研究集美建筑设计院改制方案、月美池整治工程等议题
6月4日	第三十五次区政府常务会议	研究2018年第三批财政性建设项目投资计划等议题
6月20日	第三十六次区政府常务会议	研究贯彻落实省环境保护督察反馈意见整改方案等议题
7月2日	第三十七次区政府常务会议	研究2018年营商环境改进目标、区雨水管网测绘、检测项目投资计划等议题

续表 8

时间	会议名称	议　题
7 月 16 日	第三十八次区政府常务会议	研究 2017 年市对区绩效考评结果、2018 年城市黑臭水体专项督查迎检工作等议题
7 月 31 日	第三十九次区政府常务会议	研究建立审计整改工作制度、区工程建设项目审批制度改革试点方案等议题
8 月 14 日	第四十次区政府常务会议	研究流域污染源网格化管理办法、坂头—石兜水库水源保护区生态补偿实施方案等议题
8 月 20 日	第四十一次区政府常务会议	研究新时代新起点建设高素质创新创业之城、高颜值生态花园之城的实施方案、2018 年第四批财政性建设项目投资计划等议题
8 月 29 日	第四十二次区政府常务会议	研究第 20 届中国国际投资贸易洽谈会厦门市代表团集美分团工作方案、落实《厦门市民宿管理暂行办法》的实施意见等议题
9 月 10 日	第四十三次区政府常务会议	研究进一步规范区本级预算执行和调剂审批制度、2018 年上半年禁毒工作等议题
9 月 25 日	第四十四次区政府常务会议	传达通报中央扫黑除恶第四督导组在集美督导情况，研究国防动员工作等议题
10 月 15 日	第四十五次区政府常务会议	研究以市和区级文件为依据的证明事项清理结果、与集美大学合作共建等议题
10 月 23 日	第四十六次区政府常务会议	研究全面推行湖长制实施方案等议题
10 月 29 日	第四十七次区政府常务会议	研究推荐区两湾水利设施管理所曾献奇为全省水利系统先进个人表彰对象等议题
11 月 13 日	四十八次区政府常务会议	研究区证明事项清理结果、2018 年第五批财政性建设项目投资计划等议题
11 月 21 日	第四十九次区政府常务会议	研究 2018 年区委区政府为民办实事 1—10 月进展等议题
11 月 27 日	第五十次区政府常务会议	研究第八批全国重点文物保护申报单位等议题
12 月 3 日	第五十一次区政府常务会议	研究工程建设项目审批制度改革试点工作议题
12 月 12 日	第五十二次区政府常务会议	研究《政府工作报告》起草、重大决策出台前向区人民代表大会及其常务委员会报告规定等议题
12 月 19 日	第五十三次区政府常务会议	研究《集美区国民经济和社会发展第十三个五年规划中期评估报告》、行政规范性文件自查自纠工作等议题
12 月 27 日	第五十四次区政府常务会议	研究集美区实施乡村振兴战略三年行动计划及工作纲要（2018—2020）、2018 年度安全生产工作等议题

（赖伟雄）

民生工程

【交通配套设施建设】 2018 年，集美区新增停车场 6 个、停车位 1435 个。建成投用过街天桥 3 座。建成投用 2 个公交首末站，开通 2 条线路，调整优化公交线路 72。整治交通安全隐患点 8 处。建设“四好农村路”，改造完善 8 条农村公路，道路全长 18.5 公里。

【养老服务优化】 2018 年，集美区新增 6 家农村幸福院，完成 14 个村改居社区居家养老服务站专业化营运，实现助老员落地服务。开办杏林街道居家社区养老服务照料中心，新增养老床位 500 张。

11 月 25 日，全区首家居家社区养老服务照料中心在园博湾温泉康养中心成立。图为餐饮服务中心（冯立东 摄）

【推进“厕所革命”】2018年，集美区新建农村公厕12个，旅游公厕8个，推动公共场所和社会服务单位厕所对外开放。项目总投资486万元。

【医疗保障水平提升】2018年，集美区对全区80岁以上和行动不便的老人实行家庭医生入户行诊，家庭医生签约9万人，建成6家医联体，灌口镇中心卫生院提升工程开工。

【文化设施建设】 10月1日，位于集美新城的市图书馆集美新馆开馆。该馆总投资6亿元，总建筑面积10万平方米，为全省单体面积最大的公共图书馆建筑。12月7日，集美区青少年宫新馆建成启用，该馆总投资1.5亿元，建筑面积2.7万平方米，为全省建筑面积最大、配套设施最好的县区级青少年宫之一。

【城乡居住环境得以改善】2018年，集美区策划实施9个立面整治及29个绿化提升项目，建成区绿地率39.8%，绿化覆盖率43.8%。宁宝公园基本建成。推动7个老旧小区改造提升。推进农贸市场提升改造工程，宁宝市场、集美市场、杏西市场、后溪市场实施提升改造。

【“入学难”问题有所缓解】2018年，集美区新开办中学2所、小学1所、幼儿园8所，新增学位6780个；6所优质校与农村校结对帮扶。

【乡村振兴建设】2018年，集美区开展5个美丽乡村建设，花卉、果蔬等生产基地初步成型，果乐园一期休闲农业项目对外营业。完成田头等3个乡村振兴市级示范村村庄建设规划编制。启动11条农村公路提升改造工程，建成49个交通安全示范村居。

【水环境治理工程】 2018年，全区138个村庄实现截污纳管，55个分散式污水处理设施全面完工并投入使用，出水口水质抽检合格率超过90%。建成25个流域水环境综合整治项。完成17处受污染水体治理。贯通污水管道9处，完成污水管网新建改造4.5公里。

【“餐桌污染”治理】2018年，全区明厨亮灶覆盖率80%，其中重点餐饮单位覆盖率100%。食品检验量达到每年6份/千人。辖区群众食品安全总体满意度80%，创城知晓率85%，对创建工作支持率达85%。 （赖伟雄）

人事工作

【概况】2018年年末，集美区共有党政机关公务员606人，参照公务员法管理的事业单位工作人员488人，参照管理的机关人员37人；有区属事业单位131个（不含参公事业单位），涵盖教育、卫生、文化、农林等行业，编制总数7145个，编内在职人员5000人。事业单位中，应聘在管理岗位的544人（双肩挑的211人）、专业技术岗位的4589人、工勤岗位的121人。在聘在专技岗位的人员中，高级岗位539人，中级岗位1712人，初级岗位2338人。

【招录工作】2018年，集美区首次面向甘肃省临夏州建档立卡贫困高校毕业生招聘事业单位编内人员，协助举办对口帮扶专场招聘会1场，招聘事业单位编内人员2人。通过公开招聘，招考政府系统公务员及参照公务员法管理的事业单位工作人员3人。组织区属国有企业、社区工作人员、非公党组织员公开招聘考试各1场。对集美城市发展有限公司招聘政府购买服务人员进行笔试、面试考务培训和业务指导。

【事业岗位设置管理】2018年，集美区继续推行区属事业单位的岗位设置和聘用制管理工作，办理区属事业单位岗位设置申报、事业单位人员到期续聘、新进人员聘任、调入调出、退休解聘等工作，基本完成区属事业单位人员三年一次的到期续聘工作。做好初级职称评审确认及中高级职称的推荐评审工作，全年办理毕业生初级专业技术任职资格确认312人。

【工资福利管理】2018年，集美区根据省委巡视组反馈的问题，清退违规发放的津补贴、奖金15项1068.61万元，清退漏报、少报的津补贴、奖金145.62万元。区政府下发《关于加强津补贴、奖金发放管理的通知》，规定今后各项津补贴、奖金的发放均需提供省、市级文件依据。继续落实“1+X”（“1”指区纪委对区直各职能部门落实中央八项规定精神职责情况的督查，“X”指区直各职能部门在职责范围内对区直各部门落实中央八项规定精神情况进行督查）专项督查机制，在元旦、春节、清明、五一、端午、中秋、国庆期间，开展津补贴、奖金发放情况专项检查。全年累计抽查单位27个，向区纪委移交问题线索3条。继续做好工资福利日常审批工作，审批机关事业单位升级升档1003人、正常增加薪级工资4523人。

【编外管理】2018年，集美区认真做好省委巡视组反馈的编外用工管理不规范、自聘人员顶岗混岗问题的整改工作。对非在编人员超聘110人问题，由区委编办牵头，收回原核定给各单位尚未使用的非在编指标98个，从2018年6月起，非在编指标人员实行“退一减一”管理模式，自然消化到位。对辅警超聘254人问题，由区委政法委牵头，收回空余的辅警指标74个，按照“只退不进、逐步消化”的管理模式，逐步清退其他超指标辅警。对256名自聘人员顶岗混岗问题，由区人社局牵头，各单位共清退自聘人员71人，理顺关系24人，按程序转政府购买服务161人。协助做好事业单位公车改革后司勤人员分流安置工作，择优留用司勤人员17人，转岗安置8人。

【人才代理】2018年，集美区办理毕业生接收手续3650人次，办理调动手续230人次，转出档案260份。接收毕业生报到手续303人，接收整理集美区未就业毕业生档案1530份，与608家企业签订立户人事代理协议，新增签订立户人事代理协议企业125家。

（庄秋武）

行政服务

【概况】2018年12月3日，中国银行厦门集美支行入驻集美区行政服务中心，在中心设立企业开户便民服务点。至年底，进驻区行政服务中心的共有53个单位112个窗口527名工作人员，可办理事项1032项，其中行政审批事项531项、公共服务事项501项。全年累计受理事项109.22万件，比上年增长12.5%；日均办件4421件，即办率77.94%。政府采购办集中交易247项，节约采购资金2.34亿元；建设工程交易中心集美分中心办理施工招标项目63个，节约建设资金7.23亿元。中心非税缴款1.47万笔，共520.62万元。

【企业服务】2018年，区行政服务中心继续优化营商环境。（1）加强惠企窗口建设。配合区委组织部，对入驻中心惠企窗口的单位开展可压缩事项梳理，为组建非公企业党组织的企业开设惠企绿色通道，实施“容缺”办理。入驻中心惠企窗口的有7个单位72个事项，其中有5个单位可压缩事项19个，可压缩工作日110个。梳理2015年后全区惠企政策“零申报”及退件多的事项，共涉及3个单位27个事项（“零申报”26个，退件多的1个），分析原因，提出对策，促进惠企政策落地施行。2018年，惠企窗口共收件1.85万件，惠及企业1.71万家次，惠及38.19万人次，奖补3.99亿元。（2）加强企业信用保险服务。面对中美贸易战严峻形势，中国信保公司集美营业部积极应对，为出口企业提供保障。全年承保出口业务46.87亿美元，与上年相比增长23.8%；服务客户316家，增长31.3%。赔付人民币4193.4万元。（3）加强企业进出口服务。厦门海关驻集同办事处集美监管科业务涵盖进出口企业管理、加工贸易监管等，2018年新增海关注册企业455家，全区进出口企业4500家。2018年4月20日起，海关与原出入境检验检疫队伍及业务进行整合，集美监管科窗口服务涵盖海关企业管理和原检验检疫企业备案业务，企业通过统一窗口、统一平台即可办理原有业务。

【行政许可和公共服务改革】2018年，区行政服务中心继续梳理行政许可和公共服务“最多跑一趟”和“一趟不用跑”事项清单，并根据实际情况进行动态调整，提高“最多跑一趟”和“一趟不用跑”事项占比。全年各部门、镇街实现“一趟不用跑”事项315项，“最多跑一趟”事项1221项，共1536项，占总事项的95%，比2017年提高11%。继续推动电子证照库建设，各部门按要求做好存量数据入库和增量数据的实时入库工作，并全面启用电子证照调用功能，凡是电子证照库已有证照，不得再要求申请人提交纸质证照。至年底，完成辖区内所有证照、批文生成事项的目录梳理工作和电子证照系统建设，区审批系统和电子证照库对接互联，实现电子证照共享调用，并初步实现证照批文实时推送入库功能，有81类证照批文可实时推送入库。全年建立电子证照（批文）目录333类（证照121类、批文212类），入库总量46.08万条，签章总量35.91万条。通过采集区各单位电子证照数据，与市级电子证照库对接，实现区级电子证照数据向市级电子证照库的统一归集。继续推动便民服务前移，中心增设E通卡客服点，E通卡持有人可在区行政服务中心办理E通卡充值、购卡、故障卡受理，学生卡、敬老卡、劳模卡、烈属卡等优惠卡的新办、补办和年审业务。为方便持卡用户办理相关业务，客服点周末坚持正常营业，并简化业务流程，改留取证件复印件为使用电子设备拍摄原件照片存储备案方式，省去客户复印之不便。同时携手区人社局、易通卡公司在杏林、杏滨和集美3个街道增设厦门敬老卡年审和社会保障卡自助换卡便民服务事项试点，并逐步在全区推广，打造“十五分钟便民服务圈”。

【审批服务改革】2018年，区行政服务中心推动审批服务业务“一窗受理、集成服务”改革，提高窗口服务质量和办事效率。对业务量少及特定事项推行“大综合”，设立综合窗口，将办件量较少的23个单位227个事项进行集中统一收件。设立“多规合一”并联审批收件处，统筹发改、规划、土地、建设、环保、经信、商务、消防、农林水、交通等部门25个事项；设立惠企窗口，对区经信局、发改局、商务局、人社局、文体局、财政局、建设局7个单位79个惠企事项统一收件，集中受理，限时办结，缩短审批时限，规范审批流程。对业务量多的人社、税务、市场监管、不动产、公安，将办事窗口整合为“小综合”，完善“前台综合受理、后台分类审批、综合窗口出件”工作模式，实现“一窗通办”。人社局社保卡办理实现2个窗口通办，其他25个社保事项3个窗口通办；市场监管局开设两个“新设商事主体受理”窗口，将商事主体营业执照登记除设立以外的事项合并为“商事主体变更、备案、注销”综合受理窗口，将食品、药品审批备案等许可事项合并为“食品药品综合受理窗口”；税务局设立综合服务窗口2个。

【工程领域审批制度改革】2018年6月，集美区启动工程建设项目审批制度改革工作，成立以区长为组长的工程建设项目审批制度改革试点工作领导小组，下设办公室，挂靠区行政服务中心。办公室制定《厦门市集美区工程建设项目审批制度改革试点方案》，并报区政府常务会议研究通过；召开工程建设项目审批制度改革试点工作领导小组联络员工作会议，落实试点方案及工作任务。国网福建省电力有限公司厦门供电公司、厦门水务集团有限公司、厦门华润燃气有限公司入驻区行政服务中心，配合厦门水务集团有限公司做好3个示范改革试点污水处理工作。召开工程建设项目审批新流程培训会，并于9月1日正式启用。制定《集美区工程建设项目并联审批管理暂行办法》《集美区工程建设项目审批制度改革试点工作考核评价试行办法》《集美区工程建设项目审批督查工作暂行办法》《集美区工程建设项目审批告知承诺制管理暂行办法》《集美区工程建设项目审批事项改革意见清单及审批流程图》，有序推进各项工作，力争各工程建设项目审批时间达到国务院提出的“压缩一半以上”的要求。至年底，共受理工程建设项目274件，办结258件。3月5日起，中心开设“重点建设项目前期手续帮办窗口”，至年底，共为5个市重点项目、4个中小型企业投资建设项目及3个新建、扩建污水处理厂项目提供跟踪帮办督办服务。

【服务大厅新添多项便民设施】2018年，区行政服务中心投入36万元，研发机器人“阿集”“小美”，为办事群众提供业务咨询、信息查询等自助服务；为母婴室配备沙发椅、婴儿床、微波炉、窗帘、一次性纸尿裤、育儿手册等。厦门救心圈志愿者服务队向中心捐赠自动体外心脏除颤仪（AED）一台，区红十字会为大厅配置担架、人体模型、急救包、呼吸隔膜、三角巾等应急物品。区疾控中心为中心配置“健康小屋”，居民凭身份证可进行自助免费健康检测，检测项目包括身高、体重、脂肪、体温、血压、腰臀比、血氧、心电、心血管等。

【行政服务中心自身建设】2018年1月起，中心管委会与厦门大学公共事务学院政府绩效评价中心及软件开发公司合作研发的绩效评估标准化管理系统上线正式运行。该绩效评估指标体系从服务窗口前台工作与后台保障两个角度，遵循静态和动态相结合的原则，将公共服务标准化与绩效评估指标结合，以行政服务标准文件为文本，把现有的行政服务标准化体系转化为可以促进战略导向、信息了解和责任落实的绩效评估指标体系，推动行政服务中心平台式管理的科学化与动态化。管委会通过日常自查、视频系统巡查及委托第三方监督员对中心大厅办事人员进行明察暗访，加强效能建设，遏制“庸、懒、散”等行为。全年共明察暗访27次，区监督员巡查、电子监察立案19起，效能问责5人次，其中诫勉教育4人次，通报批评1人。全年接收政民互动件327件，其中咨询件184件、投诉件137件，意见建议件6件，均在规定时间办结。制定《集美区窗口监督检查制度》，在全体干部职工中开展“服务标兵”“优秀首席代表”“流动红旗窗口”等评优评先活动，以点带面，树立典型，提高中心服务水平。2018年，评选红旗窗口38个、服务标兵133人。

（吴晨雪）

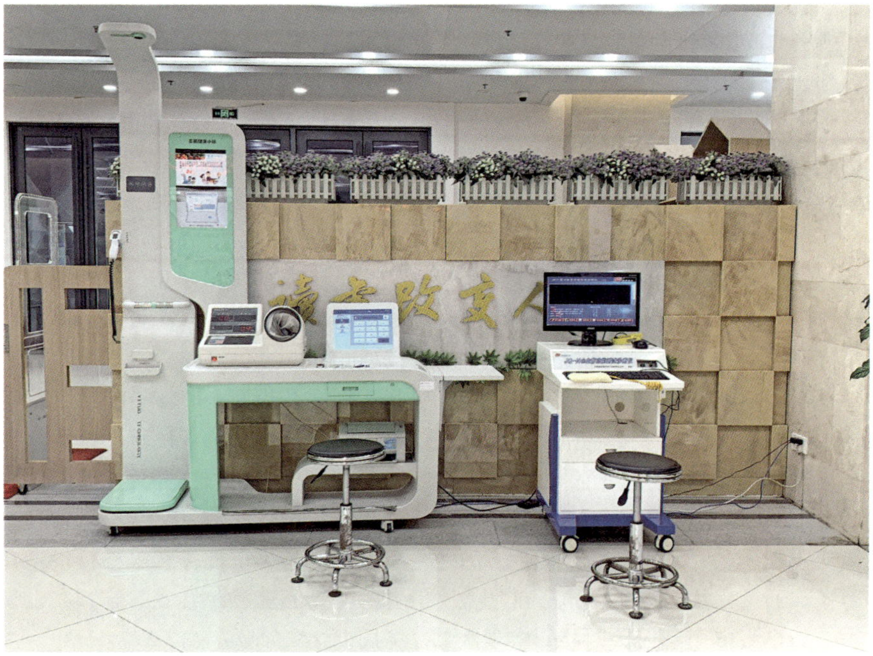

10月，“健康小屋”在区行政服务中心启用，群众可自助免费健康检测（行政审批局 供图）

外事与侨务

【对外交流】2018年，集美区先后举办第十届中国文化软实力研究高层论坛暨第二届嘉庚论坛、世界大学生三对三篮球联赛、阿尔勒国际摄影节等重大活动，区外事侨务办邀请和接待重要宾客8批400多人次，因公出访9批9人次。

【侨务工作】2018年，集美区为归侨、侨眷、归侨子女出具升学、出境探亲、定居和办理确认归侨身份等各项侨政工作，其中华侨到闽定居认定办理4人，开具“三侨生”升学照顾身份证明4份。开展关爱侨界活动，春节期间走访慰问贫困归侨 30 户，发放慰问金 15000 元。开展归侨低保户、遭遇重大疾病归侨及 2018 年升读高校的贫困归侨侨眷学生调查摸底工作，认定低保归侨 1 人、遭遇重大疾病归侨 3 人，按规定进行困难补助 10400 元。对归侨侨眷情况开展摸底调查，及时掌握归侨、侨眷信息，推进侨务工作有序开展。倡导公益事业，促进侨胞回馈乡里。

（陈艺玲）

对口支援

【概况】2018 年，集美区继续做好与甘肃省临夏州和政县和福建省清流县、漳平市、漳浦县的对接帮扶工作，制定对口西藏自治区左贡县扎玉镇帮扶计划，共投入帮扶资金 6080 万元，其中东西部对口帮扶 4300 万元、省内扶贫山海协作 1780 万元。是年，集美区获评甘肃省扶贫工作先进单位。

【东西部协作】2018年，集美区制定《集美区—和政县东西部扶贫协作三年行动计划（2018—2020）》《2018 年集美区东西部扶贫协作工作意见》，落实高层联席会议机制，区政府领导先后于 6 月和 9 月两次带队到和政县调研对接扶贫协作工作，并签订《集美区—和政县全面深化东西部扶贫协作三年行动框架协议（2018—2020）》。加大脱贫资金投入，援助和政县帮扶资金 4300 万元，较 2017 年增长 204.76%。杏林建发有限公司投入 693 万元，在和政县购置土地 5.53 公顷，引进临夏州吉美包袋有限公司，招收建档立卡贫困户 151 人。组织专场招聘会 3 场，举办贫困劳动力培训 27 期，培训 1445 人，完成市下达任务的 168%，其中建档立卡劳动力 979 人，完成任务的 170%。输转贫困人口 756 人到集美就业，其中建档立卡贫困对象 329 人，完成任务的 109.7%；组织贫困人口在省内就近就地就业 450 人，其中建档立卡贫困人口 426 人；到其他地方就业 291 人，累计带动脱贫 840 人。引导和政县 24 名初中和高中毕业没有继续升学或就业的贫困家庭的学生到集美区职业学校就读，其中建档立卡贫困生 16 名。选派优秀教师、医生 24 人到和政县支援工作，其中 1 年期 3 人、1 个月期 10 人、短期 11 人。接收和政县挂职干部 2 名，安排跟岗、学习交流专业技术人才 39 人次。帮助和政县举办致富带头人专项培训和扶贫干部培训，培训 236 人。开展社会帮扶，机关干部、社会各界共捐赠资金、物资计逾 200 万元，惠及贫困学生 366 人。加大携手奔小康帮扶力度，在 6 个镇街 2 家国企与和政县 8 个乡镇 16 个村结对帮扶的基础上，推动双方 7 对中小学（幼儿园）、2 对医院开展结对帮扶活动，1 对医院开展共建活动。

【省内帮扶】2018 年，集美区依据“清流所需、集美所能”协作原则，印发《2018 年集美区帮扶清流县工作计划》，精准施策，强化各项机制和工作力度，助力清流县早日脱贫。（1）加大资金投入，援助资金 1580 万元，用于清流县促进脱贫项目及集美（清流）产业园建设。（2）强化资金保障，全年支援清流县脱贫项目资金 960 万元，其中贫困村村财增收项目 190 万元、基础设施建设 306 万元、贫困户房屋修缮 150 万元、贫困户特色产业扶持 279 万元，贫困户增收项目 35 万元。另 540 万元用于集美（清流）共建产业园区建设。（3）加强产业园建设，首期项目小微双创基地（含库区移民工业创业园），占地 6.67 公顷，建筑面积 10 万平方米，总投资 3 亿元。一期标准厂房（4 栋）、道路管网、研发楼、宿舍、食堂、电子实验室及附属基础设施工程竣工。杏林建发公司注资 1000 万元，在园区成立三明市诚毅置业有限公司；联星化工公司注资 3000 万元，成立三明市联星环保科技材料有限公司，并吸纳当地劳动力就业。（4）落实组织对接，区党政两位主要领导分别于 7 月、10 月带队到清流县对接帮扶工作，召开两地扶贫协作党政联席会议，建立常态化、可持续的工作协调机制，编制《集美区 2018 年度对口帮扶清流县开展省内扶贫山海协作工作计划》，新增后溪、杏林、侨英 3 个镇街与清流县的 3 个贫困乡镇达成结对关系，加强一对一、点对点的结对帮扶。（5）五是落实人才支援，选派 1 名处级、2 名科级干部，到清流县挂职交流。清流县亦派出两名干部到集美挂职学习。集美区作为清流县干部队伍和专业技术人

10 月 18 日，区委书记李钦辉（前排中）赴清流县开展对接帮扶工作（冯立东 摄）

才培训基地，为清流县派出的干部进行实地培训。（6）加强劳务输转，组织12家企业到清流县开展招聘活动，提供就业岗位1694个，其中针对贫困户岗位1355个。（7）倡导社会帮扶，组织社会各界开展捐赠活动，共向清流县捐赠资金20万元，捐赠棉服、棉被、棉鞋等物品计3.1万元。此外，开展“暖心逐梦、百舸争流”山海协作系列志愿服务活动，协助清流成立社工组织，帮助培养社工人才，提高清流县人才的综合素养。

【山海协作】2018年，集美区继续落实与漳平市、漳浦县签订的山海协作协议，援助山海协作资金各100万元，支持两市、县社会事业发展项目和经贸协作项目；拨付资金250万元，援助漳浦县湖西畲族乡“十三五”农村饮水安全项目巩固提升工程项目建设。

（林　慰）

民族宗教管理

【概况】2018年，集美区有少数民族人口43632人，其中户籍人口6533人；有佛教、道教、基督教、天主教宗教场所11座，区级民间信仰活动联系点20处，在省民族宗教厅备案的10平方米以上民间信仰点296处，其中省、市级文物4处、涉台文物2处，供奉的神祇、物灵20多种。是年，马銮有应宫庵、灌口凤山祖庙、山口庙、城隍庙等场所先后举办文化节等活动；西竺寺、马銮有应公庵、集美基督教堂、杏北基督教活动点等场所开展敬老、助学、扶贫等公益慈善活动。

【宗教法规宣传】2018年，区民宗局组织新修订的《宗教事务条例》宣传学习活动。9月20日，与杏林街道联合举办“知法守法、共创和谐”新修订《宗教事务条例》宣传专题演出；9月26—27日，组织对宗教代表人士、宗教工作分管领导及经办人进行专题培训，区委常委、统战部部长范启德做“深刻领会习近平统一战线新理念新思想新战略，扎实做好我区宗教工作”主题授课；10月10日，邀请市民族宗教局副局长苏人登对新一届村（居）两委干部做新修订《宗教事务条例》辅导报告。

【宗教事务管理】2018年，区民族宗教局开展非法大型露天宗教造像、“心灵法门”专项排查清理，推动灌口基督教堂异地重建工作。协调区政法委、公安分局、执法局等部门，调处基督教后溪堂附近违章搭盖纠纷，依法保障宗教界人士及信徒的合法权益；协调杏林街道、消防大队做好西竺寺电气线路改造工作，确保场所和人员安全；以“去商业化”为抓手，协调处理西竺寺店面出租商业化问题。

【民族团结进步进校园工作】2018年9月，区民族宗教局、集美大学诚毅学院、集美大学体育学院联合承办集美区第十一届民族团结进步宣传月活动，在诚毅学院举办“团结奋斗铸牢中华民族共同体意识”专题文艺晚会，通过歌舞、诗朗诵等形式，展现各民族民俗风情、人文特点，近千名师生参与此次活动。

（钟静怡）

地方志工作

【概况】2018年，集美区地方志办公室组织编纂的《集美年鉴（2018）》由方志出版社出版；为《厦门年鉴（2018）》《福建年鉴（2018）》撰写“集美区概况”2500字。为《厦门改革开放40年重大事件纪实》撰写“集美新城建设”5400字。对外发行、交流《集美区志》《集美年鉴》等书籍699册，收集各种图书资料323册，整理本地资料1102篇。

【《集美年鉴（2017）》获评省一等年鉴】2018年10月，《集美年鉴（2017）》获全省地方志综合年鉴编纂质量一等年鉴，为全省5部、全市唯一获此荣誉的综合年鉴。2017年卷设区情概览、大事记、特辑、中国共产党机关、权力机构、行政机构、法治与军事、人民政协与民主党派、社会团体、农业与水利、工业与建筑业、建设与环保、交通与邮政业、电信与信息业、商贸服务与旅游业、经济与财税管理、教育与科技、文化与体育、卫生与计划生育、社会与民生、镇与街道、人物与先进名录22个栏目，下设35个类目、186个分目、1159个子目，全书72.8万字。

【《集美年鉴（2018）》出版】2018年12月，2018年卷《集美年鉴》由方志出版社出版。该卷卷首设《城区建设》《“美丽厦门·人文集美”百日行动》图集，辑录照片40张，配以文字介绍，纪录集美城市面貌十年来的沧桑巨变以及“美丽厦门·人文集美”百日行动（第四批）的主要成果。全书分设区情概览、大事记、专记、中共厦门市集美区委员会、厦门市集美区人民代表大会、厦门市集美区人民政府、政协厦门市集美区委员会、法治与军事、民主党派与社会团体、农业与水利、工业与建筑业、商贸服务与旅游业、建设与环保、交通与邮政业、通信与信息业、经济管理与监督、教育与科技、文化与体育、卫生与计划生育、社会与民生、镇与街道、人物与先进名录22个栏目，下设35个类目、190个分目、1056个条目，收入图片119张、表格42张。附录辑存文献11份、要文目录70条，全书80.5万字。

（张燕红）

政协厦门市集美区委员会

会　议

【区政协八届三次会议】2018年12月25—28日，政协第八届厦门市集美区委员会召开第三次会议。会议听取并审议区政协主席胡亚才所作的常委会工作报告和副主席纪永强所做的提案工作报告；听取区政府工作报告、财政工作报告、区人民法院工作报告和区人民检察院工作报告；听取区经信局、教育局和农林水利局作的2018年重点提案办理情况报告和5名委员作的大会发言；听取并通过区政协八届三次会议提案审查情况报告；审议通过区政协八届三次会议决议；表彰2017、2018年度优秀提案和提案承办先进单位。（沈　琦）

【区政协八届常委会会议】2018年，区政协八届常委会共召开5次会议。（1）2月6日，区政协主席胡亚才主持召开区政协八届七次常委（扩大）会议。会议组织学习中共十九大报告中关于人民政协工作的论述和中共厦门市委《关于加强和改进人民政协民主监督工作的实施意见》，通报2017年度政协委员履职情况，讨论并审议通过《集美区政协常委会2018年工作要点》。（2）5月30日，区政协召开八届八次常委（扩大）会议。会议听取关于生活污水整治和小流域整治情况的通报，围绕“推进水环境综合治理”进行专题协商议政，各位常委根据前期调研情况，就抓好源头治理、河道水体修复、完善设施设备、建立长效机制等建言献策，共提出建议13条，并形成区政协常委会建议案，供区委、区政府决策参考。（3）9月20日，区政协主席胡亚才主持召开八届九次常委会议，审议通过《关于陈友谊同志不再担任区政协副主席职务的决定》。（4）12月12日，区政协主席胡亚才主持召开八届十次常委（扩大）会议。会议听取区政府副区长林声群关于区政协八届二次会议提案办理情况的通报；协商通过区政协常委会工作报告和提案工作报告；决定区政协八届三次会议于2018年12月25日召开；协商通过区政协八届三次会议主要议程、日程、提案截止时间、执行主席分组名单、秘书长和副秘书长名单；协商通过关于授权主席会议审议区政协八届十次常委会未尽事宜的决定。（5）12月26—28日，区政协主席胡亚才主持召开八届十一次常委会议。会议听取区政协八届三次会议各讨论小组（专委会）关于区政协常委会工作报告和提案工作报告的审议情况；听取区政府工作报告、区财政工作报告、区人民法院工作报告和区人民检察院工作报告协商讨论情况的汇报；协商通过八届三次会议决议（草案）和提案审查情况报告（草案）。（陈晓珍）

协商议政

【高校委员季谈会】2018年，区政协聚焦经济社会发展中急需研究解决的紧迫性问题和关键环节，召开高校委员季谈会3次。（1）4月20日，区政协召开第一次高校委员季谈会，围绕“加强区校协作，构建紧密产学研体系”主题协商议政，从发展环境、投融资机制、合作方式、人才支撑、服务体系建设等方面，提出建议18条，形成《关于进一步加强集美区产学研合作的建议》主席会议建议案，供区委、区政府决策参考。（2）7月27日，区政协召开第二次高校委员季谈会，围绕“推进城乡融合发展”主题协商议政，从促进城乡经济融合、形态融合、社会融合等方面，提出建议12条，形成《关于推进城乡融合发展的建议》主席会议建议案，供区委、区政府决策参考。（3）11月1日，区政协召开第三次高校委员季谈会，围绕“培育发展健康产业”主题开展协商议政，从制定相关扶持政策、着力发展健康养老服务业、着力发展医疗卫生产业、着力发展健康体育产业、着力培育特色健康服务产业等方面，提出建议13条，形成《关于加快我区健康产业发展的建议》主席会议建议案，供区委、区政府领导决策参考。（罗春林）

【港澳委员座谈会】2018年8月16日，区政协在广东省珠海市召开集美区政协港澳委员座谈会，通报集美区公共养老事业发展情况及上半年经济社会发展情况。区政府副区长石扬，区政协副主席纪永强、秘书长兰福传，区政协港澳台侨委员会主任陈群英，区政协港澳委员参加会议。港澳委员们从完善行业准入机制、加强政策扶持力度、加快行业人才培养、提升养老服务水平、丰富老人精神生活、提升家庭养老观念、扩大产业辐射范围等方面提出意见建议。同时，就加强厦门轨道交通建设、保护海洋环境、促进微小企业发展等方面进行讨论。（沈　琦）

【对口协商】2018年，区政协制定专题情况座谈通报对口协商实施办法，有计划地邀请区委、区政府领导及有关部门通报情况，让委员了解政情、开阔视野、拓宽思路，推动履职建言更具针对性，更富实效性。3月29日，区政协邀请区商务局，就商贸物流业发展情况，与经济发展委员会委员开展座谈，通报对口协商活动，提出商贸业发展要平衡各区域发展、提升经济贡献率、优化商圈布局、注重发挥品牌效应，物流业发展要强化落户经营、注重政策支持、加强监督管理等建议。5月10日，区政协邀请区轨道办，就轨道交通建设情况，与城市建设与管理委员会委员、相关提案委员开展座谈，通报对口协商活动，提出要更高格局谋划、更加精细管理、更大力气宣传、更多努力协调等建议。6月28日，区政协邀请区依法治区办，就依法治区情况，与社会服务与保障委员会委员、相关提案人开展座谈，通报对口协商活动，提出要注重研究分析、加强区校协作、强化法治宣教、深化多元调解等建议。8月9日，区政协邀请区发改局、汽车小镇办公室，与科教文卫委员会委员、相关提案人开展座谈，通报对口协商活动，提出要加强规划突出特色、建强产业打造品牌、统筹协调有序推进等建议。11月14日，区政协邀请区文体局、建设局、规划分局、市规划院和集美街道领导，与港澳台侨委员会委员、相关提案人开展座谈，通报对口协商活动，提出要找准定位做好规划、挖掘资源丰富内涵、加大整治营造环境、加大宣传做好营销等建议。（罗春林）

委员提案

【概况】2018年，区政协八届二次会议及会议结束后，共收到提案249件，经审查合并立案144件，确定《关于加强我区企业迁移风险治理的建议》《关于补齐教育短板的建议》《关于完善河长制，深化水生态文明建设的建议》3件提案为重点提案。其中《关于完善河长制，深化水生态文明建设的建议》被列为区政协八届八次常委（扩大）会议专题协商内容。立案的144件提案中，涉及经济建设方面的提案34件，占立案件数的23.61%；城市建设与管理方面的提案62件，占43.06%；科教文卫体方面的提案30件，占20.83%；人劳、政法方面的提案18件，占12.5%。按照“分级负责、归口办理”的原则分别交由政府部门办理，各承办单位均在规定的时间内办复。共收到复函155件（含10件分办单位复函件），其中，提案反映的问题已经解决的55件，列入计划正在落实办理的87件，所提问题因条件不够成熟延后研究解决或不能解决的13件。根据提案者的反馈意见，满意或基本满意的151件，不满意的4件，满意率97.4%。

【企业迁移风险治理建议】2018年，区政协重点提案《关于加强我区企业迁移风险治理的建议》（提案人钱洪志）由区经信局主办，区市场监督管理局、商务局、税务局、人社局、教育局及各镇街等单位协办。区经信局牵头组织各协办单位走访调查辖区企业迁移情况，分析企业迁移原因，提出防范企业迁移的对策、措施：（1）推进产业政策制定与落实。围绕集美区重点发展的六大产业链群，制定具有竞争力的惠企政策，已出台的惠企政策要跟踪落实，不适宜企业发展的惠企政策要调整完善，加大企业研发、技术改造的扶持力度，优先购买本地企业的产品、服务，培育本地品牌。（2）结合“双千亿”工作，坚持精准招商，引进能带动产业链发展的优质企业、龙头企业。加快推进重点企业、龙头企业、重要平台项目的生成、落地、达产，助推工业、软件信息业发展。（3）学习“晋江经验”，支持实体经济创新发展。进一步优化营商环境，深化“放管服”改革，健全企业服务机制，帮助企业解决审批登记、人才引进、营商环境、生活条件等突出问题，建议市有关部门在区行政服务中心设立“软三企业”登记服务窗口，方便企业办理业务。加快工业集中区、软件园三期、商务营运中心等企业聚集区配套建设，完善周边教育、医疗、商业、交通等配套设施，提高生活便利性。（4）重视企业迁移风险评估和防范工作，完善企业迁移制度，建立协同监管机制，牵头设立由相关部门、镇街参加的企业迁移常态化联席会议监管机构，研究辖区重点企业发展动向，开启预警挽留机制，让高质量发展的总部企业、龙头企业、潜力企业继续留在集美发展。做好外迁企业善后工作，避免欠薪、欠债跑路现象发生。关注中美贸易战对辖区企业的影响，帮助相关企业应对贸易挑战，破解发展难题。提案人对办复结果表示满意。

【教育补短板建议】2018年，区政协重点提案《关于补齐教育短板的建议》（提案人潘永俊等）由区教育局主办，区委宣传部、区委编办、区人社局、区经信局、区文体局协办。（1）提案中关于完善学校布局问题。区委、区政府根据《厦门市城乡规划管理技术规定》，编制《集美区中小学布局专项规划》，出台一系列指导意见及措施，加大对义务教育的投入力度，按照片区规划情况，适时跟进建设。至年底，各片区布局规划已较完善。（2）关于提高非在编教师待遇问题。2018年2月24日，区政府办下发《关于调整非在编教职员工工资福利待遇的通知》，从2018年1月1日起，调整非在编教职员工工资福利待遇，由原来包干定额每人每年7.5万元提高到10万元。（3）关于加强学前教育监督问题。2018年，区政府印发《集美区教育局关于印发集美区幼儿园责任督学挂牌督导实施方案（试行）的通知》《集美区人民政府教育督导委员会关于聘任幼儿园责任督学的通知》《集美区教育局关于幼儿园挂牌督导责任区和责任督学安排的通知》，将经教育局审批的民办幼儿园纳入监管范围，加强对民办园的依法办园情况、卫生保健、安全、师德师风、保育教育、内部管理等进行管理和监督，逐步提升民办园的办园质量。提案人对办复结果表示满意。

（王新苗）

视察与调研

【专题视察】2018 年，区政协紧扣改革发展主题，坚持助力发展、履职为民，选择与全区经济社会发展大局和补齐民生短板相关的内容，开展专题视察 11 次，其中专委视察 10 次，全体委员视察 1 次。3 月 15 日，组织港澳台侨委员会委员视察特色历史风貌建筑保护利用情况，提出必须高度重视、坚持多措并举、完善政策机制、加强内涵挖掘、强化宣传利用等建议。4 月 4 日，组织科教文卫委员会委员视察人才公寓项目建设情况，提出要超前规划、确保质量、规范管理、配套到位、加强宣传等建议。5 月 4 日，组织科教文卫委员会委员视察社区书院建设情况，提出要加大资金投入、加强运营管理、打造特色品牌、不断探索创新、加大宣传力度等建议。5 月 24 日，组织城市建设与管理委员会委员视察集美新城慢行系统拓展情况，提出要注重规划引领、突显为民便民、优化绿道设计、强化工程质量、加强安全防护、管好共享单车等建议。6 月 14 日，组织经济发展委员会委员视察休闲农业项目建设情况，提出要抓住“三关键”、注重“三融合”、强化“三保障”等建议。7 月 19 日，组织港澳台侨委员会委员视察中水循环利用和湿地公园建设情况，提出要高度重视、以人为

12 月 20 日，区政协组织全体政协委员视察厦门北站商业综合体尚柏奥特莱斯工程建设情况（林小芬 摄）

本、超前规划、专业设计等建议。8 月 16 日，组织社会服务与保障委员会委员开展岩内保障性地铁社区推进情况专题视察，提出要着力解决项目北侧环山路建设、北站泵站用地规划专项调整、完善配套建设等建议。9 月 18 日，组织城市建设与管理委员会委员开展农村生活污水处理设施常态化运行情况“回头看”专题视察，提出要超前统筹规划、加强监督管理、强化综合整治、建好长效机制、发挥舆论作用的建议。9 月 26 日，组织经济发展委员会委员视察机械工业集中区三期、软三西片区及安仁产业园建设情况，提出提高招商门槛、加强配套建设、推广安仁产业园模式、争取政策支持等建议。10 月 18 日，组织社会服务与保障委员会委员视察农村幸福院、日间照料中心建设和运营情况，提出要科学规划、低中高端布局，解决问题、推动项目落实，加强管理、提高服务水平，关心重视、营造爱老氛围等建议。12 月 20 日，组织全体政协委员视察乡村振兴示范点后溪镇埭溪桥社、厦门北站商业综合体尚柏奥特莱斯工程、软件园三期云之芯智能科技有限公司，提出进一步推进乡村振兴战略实施、打造全方位商业主体和助推新兴产业发展等建议。

（罗春林）

【课题调研】2018 年，区政协围绕区委、区政府工作大局，组织开展“集美区积极盘活土地资产资源，拓展产业和城市发展空间研究”和“关于多举措提升营商环境，防范集美企业外迁风险的建议”两项重点课题调研，并形成调研成果。组织区政协各专委、各镇（街）政协工作联络组和各民主党派、工商联、人民团体开展课题调研，形成调研报告 30 篇。其中《积极盘活土地资产资源，为推进“6+7”工作拓展空间》等 7 篇调研报告被选为区政协八届三次会议口头或书面发言材料，其中 5 篇发言材料获得区委书记李钦辉批示。

（沈 琦）

2018 年政协集美区委员会调研报告目录

表 9

序号	单　位	课题题目	执笔人
1	区政协提案委	关于融合发展视角下构建集美“体育 +N”产业发展新模式的探讨	刘德英
2	区政协经济发展委	盘活土地资产资源，拓展产业和城市发展空间研究	洪毅忠
3	区政协科教文卫委	防范辖区企业外迁风险	习　玲
4	区政协社会保障委	集美文教区院校与集美新城及环杏林湾区域之间的公交线路开通情况	陈　琳
5	区政协港澳台侨委	区政协在厦门经济特区发展过程中推动对台交流交往的作用研究	林小芬
6	区政协港澳台侨委	发挥集美侨乡优势，推动中小学生与海外华侨后裔的互动联系	杨　柳
7	区政协灌口镇联络组	农村集体产权制度改革探索与研究	王　苹
8	区政协后溪镇联络组	后溪镇实施乡村振兴战略调研报告	何　凌
9	区政协集美街道联络组	由“中国特色小镇”向“中国形象小镇”进阶——由集美区特色小镇发展引发的思考	王乐淙
10	区政协集美街道联络组	关于加快推进大社文创旅游街区建设的建议	王乐淙
11	区政协侨英街道联络组	关于加大城中村改造及环境综合整治力度的建议	陈　婧
12	区政协杏滨街道联络组	关于“暖心筑梦·共建家园”的思考与建议	苏晓玲
13	区政协杏林街道联络组	闽南传统口传文学调研	高爱民
14	民革集美总支	集美区电动汽车充电桩建设面临的挑战及对策研究	黄玉清
15	民革集美总支	探索厦门对台研学旅行的模式和配套政策	林小芬
16	民革集美总支	关于推进厦门市家庭医生签约服务的建议	张文斌
17	民盟集美基层委	提升职业教育服务“一带一路”建设机制的探究（以厦门职业教育为例）	饶金星
18	民建集美基层委	促进集美区工业机器人产业发展的对策建议	王进法
19	民建集美基层委	集美侨房保护与开发利用的对策建议	王进法
20	民建集美基层委	加快都市型现代农业和特色乡村旅游融合发展推动乡村振兴的对策建议	王进法
21	农工党集美基层委	地铁一号线对促进新时代“五大发展”示范区建设的作用	陈　琳
22	致公党集美基层委	关于推动集美区民办幼儿园发展的建议	沈　琦
23	致公党集美基层委	推进厦门智慧城市生态文明信息化建设的研究	秦　丹
24	九三学社集美基层委	统筹城乡关系促进集美乡村振兴	林剑艺
25	台盟集美总支	集美台商投资区现状及发挥台商投资区活力的思考	傅伟滨
26	台盟集美总支	促进集美旅游产业的转型升级，全面加速智慧旅游发展进程	李晟洁
27	台盟集美总支	深化集美动漫游戏产业发展，促进集美文化创意产业布局	李晟洁
28	区归国华侨联合会	涉侨乡村组织对集美区新型城镇化的作用研究	杨　柳
29	区工商联（商会）	推动集美民营企业参与乡村振兴的对策建议	王进法
30	区工商联（商会）	新生代企业家教育培养工作的集美实践与思考	王进法

【社情民意信息收集】2018 年，区政协收集有价值的社情民意信息 127 条，采用 78 条，编印工作动态期刊 15 期，社情民意专刊 14 期，被全国、省、市政协采用 28 条，其中《建议邀请连战来厦参加〈台湾通史〉点校启动仪式》被全国政协采用，《台湾输出大陆水果质量检疫存在的突出问题及建议》获省领导批示，《我省三四级网格化环保监管短板亟待加强》等 4 篇被省政协采用，《关于针对集美入侵植物综合治理的建议》等 8 篇获区委、区政府主要领导批示。（沈　琦）

民主监督

【专项民主监督】2018 年，区政协开

展专项民主监督2次。5月，区政协围绕近三年集美区惠企政策的落实情况，成立三个专项民主监督小组，在深入企业及相关部门调研的基础上，于5月17日召开专项民主监督协商座谈会，区政府分管副区长、区政协副主席、区政协专项民主监督小组成员及相关部门领导实地察看区惠企办事窗口，听取区财政、发改、建设、教育、经信、人社、商务、文体、科技、国税、地税等部门惠企政策落实情况的通报，协商指出存在的不足和问题，提出建立政策评估机制、注重政策普惠性、加强惠企政策办理绩效管理、进一步加大政策宣传等建议。6月，围绕安置房建设与管理工作，成立专项民主监督小组，并在深入了解情况、现场视察和收集意见的基础上，于6月21日召开专题座谈协商会议，区政府常务副区长、区政协副主席以及专项民主监督小组成员、区重点办和各镇街分管领导听取区建设局有关情况通报，协商指出需要加强和改进的问题。对已建成安置小区，提出要加强安置房小区社区化管理，研究安置房小区物业管理费收取办法，加快安置房产权证办理进度，严厉打击安置房小区违章搭建等建议；对新增安置房项目，提出要从规划选址、户型设计、建设标准、工程建设上坚持以人为本、前瞻优化、质量为先、注重实效等建议。

（罗春林）

【部门工作评议】2018年，区政协组织对《关于加强我区企业迁移风险治理的建议》和《关于补齐教育短板的建议》两件重点提案办理情况进行协商考评，并评议承办部门区经信局、区教育局的工作。区政府、区政协和提案承办单位的领导和提案人代表、政协委员代表、特邀企业家、教育专家代表等参加视察调研、协商评议活动。根据《集美区政协提案办理考评办法》规定，政协评议组从健全领导机制、完善协商机制、规范办复制度、落实合理建议及委员实效评议等五个方面对区经信局和区教育局办理情况进行综合考评，成绩分别为98.5分和98.1分。

（王新苗）

其他活动

【委员基层行活动】2018年，区政协开展委员基层行系列活动。组织委员“高浦行”，促进高浦文化街区建设专项工作组成立，推进高浦文化街区的建设工作。在园博社区举办委员社区讲堂，5名政协委员开办以中医养身、应急救护等为主要内容的讲座，推动政协履职成效的提升。以侨英街道兑山社区为试点，设立委员社区医疗服务站，举办“高血压和脑卒中的关联及防治”专题讲座，开展义诊、健康知识宣传咨询等活动。

（陈晓珍）

【委员培训】2018年4月26—27日，区政协举办全体委员参加的“弘扬嘉庚精神，当好新时代政协委员”学习班。委员们现场参观和聆听陈嘉庚的生平事迹，学习习近平总书记在博鳌亚洲论坛2018年年会开幕式和庆祝海南省办经济特区30周年大会上的重要讲话，听取“贯彻落实两会精神、推动厦门新发展”“坚定文化自信、推动社会主义文化繁荣兴盛”的专题讲座。8月29—31日，区政协举办以“学好新思想，提升政治站位，增强履职实效”为主题的常委暑期读书班。委员们听取“关于加强和改进人民政协工作的重要思想”“习近平总书记在宁德的探索与实践”的专题讲座。12月20—21日，区政协举办“新思想引领新发展”为主题的专题学习班。全体委员听取“习近平总书记关于加强和改进人民政协工作的重要思想”“城市规划建设与管理模式探讨”专题讲座。是年，区政协主席、副主席走访政协委员44人，通过对委员和委员所在单位的走访，了解委员的工作、生活情况，加强与政协委员的联络，增进感情交流，调动委员积极性，获得委员所在单位领导对政协委员履职的支持。

【书画摄影展】2018年11月16日至12月2日，区政协在区文化馆一楼展厅举办“吹响时代号角，凝聚奋进力量”庆祝改革开放40周年书画摄影作品展。本次展览精选书画、摄影作品103幅，反映集美区改革开放40年来在经济、社会、民生、文化等领域的巨大成就，表达集美区政协委员和书画摄影爱好者的爱国爱乡情怀。

（沈　琦）

9月14日，区政协委员高爱民（左二）为园博社区居民开设手机摄影公开课（陈晓珍 摄）

纪检监察

综　述

【概况】2018年，集美区纪检监察机关强化“四个意识”，坚定“四个自信”，做到“两个维护”，履行党章和宪法赋予的职责，推进全面从严治党向纵深发展。全年立案73件，比上年增长55%，给予党纪处分55人、政务处分4人，移送司法机关13人，运用“四种形态”处理党员干部330人次。

【落实“两个维护”】2018年，区纪委监委旗帜鲜明讲政治，协助区委、区政府担负起“两个维护”的重大政治责任。贯彻落实党中央各项决策部署和习近平总书记对福建、厦门工作的重要指示批示，聚焦“七个有之”，开展“不信马列信鬼神”专项整治，查处并通报违反政治纪律案件2起。夯实全面从严治党政治责任，协助区委开展主体责任落实情况检查，交办问题清单14份，督促整改问题128个，追责履责不力的领导干部20人。立足“监督的再监督”，开展专项检查26次，覆盖单位119个。抓好省委巡视反馈问题整改，完成4个方面31项整改任务，追责31人，得到省委巡视组肯定。

【监察体制改革】2018年，区纪委监委调整内设机构，完成第二批干部转隶任务。向六个镇（街）派出监察机构，赋予监察权，实现对全区8746名监察对象监督全覆盖。依据《中华人民共和国监察法》，在全市各区中率先独立适用留置措施，全年留置5人。建立健全问题线索集体研判、案件审理部门提前介入等机制，推动执纪审查和监察调查相互贯通。会同公安机关完善协作办案机制，建立与司法机关法法衔接和重点案件协调会商制度，推动审查调查与司法程序顺畅对接。

【纪检监察队伍建设】2018年，区纪委监委坚持政治引领，把学习贯彻习近平新时代中国特色社会主义思想作为首要政治任务，兴起学习热潮。区纪委常委会召开常委会和双周例会集中学习33次。落实领导干部上党课制度，运用“集清扬美”微信公众号和“阿集小美说十九大”微视频，宣传中共十九大精神，举办十九大知识测试。组织参加各级业务培训16期197人次、业务测试63人次，全员参与办信办案和巡察工作116人次，跟班学习、挂职锻炼17人次。严格内部管理，突出人品、素质、专业、年龄四个关键，严把“入口关”。制订区监察委员会工作规则、机关内部管理制度，严格工作程序，建立健全分级审批、重点信访件联合会审等内控机制。经常性开展谈心谈话，了解掌握干部八小时外情况，实现全区纪检监察干部廉政家访全覆盖。坚持“刀刃向内”，处理履责不力、慵懒散漫、执纪违纪的纪检监察干部，追责问责8人，调离纪检监察队伍2人。

（纪委监委）

监督执纪

【监督工作】2018年，区纪委监委运用监督执纪“四种形态”，建立谈话函询反馈制度，督促33名被谈话函询的党员领导干部在民主生活会上作出说明。审查189名拟提任干部、584个评优评先单位和个人、417名村级组织换届选举候选人廉政情况，协助区委严把选人用人关。建立59家区直属单位政治生态建设档案，动态更新干部个人廉政档案，全面把握“树木”与“森林”情况。运用第一、二种形态处理329人次，运用第三、四种形态处理35人次，初步实现惩治极少数、管住大多数。坚持监督在一线，下发《扎实履行纪检监察职责为建设高素质高颜值跨岛发展最美新市区提供坚强纪律保证的通知》，建立“五个一批”项目一线监督工作制度，全天候、近距离、可视化开展监督，确保政令畅通。开展建立村（居）廉政监督工作室试点，发挥村（居）党组织纪检委员、村务监督委员会监督作用，打通监督最后“一百米”。用好追责问责利器，全年追责问责党组织5个、党员领导干部23人，其中处级干部9人。问责董任路10号严重违建问题中失察失职的3个党组织和11名责任人员，给予党纪政务处分5人、职务调整2人，在全区引起强烈震动。加强廉政宣传教育，开展学习宣传贯彻新修订的《中国共产党纪律处分条例》“八个一”活动，宣讲21场次，受众1986人。制作《一分钟看懂形式主义官僚主义集中整治重点》《阿集小美说2018年版〈中国共产党纪律处分条例〉》等短视频、漫画册，开展《中华人民共和国监察法》《中国共产党纪律处分条例》网络答题活动，组织旁听灌口镇原党委书记刘某忠受贿案、后溪镇岩内村原主任连某唐涉恶案件庭审，依托“千名书记进课堂”，开展村（居）干部廉政教育350场次，建成厦门市家规家训园等廉政宣教阵地，营造崇廉拒腐的清风正气。

【正风肃纪】2018年，区纪委监委巩固中央八项规定精神成果，运用“1+X”专项督查机制，组织各类检查134次，查处区妇联原主席陈某萍和区委党校常务副校长张某雄公车私用、园博社区违规发放补贴等违反中央八项规定7件8人，给予党纪政务处分7人，全部通报曝光。开展利用名贵特产类特殊资源谋取私利问题整治，督促1302名干部进行自查自纠。整治形式主义、官僚主义，查处文山会海、为官不为、作风散滥等问题10件31人，给予党纪政务处分10人。对区民政局婚姻登记窗口工作人员官僚作风问题第一时间核查处置，与责任人进行诫勉谈话，对分管领导严肃批评教育，及时消除不良影响。开展群众身边腐败和作风问题治理，制订群众反映强烈问题专项治理方案，查处民生帮扶工作落实不到位、民俗活动大操大办等问题9件17人，给予区残联原理事长欧阳某龙（已退休）和侨英街道社区干部张某良、李某德党内警告处分，给予侨英街道街政办主任张某国政务警告处分。严肃村级组织换届纪律，查处并通报违反换届纪律案件5起。

【惩治腐败】2018年，区纪委监委保持反腐败高压震慑状态，全年受理检控类信访举报642件次，较2017年增长240%。查处集灌公司原职工林某景贪污受贿案，区信访局局长、区委办副主任杨某伟玩忽职守案，文教区管委会原调研员张某章受贿案，杏滨街道马銮社区原主任杜某辉行贿受贿案等严重违纪违法案件。创新“巡纪联动”模式，对工程项目建设、国有企业经营管理、村级组织三个领域进行整治，分类处置190人次，持续强化“不敢腐”震慑状态。建立分领域整治常态机制，开展案后回访，帮助受处分干部放下包袱、轻装上阵，强化源头治理，推动案发单位建章立制53项，扎牢“不能腐”的笼子。下发《规范反思违纪违法案件教训专题民主生活会的通知》，督促后溪镇、侨英街道等4个案发单位党组织剖析原因，推动问题整改。开展涉黑涉恶腐败专项治理，紧盯“为黑为恶、护黑护恶、失职失责”，立案查处后溪镇岩内村原主任连某唐、崎沟村原主任王某山等涉黑涉恶腐败案件3件3人，查处侨英街道浒井社区原党总支书记、居委会原主任张某强，凤安边防派出所原辅警黄某添、李某龙充当黑恶势力“保护伞”案件3件3人，追责问责29人。加大追逃追赃工作力度，开展外逃人员大起底，联合公安机关将涉嫌贪污行贿等犯罪的后溪镇崎沟村原主任王某山缉拿归案，追缴违纪违法所得157万余元。

6月15日，区纪委工作人员深入辖区饭店检查是否有公款消费、“一桌餐”现象

（刘平 摄）

【巡察工作】2018年，区纪委监委聚焦党的领导弱化、党的建设缺失、全面从严治党不力，突出政治巡察，发现问题122个，占总数的40%。紧盯关键少数，分类处置处级干部28人次，其中“一把手”18人次，给予党纪政务处分3人、组织调整7人。严明政治纪律，查处集美城发公司原班子成员王某敏和杏滨街道西滨社区党委书记、主任陈某良干扰巡察问题，给予党内严重警告处分。稳步推进巡察工作，全年完成常规巡察2轮6批次（15家单位），交叉巡察2次，专项巡察、机动巡察、“回头看”巡察各1次。至年底，区委巡察覆盖率51.7%，居全市各区首位；村级专项巡察覆盖全区三分之一村居。通过巡察移送问题线索66件，给予党纪政务处分11人，组织调整、通报问责、批评教育164人，挽回经济损失534.72万元，督促完善制度113项。针对巡察发现的工程招投标风险防控机制不严密、个别党组织领导班子战斗力不强以及天下集美文广传媒有限公司管理不规范等问题，提出巡察建议3份。根据上述建议，区委调整3个单位的领导班子，区政府出台规范涉农资金使用、工程招投标管理等文件4份。

（纪委监委）

法治·军事

政法及综治

【概况】2018年，集美区深化综治平安基础建设，打造家安、路安、食安、业安、心安“五安工程”，开展扫黑除恶专项斗争以及矛盾纠纷积案化解、特殊人群服务管理、重点领域集中整治、重点部位安全防范、区域性问题排查整治等专项行动，辖区社会治理社会化、法治化、智能化、专业化水平提升，为建设高素质高颜值跨岛发展最美市区提供保障。

【扫黑除恶专项斗争】2018年，区委、区政府制发《集美区扫黑除恶专项斗争实施方案》《集美区2018年扫黑除恶专项斗争综治动态考评方案》《集美区黑恶线索管理规定》，落实纪检、政法等部门的协调配合机制，形成工作合力。结合信访举报、审查调查、专项巡察、分领域整治等工作，通过走访企业、项目、学校等多渠道摸排问题线索，成立问题线索研判小组，建立优先处置绿色通道，抽调精干人员，提升线索核查的查实率和办结率。经分析研判，明确涉黑涉恶问题线索36件，提级办理“保护伞”问题线索1件，初核后立案、查结19件，其中查实6件6人，开除党籍3人，辞去村主任职务2人。从区情实际出发，以重点地区、领域为突破口，连续打掉以陈三某、陈四某兄弟为首的黑社会性质犯罪组织和以后溪镇岩内村主任连某唐为首的恶势力犯罪集团。强力推动连某唐·恶势力犯罪集团案件侦查、起诉和审判工作，突出快查快办快审。该案于4月2日集中收网，8月10日移送审查起诉，9月25日起诉至法院，11月13—19日开庭审理。同时组织镇（街）、村（居）干部和案发地群众120余人参与庭审旁听，在《厦门日报》、厦门电视台、集美电视台宣传报道，以案释法，提升扫黑除恶斗争震慑力。

【“五安工程”实施】2018年，集美区发挥“家安”支点作用，建设后溪镇三兴社区等一批“入盗必破”小区，实现“入盗必破小区”破案率100%。守护“路安”每一公里，打造无偷盗公交线路，实行公交车载硬盘视频升级更新，强化安保员配备，开展交通安全宣传，强化“五类重点车”驾驶人素质教育，预防和减少道路交通事故发生。回应“食安”民生关切，完善食药三级监管责任网络，实现食药全流程在线闭环监管，完成全区23491家食药商事主体摸底建档工作，实现对全区食药经营主体的动态跟踪和掌握。关注“业安”发展，引导企业主动签订《承诺书》，主动自查整改安全隐患，全区各类生产安全事故比上年下降30.30%，直接经济损失下降33.29%。构筑“心安”心理防线，开展防诈骗宣传预防工作，推行面对面防诈骗宣传机制，辖区接触类诈骗发案率下降42.29%。

【基层社会治理网格化】2018年，集美区社会管理综合治理委员会办公室、集美区民政局制发《关于加强社区（村）网格化建设的实施意见》，完善社区服务管理体制机制，完成450个网格、1244名网格员的网格划分，通过社区、食药、社区矫正、“两违”惩治、环保、燃气安全、医疗、环卫、消防、邮政寄递等10多个网格，为社区居民提供精细化、人性化服务。全区网格业务驱动走访采集率96.15%。

【“智慧小区”建设】2018年，集美区开展“智慧小区”建设试点，针对城市小区治理难题，打造基于区域链的智能化基层自治平台。以在线选举、公共事务为抓手，解决自治主体缺位问题。以智能门禁、监控建设为基础，强化“家住厦门”配套机制建设，提升安全指数，实现公共安全基础数据校验共享。集美区“智慧小区”建设经验被中央政法委收入电视政论片《坚持发展“枫桥经验”——中国基层社会治理现代化之路》，在央视一套推广交流。

【城市公共安全管理平台建设】2018年，集美区推进城市公共安全平台化管理。依托公安分局指挥情报中心，采用多中心合一模式，打造城市公共安全管理平台。将全区186家行政机关、企事业单位纳为中心的事件处置联动单位，整合“110”联动、“12345”平台、网络化平台、数字城市管理等区级指挥中心，实行一个中心、一套人马，统一指令调度和事件督办，建立监管分离的双轴心管理体制、自下而上的上报机制和从上往下的管理机制，实现40余种业务应用系统无缝联动。全年平台受理事件47978件，平均每个工作日213件，行政服务效率提升。

【“雪亮工程”建设】2018年，集美区继续推进“雪亮工程”信息化建设。坚持机制创新、管理创新、技术创新，由区政法委牵头，公安和交警部门进行点位审核，区视频办负责方案评审、视频接入、项目验收和运维管理，逐步实现对项目的全流程管控。建设统一网络、平台和机房，在各路口形成统一取电和网络的汇聚点，优化资源复用。全区建成一、二类道路高清视频监控5456路，达到100%高清，区数据中心视频云存储容量6.05PB，整合三类社会资源监控1669路。已建视频监控为公安、城管、执法、市政、交通、环卫、社区矫正、教育、市场监督、铁路各业务部门所应用。

（张新星）

法治政府建设

【执法监督】年内，区政府按照“谁制定，谁清理”的原则，对全区证明事项进行全面清理。其中，对在集美区实施的以国家、省级和市级文件为依据设定的证明事项192项提出保留或者清理建议，对以区政府、区政府办公室名义发文的行政规范性文件自行设定的51项证明事项全部取消，同时印发集美区证明事项清理结果的通知。开展2018年度行政执法卷宗检查，全区抽取农林水利局、卫计局、建设局等执法部门33件案卷（其中行政许可案卷19件、行政处罚案卷14件）进行评查，评查结果纳入区政府对区直部门2018年度绩效评查依法行政考评指标得分。持续推进“两法衔接”信息共享平台高效运行，定期召开区检察院与行政执法机关、公安机关联席会议，交换工作信息，解决平台运行中的问题。

【依法决策】年内，区政府贯彻《厦门市人民政府重大行政决策若干规定》，将区政府规范性文件作为重大行政决策管理，建立由法律顾问初审、区法制办二审的规范性文件审查双重机制，提高依法决策水平。2018年度，以区政府、区政府办名义发布的12件规范性文件出台前均进行专家论证、公众参与、法制审核、集体讨论研究等程序，并通过区政府官方网站对外公布。

【行政复议】年内，区政府收到行政复议申请16件，立案受理9件，未立案7件。在立案并办结的7件行政复议案件中，维持4件，占57.14%；撤销和确认违法2件，占28.57%；撤回复议申请1件。7件未立案中告知申请人向有权机关提出行政复议申请3件。

【行政应诉】年内，以区政府为被告的行政诉讼案件35件。其中，涉及行政处罚的8件，占22.86%；行政强制的4件，占11.42%；信息公开的6件，占17.14%；行政赔偿的2件，占5.71%。落实行政机关负责人出庭制度，杜绝委托律师单独出庭情况。加强对各部门行政应诉工作指导，聘请法律顾问对案情进行分析研究， 要求与案件相关的部门领导干部出庭旁听。区政府保持府院良性互动，主动配合法院开展案件沟通协调工作，预防化解行政争议。

【政府法律顾问】年内，区政府法律顾问室出具各类法律意见书101份，参与区政府常务会、各类专题会议43场次，协助审查规范性文件31件，发挥法律顾问在重大行政决策、重大合同签订、重大行政执法及制度建设等工作中的作用。执行区政府法律顾问工作日轮值制，确保区政府法律顾问值班日到岗到位，及时处置值班日政府法律事务。根据《集美区政府法律顾问工作规定》以及具体计费办法，采用购买服务方式聘请政府法律顾问助理，增强区政府及相关部门法治工作力量，提升依法行政水平。（赖伟雄）

【政务公开】年内，集美区在在严格进行保密审查的基础上，对领导分工、政策法规、工作动态、政府公告等内容进行公开。主动公开1782件，累计公开24009份。并在网站上设置索引界面，方便市民查询；设置“依申请公开”，市民可在网上直接申请公开政府信息，并查询相应的办理情况和结果。至年底，接到“依申请公开”政府信息文件累计410件，均全部予以答复。全面推进政务公开、村务公开、校务公开、医务公开、厂务公开和公共服务公开，全年发布政务公开信息13944条、村务公开5393条、校务公开1563条、医务公开872条、厂务公开172条、公共服务公开161条。

（王凤竹）

公　安

综　述

【概况】2018年，厦门市公安局集美分局围绕建设“规范警务、精确警务、威慑警务、数据警务”的工作思路，固化、优化和提升“厦门会晤”安保经验，以大数据应用为牵引，以机制建设为抓手，落实保稳定、护安全、促和谐的措施，维护辖区政治安全和社会稳定。全年发生刑事警情3846起，比上年下降28.54%，降幅连续两年居全市第一位；破获年内案件1943起，其中现行命案2起；抓获刑事作案成员2069名，追赃899.4万元，比上年上升225.6%。推进扫黑除恶斗争，铲除各类涉黑恶团伙36个，抓获涉黑恶类犯罪嫌疑人353人，刑事拘留322人，逮捕156人，起诉178人，铲除涉嫌渗透基层政权的恶势力犯罪集团2个、长期操纵经营黄赌黑社会犯罪组织1个。健全“社区三必”工作机制，深化“一标三实”工作，滚动排查人口341万余人次，成为省、市唯一满分的区（县）级“白名单”单位，代表市公安局参加省公安厅质量考核对抗，获全省第一名。

【公安队伍建设】2018年，集美公安分局强化公安队伍建设，完成公安边防部队转隶工作。先后举办“不忘初心、牢记使命”主题晚会、“新时代、警察梦”演讲比赛、“清洲回家”党日主题教育等活动。加强基层党建工作，全局有8个党支部跻身五星党支部行列，13个党支部达到四星党支部标准，其余党支部全部在合格线以上，党建工作积分排名全市第一位。组织帮困慰问工作，向119名病困民警、辅警、退休干部及去世民警家属发放慰问金44.6万元。开展典型培养工作，组织公安新闻采访活动112场，在中央、省、市、区四级新闻媒体刊发新闻573条，涌现出“防骗讲师”林志兴、“有事找我”张旺福、“追逃先锋”黄灵毅、“警营百灵”叶艳梅、“小窗口传递爱心”李青等21个先进典型和16个党建先进单位，有254个先进集体和优秀个人受到嘉奖和表彰，其中1人荣立个人二等功，19个集体和个人荣立三等功。

【执法规范化建设】2018年，集美公安分局建立案事件流程监管平台，优化警情事件办理、案件侦查等过程数据，固化事件流程，实现案件线索共享、嫌疑人员轨迹自动抓拍、案件自动串并提示、数据自动统计等功能。完善公检法及国家监察委共用的一体化涉案财物管理系统和中心建设，推广应用案件智能管理系统，加快整合警情处置、案件卷宗、涉案财物管理等各类信息系统互联互通、数据共享，对案件信息实施全流程管控和同步记录，自动预警执法突出问题。

【行政管理服务】2018年，集美公安分局深化“互联网+公安政务服务”，完善网上办事服务平台，开展形式主义、官僚主义以及群众反映强烈问题专项治理工作。分局户籍窗口全年审核签发二代居民身份证45551张、异地身份证12255张、居住证85146张；出入境受理窗口受理厦门市民出国境申请53197人次；交警窗口受理车管业务35961起、驾管业务15728起；调处中心调解纠纷1502起，落实到位赔付款8764.78万元，轻微人身损害道路交通事故办结率100%。侨英派出所研发“无证旅客微信端验证系统”，网上受理无证旅客入住验证信息，解决无证旅客住宿难问题。

国庆期间，区公安分局加强公共场所安保工作，组织警力在厦门北站巡逻（林志杰 摄）

【公共安全管理】2018年，集美公安分局推进道路交通安全综合整治“三年提升工程”，落实各项事故预防措施和隐患排查整改责任制，加大“五类十项”重点违法查处力度，共查处严重交通违法事故90594起，比上年上升30.7%；被列入省、市为民办实事项目的6处安全隐患点，全部整改完毕。全年发生交通事故3682起，死亡43人，比上年下降15.7%。健全派出所消防监督执法考评机制，开展本行业系统火灾隐患排查整治和高层建筑、电气火灾综合治理，全年发生火灾事故46起，比上年下降4.2%，死亡1人。

【经济秩序维护】2018年，集美公安分局制定《全区重点建设项目治安保卫工作方案》，做好对全区63个重点项目服务保障工作，打击违法阻止施工行为；开展“云端2018”“猎狐2018”专项行动，走访税务、工商、烟草等部门，加强沟通和协调，开展信息流、资金流追踪查询，立经济案件37起，破获29起。在市公安局牵头下，破获涉案金额1000亿元以上“百事易”“云创聚众”公司非法经营案。

【安保警卫】2018年，集美公安分局加强大型活动背景审查，引入芯片制票、RFID无线射频识别验票设备和人脸采集比对系统，利用“人流监测”等“互联网+”科技手段，实施精确管控。全年完成警卫任务67次、过境安全保卫任务33次，实现全程零差错；全年29项52场次大型活动，实现零发案、零事故。“藏警于民、融警于境”、警民结合的“红马甲志愿者”创新举措受到上级领导肯定。

【公安科技建设】2018年，集美公安分局融合区级公共安全资源，完成业务工作流程再造，打造符合集美特色的二级指挥情报实战体系；研发社区警务数字化工作平台，构建社区警务一体化模块和数字化评价体系，实现社区警务业务规范化管理；同步完善功能区设置，打造一体化实战型勤务体系，减轻基层民警负担，实现大数据指导警务，提高警务实战效能及社会治理能力。在视频监控网络“天网”的基础上，提出“地网”理念，新建和升级一、二类高清视频监控1269路，整合视频资源监控5318路，孙厝、东安等15个社区（村、小区）“雪亮社区”建设基本完成，后溪镇、侨英街道和杏林街道的“雪亮社区”二期项目启动。

（杨 勇）

维安工作

【概况】 2018年，集美公安分局把握新时代反恐维稳形势，完善反恐维稳长效机制，围绕全国“两会”、特殊时间节点、对台工作、反邪教、高校保卫、网络情报等方面，开展重点人员滚动摸排、布控预警和教育稳控，上报各类情报信息978条，被市公安局支队以上采用信息455条。查处涉及社会安全稳定案件16起，进行案线调查93起，刑事拘留15人，治安拘留11人，治安警告、教育训诫8人。

【政治安全维护】 2018年，集美公安分局制定《意识形态工作责任制实施细则》和《基层党组织意识形态工作责任清单》，开展风险排查、监测预警、应急处置，查处涉及社会安全稳定案件16起，进行案线调查93起，刑事拘留15人，治安拘留11人，治安警告、教育训诫8人。铲除“全能神”地下教会，抓获违法犯罪人员8人，缴获电脑、视频播放器等作案工具和大量宣传品、赃物。打击网络政治谣言事件37件次，删除境内外互联网有害信息10条，约谈涉政类重点人员4名，查破网上攻击党和国家领导人案件1起。

【反恐防暴】 2018年，集美公安分局以贯彻实施《中华人民共和国反恐怖主义法》为抓手，推动相关部门落实《反恐怖工作责任制》规定的工作职责，加强辖区反恐防范重点目标安全检查，检查重要目标102家，开具反恐怖督导检查表100份，对检查率未达90%的派出所进行每月通报。主动走访高校、内高班，加强对关注人员的管控。组织大型普法宣传活动2场、重点目标反恐培训演练22场、最小作战单元合成演练2场，破获非法持有宣扬恐怖主义、极端主义物品案1起。

【网络安全监管】 2018年，集美公安分局落实重点单位敏感期网络安全值班值守制度和每日报告制度，组织网络安全检查12次，排查入驻的互联网企业700余家，发现风险企业30余家。开展7×24小时互联网信息巡查，强化网络舆情监测预警和负面舆情处置引导。及时平息厦门软件技术学院学生非法吸收公众存款案、厦门理工学院考点国家级考试作弊案的网络炒作风波。

【维稳工作】 2018年，集美公安分局完善党政领导、镇街主责、部门主导、公安兜底、社区参与、舆情导控的维稳体系，做好531名涉稳重点人及相关重点群体的教育稳控工作，与3名长期缠访闹访的重点人签订息访息诉协议，妥善处置“2・28”氯气泄漏污染事件、“高考移民”家属个人极端事件、三点零集团“微传学盟”项目事件等涉稳群体性事件。 （杨 勇）

社会治安防控

【概况】 2018年，集美公安分局围绕“最具安全感城区”创建工作，坚持以问题、警情、结果、民意为导向，深化“小案快打、以打促防”，健全社区“三必”工作机制。全年共接刑事警情3846起，比上年下降28.54%。“一标三实”工作质效居全省第一位。

【打击黑恶势力】 2018年，集美公安分局把扫黑除恶专项斗争作为龙头工作，全年共核查线索374条，其中公安部、省公安厅及市公安局下发线索50条，核查率100%；打掉团伙36个，其中黑社会性质犯罪组织1个、恶势力犯罪集团2个、恶势力团伙1个、“九类案件”团伙31个，抓获涉黑恶类犯罪嫌疑人353人，刑事拘留322人，逮捕156人，起诉178人。打掉以后溪镇岩

11月16日，区公安分局召开退赃大会。图为民警将追回的手机退还给当事人（林志杰 摄）

内村主任连某唐和崎沟村书记王某山为首的两个涉嫌渗透基层政权的恶势力犯罪集团，铲除“校园贷”犯罪集团和寻衅滋事恶势力团伙各1个。5月28日，经长线经营，一举打掉以陈三某、陈四某兄弟为首，2013年起长期盘踞在侨英辖区，操纵、经营黄赌犯罪的黑社会性质犯罪组织，抓获骨干成员15人，缴获改装枪支1把、棍棒7根，冻结银行卡34张。

【社会治安整治】2018年，集美公安分局开展“飓风肃毒2018”、打击枪爆违法犯罪、扫“四黑”除“四害”斗争，立年内刑事案件5126起，比上年下降23.96%；破年内案件1943起，其中现行命案2起；抓获刑事作案成员2069名，追赃899.41万元，比上年上升225.56%。传统接触性侵财类犯罪大幅下降，盗窃类下降43.6%，诈骗类下降32%，盗窃“三车”下降53%，“两抢”类下降38.7%。打掉电信网络诈骗窝点42个，刑拘、破案数均超额完成指标；破获“四黑”“四害”刑事案件80起，完成率222%。5月9日，打掉一隐藏在集美深山中的跨区域流窜聚众赌博团伙，抓获参赌人员53人，现场缴获赌资104万元，查扣车辆40部、砍刀3把。11月24日，在市公安局牵头组织，省公安厅禁毒总队和龙岩、宁德市公安局支持下，一举打掉以台湾籍毒犯欧某为首的特大跨境走私毒品犯罪团伙，在龙岩、厦门两地抓获犯罪嫌疑人16人（其中台湾籍嫌疑人5人），缴获毒品氯胺酮530千克、毒资4500万元、涉案车辆10辆，破获全国近五年来最大的一起走私毒品氯胺酮案件。

【治安要素管控】2018年，集美公安分局按照“标准化管理、菜单式督导、对抗式测试、闭环式整改”的治安管理机制，联合相关部门开展银行业金融机构安全评估、行业场所专项整治、枪爆物品大清查大整治行动，压实企业行业主体责任，强化散装汽油、易制毒化品等危险品源头监管，对检查发现的问题全部督促整改落实。严密武装巡防和设卡盘查，固化派出所、交警、巡特警每日“三合一”武装盘查和治安巡防机制，全年共盘查采集可疑人员23.6万人次、可疑车辆21.9万辆次，抓获在逃人员9名。建立巡特警“猎鹰”伏击队，开展针对性设卡伏击，抓获各类嫌疑人94名。及时发现、劝服、化解群众自杀事件5起。

【特殊群体管控】2018年，集美公安分局依托分局情报平台和“社区三必”工作机制，会同司法、民政、卫计等部门，建立对严重精神障碍患者的持续滚动排查机制，加大对刑释人员、涉毒人员、精神障碍患者、外地流动人员、流浪乞讨精神病人、个人极端高危人员等特殊人员群体的摸排、访查、管控力度，有针对性地开展法制宣传教育、律师咨询服务和劳动就业培训。

【“一标三实”工作】2018年，集美公安分局对辖区所有地址进行重新核查。配齐专职辅警433人，协调各镇街招募专职群防人员842人，同时将网格员职责由6项扩大到17项，压实网格员采集责任；制作地址标注教程PPT和微信版，强化社区民警、专职辅警和网格员培训。滚动排查实有人口341万余人次，登记出租房屋42.4万户，通过平台数据比对抓获逃犯10名。5月在省公安厅质量考核中，成为省、市首个以满分进入“白名单”的区（县）单位，8月代表市公安局参加省公安厅质量考核获全省第一名。

（杨　勇）

消　防

【概况】2018年，集美消防大队接警出动1153次（含增援），出动消防车2115辆次、消防人员12952人次，抢救被困人员114人，疏散18人，抢救财产价值222.5万元。完成全国“两会”、第十届海峡两岸论坛、“9·8”国际贸易洽谈会等重大活动消防安保任务。年内按标准建成乡镇专职消防队2支、重点单位微型消防站256个、社区（村）微型消防站65个。各中队按照“六熟悉”的要求，采取跟班轮训、现场指导、联合训练、协同演练、拉动测试、比武竞技等形式，对重点单位微型消防站进行拉动演练，规范专职消防队、微型消防站执勤训练、接警出动等工作，为各镇街配备应急对讲终端，完善“三知四会一联通”指挥调度通信，提高微型站消防业务水平。专职消防队和微型消防站全年参与处置初期火灾和抢险救援161起。消防员胡亮在全省消防部队比武竞赛中获绳索攀爬第一名，林晓晖获评“厦门市公安局爱民敬业先进个人”称号。消防服务窗口办理行政许可项目798个，其中设计备案192个、验收备案216个、审核120个、验收121个、开业前消防安全检查149个，接受群众咨询3290次，群众满意度100%，实现“零投诉”目标，被集美区行政服务中心管委会评为“红旗窗口”。

【基层火灾防控】2018年，集美区各镇街、各行业主管部门、各警种合作，检查单位22745家，整改隐患单位20944家，排查出租屋33337家，发现并督促整改违法行为及火灾隐患32072处。建立电动车集中充放点71处。采用政府购买服务方式，委托第三方评估机构，对816栋高层建筑进行消防安全评估。各镇街公安消防共投入528.6万元，配置手提式灭火器21309个、灭火器箱370个、悬挂式灭火器6823个、感烟报警器3200个，安装智慧用电系统1个，完成3个区域电气线路改造试点工作。消防大队运用“行政拘留、临时查封、责令三停”等强力执法，检查单位1609家，督促整改火灾隐患867处，下发责令改正通知书 423 份、行政处罚决定书 78 份，临时查封 10 家，责令“三停”23 家，罚款 158.6 万元。

【社会化消防监管】2018 年，集美消防大队健全消防安全重点单位监管职责，集中约谈重点单位 256 家，发送消防安全责任告知书 256 份，推动户籍化系统录入、“四个能力”建设、微型消防站建设等工作。全区重点单位户籍化完成率 100%，“四个能力”建设达标 100%，落实“7+1”措施 256 家。教育、商务、安监等 13 个行业主管部门组成联合检查组 20 个，随机抽查商场、社会福利机构、文物古建筑、易燃易爆危险品等单位场所，巩固消防安全排查整治成效。发挥网格管理作用，在全区开展以“三合一”场所、出租屋、居民住宅小区为重点的消防安全排查整治，夯实基层火灾防控基础。

【消防宣传】2018 年，集美消防大队围绕“全民参与、防治火灾”主题，投入 66.8 万元，通过招投标形式，引入专业消防宣传服务队，依托第三方消防培训机构，开展“安全生产月”消防宣传活动、消防安全教育暑期专项行动、消防安全进军训、“119”消防宣传月等活动 400 余场次。联合区教育局，对全区 76 所学校 150 名教师开展消防安全师资培训活动。印发出租屋消防安全宣传教育手册、电动车火灾警示海报，悬挂横幅 32.3 万份。打造“掌上消防”模式，群发消防安全提示短信 720 万条、微信 330 条。

【岗位练兵】2018 年，集美消防大队以加强基本战斗单元技战术训练为重点，研练火情侦察、火场排烟、内攻搜救、后方供水等课题，强化与政府、企业专职消防队和微型消防站的联战联训，提高初战控制、协同作战和攻坚打赢能力。完善训练考评机制，健全周会操、月抽考、季度普考、半年比武等制度，建立个人、单位训练档案，制定成绩图表，晾晒训练效果，以考促训，以比促建。全年共开展重点单位和重点区域演练 167 场次、微型消防站培训 318 场次。（高晓琪）

边　防

【概况】2018 年，集美边防大队贯彻“有黑扫黑、无黑除恶、无恶治乱”方针，开展“飓风肃毒 2018”“清扫行动”“打击枪爆违法犯罪”等专项工作，促进刑事警情下降、要素管控到位、风险隐患清零。全年接处警 5838 起，与上年同期相比下降 2.18%；受理刑事案件 194 起，下降 30.80%，破案 127 起，破案率 42.7%；受理行政案件 1199 起，上升 3.65%，查处 907 起，查结率 75.75%。刑事拘留 87 人，逮捕 43 人，起诉 62 人，抓获网上在逃人员 16 人，打掉恶势力团伙 1 个；破获毒品案件 10 起，查处吸毒案件 50 起，抓获吸毒人员 52 人，缴获海洛因 0.99 克，冰毒 6.02 克，抓获“三非”外国人 3 人。

【沿海管防】2018 年，集美边防大队联合市海洋行政执法支队、区农林水利局等涉海执法部门及海沧边防大队，实行联勤管海，组织联合巡逻巡查 38 次，召开渔船民大会 24 场次，将防范宣传与打击整治相结合，教育渔船民不参与偷渡私渡及越界捕捞。执行《沿海村居管防与服务及防间保密工作指导意见》，完成辖区 3 个船管站升级改造，因应台湾“九合一”选举、成品油走私等沿海管防新动向，持续保持对“三类六种”案件高压打击态势，年内未发生涉海事故和涉海违法案件；继续抓科技固边，发挥集美区“910”台小型船舶防越线预警系统的作用，处罚违规船舶 13 艘次 13 人次。在原有 33 个沿海高清监控探头的基础上，在马銮湾所杏林岸线加密新建高清探头 26 个。全区高清探头的全覆盖工程获政府立项，正在建设中。（卢毅敏）

12 月 18 日，集美消防大队到灌口中心小学开展消防安全宣讲活动（周嵘 摄）

检　察

【概况】2018 年，集美区人民检察院批准逮捕各类刑事犯罪嫌疑人 569 人，提起公诉 1475 人；批准逮捕破坏市场经济秩序犯罪 32 人，起诉 57 人；批准逮捕涉黑涉恶犯罪 35 人，起诉 27 人；批准逮捕多发性侵财犯罪和网络犯罪 226 人，起诉 302 人。监督公安机关立案 2 件，纠正漏捕、漏诉 22 人，对侦查活动违法发出纠正违法通知书、检察建议 5 件。加强刑事审判监督，提出量刑建议 1175 件，涉及 1272 人，建议采纳率98%。加强法律政策和检察理论研究，获评第三十届全国副省级城市法治论坛优秀组织奖。办理的司法救助系列案件获评全市检察机关法律监督十佳案件。“集美检察”微信公众号发布信息191期，原创作品获全省政法系统“十佳”新媒体作品。

【区检察院打好三大攻坚战】2018年，区检察院找准法律监督与防范化解金融风险工作的结合点，打击破坏市场经济秩序犯罪，重点惩治非法集资、网络传销等经济犯罪，营造优质的服务环境。批准逮捕破坏市场经济秩序犯罪32人，起诉57人。批准逮捕利用银行业务通道进行非法套现等不法手段非法经营的犯罪嫌疑人周某荣等11人，涉案金额达179亿元。围绕打好污染防治攻坚战，发挥驻区河长办检察室作用，参与取缔苎溪桥边地沟油收集点、修复水晶湖郡损毁防洪墙的整改工作，加强与多部门联动协作，促进水源、流域等综合治理。创新公益诉讼网格化机制，组建以村居网格员为主体的公益微信群，发动群众挖掘案源线索，移送起诉破坏环境资源犯罪10人。将国家司法救助工作融入精准脱贫工程，向贫困户、未成年人、残疾人等刑事案件被害人发放司法救助金25万元，开展温情回访和关爱帮扶15人次。办理的司法救助系列案件获评全市检察机关法律监督十佳案件。

【涉黑涉恶犯罪案件办理】2018年，区检察院实行检察长担任办案组主办检察官制度，带头办理涉黑涉恶犯罪案件，批准逮捕陈某伟等12人涉黑案件，对集美区首例恶势力犯罪集团连某唐等4人强迫交易、职务侵占案，省检察院督办的同安区首例恶势力犯罪集团吕某凉、吕某草等20人强迫交易、寻衅滋事案提起公诉。批准逮捕涉黑涉恶犯罪35人，起诉27人。与区纪委、监委会签订《扫黑除恶专项斗争问题线索移送反馈暂行办法》，深挖黑恶势力“保护伞”。加强与公安、法院联动作战，健全扫黑除恶提前介入和要案会商等制度，共提前介入案件4件。依托乡镇检察室，对村“两委”开展扫黑除恶法治宣讲，服务保障村级组织换届选举，严防黑恶势力向基层组织渗透。将“法治进校园”与扫黑除恶专项斗争有机结合，利用普法情景剧等形式，举办“向非法校园贷说不”巡讲活动10场，其做法被最高人民检察院推广。

【刑事检察监督】2018年，区检察院开展对刑事立案、侦查活动的监督，持续推进打击食品药品违法犯罪和破坏环境资源犯罪专项立案监督活动。监督公安机关立案2件，纠正漏捕、漏诉22人，对侦查活动违法发出纠正违法通知书、检察建议5件。依托驻派出所检察工作室，推动对公安派出所刑事侦查活动监督动态化、常态化。推进刑事司法与行政执法衔接工作，纠正有罪不究、有案不移、以罚代刑现象。加强刑事审判监督，提出量刑建议1175件，涉及1272人，建议采纳率98%；提起的抗诉案件获得上级院支持。深化刑事执行监督，开展羁押必要性审查69件，建议释放或变更强制措施38件，采纳率92%。加强和规范对社区矫正工作的同步监督，在区司法局社区矫正中心成立社区矫正检察工作室，依法对社区矫正的各个执法环节实行法律监督。

【民事行政检察监督和公益诉讼】2018年，区检察院深化对民事行政裁判结果、审判人员违法行为和执行活动监督，办理民事行政监督案件12件，比上年上升100%。开展民事行政执行监督，及时提出执行监督检察建议，维护当事人合法权益。规范行使法律赋予检察机关的公益诉讼职能，针对林地毁坏、西井溪环境污染等涉及社会公共利益的行为，立案调查公益诉讼案件2件，并向行政机关发出检察建议。借助高科技手段，在全省率先采用机器人探测仪对地下管网河道进行全方位排查探测，理顺管网分布，查清污染源的做法在全省检察机关推广。树立双赢、多赢、共赢的监督理念，以向区人大常委会专题汇报公益诉讼工作为契机，推动区人大常委会出台《关于加强检察公益诉讼工作的决定》，主动争取外部合作与支持，深化和推进公益诉讼工作。

【平安集美建设】2018年，区检察院防范和打击宗教极端活动，依法对朱某虎利用邪教组织破坏法律实施案提起公诉。打击盗抢骗等多发性侵财犯罪和网络贩枪、网络黄赌毒、网络传销、电信网络诈骗、网络寻衅滋事等新型网络犯罪，批准逮捕多发性侵财犯罪和网络犯罪226人，起诉302人。贯彻宽严相济刑事政策，对初犯、偶犯、过失犯等涉嫌犯罪但无逮捕必要的，决定不批准逮捕67人；对犯罪情节轻微、依法不需要判处刑罚的，决定不起诉37人。开展农民工讨薪讨债问题专项监督，帮助302名职工追回被拖欠工资、经济补偿金2583万元。结合办理首例非正常上访人员庄某建扰乱国家机关工作秩序案、发布网帖肆意辱骂司法机关工作人员的施某翔寻衅滋事案，加强释法普法，增强辖区群众的法治认同感。

【检察机关参与社会治理】2018年，区检察院推广新时代“枫桥经验”，融入共建共治共享格局，推进“12309”检察服务中心建设。把预防化解矛盾贯穿执法办案始终，与区司法局联合出台《关于律师参与化解和代理涉法涉诉信访、申诉案件工作实施细则》，促进源头治理。开展矛盾纠纷积案化解专项治理行动，受理群众来信来访200件。关注性侵害未成年人、校园欺凌等问题，批准逮捕侵害未成年人犯罪26人，提起公诉46人。加强未成年人司法保护，打造“检润青春”检察品牌，新建未成年人帮教基地2个，帮助涉罪未成年人改过自新、回归社会。结合办案向发案单位发出检察建议，推动相关部门建立堵漏机制。

【检察体制改革】 2018年，区检察院探索践行“捕诉合一”新模式，同一刑事案件的审查逮捕、审查起诉、诉讼监督等办案工作，原则上由刑事检察部门同一检察官负责，强化办案专业性。按照“谁办案谁负责，谁决定谁负责”的司法责任制要求，优化办案组织和权力清单，规范员额检察官管理，开展落实司法责任制绩效考核工作，组织案件质量评查244件。落实检察长列席人民法院审委会制度，实行入额院领导直接办案常态化，定期通报办案情况，入额院领导共办案171件。

【检察机制创新】 2018年，区检察院配合国家监察体制改革，健全与区纪委监委的协调衔接机制，完成第二批转隶工作。设立职务犯罪检察组，办理区纪委监委移送审查起诉案件12人，涉案数额420万元。深化认罪认罚从宽制度，办理适用该制度案件1032件，占办案总数的83.2%，被告人服判率96.6%。规范和落实检察建议工作，制定《检察建议工作办法（试行）》，加强检察建议的刚性监督。加快智慧检务建设，建成远程视频提讯系统，实现办案人员“足不出户”提讯犯罪嫌疑人，提升办案效率。启用电子换押系统换押541人，确保案件送达当天完成换押。推动集美区公检法一体涉案财物管理平台建设，提高刑事诉讼涉案财物管理、处置水平。

（高娜伶）

法 院

【概况】 2018年，集美区人民法院受理案件12305件，审结10476件，比上年分别上升17.39%和21.22%，结收比96.74%，结案率85.14%，结收比、结案率、收结案增幅、一审判决改判发回重审（错误）率、平均审理时间等主要审判指标均位居全市基层法院前列，执行工作指标在全省84家基层法院中位居前10名。年内，区法院分别获第十三届省级文明单位、2018年度厦门市基层法院院长抓司法公信建设责任状“优胜单位”等集体荣誉9项，宣传工作连续第六年获最高人民法院通报表彰，干警个人获全国审判业务专家、全国法院司法警察先进个人等荣誉38人次。

【刑事审判】 2018年，区法院审结各类刑事案件1273件，判处罪犯1437人。其中，严惩恶性暴力、危害社会治安等犯罪111件203人；审结多发性侵财、毒品、危害交通安全等犯罪977件1046人；重点惩治贪污、受贿、行贿、滥用职权等职务犯罪。开展扫黑除恶专项斗争，重点摸排村（居）选举、校园贷、黄赌毒、煽动闹访牟利等八大领域；加强打击合力，审结被告人李某某等15人寻衅滋事犯罪案件；认定长期非访人员庄某某的行为构成扰乱国家机关工作秩序罪并处以刑罚，维护信访工作秩序。

【民商事审判】 2018年，区法院审结家事、劳动、医疗、交通等案件4568件。推进家事审判改革，运用多元调解、人身保护、财产申报等机制，心理咨询师介入疏导，塑造重恢复、促和谐的家事审判模式。深化交通事故调处中心建设，强化诉调衔接，快速化解交通事故纠纷，调解撤诉率92.39%。

【行政审判】 2018年，区法院做好行政案件相对集中管辖工作，受理行政诉讼案件292件，是上年收案数的1.21倍。加强行政争议调解，协调化解行政争议83件，化解率37.38%。履行非诉行政审查职责，审结非诉行政审查案件172件。加强司法与行政良性互动，连续第五年发布《行政审判白皮书》，发送司法建议，组织庭审观摩，举办法治讲座。规范司法救助审查，集中审查因权利受到侵害无法获得有效赔偿的司法救助申请。

【简案快处平台组建】 2018年，区法院出台简案快处方案，组建家事、劳动、物业、借贷、交通5个快处团队，每个团队配备法官、法官助理、速录员、特邀调解员各一人。通过法院调解、委托调解、速裁等方式，快速分流处理简单民商事案件。全年通过“分调裁”

7月27日，集美区法院联合多个部门对一起涉军案件进行强制腾退场地执法行动

（李松荣 摄）

机制结案3821件，分流73.40%的民商事案件。

【区法院为营造一流营商环境提供保障】2018年，区法院规范商事登记，化解行政争议。与市市场监管局共建商事登记行政争议联合调处中心，实质化解商事登记行政争议。受理买卖合同案件575件，涉案金额逾2.7亿元。处理股权转让、股东知情权、损害股东利益等案件51件，涉案金额近1500万元。处理涉及股东损害公司、债权人利益等纠纷10件，涉案金额近450万元。审结金融纠纷127件，涉案金额逾1000万元；受理小微“僵尸”企业破产清算案件2件。

【涉军停偿案件审执结】2018年，区法院成立涉军停偿工作小组，实现专案专办。依靠党委、政府，综合运用司法、行政等途径化解纠纷。在规定时限内审结涉军停偿相关案件11件，案件上诉后二审法院均维持原判。在执行工作中，强化提前介入，逐案研究，释法说理，做好劝导工作，执结涉军停偿案件5件，腾退场地逾35万平方米。

【法院与公安共建“天眼”查控机制】2018年6月13日，区法院与区公安分局就协助查询被执行人及车辆下落信息签署合作备忘录，共同建立“天眼”查控机制。强化落地布控，对于法院决定拘留的被执行人，尤其是潜逃或下落不明的，公安分局协助采取落地查询措施，共同查询、布控、拘留被执行人；精准轨迹刻画，对于长期下落不明、逃避执行的被执行人，公安分局查询其活动轨迹、通信工具等信息，协助查找被执行人；协助车辆查踪，对下落不明的被执行人车辆，公安分局强化查询举措，查询车辆下落线索，解决执行车辆难以定位查控的现实难题；科学组织管理，双方设立联络专员，理顺协作流程，规范留痕机制等，确保“天眼”查控机制规范长效运行。

【税、法执行联动信息系统建立】2018年6月，区法院与区税务局共同推出全省首个“税、法执行联动信息系统”。该系统涵盖被执行企业的存款账户、车辆征收、税务登记、投资方历史、社保缴交、拍卖案款等信息，法院可通过该系统即时查询税务局掌握的被执行人相关信息，改变逐案开具介绍信查询的情况，税务机关亦可查询法院掌握的被执行人的拍卖等信息，可限制登录查询人员，规范查询行为，限制内外网端口，确保相关信息不外泄。

10月25日，集美区法院执结某印染公司重大系列案件。图为该公司员工领取被欠工资（林志杰 摄）

【全国首个要素式智能审理平台现身集美】2018年，区法院在全国首创“法律魔方”要素式智能审理平台，服务于金融借款、民间借贷、交通、物业等7类案件的要素式审理裁判。当事人通过该平台梳理并填写案件要素表，法官助理整理争议要素并组织调解，书记员一键生成要素式庭审笔录，法官围绕案件要素组织庭审，庭后自动生成调解书、判决书。全年运用该平台审理案件近800件，仅制作笔录及文书即节省时间1.6万分钟。最高法院《司法决策参考》及省高院专题刊发此改革举措，省法院党组书记、院长吴偕林作出批示。该平台在新时代“智慧法院建设”论坛上展示，获各地法院与会人员赞许。研发智慧执行系统及指挥平台，实现执行文书快速生成，有效衔接查询系统，查控操作便捷；全省首推“卷宗流转系统”微信程序，实现卷宗流转电子登记、实时查询；全市首发“微预约”平台，为当事人提供微信预约立案服务。

【涉案财物网上流转系统运行】2018年，区法院在全市率先开通运行“涉案财物网上流转系统”，实现“四个一”：一码采集，侦查机关手持终端采集涉案财物信息，形成二维码，实物由区公安分局统一保管；一键移送，公检法之间通过网络移送涉案财物；一家处置，由法院发出处置方案，公安机关统一处置；一网监督，实现移送的全流程公开、透明。是年，区法院涉案财物的刑事案件均已适用该系统，审判移送效率提升70%以上。

【区法院发出首份离婚冷静期通知书】2018年，区法院发出首份离婚冷静期通知书。1月，区法院受理宛某与殷某离婚一案。宛某因夫妻争吵引起互相殴打而诉至区法院，请求判决离婚。区法院承办法官在调解过程中，发现双方情绪激动、互相指责，论及子女抚养时，双方均无合适的抚养方案。在征求双方当事人意见后，该院发出首份离婚冷静期通知书，给予双方6个月的冷静期，引导当事人冷静思考婚姻中存在的问题，各自改正自身的缺点。双方收到通知书后，均表示将会冷静思考，理性对待婚姻。

【区法院开出首张当事人虚假陈述罚单】2018年7月，区法院受理王某诉李某在为李提供劳务期间受害责任纠纷一案。王某诉称，在为李某提供劳务期间受伤，要求李某赔偿其损失共计36万余元。被告李某称，王某装修受伤地点为龙海市，并提供事故现场照片及漳州某医院病历等证据证明。经询问，王某对事故时间、地点语焉不详。该院要求其签署当事人据实陈述保证书，并告知“如有虚假陈述，愿意接受罚款、拘留乃至刑事处罚”的法律后果。王某签署保证书后，仍坚持装修受伤地点在集美等主张。后经调查取证，王某最终承认其虚构受伤地点的事实。区法院依法认定其行为构成虚假陈述，违反诚信原则，妨碍民事诉讼，浪费司法资源，依法开出该院首例“虚假陈述”罚单，作出处以2000元罚款的决定。王某主动缴纳该笔罚款。

【“2345”执行机制破解执行难】2018年，区法院实施“2345”执行机制。“2”即“两条主线”，指打击涉执犯罪及涉执违法行为；“3”即“三个联合”，指联合各方力量确保执行成效、联合电力部门强力促结腾退案件、联合公安机关重拳打击涉执犯罪；“4”即“四个率先”，指率先开展税法执行联动、率先推出悬赏执行机制、率先推出执行悬赏保险、率先推出责令交付机制；“5”即“五条对策”，指小额标的案件全力执结、大额标的案件有序推进、无财产可供执行案件规范终本、立审执协调降低撤改、关注民生着力化解信访。2016—2018年，受理执行案件9436件，结案8661件，执行到位标的额近8.26亿元，执行质效指标保持在全省前十名。执行工作在全省法院执行工作会议上作经验介绍，获最高法院党组副书记、副院长江必新批示肯定。中国社科院专家组对区法院执行工作进行第三方评估，对区法院执行工作整体绩效和规范化建设给予充分肯定。

【微视频《当法律插上爱的翅膀》获奖】2018年1月，区法院拍摄的微视频《当法律插上爱的翅膀》获省法院微电影微视频评选作品一等奖。影片记录区法院刑一庭庭长陈于婧在坚守法律信条的同时，用心交流、用爱感化未成年犯罪嫌疑人，帮助孩子们重新走上健康人生路的故事。影片从一个未成年人犯罪案例入手，多角度展现陈于婧主推的“暖法护航在行动”，改造少年审判U形法庭，创设全省首家涉诉青少年心理调适中心，制发“2+1”青春成长手册等事迹。展现当代青年法官在平凡中美丽、在坚守中前行的形象。（李　晨）

司法行政

【概况】2018年，集美区开展“送法进地铁、送法进校园、送法进景区”宪法宣传系列活动。区司法局、区依法治区办制作的动漫作品《宪法知识我先学，宪法权威我维护》在全国“我与宪法”优秀微视频征集展播活动中获三等奖，微电影作品《租来的房子也是家》在全国第三届平安中国微电影微视频微动漫比赛中获优秀微电影奖。是年，完成区级公共法律服务实体平台建设，全区设置区级公共法律服务中心1个、公共法律服务工作站6个、公共法律服务工作室66个，为群众提供零距离的法律服务。加强行业性专业性纠纷调委会建设，各级人民调解组织共排查调处各类矛盾纠纷2347起，涉及金额3287.6万元，其中疑难复杂案件19起，防止群体性上访14起261人。区社区矫正中心全年新增社区服刑人员467人，解除401人，累计接收

8月9日，司法局工作人员到鳌园景区开展宪法宣传活动（冯慧 摄）

社区服刑人员2354人、解矫1980人。区法律援助中心全年受理、指派各类法律援助案件1236件，为受援人挽回经济损失或取得利益3604.82万元。区公证处全年办结各类公证1048件，其中国内民事公证类业务940件、工程招标公证60件，公证业务收费104万元，接待来访、义务咨询近万人次。

【法治教育】2018年，集美区全方位开展宪法宣传系列活动，印刷新修订的《中华人民共和国宪法》读本5000册，制作系列动漫宣传短片《宣宣法治课堂——宪法知识我先学，宪法权威我维护》和微电影作品《租来的房子也是家》，先后举办全区中小学“獬豸杯”学宪法讲宪法演讲比赛、宪法宣传周启动仪式、第三届“法治集美、阳光生活”法治微电影大赛、第三届“独角兽杯”中小学生法治绘画大赛、普法进地铁进景区、“法治集美”有奖法律知识问答等活动。区司法局、区依法治区办制作的动漫作品《宪法知识我先学，宪法权威我维护》在司法部、国家网信办、全国普法办组织的2018年“我与宪法”优秀微视频征集展播活动中获三等奖，为厦门市唯一获奖作品；区司法局、区依法治区办制作的微电影作品《租来的房子也是家》在中央政法委组织的第三届平安中国微电影微视频微动漫比赛中获优秀微电影奖。“法治集美、阳光生活”法治微电影大赛征集到微电影作品31部。“独角兽杯”中小学生法治绘画大赛评选出一等奖5名、二等奖10名、三等奖20名，优秀奖及优秀指导老师若干名。“法治集美”有奖法律知识问答活动共举办4期，每期参加人数1200余人，共发放奖品（话费）4.8万元。在龙舟池、嘉庚纪念馆、集美新城、灌口风景湖等景区开展“送法进景区”活动10场，分发法治宣传册2000余册、纪念品800余份。

【第三届法治微电影大赛】2018年5月，区司法局、依法治区办启动第三届“法治集美、阳光生活”法治微电影大赛，面向社会征集以宪法法律知识、法治故事为表现对象，内容健康向上、弘扬法治精神的微电影原创作品。至11月，征集到微电影作品31部，在“法治集美”微信公众号和“天下集美”微信公众号上展播，并进行公众投票。网上评选点击量22.37万次，浏览50余万次。大赛采用网上投票与专家评审相结合的方式，评选出《背影》《鹭路新生》《贷价》等优秀作品16部。

1月31日，芬兰司法部部长安蒂·海凯宁（右三）一行参观集美社区矫正中心（林志杰 摄）

【调解工作】2018年，区司法局结合村（居）组织换届选举，配合做好村（居）调委会换届选举工作，将村（居）调委会换届与村（居）委员会换届同部署、同安排、同推进，严格选任条件，优化村（居）调解员队伍结构，产生新一届人民调解委员会。9月14日，区司法局在对各社区、各住宅小区进行摸底调查、调研走访、实地考察的基础上，在灌口镇安仁社区和侨英街道海凤社区分别成立物业纠纷调委会及4个物业小区调解室。11月8日，区司法局、区信访局印发《集美区开展“访调对接”试点工作的实施方案》，成立“访调对接”工作领导小组，调整区医患纠纷人民调解委员会组成人员，落实区人民调解中心驻区信访局调解工作室场所，对流转的信访可调解案件进行调处。全区各级人民调解组织共排查调处各类矛盾纠纷2347起，涉及金额3287.6万元，其中疑难复杂案件19起，防止群体性上访14起261人。

【“智慧矫正”体系建设】2018年1月31日和2月1日，中芬社区矫正发展性研讨会部长团、代表团到集美区参观考察社区服刑人员矫正工作。芬兰司法部部长安蒂·海凯宁对该区社区矫正中心的工作给予高度评价，称赞中心设备非常高端、管理手段非常完美。是年，中心先后接待来自全国17个省市的参观考察人员56批次800余人。集美区社区矫正中心平台充分运用互联网、大数据、人工智能等前沿科学技术，推进“智慧矫正”，走出一条“资源共享”的创新之路。该矫正平台纵向到底，上下贯穿，集监督、管理、指挥、调度为一体，各类信息数据纵向与省、市社区矫正平台和各司法所无缝链接，延伸社区矫正“服务长度”；横向到边，与集美区社会治理综合平台（网格化平台、视综平台、可视化决策平台）对接，形成社区矫正专属模块，实现区级、街镇、社区三级信息共享、业务协同，拓展社区矫正“服务宽度”；依托社会治理网格化平台，及时反馈社区服刑人员的日常工作生活情况，通过可视化决策系统，实时对每名社区服刑人员情况变化、轨迹定位、犯罪类别等数据进行科学分析，通过人脸识别系统，就近安排社区服刑人员到视频监控点报到，增强社区矫正“服务精度”。11月16日，集美区社区矫正中心检察工作室揭牌。

链接：

集美区社区矫正中心是集接收、监管、教育、帮扶、应急处置“五位一体”的社区矫正新型平台，中心设刑罚执行、监督管理、应急指挥、集中教育、心理矫治和服务帮扶六大功能区，现有建筑面积3248平方米，是福建省最大的县（区）级社区矫正中心。中心分为主体办公区和教育展示厅两个区域，主体办公区含行政管理区和矫正监管教育区，是全区社区矫正工作的指挥中枢。教育展示厅既是展示区域，也是社区服刑人员的教育功能区。

社区矫正，是与监禁矫正相对的行刑方式，指对判处管制、宣告缓刑、裁定假释、暂予监外执行这四类犯罪行为较轻的对象所实施的非监禁性矫正刑罚。集美区每月平均新接收服刑人员30人左右。社区矫正中心针对新入矫的人员进行时间不少于20小时的教育，包括集中宣告、队列训练、社区矫正相关规定讲解，以及对社区服刑人员进行行为规范、心理健康教育、音乐感化等。另外，每个社区服刑人员每个月还必须接受包括法治教育、思想道德教育、形势政策教育等不少于8个小时的教育。

心理矫治是集美区社区矫正的一项特色工作。通过创新，集美区司法局在全省范围内率先通过政府购买社区服刑人员教育矫正和心理矫治服务；率先与厦门市曙光社会服务中心联合开发全国首个再犯罪风险与心理评估系统，建立“打开心墙”心理矫治品牌；率先组建未成年社区服刑人员心理矫治小组，有效解决未成年人自控能力差、社会适应能力弱等问题。

为加强对社区服刑人员的监管和教育，帮助社区服刑人员克服心理障碍，重拾生活信心，中心在办公楼二楼设置心理宣泄室、心理沙盘室、催眠治疗室、心理咨询室等多个心理功能室。凡是辖区内的社区服刑人员均可到此接受免费的心理辅导。为了向社区服刑人员提供及时、高效的心理咨询服务，集美区司法局聘请了专业心理咨询师进驻中心，保证心理矫治工作顺利开展。

【村（居）社区法律顾问】2018年，全区共有村（居）法律顾问43人，村（居）法律顾问共提供法律咨询2245人次，举办法治宣传教育讲座85场次，协助处理重大敏感和群体性案件13件，协助起草、审核、修订自治组织章程、村规民约以及其他规章制度60件，为村（居）重大经济、民生和社会管理决策提供法律意见115条，协助处理信访25起，为村（居）民办理法律援助案件55件，调解矛盾纠纷167起，处理其他涉法事务82件。

【法律援助】2018年，区法律援助中心受理、指派各类法律援助案件1236件，为受援人挽回经济损失或取得利益3604.82万元。公、检、法三阶段值班律师共为适用认罪认罚从宽制度当事人提供法律帮助3028人次，出具法律意见441件。3月30日，区法院、区司法局联合发布《关于开展刑事案件律师辩护全覆盖试点工作实施细则》。区值班律师全年为适用全覆盖被告人提供律师出庭辩护52人次，为认罪不认罚被告人提供法律帮助54人次。

（区司法局）

军　事

人民武装

【概况】2018年，集美区人民武装部学习贯彻习近平新时代中国特色社会主义思想，抓民兵建设，做好民兵信息员、专武干部和骨干教练员集训工作；抓征兵工作，圆满完成2018年度征兵任务，征兵“五率”排名全省第一位，区征兵办被评为全省征兵工作先进单位；抓国防教育，举办“军民携手铸辉煌”慰问演出和军人军歌军魂合唱音乐会，开展学英模和为驻地红军老战士、老同志做好事活动，集美大学学生参加市国防教育演讲比赛获得第二名。

【民兵建设】2018年，区人武部按照厦门警备区部署，做好民兵整组和队伍建设工作。做到各类专业技术分队结构与战时兵员动员、支前保障需要相适应，确保编组科学、人员落实。重点抓好民兵应急分队建设，以退伍兵为主，编实配强区重点应急连，落实编组、配齐装备、强化训练，确保召之即来、来之能战。民兵训练按照真打实备的要求，分专武干部、民兵骨干和专业分队三个层次，3月中旬组织民兵信息员集训，4月组织部分专武干部参加警备区统一组织的集训。同时，带领民兵骨干教练员参加警备区组织的会讲、会做、会教、会做思想工作的“四会”集训。

【征兵工作】2018年，区人武部贯彻省征兵工作电视电话会议、省征兵工作业务协调会议、市征兵办征兵工作部署会议精神，着眼向部队输送优质兵员，以提高兵员质量为核心，按照“整体动员、全面发动，指标到位、责任到底，分步实施、严把关节，突出重点、确保质量”的方法组织实施。经过兵役登记、宣传发动、初检初审、

9月3日，区人武部组织预定新兵到厦门市烈士陵园进行爱国主义教育（朱海东 摄）

上站体检、政治审查、体格复查、审批定兵、交接输送新兵、总结上报等环节，圆满完成2018年度征兵工作。征兵的报名率、上站率、合格率、择优率、退兵率“五率”排名全省第一位，直招士官和女兵征集数量占全市一半，实现连续40年无责任性退兵，区征兵办被评为全省征兵工作先进单位。

【国防教育】2018年，区人武部结合“八一”共建，组织“军民携手铸辉煌”慰问演出、“深化军民鱼水情，共谱双拥新篇章”军人军歌军魂合唱音乐会。通过大型交响乐与声乐、交响合唱、朗诵、舞蹈及多媒体技术运用，弘扬主旋律，激发正能量。5—8月，利用全市BRT、公交车滚动播放征兵宣传片，开展全民国防教育。11月，由区文广局牵头，推动各街道社区、偏远乡村优秀军事题材影片和主旋律影片放映工作。9月3日、9月18日、9月30日、12月13日等重要纪念日，组织党政机关和部队官兵就近到烈士陵园、纪念场馆，开展拜谒、祭奠先烈活动；由区委宣传部牵头，协调各级党政机关、企事业单位，开展学英模和为驻地红军老战士、老同志及已故红军老战士、老同志配偶送温暖、做好事活动。集美大学学生参加市国防教育演讲比赛获得第二名。（朱海东）

人民防空

【概况】2018年，集美区坚持“与经济建设协调发展、与城市建设相结合”的原则，构建人防工程、防空防护、指挥通信、应急疏散、宣传教育人防体系。人防地下指挥所建成并投入使用。

【人防宣传教育】2018年，集美区通过“5·10”防空警报试鸣日、“12·5”法制宣传日活动，利用网络、广播、电视、报纸等媒体和知识橱窗、横幅标语、宣传手册等形式，开展人防宣传活动。全年悬挂人防标语条幅120条，向市民发放《人民防空知识宣传手册》等宣传材料1.5万份，向全区中学初一新生（含2所市属中学）发放《人民防空》知识读本6000册，发放人防法规知识宣传册1.2万册。

【人防应急演练】2018年5月10日，集美区按照“能打仗、打胜仗”核心要求，以人防军事斗争准备需求为牵引，在侨英街道兑山社区开展第十八次人民防空演练活动，组织近3000人进行疏散演练。全区42台警报器同时拉响。演练突出“警钟长鸣、增加人防意识；居安思危、共建平安厦门”的主题，通过演练进一步增强市民、学生的国防观念、防空防灾意识，提高突发情况下人员应急疏散能力和自救互救的技能。

【人防工程建设】2018年，集美区依法“结建”工程审批，严把“结建”工程图纸资料审核关，落实告知承诺制和限时办结制，加大易地建设费征收和人防工程建设监管力度。（邓炳根）

民主党派·群众团体

民主党派

【民革集美区总支】2018年，中国国民党革命委员会集美总支新发展党员8人，从同安区转入正式党员1人。至年底，总支共有党员69人，其中女性26人，拥有高级职称的35人、中级职称的23人，担任市政协委员1人、市民革副主委1人、市民革委员2人、区人大代表2人、区政协委员5人（其中常委1人），另有南平市人大代表1人。在区政协八届二次会议期间，支部党员共提交提案16件，市民革副主委、集美总支主委周立新撰写的提案《时间就是生命，加快在我市公共场所及大型比赛现场配置自动除颤仪》分别在《海西晨报》《集美报》上报道。总支提供社情民意30余篇，周立新的《整治同集路桥墩喷涂广告现象》获集美区委书记批示，林小芬的《关于针对集美入侵植物综合治理的建议》获集美区委书记和区长批示。总支共完成课题调研报告7篇，杨柳撰写的《充分认识台湾社会新的发展态势，积极推动祖国统一进程》为民革福建省委重点课题，另有《发挥集美侨乡优势，推动中小学生与海外年轻华裔的互动联系》（区政协港澳台侨委杨柳）、《集美区政协在厦门经济特区发展过程中推动对台交流交往的作用》（区政协港澳台侨委林小芬）、《关于推进对台研学旅行发展的建议》（一支部林小芬）、《关于岛外普通高中教育国际化学校实践模式的若干思考》（二支部王碧文）、《关于提升家庭医生签约服务水平的建议》（张文斌）、《关于集美黑臭河道污染阶段整治的建议》（黄辉樟）。杨柳另提交《全国政协主席汪洋海峡论坛讲话加深台胞对大陆情感》《对在大陆的台湾学生进行国情教育很有必要》《台湾地区九合一选举将改变北蓝南绿政治格局》等涉台信息7条。总支副主委、一支部主委徐千远被集美大学聘请为硕士生导师，被厦门大学聘请为讲师，当选集美区新的社会阶层人士联谊会首任会长，并被中共集美区委统战部推荐为全市40名新阶代表人士之一。杨柳获聘北京师范大学少年作家班研学导师。徐千远、杨柳获聘集美区党风政风监督员。（杨柳）

【民盟集美区委员会】2018年11月，中国民主同盟集美文化支部成立。至年底，民盟集美区委下设集美公共支部、集美教育支部、集美工业学校支部、第二医院支部、厦门十中支部、集美中学支部、集美企业支部和集美文化支部，共有盟员192人，其中担任第八届区政协委员9人、第十二届区人大代表5人。2018年，共提交区政协和区统战部课题调研报告《集美学村历史文化街区》（刘晓斌执笔）、《发展特色苗木产业，促进我市乡村振兴》（刘国全执笔）、《促进幼儿心理健康发展的调研与策略》（石琦执笔）、《厦门城市生活垃圾分类进一步规范化的调研与对策》（石琦执笔）、《提升职业教育服务“一带一路”建设能力的探究》（饶金星执笔）5篇；盟员提交社情民意信息55篇，其中29篇被区政协采用，饶金星提交的《我省三四级网格化环保监管短板亟待加强》被省政协采用，孙鸣亮提交的《杏林老工业区大量预制板危旧楼房问题亟待解决》获区领导批示。是年，民盟集美公共支部获民盟厦门市委授予的宣传信息先进集体称号。

（郑永辉）

【民建集美区委员会】2018年，中国民主建国会集美区委员会新入会会员7人，转入1人。至年底，有支部5个、会员143人。其中，本科以上学历101人，大专学历27人；中级职称45人，高级职称32人；平均年龄49岁；男会员104人，女会员38人；区人大代表2人，区政协委员10人。是年，民建集美区委提交区人大建议4份、政协提案45份，刘德英《关于构建智慧交通体系，优化道路通行的建议》、苏清海《关于强化食品安全监管，确保我区食品安全的建议》和《关于构建富有成效的集美安全生态水系的建议》、洪毅忠《关于以五大发展理念实施村集体发展用地指标统筹全区，提高被征地拆迁农民获得感的建议》4件为集美区政协优秀提案；杨仁太代表课题组《关于推进我区乡村振兴存在的问题与建议》在区政协大会发言，并获区领导批示；王进法《关于加大创新资本招商模式推动产业引导基金撬动优质项目的建议》为集美区人大重点建议案；《构建集美区可持续的生态安全水系的议案》为2018年集美区人大常委会唯一的专题议案，交由集美区政府承办。全年向上级和民建系统上报各类信息67篇次，信息量居市委会第二名。其中，成果与信息录用10批次，省领导批示1条，省政协单篇采用2条，省政协综合采用1条，民建省委采用3条，市政协采用3篇，王进法《促进厦门工业机器人产业发展的对策建议》评为民建厦门市委重点课题，获市领导批示；苏清海《构建我市生态安全水系存在的问题与对策建议》评为民建厦门市委重要课题，均转化成厦门市政协常委会会议发言材料。苏清海《抓住ICH机遇整合创新福建省第三方公共医药平台》获福建省领导批示及多部门采用，黄坚定关于高浦文化街区建设的提案列入2019年集美区政府工作报告，建设曾竹韶艺术公园等提案2018年再次列入两会议案，“蔡林夕照”主题游览区的建议列入集美区和杏滨街道建设规划，《关于建设龙泉华侨文化主题古巷议》列入两会议案。参与编辑家长学校用书《追寻嘉庚办学初心》和集美区首套“一精神三文化”教材《仁德风尚》，参与撰写厦门市纪委、监察委主编的《鹭岛清风——厦门历史勤廉人物故事》。各支部分别开展“垃圾分类、你我同行”“悦读极美、筑梦青春”公益宣传等社会服务活动。基层委举办“民建情·文化自信八闽行”和“相聚集美学村，弘扬嘉庚精神”文化主题调研活动。各支部加强自身建设，组织会员分别到古田会议旧址、长汀县开展红色主题学习活动，到永安、江西婺源等地开展乡村文化与旅游融合发展推动乡村振兴的调研活动。杏林二支部、集美支部获评民建市委先进支部；王进法、苏清海获评民建市委调研工作先进个人、信息工作三等奖和新闻宣传先进个人；杨育娟、陈群峰、陈威勇、赵文星、张雅萍、陆楚龙6人获评民建厦门市委优秀会务工作者。（张雅萍）

【民进集美区委员会】2018年，中国民主促进会集美区委员会发展会员6名。至年底，共有会员106名，其中拥有中高级职称会员占83%、本科以上学历会员占90%、文化教育界会员占88%。是年，民进集美区委及各支部组织会员参加各项政治协商活动，集美综合支部组织会员到安溪县开展茶产业调研活动。在区政协八届三次会议上，潘永俊委员提交的《关于尽快构建我区学前教育监督管理体系的建议》被评为区政协2018年度优秀提案。潘永俊主委在做好本职工作的同时，在厦门大学教育学院为贵州省六盘水市教育局干部进行课程体系构建专题培训，在厦大国际学院为河南省郑州市校长进行学校品牌打造专题培训，在德化县主持召开福建省民办教育协会中小学专委会会议，在厦门市英才学校主持召开民进厦门教育专委会课题研讨会。（叶　霞）

【农工党集美区委员会】2018年，中国农工民主党集美区委员会新发展党员24人。至年底，辖7个支部，有党员201人，其中博士4人、硕士12人、大学以上学历150人、大专学历31人、大专以下学历20人；医卫界93人，教育界47人，环保、人口资源与科技界10人，其他界别51人；担任区人大常委会副主任1人、代表1人，区政协常委1人、委员3人。推荐党员2人参加农工党省委骨干培训班，新党员15人参加中共区委统战部各民主党派新成员培训班。在区政协八届三次会议期间，5名政协委员积极参政议政，通过提案建言献策。综合支部提出《关于完善厦门垃圾分类管理的建议》和《关于软件园三期周边增设公交车的建议》，文教支部提出《关于在集美区集杏海堤、杏滨路十字路口建造一座“井”字形人行天桥的建议》，农工党集美区委报送的课题《发挥地铁1号线促进作用，加快建设跨岛发展最美新市区》被评为重点课题，并作为大会书面发言材料。党员卢文奎（第一作者）发表学术论文《厦门市某低技术制造企业职工营养知识、态度、行为调查及其影响因素》，郑幼卿的《新业态第三方检测机构监管难点的微课作品》在国家卫计委卫生计生监督中心举办的2017年度卫生计生执法监督微课优秀作品评选中获一等奖，陈旭的《厦门卫监探索放射与职业卫生监管新模式微课作品》获二等奖，郑幼卿整理编辑的《医疗法律法规文件汇编》面世，张怡盾获评2017年厦门市疾病预防控制中心“金砖保障”先进个人，卢文奎获厦门市第二十四届职工技术比赛卫生应急技能比赛二等奖，林小牧获农业部2014—2016年台湾农友长茄高效栽培技术推广三等奖，陈粲参加第二十届中国国际投资贸易洽谈会翻译志愿者工作，获志愿者荣誉证书。（陈　琳　丁加生）

【致公党集美区总支】2018年，中国致公党集美总支发展新党员3人，去世1人。至年底，总支有党员125人，分属集美综合、杏林、华文教育、集美小学和集美中学5个支部，其中担任区政协委员4人（常委2人）、人大代表3人。总支主委李碧慧为致公党厦门市委常委，副主委陈宏东被集美区纪委聘为党风政风监督员。综合支部党员张能雅获评2015—2017年度厦门市“文明标兵”，何凌被评为“精神文明建设先进工作者”，总支副主委陈宏东获评致公党厦门市委“坚持和发展中国特色社会主义学习实践活动（2014—2017年）先进个人”。综合支部党员杨永贵撰写的论文《不同代谢物模型CEST图像及Z谱的初步分析》，获中华放射学学术大会暨中华医学会第二十六次全国医学影像技术学学术大会论文一等奖；华文支部陈秀琼主持完成厦门市社科重点课题《在厦非州留学生跨文化适应研究》被评为优秀课题。总支向中共区委统战部提交调研报告6篇、信息19篇，向区政协提交信息2篇、调研报告2篇；完成致公党厦门市委调研课题3个，提交信息和宣传稿13篇。其中，区政协常委、杏林支部连明富撰写的信息《建议邀请连战来厦参加〈台湾通史〉点校启动仪式》被省政协及全国政协采用；华文支部陈秀琼撰写的信息《对非洲援助及中非合作需谨慎》被省政协采用，《“一带一路”倡议实施过程中存在的隐忧》被致公党省委采用。在区“两会”期间，7位人大代表和政协委员共提交建议及提案8个，2篇调研报告参加大会书面交流。总支委员华文支部支委陈秀琼、集美小学支委庄来香常年进社区举办心理咨询、讲座；集美综合支部与集美街道妇联合作举办大型家教讲座；党员杨永贵参加致公党市委组织的“助力霞垄发展、推进乡村振兴”主题活动和关爱自闭症儿童系列活动。集美中学支部长年为浔江社区义务开设周末假期国学课。

（陈宏东）

【九三学社集美区委员会】2018年，九三学社集美区委员会下设集美区第一支社、第二支社、第三支社、中科院城市环境研究所支部、华侨大学支部，共有社员86人，其中博士17人、硕士7人；高级职称50人，占58.1%；区人大代表、政协委员7人（其中常委2人）。九三学社集美区委组织社员参加区政协会议和中共区委统战部组织的各种座谈会、季谈会、年会，组织社员深入基层，开展调查研究，向区、市提出关于完善河长制、深化水生态文明建设、改善集美大道与同集路交叉口进岛一侧高峰拥堵问题、完善和提高医疗保障的提案和建议10篇。社员王宇获福建省科学技术进步奖，李明琪获厦门市五一劳动奖章。

（陈丽娴）

【台盟集美区总支】2018年，台湾民主自治同盟集美总支新增盟员1人，共有盟员32人。总支组织盟员参与课题调研，完成调研报告5篇：《健全系统性风险防范体系，进一步规范金融企业产品销售业务》《用好社会慈善资源，助力我市养老产业发展》《集美台商投资区现状及发挥台商投资区活力的建议》《创新厦门动漫游戏产业发展，优化厦门文化创意产业布局》《促进厦门旅游产业转型升级，全面加速智慧旅游发展进程》；参加政协专题协商，在政协集美区水域污染治理专题协商会议上，作《进一步完善我区农村污水处理体系的建议》主题发言，总支政协委员提案“关于提升软件园吸引人才软实力几点建议”获评区政协优秀提案；选派盟员参加省委统战部和各民主党派省委联合举办的“不忘初心，继续携手前进，纪念‘五一口号’70周年”征文活动，盟员撰写的《肝胆相照七十载，荣辱与共谱新章》获一等奖。是年，组织盟员参加台盟省委举办的骨干盟员培训班、台盟市委在重庆广安举办的主题教育培训班、中共区委统战部举办的统战理论培训班，以及盟员骨干暑期培训班和读书活动等，提高盟员的统一战线理论水平。在台盟厦门市委年底评选中，台盟集美第一支部、第二支部获评参政议政先进集体，4人获参政议政先进个人称号。

（郭海峰）

群众团体

集美区总工会

【概况】2018年，集美区总工会重点抓好八大领域企业、从业人员基本情况调查摸底，推动辖区百人以上非公企业的工会组建工作，完成省总工会督办的146家基层单位的建会任务。推动厦门北站台湾青年双创基地联合工会建设，该工会覆盖台湾企业40家、台湾职工120名。至年底，全区拥有基层工会组织2530家，覆盖基层单位7528家，会员总数167971人。年内，集美区总工会为了更好地服务广大职工群众，着力打造“建功之家”“温暖之家”“文化之家”和“职工之家”，用心搭建关爱职工服务职工的平台，努力做职工最贴心、最知心的“娘家人”，感受广大职工感到家的温暖，激发职工干事创业的热情。

【建功之家建设】2018年，区总工会围绕提高职工技术技能水平，以“当好主人翁、建功新时代”为主题，与集美职业技术学校合作举办钳工、数控车床项目技能比赛；在厦门越一电子科技有限公司、厦门纬嘉运动器材有限公司、集美城发环卫有限公司、厦杏摩托有限公司、集顺石油液化气有限公司等8家单位开展岗位练兵活动。以深化“工人先锋号”创建活动为载体，发动职工开展合理化建议、“五小”创新等活动，申报福建省百万职工“五

6月30日，区总工会举办钳工技能比赛（赖玉银 摄）

小”创新大赛项目24个、职工小发明小创造扶持项目3个、职代会优秀提案11件，创建省级“工人先锋号”2个、市级“工人先锋号”64个。动员组织506家企业、5.64万名职工参加省“安康杯”竞赛活动，区总工会获评省级“安康杯”竞赛组织工作优秀单位，谊瑞货架公司获评全国“安康杯”竞赛优胜单位。推荐评选全国优秀工会工作者1名、省劳模4名、省五一巾帼标兵岗1个、省五一巾帼标兵1名、市五一劳动奖状4名、市五一劳动奖章19名。

【温暖之家建设】2018年，区总工会在全区工会组织中举办建设温暖之家活动。（1）开展送法服务活动。各级工会组织结合“三下乡”“宪法宣传周”等活动，开展“尊法守法、携手筑梦”服务农民工公益法律服务行动6场，发放劳动法律监督条例、劳动合同法、安全生产法等宣传资料500余册，现场扫码赠送礼品400余份。与区人力资源协会联合举办“企业规章制度风险管控及案例分析”“构建和谐劳动关系，提升成长型企业劳动关系管理”专题讲座，指导企业建章立制，保障职工劳动权益。组建工会劳动法律监督委员会1001个。区职工服务中心、职工服务站受理信访维权来电、来访850件（次），其中成功调处劳资纠纷20起，促进劳动关系和谐发展。（2）开展送温暖活动。2018年“两节”期间，区总工会慰问困难职工109人，发放慰问金28.5万元。开展“平安返厦”活动，为1.90万名返厦职工发放车票补助款328.14万元。开展高温慰问活动，投入资金34.55万元，慰问高温一线作业人员6910人。为200名来集务工人员子女发放奖学金6万元。继续开展办理工会卡送医疗保障活动，2018年全区参保单位388家，参保人数87535人，参保金额500万元。全年共为3809名职工发放住院、重大疾病、意外伤残等补助金512.08万元。（3）开展集体协商工作。推进百人以上企业单独签订工资专项集体合同。在“要约行动月”活动中，发出要约320份，涉及企业1120家、职工66066人，应约企业502家，涉及职工48500人。至年底，全区单独签订工资专项集体合同企业168家，惠及职工36996人；区域性要约覆盖企业2472家，覆盖职工41940人。同时，培育厦门卓毅建筑工程有限公司、厦门士林电机有限公司、集美街道集体协商典型3家。（4）开展女职工后勤保障工作。扶持厦门士林电机有限公司、厦门金汇峰新型包装材料有限公司、集美区杏东小学三家单位设立哺乳室，推荐金汇峰、杏东小学哺乳室参评市“最受欢迎的哺乳室示范点”。2018年，全区共有哺乳室37家。推进女职工周末学校“送教走基层”文化讲堂活动，在区职工服务中心和社区、企业举办孕前指导、孕期保健、新生儿常见疾病与护理等讲座6场。组织2000名女职工免费进行“两癌”检查。扶持企业兴办“职工亲子园”（暑托班），补助金汇峰暑托班1.5万元。（5）举办职工维稳座谈会。全年共组织有近百家企业参加的职工队伍稳定调研和信访矛盾化解工作座谈会5场。举办全区工会基层基础建设工作推进会和工会干部暨工会劳动法律监督员培训，提高工会干部业务能力和维权工作水平。利用工会网站和微信公众号、工会主席接待日等平台，受理农民工的欠薪举报和投诉，帮助解决问题。

【文化之家建设】2018年，区总工会举办第十三届职工文体节，开展象棋、80分扑克牌、趣味运动、拔河等活动，各镇街工会也分别举办趣味游园、健步行等专场活动，参与各项活动的8000余人次。依托职工服务中心（站）平台，开通“周末职通车”，针对不同群体需求，举办“春暖花开、为爱启程”单身联谊、“相约三月、魅力伊人——美妆护肤公益课”“七彩周末，课堂不打烊”关爱职工子女、“形象提升——瑜伽公益课”等活动15次，服务382人次。举办2019年职工春晚海选集美专场，选送区教育局“世纪春雨”、众成武道馆“少年强”两个节目参加决赛，“少年强”获评职工春晚海选年度十佳节目和“最受媒体关注奖”。推进“互联网+”工作，新增开发微信服务号的会员管理、在线报名、抽奖系统、平安返厦4个模块功能，通过抽奖、留言点赞、砍价送票等形式，免费送出厦门老院子景区“闽南传奇”夜场演艺票5000张。同时运用公众号“集美工会说”栏目，宣传垃圾分类、禁毒、宪法、文明旅游等内容。加强区职工服务中心建设，通过引入社工第三方服务，对中心的服务功能进行整体升级和专业管理，以“爱匠人、凝匠心、塑匠情”为主题，开展“最美工匠故事集”“匠心营造文化节”“舞动关爱圈”等特色服务，打造全新的“工匠之家”。

【职工之家建设】2018年，区总工会落实工会改革实施方案，在全市率先选举2名台籍优秀员工分别兼任区总工会副主席和区总工会第八届委员会委员。实行工会专干担任职工服务中心负责人、职工服务站站长，加强工会干部队伍建设。按照突出属地管理、服务产业发展的原则，规范基层组织数据库管理，将市总工会转入集美区的产业企业划归六个镇街工会管理，将区属学校纳入区工会组织管理体系。加强基层工会规范化建设，推进达标创优、星级职工之家建设工作，创建五星职工之家14个、四星职工之家40个、三星职工之家38个。培育创业大厦创享职工之家，组建工会组织20多个。依托工会工作信息化平台，采集会员实名数据16.73万人。加强党组织建设，印发“集美区总工会全面从严治党主体责任清单”，深化主体责任意识。召开“农业劳模+”互动会，围绕乡村振兴战略，就利用电商平台进行农产品包装、营销，为劳模和厦门北站台湾青年双创基地牵线搭桥。深化“1+X”专项督查，对55家基层工会进行检查监督，健全工会内控制度，推进工会经费规范化管理。做好非公企业兼职工会主席岗位补贴发放工作，全年共为460人次发放补贴18.2万元。

（赖玉银）

共青团集美区委员会

【概况】2018年，共青团集美区委下设基层团组织362个，其中团（工）委19个、团总支24个、团支部319个，有团员4965人。各级团组织围绕“凝聚青年、服务大局、当好桥梁、从严治团”的总体工作思路，团结带领团员和青年在建设高素质高颜值跨岛发展最美新市区中发挥生力军作用。是年，全区共有6个基层团组织和15名个人分获省、市级“五四青年奖章”“五四红旗团委”“五四红旗团（总）支部”“优秀共青团员”“优秀共青团干部”等荣誉称号，和欣社工服务中心团支部书记黄丹凤当选为共青团第十八次全国代表大会代表。

【团员青年投身经济建设第一线】2018年，集美区各级团组织引导全区团员、青年主动投身招商引资、征地拆迁、重点项目建设等工作一线，在各重大项目建设和重点工作中组建青年突击队5支。在各服务窗口，动员80个省、市级青年文明号实行号村结对、号户结对，开展青年文明号优质服务活动。依托“志愿中国”信息系统，建立志愿服务队253支，有注册志愿者11729人，在春运、文明城市创建等中心工作和海峡两岸龙舟赛、“创响中国厦门”暨“一带一路”创新大会等大型活动中，开展志愿服务，展示青春风采。依托区创业大厦，推动高校创新创业园建设，有华侨大学、集美大学等8所高校的21家团队以及9家社会团队入驻园区。配合高校团组织，举办项目对接、创业培训等活动，推动创新创业项目落地。联合区委组织部举办青年人才创业沙龙，为青年搭建共话行业机遇与挑战、分享创业历程与心得的平台，打造创业“朋友圈”。

【两岸青年融合】2018年，团区委联合相关部门，举办第二届“中华六艺”两岸青少年知行合一研学营，组织100多名台湾青少年走进陈嘉庚纪念胜地、诚毅科技探索中心、园博苑等景区，参加两岸庙会、闽南童玩、科技探索等研学活动，感受中华民族优秀传统文化的魅力。以“集美记忆”“社区营造”“城市创生”为主题，连续举办三期两岸青年创作工作营，甄选两岸文创产业研发设计团队，将创意成果及文化创意转化为实际生产或运用。在创业大厦举办第十六届海峡青年论坛“携手合作、共享发展”两岸青年公益说，邀请5名台湾和大陆嘉宾进行主旨演讲，与100多名两岸青年社会组织负责人和青年代表探讨台湾青年来闽创业问题。

【青年大学习行动】2018年，团区委开展“青年大学习”行动，通过构建“导学、讲学、研学、比学、践学、督学”六位一体的学习体系，推动中共的创新理论深入人心。向基层团组织发放《习近平关于青年和共青团工作论述摘编》等书籍300余册，指导各级团组织举办入团宣誓仪式、主题征文、学习座谈、观看红色电影等活动28场，参与者2000余人次。依托微信公众号发布以“学习十九大”“平语近人”“团青美言”等为主题的思想引领文章84篇，推出“青年大学习，建功新时代”答题闯关活动4期。围绕青少年学法用法、青少年健康成长等主题，发布禁毒、防骗、反欺凌文章29篇；树立榜样，讲述中交一公局厦门公司等优秀青年团体和刘抒琳等优秀青年工作者的故事，推出向上向善系列报道10篇；围绕清明、端午、国际禁毒日等节点，发布相关宣传文章13篇；立足本地文化，推动人文集美宣传，引导青少年争做“河小禹”，发布相关文章32篇。联合辖区13所大中专院校，以“新思想视觉下的嘉庚精神”为主题，举办集美区大学生嘉庚论坛，引导青年研究、践行、传承嘉庚精神，吸引278名学生参与论坛活动。

【重点青少年群体关爱行动】2018年，团区委将“暖心逐梦”重点青少年群体帮扶项目拓展至侨英小学。在西滨小学、杏北小学、侨英小学开展帮扶活动80场次，服务近3800人次；实施重点行为偏差辅导个案、咨询性个案，专业小组和成长工作坊帮扶200余人解决学习和生活上的困难。创新禁毒预防教育，率先成立厦门第一个区级群众性禁毒社团，培养百人禁毒讲师团，联合辖区高校、中学及社工，组建“小石麟”禁毒志愿者服务队，开展以青少年为主要对象的禁毒志愿服务活动，包括禁毒飞行棋、“毒品犯罪”侦查、情景剧等体验式学习，共有上千人次参与。是年，厦门十中获评全国青少年毒品预防教育“6·27”工程示范学校，成为全市唯一获此荣誉的学校。

【公益活动】2018年，团区委围绕生态文明试验区建设，启动以“保护母亲河，争当河小禹”为主题的青年绿色先锋行动。探索“共青团+青年环保社会组织+青年志愿者队伍+青年突击队”的河小禹模式，建设多支以高校、亲子、居民“河小禹”为主的志愿队伍，开展巡河护河、绿色生态理念宣传进社区等活动12场。开展“暖心逐梦”助力脱贫攻坚系列服务活动，在《集美报》、“天下集美”微信公众号发出倡议，为甘肃省和政县辍学率较高的初三和高三年级贫困学生募款逾16万元；链接职能部门力量，邀请对口县青少年赴集研学，帮助他们树立正确世界观、人生观、价值观。引入专业社工服务，指导两地社工机构签署合作协议，通过双向交流培育专业社工人才，激发当地自我服务、自我造血能力，以本土力量接力精准扶贫。

【文体活动】2018年10月，启动“嘉庚杯”高校羽毛球联赛，在厦门大学、华侨大学、集美大学等12所高校举行分站赛，参加比赛的羽毛球队137支、学生1300人。经过角逐，厦门理工学院、集美街道分获学生组、特邀组冠军。依托区青年联合会，邀请辖区内高校、众创空间、“双百人才”企业、镇街和区直部门，组成16支代表队，举办集美区校地企羽毛球团体邀请赛，以运动为媒介，为参与者搭建互动交流平台，助力集美产、城、学、人融合发展。联合诚毅学院团委，举办“服务人文集美，共建和谐家园”校园文化社区行活动，走进集美大社，通过文艺演出、书画展示、文学交流、创作比赛等方式，促进校园文化、社区文化和社团文化的有机融合。举办为期15课时的“人文集美、羽梦启航”公益羽毛球夏令营，特邀世界冠军为80余名小营员讲解、示范羽毛球的基础动作，响应国家实施全民健身计划发展战略，提高青少年身体素质。

【青少年工作模式创新】2018年，集美区和欣社工服务中心团支部以社工为支撑，围绕青少年的家庭、学校、社区三大成长体系，通过开展“打卡积分”美丽家园志愿行、“萤火之光”夏令营、“Yes. We Can”自信心提升小组、“交换青春”工作坊等方式，针对外来工子女开展应急性、预防性、基础性工作，成功帮助数百名存在行为偏差、逆反、沉迷游戏、亲子关系紧张、受校园暴力困扰等问题青少年化解成长危机。在服务过程中，青年社工树立“人在情境中”理念，坚持全方位、多角度、立体式了解青少年，倾听青少年的成长诉求，设身处地地为之解决学习和生活上的困难，做青少年的真心朋友，得到青少年的信赖和认可。

（蔡琪芳）

集美区妇女联合会

【概况】2018年，集美区妇女联合会组织广大妇女开展“喜迎妇女十二大——巾帼心向党，建功新时代”主题宣传、三八节妇女生态健步行、“平安家庭”创建、习近平新时代中国特色社会主义思想大宣讲、“三下乡”、和谐邻里节等活动26场，掀起学习宣传习近平新时代中国特色社会主义思想和中共十九大精神的新高潮。年内，区妇联着力做好服务大局、服务妇女、服务家庭各项工作，夯实组织建设，巩固改革成果，引导广大妇女为建设高素质高颜值跨岛发展最美新市区贡献力量。是年，全区有镇、街、场妇联组织7个，村、居妇联67个，妇女干部83人，其中区妇联5人，镇、街、场妇联11人，村、居妇联67人。完成基层妇联组织区域化改革任务，各镇街、村居妇联共增补兼职副主席127人、执委1141人。

【岗位建功成才】2018年，区妇联积极回应经济新常态下妇女创新创业需求，激活妇女创新创优潜能，实施巾帼众创服务项目，重点推动“特色产品＋线上平台”，打造巾帼商城，推动巾帼创业成果落地。到基层开展电商培训、巾帼创业路演、“巾帼波士堂”沙龙等活动20场，服务创业妇女1500余人，同时引导巾帼创业代表“走出去”，参观学习创业经验。鼓励妇女岗位建功成才，6人获市级“三八红旗手”、3个单位获市级“三八红旗集体”称号。引导妇女发挥志愿服务精神，全年开展“平安家庭、温暖家园、清新集美”“畅行安全路、幸福奔小康”、和谐邻里节等志愿服务活动24场。

【巾帼家庭行动】2018年，区妇联深化文明家庭创建，开展寻找“最美家庭”活动，邀请陈世卿、胡小媛举办“学习新思想、倡扬好家风”巡讲，评选出市级最美家庭10户、市级文明家庭12户、省级最美家庭2户、省级五好家庭1户、全国五好家庭1户。关注儿童健康成长，重视家庭教育，推进家庭教育讲座，与区文明办等部门联合开展“童心筑梦新时代”主题教育、优秀童谣征集推广、“红旗飘飘伴我成长”等活动，提升未成年人的思想道德水平和文明礼仪素养。

【巾帼维权行动】2018年，区妇联持续开展“建设法制集美，巾帼在行动”系列活动，举办宣传活动5场、幸福婚姻大讲堂2场。联合区农林水利局、区民政局等单位，出台农村集体经济组织成员身份确认指导意见，对开展集体经济组织成员身份确认作出指导，维护妇女集体经济权益。构建多渠道维权帮扶体系，通过“12338”维权热线和现场接访，承办信访件45件，办结率100%。

【特殊群体关爱活动】2018年元旦、春节期间，省、市、区三级妇联共慰问辖区贫困妇女儿童94户，发放慰问金7.8万元。携手市教育基金会、区委组织部、区委文明办、区总工会、团区委发出“暖心逐梦、助学和政”公益募捐倡议，募集爱心捐款，帮助贫困生继续学业。开展对口帮扶，与清流县妇联开展捐赠活动，为当地贫困儿童捐赠棉被、鞋服等爱心物资，价值3万元。组织20名爱心妈妈与困境儿童结对，慰问困境儿童100人，发放慰问金5万元。开展“春蕾助学”活动，为安仁小学“佑机春蕾班”授旗并发放助学金。21名妇女获“四癌”和大病救助金18.7万元。

（张应欣）

集美区工商业联合会（商会）

【概况】2018年，集美区工商业联合会（商会）有镇街基层商会6个、行业协会1个、异地商会1个，直属会员企业713家。5月，集美区民营经济工作领导小组办公室设址区工商联，民营办主任由区工商联党组书记李实全兼任。5月26—27日，区工商联2018年执委（理事）读书班在厦门国家会计学院举行，60多位工商联（商会）执委（理事）参加“不忘创业初心，助力经济高质量增长”为主题的学习教育活动。3月和11月，区工商联分别举办“优化税收营商环境，助力经济高质量发展”推进会和“减税降费释放活力”税法培训班，120多家企业财务管理人员参加学习。10月，区工商联联合市社会发展研究会、区社科联，承办厦门市第九届社会科学界学术年会、厦门民营经济转型升级高质量发展学术论坛，回顾总结改革开放40年来厦门民营经济发展情况，探讨新时代民营企业深化改革机遇、加快转型升级、实现高质量发展之道。是年，区工商联有9位会员入选市工商联推出的《厦商风华：改革开放40年，敢勇当先40人》一书；会员中56位人大代表、政协委员共提交人大议案1件、人大建议案16件、政协提案42件。

【商人节系列活动在灌口举办】2018年11月4日，商人节商会系列活动在灌口风景湖公园文化广场举办。作为2018中国（厦门）商人节的配套活动，这一系列活动由区工商联（商会）承办。在开幕式上，区工商联向区关工委捐赠善款10万元，用于资助辖区单亲困难家庭。30多家商户在现场进行商品展销，各镇街商协会组织会员及当地群众1000多人进行环湖健步行，并观看区工商联举办的商人节文艺演出。

【对口扶贫】2018年11月8日，区工商联党组书记李实全一行13人到清流县进行对口扶贫考察，向50户困难家庭捐赠助学帮扶资金10万元。王瑞祥、张剑忠等企业家深入清流乡村，走访慰问贫困户。考察团先后对清流（集美）共建产业园、清流气枪厂等项目进行实地考察，并与各企业负责人进行交流。11月15日，区工商联向对口扶贫单位甘肃临夏州和政县75名贫困学生捐赠助学金15万元。区工商联副主席企业——厦门市新凯复材科技有限公司在和政县招收工人400余名，为之进行免费培训和报销路费，并每月额外补贴500元。公司还特为200多名伊斯兰教员工开设清真食堂、安顿住房。

（林伟聪）

集美区科学技术协会

【概况】2018年，集美区科学技术协会以弘扬科学精神为主旋律，创新科普工作的内容和形式，推进科普活动群众化、社会化和常态化。全年安排科普专项经费190万元，建设社区、学校科普e站15个，举办诚毅科普大讲堂12场、科普下乡进基层活动8场、进校园进社区科普讲座54场、科普夏令营24场，科普画廊出刊324期，发放科普书籍6000余册。

【科普阵地建设】2018年，集美区改造提升科普画廊8个。54个科普画廊保持每2个月更新一次，全年出刊324期；更新改造电子科普画廊3处。“集美科普”微信公众平台全年推送图文192篇，常年“粉丝”关注量5000余人，阅读12万余人次。开办“高血压与脑卒中的关联与防治”“陈嘉庚与近现代伟人的关系”“翰墨传承、书法课程”“垃圾分类科普”“三角梅、红砖厝”等课程40场，受众4000余人次。与诚毅科技探索中心合作举办诚毅科普大讲堂，开办“心灵时空站之我的美好时光”“科技科普体验嘉年华之气火箭制作”“无人机学习体验”等讲座12场，受众3500余人次。

【科普宣传】2018年，全区开展各项科普宣传活动。2月2—8日，在后溪镇永祥新村安置房、后溪镇前进村、灌口镇风景湖公园、杏林街道杏林文化广场开展文化科技卫生“三下乡”活动4场，以图片展览、有奖知识问答、现场咨询、科普书籍分发等形式宣传科普知识，共有1500多人参加活动，发放科普书籍3500余册。5月全

11月4日，区工商联在灌口风景湖公园举办商人节健步行活动（林伟聪 摄）

国科技工作者日、科技活动周期间，“集美科普”微信公众号平台推送全国科技工作者日主题图文，户外电子宣传画廊播放相关主题内容30余小时。9月全国科普日期间，以“创新引领时代，智慧点亮生活”为主题，将全国科普日活动与首届农民丰收节、集美新城荧光夜跑活动相结合，逾9000名市民参加活动。12月宪法宣传周期间，400余人参加普法宣传活动，发放科普宣传材料1000余册。是年，联合有关单位主办全国首次心理产业全景式成果展示心理产业博览会、台湾青年学生海辩赛观摩暨科技体验研习营、2018闽台青年学子（创新创业）科技研习营、世界教育机器人大赛（WER）2018赛季中国赛区南方地区公开赛，来自10多个省份、近200支参赛队伍、500余名中小学生同台竞技。

【科普进社区、学校】2018年，区科协开展科普讲座进社区、进学校活动。协调做好服务科普志愿者工作，举办“智能科技、助力梦想”“垃圾分类、从我做起”“关爱身边残疾人”等科普讲座14场，听众1440人次。暑假期间，开展“科技点亮生活”“垃圾分类、从我做起”等夏令营活动24场，共2140人次参与活动。在杏南中学举办集美区2018年青少年暨科技辅导员航空模型竞赛，全区36所中小学700余名航模爱好者参加比赛。稀土材料研究所、杏南中学、杏东小学、宁宝小学、灌口中心小学依托自身科普优势，开展机器人实践队、航模竞赛、零垃圾等系列活动。

【科普公共服务能力提升】2018年，区科协致力提升公共服务产品能力。依托在集工作的院士及其团队，协同推进实施“聚贤集美”人才计划，柔性引进院士、专家等高端人才，对接集美区重点产业和高新企业发展需求。是年，厦门塔斯曼生物工程有限公司院士工作站授牌；对接辖区高校、企事业单位，推动稀土材料研究所、厦门理工学院工程认知与工程文化馆、嘉庚邮局等7家科普教育基地和14个社区、学校科普e站建设，打通科普服务“最后一公里”。

【青少年科技教育】2018年，集美区推进全民科学素质行动计划，围绕提高青少年科学素质，整合科普资源，以培养青少年科学兴趣，增强青少年创新意识和实践能力为重点，实施校园科普工程。全年参加省级以上科技专项培训15人、市级科技辅导员培训52人次，举办集美区青少年暨科技辅导员航空模型竞赛等区级竞赛3场，组织青少年参加福建省青少年科技创新大赛、厦门市中小学生信息学竞赛、厦门市青少年航空模型竞赛等6项科技竞赛活动。杏南中学获厦门市第三十四届青少年科技创新大赛优秀组织奖；乐安中学创新项目“一种双脉冲、调频电火花的轨道小车”获2018年度卢嘉锡青少年科技创新奖和市一等奖；杏东小学的科技实践活动“让植物会说话”——植物二维码名牌制作获市二等奖；集美二小创新项目“带自动清刷功能的捕虫灯”获省一等奖，并获福建省卢嘉锡科技创新奖；三社小学毛坤祥的科幻画“奇异百果树”获省一等奖；厦门十中的“对厦门市公交系统存在问题的全面调查及改革建议”获省二等奖；灌口中学石进德的科技展教项目“蝶归——探究蝴蝶科技教育活动”获省二等奖。选送的40幅科幻画作品获奖项17个，其中侨英中心幼儿园的“海上机器人工程队”等三个学校的作品分获一等奖。在2018年福建省青少年体育科技创新大赛中，全区多个古建筑模型、书法拓片项目分获一等奖。（杜晓娟）

集美区归国华侨联合会

【概况】2018年，集美区归国华侨联合会接待来自30个国家和地区的侨胞500余人次、海外知名人士50余人次。中国侨联副主席康晓萍、邵旭军、隋军、齐全胜先后到访集美区。召开集美区第八次归侨侨眷代表大会，选举产生新一届侨联委员会，陈群英当选第八届区侨联主席。筹措并争取各级各界扶贫帮困及慈善资金47.5万元，500多名侨界群众受益。组建“联心侨”侨界志愿者队伍7支109人。接待侨界群众到访4起。区侨联被人社部、中国侨联评为全国侨联先进集体。

10月22日，在集美区第八次归侨侨眷代表大会上，区委书记李钦辉（左一）为陈嘉庚长孙陈立人先生（左二）颁发区侨联名誉主席聘书（王昌泽 摄）

【联谊联络】2018年，区侨联保持与海外侨胞、重要侨领的联络联谊与交流互动，接待来自加拿大、美国、新加坡、印尼、菲律宾、泰国、阿联酋、柬埔寨、南非、马达加斯加等30多个国家和地区到访人士500余人，知名人士有陈立人、陈佩仪、李雅和、丁文志、陈嘉谋、陈嘉涧、陈嘉禾、陈锡远、陈锡福、陈锡耀、陈美容、魏毓辉、魏达人、林熙涞、汪家裕、林璒琍、杨松鹤、蔡青娜等。4月22日，组织16户归侨祖孙三代及侨眷代表100余人，参加在厦门老院子举办的第三届“嘉庚风、中华情”世界华侨寻根祭祖活动。10月20—23日，与区海外联谊会共同承办第十届中国文化软实力高层论坛暨第二届嘉庚论坛，来自30多个国家和地区的近300名代表出席。11月19—26日，举办第十三届集美海外华裔子女冬令营，以乡情亲情为纽带，以老人带新人，来自新加坡、马来西亚、印尼等国的陈立人、陈嘉谋、陈锡远等携带亲友共24人参加活动。12月1—4日，举办第三届“嘉庚风、中华情”华裔学生看集美活动，来自泰国、缅甸、越南、老挝、柬埔寨、菲律宾、印尼、蒙古、阿联酋、马达加斯加10个国家的200名华侨大学留学生参加活动。

【帮侨护侨】2018年，区政府下拨帮扶贫困归侨和侨界失依儿童专项资金25万元，区侨联筹措慈善济困资金22.5万元，用于帮扶贫困归侨、侨界失依儿童，补助重大疾病患者和奖学奖教。元旦、春节期间，区侨联与市、镇街三级侨联联动，开展“温暖送百家、真情暖侨心”活动，慰问帮扶贫困归侨侨眷227人，发放慰问金11.64万元；中秋、重阳节慰问归侨侨眷78人，发放慰问金6.24万元；六一儿童节，发放素香奖教奖学基金5万元、李厚公益基金1.2万元；全年补助重大疾病患者15人3万元。在举办第十二届海外华裔子女冬令营期间，发放陈永和基金、陈嘉麟奖学基金、李厚公益基金三项侨捐基金共10.83万元，78人受益。携手厦门医学院附属第二医院、天下集美文广传媒有限公司，先后在侨英街道社区卫生服务中心、后溪镇后溪村居民委员会老年活动中心、集美爱欣老年公寓举办“9·21”世界阿尔茨海默病日义诊与宣教活动，累计接诊200余人次，发放宣传材料300余份，免费发放药品价值约2000元。全年共接待侨界群众到访4起，帮助协调解决族亲房屋产权纠纷问题，帮助马来西亚乡亲张妈顺和华人张星发找到亲人。

【参政议政】2018年，区侨联组织2名区人大侨界代表、12名区政协侨界委员积极履职，主动参政议政，提交《关于设立集美侨胞众创基地的建议》《关于加强对辖区港澳台侨生和国外留学生服务的建议》等议案、提案16个，完成《发挥集美学村和侨乡优势，深化海外华人新一代在华创业研习》《涉侨乡村组织对集美区新型城镇化的作用研究》课题调研2篇。全年组织10批800多人次海外侨胞和归侨侨眷参观考察集美新城，编印侨情简讯13期，被媒体采用36篇次，其中国家级媒体10篇次、省级13篇次、市级13篇次。

【侨联建设】2018年3月14日，区侨联召开七届六次全委（扩大）会议，组织全体委员到杏林湾营运中心12号楼52层观赏集美新城城市建设风貌。4月27日，组织编排的舞蹈《四季厦门》参加第六届厦门市侨界联欢节活动。5月，组建区、镇街“联心侨”侨界志愿者队伍7支，志愿者109人。6月2日，组织乒乓球队参加“金日杯”厦门市侨商会第五届乒乓球赛，获团体总分第二名。9月，在第十届全国侨代会上，区侨联被国家人社部、中国侨联评为全国侨联先进集体。10月22日，召开集美区第八次归侨侨眷代表大会，148名代表出席会议，选举产生第八届委员会委员65名、常委27名、秘书长1名、副主席9名、主席1名，陈群英当选第八届侨联主席，聘任永远名誉主席4名、名誉主席33名、海外委员13名。11月10日，举办第八届厦门市侨界健步行（集美片区）活动，720多名侨界人士参加活动。12月8日，组队参加市侨联、侨商会举办的2018厦门市侨界羽毛球友谊赛，获团体季军。是年，山东省青岛市侨联、山西省阳泉市侨联、海沧区侨联、仙游县政协、福清市镇街侨联共44人先后到访调研交流。区侨联副主席陈进贤到云南畹町和昆明考察滇缅公路和西山公园南侨机工纪念碑，赴缅甸考察侨文化；副主席孙碧民赴台进行文化考察交流。

（王昌泽）

集美区残疾人联合会

【概况】2018年，集美区残疾人联合会受理残疾人证申请、变更、注销等541件，其中新申请335人，全区有持证残疾人6037人，其中视力残疾385人、听力残疾490人、言语障碍73人、肢体残疾3319人、智力障碍521人、精神障碍861人，多重残疾388人。

【残疾人兜底保障】2018年，区残联落实各项扶持政策，确保符合条件的残疾人全部得到政策性扶持。共有3269人次残疾人享受“两项补贴”（困难残疾人生活补贴和重度残疾人护理补贴），发放金额1217.98万元；发放残疾人自主创业和残疾人“两险”补贴81.68万元；有292名残疾人和困难残疾人家庭子女享受就学补助39.78万元；为56名重度残疾人入住的托养机构提供补助148万元；135名残疾儿童享受抢救性康复补贴330万元；708名精神类患者享受减免药费及检查费用74.31万元；7名残疾人享受每人每年机动轮椅车燃油补贴260元。

【残疾人就业创业】2018年，集美区培训残疾人113人，实现新增就业106

人。组织残疾人参加2018年厦门市残疾人职业技能竞赛活动，获团体总分第二名，个人项目一等奖3个、三等奖3个、鼓励奖2个。区残联举办“残疾人就业援助月”和第二十八次“全国助残日”专场招聘会，达成初步意向38人次。区福乐家园和镇（街道）职业援助中心接纳残疾人学员197人，下拨工作经费及劳动津贴329.85万元。选拔镇（街道）援助中心工作人员参加全省残疾人就业服务机构工作人员职业指导竞赛集训班，获团体二等奖和个人优胜奖2个。

【残疾人帮扶慰问】春节期间，市、区合计慰问残疾人141户7.35万元。第二十八次“全国助残日”期间，慰问杏林街道曾营社区残疾人和福乐家园残疾人学员151人，发放慰问金4.53万元。“六一”儿童节期间，慰问残疾儿童213人，发放慰问金4.26万元。12月3日“国际残疾人日”，慰问精神一级残疾人和生活困难的残疾人340人，发放慰问金17万元。开展针对贫困残疾人的进村入户、访困问需、访贫问计、志愿服务、心理服务、康复服务的 “一进二访三服务”活动，走访贫困残疾人321名。

【残疾人康复服务】2018年，区残联配合市残疾人辅助器具适配中心，在灌口镇陈井村、浦林村、双岭村和后溪镇仑上村、新村社区为各类残疾人免费适配辅助器具。投入经费34万元，购置康复体育器材203件，向灌口双岭、后溪仑上、杏林宁宝、杏滨西滨、集美岑东和侨英凤林美的残疾人家庭提供康复体育器材、康复体育方法、康复体育服务的“三进服务”，并对往年实施“三进服务”项目8个村居的重点需求对象进行跟踪服务。落实残疾人“心灵绿洲”计划，提供10万元向资质机构购买服务，为残疾人提供心理咨询服务，开展随班就读青少年兴趣探索团体心理辅导等活动。福乐家园及各镇（街道）残疾人职业援助中心帮助稳定期精神残疾人回归社会的经验在全省综治专题会上作典型发言。

【残疾人文体活动】2018年，区残联开展文化进残疾人家庭“五个一”活动，组织25名残疾人在志愿者引导下，参加读书、看电影、参观诚毅科技探索中心和培训等活动。选送12幅作品参加厦门市残疾人书画摄影展览，5名运动员参加福建省第八届残疾人运动会。灌口镇残疾人朱德宁参加第三届亚洲残疾人运动会，获田径100米、200米及跳远三个项目金牌。福乐家园学员组队参加市市智力残疾人及亲友协会举办的“牵着蜗牛去散步”大型公益活动。利用“残疾人健身月”和“全国特奥日”，举办残疾人趣味运动会等群众性体育活动，鼓励残疾人展示自我、挖掘潜能、融入社会。对厦门市图书馆集美分馆、集美区图书馆无障碍设施进行督查。

（李志坚）

集美区文学艺术界联合会

【概况】2018年，集美区文学艺术界联合会编辑出版《集美风》4期，主办或参与主办各种文艺活动26场，举办“集美文艺讲堂”22期。参与策划和执行集美区庆祝改革开放40周年系列文化活动；参与承办第二届集美学村文化艺术节；组织创作广播剧、主题歌曲、纪实文学、诗集、摄影作品集、书画作品集、征文集、原创歌曲专辑等系列文艺作品。广播剧《青山青史》获第十八届中国广播剧研究会广播剧专家评析连续剧一等奖，微电影《致童年》获福建省新闻广电出版局举办的“新时代新风尚”主题优秀公益广告、微电影评选活动微电影优秀作品（一类）奖项。印发《集美区文艺发展专项资金扶持奖励办法》。指导成立集美区诚毅合唱团。推动集美区摄影家协会换届。

【《集美风》出版发行】2018年，区文联编辑出版《集美风》4期，共刊登文字作品176篇、书画和摄影作品74幅。《集美风》继续注重对陈嘉庚重大题材的挖掘。2018年是陈嘉庚创办集美中学、集美大学100周年，“鳌园丰碑”“南薰楼视觉”等栏目持续推出讲述集美学校人物故事、集美大学创办经历等纪实文章。第三期、第四期先后在“浔江潮”栏目推出集美改革开放40周年专辑文学作品5篇，在“文学岛”刊发诗作，在“艺术广场”选用戏曲作品，在“视觉空间”栏目选登集美区庆祝改革开放40周年美术作品和摄影作品，通过多种文学艺术形式呈现集美40年来辉煌的发展历程。“星光璀璨”栏目先后介绍杨广敏（集美大学美术学院教授）、陈其端（集美大学美术学院院长）、郭肖华（厦门理工学院新丝路时尚学院院长）、林涛（中国美术家协会理事、省美协副主席），通过各自擅长的艺术领域，展现对集美的热爱。端午节期间，海峡两岸（集美）龙舟文化节集美诗歌日活动在集美学村举行，全省各地诗人汇集集美，《集美风》第二期“诗歌”栏目刊登本届诗歌日活动诗抄作品，展露八闽大地诗人的别样才情。

【文化活动精彩纷呈】2018年，区文联参与主办或指导的活动有：集美区学习宣传十九大精神暨迎新春书画作品展、集美区文联文艺志愿者进校园“诗意集美”诵读会、集美区“三下乡”暨闽南曲艺进村居公益演出、宣传十九大精神文艺下基层暨春节文艺演出、元宵文艺晚会、2018新春摄影展、海峡两岸（集美）龙舟文化节集美诗歌日活动、庆祝改革开放40周年暨端午经典诵读晚会、集美区庆祝改革开放40周年“名家画集美”采风活动、集美区庆祝改革开放40周年暨庆祝中华人民共和国成立69周年文艺晚会、集美区戏曲进基层巡演活动（8场）、集美区庆祝改革开放40周年摄影作品

12 月 25 日，集美区文联开展戏曲进基层巡演活动（区戏剧曲艺家协会 供图）

展、集美区庆祝改革开放 40 周年主题歌曲《集美，汇集天下美》首播暨专辑《新时代的集美音》赠送仪式、集美区庆祝改革开放 40 周年广播剧《跨岛筑梦人》研讨会、集美区庆祝改革开放 40 周年美术作品展、集美区庆祝 2019 年元旦文艺晚会暨文化馆艺术培训成果展演等活动 23 场。

【大型文艺活动】 2018 年，区文联参与主办大型文艺活动 3 场："不忘初心，诚毅前行"嘉庚主题大型原创作品音乐会、2018 集美·阿尔勒国际摄影季、"新时代的集美音"——集美区庆祝改革开放 40 周年原创主题音乐会。10 月 25 日晚，"不忘初心、诚毅前行"2018 嘉庚主题大型原创作品音乐会在嘉庚剧院举行。音乐会分为上下两个半场，上半场为"嘉庚主题原创作品独唱"，演唱歌曲 5 首；下半场为集美区诚毅合唱团大型合唱《嘉庚组歌》（选段）。大型交响合唱《嘉庚组歌》是由区委宣传部牵头，邀请国内数名资深音乐家历时三年多打造而成。作品以史诗的维度和格调，用深沉的曲调、富有冲击力的 LED 等形式，展示陈嘉庚一生的光辉历程。11 月 23 日至 2019 年 1 月 2 日，2018 集美·阿尔勒国际摄影季举行。在为期一个多月的展览中，展出来自世界各国 70 多位艺术家的作品，包括从夏季法国阿尔勒摄影节精选的 8 场"年度阿尔勒"单元的 30 多个项目。其间，还举办讲座、表演和策展人及艺术家导览等面向摄影专业人士、艺术爱好者和公众的活动，展示一系列动画、录像、装置，全面呈现摄影这一艺术形式的全貌。12 月 13 日晚，新时代的集美音——集美区庆祝改革开放 40 周年原创主题音乐会举行，音乐会分为"春潮涌浔江""崛起的新城""领航新时代"三个乐章，讴歌集美区改革开放 40 年来的光辉历程、伟大成就和宝贵经验。晚会所表演的 13 首作品中，有 11 首为集美原创，囊括改革开放 40 年集美原创音乐作品的精华。

【集美区文艺创作成果居全市各区之首】 2018 年，集美区文学艺术界创作成果居厦门市各区首位。区文联参与创作广播剧《跨岛筑梦人》；邀请国家一级词作家魏德泮、国家一级曲作家栾凯创作庆祝改革开放 40 周年主题歌曲《集美，汇集天下美》（著名歌手曹芙嘉演唱），创作献礼集美大学、集美中学百年校庆歌曲《勿忘》；出版纪实文学《集美学村的先生们》（陈满意著）、《校主、母校、校友》（任静波著）、诗集《不长年轮的三角梅》（余烬著）；组织全省知名画家采风创作，面向全国征集集美主题美术作品，编印《集美区庆祝改革开放 40 周年美术作品集》，收录美术作品 165 件；举办集美区庆祝改革开放 40 周年摄影比赛并形成摄影作品集；拍摄完成 40 集大型实景电视歌仔戏《顾靖尧与林湘君》；组织创作歌仔说唱《找路》、答嘴鼓《幸福的生活比蜜甜》、木偶戏《改革开放四十年木偶进行曲》、芗曲说唱《歌颂改革开放 40 年》。印发《集美区文艺发展专项资金扶持奖励办法》，设立集美区文艺发展专项资金，扶持优秀文艺作品创作生产，奖励获得重大奖项的作品和个人。广播剧《青山青史》获第十八届中国广播剧研究会广播剧专家评析连续剧一等奖，微电影《致童年》获福建省新闻广电出版局举办的"新时代新风尚"主题优秀公益广告、微电影评选活动微电影优秀作品（一类）奖项，音乐故事《砖心》获第四届海峡两岸大学生微电影文化艺术节微电影作品比赛最佳广告奖。

【集美文艺讲堂开讲】 2018 年开始，区文联利用厦门嘉庚剧院平台和保利院线资源开设新的文艺讲堂渠道。是年，举办"集美文艺讲堂"20 期，内容涉及文学、声乐、书画、摄影、朗诵、戏剧、歌剧等，主讲人有中国戏曲学院副院长、中国音乐家协会副主席、著名二胡演奏家宋飞，古琴艺术"广陵派"市级非遗项目传承人李凤云，著名笛箫演奏家王建欣，中国书法家协会会员、国家文化部文化遗产保护中心书画委员会委员路工，《厦门广播电视报》主任编辑、中国合唱协会会员、中国电影评论学会会员张国锋，著名男中音歌唱家、中国音乐家协会爱乐乐团团长冯秋生，中央电视台播音指导、著名主持人张悦，著名古琴教育家、演奏家张子盛，国家一级演员、中国戏剧家协会会员、市闽南文化研究会副会长、市文化馆副馆长魏小春，福建省作协副主席陈元麟，厦门市作家协会副主席、集美大学文学院教授夏敏，新华社签约摄影师、市摄影家协会秘书长孙二伟，美国著名钢琴演奏家麦克·赛伯德，小提琴演奏家维特·昂德海尔，大提琴演奏家乔尔·诺伊斯，音乐评论家、中国艺术研究院音乐研究所音乐学者王纪宴，钢琴家赵胤胤，台湾诗人、作家杨渡，香港钢琴家元杰，本土作家、《厦门晚报》记者陈满意，话剧《一句顶一万句》副导演连晓东和主演赵吟秋、边玉杰，国家一级编剧、歌仔戏《侨批》编剧、国家一级演员曾学文，歌仔戏《侨批》主演庄海蓉，厦门诗人、厦门理工学院副教授王骁勇，斜角喜剧《隐藏的宝藏》主演刘含、顾雪炜、杨雨光，越剧《荆钗记》王十朋扮演者、徐派小生第二代、国家一级演员黄燕舞与钱玉莲扮演者邵梦岚。

2018 年集美文艺讲堂活动情况

表 10

期 数	举办时间	主　　题	主 讲 人	举 办 地 点	参加人数
第 43 讲	1 月 23 日	“心弦逐梦”——二胡公益讲座	宋　飞	厦门嘉庚剧院	160
第 44 讲	1 月 30 日	箫声琴韵”——古琴公益讲座	李凤云 王建欣	厦门嘉庚剧院	100
第 45 讲	3 月 7 日	江湖书法与书法正途	路　工	诚毅学院	100
第 46 讲	4 月 2 日	2016 索契世界合唱比赛见闻与分享	张国锋	集大新华书店	100
第 47 讲	4 月 29 日	“人间四月、诗意浔江”——诗词朗诵技巧交流会	冯秋生 张 悦	厦门嘉庚剧院	100
第 48 讲	5 月 22 日	“天贶传音”张子盛古琴公益讲座	张子盛	厦门嘉庚剧院	100
第 49 讲	6 月 6 日	舞台表现力的提升	魏小春	诚毅学院	100
第 50 讲	6 月 21 日	文学创作漫谈	陈元麟 夏 敏	宏发电声股份有限公司	200
第 51 讲	6 月 30 日	慧眼识图	孙二伟	厦工机械股份有限公司	200
第 52 讲	7 月 5 日	美国首席演奏家公益讲座	维特·昂德希尔 乔尔·诺伊斯	厦门嘉庚剧院	100
第 53 讲	8 月 7 日	如何欣赏歌剧	王纪宴	厦门嘉庚剧院	200
第 54 讲	8 月 18 日	“胤悦”——赵胤胤钢琴大师公益讲座	赵胤胤	厦门嘉庚剧院	150
第 55 讲	9 月 12 日	歌声中的台湾故事	杨　渡	园博书院	100
第 56 讲	9 月 16 日	钢琴独奏音乐讲演会	元　杰	厦门嘉庚剧院	200
第 57 讲	10 月 14 日	《集美学村的先生们》新书分享会	陈满意	厦门市图书馆	100
第 58 讲	10 月 27 日	话剧《一句顶一万句》主创分享会	赵吟秋 边玉洁	厦门市图书馆	100
第 59 讲	11 月 9 日	见信如晤——厦门歌仔戏研习中心新作品《侨批》首演交流分享会	曾学文 庄海蓉	厦门嘉庚剧院	100
第 60 讲	11 月 25 日	余烬诗集《不长年轮的三角梅》作品分享暨诗歌朗诵会	王骁勇	厦门市图书馆	400
第 61 讲	12 月 1 日	赖声川斜角喜剧《隐藏的宝藏》主创交流分享会	杨雨光 顾雪炜 刘 含	厦门市图书馆	150
第 62 讲	12 月 6 日	越剧《荆钗记》主创交流分享会	黄燕舞 邵梦岚	厦门嘉庚剧院	100

【区摄影家协会换届】2018 年 11 月 10 日，集美区摄影家协会举行第四届会员代表大会，选举产生新一届主席团成员、理事会理事，杨景初当选第四届集美区摄影家协会主席，王进法、孙荔、高爱民、颜志伟当选副主席，林志杰当选秘书长。集美区摄影家协会成立于 1997 年，至 2018 年有会员近 100 人，其中中国摄影家协会会员 8 人、省摄影家协会会员 15 人。2013—2017 年，协会先后以“人文集美”“百年学村”“集美新城”“闽南文化”“特

区 35 周年”等为主题，组织会员开展专题创作，参加国家、省、市摄协主办的各类摄影比赛或摄影展览，一批会员在国内外各类摄影比赛、摄影大展中获奖。（王明瀚）

集美区社会科学界联合会

【概况】2018 年，集美区社会科学界联合会举行第二次代表大会，选举产生新一届社科联领导班子。与有关单位合作，先后举办第十四届海峡两岸（集美）端午文化论坛、厦门民营经济转型升级高质量发展学术论坛、2018 集美区大学生嘉庚论坛和第二届学村文化研讨会。

【区社科联换届】2018 年 5 月 25 日，集美区社科联举行第二次代表大会，选举产生第二届委员会委员、主席、副主席、秘书长。新一届委员会委员 42 名，唐金富当选主席，黄国荣、张国雄、赵昕东、陈福昌、谢巧生当选副主席，林佳当选秘书长。审议并通过区社科联第一届委员会工作报告及《集美区社会科学界联合会章程（修改草案）》，明确今后一段时期社科联工作目标任务。

【端午文化论坛】2018 年 6 月 2 日，第十四届海峡两岸（集美）端午文化论坛在集美山水宾馆举行。论坛以“不忘初心、传承文化”为主题，围绕“一带一路”“弘扬传统文化”和“新时代”文化主题展开。此次论坛由集美区委宣传部、集美区社科联主办，厦门市中华传统文化研究会承办，厦门市社科联、厦门大学新闻传播学院传播研究所、厦门大学区域研究资料中心、厦门市陈元光学术研究会等学术社团参与协办。海协会原副主任、厦大新闻传播学院院长张铭清等市人大常委会、市政协、市委办、市委统战部、市台办、市社科联、集美区委宣传部、集美区政协等负责人出席论坛。来自两岸的 100 余名学者围绕端午文化等议题进行讨论。论坛收到文章 20 余篇，筛选 15 篇打印成论文集。

【民营经济学术论坛】2018 年 10 月 26 日，由厦门市社科联、厦门市社科院、集美区政府主办，厦门市社会发展研究会、集美区工商联（商会）、集美区社科联承办的厦门市第九届社会科学界学术年会·厦门民营经济转型升级高质量发展学术论坛在民营企业厦门悠度休闲用品股份有限公司举行。论坛邀请厦门大学副教授陈善昂作题为《当前经济金融形势对经济发展的影响》学术报告，邀请厦门发展研究中心副主任戴松若作题为《站在新历史起点上推动厦门民营经济转型升级高质量发展的对策建议》学术报告。市社科联、市工商联、集美区政府等党政职能部门负责人和来自厦门民营企业、相关行业协会以及厦门高校和研究机构的 90 余名嘉宾参加论坛。本次论坛以新思想为指引，贯彻落实中共十九大精神和市委十二届七次全会精神，回顾总结改革开放 40 年来厦门民营经济发展情况，探讨新时代民营企业抓住改革机遇、加快转型升级、实现高质量发展之道，为厦门民营经济再创新辉煌、特区再创体制机制新优势提出意见和建议。

【集美区大学生嘉庚论坛】2018 年 10 月 31 日，区社科联与区委宣传部、文教区管委会、团区委共同举办 2018 集美区大学生嘉庚论坛。论坛为集美区“嘉庚精神宣传月”主题教育实践活动之一和第二届集美学村文化艺术节的组成部分，以“新思想视角下的嘉庚精神”为主题，围绕“学习新思想，践行嘉庚精神”“嘉庚精神的新时代价值与传承研究”“我心中的嘉庚”等选题，通过学术报告、演讲等形式，为青年学子讲述“嘉庚故事”搭建平台。论坛收到来自集美大学、华侨大学、厦门理工学院、福州大学厦门工艺美术学院等 10 所高校的文章 275 篇。

【第二届学村文化研讨会】2018 年 12 月 22 日，集美区社科论坛暨第二届学村文化研讨会在集美举行，活动由集美区委宣传部、区社科联、区文联主办，集美大学文学院承办。10 多位教育界、学术界、政界专家学者围绕如何进一步挖掘传播集美学村文化展开探讨。同时结合 2018 年福建省社会科学百场专题报告会，邀请集美大学教授邹文勇作《中国改革开放 40 年的回顾与展望》主题报告。（郑诗桐）

10 月 31 日，集美区大学生嘉庚论坛在华侨大学举行（应洁 摄）

厦门市集美校友总会

【概况】2018 年，集美校友总会加强与海内外校友会及校友的联络、交流，接待来自欧洲、北美、东南亚以及中国港澳地区、全国各地的校友，前往南京、上海、福州、大田、泉州、漳州、安溪等地探访各地校友会，接访慰问老校友 100 余人。编辑会刊《集美校友》6 期，每期发行 1 万册；精选任镜波历年撰写的关于陈嘉庚、母校、校友的文章 66 篇，编辑出版《校主、母校、校友》一书；新增奖（助）学金 5 项，发放奖（助）学金、奖教金 55.4 万元，资助学子 255 人。

【“诚毅百年、相约集美”大型联谊活动】2018 年，是陈嘉庚颁布集美学校“诚毅”校训 100 周年，集美中学、集美大学建校 100 周年，集美侨校建校 65 周年。10 月 20 日，集美校友总会举办“诚毅百年、相约集美”大型联谊活动，近千位海内外校友出席大会。10 月 21 日，集美校友总会在嘉庚剧院举办纪念陈嘉庚颁布“诚毅”校训 100 周年钢琴室内音乐会。校友总会理事、青年钢琴家周宇博教授，携手小提琴家黄滨教授、大提琴家亚历山大·苏莱曼，演奏《陈嘉庚颂》以及中外名曲，1000 多位海外、境外校友及来自 16 个国家和地区的留学生齐聚嘉庚剧院，重温百年前校主颁布的“诚毅”校训，聆听音乐家的深情演奏。

【《集美校友》编辑出版】2018 年，集美校友总会编辑出版《集美校友》6 期，刊登各类文章 446 篇。常设栏目“学村内外”刊有《陈君宝央视讲爷爷陈嘉庚的故事》《香港家长教师、印尼华裔青少年访问集美中学》《陈嘉庚教育基金会出访菲柬，宣传推介陈嘉庚奖学金》《第三届“嘉庚风、中华情”香港集美校友会后裔夏令营结营》《百名“海丝”国家官员来集学习中文》《诚毅百年、相约集美》等；“嘉庚风”专栏刊有《安溪龙门镇走出的三位全国侨联主席——庄希泉、庄炎林、林军》《陈嘉庚的好学生孙炳炎二三事》等；“诚毅之光”专栏刊有集美校友周联侨、林佳育、陈志仁、陈久城等优秀校友的事迹；“让金字招牌更加闪亮”专栏刊登有关集美学校所属各校发展变化的报道和文章，其中有《大田县第三条集美职校抗战播迁文化长廊在大田五中落成》《集美工业学校 2018 年国赛奖牌总数居全国第二》《厦门海洋职业技术学院王俊博士参加国家第九次北极科考》《集美大学首获全国大学生光电设计竞赛一等奖》；“闽海之滨”专栏报道集美学校所在地集美区开展“一精神三文化”活动的情况和经济社会发展动态。

【校友总会颁发奖助学金】2018 年，集美校友总会在原有陈英如助学金、莆田水池校友助学金、官宏光孙竞男助学金、吴炳煌助学金、陈泰灿助学金、林启仁奖学金、陈村牧助学金、嘉泽助学金、林树德奖（助）学金、杜成国助学金、施金城助学金、泉州校友会助学金、21 成美基金、特殊困难助学金等 14 项奖（助）学金的基础上，新增张毓英（张弦）、于本龙、林佳育、随华（潘斯随、吴瑞华）、翁新杰 5 项奖（助）学金，全年共设奖（助）学金 19 项，发放奖（助）学金、奖教金 55.4 万元，资助学子 255 人。（陈丽兰）

集美区红十字会

【概况】2018 年，集美区红十字会开发的在线募捐与积分兑换系统和区红十字会微信公众号，以及应急救护技能培训基地建设，均通过验收并投入使用。全年举办社区红十字志愿者应急救护技能培训、防空防灾演练、“5·8”博爱文化周宣传、应急救护技能公益培训、红十字体验式生命教育培训班等 89 期，培训 14603 人次。筹集人道救助基金 103.93 万元，发放款物 48.53 万元，救助大病患者 19 人，用款 31.80 万元。依法纠正违规使用红十字标志事件 1 起。

【红十字会建设】2018 年，区红十字会投入资金 25 万元，开发在线募捐与积分兑换系统及区红十字会微信公众号，均通过验收并投入使用。12 月 6 日，在区青少年宫建设的区红十字会应急救护技能培训基地启用，并举行开班培训，该基地建筑面积 200 平方米。12 月 7 日，区红十字会接收厦门建霖健康家居股份有限公司捐赠给救护培训中心的善款 15 万元，用于购置培训设备、急救包及宣传用品。区红十字会为建霖健康家居公司培训急救员 75 人。

【人道救助】2018 年，区红十字会依托红十字博爱超市，常年开展募捐、接受社会捐赠和捐赠物资发放工作。经博爱超市平台，全年接受捐赠款物折合 57.97 万元。其中，通过市红十字会转赠物资折款 33.60 万元，集美地税员工捐赠物资折款 3740 元，集美街道捐赠现金 4800 元，建霖企业捐赠博爱超市爱心专柜 15 万元，建霖企业历年捐赠转用于购买物资慰问博爱超市对象 8.51 万元。全年发放物资折款 48.53 万元，共有 3806 户次得到帮扶。其中，元旦、春节慰问困难家庭 1893 户，发放慰问款物 25.44 万元；博爱超市平时救助困难家庭 1913 户次，发放物资折款 23.08 万元。区红十字会依托街镇、社区和企业，开展红十字救助行动，施行大病患者人道救助 19 人，提供救助款 31.80 万元。其中，大病救助 1 人，用款 3000 元；集爱基金救助 18 人，用款 31.50 万元。慰问扶贫对象甘肃省临夏州和政县、三明市清流县大病人员各 50 人，用款 10 万元。

【救助基金募集】2018 年，区红十字会坚持项目牵引，加强与企业捐赠人交流合作，设立冠名专项基金，深入企业、

11月20日，厦门建霖健康家居股份有限公司捐款为博爱超市设立爱心专柜

（红十字会 供图）

社区宣传筹资，全年筹集人道救助基金103.93万元。其中，集爱基金募集41.61万元，爱心捐款0.7万元，区农民体育协会捐款31.62万元，厦门建霖健康家居股份有限公司捐款30万元。

【社区红十字志愿服务】2018年，区红十字会先后开展社区红十字志愿者应急救护技能培训、防空防灾演练、“5·8”博爱文化周宣传活动、应急救护技能公益培训、应急救护“六进”宣传活动，共举办应急救护公益培训班89期，培训14603人次。5月8日，举办博爱文化周宣传活动，各镇（街）社区运用网站、板报、宣传栏和有线电视等载体，宣传红十字知识、“红十字掌上学堂”应用和“三献”知识。5月10日，各镇（街）组织社区志愿者参加全市防空防灾演练。5月11日，组织各镇（街）新增加未取得急救员证的红十字应急救护志愿者92人，参加由市红十字会培训中心举办的救护员培训，并通过考核获得初级急救员证。10月22—26日，区红十字会选派12名红十字工作人员及志愿者，参加省、市业务部门的师资培训班学习，并取得初级救护师资格证书。

【体验式生命教育培训】2018年5月12日，辖区各学校结合防灾减灾日，举办防灾减灾知识讲座、竞赛，组织火灾、地震应急疏散逃生演练。5月17日，区红十字会举办红十字体验式生命教育培训班，组织区属学校德育、体育、卫生、生管教师和班主任等67人，参加由市红十字会培训中心举办的救护员培训班，并通过考核获得初级急救员证。

【应急处置演练】2018年，区红十字会以区行政服务中心为试点，为该中心配备自动除颤仪1台，协助中心制订“四项迅速”应急救护工作流程，对中心相关人员进行应急救护技能培训。9月20日“世界急救日”期间，与该中心联合在行政服务中心一楼办事大厅举办模拟现场应急救护演练。12月3日，区红十字会在杏滨文化广场，举办纪念“国际志愿者日”暨应急救护“六进”宣传活动文艺晚会，以喜闻乐见的形式，传播红十字精神，传授应急救护知识。（侯瑞心）

集美区慈善会

【概况】2018年，集美区慈善会共募集款物97.06万元，开展安老、扶孤、帮残、助学、济困、救灾等活动，发放救助款物148.21万元。

【慈善救助】2018年春节，市、区慈善会慰问区福利中心老人3.1万元，邀请福利中心老人、福乐家园残疾学员、孤儿共用年夜饭和送红包共2.12万元；助残日，区慈善会给福乐家园学员送慰问品计3600元；中秋节，区慈善会给福乐家园和福利中心老人送节日祝福7300元；重阳节，区慈善会为福利中心老人和散居供养老人送慰问品1.04万元。每季度为60周岁以上低保老人购买生活用品5000元。

【救灾济困】2018年，区慈善会协同市慈善总会、南普陀寺等爱心团体开展迎新春慈善慰问活动，向741户（次）贫困家庭发放善款及物品计43.21万元；区慈善会向12名重病困难群众提供医疗救助2.4万元，为4个镇街慈善超市购置生活用品10.88万元；市、区两级慈善会发动集美区企事业单位干部职工向甘肃省临夏州和政县灾区困难群众捐赠救灾款52.42万元。

【助学活动】2018年，区慈善会协同市慈善总会、区委文明办、省市级文明单位、侨促会、爱心单位、爱心人士等，结对帮扶贫困生42人次，发放帮扶款9.25万元。开展金秋助学活动，市慈善总会向15名考上本科、大专应届（往届）困难学生提供教育救助8.3万元；谢永丹夫妇、叶建珠等爱心人士资助11名孤困儿童学费、生活费3.84万元。春节前夕，市、区慈善会携手厦门家的味道餐饮管理有限公司，定向助学贫困生50名，共5万元。区民政局携手区慈善会慰问对口帮扶清流县贫困学生50名，计5万元。某不具名爱心人士助学一名贫困生600元。

2018年集美区慈善会捐助活动情况

表 11

时 间	捐助项目、活动或单位	捐 助 对 象	捐助金额或物品
春节	区慈善会、市慈善总会、南普陀寺、永辉超市新春送温暖	困难家庭 281 户	慰问金 27.88 万元
春节	市、区慈善会新春慰问	困难户 437 户	年夜饭 272 份、罐头 165 份，共 13.03 万元
春节	区慈善会新春关爱退休困难人员	企业退休困难人员 20 户	慰问金 2 万元
春节	区慈善会新春走访慰问	困难户 3 户	慰问金 3000 元
1 月 29 日	市、区慈善会新春送温暖	慰问福利中心老年人 31 户	慰问金 3.1 万元
1 月 31 日	市慈善总会、区慈善会、家的味道餐饮有限公司新春慰问困难学生	困难学生 50 名	慰问金 5 万元
2 月	爱心人士定人定向助学	贫困生 1 人	助学金 600 元
2 月 7 日	区慈善会新春慰问	福利中心老人、孤儿、福乐家园学员	共进年夜饭
2 月 7 日	区慈善会、西竺寺慈善分会新春慰问	福利中心老人 31 人、孤儿 4 人、残疾学员 21 人	慰问金 2.12 万元
2 月 28 日	区侨促会 17 位爱心人士结对帮扶助学金	贫困生 34 人	助学金 6.8 万元
5 月 16 日	助残日慰问	福乐家园残疾学员	慰问物资计 3600 元
7 月 25 日	谢永丹夫妇、叶建珠等爱心人士定人定向助学	孤困儿童 11 名	慰问金 3.84 万元
8–11 月	市、区慈善会发动集美区干部职工向甘肃省临夏州和政县灾区捐款	甘肃省临夏州和政县灾区困难群众	救灾款 52.42 万元
中秋节	区慈善会中秋节慰问	福乐家园残疾学员、福利中心老人	慰问物资计 7300 元
秋季	市慈善总会	考上本科、大专的应届困难学生 15 人	助学金 8.3 万元
10 月 13 日	区民政局、区慈善会慰问清流县	贫困学生 50 名	帮扶款 5 万元
重阳节	区慈善会重阳慰问	福利中心供养老人和散居供养老人	慰问物资计 1.04 万元
11–12 月	“雨露育青苗”结对帮扶孤困儿童	孤困儿童 8 名	帮扶款 2.45 万元
全年	区慈善会杏林街道慈善超市扶老助老	杏林街道低保户 60 岁以上	慰问物资 5000 元
全年	区慈善会	重病困难群众 12 人	医疗救助 2.4 万元
全年	区慈善会	为 4 个镇街慈善超市购置生活用品	慰问物资 10.88 万元

（高月清）

厦门建安慈善基金会

【概况】2018年，厦门建安慈善基金会共收到善款（物）计256.19万元，其中接受社会捐赠现金102.51万元、捐赠物资折款153.68万元。开展助学、济困、扶贫等公益活动90次，共发放款物306.71万元。

【助学活动】2018年，建安慈善基金会开展助学活动68次，计捐款物51.87万元。受助单位有集美区乐安小学、永春县坑仔口镇魁斗小学、宁化县关心下一代扶贫工作助学协会、长汀县一中发展促进会等单位；受助个人有扬州大学陈佳豪、湖北大悟县一中颜奥林、永春二中颜发妹、厦门理工学院颜巧镕、安溪县举溪中学李淑琼和李淑真、安溪县玳堤小学李世林、安溪县十七中学林佳韵和杨靖如、安溪县十五小学李航楠、漳浦达志中学陈惠玲、广东省湛江市麻章区一中孙浩科等贫困生12人。

【扶贫济困】2018年，建安慈善基金会先后走访和慰问厦门市道德模范游文晃等74人、三明市宁化县孙坑村贫困村民85人、安溪县龙涓乡玳堤村七旬老人李桃花、厦门市建安集团患病员工黄秀华、翔安区刘五店村孤寡老人和贫困儿童33人、厦门市公安局帮扶对象50人、安溪县蓬莱镇贫困村民张素治，以及外来务工人员等近千人，资助款物计149.9万元。支持厦门侨友合唱团、厦门市爱欣老年公寓、厦门市光彩事业促进会、福建省九龙建设集团等单位开展慈善公益活动104.94万元。

2018年厦门建安慈善基金会捐助公益事业情况

表12

时间	捐助对象	金额和物品
1月26日	厦门市道德模范	现金4.44万元
1月29日	三明市宁化县孙坑村	浴巾105条，计8190元
2月1日	福建省永春县坑仔口镇魁斗小学	儿童文具，计2100元
2月8日	李淑琼、李淑真	童装2套，计540元
3月3日	孙嘉樾教育基金奖学金	奖金4.39万元
3月8日	厦门市公安局	被子50条，计8500元
3月9日	宁化县关心下一代扶贫工作助学协会	浴巾166条，计1.29万元
5月4日	厦门市建安集团有限公司员工黄秀华	现金6.31万元
5月31日	厦门市集美区乐安小学六一儿童节礼品	儿童文具，计2378.9元
7月9日	李淑真、李淑琼、李世林	衣服4套，计388元
8月3日	厦门侨友合唱团	现金2000元
8月23日	陈佳豪	现金6800元
9月10日	厦门市光彩事业促进会	现金10万元
9月13日	厦门市建安集团有限公司	雨伞200把，计1.2万元
9月21日	厦门市建安集团有限公司	冬季加绒休闲鞋500双，加绒夹克外套500件，计36.4万元
9月26日	厦门市爱欣老年公寓	现金5000元
9月28日	翔安刘五店村孤寡老人、贫困儿童	现金13.8万元
10月10日	厦门市建安集团有限公司	中长款羽绒服450件，冬季加绒休闲鞋450件，加厚棉袜450双，计35.37万元
11月22日	厦门市建安集团有限公司	中长款羽绒服450件，电暖按摩鞋300双，计29.58万元
12月5日	杨靖如	现金400元
12月5日	林佳韵	现金400元
12月5日	李航楠	现金300元
12月5日	张素治	现金500元
12月13日	长汀县第一中学教育发展促进会	现金40.8万元
12月24日	厦门市建安集团有限公司	冬季保暖内衣套装400套，保暖外套400件，冬季加绒休闲鞋400双，计25.52万元
12月30日	李淑真	物资，计1207元
12月30日	李航楠	物资，计643元
12月30日	杨靖如	物资，计1367.5元
12月30日	林佳韵	物资，计1367.5元
12月30日	张素治	物资，计583元
1—12月	安溪县玳堤村贫困学生李世林、李淑真、李淑琼生活费	现金1.2万元
1—12月	永春县贫困学生颜发妹、颜巧镕生活费	现金1.04万元
1—12月	湖北贫困高中生颜奥林	现金6000元
1—12月	弘壹文化传播有限公司	现金90万元
4—12月	广东省湛江市贫困学生孙浩科每月生活费	现金4400元
10—12月	漳州市漳浦县贫困高中生陈惠玲生活费	现金600元

（黄惠玲）

农业与水利

农　业

综　述

【概况】 2018年，集美区农林牧渔业总产值55275万元，比上年增长3.5%。其中，农业产值34926万元，增长23.7%；林业385万元，增长-75.9%；牧业7866万元，增长-38.0%；渔业3797万元，增长34.9%；农林牧渔服务业8300万元，增长2.5%。仍在耕作的村社22个、农场1个（厦门第二农场）。主要种植水稻、水果、甘薯、花生、油菜等农作物，农村居民人均可支配收入2.71万元，增速9.7%。

2018年集美区农业主要经济指标

表13

指标名称	单位	2017年	2018年	增减（%）
农林牧渔业总产值（当年价）	万元	53419	55275	3.5
其中：农业产值	万元	28229	34926	23.7
林业产值	万元	1596	385	-75.9
牧业产值	万元	12678	7866	-38.0
渔业产值	万元	2815	3797	34.9
农林牧渔服务业产值	万元	8100	8300	2.5
粮食产量	吨	1339	1101	-17.8
其中：稻谷产量	吨	1005	774	-23.0
油料产量	吨	215	156	-27.4
其中：花生产量	吨	138	131	-5.1
蔬菜产量	吨	31423	41230	31.2
水果产量	吨	23134	31077	34.3
其中：柑橘类产量	吨	12602	12144	-3.6
食用菌产量	吨	38	12	-68.4
花卉播种面积	亩	7943	7681	-3.3
肉类总产量	吨	4208	1877	-55.4
生猪出栏数	头	8266	0	-100.0
家禽出栏数	只	2110462	1246322	-40.9
奶类产量	吨	90	157	74.4
禽蛋产量	吨	1807	933	-48.3
水产品产量	吨	1527	2748	80.0
海水水产品产量	吨	229	1463	538.9
淡水水产品产量	吨	1298	1285	-1.0
其中：鱼类产量	吨	1099	1039	-5.5
淡水虾产量	吨	196	189	-3.6

【土地确权工作】 2018年4月，集美区土地确权工作通过农业部验收。确地到户的有10个村（灌口镇双岭村、田头村、东辉村、顶许村、李林村、上塘村，后溪镇前进村、溪西村、后溪村、黄地村），确定四至的有14个村和社区（灌口镇深青村、坑内村、三社村、浦林村，后溪镇三兴社区、新村社区、英村社区、崎沟村、仑上村、后垵村、岩内村，杏滨街道锦园社区、前场社区、西滨社区），灌口镇确权承包地面积1034.09公顷，非承包地面积396.92公顷；后溪镇确权承包地面积463.64公顷，非承包地面积170.10公顷；杏滨街道确权承包地面积33.30公顷，非承包地面积3.23公顷。

【特色休闲观光农业】 2018年，集美区休闲农业有成规模项目23个，年收益990万元，带动就业380人。实施古樾山庄、鹰坑谷“以奖代补”建设项目21个，完工17个，在建4个，投资1550万元，完成90%。策划实施灌口镇休闲农业项目、后溪镇二农白虎岩休闲农业项目、侨英果乐园区等休闲农业示范项目。是年，古樾山庄被评为省级休闲农业示范点；鹰坑谷、悦来农庄、金玲珑果蔬专业合作社被评为市级休闲农业示范点。

【惠农与移民直补】 2018年，集美区发放各种惠农与大中型水库移民直补资金476.89万元。其中，农业支持保护补贴资金176.89万元，完成补贴资金总额6.78万元（中央补贴4.52万元，省补贴2.26万元），大中型水库移民直补293.22万元。

【农业执法检查】 2018年，区农业执法大队对辖区农资经营户进行地毯式排检，共出动执法人员252人次，检查农资经营店84家次，其中农药经营店28家次、兽药经营店25家次、饲料生产企业18家次、肥料经营店13家次；抽检蔬菜60批次、兽药8批次、农药13批次、肥料5批次、饲料6批次，蔬菜、农药、兽药、肥料合格率100%，查处相关案件2起，罚款3375元。

【农业执法宣传】 2018年，区农林水利局开展“三下乡”、放心农资下乡、食品安全生产宣传周活动，先后在灌口风景湖公园、后溪镇永祥新城安置房、杏林街道杏林文化广场、后溪镇前进村、灌口镇双岭村开展农业法规宣传，内容涵盖农药、饲料、兽药、渔业、农产品安全生产、农机安全生产、农业安全监督等，发放宣传材料4630份。

【农民专业合作社】 2018年，集美区新登记专业合作社15家，累计登记注册专业合作社272家，与上年同期相比，增长11%；社员5251户，增长7.6%；注册入股资金2.91亿元，增长30.6%；带动农户1230户，增长10.1%。其中，获国家、省、市级示范社等荣誉称号11家。

2018年集美区农民专业合作社注册情况

表14

企业名称	注册资本（万元）	地　址	成立日期	法定代表人
宝蔬园果蔬专业合作社	200	灌口镇上塘村林尾社32号之一	1月3日	王清秋
本草森中药种植专业合作社	800	灌口镇东辉村金辉社43号	1月10日	林清婷
欣双岭果蔬专业合作社	10	灌口镇双岭村前墩社70号	2月12日	陈小民
富贵彩璇果蔬专业合作社	500	灌口镇三社村洪茂社142号	3月6日	陈宗吉
晓欢畅祥果蔬专业合作社	100	灌口镇东辉村东寨社19号	4月20日	林文祥
辉池林农林专业合作社	100	灌口镇顶许村370号	5月7日	马建池
牛洪渔业专业合作社	200	灌口镇陈井三里80号102	5月25日	陈志国
渔嘉乡养殖专业合作社	120	后溪镇新村官地里99号	6月6日	陈加兴
李厚运果蔬专业合作社	160	灌口镇东辉村徐厝后社20号	6月6日	李厚运
青绿文地农林专业合作社	250	后溪三兴二里52号店面	6月14日	卢龙勇
红仁福果蔬专业合作社	150	后溪镇前进村苏营一里26号	7月2日	陈建设
周礼来果蔬专业合作社	80	灌口镇双岭村张茂社12-1号	7月3日	周礼来
展宏依林农业专业合作社	180	灌口顶许村大东山社147号	8月29日	陈育镔
净胜金果蔬专业合作社	10	灌口镇东辉村崎山社146号	9月10日	曾凡锦
耕春果蔬专业合作社	50	灌口镇顶许村顶许社270号	10月26日	许天来

（林亚荣）

种植业

【概况】2018 年，集美区农作物播种面积 2179.13 公顷，与上年同期相比增长 6.16%。其中，粮食作物 230.67 公顷，总产量 1330 吨，分别下降 39.69% 和 38.82%；蔬菜 1391.8 公顷，总产量 26098 吨，分别增长 31.21% 和 56.54%；水果 2054.53 公顷，总产量 31076 吨；花卉 459.87 公顷，增长 5.67%。全区补贴耕地面积 1668.63 公顷，共补贴资金 176.89 万元。（林亚荣）

【粮食生产】2018 年，集美区粮食作物种植总面积 230.67 公顷，其中水稻 169 公顷、薯类 58.73 公顷、大豆 2.73 公顷、玉米 0.2 公顷；粮食总产量 1329.99 吨，其中水稻 1003.12 吨、薯类 318.75 吨、大豆 7.12 吨、玉米 1 吨。全区 30 户种粮科技示范户，主要粮食作物种植面积 4.8 公顷，平均亩产 420 千克，比上年增产 18 千克；甘薯示范户平均亩产 1360 千克，比上年增产 10 千克；马铃薯示范户平均亩产 1400 千克。（洪毅忠）

【农业基础设施建设】2018 年，集美区实施市、区两级农业基础设施项目 5 个，总投资 1996.94 万元，其中财政投资 1314.73 万元、自筹资金 682.21 万元。建温室大棚 3.89 万平方米、生产道路 430 米、排水沟 477 米、蓄水池 2 个、挡土墙 3628.2 立方米。

【测土配方施肥】2018 年，集美区在小流域免费推广有机肥和配方肥，以减少化肥污染，改善地力，增强农作物防御能力。区财政投入 20 万元，中央财政投入 25 万元，采购配方肥 75 吨，推广测土配方施肥技术面积 973.3 公顷，推广使用有机肥 2879 吨，平均每公顷使用有机肥 3570 千克（每亩 238 千克）。

【农作物虫害防治】 2018 年，集美区龙眼毒蛾属于中等偏少发生年份，全区防治面积 98.13 公顷；红火蚁防治面积 6360.30 公顷。完成鼠情监测工作，百夹率 9%，属于中等程度发生，购买并发放灭鼠药大隆（0.005%）10 吨，做好秋、冬季农田统一灭鼠工作，全区防治面积 5000 公顷，防治效果 92%。在坂头库区推广水果套袋护果绿色防控技术，落实果农套袋护果计划，向后溪镇、灌口镇供应优质、实用水果套袋 550 万个，用于蜜柚、脐橙、杨桃等，受益面积 300 公顷。

【农业标准化生产】2018 年，集美区申报农业标准化生产示范基地建设单位 2 家，对 2 家农业标准化生产示范建设基地开展现场考核，做好“三品一标”认证工作。完成 1 个绿色农产品到期续展，2 家 4 样无公害农产品认证到期复查换证、扩项认证工作。

2018 年，集美区在坂头库区推广脐橙套袋护果防控技术（谢加木 摄）

【农技培训】2018 年，区农林水利局以“12316”农业服务热线为平台，开展农业科技培训活动。全年举办科技培训班 9 期，其中农产品质量安全培训 2 期、测土配方施肥培训 2 期、农作物科学用药用肥技术培训班 1 期、水产品质量安全宣传培训 2 期、红火蚁知识宣传培训 2 期。“12316”农业服务热线接受咨询 730 余人次，其中来电咨询 75 人次、来访咨询 511 人次、科技下乡现场咨询 150 余人次。组织现场指导、调查 472 人次，举办技术培训班 24 场次，参加培训 780 人次。全年组织新型职业农民培训 20 期，受众 932 人次，完成市下达任务数的 116.5%。（林亚荣）

畜牧业

【概况】2018 年，集美区生猪生产停止；牛存栏 222 头，出栏 855 头，与上年同期相比，分别增长 −52.87% 和 45%；羊存栏 449 只，出栏 1775 只，分别增长 1% 和 60%；家禽存栏 72594 羽，出栏 140962 羽，分别下降 3.11% 和 85.59%；肉、蛋、奶总产量 308 吨，分别下降 76.51%、99.4% 和 100%；产蜂蜜 84.9 吨，增长 36%。

【动物防疫】 2018 年，区财政安排动物防疫、检疫、畜产品质量安全及动物卫生监督等专项经费 81.12 万元。其中，动物防疫、检疫 25 万元（包括疫苗配套、应急工作、监测流调、动物卫生监督），村级防疫员补贴 0.96 万元，“瘦肉精”检测配套费 12.6 万元，紧急疫情扑杀经费 20 万元。发放疫苗 17.83 万毫升，其中高致病性流感疫苗 17.5 万毫升、牛羊口蹄疫苗 0.33 万毫升。全年共防疫高致病性禽流感 13.47

万羽次、牛口蹄疫717头次、羊口蹄疫1562头次，可免疫密度100%，四种重大动物疫病的群体免疫密度全部达到90%以上。

【动物检测检疫】2018年，集美区动物卫生监督所开展动物血清学检测。检测高致病性禽流感7次，在107家养殖户采样1318份，检测合格率100%。春防督查抗体检测高致病性禽流感，采样117份，检测合格率100%；秋防督查检测高致病性禽流感，采样90份，检测合格率100%；四种重大动物疫病抗体检测，检测结果均达到合格以上。全年接受牲畜屠宰检疫申报9306批次，检疫生猪375391头、牛14303头、羊14242只，申报受理率100%。无害化处理病害猪667头，处理肉品、内脏406.3千克。

【动物疫情监控】2018年，区动物卫生监督所组织兽医技术人员、区执法人员，对辖区动物治疗机构、兽药经营企业及乡村兽医进行专项检查。共出动执法人员342人次，监管饲料生产企业、奶站、动物诊疗机构、兽药生产企业、兽药经营企业、畜禽养殖场93家次。快速检测沙丁胺醇、盐酸克伦特罗、莱克多巴胺醇12717头份，合格率100%。在H7N9禽流感防控期间，采样检测禽棉拭子270份，送市疫控中心进行H7N9禽流感检测流行病学调查。全区日常巡查无害处理死鸭32羽、鸡66羽、狗59只、猪10头、羊10只、动物尸体6袋、禽尸体3袋、冷冻猪肉4袋、鲇鱼1条。

【应急物资储备】2018年，区农业部门做好重大动物疫情应急物资储备更新工作。至年底，应急库存物资有手套810双、胶鞋169双、口罩5100个、连续注射器166支、一次性注射器1800支、白大褂185件、防护服291件、医用剪刀67把、充电手电筒35个、消毒药品2.1吨、编织袋5650个、喷雾器48台。（林亚荣）

渔　业

【概况】2018年，集美区从事渔业生产513户2083人。全年水产品总产量2748吨，其中海洋捕捞259吨、海水养殖1204吨、淡水养殖1285吨。海水养殖面积373公顷，淡水养殖面积133公顷。有饲料加工企业1家，年产饲料44300吨，产值29370万元。全区渔业经济总产值33111万元，其中渔业收入3688万元、渔业工业和渔业建筑收入29370万元、渔业流通和服务业53万元。

【水产品药残检测】2018年，区农林水利局制定《水产品质量安全监管工作方案》和《水产品质量安全监测工作计划》，加强水产品质量安全检测工作，配合上级部门抽检7批次，区级委托第三方集美大学对水产品产地风险监测5批次，抽检合格率均为100%。

【科技培训】2018年，区农林水利局推荐7名农民参加新型职业农民水产养殖专业专科学历教育；举办水产品质量安全宣传培训2期，受训30余人次，分发科技宣传资料1000多份。

（林亚荣）

林　业

【概况】2018年，集美区绿化造林200公顷，完成造林当年秋季抚育453.33公顷。全区森林覆盖率41.55%，实现全区连续13年无火灾。审核林地征用8件，征地面积43.52公顷；发放林木采伐许可证4份，采伐面积0.1公顷，采伐林木蓄积量1.08立方米。

【造林绿化】2018年，集美区重点生态区位林分修复造林200公顷，造林以稀疏林分补植和林分改造提升为主，树种有木荷、枫香、山杜英、香樟、台湾相思等。完成驻集部队3个营区绿化工作，绿化面积2.6万平方米，种植香樟、火焰木、桂花、大叶紫薇、凤凰木、高山榕等树种600余株。

【病虫害防治】2018年，区农林水利局制定的《集美区2018年度松材线虫病防控实施方案》经区政府批复后实施。4—5月，人工施放白僵菌、绿僵菌混合菌粉炮2次，共1.2万发。全年共办理产地检疫4件，办理木材调运检疫256份，材积量8249.8立方米。

【森林防火宣传】2018年，区防火办开展以“防森林火灾，护人文集美”为主题的防火宣传活动。春节、清明、国庆节期间，在区电视台滚动播放《福建省森林防火条例》和高森林火险橙色预警。出动防火宣传车100台次，到森林防火区进行流动宣传，散发传单5万份。在主要路口、林区景点、村宣传栏和人流集中地段张贴防火警示标语1500张，悬挂横幅45条。清明前夕，区防火办制作森林防火宣传传单5万张、塑封宣传单1000份，购买印有森林防火宣传用语的矿泉水7000瓶，置放于林区每座墓前，劝告扫墓者禁用火烛，文明祭扫。同时，借助“天下集美”文广传媒平台，发送森林防火和安全避险常识6次，电视台滚动宣传61天，发送短信1.1万条，收看30万人次。

【林政管理】2018年，集美区共立林业案件26起，移送公安机关2起，复议1起，处罚没款19.39万元。审核林地征用8起，征地面积43.52公顷，发放林木采伐许可证4份，采伐面积0.1公顷，采伐林木蓄积量1.08立方米。签发木材运输证277份，材积8844立方米；发放林木种子生产经营许可证2份。全区有公益林1606.67公顷。

（林亚荣）

农业机械

【概况】 2018年，集美区拥有各类农业机械4151台（架、套）。其中，拖拉机84台，割灌机微耕机393台，施耕机41台，植保机械888架（手动式施药机械未计）。年末，在册拖拉机323台，拖拉机年检295台，年检率91%；执有拖拉机驾驶证的从业人员323人。

【农机管理】 2018年，区农机部门落实农机惠民政策，免费检验拖拉机295台，转移5台，驾驶证换证35本，免费粘贴拖拉机反光警示牌5900张。6月27日，与市农业农村局举办农机事故应急演练。联合区交警，出动执法人员16人次，整治上道路行驶拖拉机违法行为。

【农机安全生产宣传】 2018年，区农机部门发放农机安全生产宣传材料1600余份，开展农机安全生产宣传6次。举办农机手安全生产知识竞赛和互动问答宣传活动，设置农机安全咨询台6处，接受咨询152人次。 （林亚荣）

水　利

水利建设与管理

【概况】 2018年，区农林水利局以“兴水利、除水害”“提升水质、改善环境”为目标，全面推行河湖长制，实施安全生态水系建设、水体生态修复、河道清淤、生态补水、截污控源、溪流综合整治6类工程共项目33个，总投资7.05亿元。审批生产建设项目水土保持方案27件，征收水土保持补偿费247.71万元。简化水土保持方案审批和验收方式，实现申报部门“一趟不用跑”。

【水利工程建设】 2018年，集美区以“项目推动年”活动为抓手，以提升水质、改善环境为目标，实施后溪流域7条小支流安全生态水系建设工程，深青溪、瑶山溪、锦园溪清淤工程，许溪、深青溪水体生态修复工程，深青溪生态补水工程，深青溪、瑶山溪综合整治工程前场铁路大型货场段和瑶四标段建设工程，西井溪截污控源工程，杏林湾排涝泵站建设工程等一批项目，总投资7.05亿元，其中，完工项目5个，其他工程在建，累计完成投资1.22亿元。

【水利设施管理与监督】 2018年，区农林水利局按照“查全、查细、查实”的要求，组织各相关单位开展汛前安全大检查。检查水库、堤坝、水闸等水利工程23处（海堤1条、水库12座、水闸5座、在建水利工程5处），对存在问题和安全隐患登记造册，限期整改。落实防汛责任人，对重大水利工程（堤坝2条、水闸4座和小二型以上水库12座）实行安全管理责任人制度和安全度汛责任人制度。完成12座小（2）型以上水库汛期防洪运用计划和防洪抢险应急预案的审查、审批工作。受理办结涉河防洪影响评价4件，完成90千米河道养护，实现水面整洁、河道通畅、岸绿景美。

【水土保持】 2018年，集美区审批生产建设项目水土保持方案27件，征收水土保持补偿费247.71万元。对28个在建工程进行“双随机”监督检查，委托第三方监测公司对区级审批的51个在建工程水保方案落实情况进行每季度一次的监督性监测。全年进行河道、水库水土保持监督检查18次，未发现水保违法行为。6月、10月和12月，先后完成黄地村林上水保工程竣工验收、后溪镇前进村红头仑水保工程水土保持项目和灌口镇枋塘溪双龙潭山体背后至汇流处安全生态水系建设工程招投标工作。推进审改工作，简化水土保持方案审批和验收方式，自6月1日起，生产建设项目水土保持方案报告表审批、登记表备案实行“全网通办”，即在网上完成资料提交、审批、取件等所有环节，实现申报部门“一趟不用跑”。水土保持方案的验收办理，由生产建设单位自主验收，到区农林水利局报备并网上公示，至年底完成验收报备和公示项目28个。开展水土保持宣传教育，在福建省水土保持宣传日（12月10日）前后，利用厦门无线电视（地铁、楼宇）进行为期一周的宣传，在全区主要路口悬挂红布条幅35条，发放水保宣传册80余册。

【防汛防台】 2018年，影响集美区的台风（或热带低压）4个，分别是7月9日8号台风“玛莉亚”、8月23日热带低压、9月13日22号台风“山竹”、10月29日26号台风“玉兔”。是年，全区气候总体平稳，平均气温偏高，降水较往年偏少。入汛后，遭遇多次短时强降雨天气，造成部分城区、道路短时积水。全年启动防御暴雨洪水应急响应10次，其中防御暴雨洪水Ⅱ级响应2次、防台风Ⅲ级响应3次。汛期，受台风、暴雨影响，全区累计转移各类危险地带人员3998人次。

【防汛宣传与演练】 2018年，集美区结合世界水日、世界水周、集美区防灾减灾宣传活动周和集美区安全生产月活动，发放《集美区防洪防台风应急预案》和《防台风暴雨公众防御指南》2000余册。4月，区防汛指挥部组织区防汛成员单位、镇（街）、村（居）、水利基层站所和水库、水闸专职管理人员近200人，邀请省防汛专家和市气象专家，举办防汛和气象防灾知识讲座。5月，区防汛指挥部组织各镇（街）和区属防汛抢险应急队伍，开展防汛抢险演练。演练采用现场抢险救援和远程指挥控制的方式，组织城区内涝抢险、危险区域群众转移、水利工程抢险及水库下游人员转移、水上救援等4个科目的演练。 （林亚荣）

河湖长制工作

【概况】2018年，集美区河湖长制年度考核成绩优秀，综合得分98.06分，居全市第二位。许溪下庄鱼鳞闸、深青溪浦边桥两个省控断面达标率100%，率先完成正式销号工作。集中式饮用水水源水质达标率100%，水功能区水质达标率85%，较往年有所提升。创造水环境污染源网格化管理经验，受省级表彰，在全市推广。率先成立检察院驻区河长办检察室，发挥公检法助力作用。通过城市建成区黑臭水体、集中式饮用水源地环保专项督查，省“三合一”环保督察，省“一月一抽查”和市2018年度数据采集等专项检查。

【河湖长制机制建设】2018年，集美区在全面推行河长制基础上，出台《集美区全面推行湖长制实施方案》，将全区3条溪流、153个湖库塘全部纳入河湖长制实施范围，设立河长公示牌77块、湖长公示牌103块，编制“一河一策”，建立河湖长制信息管理平台，推广使用巡河App系统。建立河湖长履职机制，设立“双总河长”，累计巡河49次，协调解决问题46起，召开调度会13次，协调解决问题102起；建立常态化联合执法机制，累计开展联合执法行动46次；建立督查督办机制，下达督办通知45次，督办解决问题234个；建立约谈问责机制，对履职不到位的单位进行约谈，累计对镇街约谈7人次、对企业约谈4人次，通过约谈倒逼责任落实；建立污染源网格化管理机制，全区共划分一级网格6个、二级网格49个，配备二级网格员73人，全面强化水环境污染源管控。

【水污染防治】2018年，集美区取缔流域范围内生猪养殖回潮点44个，清退生猪835头；取缔家禽养殖回潮点29个，家禽13650只；清退牛羊养殖场54个，清退牛羊1969头，拆除违章搭盖15314平方米；清退流域范围内牛蛙养殖场16个、鳗鱼养殖场1个。全区38家无生产合法手续或存在环保问题的石材生产企业全部完成污染整治、停产清退和复耕工作，整治完成率100%；立案查处涉水工业企业和违法排污小作坊131家，查封52家，处罚1113万元，以全覆盖、无禁区、零容忍的行政执法强力，实现从陆地到水域的综合治理。

【水环境治理】2018年，集美区成立入河排污口调查摸底和规范整治专项行动领导小组，开展入河排污口摸底调查，编制规范化整治方案，获省级通报表扬。同时，启动11个排污口临时截污工程，并逐步实施入河排污口整治工程。委托中国城市规划设计研究院编制“三溪一库”（后溪、深青溪、瑶山溪、杏林湾水库）系统治理方案，形成“控源截污、内源治理、活水补给、生态修复、智慧调度、长治久清”的治理方案，并建立项目滚动生成机制，分期分批落地实施。对河湖范围内“四乱”问题开展专项治理，共拆除涉河违章建筑1545平方米，清除弃土弃渣9662立方米，取缔非法采砂点2处，打捞河漂垃圾19595立方米。

【河湖长制培训与宣传】2018年，集美区组织参加省、市河湖长制专题培训会议7次，举办河道专管员培训会议4次。创建“集美区河长在行动”微信公众号，全年推送宣传信息267篇。开展河湖长制宣传月活动，利用广告宣传车、厦视广电开机视频等形式，高频率宣传河湖长制工作。走进2条水域、4所小学、9个社区，发动2334人，开展“河小禹”专项护河行动15次。召开村居座谈会9次，收集汇总民众意见建议30多条，引导流域周边群众参与流域治理和水质提升工作。发放《致村民、企业的一封信》1267份，宣传水法、河道管理等法律法规和河湖长制工作。（林亚荣）

2018年，集美区3条溪流、153个湖库塘全部纳入河湖长制实施范围。图为竺溪流域段水坝工程景观（林志杰 摄）

工业·建筑业·房地产业

工 业

综 述

【概况】2018年，集美区有规模以上工业企业468家，实现规模以上工业总产值958.99亿元，与2017年相比增长9.78%；规模以上工业增加值237.90亿元，增长8.1%。其中，年产值超亿元工业企业151家，实现工业总产值849.95亿元，增长10.89%，占全区规模以上工业总产值的85.84%；年产值超10亿元企业17家，实现工业总产值496.08亿元，增长12.19%，占全区规模以上工业总产值的50.1%。年度纳税亿元以上工业企业3家，纳税5000万元至1亿元工业企业5家，纳税1000万元至5000万元企业50家。

2018年集美区主营业务收入2000万元以上工业企业主要经济指标（一）

表15 单位：万元

项目	企业数（个）	工业总产值	工业销售产值	资产总计	营业收入	年均从业人员（人）	工业增加值
总计	468	9589888	9005950	10317984	9210894	133771	2378967
有限责任公司	57	854588	782618	960119	772518	11531	202731
股份有限公司	7	542401	499648	1539710	715815	4513	152351
私营企业	229	1761631	1689410	1414700	1680935	29147	372979
港澳台商投资企业	92	2383965	2218952	2451445	2228297	39085	674128
外商投资企业	83	4047303	3815322	3952010	3813329	49495	976777

2018年集美区主营业务收入2000万元以上工业企业主要经济指标（二）

表16 单位：万元

项 目	企业数（个）	工业总产值	工业销售产值	资产总计	营业收入	年均从业人员（人）	工业增加值
总计	468	9589888	9005950	10317984	9210894	133771	2378967
农副食品加工业	7	147464	140560	56208	139655	610	11680
食品制造业	4	20022	20054	17658	23962	181	2263
酒、饮料和精制茶制造业	1	1859	1970	3268	2788	46	757
纺织业	21	613176	565380	607339	555260	6579	168411
纺织服装、服饰业	31	444533	351101	411164	368913	9570	164974
皮革、毛皮、羽毛及其制品和制鞋业	8	44172	44190	32509	44776	1679	13747
木材加工和木、竹、藤、棕、草制品业	1	1852	1848	2691	2163	61	359
家具制造业	8	112000	108432	89348	108350	1653	23600
造纸和纸制品业	9	88388	83490	56989	78116	1319	11052
印刷和记录媒介复制业	10	68129	66159	78862	63647	1261	12260
文教、工美、体育和娱乐用品制造业	21	309732	301338	273730	305904	9059	107221
化学原料和化学制品制造业	15	176995	173293	124798	180946	2030	40036

续表　　单位：万元

项　　目	企业数（个）	工　业总产值	工业销售产值	资产总计	营业收入	年均从业人员（人）	工　业增加值
医药制造业	1	9101	9686	12660	10024	127	3015
化学纤维制造业	2	11062	10732	12650	10837	246	2221
橡胶和塑料制品业	51	900644	916060	1208722	922289	15147	241301
非金属矿物制品业	8	153757	153733	110713	133076	1115	24594
黑色金属冶炼和压延加工业	5	53959	53337	32640	53398	231	3154
有色金属冶炼和压延加工业	8	765593	699643	651812	644489	6562	171282
金属制品业	57	1038624	989776	1042120	1034955	12928	210319
通用设备制造业	30	288751	275524	320747	266511	3944	76767
专用设备制造业	33	567147	525350	1004509	596075	6591	128217
汽车制造业	28	1114128	1099052	1458072	1196064	12696	235286
铁路、船舶、航空航天和其他运输设备制造业	8	139876	142584	226435	146920	1614	34034
电气机械和器材制造业	46	1020204	891734	624950	861480	12604	239705
计算机、通信和其他电子设备制造业	38	1360340	1244352	1664826	1330394	23621	428627
仪器仪表制造业	5	56110	55455	68041	50888	579	10857
其他制造业	9	42795	41640	45612	43214	1397	9055
电力、热力生产和供应业	3	39477	39477	78910	35801	321	4173
燃气生产和供应业	–						

2018 年集美区年主营业务收入 2000 万元以上工业企业产品产量

表 17

名　　称	计量单位	产　量	比上年增长（%）
饲料	吨	77663	10.7
鲜、冷藏肉	吨	20214	−10.3
精制茶	吨	867	17.2
纱	吨	7489	−7.0
布	万米	14798	4.9
印染布	万米	2345	−11.6
服装	万件	290	−10.0
纸制品	吨	7362	−64.4
硫酸（折 100%）	吨	147300	5.8
涂料	吨	3820	−5.6
橡胶轮胎外胎	条	15732725	−4.2
塑料制品	吨	78851	17.0
商品混凝土	立方米	557614	18.8
钢结构	吨	2650	−28.4
滚动轴承	万套	976	2.5
建筑工程用机械	台	7355	−12.9

续表

名　称	计量单位	产量	比上年增长（%）
模具	套	515	−19.8
医疗仪器设备及器械	台	337000	22.5
客车	辆	29168	−2.2
改装汽车	辆	102	−88.9
摩托车整车	辆	15968	22.9
锂电子电池	只（自然只）	978006	−47.7
原电池及原电池组（非扣式）	万只	56645	18.9
电光源	万只	4394	7.2
移动通信手持机（手机）	台	–	
集成电路圆片	万片	25	27.2
电子元件	万只	226	−68.2
工业仪表	台（个）	90	−2.9
眼镜成镜	副	4732189	6.9

【企业转型升级】2018年，集美区推进两岸产业深度融合发展，助力企业转型升级。继续深化与台湾生产力中心合作，通过持续的转型升级培训、辅导，消除浪费、提升效率、提高质量、创新变革、团队合作等观念深入人心；改进企业生产流程，导入精益生产模式，重新统筹生产环节，人员管理、原材料供应等得到改善；重建企业内部制度，改善企业经营习惯，传承企业文化，企业在营运方式、产品、品牌等方面加快转型。有13家企业完成全面诊断，21家企业进入深度辅导，2家企业进入扎根辅导，并举办成果交流会，分享转型升级成果。9月和11月，分两批组织38位企业高阶管理人员赴台湾、深圳，进行标竿企业参访培训，分别参访士林电机、全拓工业、研华科技、徕通科技、华为、艾美特、仟贸电机等13家标杆企业。

【扶持企业稳健发展】2018年，集美区加强政策引导，优化营商环境，扶持企业稳健发展。（1）1月9日，第22次区政府常务会议研究并同意区经信局提请的《关于扶持企业扩大出口措施的请示》，会议原则同意将政策有效期延至2022年12月31日，对辖区企业在承办出口信用保险机构投保产生的出口信用保险费以及资信调查费分别给予30%和50%的补助。（2）修订出台《集美区实施标准化及品牌发展战略奖励办法》，对参与国际标准、国家标准、行业标准起草的单位，承担国家及标准化科研项目的单位和获得国家地理标志保护的项目，承担国家级标准化示范（试点）项目的单位，获得国家标准贡献奖、中国驰名商标、福建省名牌产品、福建省企业知名字号、厦门市优质产品、中国质量奖、福建省质量奖和厦门市质量奖的企业或产品给予3万元至200万元不等的奖励。（3）出台《集美区工业稳增长促转型六条措施》，加大对生产企业出口信保支持力度，支持两化融合管理体系贯标，支持企业参加开拓国内市场展销活动，鼓励企业技术改造，鼓励企业兼并重组，降低工业企业融资成本。（4）修订《集美区成长型工业企业认定和扶持办法》，对成长型企业的认定条件、认定程序和扶持措施作出具体规定，对认定的成长型企业给予入库奖励、技改补助、厂房补助、研发奖励、购买专利技术补助、免收在区融资担保有限公司的担保费、企业高管和技术骨干员工子女就学等方面的扶持。（5）出台《集美区扶持重点产业企业人才暂行办法》，引入企业人才申报配额制，将扶持名额分配给“4+X”重点产业企业，为企业关键人才提供生活补贴、租房补贴、购房补贴和子女入学等优惠措施。（6）加大政策宣传力度，及时兑现各项扶持措施，全年累计兑现企业扶持资金14518.38万元。其中，增产增销1078.38万元，规下转规上1360万元，企业增产用电202.53万元，规上企业开拓市场343.86万元，支持智能制造200万元，支持小微企业90万元，支持企业技术改造2212.56万元，展位费补助131.86万元，灾后重建流动资金贷款贴息123.98万元，灾后重建固定资产投资3720.72万元，标准化项目奖励950.56万元，品牌发展奖励200万元，成长型入库奖励100万元，成长型工业企业技改和厂房补助993.67万元，出口信用保费补助金1529.11万元，两化融合补助809.79万元，转型升级辅导和诊断补助 240.16 万元，重点产业企业人才扶持 231.2 万元。（7）区经信局、国地税、发改局等部门联合邀请 10 家重点上市后备企业代表、金融机构专家，举办“优化营商环境，助力企业上市”主题沙龙，为企业“问诊把脉”，加快重点企业上市进程。

【厦钨永磁电机产业园落地集美】 2018 年，厦钨永磁电机产业园落地集美。厦门钨业股份有限公司利用在稀土永磁材料方面的优势，在集美区投资 100 亿元，建设稀土永磁电机产业园，发展电机产业，打造千亿电机产业集群。电机产业园选址后溪工业组团内，规划面积 66.67 公顷，全面建成达产后每年可实现工业总产值 700 亿元。稀土永磁电机具有体积小、重量轻、效率高等优势，比传统电机节能 30% ~ 40%，在国内工业领域市场规模和潜力巨大。厦门钨业产业涉及钨、钼、稀土、电池材料等，是国家六大稀土集团之一，拥有从稀土矿山开发、冶炼分离、稀土功能材料和科研应用等较为完整的产业体系，其中作为新材料的稀土永磁材料生产技术进入国际先进行列。永磁电机项目将填补厦门市在该生产制造领域的空白，助力高端制造业的发展。

【厦工研制的移动灭火装备面世】 2018 年 10 月，由厦门厦工机械股份有限公司与某微细泡沫技术公司联合研制的移动灭火器装备面世。此款灭火装备核心技术为源自德国的 Micro CAFS 压缩空气泡沫系统，是迄今为止世界消防应急产业领域内最先进的灭火剂之一，具有水、沙子、干粉、惰性气体、传统泡沫等常规灭火剂所无法比拟的性能优势，达到迅速降温灭火作用。其适应性非常强，可使用淡水、海水、各类常见泡沫原液，具备混合式喷射流量 2400 升 / 分钟、压缩空气泡沫喷射距离长达 70 米的国际领先水平。通过厦工 48 米五节折叠臂架结构为载体，可直接面对着火点喷射压缩空气泡沫，有效应对各类大型油火、酒精、苯等化工火灾，塑料、橡胶制品及带电型的火灾。在应对 100 米以上的超高层建筑、大跨度厂房火灾、石油石化大罐火灾，以及密集居民区火灾等消防行业“老大难”的应用上，能够实现消防救援行动中“科学、安全、高效”的灭火要求。

【全国最大智能按摩椅生产基地落户集美】 2018 年 8 月，厦门奥佳华智能健康家居有限公司投资的智能按摩椅生产基地落户集美。厦门奥佳华智能健康家居有限公司的前身为创立于 1996 年的蒙发利集团，拥有保健按摩、健康环境、家用医疗等多种产业，有研发队伍近 800 人，每年研发经费超亿元，共获得国家专利 538 项，产品遍及全球 60 多个国家和地区，为国内大健康细分行业按摩器具的龙头企业。公司智能按摩椅生产基地占地面积逾 7 万平方米，全部达产后，将实现按摩椅生产过程的自动化、智能化、信息化和年产智能按摩椅百万台的目标，助力厦门智能制造产业的发展。

【涌泉工业园变身“动漫王国”】 2018 年，集美区涌泉工业园融入动漫、游戏、数字娱乐等文创主题，转型升级为“涌泉云创漫谷产业园”，实现旧园区的华丽变身。厦门涌泉云创漫谷产业园是集美区打造泛娱乐影视动漫文化产业基地的重点项目之一，以动漫产业为载体，集动漫、影视、游戏等为一体，突出娱乐性、参与性、体验性，着力打造中国动漫行业的创业高地，为集美区产业经济注入新技术、新动能、新活力。至年末，已整合动漫、影视、游戏及上下游领军企业（平台）24 家，功夫动漫、上海爱贝等企业签约入驻。

【维达斯服饰引进智能生产线】 2018 年，厦门维达斯服饰有限公司斥资 1000 万元，引进自动裁剪机、智能吊挂生产线、智能模板机等服装智能制造系统，并于 12 月 1 日投产。在面积近 3000 平方米的裁剪车间，工人不足 10 人，每人管理一台大型自动裁剪机，实现“机器换工”。投产后，维达斯服饰生产效率提升 30% 以上，产品质量也更加标准化。

【全国首款商用级自动驾驶巴士下线】 2018 年 10 月，厦门金龙联合汽车工业有限公司与百度联合研发的中国首款 L4 级（商用级）无人驾驶车辆金龙阿波龙下线。自动驾驶巴士金龙阿波龙，整车没有方向盘、制动、驱动踏板，安装百度最新 Apollo 系统，拥有高精定位、智能感知、智能控制三大能力。基于高精地图和智能感知，金龙阿波龙智慧“汽车大脑”能实时感知环境信息、高精地图数据，预测车辆、行人的行为和意图，实现对于路径的最优规划，做出合适路况的行车决策，控制无人车正常行驶。实现量产后，金龙阿波龙将在中国多地进行无人驾驶商化业示范运营，并将创下中国无人驾驶车辆出口第一单。

【企业荣誉榜】 2018 年，集美区一批企业跻身国家、省、市、区级企业名录榜。其中，获“中国制造隐形冠军”称号的企业 9 家，国家级企业技术中心企业 7 家；福建企业百强 2 家，福建省工业企业质量标杆企业 1 家，省级企业技术中心企业 5 家，福建省第二批制造业单项冠军企业 2 家，福建省第二批制造业单项冠军产品 3 个；厦门制造业企业十强 2 家，厦门百强企业 5 家，厦门市市级工业设计中心 1 家，厦门市智能制造试点示范企业 2 家，厦门市智能制造样板工厂（车间）1 家，厦门市最具成长性中小微企业 12 家，厦门市科技小巨人企业 11 家，厦门市科技小巨人领军企业 10 家，厦门市重点上市后备企业 27 家，厦门市重点工业企业 39 家，厦门市新材料企业 21 家，市级企业技术中心企业 22 家，获得两化融合管理体系评定证书企业32家，厦门市新材料首批次产品应用示范项目3项，厦门市地产工业品60个；集美区成长型中小微企业30家，集美区成长型工业企业28家，集美区小微企业专精特新产品（技术）6项。厦门建霖工业有限公司陈岱桦入选第三批福建省特殊支持“双百计划”企业高级经营管理人才。

2018年集美区上榜企业、产品名表

表18

序号	类别	企业名称
1	中国制造隐形冠军（9家）	路达（厦门）工业有限公司、厦门宏发电声股份有限公司、厦门建霖健康家居股份有限公司、厦门虹鹭钨钼工业有限公司、厦门姚明织带饰品有限公司、厦门利德宝电子科技股份有限公司、厦门聚富塑胶制品有限公司、厦门力巨自动化科技有限公司、厦门蓝斯通信股份有限公司
2	国家级企业技术中心（7家）	厦门厦工机械股份有限公司技术中心、厦门涌泉集团有限公司技术中心、厦门金龙汽车集团股份有限公司技术中心、厦门宏发电声股份有限公司技术中心、路达（厦门）工业有限公司技术中心、厦门建霖健康家居股份有限公司技术中心、奥佳华智能健康科技集团股份有限公司技术中心
3	福建企业百强（2家）	厦门正新橡胶工业有限公司（第65名）、厦门宏发电声股份有限公司（第86名）
4	福建省工业企业质量标杆企业（1家）	厦门金龙联合汽车工业有限公司
5	省级企业技术中心（5家）	厦门金龙联合汽车工业有限公司技术中心、厦门宏发开关设备有限公司技术中心、厦门正新橡胶工业有限公司技术中心、厦门金龙汽车座椅有限公司技术中心、来奇偏光科技（中国）股份有限公司技术中心
6	福建省第二批制造业单项冠军企业（2家）	厦门利德宝电子科技股份有限公司（LED照明用单面铝基印刷电路板）、厦门宏发汽车电子有限公司（汽车继电器）
7	福建省第二批制造业单项冠军产品（3个）	厦门力巨自动化科技有限公司（水胶全贴合机）、厦门虹鹭钨钼工业有限公司（磁控线圈）、厦门金鹭特种合金有限公司（硬质合金）
8	厦门制造业企业十强（2家）	厦门正新橡胶工业有限公司（第8名）、厦门宏发电声股份有限公司（第10名）
9	厦门市百强企业（5家）	厦门正新橡胶工业有限公司（第21名）、厦门宏发电声股份有限公司（第29名）、路达（厦门）工业有限公司（第38名）、厦门建霖健康家居股份有限公司（第51名）、厦门TDK有限公司（第66名）
10	厦门市市级工业设计中心（1家）	厦门悠度休闲用品股份有限公司
11	厦门市智能制造试点示范企业（2家）	厦门力巨自动化科技有限公司（项目名称：力巨设备大规模个性化定制平台）、厦门聚富塑胶制品有限公司（项目名称：高性能多功能薄膜智能生产车间）
12	厦门市智能制造样板工厂（车间）（1家）	厦门建霖健康家居股份有限公司（项目名称：健康厨卫产品智能制造柔性生产样板车间）
13	厦门市最具成长性中小微企业（12家）	厦门耐德电气有限公司、罗普特（厦门）科技集团有限公司、厦门航天思尔特机器人系统股份公司、厦门智欣建材集团有限公司、厦门金龙江申车架有限公司、来奇偏光科技（中国）股份有限公司、三达膜环境技术股份有限公司、厦门市兴亚泰塑料工业有限公司、厦门和丰利干冰除污设备有限公司、来明工业（厦门）有限公司、厦门市得尔美卫浴有限公司、厦门豪盛塑料制品有限公司
14	厦门市科技小巨人企业（11家）	三达膜环境技术股份有限公司、厦门东昂光电科技有限公司、厦门广盛弘科技有限公司、厦门惠盈动物科技有限公司、厦门精卫模具有限公司、厦门立圣丰机械有限公司、厦门耐德电气有限公司、厦门市得尔美卫浴有限公司、厦门万新橡胶有限公司、厦门一品微客网络信息有限公司、厦门宇龙机械有限公司
15	厦门市科技小巨人领军企业（10家）	罗普特（厦门）科技集团有限公司、三达膜环境技术股份有限公司、三达膜科技（厦门）有限公司、厦门一品威客网络科技股份有限公司、厦门东昂光电科技有限公司、迈贝特（厦门）新能源有限公司、华懋（厦门）特种材料有限公司、厦门利德宝电子科技股份有限公司、厦门扬森数控设备有限公司、厦门美科安防科技有限公司

续表

序号	类别	企业名称
16	厦门市重点上市后备企业（27 家）	宸展光电（厦门）有限公司、大禾众邦（厦门）智能科技股份有限公司、飞虎（厦门）聚氨酯制品有限公司、国安达股份有限公司、罗普特（厦门）科技集团有限公司、三达膜环境技术股份有限公司、厦门艾美森新材料科技股份有限公司、厦门多科莫新能源股份有限公司、厦门富堡复合材料股份有限公司、厦门航天思尔特机器人系统股份公司、厦门宏达洋伞工业有限公司、厦门华电开关有限公司、厦门建霖健康家居股份有限公司、厦门捷昕精密科技股份有限公司、厦门捷讯汽车零部件有限公司、厦门金汇峰新型包装材料股份有限公司、厦门蓝斯通信股份有限公司、厦门力巨自动化科技有限公司、厦门利德宝电子科技股份有限公司、厦门美科安防科技有限公司、厦门市巨龙信息科技有限公司、厦门路桥信息股份有限公司、厦门万久科技股份有限公司、厦门欣思源新材料科技股份有限公司、厦门兴厦控电气有限公司、厦门悠度休闲用品股份有限公司、中骏电气（厦门）有限公司
17	厦门市重点工业企业（39 家）	宝宸（厦门）光学科技有限公司、宸展光电（厦门）有限公司、厦门金龙联合汽车工业有限公司、厦门金龙汽车车身有限公司、厦门正新橡胶工业有限公司、厦门金鹭特种合金有限公司、厦门虹鹭钨钼工业有限公司、厦门宏发电声股份有限公司、厦门宏发开关设备有限公司、厦门宏发汽车电子有限公司、厦门金越电器有限公司、路达（厦门）工业有限公司、厦门厦工机械股份有限公司、厦门厦工中铁重型机械有限公司、世纪宝姿服装（厦门）有限公司、厦门TDK有限公司、厦门建霖工业有限公司、厦门英仕卫浴有限公司、厦门新长诚钢构浪板有限公司、厦门日上车轮集团股份有限公司、华懋（厦门）新材料科技股份有限公司、华懋（厦门）特种材料有限公司、春保森拉天时硬质合金（厦门）有限公司、春保森拉天时精密钨钢制品（厦门）有限公司、厦门海莱照明有限公司、厦门新凯复材科技有限公司、际诺思（厦门）轻工制品有限公司、厦门三圈电池有限公司、朗美（厦门）健身器材有限公司、厦门厦杏摩托有限公司、厦门智欣建材有限公司、厦门民兴工业有限公司、客贝利（厦门）休闲用品有限公司、信华科技（厦门）有限公司、厦门万久科技有限公司、厦门瑞新热电有限公司、厦门厦晖橡胶金属工业有限公司、厦门金汇峰新型包装材料股份有限公司、林德气体（厦门）有限公司
18	厦门市新材料企业（21 家）	厦门万明电子有限公司、华懋（厦门）特种材料有限公司、厦门求特新材料有限公司、厦门市纳丝达无纺布有限公司、厦门保视丽无尘科技有限公司、厦门宇诠复材科技有限公司、厦门新凯复材科技有限公司、厦门荣兴达户外装备科技有限公司、厦门富堡复合材料股份有限公司、厦门利德宝电子科技股份有限公司、华懋（厦门）新材料科技股份有限公司、三达膜科技（厦门）有限公司、来奇偏光科技（中国）股份有限公司、立胜（厦门）塑胶管材有限公司、松亿实业（厦门）有限公司、厦门聚富塑胶制品有限公司、厦门万新橡胶有限公司、厦门金鹭特种合金有限公司、厦门虹鹭钨钼工业有限公司、国际铝业（厦门）有限公司、圆兴（厦门）精密工具有限公司
19	市级企业技术中心（22 家）	厦门虹鹭钨钼工业有限公司技术中心、厦门金鹭特种合金有限公司技术中心、厦门新凯复材科技有限公司技术中心、来明工业（厦门）有限公司技术中心、厦门银华机械有限公司技术中心、厦门厦工重工有限公司技术中心、厦门宏发汽车电子有限公司技术中心、厦门聚富塑胶制品有限公司技术中心、厦门金龙汽车空调有限公司技术中心、华懋（厦门）特种材料有限公司技术中心、厦门金龙汽车车身有限公司技术中心、厦门金越电器有限公司技术中心、杏晖光学（厦门）有限公司技术中心、厦门民兴工业有限公司技术中心、朗美（厦门）健身器材有限公司技术中心、厦门海莱照明有限公司技术中心、奥新（厦门）轴承有限公司技术中心、厦门华锂能源股份有限公司技术中心、厦门厦杏摩托有限公司技术中心、厦门利德宝电子科技股份有限公司技术中心、华懋（厦门）新材料科技股份有限公司技术中心、厦门金汇峰新型包装材料股份有限公司技术中心
20	获得两化融合管理体系证书企业（32 家）	东洲（厦门）纺织有限公司、厦门新树金属制品有限公司、厦门利德宝电子科技股份有限公司、厦门荣兴达户外装备科技有限公司、圆兴（厦门）精密工具有限公司、厦门兴全龙机械有限公司、厦门美科安防科技有限公司、广鑫（厦门）钢绳索具有限公司、裕兴螺丝（厦门）工业有限公司、厦门伊科电子有限公司、兴雪莱（厦门）体育用品有限公司、厦门立林高压电气有限公司、厦门信源环保科技有限公司、厦门印驰包装有限公司、厦门金思塑胶有限公司、厦门厦晖橡胶金属工业有限公司、厦门水大卫浴洁具有限公司、厦门金龙汽车空调有限公司、厦门东昂光电科技有限公司、厦门求特新材料有限公司、厦门市金宝源实业有限公司、厦门富全钢铁有限公司、厦门富钢工贸有限公司、厦门新长诚钢构工程有限公司、凯联高（厦门）科技有限公司、三达膜科技（厦门）有限公司、厦门日上集团股份有限公司、厦门松元电子有限公司、厦门康谱卫浴科技有限公司、厦门新凯复材科技有限公司、厦门姚明织带饰品有限公司、厦门建霖健康家居股份有限公司

续表

序号	类别	企业名称
21	厦门市新材料首批次产品应用示范项目产品（3个）	防眩光膜（来奇偏光科技（中国）股份有限公司）、航空航天钛合金结构件加工用高精密整体刀具（厦门金鹭特种合金有限公司）、复合陶瓷膜滤芯（三达膜科技厦门有限公司）
22	厦门市地产工业品（60个）	机械装备产品（7个）：综合配电箱、配电箱（厦门兴厦控电气有限公司），重型有轨物流输送装置（厦门航天思尔特机器人系统股份公司），客车用空调器（厦门金龙汽车空调有限公司），汽车再制造发电机、汽车再制造起动机（三立厦门汽车配件有限公司），公交车载智能终端（厦门蓝斯通信股份有限公司）；电子信息产品（6个）：自助借还书机、智能微型图书馆（厦门印天电子科技有限公司），楼宇对讲系统产品、数字家居系统产品、视频监控产品、智能停车管理系统产品（厦门立林科技有限公司）；消费类产品（45个）：LED灯、节能灯（厦门海莱照明有限公司），水龙头及五金卫浴配件；马桶、台盆、小便斗、浴缸、蹲便器等卫浴陶瓷类产品；整体厨房、衣柜、浴室柜、内门及其他木制品（路达厦门工业有限公司），地弹簧、防火闭门器、合页、滑撑、滑轮、门夹、门拉手、门锁、执手（金钢狼有限公司），安必乐缩舌锁、自动售货机锁芯、双面弹子锁、圆盘密码锁、字母排片锁（厦门美科安防科技有限公司），智能骨灰存放设备（厦门市汇纳环保科技有限公司），多吉美简柔系列可湿水面纸、呢喃宝贝婴儿润肤湿巾、多吉美妇婴无芯卷纸、多吉美茶语丝享系列手帕纸（厦门耀健纸品有限公司），小战神1类相纸、小战神热敏纸、小战神传真纸、安妮牌办公用纸、小战神牌办公用纸、安妮牌办公用纸、王者牌办公用纸（厦门安妮股份有限公司），速冻鲍鱼（厦门市岛之原生物科技有限公司），床上用品面料、窗帘布、垫被、长袖白色上衣、格子短裙（厦门市艺新雅诗兰生活用品有限公司），帐篷（厦门悠度休闲用品股份有限公司），野营地毯、野餐包、帐篷、睡袋（厦门恒好旅游用品有限公司），三达净水机、三达超滤机、三达超滤机、净水工程设备、三达膜生物反应器、水净化设备与机器、污水处理设备（三达膜科技厦门有限公司）；材料产品（2个）：精密钨钢制品（春保森拉天时精密钨钢制品厦门有限公司），硬质合金（春保森拉天时硬质合金厦门有限公司）
23	集美区成长型中小微企业（30家）	厦门力巨自动化科技有限公司、厦门福励织造有限公司、厦门宏发先科新型建材有限公司、厦门恒好旅游用品有限公司、厦门美科安防科技有限公司、厦门富全钢铁有限公司、厦门荣兴达户外装备科技有限公司、厦门聚富塑胶制品有限公司、厦门保视丽无尘科技有限公司、厦门厦化实业有限公司、厦门悠度休闲用品股份有限公司、厦门洪海机械有限公司、厦门兴厦控电气有限公司、厦门捷视光学有限公司、厦门广开电子有限公司、厦门升正机械有限公司、厦门优力播休闲用品有限公司、厦门印天电子科技有限公司、厦门圣源金属制造有限公司、厦门富钢工贸有限公司、厦门新树金属制品有限公司、厦门市欧立通电子科技开发有限公司、厦门印驰包装有限公司、厦门永信隆塑胶包装有限公司、厦门市纳丝达无纺布有限公司、厦门广盛弘科技有限公司、厦门磊峰五金弹簧有限公司、厦门金诚霖建材有限公司、厦门瑞京金属制品有限公司、厦门民源裕电镀有限公司
24	集美区成长型工业企业（28家）	厦门耐得模具制造有限公司、厦门坤锦电子科技有限公司、厦门瑞京金属制品有限公司、中汽客汽车零部件（厦门）有限公司、厦门民源裕电镀有限公司、厦门利德宝电子科技股份有限公司、厦门求特新材料有限公司、厦门海莊兴仪器股份有限公司、林德气体（厦门）有限公司、厦门英仕卫浴有限公司、厦门华晔精密模具有限公司、厦门宏发电声股份有限公司、三达膜科技（厦门）有限公司、厦门扬森数控设备有限公司、厦门康谱卫浴科技有限公司、厦门金诚霖建材有限公司、厦门聚富塑胶制品有限公司、雅特尔（厦门）实业有限公司、厦门欣思源新材料科技股份有限公司、华懋（厦门）特种材料有限公司、厦门市科力电子有限公司、厦门洪海机械有限公司、厦门力巨自动化科技有限公司、华懋（厦门）新材料科技股份有限公司、厦门宏发汽车电子有限公司、厦门和丰利干冰除污设备有限公司、厦门美科安防科技有限公司、厦门建霖健康家居股份有限公司
25	集美区小微企业专精特新产品（技术）（6项）	简化版字母叶片锁结构（厦门美科安防科技有限公司）、皮带轮（厦门捷讯汽车零部件有限公司）、智慧校园物联网系统综合管理平台（厦门印天电子科技有限公司）、手机摄像头精密注塑组件（厦门华晔精密模具有限公司）、液压远程控制循环切换花洒（厦门金诚霖建材有限公司）、气体绝缘开关设备（GIS）内部固体绝缘件真空浇注设备（厦门维克机械设备有限公司）

（康毅聪）

主要工业行业

【汽车制造业】2018年，集美区有汽车制造业企业27家，实现产值126.76亿元，与上年同期相比增长18.71%。其中龙头企业厦门金龙联合汽车工业有限公司产值80.23亿元，占总行业的63.29%，增长28.34%。是年，金龙汽车公司海外市场销售旺盛，共出口沙特、泰国、阿联酋、玻利维亚、埃及5国汽车7462辆，销售额9.76亿元，稳居各国汽车市场行业前列。产品开发和技术研发获专利61项，其中发明专利3项、实用新型专利39项、外观专利15项、软件著作权4项；推出新产品95种，其中新能源产品45种，代表性车型为龙威二代，全球首款L4级自动驾驶巴士金龙阿波龙100辆下线，并在北京、雄安、深圳、厦门、平潭、武汉等地开展商业化试运营，开创全球无人驾驶新时代。公司获评福建省工业和信息化省级龙头企业，“金龙客车人工智能与实体经济深度融合”获评国家级人工智能与实体经济深度融合创新项目，“金龙客车物联网集成创新与融合”获评国家级物联网集成创新与融合应用项目，“实施远程个性化定制质量管理模式”的经验获评省级工业企业质量标杆企业，“一种混联混合动力系统离合器结合协调控制方法”获评市级专利技术实施与产业化项目，“基于共同架构的汽车智能驾驶辅助系统关键技术及产业化”获评国家科学技术进步二等奖。

【计算机、通信和其他电子设备制造业】2018年，集美区有计算机、通信和其他电子设备制造业企业32家，完成产值101.26亿元，与上年同期相比下降5.97%。其中龙头企业厦门宏发电声股份有限公司产值20.59亿元，占行业的20.33%，下降34.48%；厦门TDK有限公司产值23.30亿元，增长1.17%，占行业的23.01%；宸展光电（厦门）股份有限公司产值12.05亿，占行业的11.90%，增长6.70%。是年，厦门宏发电声股份有限公司承办全国汽车标准化技术委员会电器分技术标委会2018年年会暨QC/T 695—2018《汽车用继电器》标准宣贯会。公司跻身“2018中国电子信息行业社会贡献50强”“第三十一届中国电子元件百强企业”（总排名第10位，专利水平列第7位，利润总额和出口创汇列第10位）、“福建企业百强”（第86位）、“2018厦门企业100强”（第29位）、“2018厦门制造业企业10强”（第10位）、国家级企业技术中心、厦门市重点工业企业名单，入选《中国制造隐形冠军》（厦门篇）一书首篇，公司董事长、总裁郭满金获工信部授予的“2018年度中国电子信息行业卓越企业家”称号。

【纺织、服装和服饰业】2018年，集美区有纺织业、纺织服装业、服饰业企业51家，产值107.97亿元，与上年同期相比增长40.24%。龙头企业世纪宝姿（厦门）实业有限公司产值31.11亿元，增长25.47%，占行业总产值的28.81%；际诺思（厦门）轻工制品有限公司产值25.39亿元，增长5.17%，占行业总产值的23.52%；华懋（厦门）新材料科技股份有限公司产值11.52亿元，增长1.4%。

【橡胶和塑料制品业】2018年，集美区有橡胶和塑料制品业企业48家，产值109.82亿元，与上年同期相比增长0.68%。厦门正新橡胶工业有限公司产值53.64亿元，占行业总产值的48.84%；厦门建霖健康家居股份有限公司产值20.73亿元，占行业总产值的18.87%。

【金属制品业】2018年，集美区有金属制品业企业54家，产值102.76亿元，与上年同期相比增长16.37%。龙头企业路达（厦门）工业有限公司产值50.26亿元，占行业总产值的48.91%，增长16.55%；厦门新长诚钢构工程有限公司产值14.88亿元，增长41.49%。2018年，路达（厦门）工业有限公司获评“中国制造隐形冠军”“厦门百强企业”“国家级企业技术中心”“厦门市重点工业企业”“国家技能人才培育突出贡献奖单位”。（康毅聪）

建筑业

行业管理

【概况】至2018年底，集美区有施工企业140家，其中总承包特级1家、一级10家、二级13家、三级43家、专业承包51家、施工劳务22家。全区建筑业企业建安产值294亿元，比2017年增长18.5%，其中11家施工总承包特级及一级企业产值262亿元，占89%。

2018年集美区总承包和专业承包建筑业企业生产情况

表19

项目	单位	数量	项目	单位	数量
企业个数	个	65	房屋建筑竣工面积	平方米	859908
建筑业总产值	万元	2956906	#住宅房屋	平方米	384317
房屋建筑施工面积	平方米	5180059	直接从事生产经营活动的平均人数	人	74722
#本年新开工面积	平方米	1891935	#工程技术人员	人	6892

【建筑行政审批】2018年，集美区建设行政主管部门承办区管工程的业绩核查、业绩补录、施工许可审批、工程竣工验收备案、工资保证金收取和退还等行政审批工作。全年办理施工许可证54件，总建筑面积175万平方米，总造价40亿元；核发建设工程竣工备案证明书43份，竣工面积271万平方米，总造价61亿元；办理退工资保证金37件，合计1582万元；整顿非法混凝土搅拌站，发放整改通知书2份。

【审批服务优化】2018年，集美区建设行政主管部门继续贯彻落实“放管服”改革精神，稳步推进施工许可阶段、联合验收阶段的改革，再造审批流程，整合施工许可、质量安全监督申报，与消防、人防设计审核并联审批。9月1日后办理施工许可的项目统一实行联合验收，与规划、消防、人防等实现“一窗受理、同步审查、统一出件”。推进“互联网+”政务服务，全年电子证照入库3248份，其中证照2554份、批文694份。审批过程中，调用营业执照等电子证照185次，精简办事材料55份，精简率29%。完成“证照分离”，城市生活垃圾经营性清扫、收集、运输服务许可证核发实现“告知承诺制”。推进“马上办、网上办”，建设局所有项目均为福建省网上办事大厅“三星级”以上项目，其中“四星级”项目10个、“五星级”项目5个、“一趟不用跑”项目5个、“最多跑一趟”项目13个。新增网办即办项目2个，办结全流程网办事项97项，占全部办件量384件的25.3%。

【招标投标管理】2018年，集美区建设行政主管部门按照“放管服”改革要求，推进招投标监管和改革。1月起，建设工程招投标基本实现全流程网上办理。5月起，依法必须招标的房屋建筑和市政基础设施工程监理招标投标，使用工程监理企业信用综合评价分值。结合招投标领域扫黑除恶专项斗争，开展围标串标违法行为专项整治行动。6月15日起，工程建设项目报建及招投标备案使用省行政监督平台进行申报和办理，招投标监管部门通过该平台对招投标活动实施监督，改变以往电子招投标交易与监督使用同一平台的做法，实现交易和监管完全分离。依托省公共服务平台、行政监督平台，实现各行业交易平台之间的互联互通和信息交换资源共享。全年共办理进场招投标中标备案项目78项，其中公开招标58项、区内公开招标16项、邀请招标4项；预算总价7.7亿元，招标控制价7.09亿元，中标总价6.65亿元，降低造价0.44亿元，降低造价率6.2%，中标工期比定额工期缩短10%。

【质量监督审批】2018年，集美区建设行政主管部门受理建设工程质量监督申报项目51个、单位工程148个、绿化景观提升项目4个，工程总造价42.18亿元，建筑面积156.63万平方米；受理建筑起重机械使用登记备案182份，其中施工电梯备案99份、塔吊备案83份；受理竣工项目54个、单位工程114个，竣工面积165.39万平方米，工程造价34.10亿元，出具监督报告54份。共有40个项目申报市级安全文明标准化施工优良项目，5个项目获批省级安全文明标准化施工优良项目。

（黄　亮）

施工管理

【概况】2018年，集美区建设主管部门突出重点工程、重要部位施工管理，开展建筑工地工人实名制、除“四害”、预防地质灾害、建筑起重机械、安全生产和消防大检查，落实企业安全生产主体责任，防范和遏制建筑领域安全事故。全区区管建筑工程质量处于受控状态，未发生一般及以上安全生产责任事故。

【施工工地质量安全检查】2018年，集美区建设主管部门采用“双随机”办法，开展质量安全文明施工监督执法检查，共检查工地135个次，检查塔吊117台、施工电梯92台，委托第三方检测单位抽检塔吊11台、施工电梯9台；现场抽检钢筋原材115组、机械接头35组、电渣压力焊接头13组、砂9组，现场对52个次项目的混凝土构件进行回弹检验。发现质量安全隐患1398处，发出质量安全隐患整改通知书190份、局部停工整改通知书21份。处罚工程施工中违法违规行为6起，处罚金额576.12万元。共对92家单位进行约谈，记录信用监管行为P档次（原称为不良行为记录）41次，其中P2和P3档次各1次、P4档次3次、P5档次11次、P6档次25次。对196人次项目经理违规行为计分3196.54分，195人次总监理工程师违规行为计分1939.61分，共计5136.15分；对196家次施工单位违规行为计分2817.23分，195家次监理单位违规行为计分1824.6分，共计4641.83分。全年区管工程未发生安全生产事故。

【工地食堂安全抽检】2018年，集美区建设主管部门制定《集美区管建设工程工地食堂食品安全隐患排查工作方案》，开展工地食堂安全隐患整治专项行动。采用企业自查、重点检查、暗查暗访、投诉举报、社会监督等方式，对工地食堂食品安全隐患进行全面排查。建设行政主管部门采用“双随机”方式，巡查工程项目51个。在巡查中，发现无卫生许可证工地食堂4家，无有效健康证明从业人员2人，原料采购未按规定建立进货台账和索证8家，未落实清洗消毒管理制度1家，未落实食品留样制度6家，下达责令整改通知书31份，督促相应工地整改并及时反馈。

【地质灾害专项检查】2018年，集美区建设主管部门对区管工程永同昌广场基坑支护与土方工程、月美池整治等12个基坑工程和2个临山工程进行巡查。区管各在建工程密切配合，建设（代建）单位组织施工、监理单位进行全面自查自纠，对深基坑、高边坡、脚手架、建筑起重机械、临时用电等重大危险源，以及正在施工的地下室支护结构、临时工棚、简易宿舍、围墙围挡等重点部位安全隐患逐一排查。对个别工程基坑支护喷锚不及时、个别项目现场监测资料时效性差等问题及时整改，区管工程预防地质灾害安全处于受控状态。

【工地扬尘污染和渣土运输整治】2018年，集美区建设行政主管部门加强建设工地扬尘治理，抑制建设工程扬尘污染。各项目按照《厦门市建设工程施工现场围挡图集》（第三版）要求，做好工地围挡。区管在建基础、主体、装饰装修、待验收工程93个，共配置喷雾水炮231台、围挡喷雾系统93道，215个单位工程设置外架喷淋系统456道。区管施工现场基本做到5个100%。工地大门设置洗车台、冲洗设备、三级沉淀池和排水设施，对出工地车辆进行冲洗，确保净车上路，土方车辆均做到平斗密闭运输。宁宝公园配套工程、中交海西投资有限公司J2013G01地块项目、深青工业组团公家场站及配套工程、西客明珠安置房项目、集美文教区西亭安置房A1-3地块、尚柏奥特莱斯工程2016JG06地块、月美池公园整治工程、鹭燕厦门现代医药仓库中心、厦门火车（新）站3号地块安置房，受到《厦门晚报》“厦门市城市综合管理考评台”通报表扬。共组织988组2438人次，对988个在建项目渣土运输进行检查，发现问题553个，发出责令改正通知单232份，均按时整改完毕。对其中15个项目的35家存在较大问题的责任主体单位进行约谈，对其中12个项目的21家存在较大问题的责任主体单位给予信用监管记录（原称不良行为档案）。

（黄　亮）

质量安全教育

【安全生产月活动】2018年6月，集美区建设行政主管部门及各建筑企业围绕“生命至上、安全发展”主题，开展形式多样的“安全生产月”活动。6月15日，开展安全生产宣传咨询日活动，举行现场安全知识咨询、安全知识图片展览。在杏林湾大酒店举办施工现场火灾安全风险与防控及扬尘污染防治知识讲座，全区在建工地参建各方、区属企业296名相关人员到场听讲。6月25日，在厦门北海湾惠龙万达嘉华酒店举办《厦门市建筑起重机械防治台风灾害安全技术导则》《危险性较大的分部分项工程安全管理规定》宣贯培训会，全区在建工地参建各方、区属企业180余名相关人员到场听讲。6月22日，在集美文教区西亭安置房施工现场举办质量安全文明施工现场观摩会暨急救常识进工地活动，全区在建工地建设、施工、监理单位的项目负责人、技术负责人、安全员等约350人到场观摩。6月28日，在世茂璀璨天城工地举办消防技能竞赛，区管在建项目的施工单位及无区管在建项目区属施工企业共26个参赛队报名参赛。

【质量月活动】2018年质量月期间，集美区质安站对区管在建工程建筑材料进行抽检，共抽查钢筋原材75组、机械接头33组、电渣压力焊接头20组、砂14组，对66个项目的混凝土构件进行回弹检查，发现部分项目部存在原材合格证不齐全、个别零星材料无合格证现象，均责令改正，并按规定进行处理。到建筑工地组织流动夜校教育3场，共有155人参加培训。

（黄　亮）

房地产业

商品房供应

【概况】2018年，集美区商品房销售8419套（占全市商品房销售总套数的24%），与2017年相比下降38.37%；销售面积65.42万平方米（占全市销售总面积的22.3%），下降43.54%；销售金额119.66亿元（占全市销售总金额的20.71%），下降41.19%；均价18291元/平方米（为全市均价的92.89%），上升4.2%。其中，住宅销售1760套（占全市的19%），下降53.25%；销售面积21.47万平方米（占全市的18.35%），下降50%；销售金额76.11亿元（占全市的20.34%），下降41.73%；均价35453元/平方米（为全市的110.81%），上涨16.55%。与

集美水晶湖郡商住区（雷雨亭 2018年9月摄）

2017年同期相比，住宅销售面积、金额均大幅下降，销售均价上涨幅度不大，下半年总体呈下降趋势，处于相对稳定状态，调控政策效果明显。

【房地产市场监管】2018年，集美国土分局每月定期汇总、分析辖区房地产市场情况，编辑《房地产市场运行简报》，上报区委、区政府，为领导决策提供依据和建议。开展房地产市场检查，配合市国土房产局开展房地产市场检查，配合区政府做好万科云城等群体性信访案件的调查处置，协助做好宣传解释工作，维护社会稳定。组织调查琦珏商业中心及外口公寓、杏林社区大众温泉及配套项目建设使用情况，调查厦门益律饲料有限公司涉嫌改变土地用途案件。配合省委巡视组对全区国有收储用地出租情况进行检查，配合查处董任路10号违规出租使用收储用地案件。（庄晓康）

住房保障

【安置房建设】2018年，集美区在已建安置房项目的基础上，按照总量控制、统筹规划、布局合理的原则，规划新建安置房，为破解征迁难题，推进福厦高铁及厦门地铁4号、6号线（集美段）等重点建设工程的顺利推进提供保障。是年，新增交付使用安置房项目碧溪花园。至年底，全区建成交付使用安置房项目18个、部分竣工交付使用项目1个、在建项目3个、前期工作项目12个、谋划项目3个。18个建成交付使用的安置房项目总建筑面积241.2万平方米，总住宅面积198.5万平方米，总住宅套数17594套，总投资53.6亿元；部分竣工交付使用的项目为西亭安置房，其中建成交付使用部分为A1–1、A1–2地块（总建筑面积33.5万平方米，总住宅面积24万平方米，总住宅套数2349套，总投资8.6亿元），在建部分为A1–3、A1–4地块（总建筑面积39.8万平方米，总住宅面积29.7万平方米，总住宅套数3056套，总投资12.4亿元）；3个在建项目为厦门火车（新）站安置房、西客明珠安置房、井城安置房，总建筑面积69.1万平方米，总住宅面积51.1万平方米，总住宅套数4744套，总投资18.6亿元；12个前期工作项目为岩内安置房（1–8号地块）、后溪窗内安置房、后溪东厝寨安置房、灌口三社安置房、侨英（华大）安置房，总用地面积约29.5万平方米，总建筑面积约138.5万平方米；3个谋划项目为官任安置房、上塘片区安置房、后溪仑上安置房，总用地面积约20.7万平方米。

2018年集美区安置房建设情况

表20

名称	地址	建筑面积（万平方米）	住宅面积（万平方米）	住宅（套）	投资金额（万元）	建设进度
宝华花园安置房	杏林建南二里	6.06	5.09	418	12409.48	已交付使用
许庄安置房	集美区后溪镇三兴社区	3.45	3.09	276	11820.19	已交付使用
幸福家园安置房	集美区灌口镇安仁里	30.47	27.79	2349	63771.15	已交付使用
永祥新城安置房	集美区后溪镇仁德里	32.21	26.72	2144	67200.00	已交付使用
华雅花园安置房	杏滨街道锦园西里	22.91	18.89	1592	47560.81	已交付使用
兑山安置房	集美区兑山里	23.50	20.19	1656	42000.00	已交付使用
英村安置房	集美区平阳里1–69号	18.52	15.44	1278	33000.00	已交付使用
铁山安置房	集美区灌口镇铁山路626号	8.65	7.45	620	18050.62	已交付使用
广科花园安置房	杏滨街道碑头路40–41号	3.58	2.78	280	5737.92	已交付使用
锦福花园安置房	杏林中亚城	4.75	4.16	321	9879.83	已交付使用
上塘安置房	集美区灌口镇瑞林路120–150号	7.01	6.00	599	14564.80	已交付使用
泽周花园安置房	杏林中亚城	1.73	1.50	162	3494.89	已交付使用
文康花园安置房	杏林街道文康路295–327号（单号）	6.50	5.30	396	13625.18	已交付使用
滨海花园安置房	杏滨街道西滨路光明路25号	20.71	17.58	1572	45532.75	已交付使用
奇立花园安置房	杏林中亚城	3.14	2.56	276	6395.39	已交付使用
集安广场安置房	集美区同集南路	10.25	8.55	799	20758.85	已交付使用
同集路集美段旧城改造安置房	集美区岑西路	12.47	5.50	524	34264.58	已交付使用

续表

名称	地址	建筑面积（万平方米）	住宅面积（万平方米）	住宅（套）	投资金额（万元）	建设进度
碧溪花园安置房	集美区后溪镇仁德二里	22.71	18.14	1887	86413	已交付使用
西亭安置房	海翔大道与杏锦路交汇处东南侧	73.35	53.69	5405	210811.8	部分交付使用
厦门火车（新站）安置房	集美区后溪镇崎沟村	34.89	27.96	2570	99856.21	在建
西客明珠安置房	集美区后溪镇新店社	29.76	20.43	1934	70318.36	在建
井城安置房	集美区灌口镇井城村	4.49	2.69	240	15348	在建

【安置房配售】2018年，集美区建设行政主管部门在研究辖区安置房配售工作现状的基础上，以“项目推进年”活动为契机，牵头重新对安置房配售流程进行梳理，委托厦门智诚通科技开发有限公司开发“安置房业务管理系统”，以科学的方式进行安置房配售管理。至2018年年底，全区已建、在建安置房项目22个，总建筑面积383.7万平方米，总住宅面积303.3万平方米，总套数27743套。除已转商品房的奇立、泽周、锦福安置房及滨海花园8号、9号楼外，已分配19116套，面积210.5万平方米。剩余房源7356套（在建3779套、竣工3577套），面积78.6万平方米。办理入住手续8576套。

【安置房产权办理】2018年，集美区继续推进安置房产权办理工作。至年底，18个已竣工交付使用的安置房项目共办理项目权属初始登记16个，完成率89%；碧溪花园安置房和兑山安置房正在办理中；西亭安置房采取分割办理项目权属初始登记办法，已竣工交付使用的A1-1、A1-2地块项目权属初始登记正在办理中。已竣工交付使用的安置房项目已办理入住手续的8576套，已完成个人产权证办理2177套，完成率25.4%。

【保障性住房】2018年，集美区建设行政主管部门负责辖区保障性住房首次申请的受理、审核和社会保障性住房的使用监管工作，受委托承担续租申请的受理和审核工作。至2018年底，完成保障性租赁房申请审核3个批次453户、保障性商品房（人才批次）申请审核1个批次52户、保障性商品房（社会批次）申请审核1个批次284户、变更审核66户、续租审核328户，审核拨付租金补助535.2万元，受惠家庭1300余户。（郑章世）

物业管理

【概况】至2018年年底，集美区有物业服务企业92家，实施物业管理的项目258个，其中住宅小区150个、高层楼宇办公楼38栋、工业厂房及其他108个；物业管理总面积2875.54万平方米，其中住宅小区面积2128.15万平方米，物业管理总户数21.3万户。区建设行政主管部门办理既有住宅增设电梯施工许可2件，竣工验收备案17件，拨付财政补助资金358万元。办理物业合同备案82件。

【老旧小区改造】2018年，集美区继续开展老旧小区改造提升工作。改造老旧小区3个，涉及房屋18栋，惠及居民626户。分别为集美街道地震中心住宅小区1号楼和2号楼、杏林街道工商银行宿舍、杏滨街道荣坪片小区。另外，灌口镇安仁大道522号和大路墘路383号等栋号2个老旧小区完成改造方案设计。

【物业管理与服务】2018年，集美区建设行政主管部门办理物业合同备案、指导全区既有住宅增设电梯，规范物业管理行为，提高物业服务水平，保障住宅小区物业服务质量。全年共办理既有住宅增设电梯施工许可2件，竣工验收备案17件，拨付财政补助资金358万元。办理物业合同备案82件。对物业小区开展“双随机”检查工作，共检查物业小区40个，对5个不合格项目进行通报批评，并记录企业不良信用。（庄晓康）

商贸服务业·旅游业

商贸服务业

综　述

【概况】2018年，集美区以电子商务、跨境电商、服务外包等为代表的新兴商贸服务业态平稳发展，以“菜篮子”工程等为代表的民生工程建设顺利，商贸发展环境日渐成熟。全年实现社会消费品零售总额157.34亿元，住宿餐饮业营业额28.74亿元，进出口总额473.5亿元。

【商圈建设】2018年，集美区随着城市建设逐步加快，城市配套日趋完善，商业发展提速，商圈建设与发展规模化、信息化水平逐渐提高。至年底，全区投入运营的主要商业载体面积50余万平方米，基本形成集美万达广场商圈、集美北部商圈、杏林万科里商圈、北站商圈和集美新城核心商业街区5个商圈。集美万达广场商圈主要由集美万达广场及周边小商业街区组成，商业面积约18万平方米，起步早，发展完善。集美北部商圈主要由银泰百货、喜盈门（厦门）建材家具广场及新华都购物广场等周边中小型购物广场组成，商贸配套较为完善，辐射范围包括集美北部片区及同集路沿线集美新城片区。杏林万科里商圈位于杏林东部，以社区型购物服务为主要特色，主要由万科里、闽篮生鲜超市、鱼羊市集及周边商住地产底层商业等组成，消费客流稳定，年客流千万人次。北站商圈以厦门北站为核心，依靠北站的集聚力和客流优势发展道口经济，由北站汽车物流中心、圣果院商业中心、尚柏奥特莱斯、万科广场商业等组成。其中，北站汽车物流中心已基本建成，尚柏奥特莱斯、万科广场商业正在建设中。集美新城核心商业街区位于集美新城西亭核心区，主要由杏林湾商务营运中心商业配套、诚毅书城、大明广场等组成，该区域公建配套完善，住宅区密集。其中，杏林湾商务营运中心基础商业配套基本完成，涵盖餐饮、金融、影视娱乐、运动生活等方面，园区入驻企业500余家，员工8500多人，整体入驻率70%，嘉庚艺术中心（含嘉庚剧院、华谊影院）2018年消费客流50余万人次。

位于北站商圈的尚柏奥特莱斯建设工地（戴燕婷 2018年11月6日摄）

【新兴业态】2018年，集美区推进重点电子商务载体建设，电子商务保持平稳发展。全区规模以上网络零售额11.66亿元，以家具家装、母婴、运动户外、服装鞋包等产品为主，其中服装鞋包网络零售额4.04亿元。跨境电商发展取得新突破，橙联跨境电商产业园项目运营主体注册落地。2018年，全区纳入统计的服务外包企业44家，共签订服务外包合同额1.28亿美元，执行额8999.39万美元，比上年分别增长127.86%和97.12%。其中，在岸服务外包合同额1.23亿美元，执行额8636万美元，分别增长130.39%和104.88%；离岸服务外包合同额560.52万美元，执行额362.8万美元，合同额增长83.57%，执行额与上年同期基本持平。新增获得国际资质认证企业1家、技术先进型服务企业1家、服务贸易和服务外包培训机构（实训基地）2家。

【现代物流】2018年，《集美区现代物流产业链群2018—2022发展规划》出台，以产业链“造链、延链、增链、强链”为抓手，重点扶持铁路物流、汽车物流、电商物流、冷链物流、城际城市配送物流等业态。铁路物流以“造链”为重点，推进前场铁路大型货场建设，以铁路基础物流为支撑，推动公海铁联运的综合性、枢纽型现代生态物流产业基地建设。汽车物流以“延链”为重点，加快二手车交易市场建设，推动更多品牌4S店进驻。电商物流、冷链物流以“增链”为重点，加快集美物流园普洛斯物流、嘉晟物流等项目建设，完成橙联跨境电商产业园等项目落地。城际城市配送物流以“强链”为重点，重点推进唯捷（厦门）供应链有限公司关联企业落户集美。厦门汽车物流中心、海西汽车城等项目共有19家汽车4S店入驻，17家4S店开业运营，销售捷豹、路虎等汽车品牌，其中14家纳入统计的汽车企业实现销售额36.7亿元。

【“菜篮子”工程建设】2018年，集美区开展“菜篮子”工程建设，保障市场供应。全区蔬菜种植面积1391.8公顷，产量26097吨，与上年相比分别增加331.07公顷、9425吨。加大农副产品质量安全监管力度，全区蔬菜、水产品生产环节质量安全市级以上风险抽检共162批次，检查农资经营店84家次、蔬菜和水果种植户24家次。加强农资监管平台日常监管工作，全年共开展线上巡查540次，线上操作2797次，在线时长9879分钟。推进农副产品销售网点建设，全区有“菜篮子”销售农贸市场27处，总营业面积5万余平方米，生鲜超市13家，总营业面积2万余平方米，基本实现“菜篮子”销售网点全覆盖。加快推进农贸市场建设标准化、管理信息化、环境整洁化、服务优质化，启动农贸市场改造提升建设，宁宝市场、灌口市场改造提升改造完毕。

【商贸发展环境优化】2018年，集美区落实政策扶持，支持企业做大做强。强化红线意识，持续推进商贸行业安全生产基础建设，保障全区商贸行业安全生产形势持续稳定，促进商贸业持续健康发展。是年，根据集美区鼓励商贸业发展扶持办法等政策，共奖励商贸企业1046.1万元，补助企业人才22名。开展“诚信兴商”宣传月活动，号召全区商贸企业诚信经营，营造良好的市场氛围。全年出动检查督查人员240余人次，督查商贸企业120家次，下发各类安全生产通知30次，发送各类安全生产信息100余条，现场督查整改一般隐患375处、限期整改隐患158处，发现整改重大安全隐患8处。指导企业开展安全生产标准化建设，全区达标企业13家。

【第七届国际家政员工节】2018年8月9日，由“好慷在家”举办的第七届国际家政员工节在集美新城举办。开幕式上，由1589架无人机组成的表演编队在集美新城夜空缓缓升起，组合变幻出“颜值厦门”“集美最美”“向家政从业者致敬”等文字以及白鹭、嘉庚建筑、集美学村等动态图案，引爆全场高潮。此次无人机编队表演比西安4月29日所创造的吉尼斯世界纪录1374架还多出215架，刷新吉尼斯世界纪录。家政员工节活动由三大篇章八个节目串联而成，一首专门为此次家政节原创的歌曲《绽放集美》首次公开演出；由家政员工演出的诗朗诵《如果》，由家政员工子女唱诗班演出的歌曲合唱等节目轮番上演。在晚会环节，“好慷在家”还向家政员工发布提供职业培训、普惠金融、大病救助、“好慷CC”四大福利。2016年，“好慷在家”将总部从厦门岛内搬到集美新城杏林湾营运中心。到2018年，员工数量从6000人增至1.5万人，业务范围覆盖全国30个城市，专职服务人员超过1万人，成为全国家政020龙头企业。2012年，“好慷在家”发起并出资主办“8·9”国际家政员工节，每年一届，成为国内唯一专属于家政从业者的节日。2018年，家政节全面升级，在厦门集美设立主会场，在国内26个城市及菲律宾、日本设立分会场，参与人数逾2万人次。

（戴燕婷）

批发零售业

【概况】2018年，集美区国内贸易流通快速增长，社会消费稳中向好。全区完成批发零售贸易业销售总额438.78亿元，与上年同期相比，增长22.1%，增幅居全市第一位。其中，限额以上批发零售贸易企业销售额332.83亿元，增长29.15%，连续三年增速保持20%以上；社会消费品零售总额157.3亿元，增长13.5%，增幅居全市第二位。

2018年集美区限额以上批发和零售法人企业情况

表21

指标名称	法人企业数（个）	年末从业人员数（人）	商品购进额（万元）	商品销售额（万元）	年末商品库存额（万元）	年末零售营业面积（平方米）
合计	221	8562	3110206	3514696	267299	242291
一、批发业	165	4318	2599090	2821123	194759	15595
农林牧产品批发	10	103	131247	140123	13265	—
食品、饮料及烟草制品批发	7	446	84530	90769	6317	1900

续表

指 标 名 称	法人企业数（个）	年末从业人员数（人）	商品购进额（万元）	商品销售额（万元）	年末商品库存额（万元）	年末零售营业面积（平方米）
纺织、服装及家庭用品批发	34	671	237893	284502	15887	4218
文化、体育用品及器材批发	4	128	20031	35049	1138	—
医药及医疗器材批发	5	239	47262	51866	4654	500
矿产品、建材及化工产品批发	56	814	871826	944125	62582	3277
机械设备、五金交电及电子产品批发	48	1889	1201671	1270022	89986	5700
其他批发业	1	28	4631	4667	931	—
二、零售业	56	4244	511116	693574	72540	226696
综合零售	5	442	24180	30576	779	18869
食品、饮料及烟草制品专门零售	—	—	—	—	—	—
纺织、服装及日用品专门零售	3	1441	79815	147242	28088	111954
医药及医疗器材专门零售	3	418	12335	14950	1793	7601
汽车、摩托车、燃料及零部件专门零售	26	1200	338588	427383	31410	68689
家用电器及电子产品专门零售	2	97	575	8043	1852	240
五金、家具及室内装修材料专门零售	4	98	12523	14400	868	3175
货摊、无店铺及其他零售业	13	548	37921	50980	7749	16168

【零售业态创新】2018年，集美区零售业态创新速度加快。厦门国贸股份全资子公司美岁商业与中国零售商业的引领者之一银泰商业集团达成合作，福建首家银泰百货于年底在集美区正式运营，引入高效率、优体验、高性价比的新零售模式，促进商业层次实现质的飞跃。以集美万达广场、杏林万科里等为代表的购物中心加快转型升级步伐，由商品销售为主转向“商品+体验+服务”并重，由传统购物中心向智能化、多样化商业服务综合体转型，提升购物消费体验。IOI棕榈城、世茂璀璨天城、尚柏奥特莱斯等综合体建设进展顺利。

2018年集美区重点批发零售企业主营业务收入情况表

表22　　　　单位：亿元

企 业 名 称	主营业务收入	企 业 名 称	主营业务收入
住重中骏（厦门）建机有限公司	25.51	厦门闽亿源工贸有限公司	11.09
厦门信息集团商贸有限公司	24.88	厦门厦工国际贸易有限公司	9.28
厦门宏发电声科技有限公司	24.67	厦门利星汽车销售服务有限公司	6.58
永兴东润（中国）服饰有限公司	13.78	厦门广芯信息科技有限公司	6.23
厦门森那美信昌机器工程有限公司	12.44	厦门远达雷克萨斯汽车销售服务有限公司	6.04
厦门顶斌实业有限公司	11.47	厦门捷路汽车销售服务有限公司	5.92

（戴燕婷）

住宿餐饮业

【概况】2018年，集美区新增住宿单位55家、客房1585间、床位3907张。至年底，全区有住宿经营单位212家，客房11513间、床位18503张。212家住宿单位中，星级饭店6家，客房1405间，床位2395张；商务酒店206家，客房10108间，床位16108张。全年住宿单位共接待389.56万人次。全区住宿餐饮业营业额28.74亿元，比上年增长11%，增幅居全市第一位。（吴悦）

2018年集美区限额以上住宿和餐饮法人单位经营情况表

表23

指标名称	法人企业（个）	年末从业人员（人）	营业额（万元）	客房数（间）	床位数（个）	餐位数（位）	年末餐饮营业面积（平方米）
总计	35	4728	92271	3877	6620	64150	146116
一、住宿业	16	1712	41838	3733	6397	7145	41880
1. 按住宿行业分							
旅游饭店	8	1444	36736	2707	4696	4674	31388
一般旅馆	7	246	4522	878	1437	2431	10425
其他住宿业	1	22	579	148	264	40	67
2. 按登记注册类型分							
内资企业	16	1712	41838	3733	6397	7145	41880
#国有企业	1	463	16647	641	986	1000	8548
有限责任公司	3	143	2491	402	665	2365	10150
私营企业	12	1106	22700	2690	4746	3780	23182
3. 按控股情况分							
国有控股	1	95	1364	134	256	2300	10000
私人控股	12	1106	22700	2690	4746	3780	23182
其他	2	48	1127	268	409	65	150
4. 按经营形式分							
独立门店	11	1587	39082	3076	5358	6999	41488
连锁加盟店	4	97	2266	528	430	146	392
其他	1	28	490	129	209	—	—
5. 按单位规模分							
大型	1	463	16647	641	986	1000	8548
中型	4	829	17648	1577	2937	3574	16840
小型	11	420	7543	1515	2474	2571	16492
二、餐饮业	19	3016	50434	144	223	57005	104236
1. 按餐饮行业小类分							
正餐服务	17	2456	41448	144	223	54245	102036
快餐服务	2	560	8986	—	—	2760	2200
2. 按登记注册类型分							
内资企业	19	3016	50434	144	223	57005	104236
#有限责任公司	5	841	13148	—	—	5550	10898
私营企业	13	1765	29958	144	223	37955	52338
其他	1	410	7327	—	—	13500	41000
3. 按控股情况分							
国有控股	1	34	576	—	—	1900	6598
私人控股	17	2120	36767	144	223	39005	54638
港澳台商控股	1	452	5764	—	—	2600	2000

续表

指标名称	法人企业（个）	年末从业人员（人）	营业额（万元）	客房数（间）	床位数（个）	餐位数（位）	年末餐饮营业面积（平方米）
4. 按经营形式分							
独立门店	10	1214	15609	144	223	8821	31154
连锁直营店	1	295	6095	—	—	750	13001
连锁加盟店	1	108	3222	—	—	160	200
其他	7	1399	25507	—	—	47274	71582
5. 按单位规模分							
中型	9	2407	41150	64	113	49184	72500
小型	10	609	9284	80	110	7821	31736

2018 年集美区星级酒店接待情况

表 24

酒 店 名 称	星 级	客房数（间）	床位数（个）	接待情况（人天数）
厦门北海湾万达嘉华酒店	五星	402	623	137659
厦门日东花园酒店	四星	212	340	77863
明珠海湾大酒店	四星	319	514	126117
厦门山水宾馆	三星	132	245	33660
杏花村酒店	三星	87	131	23592
华舒酒店	三星	68	98	23167

（吴　悦）

【集美区乡厨合作社成立】2018 年 8 月 10 日，集美区餐饮自律协会乡厨合作社召开成立大会，来自各镇街的 37 名乡厨从业者或经营者参加成立大会，并成为集美区乡厨合作社第一批成员。自古以来，农村红白喜事皆有聘请乡厨操办的习俗。集美区二镇四街有乡厨 100 余人，大多是一村一厨，祖传厨艺，未经过正规培训，均为无证上岗，素质水平不一，食品安全意识淡薄，采购的食材缺少保鲜及检验，存在安全隐患。在乡厨合作社成立大会上，全体社员通过了《集美区餐饮自律协会乡厨合作社工作机制》，对乡厨的食品安全意识与烹饪技艺、乡村聚餐食品的安全保险与预防食品安全事故、乡村聚餐报备，以及承办聚餐活动所需食材的渠道溯源与食品检测等进行规范，同时明确合作社社员的责任与义务、运营、管理、培训等。会上，举行乡厨小组代表签署入会责任状，为合作社授牌，为合作社理事长、理事和各乡厨小组组长颁发聘书仪式。同时，乡厨合作社同长安保险公司签署食品安全责任险战略合作协议，规定集美乡厨合作社承办的农村聚餐全部纳入保险范围，保障所有乡厨合作社成员的安全。（戴燕婷）

粮食经营

【概况】2018 年，集美区粮食种植面积 230.67 公顷（3460 亩），生产粮食 1329.99 吨。区军粮仓储配送应急保障中心两个工程项目整体验收，并投入使用。新增粮食应急体系重点供应企业 2 家，重新复核确认应急体系重点企业 26 家。确定杏林街道 43 户城镇家庭户为粮食供需平衡调查户，建立农副产品价格监测点 6 个。全区 3.57 万吨储备粮符合“一符四无”要求，连续两年（2016 年度和 2017 年度）获市对区考评等级“好”的成绩，得分均在 90 分以上。

【储备粮管理】2018 年，集美区军粮仓储配送应急保障中心两个工程项目整体验收，并投入使用，分别进行压仓试验。实施科学保粮，提升储粮品质，全区 3.57 万吨储备粮均能做到账、表、卡、物相符，储备粮轮换出入库和设备管理及药剂管理使用规范，粮情记录齐全，各项制度执行良好，粮食质量指标和品质指标符合安全储存标准，储备粮安全稳定，符合“一符四无”要求。

【粮食安全责任制落实】2018 年，区政府把粮食安全工作写入本级政府工作报告，把落实粮食安全行政首长责任制作为政府考核重点工作之一，统筹安排，合力推进。粮食二分局牵头协调，发改、农林水、财政、国土、环保、市场监督管理等相关部门承担各自责任，强化责任落实。区政府确定杏林街道43户城镇家庭户为粮食供需平衡调查户，按照《福建省价格监测管理规定》和上级规范的品种，建立农副产品价格监测点6个。

【粮食应急体系建设】2018年，集美区加强粮食应急体系建设工作，新增粮食应急体系重点供应企业2家。同时，对上年纳入应急体系的重点企业进行重新复核确认，共确认应急体系重点企业26家。建立健全粮食应急保障网络，优化区域配置，实现应急加工、供应、配送网络全覆盖。

【粮食安全宣传】2018年10月16日，粮食二分局在集美青少年宫（杏林文体中心广场），举办主题为“端牢国人饭碗，保障粮食安全”世界粮食日和粮食安全系列宣传主会场活动，组织专业人员讲解粮油质量鉴别及爱粮节粮常识，分发主题宣传册，制作宣传展板，开展粮食安全系列宣传。20多家本土粮油企业现场展销粮油知名品牌和名优产品，驻厦新闻媒体和区电视台进行现场采访和宣传报道。（洪毅忠）

烟酒经营

【烟草专卖】2018年，集美区烟草专卖局（分公司）以建设客户自律互助小组为契机，打造“稳价效果好、客户毛利高、经营信心足、市场秩序稳、客我关系亲”区域卷烟营销市场新生态，实现卷烟营销工作高质量发展。执行省烟草专卖局《关于进一步规范烟草专卖行政许可的通知》规定，全年受理新办申请1533户；组织全面换证工作，依法依规执行审批许可流程，给予延续3423户，未延续318户予以注销。销售卷烟5.53万箱，比上年增长1.66%；上缴税利5.42亿元，比上年增长8.51%。围绕打假防控、内部规范、许可监管等重点工作，努力提升专卖市场监管水平。加强与各镇街、公安、农林等职能部门的联系，按照风险防控等级，开展全方位排查，全年共出动排查116车次和365人次，排查可疑制假场所1031户次，发放、张贴打假传单2150张，连续3年实现辖区制假零发案。联合邮管部门，采取“集中查、错时查、驻点查”的方式，到各大物流园区开展物流寄递企业基础摸排和建档工作，排查可疑包裹1760件，破获物流运假网络案件7起，立案查处涉烟快递案件61起。在公安治安、技侦等多警种配合下，查处各类违法案件196起，破获部督国标网络案件1起，查获违法卷烟149.12箱，拘留12人，批捕6人。强化“管控并重、以管促控”的工作理念，对代送户、委托户定期进行实地核查，杜绝代送户套取货源的行为；将防范真烟外流作为监管重点，建立大户动态管理档案，每月定期对大户开展上门核查，全年约谈卷烟经营大户36次，签订经营承诺书36份，查处轻微违规大户9户，给予降档限供22户次，责令停业整顿2户，取缔经营资格4户。是年，区烟草专卖局（分公司）获评厦门市第十五届（2015—2017年）文明单位。

【酒类经营】2018年，集美区坚持日常监管与集中整治相结合，依法依规开展酒类流通行业监督管理。推广应用厦门市酒类商品监管服务平台和酒类流通电子追溯单，探索构建酒类溯源管理体系和诚信体系，规范酒类经营行为。实行酒类流通“双随机”抽查制度，规范酒类流通秩序。开展关爱未成年人健康专项检查活动，重点督促中小学校周边酒类经营单位在显著位置设置“请勿向未成年人售酒”标识。全年共发放各类宣传资料80余份，出动执法人员129人次，检查酒类经营单位63家次，会同市场监管部门妥善处置投诉2起。（李佳玮）

对外贸易

【概况】2018年，集美区进出口贸易保持稳步增长态势，全年进出口总额473.5亿元，比2017年增长11.6%，增幅居全市第二位。其中，出口总额398.5亿元，增长13.4%，高于全市水平10.8个百分点，增幅居全市第二位；进口总额75亿元，增长3.2%，增幅居全市第三位。

【出口信保助力外贸发展】2018年，区政府继续与厦门出口信用保险公司合作，按照“政府牵头、信保支持、企业获益”的模式，发挥出口信保政策性功能，在风险补偿、保障业务、支持融资、助力小微企业等方面，为出口企业构筑风险防范屏障，并加大对投保企业出口信用保险费、资信调查费的扶持力度。全年参加出口信保企业139家，比2017年增加5家，其中投保小微企业55家，增加2家；累计投保出口金额22.76亿美元，增长15.24%，占全区出口总额37%。是年，新增受理区内可损案件35宗，可损金额553.23万美元，撤损案件10宗，赔付案件15宗。全年赔款总金额282.60万美元，约合人民币1837万元，赔付率处在较高水平。支持元保、信华、客贝利、谊瑞、大金龙等企业通过出口信用保险融资平台实现融资2640万美元，提供海外买家资信调查逾3200份。109家（次）企业获得出口信用保费、资信调查费财政补贴1515.32万元。

（戴燕婷）

旅游业

综　述

【概况】2018年，集美区接待游客2003.36万人次，比上年增长53.88%；

实现旅游收入105.18亿元，增长58.17%。旅游景区接待1515.10万人次，增长65.49%。其中，鳌园接待214.08万人次，园博苑115.74万人次，老院子景区211.52万人次，诚毅科技探索中心66.34万人次，灵玲国际马戏城110.46万人次，双龙潭生态运动景区101.71万人次，天沐温泉19.72万人次，其他景区675.53万人次；住宿设施接待过夜游客389.56万人次，增长40.47%。举办海峡龙舟文化艺术节、海峡论坛两岸庙会、厦门集美半程马拉松赛、集美·阿尔勒国际摄影季、集美新城荧光夜跑、国庆亲子欢聚节、人文集美悦读季等大型文体旅游活动，接待游客98.7万人次。是年，经厦门市旅游景区等级评定委员会评定，双龙潭生态运动景区、厦门灵玲国际马戏城被评为国家AAA级景区。

【集美旅游影响力提升】2018年，集美区利用新媒体进行旅游营销，打造“集美节”城市旅游品牌。是年，集美旅游微信公众号登陆福建省县区微信排榜行41次，每期均位居前五位，其中5次位居榜首。全网“集美旅游”“集美节”相关媒体链接逾300万个。与上年同期相比，集美旅游整体影响力增长33%，移动端增长85%，集美旅游影响力不断扩大。

【灵玲国际马戏城熊猫馆对外开放】2018年4月26日，来自四川成都大熊猫繁育研究基地的大熊猫双胞胎兄弟“思念”和“思筠筠”落户厦门灵玲国际马戏城熊猫馆，承担科普、对台研学交流任务。熊猫馆占地3000平方米，包括两个面积350平方米的室外活动场和两个200平方米的室内展厅，另配置有室内笼舍（6间）、运动室、治疗间、竹子保鲜室、监控室、假山、吊椅、栖架和水池等设施，室内展厅与笼舍安装大功率空调20台，是目前国内最好的熊猫场馆之一。5月13日，熊猫馆正式开馆，“思念”和“思筠筠”（闽南昵称“古锥”“古意”）新鲜出炉。6月1日，来自全国各地的数十对双胞胎嘉宾来到熊猫馆，为大熊猫双胞胎兄弟庆生。厦门灵玲大酒店推出大熊猫系列主题餐饮和大熊猫主题亲子房，游客入住酒店大熊猫主题亲子客房，可与大熊猫比邻而憩，感受国宝魅力。

【集美出台研学旅行奖励政策】2018年6月8日，集美区出台《关于鼓励对台青少年来集研学旅行奖励办法（试行）》。采用“以奖代补”方式，对开展对台研学旅行的两岸旅行社、有关研学旅行机构和组织、承接研学交流活动的院校或基地（景区、景点）进行奖励；对组织台湾青少年到集美开展研学旅行活动的机构和组织，按人数给予奖励；对接受台湾研学交流活动的集美辖区院校、基地和景区按参与研学课程的台胞人数给予奖励或补贴。2018年，来集美进行研学旅行的台湾青少年及家长近2000人。集美研学旅行始于2015年，该区投资建设集美研学总部，创建集美研学“1+N”泛营地模式，整合区内高校、景区、酒店、餐厅、旅行社、教育机构等研学旅行资源，形成1个研学总部和N个研学基地。2015年开始，持续举办集美中外学生国际文化交流季、海峡两岸研学交流等活动，吸引30多个研学团体到集美旅行。（吴　悦）

旅游设施建设

【概况】2018年，集美区大社文创旅游街区和厦门（集美）研学旅游基地两个旅游项目对外运营。6月20日，集美旅游专线铛铛车开通，将集美区主要景区和酒店串珠成线，提升旅游单位间的联动性，游客数量呈现较快增长。

【集美旅游专线“铛铛车”开通】2018年6月19日，集美旅游专线车正式开通运营。首批旅游专线车7辆，均为无轨绿色能源车，外观为复古有轨电车造型，装有弧形车窗、怀旧顶灯和仿古操作舵，车身颜色有红、橙、黄、绿、蓝5种，喷涂有“美JI在一起”“集美，极美，美极了”、集美手势等集美旅游宣传元素，南薰楼、园博苑等集美地标性建筑景点，融合复古怀旧情调、嘉庚建筑风格和大学城青春时尚气息三个要素，行驶中不断发出铛铛铃声，形成一道行走的集美旅游风景线。铛铛车以龙舟池、厦门北站为始发站和终点站，途经园博苑、天沐温泉、灵玲国际马戏城、诚毅科技探索中心、嘉庚剧院、杏林湾绿道、厦门老院子景区，双向对开，单程约23千米，运行时间约55分钟，票价为每票2元，一次购票可全天使用。

【大社文创旅游街区开放】2018年8月4日，集美大社文创旅游街区开放典礼在大社中心戏台广场举行。集美大社为陈嘉庚故里，具有700余年人文底蕴。集美大社文创旅游街区以中心广场为核心，辐射祠前路和大社路北段。中心广场建大社星品荟，为街区主题商圈。祠前路为民忆集巷，大社路为旧里古巷，复原大社烟火气，再现百年老街古风民艺，打造厦门最有故事、最有情怀、最有温度的文旅新地标。在开放典礼上，福建省孟子书院、铖钰文化、“名三好”等主力商户与主办方签约，正式入驻联发·集美大社。联发·集美大社新招商运营中心重装开放，联袂华侨大学，创立校外创新创业实践基地，构建产学研联盟，设立支持大学生创新创业基金，助力孵化文创梦想；携手音纳文化，打造大社流行音乐基地，为集美大学的学子提供展示音乐才华的平台。

【厦门研学旅游基地总部大楼启用】2018年12月3日，厦门集美研学基地对台研学总部大楼举行启用仪式。厦门集美研学基地位于集美区杏锦路386号，占地面积4000平方米，总部大楼

5 层，建筑面积 2 万平方米，设有展览馆、文艺馆、多功能教室、主题活动区域、旅行集散中心、研学产业园区、服务中心、阅读区等功能区和配套设施，是集住宿、课程教室、集散中心、研学产业园区为一体的综合产业楼，能为国内外青少年提供包括“人文集美”“艺术集美”“科技集美”“自然集美”“多元集美”五大独具集美特色的研学主题课程和住宿。以研学总部大楼为“大本营”，串联鳌园、园博苑、灵玲马戏、诚毅科探、厦门老院子、天沐温泉等旅游景区，和集美大学、华侨大学、理工学院等高校，形成“研学旅行泛营地化”的集美研学模式。2017 年和 2018 年，集美研学基地先后获评“福建省对台交流基地”和“国家港澳青少年内地游学基地”。在启动仪式上，集美区政府、中青旅研学与研学基地运营商建发国旅旗下万千研学公司三方举行项目签约仪式。

【灵玲马戏主题酒店对外营业】2018 年 12 月 29 日，福建省首家以动物为主题的亲子酒店——厦门灵玲马戏主题酒店正式对外营业。灵玲马戏主题酒店位于马戏城入口处，建筑面积近 9 万平方米，高 14 层，设客房 788 间，其中主题客房 352 间。酒店设计风格以非洲原生态结合东南亚装饰为主，加以马戏元素点缀搭配。一层为酒店大堂综合区，为旅客提供非洲异域风情服务，可零距离与动物互动，是成人和孩子共同的乐园；二层为热带风情的全日制餐厅；三层设有不同规格多功能会议室；4—14 层为大熊猫主题风格、马里风格、地中海风格、东南亚风格、南非风格、肯尼亚风格、欧式风格、动物主题和马戏主题等不同风格的客房，动物主题客房可隔窗鸟瞰灵玲动物马戏城，推窗可览世界各地珍稀动物，还可进行趣味互动。

（吴　悦）

【塔斯曼千草园获批市级科普基地】塔斯曼千草园健康研学基地位于灌口镇环美北路 169 号，占地面积 4.7 万平方米，总建筑面积 3.38 万平方米，由厦门塔斯曼生物工程有限公司投资建设。该基地总投资 1.5 亿元，建有“良好农业规范”（GAP）万亩种植基地、组织培养克隆中心、现代化植物工厂综合体、中药材种源中心、现代化智能温室，以及天然药用植物研究院、特殊医疗食品研究院，并与中国科学院谢联辉院士合作成立厦门塔斯曼生物工程有限公司院士工作站，是一家以中药原料种植繁育、加工交易为核心，以中医药种植、研发、康复、旅游、教育、文化与健康养生等功能于一体的中医药健康养生基地。公司致力于铁皮石斛、金线莲等珍贵药材的研究、开发和推广，开发出铁皮石斛鲜条、铁皮枫斗、铁皮石斛精粉、铁皮石斛叶茶、铁皮石斛花茶、铁皮石斛胶囊、铁皮石斛酒、铁皮石斛麦片、铁皮石斛挂面、金线莲等王寿山牌系列产品，拥有专利 30 余项，其中“铁皮石斛资源引进扩繁及驯化推广”获厦门市科技进步三等奖。2018 年，塔斯曼千草园被批准为厦门市科普教育基地，全年接待中小学生 2.6 万人次。基地收集展示《神农本草经》《本草纲目》等医学典籍所载药用植物 1300 余种，设置“人小鬼大识草药”“实践学习我种苗”“组织培养大揭秘”“美味药膳”等教学课程，为中小学生和参观人员提供中草药知识讲解、品种参观等服务。

（黄瑞文）

【悠度城市营地获评省级观光工厂】悠度城市营地系厦门悠度休闲用品股份有限公司在工业园区升级打造的工业研学旅行基地，2018 年获评省级观光工厂。园区布局有工业研学旅行基地、户外装备展厅、产品研发中心、产品销售展厅四大观光及体验区。研学旅行基地以“工业体验、设计思维，户外教育、创意生活”为研学理念，设有工厂探秘、创意工坊、室内营地、定向越野、密室逃脱、体感游戏、室外攀岩七大研学课程和集合区、野餐区、休闲区、服务区、医务室、大巴停车区等设施，为中小学生研学观光提供保障。2018 年，共接待研学游客 4 万人次。

（吴　悦）

旅游管理与营销

【旅游管理】2018 年，集美区加强旅游行业监管，开展旅游市场整治行动，加大对“一日游”、旅游产品、不合理低价游等突出问题的查处力度，做

4 月 26 日，来自四川成都的大熊猫“思念”和“思筠筠”双胞胎落户集美（林志杰 摄）

好节假日和大型活动期间旅游市场的检查管理工作。举办旅游行业安全生产动员培训大会，与旅游企业签订安全生产责任书，开展“安全生产月”活动，全区无旅游安全生产事故发生，实现旅游市场安全、健康、秩序、质量“四统一”的总目标。全年共接到各类旅游投诉、服务咨询和情况反映192件，其中正式受理旅游服务质量投诉45件，解答旅游咨询和情况反映147件。

【旅游营销】2018年，集美区加大宣传营销力度，举办集美旅游资源全省旅游推介会，提升城市影响力；整合辖区旅游企业营销联盟，实行抱团发展、联合营销；借助地铁开通的便利，联合沿线景点，推出组合产品，开展地铁一号线专题旅游营销；在同程旅游、携程旅游等国内大型在线旅行社（OTA）平台设立集美旅游专版，优惠销售集美景区与酒店的旅游线路产品；开发“集美旅游”微信小程序智慧旅游平台，以视频、音频、图文结合等形式展示集美区吃、住、行、游、购、娱信息，游客可通过平台实现线上导览、购票、美食、攻略等一站式服务，全年服务游客近30万人次，售出活动、景点门票14476张。集美旅游微信公众号连续41次登陆福建省县区微信排行榜，全网“集美旅游”“集美节”链接逾300万个，集美旅游影响力不断扩大。（吴悦）

旅游节庆活动

【概况】2018年，集美区成功举办2018海峡两岸龙舟文化节、海峡论坛特色庙会、国庆亲子欢聚节、集美新城荧光夜跑、咪咕二次元盛典、阿尔勒国际摄影季、南洋华侨寻根祭祖等多项大型文化旅游节庆活动，通过融媒体营销发声，扩大集美文化旅游的吸引力和影响力。

【厦门湿地体验节】2018年2月2—4日，以“湿地，城镇可持续发展的未来”为主题的福建省第二十二届世界湿地日宣传活动暨2018年厦门湿地体验节在厦门园博苑举行。本次湿地体验节由省林业厅主办，市市政园林局、市国土资源与房产管理局、市海洋与渔业局、市水利局、市农业局等湿地主管部门联合协办。活动现场举行“世界湿地日”宣传展、《福建省湿地保护条例》施行周年纪念展和各类湿地鸟类的摄影作品展。

【2018海峡两岸龙舟文化节】2018海峡两岸龙舟文化节于6月2—3日在集美区龙舟池举行，本次文化节由国家体育总局社会体育指导中心、中国龙舟协会、政协厦门市委员会、福建省体育局主办，由集美区政府、厦门市体育局、厦门市集美学校委员会、厦门广电集团承办，福建省金门同胞联谊会协办。本届龙舟文化节以“弘扬传统文化，共绘两岸亲情”为主题，以“龙舟集美行、两岸一家亲”为总口号，开展“嘉庚杯”“敬贤杯”海峡两岸龙舟赛、第五届中国龙舟拔河公开赛以及系列文化活动。来自大陆和台港澳地区共53支队伍参赛，其中台湾参赛队伍24支。配套活动分为风雅端午、古礼端午、民俗端午、创意龙舟四大版块。

【第十届海峡论坛两岸特色庙会】2018年6月8—11日，第十届海峡论坛·两岸特色庙会在厦门灵玲国际马戏城举行。该次庙会由厦门市政府、福建省台湾事务办公室主办，集美区政府承办，市政府台湾事务办公室、市旅游发展委员会、市会展局协办，厦门市天下集美文广传媒有限公司、厦门灵玲演艺有限公司组织执行。活动以“童享蓝天、灵动两岸”为主题，现场设置两岸童玩区、两岸青少年研学区、两岸商贸交流区、两岸青创集市区、两岸主题演绎区，以两岸青少年为主体，打造特色研学课程，实现海峡论坛举办庙会以来从形式到内容上的多方位突破。

【集美亲子欢聚节】2018年10月1—7日，2018集美亲子欢聚节在厦门园博苑举行。此次活动与腾讯IP实行跨界合作，以亲子为主题，以亲子气球迷宫、亲子冰雪乐园和亲子QQ乐园三大主题乐园为核心，设置最大气球迷宫、大型QQ造型乐园、亲子乐玩城、互动萌力单车、鹅漫U品售卖部、2D拍照板、超级飞车区、亲子海洋球、冰屋挑战区、真人娃娃机等热门亲子游戏区，以推介集美、整合营销为目标，丰富厦门市民精神文化生活，成为集美区国庆假期间重大的文体旅游活动。

【庆祝改革开放40周年菊花展览】以“绿色发展、美丽厦门”为主题的厦门市庆祝改革开放40周年菊花展览暨第六届福建省（厦门展区）菊花展览，于11月1—25日在园博苑主展岛岭南园举行。本届菊花展由福建省住房和城乡建设厅、厦门市政府联合主办，省风景园林学会、省风景园林行业协会、市市政园林局、思明区政府为指导单位，厦门市园博苑景区管理处和思明区市政园林局承办。园博苑设置引导区、造型菊展区、童趣展区、塔菊展区、科普文化展区、精品菊展区、插花展区、悬崖菊展区、立菊展区九大展区，展出盆景菊、塔菊、悬崖菊、大立菊、小立菊、精品菊、造型菊、小菊等各类菊花2万余株，精品菊品种逾180个。活动期间，园博苑为入园市民、游客举办文艺演出和亲子互动活动；逢周末，岭南园舞台还有布袋戏、传统舞蹈和汉服文化演出，以及古韵、民乐、西洋乐团演奏。

【2018集美新城荧光夜跑】2018年12月8日，2018集美新城荧光夜跑在集美新城举行。本次活动由集美区委宣传部、区文体广电出版旅游局、集美

新城开发建设指挥部办公室指导，厦门市天下集美文广传媒有限公司主办。活动以“新时代、新征程、新集美”为主题，寓意集美区朝着建设“高素质高颜值的跨岛发展最美新市区”目标奔跑。活动吸引了来自厦门市各区及周边地区逾1.3万人参加，通过媒体宣传，累计吸引逾1000万人次的点击和关注。（吴 悦）

旅游景区

【集美鳌园景区】2018年，集美鳌园景区接待游客214.10万人次，与上年同期相比，增长26.27%。其中，“五一”3天假期接待游客2.53万人次，增长4.3%；国庆“黄金周”7天接待游客6.25万人次，增长9.06%。2月，景区开发的掌上集美鳌园微导览小程序投用，游客随身携带，可随时听取讲解。春节期间，景区举办“大过新年话吉祥”系列活动。5月，在归来堂举办“嘉风嘉训”主题展览，展出嘉庚遗训、嘉庚语录、嘉庚家训，以及集美校友的书法、绘画艺术作品等。7月，景区引入纪念章售币机2台，游客可自助购买陈嘉庚纪念章。8月1日至9月15日，景区制作陈嘉庚生平事迹图片展板60块，配合集美边防大队、武警水电部队、海防某旅三营等部队开展嘉庚精神宣讲活动。9月底，嘉庚公园南门和贵宾通道（2号岗）升降柱工程竣工投用，贵宾通道进出监控探头性能改善，车辆进出优化。10月1—4日，在景区开展“传嘉风嘉训，扬爱国精神”青少年体验系列活动，有鳌园楹联和碑文拓片及博物大观版画制作体验等。10月5—6日，在景区内举办由省体育局主办、景区与省模型运动协会协办的“嘉庚杯”青少年航海模型仿真航行竞赛暨福建省全民健身运动会航海模型仿真航行赛。10月14日，与市体育局、市教育局、市科协、共青团厦门市委共同举办青少年建筑模型竞赛暨第五届嘉庚建筑纸模比赛，主题为“南风微薰”嘉庚纸模创意赛、嘉庚建筑场景赛，全市39支代表队780名中小学生参加比赛。11—12月，开展厦门市中小学“华侨旗帜、民族光辉——陈嘉庚生平事迹展”巡展活动，在集美、海沧、同安、翔安4区的14所中小学巡回展出。12月2日“国际志愿者日”期间，在陈嘉庚纪念馆多功能厅举办第二届“嘉庚杯”志愿者讲解比赛。全年，厦门市教育局、集美街道党工委、集美学校委员会在鳌园和归来堂主办嘉庚书苑经典诵读会70余场，主题有教师节、少先队建队、嘉庚精神、真爱生命、垃圾分类、法制宣传、讲究卫生、三爱教育、勿忘历史等。（何雯芳）

12月8日，2018集美新城荧光夜跑在集美新城举行（林志杰 摄）

【厦门园博苑】2018年，园博苑管理处实施生态岛湿地修复工程，对生态岛进行护岸修复、湿地植物补植和太阳能监控系统建设，建立紫水鸡国家一级鸟类生态保护基地。加强《福建省湿地保护条例》宣传，开展动物救助服务，为受伤的动物提供简单救护及养护。先后举办“吉祥元旦、红运园博”“喜迎新春、祈福园博”“驱动园博——大篷车嘉年华”和草雕艺术展、福建省第六届菊花展等活动，共接待中外游客115.75万人次。福建省第六届菊花展（厦门园博苑展区）展期11月1—25日，共展出品种180多个2万余株，分设引导区、童趣造型展区、造型菊展区、悬崖菊立菊塔菊展区、科普文化展区、精品品种菊展区、插花展区、盆景菊展区和菊园9个展区，接待游客18.56万人次。（肖印红）

【厦门老院子景区】2018年，厦门老院子景区接待游客211.52万人次，营业收入1.03亿元。4月22日，来自马来西亚、菲律宾、缅甸、泰国、越南、印度尼西亚等20多个国家的近千名华侨及华侨学生代表齐聚厦门老院子景区，参加“嘉庚风、中华情”第三届世界华侨寻根之旅活动，用庄严的祭奠仪式拜谒先祖、传承德孝，共叙血脉亲情。

【灵玲国际马戏城】2018年，厦门灵玲国际马戏城景区接待游客110.46万人次，营业收入1.18亿元。是年，马

老院子景区全景（颜志伟 2016 年 7 月摄）

戏城根据每个季度节点，推出马戏春晚、春游踏青季、全球国宝大派对、动物嬉戏节、“5200”、海峡两岸庙会、七夕表白季、动物戛纳电影节、夜公园、研学等活动，不定期推出“包场看马戏”营销模式，为企业量身打造专属品牌包场活动。2018 年 11 月，厦门灵玲国际马戏城获评国家 3A 级景区。

【诚毅科技探索中心】2018 年，诚毅科技探索中心接待游客 66.34 万人次，营业收入 1921.76 万元。4—8 月，中心举办第二届海峡两岸青少年航天梦主题活动，包括厦门青少年航天梦开放日活动、全国青少年“太空家园杯”航天创客大赛厦门赛区比赛暨航天夏令营、2018 海峡两岸青少年航天梦创意绘画大赛暨航天梦交流报告会等一系列活动。参加活动的海峡两岸青少年 20 万人次。航天绘画大赛征集海峡两岸暨港澳作品 3000 幅，线上投票评选参与人数 40 万人次。同时邀请海峡两岸暨港澳的获奖选手共绘“航天梦”，此幅画作将跟随飞船飞入太空，在全国尚属首次。（吴　悦）

【双龙潭生态运动景区】2018 年，双龙潭生态运动景区接待游客 101.68 万人次，场地接待游客 15.64 万人次，营业收入总额 370.81 万元。与 2017 年具有可比性的 4—12 月（因受 2016 年 9 月 15 日“莫兰蒂”台风影响，1—3 月停业整修）同期相比，景区游客接待量和场地游客接待量均上升 43.31%，营业额上升 44.10%。是年，景区加强旅游设施维护工作，更换管式滑道项目的滑车拖牵钢丝绳，对滑车拖牵系统机械设施进行全面检查、维修和保养。根据大型特种游乐设施安全管理规定，对空中滑索设施进行检修、保养，更换滑索循环钢丝绳、导轮、轴承，保证游客安全。同时，整修、拓宽二龙潭水库边坡垮塌道路，增建护栏，补植花木。8 月，景区启动 3A 级旅游景区申请工作，对照国家《旅游景区质量等级管理办法》和《旅游景区质量等级的划分与评定》（GB/T17775-2003）标准要求，完善景区基础设施建设，提高景区旅游环境与服务质量。新置医疗室医疗器械、检查床、担架、氧气包、医生办公桌椅等配套设施，提高医疗服务水平。修缮粉刷游客服务中心外墙，更换内部吊顶，增置座椅、触摸式电脑、大幕电视屏、寄存柜、轮椅、童车、拐杖，为游客提供人性化服务。重新设计制作景区门票，突出运动文化主题，增加游览简图和咨询、投诉、紧急救援电话等信息。重新制作设置景区标识牌，增加数量和中英文对照，方便游客出行。整修景区凉亭、登山步道、防护栏、厕所等设施，重新配置分类垃圾桶 108 个，提升景区环境。11 月 21 日，厦门市旅游景区质量等级评定委员会发布公告，批准厦门双龙潭生态运动景区为国家 AAA 级旅游景区，由全国旅游景区质量等级评定委员会颁发“国家 3A 级旅游景区”牌匾。（林小丽）

建设・环保

城乡建设

城乡规划

【概况】2018年，厦门市规划局集美分局改革建设项目审批制度，加快建设项目审批进度；推进“多规合一”平台使用和民生项目前期工作，保障重点重大工程建设，推动“双千亿”项目进展。统筹各类规划编制21项，通过“多规合一”平台策划生成项目102个，办理各类审批450件，处理市、区两级政府及有关单位来文2219件、群众来信来访469件，办理省市人大建议、政协提案36件。集美规划分局获评厦门市第十五届（2015—2017年度）文明单位。

【规划审批】2018年，集美规划分局在“多规合一”审批流程改革实践的基础上，对建设项目的审批流程继续进行优化和压缩，简化审批管理，加快建设项目审批进度。公开出让用地项目的“用地规划许可”不再作为依申请审批事项，将用地规划许可指标作为土地出让合同的附件直接核发给项目业主。梳理并公布建设工程规划许可证豁免清单，清单内的项目不需办理工程规划许可。公布建设工程规划许可（建筑工程）实行审批制及告知承诺制项目分类清单，推行信用承诺制度，对厦钨项目工程规划许可证采用告知承诺制快速审批。全年办理“一书两证”及各类审批450件，其中包括医疗项目3个、社区服务中心项目5个、教育项目25个、安置房项目14个，推动民生项目的前期工作。主要项目有市妇幼保健院集美院区、滨水社区服务中心、厦门华锐双语学校、侨英中学、集美新城亭北中小学、马銮湾新城蔡林小学、杏苑小学、马銮新城柏涛幼儿园、海凤幼儿园、后溪窗内安置房、后溪三社安置房、岩内1—3号地块安置房等。

【规划编制】2018年，集美规划分局统筹全区规划编制计划，牵头提出使用区级财政专项经费的年度规划编制计划。经统筹，全区共开展集美区医疗卫生补短板项目策划、集美区山地旅游项目策划、集杏海堤至厦门大桥段景观岸线项目策划、集美区山海通廊步道近期实施规划、集美区交通提升近期实施规划、集美区管道燃气工程近期建设规划等规划编制项目21项。对接市政府双千亿项目库，拟订2019年度项目空间实施规划（包括经营性项目、社会事业、道路及交通设施和市政设施四大类），提前策划生成一批项目，推动民生项目建设，为项目落地提供空间要素保障。5月26日，厦门北站片区（11-07）控制性详细规划获市政府批复。是年，完成汽车小镇、灌口医院、厦门钨业能源新材料工程技术研究中心、大件垃圾处理厂、集美新城体育公园、海峡出版物流中心、杏滨老年人日间照料中心、理工学院三期周边道路等12个项目的控规调整及规划局部修正任务。机械工业集中区和前场物流园区纳入集美新城协调范围，集美新城形成“一心、一片、三基地”的城市空间格局，规划总用地面积60.6平方千米。

【大型招商项目规划设计】2018年，集美规划分局配合市土地开发总公司、区国有资产投资公司做好土地农转用和收储工作；配合区商务局做好项目招商规划对接工作，编拟厦钨、奥佳华、橙联国际、罗普特、北大青鸟、杰出建筑师当代建筑作品园等15个出让地块的规划设计条件。全区共出让杏锦路7号地块、地铁园博苑站综合开发地块等4块商住用地，姚明织带、艾思柯、纳斯达、奥佳华、模具园、厦门市厦钨永磁电机产业园一期6块工业用地。

【实行多规合一】2018年，集美区“多规合一”领导小组办公室挂靠集美规划分局。集美规划分局召开平台使用培训会议，推进“多规合一”平台运行。利用“多规合一”业务协同平台的招商模块，完善招商地块的空间信息，生成招商地块空间分布图，为区政府精准招商提供技术支撑和空间保障。完善项目策划生成工作机制，通过多规平台策划生成项目。全年共录入“多规合一”项目储备库项目180个，策划生成102个；启动意见征集160个，办结意见征集152个。

【规划保障】2018年，集美规划分局建立重点项目台账，为重点项目开辟绿色通道，提前对工业项目及服务业项目进行设计方案技术指导。及时办理厦钨永磁电机产业园一期A区综合服务中心、艾思珂工业厂房综合工程、姚明织带工业园、纳丝达无纺布有限公司新厂区、集美区模具产业园（一期）、电子城・厦门国际创新中心（二期）等重点工业产业项目的规划审批手续，为项目早日开工提供规划保障。推动地铁 4 号线、6 号线、福厦高铁安置房项目规划审批，为高铁、地铁等重大重点项目征地拆迁提供保障服务。

【规划监督】2018 年，集美规划分局在建设工程规划实施过程中，加强事中事后监督，做好建筑工程规划实施过程中的监督检查和“双随机”抽查工作。协助区执法局，对区内涉嫌违规的建设项目进行认定，对违法行为按相关规定责成建设单位整改或移送行政执法局查处。全年开展“双随机”抽查项目25个，发出整改通知书12份，给区行政执法局发函 8 份，进行涉嫌违法建设认定 20 件，协助核查图斑 600 余个。对厦门中林机械有限公司厂房二、厦门市万科滨海置业有限公司万科金域华府 A-5 地块 10 号、24 号楼及三期地下室等未按照建设工程规划许可证规定进行建设的项目，出具整改通知书，并发函给区行政执法局；对厦门恒大帝景项目涉嫌未办理规划条件核实就交付使用的问题约谈建设单位。（吴川英）

城市建设与管理

【概况】2018 年，集美区统筹协调改善城市环境、深化文明创建、提升城市管理、增强防灾减灾能力等工作，加快园林绿化、市政设施、夜景工程建设和街区立面景观改造提升速度，打造高品质的跨岛发展新城区。实施绿化项目 14 个、街区立面提升项目 12 个、夜景项目 5 个、美丽乡村建设项目 5 个。138 个村庄（居）集中纳管截污工程竣工，70 个村庄完成分散式污水治理。新建停车场 5 个，增加车位 981 个。57 个小区、7 个行政村实行生活垃圾分类，165 家餐饮单位实行餐厨垃圾集中收运，全区生活垃圾分类覆盖率 100%。日东公园水体整治、杏林湾水库（含九天湖）和灌口风景湖截污工程竣工。

【园林绿化】2018 年，集美区建设部门配合创建国家生态园林城市，加快园林绿化建设，打造高品质的集美宜居环境。在第一轮提升保留原有风格、原有树种的基础上，对原有绿化较为薄弱的主干道沿线进行彩化，对辖区主要桥梁桥墩、引桥、挡墙护坡和单位通透式围墙进行立体绿化，完成第二轮绿化提升项目 7 个。至年底，集美北大道景观绿化提升工程、杏南路林荫绿道、杏林城区通透式围墙及下穿通道垂直绿化工程等项目完工，新建公园 2 个，建设公园绿地 33 公顷、城市片林 5 处、老城区街头绿地 5 处、立体绿化 5 处、绿化道路 9 条、绿道 30 千米。在市对区园林绿化考评中，3 次获得第一名。

【环卫设施】2018 年，集美区借鉴海沧模式，按照市政环卫、绿化维护管理一体化的改革思路，加强城乡环境卫生基础设施建设，推行生活垃圾分类处理、餐厨垃圾集中收集转运等工作。按照“日产日清”要求，强化清扫收集转运能力建设，提升辖区环卫管理水平。对2016年度考评成绩较差、环境卫生比较薄弱的村居进行重点整治，侨英街道兑山社区，灌口镇东辉村、双岭村通过整治，环境卫生面貌改善。同时，加大环卫设施建设力度，新购置雾炮车 2 辆、洒水车 2 辆、密闭式垃圾转运车 7 辆、洗扫车 3 辆、轻型仓栅式货车 2 辆、后压缩式垃圾转运车 17 辆、路面养护车 19 辆、纯电动洗扫车 2 辆，共 54 辆（包括区环卫处采购的 20 辆）；非机动车辆新增高压清洗车 3 辆、电动垃圾收集车 10 辆、电动翻桶推移车 24 辆。新增城区公厕 9 座，提升改造 10 座，承接管养农村公厕 118 座（侨英街道 28 座，灌口镇 90 座）。各镇街采购 120 升垃圾容器 7386 个，240 升垃圾容器 3059个。至年底，共有非机动车654辆，其中多功能扫路车 2 辆、电动高压冲洗车 11 辆、电动垃圾收集车 115 辆、电动巡查车 6 辆、电动接驳车 21 辆、电动小广告冲洗机 1 部、电动高压冲洗机 1 部、人力三轮车 270 辆、斗车 227 辆。全区已投用的清洁楼 40 座、在建清洁楼 2 座、拟建清洁楼 11 座。21 个行政村共配备环卫作业车辆（包括后压缩转运车、垃圾收集车、清扫车等）31 辆、电动车 121 辆，农村清洁楼 17 座。

【污水管网】2018 年，集美区完成 70 个自然村 55 个污水处理站建设施工的收尾工作，总投入资金 1.8 亿元，全部完工并投入使用。各村居民家庭的生活污水以及初期雨水，通过铺设的污水收集管网进入处理站，经过调节池、污泥熟化发酵、沉淀等 6 道工序，再进入人工湿地过滤后作为灌溉用水。同时，完成坂头水库一级保护区范围内 73111 部队、坂头林场和官地社污水处理站的建设工作。并建设分散式污水处理站在线监控系统，纳入区政府政务信息平台，对每个处理站出水及设备运行情况进行适时监控。

【公共停车场】2018 年，集美区利用新、改、扩建的广场、学校、垃圾站、公园绿地、公交场站等公共设施地下空间，新建停车场 4 个，新增停车位 981 个，全部竣工并投用。其中，宁宝公园地下停车场车位 622 个，龙船路 168 号停车场车位 100 个，孙厝社区停车场车位 26 个，集美学村地面停车场车位 233 个。

【乡村振兴】2018 年，集美区贯彻省委、省政府《关于实施乡村振兴战略的实施意见》，确定灌口镇田头村田头社、后溪镇第二农场埭溪桥社为市级重点示范村，开展村庄农房和房前屋后整治、生活污水和垃圾治理、农村“厕所革命”等人居环境整治工作。共整治农房 47 栋，整治房前屋后环境 3 万平方米，清运垃圾 71 吨。田头村拆除严重影响村容村貌的非住宅类建筑 22

集美新城核心区夜景（陈方青 2019年11月摄）

处，新建公厕1座、污水管网4千米，污水排至洋坑污水处理站处理。埭溪桥社清运垃圾13.5吨，拆除破旧房屋4栋，新建公厕1座、污水管网2.7千米、分散式生活污水处理站1个，日处理污水量50吨。

【街区立面整治】2018年，集美区开展第二轮城市整治提升街区立面整治工作，实施整治项目12个，其中市统筹项目2个、区统筹项目10个，涉及2镇4街。整治内容包括立面粉刷、空调机位规整、广告店招整治、门窗修饰和女儿墙、半坡假檐及沿街重要节点整治，突出嘉庚建筑风格和闽南特色，达到整洁、美观、有序的效果。至年底，2个市级项目竣工；10个区级立面整治项目中，2个因涉及海翔大道两侧绿化整治项目拆迁，3个项目涉及马銮湾新城片区及集美新城北站片区村庄拆迁，申请暂缓实施，剩余的5个项目正在实施中。

【夜景整治提升】2018年，集美区夜景提升工程遵循“整体提升、突出重点”的原则，以“嘉庚文化”“嘉庚精神”为核心理念，整体设计以黄、白两色为主色调，做到主次分明、动静结合，对建筑立面的轮廓线条、照明手法、灯饰装饰、色调亮度等进行整治提升，打造和谐、统一、富有人文集美特色的夜景。第一轮灾后重建夜景整治提升工程，包括环保综合大楼、永祥安置房、厦门北站、杏林湾西岸沿线湖面、环杏林湾东岸景观及桥梁等处。至年底，环保综合大楼和永祥安置房夜景工程完成竣工验收，厦门北站、杏林湾西岸沿线湖面、环杏林湾东岸景观及桥梁、厦门市重点片区夜景工程集美区标段等4个项目，处于验收和结算送审阶段。

【临时占道管理】2018年，集美区取消破占道审批前置的地下燃气管线、地下电力电缆管线查询环节，将查询工作调整为现场勘查阶段合并办理，减轻申请单位负担。至年底，累计办理临时占用（挖掘）道路、绿地审批157件，移伐城市树木审批2件，机动车停车场经营备案23件。

【全面推行生活垃圾分类】2018年，集美区围绕“减量化、资源化、无害化”目标，构建“政府推动、全民参与、城乡统筹、因地制宜”的工作格局，开展垃圾分类工作。至年底，6个镇街、45个社区、21个行政村，以及区企事业单位、星级酒店（宾馆）、学校（幼儿园）、农贸市场、车站、公园、景区等公共区域和驻辖区部队，全部推行生活垃圾分类，垃圾分类覆盖率100%，知晓率95%，投放准确率逐步提高。

【餐厨垃圾收运】2016年3月10日，集美区餐厨垃圾收集转运工作在机关、学校、企事业单位食堂试行。收运时间，初时一天一班，每天5—12时。2017年5月1日起，杏林片区改一天一班为一天两班，增加13—20时下午班。从各餐厅收集的垃圾送往厦门市东部固废填埋场中国节能瑞科际再生能源有限公司处理。至2018年底，集美大学（18个餐厅）、欣绿尔康餐具、集美区政府、机关事务管理局（杏林）、杏林中心幼儿园、集美中心幼儿园、厦门（杏林）舒心餐饮有限公司、厦门大学附属第一医院杏林分院等357家餐饮单位实行餐厨垃圾集中收运，日最高收运量54.57吨，月均926.11吨。

【农村生活垃圾治理】2018年，集美区对村居保洁工作实行网格化管理，采用小型电动车辆与人工保洁相结合的清扫作业方式，进行日常清扫。对房前屋后卫生死角、堆杂垃圾定期开展专项清扫整治。全年累计出动保洁人员43920人次、农用车4983车次、电动垃圾收集车53240车次，清理房前屋后卫生死角、堆杂垃圾31632处，清运垃圾63206吨。全区（包括城区）征收垃圾处理费705万元。安排专人负责垃圾排放申报登记工作，全年登记企事业单位400余家，年产垃圾约25万吨。

【道路清洗】2018年，集美区按照精细化考评作业标准，规范保洁模式，提高道路洗、扫、冲、收保洁一体化作业率。投入使用的洗扫冲收车32辆、洒水车16辆、雾炮车7辆、护栏清洗车2辆、路面养护车16辆、高压清洗车11辆，配备驾驶员101名。全年共出动道路洗扫冲收一体车1.83万车次，耗水量4.57万吨；路面养护车2.38万车次，耗水量3.73万吨；洒水车道路清洗2.39万车次，耗水量20.18万吨。

2018年集美区城市基础设施情况

表25

项　目	单位	数据	项　目	单位	数据
一、城市道路长度	千米	94.45	城市污水处理量	万吨	5172.31
城市道路总面积	万平方米	324.93	污水处理率	%	97.44
建成区面积	平方千米	81.61	四、生活垃圾清运量	万吨	27.58
二、公园个数	个	49	垃圾车	台	168
公园面积	公顷	236	公厕数量	座	195
建成区绿化覆盖率	%	43	环卫机械总数	台	311
三、城市污水排放量	万吨	5308.24	自来水管道长度	千米	566.13
五、全年用电总量	万千瓦小时	475199	供水总量	万吨	8484.89
#工业用电	万千瓦小时	280844	售水总量	万吨	8054.23
居民生活用电	万千瓦小时	127907	#生产用水量	万吨	2205.07
平均日生活用电量	万千瓦小时	350.43	生活用水量	万吨	4812.32
六、供水企业	个	3	#家庭用水量	万吨	3239.95
综合生产能力	万吨/日	30	平均日供水量	万吨	23.25

（陈美红 林景伟 李艳洁）

城管执法

【概况】2018年，集美区城市管理行政执法局开展“两违”综合治理、市容整治、基层中队规范化建设等活动，以“项目推动年”和“扫黑除恶”专项斗争为契机，推动城市管理提质升级。全年共查处拆除违建833起，查处并纠正各类市容违章行为5.11万起，受理群众来电投诉件、“110”转办件、督办信访件等各类投诉件24761件，办结率100%。

【“两违”综合整治】2018年，区执法局贯彻落实中央、省、市关于“两违”综合治理专项工作的指示精神，与各镇街及各相关职能部门配合，齐抓共管，违建增长现象得到控制。至年底，共拆除违建833起，占地面积123.37万平方米，建筑面积96.78万平方米，超额完成市下达任务的137.78%。国土部门通报集美区2017年度疑似违法图斑511个，占地面积763.5万平方米。通过与国土、各镇街开展联合整治，至年底，全区卫片整改496宗，整改率97.06%。2018年，集美区新增“两违”航拍图斑906起，通过由镇街牵头，国土、执法、规划等部门协作配合，拆除567起。其余符合规划豁免清单、属军事用地等（航拍）105起，立案1起。此外，坚持每个月在区政府网站集中公布一批“四重点、五部位、六先拆”对象，公开曝光典型违法建设案例，并密切关注网络舆情动态，营造“两违”综合治理的良好舆论氛围。通过高压治理，全区初步形成“不想违建、不敢违建”的氛围，“无违建”创建工作成效显著，非法占地、未批翻改建行为得到控制，新增“两违”现象减少，新增“两违”图斑由第一季度663宗降至第三季度92宗。

【“大棚房”专项整治】2018年，区治违办下发《关于开展“大棚房”问题专项清理整治行动的通知》，要求按照“严守红线、突出重点、分类处置、集中打击”的要求，整治占用耕地、改变土地性质和用途的违法违规建设行为，重点打击水库、水源一级二级保护区、河道两侧、林场林区、沿海沙滩、沿海景观带和山体公园周边等各类违建行为。至年底，核查“12319”投诉平台转交“大棚房”问题6起，结合“两违”综合治理专项行动，拆除农地非农化的违章搭盖9处，占地面积5148.57平方米。

【非诉行政案件实行“裁执分离”】2018年，区执法局根据省、市法院、执法局关于非诉行政案件实行“裁执分离”的意见，制定《“裁执分离”“两违”行政非诉案件执行方案》和《进一步分解“裁执分离”“两违”行政非诉案件执行任务的方案》，联合区法院等相关部门共同开展执行工作。对232宗经区法院“裁执分离”准予执行的案件进行细化分解，拟用二到三年时间消除现有积案。当年执结55宗，超额完成年度计划。

【市容市貌管理】2018年，区执法局采取日常巡查和定点执勤相结合的方式，加强市容巡查管控，开展垃圾分类、共享单车、扬尘污染、露天烧烤、油烟扰民、噪音扰民等专项集中整治，着力整治夜间占道烧烤和渣土车违法乱倒等行为，基本达到消除夜间占道烧烤现象，渣土车乱倾倒和污染路面现象亦得到有效遏制。至12月20日，共纠正占道经营38394起、跨店经营21082起，查纠露天烧烤615起、油烟和噪声扰民709起，纠正“门前三包”不落实3942起、生活垃圾不分类行为894起。拆除违规户外广告、店招452块，面积1.6万平方米；查处渣土车违法违规行为320起、扬尘和粉尘污染1363起，查处渣土车辆233辆，罚金13.01万元。

【环境保护管理】2018年，区执法局制定年度生态文明建设和环保工作计划，指导和督促各中队开展生态文明建设和环境保护工作。至12月20日，查处乱倾倒垃圾、污水、渣土、废弃物812起，车辆泄漏、遗撒污染行为254起，施工噪声、粉尘污染1072起，社会生活噪声、振动污染1519起，焚烧废弃物346起，餐饮业油烟排放污染177起，纠正夜间大排档占道经营、取缔露天烧烤及占道行为4227起，受理环保类投诉5418件。

【广告店招整治】2018年，区执法局落实户外广告网格化管理责任制，制定《2018年全面开展违规户外广告（招牌）设施整治工作方案》和《集美区户外广告（招牌）设施整治提升实施方案》，印发《厦门市户外招牌设置

5月16日，区城管行政执法局实行“裁执分离”工作机制，拆除岩内村山上的违建别墅
（城市管理局 供图）

导则》宣传手册1万份。按照“网格管理、部门协作、上下联动、督查追责”的思路，通过网格化建设与管理，明晰权责，形成合力，规范户外广告设施设置行为，加强事中事后监管，做到问题及时发现、及时制止、及时处理，实现违法户外广告设施“零增长”的目标。全年共拆除各类违规户外广告设施2718处，拆除面积3.89万平方米，其中包括市执法局下发的违规户外广告设施整治任务清单4份149处，整治面积1.50万平方米。拆除集美工业学校、华文学院、兴业大厦屋顶、雅珠大酒店大型LED屏和王府井等多处大型广告，清理破损的公益广告宣传栏6块。区执法局户外广告设置整治路段33条，全部完成整治任务。

【土方车整治】2018年，区执法局根据市、区道路运输车辆扬尘污染专项整治方案，加大对土方车运输扬尘执法监督和集中整治。联合交警、交通运输、交通综合执法大队等部门，开展渣土车联合整治行动，对重要路段实施全天候无缝隙监控整治，做到上路一起，发现一起，查处一起。并针对建筑工地管理不规范、随意倾倒垃圾、施工扬尘、带泥运行等行为，召开相关责任单位（人）座谈会，强调文明施工责任。至12月20日，共查扣违规上路的土方车、农用车等247辆，罚款13.16万元。

【露天烧烤整治】2018年，区执法局针对辖区内占道经营、油烟噪音扰民、露天烧烤等问题，与综治办、城管办、交警、执法中队等多部门联合行动，查纠小吃摊占道经营，取缔露天烧烤，成功治理杏林果蔬批发市场周边、杏滨碑头路、新源路、大学康城、侨英霞梧广场周边等多处老大难问题。全区共纠正、取缔夜间大排档、小吃摊、烧烤摊占道行为500余起，露天烧烤、餐饮油烟扰民行为减少。

【安全生产检查与执法】2018年，区执法局在全区开展“生命至上、安全发展”为主题的安全生产月活动和安全生产大检查、安全生产执法专项行动，开展“打非治违”、建筑施工、道路交通、消防安全、烟花爆竹、燃气治理等专项整治，查纠各类安全隐患问题。全年共发放安全生产宣传材料650份，查处安全隐患5处，暂扣“黑气”226瓶。

【生活垃圾分类执法检查】2018年，

区执法局强化生活垃圾分类推进工作，在各主干道沿街店面开展全覆盖检查，累计出动督导巡查289次，发放各种宣传材料6000余份，纠正生活垃圾分类不当行为952起，开具责令改正通知书28份，处罚垃圾分类投放收集不规范、主体责任不落实等行为46起，罚款14300元。

【共享单车整治】2018年，区执法局以主次干道、旅游景点、商场、动车站、公交车站、长途车站、地铁站、工业企业集中区等人口流量密集区域为重点，开展共享单车违停专项整治行动。至12月20日，累计纠正违停共享单车2460辆，暂扣共享电动自行车179辆，对OFO、摩拜、哈喽3家共享单车运营企业片区负责人进行约谈教育，并与之签订管理约定。建立巡查机制，指派人员每天对主要道路、高校周边、大型商场、地铁站周边等共享单车易乱停乱放点位进行定时定点清理疏导，并将工作相片上传至“共享单车管理微信群”，接受街道和职能部门的监督。

（梁梦露）

集美新城

【概况】2018年，集美新城继续坚持“四高”要求，强化统筹协调，全力推进“新城＋基地”建设提速、提质、提效。(1) 项目带动。全年实现固定资产投资202.9亿元，超额完成年度固投任务，连续三年年均固投超200亿元。策划生成新项目31项，新开工项目19项，竣工项目21项。28项省、市重点项目实现投资100.62亿元，完成134.56%。“五个一批”入库47项，总投资163.28亿元，其中谋划8项、签约14项、开工16项、投产9项。全年完成征拆项目17个，征地224.8公顷，拆迁18.4万平方米，提前成片预收储软件园三期7号、8号地块等产业用地，成功出让集美新城2018JP01等3个地块，实现土地出让收入51.21亿元。(2) 补齐短板。白石、湾东等片区路网基本成型，机械工业集中区三期起步区5条市政道路全面开工，轨道交通4号线厦门北站主体结构施工，后溪长途汽车站迁改启动，滨水小区东侧公交首末站竣工验收，官任、西亭临时停车场建成投用。全省单体面积最大的市图书馆集美新馆开馆，亭北小学、亭北中学开工建设，集美新城医院前期启动，软件园三期A18体育馆竣工验收，全市首批公共租赁房珩琦公寓、园博公寓主体完工，诚毅大街街区公园建成投用，杏林湾湿地、杏林湾路110千伏架空线缆化等工程基本完工。（3）产城融合。软件园三期东片区基本建成，累计交付研发及公寓楼160万平方米，实现再造一个软件园二期的目标。新增核准入园企业735家，累计2202家，入驻企业增至1021家，入驻员工2.2万人，实现营业收入176.13亿元，比上年增长40.79%，园区获评“省级现代服务业集聚示范区”，A04号研发楼项目获评2018—2019年度中国建设工程“国家优质工程奖”。机械工业集中区69家规上工业企业实现产值196.34亿元，增长4.83%，其中17家高新技术企业实现产值135.44亿元，增长11.88%，占比68.98%。厦工智能电传控制系统产业化项目、厦晖气门嘴项目开工建设，百度与金龙客车合作的国内首款无人驾驶巴士“阿波龙”小规模量产，灵玲马戏亲子酒店部分开业，两岸研学主题馆正式开馆，大陆唯一对台研学旅行基地厦门集美对台研学总部大楼启用。成功举办阿尔勒国际摄影季、国家级双创活动“创响中国”厦门站暨“一带一路”创新大会等品牌活动，新城的影响力和知名度进一步扩大。

【集美新城奠基八周年】2018年2月25日，集美新城奠基八周年。八年间，集美新城围绕“四高”要求，完成“一年全面启动，三年初具规模，五年基本建成”既定目标，正朝着“十年集聚成城”新目标迈进。先后推进四批百亿工程，实施“六大亮点工程”（绿化“提升工程”、道路“联网工程”、新城“亮灯工程”、社区“精品工程”、商气“集聚工程”、城市“管家工程”），打响“六大攻坚战”（碧水蓝天净化攻坚战、彩化美化提升攻坚战、城市演艺营销攻坚战、宜居环境完善攻坚战、项目落地推进攻坚战、众创生态建设攻坚战），累计完成固定资产投资1500多亿元，年年超额完成计划固投任务。核心区“六大公建”、杏林湾商务营运中心等标志性建筑投用投产，软件园三期片区产业集聚效应凸显，北站片区道口物流快速发展，文教片区高校林立。集美新城，一座产、城、学、人深度融合之城，跨岛发展新样板活力之城已然呈现。

【开建项目】2018年，集美新城新增开工项目19项，主要有:（1）岩内片区环山路建设。环山路位于厦门北站片区，全长5.16千米，其中K0+000～K1+140采用城市次干路标准，路基宽度24米；K1+140～K4+540路段采用城市支路标准，路基宽度11米；K4+540～K5+159.015路段采用城市支路标准，路基宽度18米，总用地面积约3.63万平方米。（2）圣果路等8条道路整治提升。8条道路均位于厦门北站片区，总长20.32千米，包含诚毅中路、诚毅南路、天马路、圣果路、圣岩路、天水路、珩圣路等，主要建设内容为道路绿化提升改造。（3）慢行系统建设。慢行系统一期串联集美新城几大片区，主要建设自行车道60千米、站点200个、驿站20个、锁车柱6000个，以及相关配套附属设施等，并对局部道路、绿化进行完善修复。（4）岩内排洪渠、鹭埭溪排洪渠建设。两渠位于厦门北站片区，总长3051米，建设内容为排洪渠两侧休闲步道及绿化工程。（5）亭北中学（外国语学校集美校区）校舍建设。亭北中学位于西亭核心区，总用地面积10.33万平方米，总建筑面积14.69万平方米。其中，高中部60个班，用地面积6.15万平方米，建筑面积9.32万平方米；初中部60个班，用地面积4.18万平方米，建筑面积5.37万平方米，总投资7.2亿元。（6）侨英中学校舍建设。侨英中学位于集美文教片区，用地面积3.26万平方米，建筑面积2.42万平方米。（7）亭北小学校舍建设，位于西亭核心区，60班小学，用地面积3.38万平方米，建筑面积3.82万平方米。（8）亭北幼儿园。亭北小学位于西亭核心区，用地面积3244平方米，建筑面积3900平方米。（9）集美二手车交易市场建设。市场位于厦门北站片区，建设内容为二手车交易场所及相关配套设施，预计年产值约60亿元。

【竣工项目】2018年，集美新城新增竣工项目21项，主要有：（1）杏林湾清淤护岸及环湾道路（九天湖段）北侧景观及配套广场，位于西亭核心区，用地面积9.08万平方米，建筑面积11.16万平方米，分为A、B、C、D四个区域共44栋2～3层建筑。（2）站西三路（圣果路），位于厦门北站片区，南起沈海高速公路连接线，终点位于站北五路，道路全长2.29千米，道路红线为40米，双向六车道，沥青混凝土路面结构。（3）集美新城杏林湾湿地一期工程，位于西亭核心区，后溪水闸口至杏林湾大桥以北水域，规划建设面积约40公顷淡水湿地，通过人工复合湿地净化技术，对上游来水进行调蓄、过滤、净化，争取净化后出水水质比进口水质改善20%以上，并增加水生植物种类8种以上，恢复生物多样性。（4）集美大道220千伏、110千伏架空线路缆化工程，沿集美大道建设市政管线共同沟及高压电力沟，其中市政管线共同沟（双仓）长3.22千米，高压电力沟（土建结构）2.56千米。（5）集美新城公交首末站及配套工程，位于西亭核心区，用地面积6162平方米，建筑面积2万平方米，地下2层，地上8层。（6）厦门（新）站片区特勤消防站，位于厦门北站片区，用地面积1.09万平方米，建筑面积5399.93平方米。（7）万科云城（集美·创意城），房地产项目，位于集美文教片区，用地面积4.75万平方米，建筑面积5.05万平方米。

【策划生成项目】2018年，集美新城策划生成项目31项，主要有：（1）机械工业集中区二期横五路延伸段，西起纵二路，东至灌北中路，总长524米，双向两车道，路幅宽度为18米。（2）集美北路（集灌路—集美大道段）绿化工程，位于软件园三期片区，绿化工程建设面积6.55万平方米。（3）洪茂变电站10千伏环网柜，位于软件园三期片区，新设立高压户外环网柜2台，从甫公山变电站引接两回10千伏电缆作为环网柜电源，长度9.13千米。（4）坑内小学，位于机械工业集中区，36班小学，用地面积1.87万平方米，预计总投资1亿元。（5）坑内幼儿园，位于机械工业集中区，12班幼儿园，用地面积4055平方米。（6）枋塘幼儿园，位于机械工业集中区，12班幼儿园，用地面积4045平方米。（7）大学城带状公园，位于集美文教片区，长1500米，宽83米，总用地面积10.8万平方米，预计总投资1.5亿元。（8）后溪老人养护中心，位于厦门北站片区，用地面积6049.7平方米，规划为机构养老设施用地并含街道级老年人日间照料中心，总建筑面积2.41万平方米，预计总投资1.2亿元（不含医疗设备及精装修）。（9）枋塘社区服务中心及室外活动场地，位于机械工业集中区，社区服务中心用地面积1518平方米，建筑面积3750平方米，含医疗卫生用房、行政管理与社区服务用房、文化娱乐用房、老年人日间照料中心、社区书院等；社区室外活动场地用地面积1002平方米。（10）后溪睦邻广场，位于厦门北站片区，规划街区西起珩圣路，东至海翔大道，全长2.3千米；启动区作为整体步行街区改造的示范段，西起珩圣路，东至集美北大道，长1.3千米，宽29米，用地面积4.45万平方米，建筑面积1.18万平方米。

【演艺中心人气集聚】2018年，集美新城文化演艺中心人气不断集聚。诚毅科技探索中心接待66.34万人次，举办第二届海峡两岸青少年航天梦等主题活动。厦门老院子景区接待211.52万人次。厦门灵玲国际马戏城熊猫馆启用，两岸研学主题馆开馆，承办第十届海峡论坛两岸特色庙会，接待110.46万人次。10月1日，全省最大图书馆——市图书馆集美新馆开馆试运营，7天接待超过10万人次。嘉庚艺术中心（华谊兄弟影院、嘉庚剧院）、市图书馆集美新馆全年共接待119.67万人次。市民广场先后举行“听见集美”厦门集美学村周末音乐会启动仪式暨“春天畅想”音乐会、彩鹭音乐节、星巢音乐节、第七届国际家政员工节晚会、24小时马拉松式全民学习日、中国首届心理产业博览会、集美·阿尔勒国际摄影季、荧光夜跑等活动。福建省首个音乐产业艺术综合体——杏林湾商务营运中心8号楼建筑面积1.5万平方米，由演艺中心、产业中心、博览中心及创客中心四大功能模块构成，举行“青年艺术季”等活动。环杏林湾景区全年接待游客突破千万人次，实现旅游收入52.30亿元，比上年增长50.2%。

【产业园区日益繁荣】2018年，集美新城产业园区日益繁荣。软件园三期新增商户8家、出租商铺33间。至年底，累计引进商户98家，涵盖餐饮、银行、医疗等业态。新投入公寓1760套，已建成公寓2780套，出租率80%。新增落地云知声、英视睿达、北京慧影医疗科技等人工智能企业，中版集团、深圳博芯科技、北京时代凌宇等龙头企业。举办以“高水平双创、高质量发展”为主题的省“双创”活动周启动仪式、第十一届厦门国际动漫节之嘉年华等颇具影响力的活动。杏林湾商务营运中心商业氛围浓厚，好慷在家、永兴东润等龙头企业入驻，入驻率 85.3%，实现营业收入 143.32 亿元。全市首个基金聚集区开业，吸引祥峰基金、中金资本、深创投等 171 家股权投资类企业注册，规模 163.28 亿元。12 号楼作为岛外已建最高楼，正式命名为诚毅国际商务中心。厦门北站商务营运中心、创新创业大厦等产业平台日益成熟，60 家限额以上商贸企业实现销售额 113.33 亿元，比上年增长 19.77%；18 家汽车 4S 店累计销售 31.68 亿元，增长 31.5%。“9・8”投洽会期间，集美新城主要签约项目 5 个，分别是铸远软件会计乐、中科院知识创新体、中国技术供需在线平台、集美新城一站式旅游购物体验中心、红星美凯龙情景体验式家居 MALL 等。厦门岛外新地标——266 米高的中交・和美新城城市综合体动工建设。

【新城地块成功出让】2018 年，集美新城出让地块 3 宗，地块性质均为商住用地，出让土地总收入 51.21 亿元。2018JP01 地块，位于诚毅西路与诚毅北路交叉口北侧，总用地面积 3.05 万平方米，总建筑面积 8.55 万平方米；2018JP02 地块，位于杏锦路与四号路交叉口东北侧，总用地面积 3.2 万平方米，总建筑面积 10.77 万平方米；2018JP03 地块，位于杏锦路与杏林北二路交叉口西北侧，总用地面积 2.38 万平方米，总建筑面积 14.2 万平方米。

（江燕青）

马銮湾新城集美片区

【概况】2018 年，马銮湾新城集美片区开工建设项目 43 个，总投资 69 亿元，当年计划投资 13 亿元，完成投资 13.73 亿元，完成交地 16.8 公顷、拆迁（含非住宅等）6.6 万平方米。完工项目 2 个，即厦杏排洪沟迁改及回填主体工程和西滨清洁楼主体工程。在建项目 39 个（含前期工作）：外湾东路、潮园路、西滨北路、环湾大道（外湾东路—西滨路）、海翔大道灌前立交完善工程、蔡林南路管廊、轨道 6 号线马銮段二期、生态修复二期工程、西滨污水泵站、蔡林小学、双语学校等。

【规划制定】2018 年，市马銮湾新城建设总指挥部立足“四高”要求，将“生态修复”“通山理水”“海绵城市”“低碳交通”“密路网小街区”“智慧城市”“产城融合”等国内外先进规划理念融入新城控规蓝图，陆续开展规划研究工作 44 项，其中 31 项定稿并组织实施。指挥部牵头组织开展马銮湾规划汇编工作，梳理规划缺失。至年底，汇编初稿完成。

【生态修复】2018 年，新城建设指挥部全力推进中心岛、集美岛、生态岛屿的围堰及吹填施工，同步推进陆域范围骨干路网路基及地块场平施工，完成投资 1.51 亿元。至年底，生态修复一期基本完成，二期工程启动。在一期纳淤成型后，对中心岛集美地块面积约 22.5 万平方米和集美岛面积约 37.4 万平方米进行地基处理。

【马銮湾水生态修复湿地工程】项目位于马銮湾新城集美片区范围内，占地约 76.7 公顷。马銮湾水生态修复湿地工程是区域重要的绿色屏障和生态廊道，也是区域重要的城市公共绿地、活动空间。项目利用生物净化措施清洁上游来水，净化面源污染，设置雨洪调蓄区缓解蓄洪压力，达到保障水安全、改善水环境、修复水生态的效果。项目总投资约 10.17 亿元，分一、二期建设，占地面积分别为 8.7 万平方米和 68 万平方米。至 2018 年底，完成投资 6050 万元，水生态修复湿地一期工程示范段进行各类乔林、灌木、地被种植和景观小品建设。

【道路建设】集美片策划道路 51 条，其中起步区 22 条、北片区 20 条、集美岛 9 条，开工建设 14 条，建设内容包括道路、交通、路灯、绿化、给水、排水、缆线沟、有线电视（土建）、通信、燃气、中水工程等，另 15 条启动前期工作。

2018 年马銮湾新城集美片区道路建设情况

表 26

名称	位置	等级	长度（米）	宽度（米）	总投资（万元）	完成投资（万元）
蔡林北路	蔡林村	城市支路	1293	14 ～ 22	5380	2150
蔡林南路	蔡林村	城市次干道	2592	30	8950	3270
外湾东路	西滨村	城市支路	2784	22	13408	4350
蔡林路	集美片区	城市支路	408	22	2606	1500
堤岸路	集美片区	城市支路	378	22 ～ 30	2467	2375
望山路	西滨村	城市次干道	346	30 ～ 40	4313	350
柏涛路	西滨村	城市次干道	2784	22	13408	3200

续表

名称	位置	等级	长度（米）	宽度（米）	总投资（万元）	完成投资（万元）
浦銮路	浦銮村	城市次干道	1900	76	12400	2700
马銮湾东路	集美片区北部	城市次干道	1178	30	7100	2470
海湾大道	集美片区	城市主干道	1180	43	10545	2200
大明寺路	西滨村片区	城市支路	577	22	3081	960
潮园路	西滨村	城市支路	820	22	3600	1050
海翔大道灌前立交完善工程	集美片区	立交完善4匝道	1141	AB匝道13 EF匝道10	14298	5150
环湾大道	陈井、西滨村	城市次干道	3792	43	20000	4900

【蔡林南路管廊工程】位于马銮湾新城集美起步区，总长1800米，堤岸路—蔡林路、楼山路—光明路—大明寺路段共1515米采用双舱断面，蔡林路—楼山路段285米采用三舱断面，项目总投资2.1亿元。2018年8月开工，至年底完成投资5300万元。

【厦杏排洪沟工程】位于马銮湾新城集美片区蔡林村以东，对现状临时排洪暗涵和土渠进行整治改造，附休闲步道及绿化工程，设计流量每秒18.42平方米，总长550米，底宽5米。项目总投资2079万元。至2018年底，完成投资2380万元，主体工程完工。

【西滨清洁楼工程】位于马銮湾新城集美西滨村北侧，占地面积761平方米，建筑面积580平方米，包括清洁楼、公共厕所、道班房和环卫停车场。建设内容包括主体土建安装工程、室外配套工程及设备工程（垃圾压缩设备）等。项目总投资约418万元。至2018年底，完成投资405万元，主体工程完工。

【西滨污水泵站工程】位于马銮湾新城集美片区蔡林村南侧，占地面积2716平方米，日处理能力日1.5万吨。其中西滨泵站（分流制污水）规模1万吨/日，截流泵站（合流制污水）规模5000吨/日，初雨调蓄池5000立方米，截流管道及截流井。项目总投资约7340万元。至2018年底，完成投资4027万元，地下主体结构土建工程完成。

【轨道6号线二期工程】位于马銮湾新城集美片区，含集美岛站和西滨路口站，二站二区间线路长4.3千米。建设内容：主体土建工程、给排水永临结合工程及人防工程。项目总投资概算8.90亿元，至2018年底，完成投资1.65亿元。

【蔡林小学工程】位于马銮湾新城集美片区蔡林村东侧，计划办学规模48班、学位2160个，总用地面积23948平方米，总建筑面积26329平方米，其中地上建筑面积17922平方米，地下建筑面积8407平方米。建设内容包括新建教学楼、实验综合楼、食堂、体育馆、室外运动场及相关配套设施、地下公共停车场（含人防工程），项目总投资约12581万元，其中建安费10672万元，其他费1119万元，征地拆迁费790万元。至2018年底，完成投资5300万元，5—6号楼主体完工。

【华锐双语学校工程】位于马銮湾新城集美片区蔡林村东侧，计划招生规模1600人，包括幼儿园、小学、初中及高中，主要招收厦门及周边地区的福建海归人才子女和本地学生，同时招收少量外籍和港澳台学生。分设南北两个校区，北校区为幼儿园及高中，南校区为小学及初中，项目总占地面积36953平方米，总建筑面积72672平方米。建设内容包括新建教学楼、图

华锐双语学校建设工地（曾文清 2018年9摄）

书馆、剧场、室内篮球馆、足球场及相关配套设施、地下公共停车场（含人防工程），项目总投资约5亿元。至2018年底，完成投资22600万元，北校区2018年11月开工建设，计划2020年4月竣工，2020年9月开学。

（黄真鸿）

生态环境保护

【概况】 2018年，集美区空气质量优良率98.4%，空气细颗粒物浓度等6项污染物指标达标率100%，坂头—石兜水库饮用水水源地水质达标率100%，区域噪声昼间55.8分贝、夜间51.6分贝，交通干线噪声昼间62分贝、夜间57.9分贝，一般工业固体废物综合利用率82.56%。全年生态环境保护投入3190万元，比上年增长3.47%。累计办理行政许可1398件。

【环境质量】 2018年，坂头—石兜水库水质符合《地表水环境质量标准》（GB3838-2002）中Ⅲ类标准，饮用水水源地水质达标率100%。全区总体水质状况比2017年有所好转，省控断面许溪上庄鱼鳞闸和深青溪浦边桥达Ⅴ类标准，完成小流域劣Ⅴ类销号工作。空气质量指数（AQI）“优”167天，“良”192天，轻度污染6天，全年空气质量综合指数2.90，排名全市第一名。空气中主要污染物年平均浓度：二氧化硫（SO_2）0.006毫克/立方米，二氧化氮(NO_2) 0.023毫克/立方米，一氧化碳（CO）0.7毫克/立方米，臭氧（O_3）0.13毫克/立方米，≤10微米的可吸入颗粒物（PM_{10}）和≤2.5微米的可吸入颗粒物（$PM_{2.5}$）分别为0.044毫克/立方米、0.021毫克/立方米，优于《环境空气质量标准》（GB3095-2012）二级标准。与2017年比较，综合指数下降22.2%，优良率上升11.3%，SO_2下降14.3%，NO_2下降32.4%，CO下降22.2%，O_3下降16.1%，PM_{10}下降18.5%，$PM_{2.5}$下降25.0%。区域环境噪声昼间55.8分贝、夜间51.6分贝，交通干线噪声昼间62分贝、夜间57.9分贝，区域噪声和交通干线噪声符合功能区标准。

【大气污染治理】 2018年，集美区落实《重点区域空气质量日常巡查管控办法》《2018年守护蓝天百日攻坚专项行动计划实施方案》《臭氧污染防控实施方案》等文件，细化轻微污染天气应急预案，开展两轮守护蓝天百日攻坚行动，强化联合防控和应急响应，安排专人值守，密切跟踪辖区空气质量自动监测数据，及时开展应急调度工作。全年累计启动轻微污染天气一级响应45次、二级响应85次、三级响应213次，雾炮车出车13310次，耗水124118吨，行驶里程138490千米。突出管控重点，加强工地和道路扬尘督导管控，开展扬尘巡查，出动888人次，检查工地9677个，发现问题1548个，督促整改1548个。推进挥发性有机物污染治理，第一、第二阶段112家企业通过验收；第三阶段整治企业10家，关停3家，搬迁1家，5家完成设施整治。开展锅炉及工业窑炉专项整治，完成瑞新热电有限公司锅炉提效改造、超低试验工作，督导海翼杏林热电有限公司依法生产。依托专业力量，委托中科院城市环境研究所完成“集美区大气污染来源解析及调控策略”项目研究，为科学施策、精细化管控提供依据。完善平台建设，在全市率先建设空气质量微站以及网格化大气污染监控平台，提供空气质量现状分析、污染成因分析、污染应急现场检查、空气质量保障效果评估等一体化应用，实现大气污染网格化、精细化、科学化管理。

【水污染治理】 2018年，集美区根据《厦门市全面推行河长制实施方案》要求，全面落实河（湖）长制，区委书记、区长双总河长带头巡河20次，一线协调解决问题50起。开展专项整治，实施《集美区溪流养护管理办法》，溪流保洁率100%。投资1800万元，实施小流域综合治理重点工程，完成12家建站15年以上加油站的地下油罐防渗设施改造。提升城镇污水处理能力，完成集美、杏林污水处理厂提标改造，尾水出水水质从一级A提标为《地表水环境质量标准》（GB3838-2002）中Ⅳ类标准。完成55个农村分散式污水处理站、8个小型污水处理站中水回用及5个小型处理站在线监测设施建设。开展受污染小水体排查和整治，完成10个受污染小水体整治工作，消除日东湖水体黑臭并通过国家联合检查。强化饮用水源地保护，坂头—石兜水库31个问题整改完毕，安装水源地围网4669米、界标15个、交通警示牌3块、宣传栏10个，悬挂张贴标语100副。开展饮用水源地突发环境事件应急预案修编，完善保护区规范化建设，通过国家生态环境部全国集中式饮用水水源地专项督查。

【土壤污染防治】 2018年，集美区落实《厦门市土壤污染防治行动计划实施方案》，建立土壤污染防治定期调度通报制度，开展25家重点监管企业信息采集工作，与42家重点企业签订土壤污染防治责任书，制定土壤污染隐患整改方案。建立辖区首批疑似污染地块名录，并开展调查。对重点监管企业周边土壤进行监测，完成先锋电镀（厦门）开发有限公司周边土壤环境监测工作。建立农药包装废弃物和农膜回收体系。加强危险废物处置，一般工业固废综合利用率82.56%，年底危废贮存量达到考核标准。开展危废物处置规范化考核，出动189人次，检查企业63家，立案14家，处罚24万元。在全市率先委托第三方对危废物产生单位进行规范化管理辅导，该模式获市环境监察支队“点赞”并作为经验推广。

【环境监管执法】2018年，集美区强化环境执法力度，结合环境执法专项督查、执法大练兵等专项工作，将昼查与夜查、晴天查与雨天查、工作日查与节假日查、驻点督查与机动巡查、面上排查与重点突查相结合，加强环境行政执法与刑事司法联动。全年立案行政处罚224件，处罚金额1289万元。其中，依法查封扣押50件，行政拘留13件，刑事移送1件，停产限产5件，申请法院强制执行22件，行政处罚立案数、罚款总额均居全市首位。全年受理环境信访投诉件3321件，均妥善处理，按时按要求反馈。累计出动环境监管执法6951次，检查企业2317家，其中“双随机”检查140家、专项检查179家。

【环境安全管理】2018年，集美区加强环境安全管理，召开环境安全形势分析会。开展重点企业监督检查、危险废物处置、辐射使用、环境风险隐患等企业检查。落实企业安全主体责任，执行环境应急管理法规，督促企业自觉开展环境安全隐患自查，发现隐患及时整改。加强核与辐射监督管理，对辖区16家辐射使用单位、2家变电站开展辐射监督监测检查，强化辖区核与辐射单位环境安全管理。开展突发环境事件应急演练，分别在厦门宏发电声股份有限公司、厦门金龙联合汽车工业有限公司开展突发环境事件应急演练。是年，辖区未发生较大以上突发环境事件，也未发生企业违法排污造成的一般突发环境事件。

【环保督察整改】2018年，集美区制定《落实中央和省环保督察反馈重点问题2018年度整改方案》《中央环保督察反馈问题工作推进视频会要求整改督办事项》，推动中央和省环保督察反馈重点问题的整改落实。根据中央环保、省环保督察反馈问题及《八闽快讯》通报问题，梳理出重点环境问题17项，制定“问题清单”，跟踪检查每项问题的整改责任、整改措施、整改进度、整改结果，完成整改任务3项。对突出的环境问题立查立改，建立督察信访件调度机制，每半月向市信访督察组报送整改工作进展。中央环保督察期间，交办集美区主办的环境信访投诉件67件，完成整改62件，剩余5件在按序推进中。

【生态文明建设】2018年，集美区深化环保目标责任制考核，区委书记、区长与主要部门、各镇街、重点企事业单位签订党政领导生态文明建设和环境保护目标责任书，将重点企事业单位纳入目标责任书签订范围。制定《集美区2018年度党政领导生态文明建设和环境保护目标责任制考核细则责任分解表》《集美区各镇街、区直部门、驻区部门2018年度党政领导生态文明建设和环境保护目标责任制考核》，将2018年环保工作任务层层分解，细化落实。不定期召开会议，建立月报汇总、定期协调、跟踪督办工作机制，紧盯市、区两级环保目标责任书执行情况，按月梳理汇总责任单位落实情况和差距，紧密跟踪，督促按计划、按进度完成各项任务。

【空气质量网格化监控平台投用】2018年，集美区建成全市首个区级空气质量网格化监控平台，以每9平方千米设一个监测点的标准，在全区设置自动监测微型站20个。通过使用应用统计分析、移动端应用开发等技术，提供空气质量现状分析、污染成因分析、重污染应急现场检查、空气质量保障效果评估一体化应用，为提升空气质量提供科学决策依据。

2018年集美区“三废”排放、处理、综合利用情况

表27

项　目	单 位	实 绩	项　目	单 位	实 绩
工业废水排放量	万吨	612.92	工业粉尘（粉）排放量	吨	35.83
工业废水排放达标量	万吨	612.92	工业粉尘（粉）排放达标量	吨	35.83
工业废水排放达标率	%	100	工业固体废物产生量	万吨	7.74
工业废气排放总量	亿标立方米	377.44	工业固体废物贮存量	万吨	0.01
二氧化硫排放总量	万吨	0.0066	工业固体废物处置量	万吨	1.34
二氧化硫排放达标率	%	100	工业固体废物综合利用量	万吨	6.39
工业烟尘（粉）去除量	万吨	4.13	工业固体废物综合利用率	%	82.56

（黄金秀）

交通·物流·邮政

交通运输业

公路建设与管养

【概况】 2018年，集美区农村公路97条，总长222.71千米，其中县道75.36千米、乡道63.43千米、村道83.92千米，桥梁42座，农村公路投入养护资金123万元。

【规划制定】 2018年，区交通运输局推进交通规划与研究项目的策划工作。牵头完成《轨道一号线（集美段）通车后沿线交通配套实施规划》《集美新城近期断头路完善规划》《集美区人行立交设施近期实施规划》等系列规划的制定工作，以及滨水小区、车管所、圣果院等片区交通影响分析。针对集美旧城和中心街区两大片区的交通特征和存在问题，开展《集美旧城交通组织改善规划》和《集美区中心街区交通需求分析及交通系统规划》等规划的编制工作。

2018年，天马山路－同集路Ⅰ标段竣工通车。图为同集路与天马山路路口的下穿隧道（林志杰 摄）

【道路改造】 2018年，集美区继续实施道路改造工程。至年底，已经完工或基本完工的有：（1）海翔大道公铁立交—孚莲路段，起于石厝立交，终于孚莲路，长6.92千米，红线宽60米，除绿化工程外，其余已完工。（2）北站连接线天马山路—上湖路段，西起圣岩路终点，与岩内跨线桥相接，穿过石堀山，与现状白云大道相交，跨过官浔溪，接上湖路，终点接同集路。全长6.58千米，隧道长1.29千米，道路红线宽43米，主车道为双向6车道，设计速度为每小时60千米，Ⅰ标段完工。（3）灌新路灌口中路—环湾大道段，起于灌口中路，终于马銮新城环湾大道，与在建的马銮湾隧道衔接，长3.7千米。其中灌口中路至海翔大道段长2.6千米，按城市主干路标准建设，路幅宽41米；海翔大道至环湾大道段，长1.1千米，按城市快速路标准建设，基本完工。（4）国道324线集美段改

2018年集美区公路里程

表28

指　标	单位	里程	指　标	单位	里程
一、公路通车里程	千米	94.45	乡道	千米	5.58
#等级公路（一级）	千米	70.44	三、晴雨通车里程	千米	94.45
高级公路（二级）	千米	24.01	四、绿化里程	千米	94.45
二、道路等级	—		五、公路桥梁	座	42
国道	千米	25.50	公路桥梁长度	米	18033
省道	千米	9.33	#互通式立交桥	座	6
县道	千米	75.36	互通式立交桥长度	米	8986.50

线工程、集灌路集美北大道—G324线段提升改造工程完工。正在施工的有后溪长途汽车站主站房平移工程，平移主站房面积11764平方米，保留并改建原地下室面积20500平方米，保留局部发车平台面积3500平方米，新建裙房面积9500平方米、地下室面积4万平方米，与高铁北广场地下连接通道面积1000平方米，总建筑面积约8.6万平方米。另有美山路乐海路—潘涂段（南起乐海路，终点潘涂村，城市次干路，全长7.05千米，宽30米）、国道324线坂头大桥—同安集美交界段（长3.1千米，宽50米）、仁德路圣岩路—孙坂路路段（长2.59千米，宽43米，城市主干道，双向6车道，设计速度50千米/小时）、孙霞路建新孙坂路—在建中洲路路段（长1.77千米，宽43米，城市主干道，双向6车道）、龙湖环集美湖项目周边规划路五工程一期（长508.7米，宽12米，城市支路）、龙湖环集美湖项目周边规划路六工程一期（长239.04米，宽度12米）等一批道路改造项目正在推进中。

【城市次干路及支路加密和优化】2018年，集美区开展城市次干路及支路加密和优化工作，其中三李路延长段（南段）、J2010P06地块北侧道路、龙湖环集美湖规划道路之规划路一和规划路三、集美新城兑山西路延伸段、灌口小城镇学府路道路工程、灌口小城镇三李路道路工程主体工程竣工；IOI地块周边配套市政道路、龙湖环集美湖规划道路之规划路四、机械工业集中区三期起步区市政道路、学院路北延伸段正在建设中；华夏学院西侧道路、集美新城岩内片区环山路、东安南路（乐天路—滨海西大道）道路、凤安中路（浔江北路—红林路）道路、海凤南路（凤安路—浔江北路）道路、凤林三路（凤安路—浔江北路）道路、洋亭路（新324国道—灌口西路）、乐天路（东安路—东安北路）、灌口西路（洋亭路—仙棋大道）、瑞林路（新324国道—灌口西路）、机械工业集中区三期枋塘片区市政道路等工程正在办理前期手续。

【农村公路建设】2018年，区交通运输局继续推进灌口镇灌田线至忠塔线道路改造、环山风景道工程建设。灌田线至忠塔线道路改造，起点灌口镇大岭村村口，沿旧路至Y305乡道上的双岭村老人活动中心，全长1.5千米，改造内容包括排水工程、路面工程、涵洞工程、交通工程、绿化工程等。环山风景道工程，起点同安区莲花镇县道416与乡道731交叉口处，终点集美区后溪镇黄地村，长约2.60千米，采用四级公路标准建设，工程内容包括道路、涵洞、交通、照明及绿化工程。实施一批农村公路“白改黑”、路面拓宽、破损路面修复、完善标志标线改造提升工程。至年底，县道X416、灌田线Y303、白虎岩路面改造及交通设施施工结束，塔山边水库大坝路边增设防护及戏台路面重修干渠盖板工程、L33路段增设防护栏工程、L26路段增设防护设施工程，三个省为民办实事安保项目业已完成。灌水线C105、三浦线Y500、三后线锦东线路面改造及交通设施完善工程正在施工，村道C123路面改造及交通设施完善工程前期手续正在办理中。

【“路长办”设立】2018年1月25日，集美区政府印发《关于成立集美区区级路长和路长办公室的通知》和《关于印发集美区农村公路路长制实施方案的通知》。1月30日，集美区路长办公室及灌口镇、后溪镇、杏林街道、杏滨街道四个镇街路长办公室挂牌成立，农村公路分级管养体制改革正式启动。（林雪玲）

公路运输

【概况】2018年，集美区运输管理所办理道路运输经营许可9件。其中，普通货物运输经营3件，三类汽车专项维修许可3件，汽车租赁经营许可1件。至年底，全区有客运企业6家，货运企业77家，租赁企业1家，维修企业35家，驾培机构9家，出租车企业2家，公交客运企业1家。完成行业大排查大整治调查摸底工作，核实辖区道路运输企业131家，从业人员1923人，道路运输车辆2945辆。

【客货运输】2018年，集美区有客运企业6家（不含出租车和公交车公司），其中长途汽车客运站2家、旅游客运企业3家、长途客运企业1家，有客运车辆83辆2628座，年客运量127.50万人次，客运周转量13542.49万人次。有出租车企业2家，出租车200辆1000座；公交客运企业1家，在营公交车辆605辆，公交线路69条，运营线路总里程4776万千米，客运量10143万人。有货运企业75家（其中危险货物运输企业5家），货运车辆2257辆，总吨位13.33万吨，货运量12亿吨。

【公交线路优化】2018年，集美区新增常规公交线路3条、公交旅游专线1条，新购置纯电公交车135辆，新能源车辆占76.5%。1月，开通919路（集美新城公交场—集美新城公交场上）环形线路，衔接区行政服务中心与区政府及轨道交通站点。3月，开通495路（万科里—园博苑公交场站）临时接驳线路，满足万科片区民众搭乘地铁出行需求。5月，开通集游1路（龙舟池—厦门北站）公交旅游线路，衔接辖区各主要旅游景点及酒店，为来厦游客提供旅游配套服务。10月，开通496路（东安公交场站—集美学村）公交线路，衔接东安片区海上五月花小区与地铁站接驳。结合软件园三期公交场站启用，对911路、912路、913路、915路、917路、927路、947路、955路、990路等12条线路进行微调，接驳轨道交通1号线集美软件园站。

结合东安公交场站启用，调整延伸902路、959路、840路东安公交场站始发，满足东安片区、海上五月花、古龙御景小区民众公交出行及接驳地铁需求；结合园博苑公交场站启用，对原先停靠在杏林大桥桥下临时公交场站内的900、904、925等10条公交线路调整至该场站始发，实现轨道1号线站点与公交站点的无缝衔接；对900路、909路、929路、954路等线路进行微调，接驳轨道交通1号线集美大道站；对916路进行微调，接驳轨道交通1号线岩内站；协调市快速公交运营公司，将928路（嘉庚公交场站—集美学村）延伸调整至集美学村，连通地铁1号线“集美学村站”和BRT“嘉庚体育馆站”，进一步满足集美老城区民众搭乘地铁需求。（周艳欣）

道路交通管理

【概况】2018年，集美分局交警大队有民警70名。集美辖区共发生交通亡人事故42起，死亡43人，亡人数比上年下降15.69%，降幅百分点连续6年保持两位数以上，交通安全形势平稳向好。2016—2018“三年提升行动”期间，集美区道路交通亡人数下降62人，降幅居全市第一位。区道路交通事故一体化调处中心受案1633起，调结1502起，落实到位赔付款8764.78万元，其中公安行政调解受案276起，调结率100%，落实到位赔付款289.33万元；全区查纠现场严重交通违法行为473574起，其中酒后驾驶990起、醉酒驾驶377起、涉证21587起、涉牌25001起、“三超”13878起。是年，全区再建农村劝导站10座，其中后溪镇4座、灌口镇6座。交警大队完成“两会”、春运、高考、第十届海峡论坛、海峡两岸（集美）龙舟文化节、马拉松、音乐节、集美大学百年校庆、厦门国际动漫节、厦门集美半程马拉松及各类展会、演唱会等大型会议、活动及节假日道路交通安保工作。

2018年集美区交通事故情况

表29

月份	交通事故			
	次数	死亡（人）	受伤（人）	经济损失（万元）
1	62	4	57	224700
2	44	1	33	77700
3	98	2	49	77200
4	149	6	72	157600
5	519	2	275	518901
6	436	3	234	470355
7	460	6	306	320800
8	431	7	286	309845
9	445	3	249	255196
10	369	3	212	228342
11	354	3	221	208921
12	435	3	215	221245
合计	3802	43	2209	3070805

【交通隐患治理】2018年，区、镇（街）两级投入道路交通设施维护及建设经费3590万元，用于提升改造各处路口红绿灯控制系统，增设闯红灯抓拍、违停抓拍系统，刷新交通标线，安装震荡线、减速带、反光道钉（柱）、护栏、警示禁令标志、爆闪灯等，共设置交通标志牌1224套，刷新交通标线40126.5平方米，修复隔离护栏5353米、减速带1343米、道口柱399根、爆闪灯81套，排查整治各类隐患450余处，初步建成区、镇（街）、村（居）三级监管网络。7处被列入2018年省委、省政府为民办实事项目，全部整改完成。

【车辆驾驶人管理】2018年，集美分局交警大队深化交管“放管服”改革，狠抓事项权责清单和执行岗位责任制、首接负责制、警务公开制、一次性告知制、责任追究制等窗口服务工作机制的落实，率先叫响“即来即办、立等可取、当场办结”，首创“2+1”模式，实现群众一次排队即可办结业务，获得省、市领导的一致认可。全年共办理车管业务35961起、驾管业务15728起，办理带牌销售摩托车注册登记7743辆、小型汽车167辆，核发摩托车检验合格标志11939份、小型汽车检验合格标志7071份。

【寻找“零交通违法”好司机】2018年10月1日起，集美区开展寻找“零交通违法”好司机交通安全系列宣传活动。本次活动以“遵法、守规、明礼、安全、文明出行”为主题，通过寻找和表彰“零交通违法”的驾驶人，结合快闪、文艺表演、入户发放材料等宣传活动，推动形成人人抵制交通违法、人人践行文明交通、全社会共建共享文明交通的良好风尚。活动由区委文明办、区道路交通综合整治办、区交通运输局、集美公安分局交警大队、区妇联和各镇街主办，区义务交警队协办。凡具有多年零交通违法的驾驶经历，有集美区户籍或在集美区居住、工作，即可报名参选。至年底，报名参选者472人，评出三年、五年、十年“零交通违法”好司机各10名。按照档次，入选者分别获得1000元、2000元、5000元油卡的奖励。

【整治7个无信号灯路口】2018年，集美区华夏路与华珩路、红林路与东安路、海凤路与浔江北路、杏北路与九天湖路、锦园西路与锦英路、灌口中路与新亭路、灌口大道与坑坪路7个交叉路口，因无有效的交通管理，大车、小车、电动车、摩托车各不相让，事故隐患严重，路口道路交通安全隐患整治被列入省委、省政府为民办实事项目。立项后，区财政投入建设资金，区道安办负责方案设计，各方配合和协作，完成各路口项目建设，交通隐患消除。

【预防酒驾检测系统试点】2018年，厦门公交集团集美公交公司在厦门北站公交场站进行预防酒驾检测系统实施试点。集美公交公司采用信息化技术，将酒测仪、人脸识别系统与考勤签到连接，对公交驾驶员进行酒测，确保每位驾驶员通过酒测后再开车上路，从源头上防止酒后驾驶现象的发生。至年底，这一技术已在仰后、嘉庚、后溪、园博苑等站点投用。（吴心怡）

铁路运输

【概况】2018年，厦门北站增置自助取票机9台、自助检票闸机8台，增设实名制验证口12个，共设售票窗口16个、自动售票机20台、自助取票机21台、自助检票闸机60台、扶梯36部、直梯11部、实名制验证口30个（其中自助验证机12台、人工验证口18个）、查危口10个。全年开行图定旅客列车始发60.5对、经停动车83.5趟，发送旅客1761.96万人，完成运输收入20.72亿元。

【厦门北站推出系列便民措施】2018年，厦门北站做好进港列车及南龙铁路开通的宣传工作，积极引流进站。落实畅通工程，优化旅客通道设置，合理规划无障碍通道，提高安检通行效率，优化旅客进站流线。拆除南落客平台栏杆，增加无障碍引导显示。协调推进厦门北站到达旅客换乘地铁免安检工作，方便旅客出行。优化商务座旅客服务流程，与悦途出行公司合作，将商务座旅客引入“悦途”VIP专区候车，提升旅客服务质量。推行车站厕所“双所长”制和“互联网+餐饮、特产”等综合服务，协调中铁快运开展厦门北站便民托运服务，改善旅客出行体验。（段婧 林平超）

轨道交通建设

【概况】据厦门市轨道交通建设规划，途经集美区或在集美区设有终点站的地铁有1号线、4号线、6号线3条，高铁1条。其中，地铁1号线于2017年12月底通车试运营；地铁4号线、6号线以及福厦高速铁路2018年建设工程进展顺利。

【地铁1号线配套工程】地铁1号线主体工程于2017年12月31日开通运营后，后续缓建缓验工程2018年陆续施工。此项目总投资约128.27亿元，2018—2021年计划投资26.07亿元，包括1号线主线集美段15千米和集美区范围的配套项目。2018年计划投资12.7亿元，实际完成16.22亿元，完成年度计划的127.69%。

【地铁4号线建设】地铁4号线起于海沧嵩屿，终于翔安机场，全程71.2千米。途经集美区境马銮新城、灌新路、灌中路、厦门北站、海翔大道，长10千米。全线分两期建设，一期从后溪站至翔安机场，其中首开段从厦门北站至同安食品工业园，于2015年12月动工。集美区段工程共需征地34.55公顷，拆迁8.24万平方米，其中首开段工程征地3.95公顷，拆迁4.23万平方米。一期工程2018年需征地18.07公顷，拆迁3.08万平方米，实际完成征地12.67公顷、拆迁9235平方米。首开段2018年需征地3.15公顷，拆迁4.23万平方米（其中大部分为住宅）。

【地铁6号线建设】地铁6号线起于海沧区林棣，终于同安区新店仔，总长45.43千米。途经集美区境马銮新城、西滨路、杏北路、杏林湾路、集美大道、同集路，长16.54千米，设站13个。集美区段共需征地37.98公顷，拆迁15.80万平方米。6号线分为二期建设，即轨道6号线首开段和轨道6号线一期工程。轨道6号线首开段共2站2区间，起于马銮中心站（不含）至陈井站，终于西滨路口站，长约4.33千米，于2017年2月开工，整个工程全部落在集美区。一期工程从海沧区林埭站至集美区官任站，暂未开工。

【福厦客专建设】福厦高速铁路北起福州，南至漳州，正线全长278千米，其中集美段长13.9千米，设站1座。福厦客专在集美区需征地98.19公顷，

轨道6号线西滨路口站建设工地（2019年11月摄，轨道办 供图）

拆迁房屋24.41万平方米，其中住宅11.56万平方米，非住宅12.85万平方米。2017年9月底，全线开工建设，计划2022年建成通车。2018年计划征地28.14公顷，拆迁2.86万平方米（其中住宅2.23万平方米、非住宅6250平方米），实际完成征地31.05公顷，完成年度计划的110.32%，拆迁非住宅2.08万平方米，超额完成非住宅拆迁任务。

（朱　晶）

物　流　业

物流园区

【概况】 2018年，集美区编制《集美区现代物流产业链群2018—2022发展规划》，提出重点发展集美物流园产业集聚区、前场铁路大型货场物流产业集聚区、厦门北站片区物流产业集聚区，加快发展现代物流，以产业链“造链、延链、增链、强链”为抓手，以发展陆港物流、电商物流、汽车物流、冷链物流和城际城市配送物流为重点，以供应链模式创新和现代信息技术应用推动物流业转型升级为导向，加快转变物流业发展方式，塑造高端物流资源和高端物流集聚功能，进一步延伸产业链和拓宽发展空间，培育壮大前场铁路大型货场、集美物流园、北站片区和集美新城四大物流产业集聚区，做大做强集美区的物流产业，将集美区建成全市现代物流千亿产业链的重要一环。到2020年，物流业营收超亿元的物流企业达到13家，物流产业总产值达到204.81亿元，物流业发展成为集美区支柱产业之一。到2022年，物流业营收超亿元的物流企业达到16家，物流产业总产值达到256.21亿元，建成面向厦（门）漳（州）泉（州）龙（岩）、辐射全省的区域性物流中心，产业发展位于全国沿海发达地区水平。

【集美物流园】 集美物流园位于杏林公铁交通枢纽核心地带，紧邻厦门工业机械集中区，主要发展以陆路港运输为特征的区域联动物流、制造业联动物流、城市配送物流、电子商务物流以及冷链物流。集美物流园区总面积170.2万平方米，已挂牌出让用地面积48.9万平方米，摘牌企业分别为电商谷（厦门）发展有限公司、厦门金龙汽车物流有限公司、厦门新兴海峡实业有限公司、厦门中马供应链管理有限公司、厦门市嘉晟创新投资有限公司、顺通达集团有限公司6家企业。至2018年底，电商谷项目一期建筑面积11.4万平方米建成投用，二期29号楼9万平方米正在办理施工许可证。金龙汽车物流公司的海翼工业物流中心项目一期工程建筑面积0.8万平方米建成投用，由厦门众诚百川物流有限公司租赁运营；三期1.1万平方米建成投用，由百世物流签约租赁运营；二期2.4万平方米正在办理施工许可手续，拟建设电商业务专用物流库房3万平方米，由海翼物流自营。新兴海峡实业有限公司的典泰新兴项目一期建筑面积4.7万平方米建成投用，由跨航、优速等30家物流租赁试运营；二期13.8万平方米，投资额3亿元，2018年底主体竣工，拟部分租赁，部分自营跨境电商等业务。中马供应链管理公司的中马（普洛斯）冷链物流园项目A1冷库混凝土主体完成，A2干库正在装修，A3宿舍楼、A4-A7配套设施开始装修。嘉晟创新投资公司的嘉晟供应链物流基地项目一期建筑面积4.7万平方米建成投用，由跨航、优速等30家物流企业租赁试运营；二期13.8万平方米，投资额3亿元，2018年底主体竣工，拟部分租赁，部分自营跨境电商等业务。顺通达集团的达达物流园项目正在办理前期手续。是年，电商谷、中马、嘉晟、典泰新兴四家业主纳税额分别为398.6万元、24.94万元、212万元和173.96万元，合计809.50万元。入驻6家摘牌企业园区的跨航、百世、优速、志邦汇达等50多家物流企业纳税总额500.34万元。

【前场铁路大型货场】 前场铁路大型货场位于厦深铁路前场车站北侧，地处沈海高速、厦深铁路和鹰厦铁路之间的要道，规划面积353.33公顷，其中铁路作业区用地184.2公顷。2017年2月14日，福建省农资集团厦门公司取得出让用地1870平方米，拟建设农资仓储物流配送中心。2018年6月，橙联股份中国跨境电商运营管理总部签约落户，拟建成国内跨境电商物流的唯一全国性运营管理总部基地。项目一期位于前场一路与前场四路交叉口西南侧地块，占地面积14.67公顷，投资10亿元，建设年限为2020—2022

年，建设分拨中心13万平方米、档案中心1万平方米、分拨调度中心1万平方米。

【厦门北站片区】 厦门北站片区位于集美区后溪镇，规划范围东至天马山路，南至集美北大道，西到集美大道延伸段，北以规划站北五路为界，总用地规模551.36公顷，主要功能涵盖商务、物流、商贸、住宿、餐饮和旅客集散服务等。至2018年底，厦门邮件处理中心、厦门旺墩冷冻仓储、源香冷储物流中心、建发（集美）工业物流中心建成，厦门汽车物流中心的厦门二手车交易市场（一期）2018年5月12日开工建设，海峡出版物流中心项目选址北站片区。厦门汽车物流中心位于后溪镇圣果路与岩昌路的西北侧（厦门北站西侧），项目占地面积19.42公顷，建筑面积23.45万平方米，总投资6.73亿元，21家汽车4S店入驻，其中17家开业运营，包括2018年新开业的国戎顺达、骏佳行汽车4S店。纳入统计的14家4S店全年实现销售额31.96亿元，比上年增长13.56%，累计完成税收收入2179.56万元，增长115.51%。厦门邮件处理中心项目总用地11.34万平方米，总建筑面积4.90万平方米，总投资约4.1亿元，项目分两期建设，一期已投入运营。项目功能定位为速递邮件和物流集散处理，国际邮件、对台邮件和普通函件、包裹和报刊等邮件的分拣、处理等。海峡出版物流中心项目占地面积1.68公顷，总投资2.2亿元，建筑面积4.95万平方米，年图书周转量不低于2亿元码洋，9月8日签约落户，该项目由厦门外图集团出资，将建成以图书物流为主的现代化综合型出版物流中心，集商流、物流、信息流、资金流和综合配套服务功能于一体，打造海峡两岸最大的出版物及文化产业集散平台。

（周益敏）

物流企业

【概况】 2018年，集美区新增纳税物流企业橙联（中国）有限公司和厦门志邦汇达物流有限公司2家。全区物流企业纳税总额6113万元，比上年增长9.24%。纳税总额达300万元的企业有全程德邦、联冠、国拓（厦门）冷链、杏林永顺4家，合计纳税2061万元，增长17.47%，其中国拓（厦门）冷链2017年5月注册成立，纳税417.51万元。纳入统计的物流企业19家，物流营业收入13.71亿元，增长11.89%，其中营业收入逾亿元的有橙联（2.70亿元）、全程德邦（2.64亿元）、联冠（1.36亿元）、杏林永顺（1.18亿元）4家。

【联冠物流福建有限公司】 联冠物流（福建）股份有限公司位于集美区董任路3号，2004年9月注册，实缴资本500万元。公司自主开发运营“空车汇”车货交易及物流公共服务平台，专业经营以医药冷链智慧共配为主的国内商贸物流配送及国际多式联运业务，系厦门市重点物流企业、国家AAA级综合物流企业，被列为国家商务部、财政部现代服务业综合试点、交通运输部全国首批无车承运人试点。2017年8月在“新三板”挂牌，2018年被列为福建省发改委重点上市后备企业。2016—2018年，分别实现营业收入0.95亿元、1.11亿元和1.36亿元，税收451.00万元、593.41万元和487.89万元。

【橙联（中国）有限公司】 橙联（中国）有限公司位于集美区灌口镇，成立于2018年6月27日，注册资本2000万美元。由香港橙联股份有限公司全资控股，在上海、东莞、厦门自贸区设有分公司，主要从事国际货物运输代理、国内货物运输代理等现代物流相关业务，拟作为橙联跨境电商产业园建成后的运营主体，建设集分拨中心、数据中心、仓储物流中心、跨境物流金融服务中心、采购中心、信息科技中心与客服中心为一体的大型跨境电商物流平台。该项目总投资22亿元，分两期建设。其中一期地块项目规划面积15.16公顷，总投资10亿元，预计建成投产后五年累计营收650亿元，五年累计税收逾3亿元。2018年，实现营收2.70亿元，税收8795.93元。

嘉晟供应链物流基地（2018年10月摄，商务局 供图）

2018 年度集美区纳税百万元以上物流企业纳税情况

表 30　　单位：万元

企业名称	年纳税额	比上年增长（%）	企业名称	年纳税额	比上年增长（%）
厦门全程德邦物流有限公司	791	9.81	联冠物流（福建）股份有限公司	488	−17.78
国拓（厦门）冷链物流有限公司	418	436.61	厦门市杏林永顺运输有限公司	365	0.44
厦门峰砾物流有限公司	288	−7.39	厦门金龙汽车物流有限公司	280	−44.16
跨越速运集团有限公司厦门分公司	256	66.70	泉州顺路物流有限公司厦门分公司	232	−22.72
厦门勇腾仓储有限公司	182	5.46	厦门新兴海峡物流有限公司	174	1675.14
厦门锦园物流有限公司	152	58.17	厦门嘉信发运输有限公司	131	−6.29
—	—	—	合计	3757	9.22

（周益敏）

邮 政 业

【概况】2018 年，集美邮政分公司在集美区设邮政营业网点（所）14 个、储汇网点 7 个、报刊图书网点 17 个、便民服务站 62 个，人员总数 134 人；有投递道段 76 条，汽车大宗道段 4 段，新增专投段 9 段，集美段长 1818 千米，杏林段长 1775 千米，邮路总长 3593 千米。开展函件、包裹、报刊、集邮、代理速递、汇兑和代缴等业务，完成业务收入 7379.72 万元，邮政企业全员劳动生产率 44.19 万元，服务窗口规范达标率 98%。集美邮政分公司全年平常函件进口量 845.20 万件，比上年增长 1%；出口量 13.87 万件，下降 18.86%；给据函件进口量 35.28 万件，下降 85%；出口量 4.06 万件，下降 3.20%。

【邮政业市场监管】2018 年，集美区有快递行业独立许可企业 20 家，分支机构 99 个，末端网点 91 个，从业人员 1500 余人。海沧邮政管理局开展各类检查核查 540 人次，检查企业 180 家次，核查企业 50 家，下达责令整改通知书 28 份，立案查处 6 起，核准换证延续分支机构 4 家、独立许可 2 家，注销分支机构 4 家，下达处罚决定书 2 份，罚款 6.6 万元。全国“两会”、上合青岛峰会、中非论坛北京峰会、“9·8”投洽会期间，协调辖区派出所进驻分拨中心，协助企业查验快件，共出动安检力量 1351 人次，检查出港邮件快件 1379 万件，其中发往北京、青岛的邮件快件 35.1 万件，出港件未发现违禁品，进港件发现管制刀具 1 把并妥善处置，寄递企业运行平稳有序，未发生寄递安全事故。

【海沧邮政管理局积极为企业牵线搭桥】2018 年，海沧邮政管理局在了解辖区制造业企业和快递企业双方需求的基础上，为企业牵线搭桥，推动联动发展。百世服务厦门与狼共舞服饰有限公司通过向客户提供 O2O 服务，实现线下门店调拨，减低库存及资金占用率，累计服务产值约 464.3 万元；百世服务厦门蓓蕾初华网络科技有限公司通过个性化优派服务及仓储管理，累计服务产值约 1300 万元；圆通服务厦门海尼生物科技有限公司、厦门中闽茗茶业有限公司、厦门市九叶草生物科技有限公司年均发货量分别为 146 万件、219 万件、292 万件，实现快递收益和服务产值双丰收。

【邮政行业推广绿色发展】2018 年，海沧邮政管理局向行业宣传《厦门市新能源汽车产业发展及推广应用规划》及福建省邮政管理局关于绿色包装、新能源车环保的相关文件，指导企业向绿色发展看齐，打造标杆企业。支持辖区内中通桐庐快递企业取得绿虎新能源车辆销售厦门独家代理权，多款新能源车辆在行业内推广。集美大学快递驿站设置并升级绿色共享纸箱站，开展“绿色学校、绿动厦门”宣传活动，向用户提供可循环可降解的环保包装袋，倡导使用可回收利用的快递纸箱及环保包装袋。全年使用绿色包装 4.4 万个，回收箱子 9 万个，免费提供同行使用回收箱 6255 个。国家邮政局、福建省邮政管理局先后到集大快递驿站调研、考察，宣传推广其绿色发展的经验。（林彩蓉）

通信与信息业

通　信

集美区电信分公司

【概况】 2018年，集美区电信分公司聚焦网络智能化、业务生态化、运营智慧化，推动云、大数据、物联网等新兴业务与集美区经济发展相结合，强化服务社会民生理念，提升网络质量及装维服务水平，满足客户的信息消费需求。全年累计完成全业务经营收入2.64亿元，年末天翼用户20.02万户，高清ITV用户8.23万户，宽带用户（含纯接入）19.67万户。

【市场经营承包机制改革】 2018年，区电信分公司划小市场经营承包机制，推进“倒三角”支撑与营维一体，提升企业运营效率。按照市场化机制对划小承包网格进行资源配置，推动各承包经营单元资源穿透及动态调整机制的良性运作，充分调动承包人员积极性；推进“倒三角支撑体系”，强化综合销售服务的枢纽作用，应用“一点响应问题解决”和督办机制平台，推动相关流程、制度的改进和优化。同时，提高划小装维承包单元的运作能力，全面铺开装维接触点营销工作，强化营维一体操作，深入社区，快速响应客户需求。

【社区店网点布局优化】 2018年，区电信分公司强化社区店建设，拓展翼支付商圈，打造中国电信业务生态化体系。优化社区店网点布局，提升社区店运营规范及服务能力，扩大社区店在业务发展、销售体验、服务感知、品牌宣传方面的作用，强化一线经营单元为周边居民服务的功能。同时，借势互联网金融加快翼支付生态圈建设，通过快销品切入异网熟客市场，逐步渗透周边社区家庭，跟进宽带融合升级，实现市场客流的全面营销；联合各区分公司做好小区新物业、周边翼支付商户和号百产品的推广和拓展，为群众提供生活消费便利。

【客户市场进一步细分】 2018年，区电信分公司细分客户市场，量身打造，提供特色服务。在政企行业客户市场，侧重存量客户维系、基础业务及ICT业务拓展，利用政企“战狼行动”和“一房一宽”策略，推荐企业上云、物联网等新兴业务；在商业客户市场，通过划小网格的下沉注智赋能，结合企业上云应用，为集美各产业园区和入驻企业量身打造，提供基础电信服务及各类信息化产品应用一站式服务；在校园客户市场，发挥学子公司及多元化承包优势，根据校园市场特点创新营销机制及服务方式，助力校园市场发展；在公众客户市场，推行社区清单化销售服务体系，主动融入社区，强化客户关怀，提供上门服务，联合居委会、小区物业、公益团队等，提供各类社区公益服务。　（朱婵静）

移动通信集美分公司

【概况】 2018年，中国移动通信集团福建有限公司集美分公司内设综合室、市场室、政企室、网络室，有员工87人。公司致力于推动信息通信技术服务经济社会民生，以实施“大连接”战略为主线，以推进移动市场、家庭市场、政企市场和新业务“四轮驱动”融合发展为着力点，在实践中总结摸索，走出一条应对竞争、加快转型的新路子，持续保持区域市场主导地位。至年底，集美4G网络有客户近60万户，宽带份额实现“三分天下”。同时，推进网络提速降费，取消手机流量漫游费。与上年同期相比，手机上网流量单价累计下降62%。

【网格应用持续深化】 2018年，移动通信集美分公司持续深化网格应用，建设“智慧集美”。重点保障全区大监控项目，杏林、杏滨、后溪、职校4个校园安全监控项目，铁路监控二期项目，以及集美、杏林街道海防项目的落地，并与侨英街道签订建设“雪亮工程”项目、凤安边防59路视频监控项目，与集美区政府达成门禁通项目合作协议。助力软件园三期发展，建立网格机制，提供“7×24小时”立体式服务，为园区内企业提供宽带、专线、IDC、云服务等一体式专业技术应用。

【用户满意度提升】 2018年，移动通信集美分公司持续完善集美网络基础设施建设，提升用户满意度。推进“宽带装维营一体化”模式，组建“装维人员+营销人员”的前后端联动服务团队，通过结对走访、服务上门、现办现装，增强用户感知，纠正“闷声装宽带”“装完人就走”的沉默式服务现象，提升客户一线装维服务的感知。同时，通过宽带全流程管控，对未覆盖区域及时安排补点，对端口满额问题及时安排扩容，释放无效端口，提升端口利用率及装机成功率，并通过延长装机距离，优先解决用户需求。全年完成宽带端口扩容 4 万个，装机及时率 99.17%，用户满意度 99.06%。

【校企共建】 2018 年，移动通信集美分公司内外协同、多面发力，获得多项校企合作项目。与兴才学院签订战略合作协议，合作建设多媒体教室等信息化项目；与华厦学院共建实验室，探索“3+1”教学模式；与嘉华职校合作，制定无线局域网（WLAN）整体建设方案，打造无线校园标杆；与福州大学本部签署共建一卡通项目，拓展完善工艺美术学院一卡通系统，助力工艺美院实现与校本部系统对接运行；率先实现华侨大学、工学院宽带一次拨号改造，为全校师生上网提质增速。

（陈雪女）

中国联通集美区分公司

【概况】 2018 年，中国联合网络通信有限公司集美区分公司下设政企网格 1 个（含 4 个团队）、建维分部 1 个、社区网格 4 个、自有营业厅 9 个，有员工 83 人。建设 3G 基站 63 个、4G 基站 83 个，完成 15 个新建楼盘的宽带接入，并对 17 个小区实施光纤到户改造，宽带速率显著提升，累计新增公共宽带端口 6852 个。完成收入 1.29 亿元，其中社区网格 8180 万元。

【网络服务优化】 2018 年，联通集美分公司在地铁 1 号线建设期间，通过新增室分小区、扇区及 RF 调整，对网络的稳定性做不间断的测试和优化调整，保障集美沿途 11 个站台站厅、轨道区间及跨海海堤段的 3/4G 网络 100% 全覆盖。集美无人机表演期间，公司启动重大活动保障模式，对无人机表演区域进行多次调查和评估，确定天线位置，开通临时站 4 个，为无人机表演提供保障。集美大学百年校庆期间，公司提前做好覆盖优化与紧急扩容工作，为集大师生提供稳定畅通的通信网络。在第十一届厦门国际动漫节期间，公司紧急开通 2 个微站，加强保障区域沿线基站、线路巡查，为动漫节网络通信安全畅通保驾护航。其间，重点保障区域 4G 网络下载峰值速率达到 96 兆 / 秒，上传峰值速率达到 47 兆 / 秒。

（李　珠）

软件信息业

信息化建设

【概况】 2018 年，集美区贯彻落实国家关于智慧城市、大数据、“互联网+”、信息化及“数字城市”建设等政策，围绕建设“美丽厦门、人文集美”的城市发展战略，以提高经济发展的质量和效益为核心，对标国内一流城区，以信息惠民为宗旨，以产业创新为基础，以善政法治为保障，构建完善城市智慧应用服务体系，促进集美区共享发展和谐共治，打造人文新城和创意新城，把集美建成美丽厦门示范区和跨岛发展新市区。

【信息基础设施建设】 2018 年，中国电信公司集美分公司继续投入基础信息化建设，加大主要干线、延伸段光缆投资，支持核心“万兆”智能设备的投入，完善通信设施建设，扩大 4G 覆盖面，全面取消手机流量“漫游”费，4G 覆盖所有街镇、村居和高铁、高速、地铁及主要景区，覆盖率超过 98%。推进“光网城市”工程，建设、升级光纤宽带、4G 网、无线 WiFi 和云计算设施，为“智慧城市”打下网络基础。先后启动 5G 基站、小规模组网基站、SA（独立组网）5G 实验网建设和相关应用。中国移动通信公司集美分公司加大数字家庭、智慧政企和新业务市场发展力度，推动业务结构优化和增长动能转换；释放无效端口，提升端口利用率及装机成功率，通过延长装机距离，优先解决用户需求。至 2018 年 12 月底，集美移动完成全区宽带端口扩容 4 万个，装机及时率 99.17%，4G 网络客户近 60 万个，用户满意度 99.06%，宽带份额实现“三分天下”。同时，加快重点区域财政投建的公共免费无线 WiFi 覆盖建设，完成区、镇（街）、社区（村）所有办事大厅、基层医疗机构、新城环湾、双龙潭景区、电商谷物流园等主要公共区域的无线宽带覆盖。

【公共服务建设】 2018 年，集美区以“政务创新和延伸”为理念，以群众需求为导向，遵循“平台化、一体化，共享性、协同性”的设计原则，依托集美区网格化平台，整合各类信息系统和资源，打造可持续性发展的“互联网+”社会治理体系，提高行政效率，提升公共安全管理水平，为群众提供各类服务资源，共同缔造智慧型人文集美。（1）网格化管理平台。以社区网格为基础网格，逐步推动各部门的业务网格化管理。完成网格信息化的有社区网格、食药网格、社区矫正网格、“两违”网格、环保网格、燃气安全网格、医疗网格、消防网格，正在进行网格信息化的有环卫网格。整个平台共有常住人口 108.27 万人，其中户籍人口 30.86 万人、流动人口 77.41 万人；楼宇 14.03 万栋、房屋 74.96 万幢。全区 6 个镇（街）66 个社区（村）分为 436 个网格，其中灌口镇 119 个、后溪镇 48 个、集美街道 32 个、杏林街道 72 个、侨英街道 85 个、杏滨街道 80 个，共有网格员 1184 名。（2）城市公共安全管理平台。依托区公安分局二级指挥情报中心，整合“110”联动、“12345”平台、网格化平台、数字城市管理等区级指挥中心，采用多中心合一模式，实现政府与公安无缝联动机制。中心统筹协调全区公共安全管理指挥相关工作，包括公共安全、城市管理、网格化管理、“110”联动等各类城市事件处置、日常联动调度、突发事件应急指挥调度等工作，建立值班值守、指令处置和信息报送等保障机制。开展全区公共安全重点事件（对象）与综合风险分析研判、预警，对事件处置过程进行监督，对各类事件进行统计分析。集成政务内外网、公安网、视频专网、公安互联网及专线互联网等多种网络，完成政务网的公共安全管理平台、网络化平台、数字城管平台，以及部、省、市及区的各类执法办案、信息查询及业务应用 40 余种系统接入。全区 186 家行政机关、企事业单位作为中心的事件处置联动单位，接受中心的指令调度和事件督办，共同完成城市公共安全管理的各类相关事宜。（3）数字城市管理平台。至年底，该平台已覆盖集美区各级部门，并陆续整合市公共安全平台、市长专线、市“110”联动、市数字城管、区数字城管、区官方网站政民互动、区官方微信、互联网舆情、纪委举报、各类城市巡查员和社区（村）工作人员巡查上报等各类事件。全年共受理 57045 件，平均每日受理 156 件。（4）网上审批平台和预约取号平台。继续修订完善行政审批和便民服务的运作流程，共享数据，让百姓“多走网路，少走马路”，统一便民自助终端，方便百姓就近办事。进一步整合各类自助终端一体机，实现全区各行政办事大厅、便民中心、图书馆等全覆盖，为百姓提供 24 小时自助服务。已陆续整合预约取号、各类证明打印、非税缴费、医疗预缴金、居住证办理、信用查询、数字图书、就业查询、信息公开、气象服务、水电等民生缴费等服务事项。通过共享各业务部门的相关信用数据，整合数据 25336 条，并逐步提供各类信用应用。（5）集美区“雪亮工程”平台。根据市“雪亮工程”相关要求和技术标准，进一步规范建设模式，加大投资力度。区级财政主要投资主干道和重点区域的视频监控覆盖，镇街财政主要投资社区（村）、校安、海域和铁路沿线等范围的视频监控覆盖。2018 年已启动的项目建设完成后将新增视频监控 3969 路，其中 2951 路人脸识别、195 车辆微卡口。至 2018 年底，完成验收项目 11 个，项目建设资金合计 11690.9 万元。其中，区级财政投资融项目 1 个，建设资金 8922.3 万元；镇街财政投资融项目 10 个，建设资金 2768.6 万元。全区新建和升级一类高清视频监控 1269 路，整合视频资源监控 9578 路；累计建成一类高清视频监控 5285 路，其中“枪”（含 110 个人脸识别、148 个车辆微卡口及车辆卡口和电警设备）4414 个、“球”829 个、“鱼眼”37 套，另有 5 千米高空瞭望球 5 个。全区联网一类视频监控达到 100% 高清，区数据中心视频云存储容量 7.78PB。整合寄递业、重点仓库、危化企业及其他企事业、行政单位等视频资源监控 10843 路。

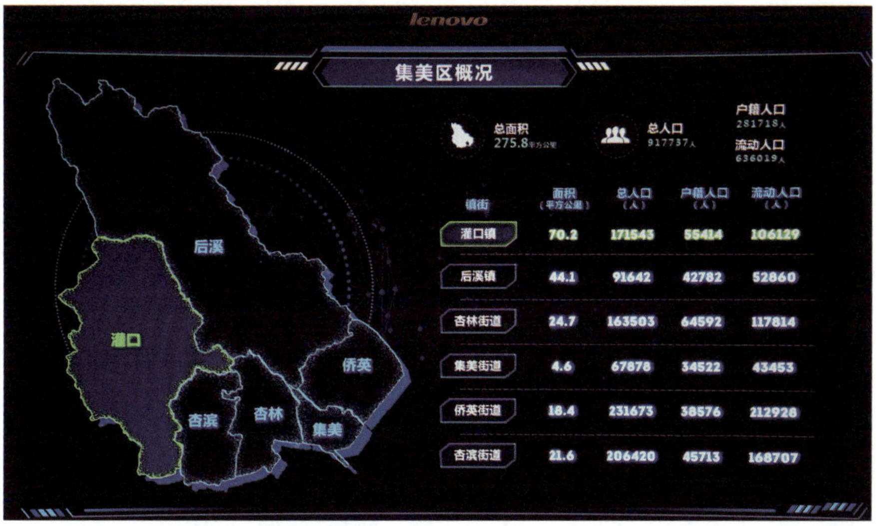

集美区公共信息服务平台（林志杰 1 月 12 日摄）

【信息应用示范建设】 2018 年，集美区继续拓展完善信息应用示范建设工作。（1）四证审核应用示范。共享证件审核涉及户籍、居民证、暂住证、社医保、计生等信息，实现“减免学费证明审核”和“小升初资格证明审核”的四证审核功能。根据审核规则，系统自动将学校编辑的学生基本信息与公安、计生、人社部门共享的相关信息进行自动匹配、审核和统计，并计算出审核结果。该平台上线后，家长无须再到各窗口打印证明材料，减轻了教育部门的审核工作。至 2018 年，共有 25908 人通过平台完成四证审核。（2）人才补贴申报应用示范。建设全区人才补贴统一管理平台，重构补贴申报流程，为人才补贴的发放提供有关数据查询审核的便利。各类专门人才政策扶持资金和补贴的领取，需要对人才的各种资格进行不同纬度的数据审核。数据由平台通过各部门共享的数据自动缴验和审核。2018 年 3 月，人才租房补贴正式上线。至年底，受理网上人才申报 3793 人。（3）在线教育入学申请平台应用示范。对教育积分入学生源，梳理和整合积分入学相关材料的流程和数据接口，外来娃家长在家网上申请即可完成除计生证明外的所有事项的申报工作。通过“i 厦门”平台实名注册，申请人的计生、暂住、工作地可自动获取算分，房产等其他材料在网上提交后由后台工作人员审核。2018 年，共有 7760 名外来娃通过平台教育积分入学。本地户籍生源入学，亦通过“i 厦门”平台报名，学校在平台审核，区教育局在平台把关。2018 年，共有 6161 名厦门户籍学生通过平台审核入学。（4）人社和民政业务平台应用示范。通过与人社部门的信息共享，社区可实现对辖区内失业、退管、低保、残疾、死亡、迁居人员的精细化管理，随时掌握辖区有关人员的情况，有利于走访调查、就业培训、帮扶补助资金的申请和审批工作。（5）智能“门禁通”管控平台应用示范。集美区综治办和区公安分局共同打造智能“门禁通”管控平台。“门禁通”配备高清网络摄像机和一键互动主机，数据可实时回传到公安视频平台，把房东、房客、物业、民警、网格员联在一起，实现流动人员信息“一点采集、多方共享”，方便各部门对流动人口的服务管理，提高出租屋安全管理效率。（6）“雪亮工程”应用示范。2018年，集美区“雪亮工程”广泛运用于城市管理、“两违”执法、校园安全、海域监控、交通安全、案件侦破等方面，集美公安分局通过“雪亮工程”提取监控线索657条，抓获盗窃、抢劫、诈骗等犯罪嫌疑人345名；通过视频图像侦查，抓获实时在逃犯罪嫌疑人10名。（7）智慧小区应用示范。2018年，集美电信公司运用“互联网+”、大数据、物联网NB-IoT技术，开展智慧小区试点。严格执行光纤到户国家标准，完成老旧小区光纤改造，光设施已具备百兆以至千兆带宽的接入能力，光网覆盖率265%，光端口占比98%，100兆以上宽带用户占74%，实现新建小区、办公楼、商业楼宇和大型场馆光纤到户一步到位。公司拥有在线服务工程师106名，为用户提供宽带+IPTV互动电视+WiFi业务一站式解决方案，为用户提供家庭智能组网、泛智能终端上门安装调测等服务。（8）智慧集美应用示范。集美移动公司持续深化网格应用，建设“智慧集美”，重点保障全区大监控项目，杏林、杏滨、后溪、职校4个校园安全监控项目，铁路监控二期项目，及集美、杏林街道海防项目的落地，并与侨英街道签约建设“雪亮工程”项目、凤安边防59路视频监控项目，与集美区政府达成“门禁通”项目合作。助力软件园三期发展，建立网格机制提供7×24立体式服务，为园区内企业“打包”提供宽带、专线、互联网数据中心（IDC）、云服务等一体式专业技术应用。（9）智慧校园应用示范。与兴才学院签订战略合作协议，合作建设多媒体教室等信息化项目；与华厦学院开设校企共建实验室，探索“3+1”教学模式；与嘉华职校合作制定无线局域网（WLAN）整体建设方案，打造无线校园标杆示范；与福州大学本部签署共建一卡通项目，拓展完善工艺美术学院一卡通系统，助力实现与校本部系统对接运行；率先实现华侨大学、厦门工学院宽带一次拨号改造，为全校师生上网提质增速。厦门市委政法委、市经信局在集美区试点“智慧小区”建设。该平台于2018年11月29日获第四届（2018年）中国“互联网+政务”50强。

（谢 茗 黄世凤）

软件园三期园区

【概况】2018年，软件园三期园区围绕市委、市政府提出的“要承载厦门软件与信息服务业在‘十三五’末迈向1900亿新高地的关键引擎”的总要求，着力开展龙头企业招商，实行“三维”招商模式，提升招商实效，助推厦门软件和信息服务产业链群营收突破千亿元。是年，新增落地云知声、英视睿达、纵目科技、汇医慧影、云汇天下等多家人工智能企业，推进人工智能上游算法、芯片和下游应用企业合作，构建人工智能产业应用链群。继续围绕原有“五大产业”链群招商，新引入中版集团、宇信科技、中盾安信、博芯科技、时代凌宇等龙头企业，进一步补强“五大产业”链群。以商招商，主动对接咪咕动漫、云知声、深圳卓翼、华教建木股权投资基金、海云汇创、七匹狼资本、360投资等，邀请企业考察团参访软件园三期园区。对接深圳稻兴科技、中软国际、上海未来伙伴机器人、米筹金融等龙头企业，推进项目落地。采取“走出去，引进来”招商方式，参加中国软博会、中国贸洽会、深圳高交会、海峡两岸经贸交易会、北京闽商互联网大会、TFC泛娱乐大会、数字中国建设峰会等大型展会15场次，招商对接企业65家。通过举办厦门国际动漫节、中国互联网百强发布会，参加厦门物博会、九八贸易洽谈会、嘉庚论坛、双百人才答辩会等，邀请重点企业、人才约800余人参观软三展厅，推介三期产业投资环境、招商建设情况及相关政策等。至2018年年底，累计通过入园审核企业2202家（新增735家），企业注册1809家，注册资本金133亿元；入驻企业1021家（新增349家），员工2.2万人（新增1万人）。全年实现营业收入176.13亿元，比上年增长40.79%。其中限额以上软件信息服务业30家，实现营业收入38.57亿元，比上年增长24.22%；税收4.16亿元，增长43.45%。联合火炬高新区重新出台《集美区鼓励软件和信息服务业发展奖励暂行办法（修订）》，园区申请政策扶持企业119家，兑现扶持资金5302万元；交付研发楼及公寓楼160万平方米，在建230万平方米。

【园区配套服务】2018年，软件园三期园区新引进商户98家，涵盖餐饮、图文、超市、银行、休闲、医疗等12个业态，每个研发楼群均配有自助服务设备（饮料机、取餐机、ATM机、快递柜等），已打造成“15分钟创新创业生活圈”。园区投入使用公寓2771套，员工可拎包入住。园区内设有轨道站点和公交枢纽站点，近20条常态化公交线路和BRT链接线，为员工上班出行提供保障。同时，园区还开通定制公交线路、城市公共自行车站点，引进OFO共享单车等，为员工提供多样化的出行服务。全年举办政策宣讲、沙龙讲座、人才招聘会、篮球赛、单身联谊等活动53场，吸引8400余人参加活动。园区驿站代办32个部门69项业务，全年受理代办及咨询业务4.58万笔（政务业务2.43万笔，园区业务2.15万笔），协助203家企业完成项目资金申报，扶持资金5316万元。

【园区智慧平台建设】2018年，软件园三期园区借鉴外地10余个园区智慧平台建设经验，对接20多家智慧服务商，引入智慧化应用50余项，实现软件园不同平台应用业务数据与网络的互联互通，通过数字园区、物联园区、智慧物业、智慧出行、智慧服务五大领域，展示智慧园区应用。2018年，分获全国新型工业化产业示范基地发展质量“五星级”评价、中国大数据产业园区综合发展实力前十强、中国服务外包产业集聚园区、省级现代服务业集聚示范区、中国大数据明星产业园等多项荣誉。

【产业集聚效应突显】2018年，软件园三期园区新增核准购买研发楼企业72家、租赁入园企业663家。至年底，园区累计核准自建企业18家，核准用地157.58万平方米；累计核准购买研发楼企业686家，面积142.38万平方米；核准租赁入园企业1498家；已购买研发楼企业243家，面积68.2万平方米。卓翼科技、网宿科技、宇信鸿泰入驻运营；电子城·厦门国际创新中心、中移动手机动漫基地一期工程、厦门吉比特集美园区、罗普特（厦门）科技园、百度国家级创新中心、富春通信厦门研究中心等在建项目顺利推进。园区聚集大数据人工智能、数字创意、电子商务、智慧城市及行业应用与移动互联等五大产业版块，各有龙头企业引领带动，形成特色产业生态体系，产值占整个园区产值的90%以上。在人工智能方面，布局有语音识别、无人驾驶、图像识别三大领域，引进有云知声、商汤科技等一批“独角兽企业”；在大数据产业方面，着力打造健康医疗大数据、政务信息大数据、公民信息大数据三个国家级大数据平台；在智能制造方面，推动物联网、云计算与实体经济相融合，集聚有万久科技、雅马哈等企业。同时，网宿科技、深圳卓翼、北京百悟、纵目科技、北京东大正保等龙头企业均在园区设立区域总部。打造园区创业平台，引入一品威客、小样社区、青瓦众创、蚂蚁众创等一批众创运营机构，吸纳众多创客团队入驻。由信息集团运营的厦门软件园创业加速器正式启用，首期面积4.5万平方米，引入创业团队87个，云知声、根号三、东加信息安全等一批VR、人工智能、物联网、工业仿真企业入驻。创客中国互联网+大赛决赛、全国双创周活动福建赛区等活动落地软件园三期。

【企业年度获奖】2018年，厦门云知芯智能科技有限公司的面向人工智能应用的大规模异构并行计算平台被国家工信部评为2018年人工智能与实体经济深度融合创新项目；厦门中控智慧信息技术有限公司被福建省经济与信息化委员会评为2018年度工业与信息化高成长企业，获方圆标志认证集团有限公司ISO 9001：2018质量管理体系认证（中文版、英文版、IQNET、CMMI3）；厦门网宿有限公司分别获评2018年度福建省科技小巨人领军企业、厦门市科技小巨人领军企业、2018—2019年度厦门市龙头骨

软件园三期研发楼一隅（林志杰 2018年3月摄）

干民营企业及厦门市高新技术企业；厦门一品威客网络科技股份有限公司入选国家发改委、工信部首批国家共享经济示范案例；厦门路桥信息股份有限公司智慧停车管理系统被厦门市政府评为厦门优质品牌，一路云停系统获2018年度创新应用中国电子信息行业创新成果“盘古奖”；厦门集微科技有限公司跻身2018年福建省互联网企业20强；纵目科技（厦门）有限公司通过汽车行业IATF 16949:2016认证，并被评为厦门市高新技术企业，单位法人唐锐入选厦门市第十批“双百计划”海外高层次人才。

【纵目科技公司】 纵目科技公司总部位于张江高科技园区，是一家以汽车智能辅助驾驶系统研发为主的高科技公司，创始团队由多位在全球知名汽车电子芯片原厂和汽车一级供应商的资深人员构成，公司80%以上成员具有研究生以上学历，公司拥有多项软件著作权和发明专利。2017年2月，纵目科技公司在软件园三期园区注册成立全资子公司——纵目科技（厦门）有限公司，作为其车用摄像头传感器、智能汽车、自动驾驶业务的研发总部和商务总部，为厦门及国家高新技术企业，具备完整的研发及生产制造能力。生产制造工厂通过汽车行业的IATF 16949及ISO 14001权威机构认证，已经开始量产车载摄像头产品。

【中软国际信息技术公司】 北京中软国际信息技术有限公司是中国领先的大型综合型软件与信息服务企业，是国内IT服务龙头企业（纯软件收入全国排名第一位），在2018中国软件和信息技术服务综合竞争力百强企业中排名第七位。2018年10月，中软国际在软件园三期园区注册成立独立法人公司——中软国际信息技术（厦门）有限公司。在集美区建立以华为软件开发云服务、云上软件园和智能制造云为核心业务的东南总部基地，开展华为软件开发云运营推广服务、智能制造服务和云上软件园运营推广服务。

【博芯科技公司】 深圳博芯科技股份有限公司，简称“博芯科技”，总部位于深圳，是一家专注于人工智能和智慧物联的集成电路设计、研发、销售及服务增值的芯片方案商，是全球领先的人工智能音视频交互入口设备的整体方案商，国内最大的智能交通ETC方案提供商，以及目前国内唯一提供主控和被控智慧物联解决方案的服务增值商。博芯科技在智能视频交互、智能音频交互、智能交通、智能无线、智能传感、智慧家居和MCU通用等七大领域拥有核心技术和市场占有率。2018年10月，博芯科技在软件园三期园区注册成立厦门博芯科技集团有限公司，作为其在厦门的人工智能音视频应用研究院、销售总部和研发中心。

【英视睿达科技公司】 北京英视睿达科技有限公司总部位于以发展高端人工智能产业为导向的北京华夏幸福创新中心，是一家专注于研究物联网、大数据、云计算、区块链和人工智能的前沿企业，为生态环境保护、医疗健康、交通、能源等智慧城市重点领域提供全方位解决方案，已建立北京、厦门两大核心研发中心和天津制造基地。2018年11月，英视睿达科技公司在软件园三期园区注册成立全资子公司——厦门清研众智科技有限公司，作为其在华南地区的业务中心。

【慧影医疗科技公司】 慧影医疗科技（北京）有限公司是国家级医学影像人工智能高新技术企业，拥有图像深度学习的核心技术和多项专利技术，基于云计算、大数据、人工智能技术，构建有智慧影像云平台、数字智能胶片、肿瘤放疗云平台、大数据智能分析云平台及影像智能筛查系统、人工智能诊断云平台六大核心服务系统，是国内唯一一家以数据为驱动，从科研到临床全流程覆盖的高科技公司。2018年11月，慧影医疗科技公司在软件园三期园区注册成立控股子公司——汇医慧影医疗科技（厦门）有限公司，作为其在南方地区的业务总部，并成立人工智能工程研究院，搭建厦门医疗人工智能大数据平台，开展医疗人工智能大数据方向的研究。同时，在厦门设立医疗AI全球应用创新中心，将汇医慧影、医生科研平台对各类疾病形成的人工智能解决方案在厦门产品化，形成可以创造产值的实际应用。

（谢 茗 黄世凤）

经济管理与监督

宏观经济管理

【概况】2018年，集美区发展和改革局发挥经济管理部门的职能作用，做好年度经济发展目标的拟订工作，策划并拟定2018年财政性投资建设项目投资计划5个批次，计划总投资12.09亿元；批复政府投资项目258项，批复总投资概算20.64亿元。推行“多规合一”，办理建设项目策划意见通知函28项，完成“可研”评估论证及批复21项。跟踪落实省级重大项目13个，年度完成投资66.61亿元；市级重大项目2个，年度完成投资1亿元；“重中之重”项目30个，年度完成投资72.54亿元。推进“大众创业、万众创新”，全区众创空间入驻创新创业团队1300多个、创新创业青年5700余人。健全“五个一批”项目工作机制，全区有“五个一批”项目457个，总投资2771亿元。大力发展总部经济，总部企业增至6家，实现营业收入或产值209.28亿元。推动企业上市，全区有上市企业6家、新三板企业11家、上市后备企业26家，上市及上市后备企业产值或营业收入275.1亿元，比上年增长8.28%。做好项目成果征集和日常对接工作，共征集对接项目147项，总投资5.97亿元。

【主要经济指标制定与实施】2018年，区发改局在调查研究、客观分析的基础上，提出全区主要经济发展年度预期目标，为区委、区政府制定年度经济发展目标提供决策依据。2018年，全区经济社会发展主要预期目标为：地区生产总值增长8.1%；固定资产投资与2017年持平；财政总收入、区级财政收入分别增长5.5%和5%；城乡居民人均可支配收入增长与经济增长保持同步。是年，全区主要指标稳步运行，项目建设稳步推进，质量效益稳步提升。全区累计实现地区生产总值686.22亿元，与2017年相比增长7.8%，排名全市第四位；规模以上工业总产值958.99亿元，增长9.78%；限额以上批发零售贸易业商品销售额438.78亿元，增长22.1%，排名全市第一位；固定资产投资增长21.4%，排名全市第二位；社会消费品零售总额157.34亿元，增长13.5%，排名全市第二位，比年度计划高出1.5个百分点；财政总收入123.21亿元，增长9.1%，排名全市第四位，完成年度计划（121.35亿元）的101.5%；区级财政收入34.58亿元，增长10.59%，排名全市第二位，完成年度计划（33.78亿元）的102.3%；完成合同外资14.63亿元，实际利用外资12.28亿元。

【财政性投资计划制定与审批】2018年，区发改局围绕基础设施、生态环保、民生改善等薄弱领域，加大投资力度，并按照项目建设的轻重缓急和前期工作的实际情况，策划并拟定2018年财政性投资建设项目投资计划5个批次，计划总投资12.09亿元。规范基建项目审批行为，简化审批手续，缩短审批时限，批复政府投资项目258项，批复总投资概算20.64亿元。办理土地收储类项目前期工作函35项。

【建设项目推行“多规合一”】2018年，区发改局落实市多规办关于《进一步推进“多规合一”建设项目审批流程改革的实施意见》，按照《集美区“多规合一”建设项目可研批复及用地规划许可阶段牵头协调管理暂行办法》和《厦门市集美区财政性投融资项目可研联评联审暂行办法》规定，推进基建项目审批流程再造，缩短审批时限。办理下达“多规合一”建设项目策划意见通知函28项，完成“可研”评估论证及批复21项，策划并拟定财政性投资项目前期工作计划13批次，共安排建设项目32项。简化项目审批流程，列入计划的项目不再报批项目前期建议书或前期工作函。

【基建项目概算审核】2018年，区发改局进一步规范投资管理，强化基建项目概估算审核工作，提升财政性投资决策科学水平，提高投资效益。严格禁止项目单位擅自扩大规模、提高标准、增加建设内容、故意漏项和报小建大等。共完成概（估）算项目审核186项，送审金额27.88亿元，审定金额24.11亿元，核减3.78亿元，核减率13.55%。

【重大项目建设】2018年，区发改局跟踪落实省、市级重大项目及“重中之重”项目。省级重大项目13个，年度投资计划50.47亿元，实际完成投资66.61亿元；市级重大项目2个，年度投资计划1.2亿元，实际完成投资1亿元；“重中之重”项目30个，年度投资计划68.75亿元，实际完成投资72.54亿元。

【“五个一批”任务落实】2018年，区发改局贯彻落实谋划一批、签约一批、开工一批、投产一批、增资一批

“五个一批”工作部署，推进重大项目建设，扩大有效投资，发挥项目在促投资、稳增长、强后劲中的重要支撑作用。全年“五个一批”项目457个，总投资2771亿元，各建设阶段新增项目188个，新增项目总投资1082亿元。第四季度，区政府制定百日攻坚战方案，全面梳理项目盘子，深挖项目潜力，推进项目转段，促项目开工建设，攻坚项目全部按目标完成计划，在第四季度“五个一批”全省正向激励综合初步考评中，集美区取得全省前七、全市第一的好成绩。

【创新创业扶持政策】2018年，区发改局继续推进“大众创业、万众创新”。依托集美区龙头企业、高等院校资源优势，设立众创空间，全年新入驻众创空间创新创业团队1300多个、创新创业青年5700余人，累计获得各类投融资3.95亿元。全区众创空间累计入驻创新创业团队3100多个、创新创业青年1.28万名。兑现创新创业扶持政策，完善创新创业资金拨付流程，全年拨付创新创业资金5002万元。是年，举办创新创业项目评审会8场，给458家创新创业企业拨付创业启动扶持资金2817万元。举办英特尔创新加速器“智胜未来”创新大赛总决赛、第二届中国地理信息技术创新创业大赛、第三届中国（福建）女大学生（女科技工作者）创新创业大赛及“一带一路”创新大会等创新创业大赛5场，以及“双创周”福建分会场活动。

【总部经济】2018年，区发改局大力发展总部经济，总部企业增至6家，另有2家总部项目在谈。总部企业共实现营业收入或产值209.28亿元，缴纳税收5.01亿元。建立总部企业项目库，加大对后备企业的服务力度，永兴东润、中交一公局、宸展光电、宏发电声、建霖家居等5家公司申请总部复核。

【企业上市】2018年，区发改局按照“改制一批、培育一批、上市一批”的思路，主动对接服务企业，协调解决企业难题，落实扶持政策，推进企业上市。11月28日，召开集美区上市培训会议，更替短期内暂无上市或挂牌计划的企业4家，吸纳永兴东润、智欣建材、东昂光电、罗普特、蓝斯通信及力巨科技6家具有高成长性且具备“黑马”基因企业为上市后备企业，新增金汇峰、建霖家居、宸展光电为IPO企业，兑现6家企业补助550万元。至年底，全区共有上市企业6家、新三板企业11家、上市后备企业26家，上市及上市后备企业产值或营业收入共计275.1亿元，比上年增长8.28%，总税收9.29亿元。（王晓燕）

国土资源管理

【概况】2018年，集美国土分局按照“一次性规划、分批次供地”原则，围绕集美新城、马銮湾新城、软件园三期园区、机械工业集中区三期等重点片区，提前开展用地需求调查，做好农用地报批和供地工作。办理农转用11个城市批次14个地块，面积46.09公顷，新增建设用地40.65公顷，核发征地告知书52份（26宗）。推进“多规合一”和工程建设项目审批制度改革，通过“多规合一”业务协同平台，按照审批制度改革要求时限，在1个工作日内完成用地预审工作。共办理用地预审76宗，供应建设项目用地75宗，面积314.03公顷。其中，划拨用地50宗，面积219.84公顷；储备用地22宗，面积62.6公顷；公开出让8宗，面积29.71公顷，出让金额22.55亿元；其他用地5宗，面积9.18公顷。完善用地批后监管机制，强化与区规划、建设、招商等部门间的联动机制，及时掌握建设用地规划许可证、建设项目规划许可证以及建筑工程施工许可证等信息，建立项目开工竣工及招商履约督查工作机制。规范地价缴交、交地、开工、违约、竣工、处置六个环节的监管内容、工作要求和完成时限，加强全程监管，未能及时开发建设的50个项目（面积148.59公顷）经提醒督促，开工建设。配合软件园三期、新324国道等重点项目做好征地拆迁工作，出具查档复函172份。

【土地规划调整和耕地保护】2018年，集美国土分局完成灌口镇和后溪镇土地利用总体规划（2006—2020年）修编工作。经市政府批准，规划期内灌口镇耕地保有量不低于988公顷，永久基本农田保护面积不低于503公顷；后溪镇耕地保有量不低于655公顷，永久基本农田保护面积不低于125公顷。城乡建设用地规模两镇分别控制在2423公顷和1971公顷以内，新增建设占用耕地规模分别控制在147公顷和93公顷以内。是年，市政府下达集美区补充耕地任务1.07公顷、高标准农田建设任务163.27公顷。补充耕地任务，已在2017年异地购买86.67公顷补充耕地（增减挂钩）指标时完成。高标准农田建设，会同区农林水利局完成许溪支流田李溪河道治理工程的验收工作，项目受益灌溉面积200.4公顷。

【土地利用效率提高】2018年，集美国土分局定期梳理批而未供土地情况，会同区政府办协调有关单位尽快办理供地手续，供地率从年初的18.2%升至62.2%。至年底，仍有供而未用土地79宗，面积232.7公顷。其中，未逾期土地28宗，面积113.52公顷；逾期未闲置土地34宗，面积76.47公顷；逾期已闲置土地17宗，面积42.71公顷。按照市政府专题会议要求，推进26个逾期未动工项目整改，动工23个，有偿收回1个，撤销批文2个，整改完成率51%；推进闲置土地处置，年初有未处置到位的闲置土地21宗，面积101.61公顷，至年底完成处置14宗，面积 19.76 公顷，占 19.45%；未处置 7 宗，面积 81.85 公顷，占 80.55%。其中“东方快乐岛”两宗闲置土地 59.26 公顷，占未处置面积的 72.4%，被中央巡视组、上海督察局列为重要督办项目。4 月，分局向厦门东方国际文化影视有限公司发出解除土地出让合同通知书。该公司提出异议，于 7 月 12 日向省高级人民法院提出民事诉讼。分局向市局、区政府提出约谈东方公司，进行协商，争取庭外调解的建议，争取妥善解决这一久拖未决的历史遗留问题。至年底，尚在协商之中。

【防灾减灾】2018 年，集美区政府批转《房屋安全应急抢险预案》，区危房抢险值班中心实行 24 小时值班制度，并组建集美区市政园林公司房屋安全应急抢险队伍，组织全区性房屋安全管理培训，各镇街、区危房抢险值班中心、应急抢险队、国土房管所相关人员等 30 人参加学习，并组织 16 人次到市危房抢险值班中心参观见习。区危房抢险值班中心联合杏滨街道办，在前场社区、锦园社区开展房屋安全应急抢险演练，提高有关人员业务素质和应急处置能力。区政府拨付专项经费 280 万元，经招投标确定由厦门市珉发建筑工程有限公司在全区开展危房核查。经鉴定，全区 D 级危房 885 户，C 级危房 2264 户，排出危险房屋清单，建立危险房屋档案，制定技术指导方案，绘制危险房屋概略分布图。并对农村困难户危房、无房情况进行摸排，全区有危房困难户 1 户、一般危房户 56 户。全年受理群众求助 16 起，及时组织应急抢险队现场处置，向相关镇（街）发出移交处置通知书 5 份。同时，加大矿山整治和地灾防治力度。编制 2018 年集美区地灾防治方案，确定地质灾害治理项目 18 个，其中 2017 年未完成 13 处、新增 5 处，至年底完成治理 15 处，其余 3 处正在施工中。开展群测群防网络建设，组建边远山区地灾抢险小分队，联合后溪镇在黄地村举办 148 人次参与的防汛防灾应急避险演练。加强地灾点、高陡边坡汛前汛中汛后巡查，落实 24 小时值班、领导带班制度，通过短信平台、微信公众号等媒介及时将雨情通知受灾群众，确保人民生命财产安全，全年未出现因灾人员伤亡。

【土地权籍管理】2018 年，集美国土分局开展农村土地房屋权属登记，完成地籍产籍调查 17 宗，办理登记 18 宗，登记土地面积 2690.87 平方米、建筑面积 3421.48 平方米。配合市不动产登记局完成历史登记数据整理，梳理集美街道“双登”遗留件及曾营社区土地房屋登记情况。完成年度土地变更调查工作。2017 年度，集美区遥感监测图斑 863 个，面积 371.37 公顷。针对图斑多（占全市三分之二）、工作量大等情况，组织作业队伍及各国土房管所按期完成外业实地核查和内业上报工作。根据国土资源部、省国土资源厅反馈意见，组织对相关图斑进行整改、重新上报并通过省厅验收。做好两项资金管理工作。2018 年土地收益金征收标准大幅提高，出租人不理解、不支持、不配合问题时有发生，分局组织征管员入户宣传解释相关政策，顺利完成重新核定工作。全年共征收土地收益金 7642 户 808.59 万元。审核已售公有住房住宅专项维修资金，完成 2 宗资金提取审核，支取金额 29.90 万元。配合市局做好住改业务综合管理系统集美端口管理，共查询住房信息 364 宗，为集美区职工住房货币化补贴提供服务。

【土地执法】2018 年，集美区多措并举，提高土地执法效率。（1）加强土地联合动态巡查。按照“政府主导、部门联动、权责一致、疏堵结合、标本兼治”的要求，依托查违网格管理平台，完善联合执法机制。集美国土分局坚持与区行政执法局土地执法工作联席会议制度，定期分析土地执法形势，研究解决工作中存在的问题，在强化联系、信息共享、协作配合等方面达成共识，形成工作合力，化解基层执法工作压力，提高执法效率。实行网格化管理与移动执法相结合，将市国土局移动执法平台与区执法网格管理平台结合，利用无人航拍机等科技手段，解决人员不足、巡查不全面、信息不准确、查处不及时等问题，做到早发现、早制止、早查处。定期开展联合巡查，组织各国土房管所与镇街及执法中队，加大巡查力度，落实监管责任，实现全覆盖、全天候巡查防控，共组织巡查 6683 人次，发现制止各类土地违法行为 477 件，面积 94.78 公顷（其中耕地 31.55 公顷），出具用地情况调查复函 1301 份。（2）推进土地卫片整改。2017 年，上级国土部门下发集美区疑似违法图斑 511 宗，面积 50.90 公顷（含耕地 14.11 公顷）。区委、区政府主要领导多次深入现场，督促各镇（街）加大整改力度。分局参照晋江市做法，在全市率先制定非法占地复垦要求，确保复垦工作取得实效。至 2018 年底，整改完毕 470 宗（含公建、设施农用地），正在整改 27 宗，未整改 14 宗，履职率 100%，整改率 91.98%。其中涉及占用耕地 264 宗，面积 24.68 公顷（其中耕地 14.11 公顷），均已复耕，验收合格 182 宗，面积 17.56 公顷，合格率 68.93%。（3）开展非法平整土地专项整治。2017 年后，个别不法分子受利益驱使，采用各种手段非法平整占地，进而非法建设或堆放土头垃圾，且面积较大，严重扰乱辖区土地管理秩序。2018 年 5 月，区政府开展为期半年的非法平整土地整治工作，严厉打击重点区域（灌口、后溪镇）、重点地块（新 324 国道沿线）、重点对象（党员干部）的非法平整土地行为。经查，全区共有疑似非法平整土地 433 宗，面积 153.18 公顷。分局组织核实违法当事人，分类制定整治措施。委托工程测量 75 宗 41.41 公顷，发出责令整改通知书 57 份，由各镇、街督促违法当事人按照土地复垦标准限期整改，至年底整改68宗18.81公顷，整改率10.39%；组织农业鉴定专家对25宗非法平整地块进行鉴定，报市国土房产局出具农用地破坏程度鉴定意见，移送公安机关立案查处3宗，面积2.74公顷；140宗涉及违法建设、土地固化和堆放沙石、土头、垃圾，面积53.07公顷，移交区行政执法局查处。（4）落实例行督察问题整改。2018年，上海督察局例行督察反馈问题清单涉及集美区问题4类174个，其中市级处置15个、区级处置159个。至年底，区级完成整改125宗，整改率78.62%。其中，违法用地行政处罚执行不到位30宗，意见书问题64宗，全部整改到位，整改率100%。正在整改34宗。

【国土法律宣传】2018年，集美国土分局加强国土房产法律宣传工作，全年被市局采用政务信息56条、“感动国土房产”稿件5篇。结合“4·22”世界地球日、“5·12”防灾减灾日、“6·25”全国土地日、宪法宣传日等主题，开展形式多样、内容丰富的宣传活动。集美第二国土房管所与国家级“李四光中队”所在学校双岭小学联合举办绘画、书法、手抄报比赛。集美第一国土房管所在后溪中心幼儿园举办环保专题讲座，参加“保护海洋生态，共建绿色地球”主题志愿活动，种植红树林树苗120多株。各个国土房管所在“6·25”土地日开展咨询宣传活动，分发宣传材料1200份。

（邱国清）

国有资产管理

【概况】2018年，集美区完成固定资产投资93.65亿元，其中工程建设投资2.74亿元、土地购置费90.91亿元。实现营业收入4842.35万元、净利润−2183.95万元，缴纳税费2593.57万元。办理土地收储项目7宗，土地面积13.9公顷；预收储项目24宗，土地面积127.3公顷；出让用地14宗，土地面积77.77公顷，成交总价96.29亿元。存量资产总建筑面积20.98万平方米，租金总收入3922.84万元，比上年增加313.76万元，增长8.70%。

【土地储备】2018年，区国投公司围绕区政府下达的工作任务，主动与发改、规划、国土、建设、交通等相关职能部门沟通协调，在政府统筹安排的基础上有序推进土地储备工作。至年底，共办理用地收储红线项目7宗，土地面积13.9公顷；委托相关镇（街）实施预征收储用地的前期工作函项目24宗，土地面积127.3公顷。

【土地挂牌出让】2018年，区国投公司根据区建设用地招拍挂出让计划，办理区级经营性用地和工业用地出让，并跟踪落实辖区内市级招拍挂地块的出让进度。至年底，出让区级用地7宗，土地面积40.7公顷，成交总价23.27亿元。其中，商住用地1宗，土地面积2.86公顷，建筑面积8万平方米，成交总价21.05亿元；工业用地6宗，土地面积37.84公顷，成交总价2.22亿元。出让市级用地7宗，土地面积37.07公顷，成交总价73.02亿元。其中，商住用地3宗，土地面积8.62公顷，建筑面积28.96万平方米，出让总价68.75亿元；产业用地3宗，土地面积22.97公顷，出让总价3.97亿元；工业用地1宗，土地面积5.48公顷，出让总价0.3亿元。全年共出让用地14宗，土地面积77.77公顷，成交总价96.29亿元。

【资产存量壮大】2018年，区国投公司及时新增资产，稳步盘活存量资产，逐步提高公司增量资产的使用绩效。至年底，存量资产总建筑面积20.98万平方米，租金总收入3922.84万元，比上年增加313.76万元，增长8.70%。其中，自有资产租金收入2116.02万元，托管资产租金收入1225.64万元，土地租金收入581.18万元。新增存量资产项目3个：集美区天安一里61号生鲜超市，建筑面积1543.76平方米；集美区鱼福二里412号104单元生鲜便利店，建筑面积103.61平方米；集美区碧溪花园3号楼、4号楼、5号楼商场，建筑面积10672.75平方米。

【资产运营管理】2018年，区国投公司对国有资产进行全面梳理和数据汇总，坚持从实际出发，先易后难，分类施策，提高国有资产管理实效，确保国有资产安全运营、保值增值。全年运营的重大资产事项有杏林南路60号工业用地及厂房转让；同集路集美段旧城改造安置房一期、二期商场项目招商；新村外口公寓项目回购款催讨；厦门软件园三期B20、B21研发楼招商；集美国投安仁产业园项目招商；西华家具、锡华木业项目挂牌出让前产权过户手续办理及机器设备与车辆处置工作。

【工程项目建设】2018年，区国投公司全力推进重点项目的建设进度。至年底，集美国投安仁产业园（一期）2～4号楼完工待验收，12～14号楼落架收尾；深青工业组团公交场站及配套工程主体结构验收，室外配套工程完工；软件园三期研发楼（B20、B21）装修工程结束；机械工业集中区三期启步区市政道路工程开工建设，完成投资4932万元；物流园三条在建道路中的浦林路竣工验收；铁山公租房装修工程、模具产业园（一期）等项目完成前期手续。（陈仪娴）

市场监督管理

【概况】2018年，集美区市场监督管理局以“不发生重大食品药品安全事件”为底线，努力打造安全稳定的市场经济秩序。是年，全区实有各类商事主体78207户，其中个体工商户39304户、企业38903户，规模居岛外各区之首。有集贸市场25个，食品药品商事主体18177家。其中，食品生产企业97家，食品流通单位7201家，餐饮服务单位6850家，“小饭桌”320家，核准小作坊24家；药品批发企业4家，零售连锁企业总部6家，零售企业291家；化妆品生产企业3家，化妆品经营企业1406家；医疗器械生产企业15家，三类医疗器械经营企业91家，二类医疗器械经营企业396家，医疗机构276家，其他食药商事主体1197家。

【简政放权】2018年，区市场监督管理局深化“多证合一”改革，将涉及登记、备案等35个事项整合到营业执照上，实行“一套材料、一表登记、一窗受理”“三十五证合一”。推进“互联网+政务服务”，凡可通过电子证照库查询共享到的证照，不再要求提交相关复印件。累计入库电子证照89022个，全年调用2100多次，实现“信息多跑路，群众少跑腿”。放开企业名称库，实行企业自助名称登记，自主选择。推行网上预审，商事主体名称、设立登记、变更、备案、注销、股权出质等事项均可在网上提交预审材料。推行营业执照邮寄业务，实现群众办事“一趟不用跑”“最多跑一趟”。

【信用监管】2018年，区市场监督管理局推进市场主体年报公示工作。当年年报商事主体户52390户，年报率93.7%。开展跨部门“双随机”联合抽查，制定联合抽查工作方案，建立联席制度，实际检查企业430户。其中，未发现异常企业320户，通过登记住所或经营场所无法联系的企业66户，企业即时信息违法违规16户，工商登记事项依法应变更而未办理变更、应备案未办理备案的企业18户，处于清算、吊销中的企业2户，除以上几项外其他情形的企业8户。直接列入经营异常名录的企业29户。惩戒失信，将10096户商事主体列入经营异常名录，恢复商事主体登记1781户，剔除载入经营异常名录满三年的商事主体10270户。

【商标品牌管理】2018年，区市场监督管理局开展“集美区地理标志商标建设”调研。召开由灌口个协、餐饮协会会长及会员代表参加的集美区地理标志商标研讨会，探讨灌口盐鸭、卤鸭和仙景芋等商标的培育工作，鼓励有潜力的农产品注册商标。加强农民专业合作社商标扶持工作，走访捷圣山苏蔬菜专业合作社等规模较大、成长良好的农专社，对企业在商标注册与使用方面存在的薄弱环节予以指导，加大对现有涉农商标的规范使用和保护力度，鼓励商标注册，发挥品牌能动效应。

【执法稽查】2018年，区市场监督管理局办理案件148起，结案123起，罚没款498.28万元，罚没款入库率在全市各办案单位中排名第一位，案件无行政诉讼，复议诉讼无败诉。在万科云城购房者群体上访和某集团涉嫌涉众型传销等案件中，成立专案组排查线索证据，进行立案调查，形成高压态势，促进群体事件平稳解决。查处侵犯“鲍尔”品牌曲棍球杆商标权案，罚没34万元，鲍尔企业全球品牌保护负责人从英国赶来致谢。查办案值20余万元的侵权红酒案，公平公正执法，维护企业合法权益，保乐力加集团知识产权高级联络官和马爹利公司法务总监专程从法国来华赠送牌匾。

【消费维权】2018年，区市场监督管理局处理各类投诉举报9318件，比2017年（4063件）增长129.34%。其中，全国“12315”投诉举报3343件，厦门“12135”投诉举报3396件，信函举报306件，省长信箱107件，厦门市“12345”投诉件817件，集美区“12345”投诉件638件，公共安全平台711件。

【社区食品安全治理体系建设】2018年，区市场监督管理局进行食品安全示范综合体试点，创建美岁示范商城，推进“明厨亮灶”提档升级，设立自律协会美岁天地分会，美岁示范商城、美岁天地自律分会通过验收并授牌。创建宁海食品安全示范社区，社区内闽篮生鲜超市获评福建省“放心肉菜示范超市”，鱼羊市集新型社区集贸市场管理模式得到市、区领导肯定，并纳入全市首批农贸市场改造目录。起草《集美区社区生鲜超市3.0规范》，推动集美区示范性标准化生鲜超市建设。

【食品安全自主检测体系建设】2018年，区市场监督管理局加快自主检测能力建设，通过购买服务，委托第三方对关键性指标、往年监督抽检不合格项目以及高风险种类食品进行检验，填补市级抽检盲点，增强抽检工作的针对性。全年监督抽检153批次，涵盖生产、流通和餐饮环节，抽检合格率99.35%。

【食安责任体系实施意见出台】2018年，集美区出台《关于建立完善食品安全责任体系的实施意见》，明确党政主抓、部门主管、企业主体、主官主责、人人主人的“五主”食品安全责任体系。建立督查工作制度、评议考核办法、责任追究办法、食品安全事件调查处理办法四项配套机制，形成食品安全责任落实的完整链条。推动“四有两责”落实，区食安办设专职秘书长，区政府拨付食安工作专项经费220万元。8月7日，灌口镇在全市街道（镇）创建国家食品安全示范城市工作会议上介绍食品安全工作经验。

【厦门首个乡厨合作社成立】2018年8月10日，厦门市首个乡厨合作社在集美区成立，80名乡村厨师成为合作社成员。在集美区，乡厨各村社皆有，民间每逢红白喜事举办宴会均敦请掌厨。因缺乏管理，场地、餐具不卫生，食材不新鲜等现象时有发生。乡厨合作社成立后，制定《集美区乡厨管理工作指引》，对全区乡村厨师进行统一管理、统一培训，强化从业资质把关，建立考评积分制度，引入食品安全责任险，乡厨分散经营、食安风险难以把控问题得以解决。

【校园食品安全整治】2018年，区食安办牵头成立由有关部门组成的检查组，分别在春秋季、开学季及中高考期间，对校园及周边食品进行安全检查。委托第三方机构，抽检学校食堂自制食品、校园周边“五毛”食品42批次。推进“小饭桌”评分评级工作，分片区对“小饭桌”进行报告登记检查，累计登记和评分评级“小饭桌”320家。开展中小学、幼儿园食堂标准化建设，全区17所中小学、28所幼儿园食堂风险量化评级全部达到B级以上。7月25日，全市提升餐饮业质量安全水平现场观摩会在华侨大学召开，华侨大学就学校食堂食品安全管理作经验介绍。

【明厨亮灶工程】2018年，集美区把“明厨亮灶”工作所需经费足额纳入财政预算，拨付“以奖代补”专项经费80万元，确保“明厨亮灶”工作顺利推进。将辖区中小学、高等院校、养老院、医院食堂及大型商场等纳入“阳光厨房”和“雪亮厨房”建设工程。统一食堂后厨标签标识，完善食品安全制度，落实后厨4D管理方式（整理到位、责任到位、培训到位、执行到位）。全年新增“明厨亮灶”单位326户，全区累计“明厨亮灶”4196户，“明厨亮灶”率65.9%。

【立体食安宣传体系构建】2018年，区食安办组建“小红帽”食安宣传分队，在全区开展食品安全宣传工作，张贴宣传海报827张，悬挂宣传横幅401条，

5月30日，区市场监督执法人员检查学校食堂高考期间的食品安全（区市场监管局 供图）

发放“阿集”“小美”食品安全动漫宣传手册1万余份，发放和收回调查问卷30200份，印发各类宣传材料11万余份，利用商业广场、道路主干道和村居的126个LED屏定期滚动播放食安宣传广告，在厦门电视台“视点”栏目、《中国医药报》《中国食品安全报》和《中国食品药品监管》杂志等媒体刊登文章171篇，开展各类食品安全培训活动20余场。（赖基伟）

统计管理

【概况】2018年，集美区统计局按照国家统计工作规定，做好全年农业、工业、固定资产投资、建筑业、房地产业、贸易业、住宿餐饮业、服务业、文化产业、劳动工资等专业统计工作，完成各项统计任务。开展统计用区划和城乡划分代码调整、基本单位清查、主要畜禽生产调查、规模以下工业整群抽样调查、工业生产者价格调查、农村固定资产投资抽样调查、城乡住户一体化调查、农民工抽样调查、劳动力调查、人口抽样调查、小微企业调查等抽样调查工作。做好第四次全国经济普查准备工作。协助区效能办开展2018年度集美区绩效管理考评工作，协助省、市统计局完成数据验收、调研工作。以会代训方式，举办业务培训会4场，培训住户专业辅助调查员、村居统计员和镇街统计工作人员100余人。

【经济普查准备】2018年，区统计局做好全国第四次经济普查的各项准备工作，牵头组建普查机构，做好人员、办公经费、办公设施等前期准备工作，协助上级业务部门做好培训普查指导员和普查员的培训工作，完成经济普查小区划分、地图绘制、入户清查摸底等工作。这次普查涉及集美区6个镇（街）、70个村（居）委会、23748个单位及1359家个体户。普查内容包括单位基本情况、组织结构、人员工资、财务状况、能源生产与消费、生产经营和服务活动、固定资产投资情况、研发活动、信息化和电子商务交易情况等。普查工作将从2019年1月1日开始。

【统计服务】2018年，区统计局利用统计数据信息资源，提供各种统计服务。收集专业、网络资讯，挖掘统计数据价值，撰写统计政务信息14条；

从统计的角度，研究各种经济现象，加强统计分析，撰写各种分析材料 30 余篇；为市统计局、区委、区政府、区地方志等部门提供文字和数据材料，为各有关部门和社会各界提供统计咨询服务 100 余人次；为企业申报名牌、评优等活动提供统计数据核对 839 个（次）。编印《厦门市集美区统计年鉴（2018）》，全面反映集美区 2017 年国民经济和社会发展概况。

【统计宣传与执法】 2018 年，区统计局利用统计年报和各项抽样调查布置会，组织全区 1000 余名统计人员学习《中华人民共和国统计法》；利用“9·20”统计开放日、“12·4”法治宣传日、“12·8”统计法宣传日，用 LED 电子屏幕、横幅和发放统计法、统计知识问答宣传材料等方式，开展普法宣传活动。梳理“双随机”工作“一单两库一方案”，以正式文件的形式在官网上公布，发挥社会监管作用，促进统计执法规范化和透明化。采用“双随机”办法，开展日常统计监督检查，检查单位 17 家，未发现违法单位。贯彻执行《统计行政处罚自由裁量权裁量标准》，按照法律法规规定的权限、职责、标准、条件和程序，实施行政管理和行政处罚，保证统计行政处罚的公平公正和适当合理。按照省、市、区统一布置，清理整合权力清单、责任清单，融合成“权责清单”40 项，其中行政处罚 8 项、行政监督检查 6 项、其他职责事项 26 项。（苏凌昀）

价格管理

【概况】 2018 年，集美区以供给侧结构性改革为主线，着力稳增长、促改革、调结构、惠民生，强化市场调控，实现经济高质量增长、物价基本稳定的良好局面。居民消费价格（CPI）比 2017 年上升 1.8%，低于年初确定的控价目标 1.2 个百分点，其中服务项目价格上涨 2.3%、消费品价格上涨 1.5%。

【行政事业性收费监管】 2018 年，集美区价格主管部门（发改局）对全区 80 多家行政事业单位进行行政事业性收费情况摸排，确定行政事业性收费单位 34 家，收费报告率 100%。全年收费单位收费报告金额5.73亿元，减少2.2亿元，主要是民办院校的收费金额未纳入，其中涉企收费 913 万元、涉个人收费 5.64 亿元；行政性收费 820 万元，事业性收费 5.65 亿元。按类别分，教育收费 5.61 亿元，占行政事业性收费的 98%；行政管理类收费 812 万元，占 1.4%；资源补偿类收费 243 万元，占 0.4%；考试收费 94 万元，占 0.2%；鉴定类收费 4.6 万元。是年，区发改局持续推进“阳光价费”，未发现违规收费情况。6 月 13 日，在集美区政府官网对社会公布有收费资质的 34 家行政事业性收费单位名单及收费项目。

【价格与收费管理】 2018 年，区价格主管部门做好价格与收费管理工作。（1）根据厦门市发展和改革委等四部门《关于继续清理整治政府部门下属单位涉企收费、中介机构收费的函》要求，于 5 月 23 日对全区 100 多家政府部门及其下属单位下发清理整治自查通知。自查反馈情况显示，大部分政府部门及其下属单位无涉企收费、中介机构收费，仅司法局下属公证处依据省物价局、省司法厅《关于制定我省公证服务收费标准的通知》，对企业收取公证费 30.52 万元；农业农村局依据《福建省水土保持补偿费征收使用管理办法》、省政府《关于印发福建省水资源费征收使用管理办法的通知》和省物价局、省财政厅、省水利厅《关于调整水资源费征收标准有关问题的通知》，收取企业水资源费和水土保持补偿费 248.24 万元。（2）执行国家发展改革委、财政部、商务部、工商总局、国务院法制办联合印发的《公平竞争审查制度实施细则（暂行）》（以下称《实施细则》）和《福建省 2018 年清理现行排除限制竞争政策措施工作方案》，开展公平竞争审查工作。5 月 23 日，区公平竞争审查工作联席会议办公室召开第二次联席会，学习《实施细则》及其政策解读、案例解说，落实《福建省 2018 年清理现行排除限制竞争政策措施工作方案》，布置各起草单位对 72 份以“集美区政府”或“集美区政府办公室”发布的现行有效的规范性文件进行清理，其中涉及市场主体经济活动的规范性文件 10 份，拟继续有效 7 份，拟失效 2 份，拟修改 1 份。开展增量审查 11 份。（3）做好公办幼儿园收费标准调整工作，区公办园保教费收费标准自 2018 年春季开始，按照省物价局、省财政厅、省教育厅《关于调整省属公办幼儿园保育教育费收费标准的通知》中所核定的同类型公办幼儿园收费标准执行（每月每生 560 元、460 元、420 元、390 元）。开展幼儿园收费情况调研，区属各类幼儿园共 158 所，其中公办 25 所、民办 129 所、集体办 4 所。2017 年秋季，在园幼儿 31244 人，其中公办园 7310 人、普惠性民办园 18052 人、非普惠性民办园 4763 人、其他园 1119 人。至 2018 年秋季，全区共有各级示范园 17 所，其中省级示范园 6 所、市级示范园 4 所（含民办新日园）、区级示范园 7 所。2017—2018 学年，全区有 109 所民办园签订民办幼儿园分级收费管理协议。2017 年，民办园分级补助幼儿 24062 人（次）2388 万元；公办园保教费收入 1650 万元，财政拨款 1.6 亿元，生均公共经费 1350 元。

【价格投诉举报执法】 2018 年，区价格主管部门办理市长专线派发的价格投诉举报 35 件，全国 “12358”价格监管平台（包括鹭价通）转交的投诉举报 58 件，政民互动 3 件。办结 96 件，其中咨询 42 件、投诉 30 件、举报 24 件，办结率 100%；按来件途径分，来电 57 件，网络渠道 38 件，微信 1 件；

按处理情况分，解答政策咨询40件，没有提供被举报的价格违法行为的具体事实而不予受理的25件，协商和解11件，经调查取证无违法违规行为不予行政处罚不予立案的11件，责令整改7件，拒绝调解1件，移交转办1件；按行业分，交通运输类中涉及机动车停车收费38件，餐饮零售10件，教育类8件，社会服务业10件，物业及房地产类中涉及房地产6件，物业9件，网络购物5件，资源价格中水电收费6件，物流业2件，旅游业2件。是年，区价格主管部门做好价格监督检查工作。（1）旅游景区价格。4月24—25日，开展集美区实行政府定价旅游景区（厦门园林博览苑、集美鳌园）价格行为双随机抽查，未发现不执行政府定价和法定价格、不正当价格行为及违反明码标价规定的其他行为。（2）殡葬价格。配合民政局等部门，检查灌口殡仪服务站及骨灰室，未发现不按规定明码标价或骨灰存放格位价格欺诈、价格垄断以及强制服务收费、只收费不服务等价格违法行为。（3）电费价格。9月5—14日，对辖区内转供电主体转供电环节收费行为开展双随机检查，随机抽取厦门灌结机械有限公司、厦门市集美文化旅游投资开发有限公司、厦门市集美文教区管理委员会、厦门市市场开发建设服务中心、厦门铁雄工贸有限公司、厦门禹州海景城房地产有限公司、翔鹭（厦门）房地产开发有限公司、解放军61676部队等8个单位，随机抽取执法人员2名，未发现转供电收费价格违法行为。

（洪毅忠）

质量技术监督管理

【概况】2018年，厦门市质量技术监督局第二分局出动执法人员1496人次，检查特种设备使用单位381家次，下达安全监察指令书14份，督促企业消除安全隐患118处，移交特种设备案件1起。检查电器产品生产企业29家次、其他3C产品生产企业26家次、食品相关产品生产企业和危险化学品企业等37家。办结投诉举报件152件、行政处罚案件6件，罚没款2.04万元。集美区获批“全国客车及零配件产业知名品牌创建示范区”。

【特种设备安全监察】2018年，市质监二分局联合区经信局、安监局、建设局、市场监督管理局和各镇（街），继续推动压力管道专项治理工作。全年累计检查压力管道使用单位69家，发现36家单位使用的压力管道未经检验，经各部门共同督促，12月底完成整改32家。根据《2018年集美区电梯安全整治专项行动方案》，联合各部门和街道办开展电梯安全整治工作。各单位共检查电梯使用单位1271家、维保单位69家，对1047台电梯进行运行质量和维保质量检查，完成维保单位所承保电梯15%部分的抽查工作；督促99台老旧电梯进行安全性能评估，报废停用12台。重大活动和节假日期间，出动检查人员123人次，对商场、学校、医院等41家单位的电梯、扶梯和公园的大型游乐设施等特种设备进行专项检查，督促使用单位依法落实安全主体责任，保障重点时段特种设备安全运行。落实149件投诉举报件调查处理工作，做到件件有落实、有反馈。协调市稽查支队、集美区安监局、灌口镇安监站、灌口派出所，对一家未取得气瓶充装许可擅自从事气瓶充装活动的气瓶充装站进行现场突击检查，交市稽查支队立案查处。

【产品质量监督】2018年，市质监二分局强化工许获证企业证后监管，对辖区食品相关产品生产企业、危险化学品企业等37家工许获证企业开展全覆盖日常巡查，严厉查处无证生产行为。加强对电器产品生产企业现场检查，检查电器产品生产企业29家次、其他3C产品生产企业26家次，督促企业整改到位。

（韩嵩松）

安全生产监督管理

【概况】2018年，集美区共发生各类生产安全事故72起，比上年下降17.24%；死亡12人，下降42.86%；受伤21人，下降16%；经济损失271.41万元，下降47.88%。未发生较大及以上生产安全事故，安全生产形势持续稳定向好，在全市年终安全生产目标责任制考评中取得优秀成绩。

【分级落实安全生产责任】2018年，区委、区政府召开安全生产工作会议（区委常委会4次、区政府常务会4次、区安委会7次）15次，听取安全生产工作情况汇报，研究解决安全生产重大问题，部署安全生产重点工作。区委、区政府领导分别带队检查调研厦化实业、罗约海滨温泉酒店、小学、幼儿园、燃气供应企业、汽车站、防汛备汛要点、集美旅游专线“铛铛车”营运安全和集美亲子欢聚节现场安全情况。区人大常委会对各镇（街）、各有关部门贯彻落实《中华人民共和国消防法》《厦门市消防管理若干规定》情况开展调研活动，开展消防安全重点单位检查；区委政法委、区总工会、集美公安分局领导亦分别带队，采取自查自评、听取汇报、查阅资料、现场检查等方式，对6个镇（街）和17个单列考核部门的安全生产目标管理责任制落实情况进行全面考核。按照“四不放过”原则，开展事故调查，依法依规追究相关单位和责任人员责任，推动企业主体责任落实。

【重要时段安全保障】2018年春运期间，各镇（街）、各有关部门共查处“五类十项”严重道路交通违法行为6038起，确保春运平安有序。汛期到来前，召开防汛工作部署和培训会、杏林湾及周边防洪安全工作会议、防汛演练及水库安全度汛工作部署会、防御第8号台风“玛莉亚”工作部署会，各级各部门领导和防汛责任人做到责任落实到位、情况掌握到位、措施落实到位、应急保障到位。第十届海峡论坛举办期间，各级各有关部门强化红线意识、底线思维，突出酒店、宾馆、活动场所和重点交通枢纽等重点行业领域安全检查，确保安全生产形势持续稳定。第二十届“9·8”投洽会期间，以执法专项行动为抓手，狠抓安全监管责任落实、风险隐患排查管控和应急值班值守，营造良好安全生产环境。中秋、国庆期间，开展旅游市场安全专项整治，组织7个检查组到基层、企业开展安全隐患排查，抓好餐饮住宿安全、旅游交通安全、游览娱乐安全、节庆活动安全，确保假日期间安全稳定。夏季高温期间，组织开展危险化学品专项检查，检查涉氨企业3家、烟花爆竹销售点2家，抽查加油站22家。区总工会开展“送清凉”活动，投入资金34.55万元，慰问高温作业岗位一线职工6910人。

【安全生产工作重点得到强化】 2018年，集美区突出安全生产工作重点，抓各项工作落实。结合辖区实际，制定工作方案，明确责任部门，细化具体措施，300余家企业建立岗位安全生产责任清单，37个行业部门公布安全生产领域权责清单并实施动态管理，区、镇（街）、村（居）“三张网”监管机制逐渐成形。加强重大安全风险管控，从规划设计、重点行业、生产工艺、特殊场所、从业人员五个方面强化源头管控，构建安全生产“五位一体”源头管控和安全准入体系。开展重大安全风险隐患排查治理，全国“两会”期间，累计检查各类生产经营单位2372家，发现并督促整改安全隐患2721条，排查风险202项。各镇（街）、各有关部门出台本辖区、本部门具体实施方案18个。开展安全生产大检查，区政府、6个镇（街）、18个行业主管部门全部制定具体实施方案，采取督查检查、联合检查、“四不两直”检查、专家服务等方式，督促企业落实主体责任。全区累计检查各类生产经营单位5746家次，发现并督促整改隐患11284条，限期整改5428家，依法停产停业整顿8家，关闭取缔6家，行政罚款275.25万元，其他行政处罚588家。推进安全生产执法专项行动，针对安全生产检查多、执法少和事故执法多、隐患执法少等问题，突出道路交通、危化品和烟花爆竹、消防、建筑施工、涉爆粉尘等行业领域执法检查，着力解决监管执法“宽松软”问题。其间，监督检查企业7677家次，查处整改一般隐患4692条、重大隐患6条，行政处罚3019次，罚款1391.51万元，停业整顿48家，提请关闭1家，纳入联合惩戒1家，媒体曝光1家。开展打击假冒特种作业操作证专项行动，全区2212家生产经营单位完成自查，各镇（街）、各有关部门累计检查企业2753家，发现无证上岗行为246起，持假证上岗87人。开展电动自行车消防安全综合治理，共查处违规停放充电隐患8363处，清理违规停放充电行为6675处；检查电动自行车经营单位156家次，发现说明书与合格证不匹配的电动自行车33辆、超过限定时速4辆，建成集中停放充电场所71处，落实隔离监护等防范措施349处。

7月19日，区安委办在厦门金龙联合汽车工业有限公司举行危险化学品事故应急救援综合演练活动（区安监局 供图）

【重点领域专项排查整治】 2018年，集美区持续开展重点领域专项排查整治工作。（1）强化道路交通安全监管，开展源头隐患排查、“夜查”行动和“逢三六十”严重违法查处统一行动，查处各类交通违法行为47.36万起。开展客货运输企业安全生产大检查，检查企业134家，查处各类非法违法行为2728件，罚款1028.55万元。查扣违规上路土方车、农用车等270辆，立案36起，罚款13.61万元。（2）强化危化品安全监管，检查民爆单位、工地、仓库和剧毒化学品仓库1300余家次，督促整改隐患75处，查处非法销售、储存烟花爆竹4起，行政拘留4人，收缴各类烟花爆竹300余件。检查危化企业138家次，下达整改指令书57份，督促整改安全隐患386条。对厦门源展工贸有限公司非法储存危险化学品行为罚款5万元。（3）强化建筑施工安全监管，检查区管在建工程130个，发出质量安全隐患整改通知单211份，约谈单位92家，行政处罚576.12万元；记入不良行为记录41次，对196人次项目经理违规行为计分3196.54分，对195人次总监理工程师违规行为计分1939.61分，对196家次施工单位违规行为计分2817.23分，对195家次监理单位违规行为计分1824.6分。（4）强化消防安全监管，共检查单位21663家，发现并督促整改火灾隐患23013处，下发责令改正通知书16896份、行政处罚决定书382份、当场处罚决定书1份，临时查封10家，责令“三停”37家，罚款259.28万元。（5）强化燃气与油气管道安全监管，检查供应站点220家次，开具整改通知书17份，督促整改安全隐患22处。抽查餐饮场所5000家，督促整改安全隐患544处，查处“黑气”窝点5处，暂扣“黑气”226瓶。完成胶管、减压阀更换89598户，完成率100%。定期巡查全区陆上石油天然气管道46.9千米。（6）强化特种设备安全监管，检查特种设备使用单位392家次，消除安全隐患108处，开出特种设备安全监察指令书16份，完成老旧电梯评估155台。（7强化职业健康安全监管，累计检查企业82家，责令限期整改34家，督促整改隐患208条，行政处罚企业3家，罚款20万元。（8）强化粉尘涉爆和有限空间安全监管，检查粉尘涉爆企业46家次，约谈2家，停产停业整顿2家。检查有限空间企业20家，督促整改隐患问题82条，对2家隐患整改不力的企业分别罚款1.5万元。（9）强化其他行业安全监管，检查农资经营店71家次、农机295台次、饲料生产企业36家次、兽药生产企业6家次，排查水库13座、水利在建工程5个，整改隐患30条。检查文体企业859家次，整改各类隐患200余条，取缔无证“三峡网吧”2家，行政罚款7.56万元。检查公民办学校218所、校车68辆，取缔关停无证幼儿园12家。检查寄递企业131家，立案查处6起，罚款6.6万元。检查商贸住餐企业140家次，整改各类安全隐患662条。

【全民安全意识提升】2018年，集美区利用“天下集美”“集美安全生产”微信订阅号，推送安全生产资讯69条。借助《集美报》、集美电视台、“892”集美广播等区级主流媒体，报道活动资讯36次，向群众发送安全警示提醒短信900余万条。组织各机关企事业单位参加全国应急和安全知识网上竞赛活动，全区参与群众1.54万人次，位列全市第一名。组织506家企业参加省“安康杯”竞赛活动，集美建发、飞鹏工业、航天思尔特机器人等公司被推荐为2018年省“安康杯”竞赛先进单位，中端电器总务班组、士林电机MCB制造课BHA组立班等班组被推荐为2018年省“安康杯”竞赛先进班组。全年开展的安全宣教主题活动有：在杏西广场举办的2018年烟花爆竹“限放查非”宣传活动，在永祥新村、风景湖公园、杏林文化广场开展的“安全文化下乡”宣传活动，第23届“全国中小学生安全教育日”主题宣传活动启动仪式，教育系统“珍爱生命、预防溺水”主题宣传活动启动仪式，“健康中国，职业健康先行”职业病防治法宣传活动，在杏西广场举办的2018年“防灾减灾日”文化专场演出暨防灾减灾宣传周活动启动仪式，全国第十七个安全生产月活动，“安全生产月”咨询日活动（6场），全区消防比武竞赛（7场），“消防安全月”启动仪式（7场），消防安全培训、应急逃生演练（80余场），“全国交通安全日”主题宣传活动暨“零交通违法”好司机评选表彰大会，在集美万达广场开展的大型综合体消防疏散演练，在白虎岩、网寨山民爆仓库开展的民爆物品储存仓库突发火情和暴恐事件应急演练，在厦门金龙联合汽车工业有限公司开展的集美区危险化学品事故应急救援综合演练等。

【安全基层基础建设】2018年，集美区安排道路交通安全设施建设经费3590万元，完成安全隐患点整治7处，设置交通标志牌1224套，刷新交通标线40126.5平方米，修复隔离护栏5353米、减速带1343米、道口柱399根、爆闪灯81套。投资4077万元，启动7条农村公路提升改造工程，进行路面“白改黑”、路面拓宽、破损路面修复，完善标志标线。推动华懋新材料等7家企业投入技术改造资金1.26亿元，兑现区级技改扶持奖励资金2806.13万元。投入528.57万元，安装独立式感烟报警探测器3200套、悬挂式超细干粉灭火器6823套、简易喷淋1500平方米，为出租屋、沿街店面增配手提式灭火器21309具、灭火器箱370个。

2018年，集美区启动农村公路提升改造工程。图为改造过后的田头村公路（林志杰 摄）

96家高层建筑和火灾高危单位联入消防远程监控系统，完成816栋高层建筑消防安全评估。投入78.61万元，在孙厝社区进行智慧用电系统安装试点。开展冶金等八大行业工贸企业安全风险分级管控，完成503家企业安全风险分级。按标准建成专职消防队2支、社区（村）微型消防站65个、重点单位微型消防站249个，划定范围组建消防联防区域18个，建立区域互查互检和通讯联络、应急响应机制，提高区域联防协作能力。（曹国臣）

进出口商品检验检疫

【概况】2018年4月20日起，按照党和国家机构改革方案，国家质检总局出入境检验检疫职责和队伍划入海关总署，杏林检验检疫局转隶厦门海关，机构摘牌。在2018年12月厦门海关机构改革落实“三定”之前，以厦门海关驻集同办事处（原杏林检验检疫局）名义开展工作。2018年1–12月，原杏林检验检疫局受理出境报检4874批，货值1.85亿美元，分别比上年增长30.32%和24.77%；签发各类产地证书19224份，金额6.9亿美元，分别增长13.14%和25.14%。

【检验检疫部门为辖区产业发展助力】2018年，杏林检验检疫局（厦门海关驻集同办事处）将出口产品检测前置，对列入台湾地区应施输入查验的中药材，引导鹭燕公司到认可实验室提前检测，采信检测结果，缩短检测时间7天。帮扶塔斯曼公司加大高附加值的输往新西兰铁皮石斛提纯制药原料研制力度，出口529.7万美元，增长346.6%。指导原内销的岛之源公司强化原料水域筛选和养殖过程监测，建立溯源体系，加大深加工研发力度，助力厦门口岸首批输港冷冻鲍鱼出口。

【出口企业培训与技术指导】2018年，杏林检验检疫局（厦门海关驻集同办事处）在美国《食品安全现代化法》117项配套法规合规期限前，对企业进行宣贯培训，组织企业参加美国《人类食品预防性控制措施》资质人员中文标准课程（FSPCA课程）培训，及时通报分析国外相关预警信息；加强对出境木质包装标识加施企业的技术指导，检疫监管木质包装热处理452库、23.2万件，未发生木质包装质量被国外通报事件。

【进口货物查验】2018年，杏林检验检疫局（厦门海关驻集同办事处）对用于再制造的入境旧机电逐一逐项进行严格的现场货证核查，共核查98745台。对澳大利亚进境大麦进行后续监管，共监管12批4632.7吨。完成进口货物查验291批、退运货物调查2251批，金额9518万美元；完成200多辆缺陷汽车年内回厂任务。

【非洲猪瘟和外来有害生物防控】2018年，杏林检验检疫局（厦门海关驻集同办事处）制定非洲猪瘟疫情防控应急预案，落实企业宣贯、人员培训、应急演练及物资储备等，有针对性开展非洲猪瘟防控风险排查；建立外来有害生物监测点15个，确保区域性生物安全。

【食品安全示范城市创建】2018年，杏林检验检疫局（厦门海关驻集同办事处）积极参加集美区食品安全示范城市建设。开展食品安全隐患“三大一严”整治活动。帮助出口备案企业建立和实施HACCP体系，加强出口食品种植养殖基地监管，规范出口食品生产企业食品添加剂管理，规范境外食品生产企业、食品进口商、出口商、代理商名称和备案编号登记及进口和销售记录。开展食品安全进学校、进社区宣传活动。

【动植物及产品出口风险评估体系构建】2018年，杏林检验检疫局（厦门海关驻集同办事处）以风险评估和诚信管理为抓手，出动227人次，走访调查集美区企业96家，做好出口产品监督抽检和风险监测工作，对出口动植物及其产品进行分类分级管理，企业分类管理属于二类以上且诚信等级A类以上的，对其低风险竹木藤草制品实行“即报即放”的直通放行模式。

（张文科）

财政·税务·审计

财　政

【概况】2018年，集美区财政总收入123.21亿元，完成调整后预算的101.53%，比上年增长9.1%；其中区级财政收入34.58亿元，完成调整后预算的102.38%，增长10.59%。全区政府性基金收入26.37亿元，完成预算的77.57%；国有资本经营收入0.95亿元，完成预算的100.01%。全区财政支出58.29亿元，增长3.29%。

【企业扶持政策落实到位】2018年，集美区致力优化营商环境，推进企业扶持政策落实。多项减税降费政策落地，全年累计为企业减负逾30亿元。投入4300万元，支持民营企业、小微企业做大做强，惠及企业719家。推动企业上市、标准化及品牌发展战略等扶持办法修订工作，落实促进民营经济健康发展若干意见，引导金融机构服务实体经济。发挥政策性担保作用，区担保公司累计为企业和被征地人员提供担保7.95亿元，未发生代偿。

【多项举措加速培育产业链群】2018年，集美区实施多项举措，加速培育产业链群，增强创新驱动能力。投入产业链群培育经费12.42亿元，正信（厦门）电子有限公司、迈睿（厦门）环境产业有限公司等优质企业落户投产，橙联物流运营管理总部落户。发挥产业引导基金杠杆放大效应，累计批复参股子基金29支，总规模123亿元。以资本招商作为引导基金抓手，引进唯捷（厦门）物流供应链管理有限公司、纵目科技（厦门）有限公司等项目19个，整体估值逾40亿元。扶持落地集美区的股权类投资企业，累计引进171家，注册资本163.28亿元，基本形成岛外基金聚集高地。投入促进创新驱动经费3.14亿元，兑现高新技术企业、创新型企业奖励1805万元。2018年，认定国家级高新技术企业133家；修订创业大厦入驻管理等扶持政策，累计认定众创空间38家，其中国家级众创空间8家。

2018年，集美区教育惠民投入17.12亿元。图为诚毅幼儿园一隅（冯立东 摄）

【民生改善力度加大】2018年，集美区推进为民办实事工程，提升百姓生活质量，民生支出占总支出的78%。（1）教育惠民投入17.12亿元，新办初中2所、小学1所、幼儿园8所，新建改建扩建中小学和幼儿园项目8个，新增学位8970个。组建集美教育公司，支持国企举办普惠制幼儿园和集美大学纪念建校100周年。（2）文化惠民投入2.29亿元，实施少儿图书馆提升改造工程，区青少年宫建成启用。支持办好海峡两岸龙舟赛、“听见集美”集美学村周末音乐会、阿尔勒（集美）国际摄影季等具有较大影响力的品牌活动。开通集美铛铛车旅游线路，扶持台湾青年来集研学旅行。（3）社会保障投入10.08亿元，强化民生底线政策托底功能，落实困难残疾人生活补助、重度残疾人居家护理补贴等民生补助政策，提高补助标准。支持构建区、镇（街）、村（居）三级养老服务体系，建成一批农村幸福院、老年人日间照料中心。（4）“健康集美”投入4.13亿元，拓展家庭医生签约服务。改善基层医疗机构设施设备，支持市第一医院杏林分院、市第二医院集美分院信息化建设。落实全区户籍80岁以上及行动不便老年人入户服务，开展老人家庭病床服务试点。城乡居民基本

2018 年集美区财政预算收支执行情况

表 31　　　　单位：万元

地 区	一般公共预算收入				一般公共预算支出			
	实 绩	比上年同期			实 绩	比上年同期		
		上年同期	增减额	增减（%）		上年同期	增减额	增减（%）
全 区	345825	312708	33117	10.59%	582867	564315	18552	3.29%
（一）本级	233482	214115	19367	9.05%	437951	419084	18867	4.50%
（二）镇街	112343	98593	13750	13.95%	144916	145231	−315	−0.22%
灌口镇	19000	17860	1140	6.38%	23071	25481	−2410	−9.46%
后溪镇	20804	17151	3653	21.30%	24031	27145	−3114	−11.47%
集美街道	7332	6573	759	11.55%	15816	17403	−1587	−9.12%
杏林街道	23470	24131	−661	−2.74%	28554	28413	141	0.50%
侨英街道	30958	23172	7786	33.60%	33785	28382	5403	19.04%
杏滨街道	10779	9706	1073	11.06%	19659	18407	1252	6.80%

医疗保险筹资标准提高至每人每年 930 元。（5）其他惠民事业投入 4.12 亿元，优化新增公交线路，助力各领域扫黑除恶，推进“雪亮工程”。（6）宜居宜业投入 8.12 亿元，推动灌口东部新区等重大片区开发，完善片区配套。支持公交候车亭、公共停车场等交通基础设施建设。加快新城区中央公园建设，完成天马山郊野公园一期配套等工程。推进农贸市场提升改造工程，对宁宝市场、集美市场等进行提升改造。实施农村“厕所革命”、垃圾治理、生活污水治理等措施，持续开展美丽乡村建设。

【区财政为打好三大攻坚战提供保障】2018 年，集美区坚持底线思维，推进打好“防范化解重大风险、精准脱贫、污染防治”三大攻坚战。制定集美区政府性债务风险应急处置预案，完成地方政府全口径债务、资产清查统计和隐性债务认定等工作，2015 年以前的存量债务全部置换为债券转贷收入。开展非法集资、互联网金融等风险排查专项整治工作，涉及企业 928 家。开展“向非法校园贷说不”等系列公益宣传。为生态环境“补短板”，开展第二次全国污染源普查，强化扬尘监管。全面推行河长制、湖长制，加强饮用水源保护和小流域水环境综合整治，加大黑臭水体综合治理力度。支持净土保卫战，强化土壤污染管控和修复，实现建成区及行政村垃圾分类全覆盖。落实东西部扶贫协作三年行动计划，对口帮扶甘肃省临夏州和政县 4520 万元，援疆、援藏帮扶 943 万元。开展省内山海协作，帮扶清流县、漳平市、漳浦县 2130 万元。

【财政监督管理】2018 年，集美区出台《关于进一步加强预算执行管理加快预算支出进度工作的通知》和《关于进一步规范集美区本级预算执行和调剂审批制度》，科学划分和落实预算编制、执行和监督等环节权责，强化预算执行管理；出台《集美区财政性投融资建设项目招标控制价编制管理实施办法》和《集美区财政投资建设项目价格信息缺项材料选用定价机制的通知》等制度办法，建立建设项目预决算管理长效管控机制，加强建设项目预决算管理。通过财政常规检查、节假日抽查、热点焦点领域重点检查、问题线索核查等多种形式，开展会计信息质量、“三公”经费、中小河流管护经费、政府采购项目预算执行情况等检查。印发《“三公”文件制度汇编》，公务接待方面检查单位 16 家，政府采购方面检查单位 98 家。做好绩效目标、事中及事后绩效评价等环节绩效管理工作，全区一般公共预算绩效目标覆盖率超过 90%，事中绩效监控覆盖率提高至 86.22%，事后自评覆盖率提高至 45.05%。（李 适）

税　务

【概况】2018 年 7 月 5 日，国家税务总局厦门市集美区税务局成立，下设办公室、法制科、税政一科、税政二科、社会保险费和非税收入科、收入核算科、征收管理科、税收风险管理局、进出口税收管理科、人事教育科、考核考评科、税源管理一科、税源管理二科、税源管理三科、税源管理四科、机关党委（党建工作科）、老干部科、纪检组、第一税务所（办税服务厅）、第二税务所、杏林税务所、后溪税务所、灌口税务所、纳税服务中心（税收宣传中心）、信息中心25个科所，正式在职人员192人，其中公务员183人、事业干部及工人9人。2018年，区税务局累计组织各项收入158.23亿元，比2017年增收19.11亿元，增长13.73%。其中，税收收入119.74亿元（含更库收入0.51亿元），增收13.79亿元，增长13.02%，完成市税务局下达的任务；社保费和非税收入38.49亿元，增收5.22亿元，增长15.68%。

【税务机构改革】 2018年，区税务局有序推进机构改革，建立党委领导体制，成立机构改革工作小组及办公室，落实《改革方案》确定的改革任务和时间节点，制定作战图、作业表，做到对标推进、到点验收。7月5日，国家税务总局厦门市集美区税务局揭牌；9月30日，集美区税务局5个派出机构挂牌。推进统一税收征管方式，制定《统一税收征管方式实施方案》，实现机构配置、干部职工权限、管户调整“三到位”。开展非税划转和个税改革，成立社会保险费和非税收入征管职责划转工作办公室，对标对表，推进划转工作；成立个税改革领导小组，抽调各部门业务骨干集中办公，组建“个税改革党团突击队”，开展宣传培训，推动改革落地。

【税费征管】 2018年，区税务局开展增值税退税审核、企业所得税年度汇算清缴、个人所得税明细申报和催报提醒工作；推进关联申报、非居民管理、“走出去”企业及个人境外所得管理、环保税改革、土地增值税等各税种管理。落实小微企业增值税优惠政策，减免税额0.89亿元；落实所得税优惠政策，减免税额9.62亿元；规范出口退税管理，办理退税额24.83亿元，免抵额14.2亿元；为缴费人减负7.11亿元。完成834户风险应对任务，累计风险管理成效2.16亿元。与区政府有关部门签订信息共享协议7份。2018年，区税务局税务登记总户数87782户。按纳税人类型分，单位纳税人52398户，个体工商户34300户，其他纳税人（指国家机关、事业单位、社会团体等，下同）1084户；按纳税人状态分，正常营业户53556户，非正常户4655户，注销户18182户，非正常户注销4173户，停业户数1户，报验户3778户，核销报验户3405户，清算27户，其他5户。累计组织各项收入158.23亿元，比2017年增收19.11亿元，增长13.73%。全区总参保人数612899人，增加63359人，增长11.53%。其中，职工参保331476人，增加29693人，增长9.84%；城乡养老参保12016人，减少1085人；城乡医疗保险参保278656人，增加31199人。

【纳税服务】 2018年，区税务局深化“放管服”改革，优化营商环境。以“新时代、新税貌”为主题，继续开展“便民办税春风行动”，推出便民办税措施5类14项34条。落实分类分级管理前移、集中办理事项37项，做到征管一个流程，执法一个尺度；落实跨省经营企业涉税事项全国通办4类15项，事项就近办理，资料内部流转，减轻纳税人负担。优化窗口设置，按照“综合服务窗口一次办结＋专业窗口个性化服务”模式，对窗口进行整合升级，做到落实“三细节”（成立业务支持专家团队，增设“无纸化办税”体验区，升级自助办税终端），设置“三窗口”（联办窗口、潮汐窗口、简事易办窗口），开通“三卡”（“一码知”服务卡、预约服务卡、大宗业务服务卡），推进税收业务“一厅通办”。

（林勤成 林丽萍）

审 计

【概况】 2018年，集美区审计局内设综合科、审计科，新调入公务员1人，退休1人，在岗公务员7人。下设审计事务中心，新招录事业人员1人，在岗事业人员4人。是年，完成审计项目14项，查出问题金额9941万元；查出非金额计量问题50项，审计处理处罚金额5033万元。提交审计报告及专项审计调查报告21篇，其中《2016年度集美区本级预算执行情况和其他财政收支情况审计》获评市优秀审计项目。与集美大学合作开展自然资源资产审计等重点课题调研，形成重点调研报告2篇，其中《领导干部自然资源资产离任审计的探索》被省审计厅科研所采用并发表。区审计局审计信息工作在市审计局考评第二名。

【审计业务】 2018年，区审计局完成审计项目14项。审计共查出问题金额9941万元，其中违规问题金额3154万元、损失浪费金额22万元、管理不规范金额6765万元；查出非金额计量问题50项，审计处理处罚金额5034万元，其中应上缴财政3154万元、应归还原渠道资金1713万元、应调账处理166万元。移送处理事项4项。提交审计报告及专项审计调查报告21篇，被批示11篇。提出审计建议49条，提交审计信息40篇。首次开展领导干部自然资源资产审计，审计项目1项，查出非金额计量问题2项，出具审计报告1篇。

2018年集美区审计工作情况

表32

指 标 名 称	计量单位	审计结果	指标名称	计量单位	审计结果
一、审计单位	个	14	七、审计处理结果落实情况	—	—
审计	个	14	审计促进整改落实资金	万元	4986
专项审计调查	个	0	其中：增收节支	万元	4820
二、审计查出主要问题金额	万元	9941	已上缴财政	万元	3134
违规金额	万元	3154	已归还原渠道资金	万元	1685
损失浪费金额	万元	22	已调账处理金额	万元	166
管理不规范金额	万元	6765	八、审计成果利用情况	—	—
三、审计发现非金额计量问题	个	50	审计提出建议	条	49
四、审计报告和专项审计调查报告	篇	21	其中：建议制定修改部门规定	条	6
五、审计处理情况	—	—	被采纳审计建议	条	43
审计处理处罚	万元	5034	被审计单位建立健全规章制度	条	12
其中：应上缴财政	万元	3154	提交审计信息	篇	40
应归还原渠道资金	万元	1713	审计专题、综合性报告	篇	5
应调账处理金额	万元	166	信息简报	篇	35
六、移送处理事项	件	4	九、被审计领导干部	人	6

【审计制度建设】2018年，区审计局建立健全审计业务清单化管理流程，设立“审计问题清单”和“整改结果清单”，明确整改责任人、整改时限，加强动态管理，把审计问题和整改结果作为全面从严治党主体责任落实情况检查、领导班子民主生活会对照检查的重要内容。推动《集美区人民政府办公室关于建立审计整改制度的通知》的下发，将审计整改情况纳入区级绩效考评指标体系，并结合工作实际制定《集美区审计局审计整改工作内部制度》。制定、修订和完善请销假、财务管理、议事决策、审计整改等制度10项，从人、财、物等方面强化内部管理。

【审计机制探索】2018年，区审计局在全市首次将法律顾问引入审计领域，聘请法律顾问及法律顾问助理协助开展审计工作，依法规范审计流程。创新审计机制，在审计报告征求意见阶段，建立与被审单位领导关于审计问题见面会制度，全年召开见面会5次，帮助被审计单位边审边改、立行立改，提高审计满意度。

【审计宣传】2018年，区审计局围绕第五个“12·4”宪法宣传日，采用朗诵、有奖竞猜等方式，在北区霞梧广场和集美学村地铁站开展“审计监督、立信于民”主题法制宣传活动，向公众分发普法宣传册、宣传品近千份。开展“排查消防设备志愿服务”“助力绿色出行——共享单车整治”等特色志愿者活动，深入挂钩村居，服务群众，树立审计干部形象。（傅伟滨）

教　育

综　述

【概况】2018年，集美区新办中学2所、小学1所、幼儿园8所，新增幼儿班108班、学位3240个，中小学84班、学位3990个，完成固定资产投资3亿元。有7所学校入选省级义务教育教改示范校，12所学校通过省级义务教育管理标准化验收，2所幼儿园入选省级保教改革建设幼儿园，区教师进修学校通过省县级教师进修学校标准化建设评估验收，13所农村完小全部升格为直属小学。至年底，全区有公民办幼儿园168所，在园幼儿33590人；小学45所（其中民办4所），在校学生62180人；中学17所，其中完中6所、初中6所、九年一贯制学校4所、十二年一贯制学校1所，在校学生29783人，其中初中生20817人、高中生8966人；中等职业技术学校7所，在校学生17240人；成人培训机构6所（含教师进修学校），学员4606人。继续施行外来务工人员随迁子女积分入学政策，共接纳4960人。随迁子女在公办学校和政府购买服务的民办学校就读比例为96.4%。全年发放中职、高中、义务教育阶段、幼儿园等各类补助8400万元，受惠59460人次。是年，集美区获评福建省首批教育强县（市、区）和2017年度福建省教育工作先进县（市、区），在省对县（市、区）党政主要领导干部抓教育工作督导考核中获“优秀”等级。

2018年集美区各级各类学校情况

表33　　　　　　　　　　　　　　　　　　　　　　单位：个、人

学校类型	学校数	在校学生数			教职工数		
		合计	其中		合计	专任教师	
			初中	高中		初中	高中
总计	244	147568	20817	8966	11740	1479	774
一、基础教育	231	125722	20817	8966	10516	1479	774
1. 中学	17	29783	20817	8966	2822	1479	774
完全中学	6	21959	13397	8562	1985	928	709
十二年一贯制学校	1	505	101	404	167	17	65
初级中学	6	5219	5219	—	445	389	—
九年一贯制学校	4	2100	2100	—	225	145	—
2. 小学	45	62180	—	—	3356	—	—
十二年一贯制学校		286	—	—	26	—	—
九年一贯制学校		8800	—	—	416	—	—
普通小学	45	53094	—	—	2914	—	—
3. 特殊教育	1	169	—	—	25	—	—
4. 幼儿园	168	33590	—	—	4313	—	—
二、中等职业教育	13	21846	—	—	1224	—	—
1. 中等职业学校	7	17240	—	—	1126	—	—
2. 成人培训机构	6	4606	—	—	98	—	—

【区教师进修学校接受省级评估】2018年9月26—27日，福建省教育评估中心专家组对集美区教师进修学校创建省级示范性教师进修学校开展新一轮标准化建设省级评估。评估采取校长陈述答辩、座谈交流、教研员教科研汇报、查阅资料、现场考察、随机访谈、随堂听评课、现场反馈等方式，对进修学校标准化建设工作进行评估。专家组从学校功能定位、组织领导、基础条件、队伍建设及工作绩效等方面，查阅档案材料，现场查看教学、办公场所和附属设施，重点了解学校微格教学实验室、微课室、交互式多媒体设备使用情况，运用集美区教育资源公共服务平台、“理想课堂”同步备课云平台，查阅网络教研情况。评估过程中，专家组成员高度肯定学校创建迎检工作，肯定学校在优化资源配置，整合区级教研、科研、培训、信息化资源，构建研训一体、以研促教、以研促训的新型现代化教师研修机构方面作出有益的探索与实践。

【中小学生研学旅行试点】2018年4月，集美区开始中小学生研学旅行试点工作。通过组织与甘肃省临夏州和政县两地对口帮扶中学生研学旅行、承办全国中学生心理夏令营活动和全市中小学生“嘉庚精神宣传月”的“南风微薰”研学旅行活动，打造“博物观奇妙物语”“勇者的征途”“丝路心语·邮乡情”“嘉庚精神、薪火相传”等研学旅行精品课程。以集美小学、曾营小学、双塔小学、上塘中学4所试点学校为抓手，遴选厦门悠度营地教育科技有限公司、厦门灵玲演艺有限公司、厦门万千极美营地教育科技有限公司及华夏文化旅游集团（厦门）有限公司等基础设施优越、安全措施优良、研学课程优质、后勤服务优等的“四优”基地，作为中小学生首批研学旅行试点基地，结合嘉庚精神、企业文化、传统文化、户外拓展模式，开展研学旅行试点工作。全年共组织中小学生研学旅行活动118场。

【学生资助体系实现全覆盖】2018年4月27日，集美区政府发布《关于印发集美区统筹推进城乡义务教育一体化改革发展实施方案的通知》，要求“做好随迁子女义务教育工作，切实将随迁子女义务教育纳入城镇发展规划和财政保障范围，对通过积分入学派入民办普惠义务教育学校，且入学期间父（母）持有厦门市居住证的随迁子女，免除其学杂费、课本费和簿籍费。”集美区学生资助政策体系扩大到来集务工人员随迁子女，实现所有学段全覆盖、公办民办学校全覆盖、本地和外地务工人员家庭经济困难学生全覆盖。2018年，全区资助学前教育困难家庭幼儿520人，资助金额57.7万元；为944名高中家庭困难学生免除学费97.1万元，发放高中助学金45.89万元；为464名家庭经济困难的中职生发放国家助学金46.34万元；中职免学费4353人，发放免学费补助492.78万元。普惠性幼儿园分级财政补助213所次，发放补助金额4552.92万元；民办义务教育学校“四证齐全”免学费补助2754.11万元，发放免学杂费和课本费簿籍费补助203.91万元；4所民办义务教育学校公用经费补助394.78万元。核拨民办校保安补助经费39万元，发放教师薪金补助136.62万元。

【义务教育阶段招生】2018年，集美区小学招生继续实行积分入学制，简化认证程序，推行网上确认、电子入学通知、微信登记平台，实现家长足不出户就可完成登记、报名、确认工作。秋季区属小学招生，共受理新生入学登记14026人（集美区户籍6178人、积分入学学生7848人）；招收一年级新生10822人，其中公办校9614人（厦门市户籍5860人、非厦门市户籍3754人）、民办校1208人（均为非集美区户籍）。秋季初中招生，仍实行“免试入学，就近划片”方式。2018年，区属小学毕业生8234人，比2017年增加900余人，其中集美区户籍生增加500余人，进城务工人员随迁子女增加400余人。在确保集美区户籍小学毕业生全部进入公办中学的前提下，区属各公办中学挖潜扩容，以划片随机派位方式，录取在集美区小学毕业的进城务工人员子女3800余名，录入对应片区中学。民办小学进城务工人员子女按空学位分片区进行电脑派位，三个片区共728人。除市直属特色校在集美区录取200多人外，初中一年级招生7510人。

【高中招生】2018年，集美区中考设考点12个、报名点14个，报名人数5028人，其中非厦门市户籍2944人。经过考试，集美区公民办中学共录取高中新生3126人，包括市属集美中学292人、民办英贤学校2人。总录取人数中，外来进城务工人员子女进公办中学比例为83.03%。

【师资力量】2018年，集美区各级各类学校（不含辖区高校）共有教职工11740人（含民办），其中专任教师8665人。在专任教师中，幼儿园教师2309人，均为女性；小学教师3206人，其中女性占80%，35岁以下占69%；初中教师1479人，其中女性占70%，35岁以下占59%；高中教师774人，其中女性占57%、35岁以下占45%；中等专业技术学校教师897人，其中女性占54%，35岁以下占43%。是年，区教育局开展学科教师和班主任全员培训，全区参加各级各类骨干教师培训逾3000人次，培养各级各类骨干教师近2000人，中小学教师全员参训率100%，每年每人平均受训时间96课时以上。实施“聚贤集美”人才计划，先后柔性引进高层次教育人才13人，安排到区属学校担任首席教育专家、学校发展顾问、学科教学导师。全年招聘录用新教师302人。

2018 年集美区专任教师学历、职称结构情况

表 34　　　　单位：人

学校类型	合计	学历					专业技术职务				
		研究生	本科	专科	高中	高中以下	高级	一级	二级	三级	未定
幼儿园	2309	2	432	959	861	55	1	45	177	63	2023
小学	3206	50	2495	630	31	—	56	860	1096	80	1114
初中	1479	143	1283	53	—	—	217	392	388	4	478
高中	774	133	635	6	—	—	236	233	165	0	140
# 市属	341	66	271	4	—	—	101	93	70	0	77
中等专业技术学校	897	102	679	90	26		224	274	187		212
# 市属	560	84	465	10	1		187	228	134		11
合计	8665	430	5524	1738	973		734	1804	2160		3967

【教学条件】 2018 年，集美区办理回购、移交幼儿园 1 个，开办中学 2 所（美山中学、诚毅中学）、小学 1 所（杏苑小学）、幼儿园 8 所（华铃保障性住房幼儿园、夏商新纪元幼儿园、马銮幼儿园、嘉誉幼儿园、欣悦湾幼儿园、新城际幼儿园、凤林幼儿园、东安幼儿园），新增幼儿园 108 班、学位 3240 个，新增中小学 84 班、学位 3990 个。完成固定资产投资 3 亿元。

2018 年集美区办学条件情况表

表 35

学校类型	占地面积（平方米）			校舍建筑面积（平方米）			图书（册）	教学用计算机（台）	固定资产总值（万元）	
	合计	绿化用地	运动场地	合计	教学及辅助用房	行政、生活等用房			合计	其中：教学仪器设备
总计	2210801	552244	731883	1376604	626420	750184	3544261	17185	138144	30524
幼儿园	323539	54670	117509	309683	214983	94699	208331	0	—	—
小学	890263	210629	311903	443846	163302	280545	1694213	8345	44275	13417
中学	984691	285745	300871	616108	246214	369894	1634041	8840	93869	17107
初级中学	201237	52757	78997	97333	34775	62558	261006	1268	9132	2628
九年一贯制学校	146234	35376	51255	84438	40237	44201	341709	1742	7443	2591
完全中学	564496	193112	147943	395214	157439	237775	1015745	5444	76586	11520
十二年一贯制学校	72724	4500	22676	39124	13764	25360	15581	386	708	368
特殊教育	12309	1200	1600	6966.5	1921.1	5045	7676	—	—	—

（苏燕婷）

幼儿教育

【概况】 2018 年，集美区新建、回购竣工公办幼儿园 8 所：华铃保障性住房幼儿园（12 班）、夏商新纪元幼儿园（12 班）、马銮幼儿园（12 班）、嘉誉幼儿园（12 班）、欣悦湾幼儿园（12 班）、新城际幼儿园（9 班）、凤林幼儿园（12 班）、东安幼儿园（12 班），分别位于灌口镇、侨英街道、杏滨街道和杏林街道，总建筑面积 26837 平方米，新增学位 2790 个。是年，全区有公民办幼儿园 168 所（公办 33 所、民办 135 所），与政府签订分级收费管理协议的民办园 107 所，约占参与评估定级民办幼儿园总数的 87%。全区在园适龄幼儿 33590 人，户籍幼儿学前三年毛入园率 98.10%。共有教职工 4313 人，其中专任教师 2309 人，占 53.54%。

2018 年集美区幼儿教育情况

表 36　　单位：个、人

镇、街	园数	班数、在园幼儿数									
		合计		托班		小班		中班		大班	
		班数	人数	班数	人数	班数	人数	班数	人数	班数	人数
总计	168	1199	33590	93	986	383	10468	369	11020	354	11116
灌口镇	30	222	6363	18	230	68	1885	71	2131	65	2117
公办	5	45	1531	—	—	17	528	15	522	13	481
民办	25	177	4832	18	230	51	1357	56	1609	52	1636
后溪镇	17	120	3406	9	102	40	1093	36	1124	35	1087
公办	5	40	1355	—	—	15	465	13	467	12	423
集体办	4	14	204	2	9	4	56	4	54	4	85
民办	8	66	1847	7	93	21	572	19	603	19	579
集美街道	7	62	1888	4	28	21	645	19	623	18	592
公办	3	36	1281	—	—	12	444	12	421	12	416
民办	4	26	607	4	28	9	201	7	202	6	176
杏林街道	39	295	8431	21	233	99	2696	91	2737	84	2765
公办	7	69	2324	—	—	28	857	24	837	17	630
民办	32	226	6107	21	233	71	1839	67	1900	67	2135
侨英街道	34	244	6553	17	171	77	2004	74	2062	76	2316
公办	7	58	1876	—	—	25	744	17	557	16	575
民办	27	186	4677	17	171	52	1260	57	1505	60	1741
杏滨街道	41	256	6949	24	222	78	2145	78	2343	76	2239
公办	6	42	1471	—	—	16	571	14	505	12	395
民办	35	214	5478	24	222	62	1574	64	1838	64	1844

（苏燕婷）

【集美幼儿园】2018 年，集美幼儿园分设总园和岑东分园，设班 24 个，2018 年 2 月在园幼儿 794 人，2018 年 9 月在园幼儿 827 人。共有教职工 105 人，其中区级学科带头人 1 人、市级骨干教师 9 人、教坛新秀 1 人。与后溪中心幼儿园、乐海幼儿园建立手拉手关系，与社区内 2 所民办幼儿园建立帮扶关系。5 月，岑东分园接受区级教学视导，承担集美大学和诚毅学院学生见习工作，接受宁宝幼儿园和甘肃省和政县第二幼儿园园长、教师跟岗学习。10 月，幼儿园召开教代会，讨论通过《厦门市集美幼儿园章程》。幼儿园通过市级文明校园考评，成为市级培养对象；大教研组参加厦门市首届帮扶先进教研组评比，获评厦门市 2015—2017 年度学前教育结对帮扶先进集体。幼儿园设计建园 100 周年吉祥物“小真”“阿正”，并完成商标注册；整理幼儿园园史，拍摄宣传片《最好的未来》，编辑《百年芳华、童真依旧》。是年，陈华真、龚慧芬合作的自制教玩具获市一等奖、省二等奖；颜缘、王小菁参加厦门市第七届基础教育课堂教学改革创新大赛，获市级三等奖和区级三等奖；颜缘获集美区优秀活动案例评选一等奖。幼儿参加区美术绘画、故事大王、小歌手、小主持人、科幻画比赛，获一等奖 4 个、二等奖和三等奖多个。教师在《福建教育》发表论文 1 篇。（许碧莲）

【集美区实验幼儿园】2018 年，集美区实验幼儿园设教学班 12 个，有在园幼儿 453 人、教职工 60 人。教职工中，专任教师 32 人，包括省学科带头人 1 人、省级参培骨干教师 1 人、市学科带头人 1 人、市骨干教师 2 人、区骨干教师 1 人、区教学新秀 2 人。是年，幼儿园先后接受厦门市教科院的教学视导和集美区两轮保教指导，各教研组成立整改小组，针对保教指导建议，制定整改计划，开展教研活动，整改存在问题。发挥省级示范性幼儿园辐射作用，邀请区康城幼儿园、瑞吉欧幼儿园、英村兑山幼儿园、碧海蓝天幼儿园部分教师参加片区开放活动，由市级学科带头人、高级教师曾梅芬做“实践指导：逐日计划”培训；邀请区瑞吉欧幼儿园、耶鲁幼儿园、敬贤幼儿园教师参加幼儿园区域观摩活动，加强片区共建园交流。加强课题研究，区级微型重点课题《3～6岁幼儿情绪管理的影响因素及策略的研究》结题，在CN刊发表论文1篇，入选区级优秀论文汇编2篇。教师围绕《3～6岁儿童学习与发展指南》课题，坚持保教结合，追求内涵发展，3名教师在CN刊发表论文，1名教师在CN刊发表活动案例，3名教师论文入编集美区优秀论文集。中班段获评集美区2017—2018学年度先进备课组，黄毅娟获评先进备课组长；6名教师在2018年度优质微课评选中获一等奖1项、二等奖3项、三等奖2项。选送2篇游戏案例参加集美区优秀游戏活动案例评选，分获二、三等奖。幼儿获集美区棋类锦标赛团体第四名，获青少年科技创新大赛科幻画比赛一、二、三等奖各1项，总园大班段获厦门市幼儿园亲子能力大赛三等奖。幼儿园获第一届（2015—2017年度）“福建省文明校园”称号。（陈燕菁 黄 媛）

【灌口中心幼儿园】2018年9月，灌口中心幼儿园欣悦湾分园开园。灌口中心幼儿园设黄庄总园和幸福、欣悦湾两个分园，共30个班，在园幼儿1015人；有教职工125人，其中省级骨干教师1人、市级骨干教师3人、区级学科带头人培养对象1人、保健医生3名。是年，黄淑贞主持的“十三五”课题《幼儿园户外自主游戏的实践研究》、王秀萍主持的“十三五”课题《〈指南〉背景下幼儿探索性活动区游戏的实践研究》形成教学成果汇编《户外自主游戏》，年段长陈燕燕、唐自芳、林丽霞主持的子课题《户外自主游戏环境创设的实践研究》《户外自主游戏中幼儿良好品质的培养策略研究》形成阶段性成果。本年度，幼儿园承担面向全市幼儿园开放研讨活动任务，师生共同收集瓶罐、石头、瓦片、木片、布片、吸管等各种材料，在楼梯拐角和走道上设立陶泥区、彩绘涂鸦区、小木匠区和变废为宝创意作坊，让幼儿自主选择游戏材料、自主选择游戏内容、自主选择游戏伙伴、自主制定游戏规则，自己动手制作饮食和小手工，体验印红龟、磨豆浆、蒸年糕、刺绣等闽南习俗。王秀萍参加省中小学教师信息技术应用比赛，获省级优秀应用成果奖；黄淑贞参加市垃圾分类作品评选，获市级三等奖；陈敏、曾小兰等指导幼儿参加市幼儿能力大会，获中班段三等奖；张锦彩等指导郑梓辰等幼儿参加科幻画大赛，分获市级一等奖1名，区级二等奖2名、三等奖1名；洪碧璇、卢文婷等指导幼儿参加区少儿经典诵读比赛，获三等奖2名；林艺娜等指导幼儿参加“我心中的美故事”少儿故事、小品比赛，获区级一等奖、三等奖各1名。（朱丽真）

灌口中心幼儿园幼儿在自主游戏园区上课（朱丽真 2018年12月摄）

【杏林中心幼儿园】2018年秋季，杏林中心幼儿园设总园和寰宇、金博水岸两座分园，共有教学班30个，在园幼儿1015人，教职员工125人，其中行政4人、保健医生3人、专任教师72人、后勤46人、保安11人。幼儿园根据自身的特点和发展的需要，完善办园理念、目标、特色和园风，确定以“传銮江文化，行臻爱教育，习善信品格，筑美好家园”为办园理念，以“至真、至善、至美”为办园目标，以“以自然为源，毓銮江之情，秀多彩童年”为办园特色，以“善学、善思、善言、善行”为园风。是年，以“銮江乡情文化的开发与利用”为主线，总园以“守护銮江”为题，金博水岸园以“走近海洋”为题，寰宇园以“銮江生活”为题，分别组织“銮江乡情”课程，先后开展“我家住海边”“我们生活的地方”“闽南工艺美”“家乡的树”“环保小卫士”“我爱运动”“我爱銮江”等系列探究活动。5月，陈燕雯获集美区第七届创新课程比赛二等奖，陈鹭婷、郑宇芳、陈心田制作的“地铁斗阵行”先后获2018年市、省幼儿园优秀自制玩教具展评活动综合类二等奖。（洪彩玲）

【后溪中心幼儿园】后溪中心幼儿园始创于2008年8月，2010年续办永祥分园。中心园坐落于后溪镇三兴一里41号，占地3000平方米，建筑面积2108平方米，2018年设6班，在园幼儿212人；永祥分园占地4000平方米，建筑面积3527平方米，设12班，在园幼儿404人。两园共有员工76人，其中省级骨干教师2人、市级骨干教师4

人、市级学科带头人1人。2012年，幼儿园被评定为厦门市示范性幼儿园，2017年被评定为福建省示范性幼儿园，2018年获市委、市政府授予的“厦门市文明校园”称号。2017—2018学年度，幼儿园承担国家级课题《生态背景下农村幼儿园适宜性自主游戏探究》、省级课题《农村幼儿园自主游戏的支持策略研究》，形成阶段性成果，6篇课题研究论文在省级以上学前教育刊物上发表。2018年，教师和幼儿参加各级各类比赛，获国家级奖1项、省奖1项，市一等奖2项、二等奖3项、三等奖3项，区一等奖4项、二等奖6项、三等奖8项。（陈丽丽）

小学教育

【概况】2018年，全区有小学45所，其中民办小学4所（含市属英才学校小学部），在校学生62180人，毕业8435人，秋季一年级招生11179人。共有教职工3356人，其中专任教师3206人。9月1日，杏苑小学整体搬迁至杏北5里。新村小学、后溪小学、军民小学、碧溪小学、三社小学、灌南小学、田头小学、东辉小学等13所农村完小升格为区直属小学。

2018年集美区小学教育情况

表37　　单位：个、人

镇街	校数	合计		一年级		二年级		三年级		四年级		五年级		六年级	
		班数	人数	班数	人数	班数	人数	班数	人数	班数	人数	班数	人数	班数	人数
总计	45	1362	62180	243	11186	234	10777	231	10441	228	10568	219	9982	207	9226
灌口镇	12	277	12562	47	2121	50	2297	47	2153	46	2144	45	2014	42	1833
区直	11	253	11389	43	1941	47	2150	42	1889	42	1945	40	1781	39	1683
区属民办	1	24	1173	4	180	3	147	5	264	4	199	5	233	3	150
后溪镇	9	151	6539	30	1227	27	1213	25	1069	24	1105	24	1049	21	876
区直	9	138	6253	24	1077	25	1174	23	1040	23	1079	23	1025	20	858
市属民办		13	286	6	150	2	39	2	29	1	26	1	24	1	18
集美街道	2	76	3548	15	710	13	605	12	550	12	568	12	561	12	554
区直	2	76	3548	15	710	13	605	12	550	12	568	12	561	12	554
侨英街道	6	200	9203	35	1662	36	1681	32	1449	35	1588	31	1408	31	1415
区直	6	200	9203	35	1662	36	1681	32	1449	35	1588	31	1408	31	1415
杏林街道	7	389	17675	72	3366	62	2775	70	3139	66	3008	62	2837	57	2550
区直	6	254	11843	50	2434	46	2100	40	1861	40	1884	40	1850	38	1714
市属民办	1	37	1286	6	214	6	189	6	186	6	207	6	231	7	259
区属民办		98	4546	16	718	10	486	24	1092	20	917	16	756	12	577
杏滨街道	9	269	12653	44	2100	46	2206	45	2081	45	2155	45	2113	44	1998
区直	7	219	10339	37	1790	39	1862	38	1757	35	1684	35	1678	35	1568
区属民办	2	50	2314	7	310	7	344	7	324	10	471	10	435	9	430

【第十四届小学教学教改经验交流会】2018年12月11日，集美区第十四届小学教学教改经验交流暨课堂教学观摩研讨会在康城小学召开，来自集美区教育系统150名代表和集美区对口帮扶对象三明市清流县的20位教师展开为期三天的研讨交流。会议以“传承儒雅文化，提升核心素养”为主题，活动内容包括校园儒雅文化展与论坛、儒雅课堂教学研讨专场、“儒雅康城”文艺会演等。集美区小学教学教改经验交流暨课堂教学观摩研讨会为集美区教育系统传统招牌项目，每年指定一所综合实力较强的学校承办。活动内容包括师生才艺展示、校长论坛、课堂教学观摩、办学成果展示等。此次经验交流会由集美区教育局主办，集美区教师进修学校、杏滨街道办协办，康城小学承办。

【集美小学推出首本嘉庚精神家校用书】2018年，在陈嘉庚诞辰144周年暨集美小学建校105周年之际，集美小学推出家长学校用书《追寻嘉庚兴学初心》。此乃该校自主研发、专为集美学村家长量身打造的校本课程配套读本，亦为第一本运用嘉庚元素编写的系统的家长学校教材。集美小学家长学校拟通过探寻嘉庚兴学初心，汲取嘉庚“修身、齐家、治国、平天下”的智慧，为家长提供科学教子方法，合力推动家校一体化建设快步发展。“知人论世，学以致用”为本书一大特点。《追寻嘉庚兴学初心》分成三篇，首篇追溯嘉庚生活的时代背景，追寻其办学兴学的初心，追忆其“修齐治平”的历程；次篇牢记嘉庚诚毅执念和对国家天下的希冀；末篇回归主旨，以嘉庚精神为引领，以嘉庚实例为示范，解答如何当好家长、实现家校合作。

【曾营小学管乐团亮相“上海之春”音乐节】2018年4月29日至5月4日，中华号角——2018上海之春国际音乐节管乐艺术节暨“中华杯”中国第十二届非职业优秀管乐团队展演在上海举行。集美区曾营小学蓝帆管乐团受邀登台献艺。“上海之春”是上海历史最久的音乐文化品牌，创办于1959年。2018年上海之春国际音乐节管乐艺术节共有来自全国的170支管乐队伍参加演出。曾营小学蓝帆管乐团的70名学生成功演奏乐曲《骑士的宿命》，获展演比赛铜奖。

【侨英小学仁德文化系列景观建设】2018年6月，侨英小学建成厦门市首条以“仁爱”为主题的文化景观小道。侨英小学位于集美北部，古代隶属于同安县仁德里。学校因地制宜，以“仁”为核心，以“爱”为元素，营造以“仁德”为主题的特色校园文化风景线。先后建成“问仁”“仁爱路”“孝悌坊”“仁泽苑”“仁德文化长廊”等仁德系列景观。2016年，该校校园仁德文化景观建设入选厦门市未成年人思想道德建设工作创新案例；2017年，获市政府教育督导室颁发的“实施素质教育典型案例”二等奖，入选福建省首批“义务教育教改示范性建设学校”。同年，在第二十二届全国青少年五好小公民主题教育读书活动中，获教育部关工委授予的“全国示范学校”称号。

【滨水学校全国啦啦操总决赛夺冠】2018年7月，集美中学附属滨水学校健美操队参加中国首届体操节暨2018年全国啦啦操联赛总决赛，获公开小学组规定花球和校园规定示范套路冠军。中国首届体操节暨2018年全国啦啦操联赛，是国家体育总局体操运动管理中心主办的首届全国综合性体操赛事，所设的啦啦操联赛、技巧比赛、排舞比赛、全民健身操比赛均为全国顶级水平的赛事。滨水学校“清水之韵”健美操队从参赛的1万余名选手中脱颖而出，一举夺得两项冠军。滨水学校“清水之韵”健美操队成立于2011年，至此已获国家级奖项7个、省级奖项11个、市级奖项13个、区级奖项7个。

【新源小学获全国全民健身操舞特等奖】2018年10月，集美区新源小学健美操队在第七届全国全民健身操舞大赛总决赛中夺得两个特等奖、一个一等奖的好成绩。新源小学成立于2011年，97%的学生为外来人员子女，舞蹈基础为零。建校以来，学校健美操队克服缺乏室内训练场地、器械、队服等困难，寒暑不辍，坚持训练，先后多次参加各级比赛。此次，新源小学健美操队代表厦门市赴深圳参加第七届全国全民健身操舞大赛总决赛，获广场健身操（舞）（自选动作）徒手广场健身操特等奖、有氧健身操舞2017全国规定套路校园健身操特等奖、有氧健身操舞2012年全民健身操等级规定动作轻器械健身操二级一等奖。

【双塔小学跻身全国中小学德育典范榜】2018年11月，教育部组织评选的全国中小学德育工作典范学校光荣榜公布，集美区双塔小学榜上有名。双塔小学创办于2014年，2018年设教学班22个，有学生989人，其中外来人员子女占70%左右。学校以书法教育为办学特色，以“立字立人，育人育己”为办学理念，以“写字写志、修学修身”为校训，围绕课程育人、文化育人、活动育人、实践育人、管理育人、协同育人六大育人途径，以社会主义核心价值观为引领，开展学校德育工作，先后获评厦门市义务教育标准化学校、厦门市星级工会、厦门市闽南戏曲示范点、集美区文明单位，逐步形成浓厚书法氛围的校园文化。（苏燕婷）

【集美小学】2018年，集美小学设教学班38个，在校学生1769人，在编教职工75人，其中高级职称教师7人。是年，学校推出第一本运用嘉庚元素编写的家长学校教材《追寻嘉庚兴学初心》，首次推出师德教育的“诚毅讲堂”和“庚读者”党员志愿者服务活动；申请的福建省德育课题《基于馆校合作嘉庚文化特色研学旅行实践研究》、区重点课题《以“诚毅教育”为核心的育人模式实践研究》获批立项，学校通过新一轮厦门市文明校园验收。成立南音、象棋、足球、编程、航模、建模等社团，举办105周年校庆、馆校合作研学、“爱校主，传诚毅”主题活动及“诚毅”奖章评选、读书节、科技节、艺术节、体育节等活动，合唱队参加“鹭岛少年”厦门市中小学生合唱比赛，获三等奖和区级金奖；棋类社团参加集美区中小学、幼儿园棋类锦标赛，获团体一等奖；乒乓球社团参加集美区第十七届中小学生乒乓球锦标赛，获男子乙组团体第一名；网球社团参加集美区首届中小学生网球锦标赛，分获小学甲组、乙组一等奖；大合奏、低音铜管重奏、长笛四重奏分获集美区器乐比赛银奖。廖子尧获全国青少年“五好小公民”主题教育读书活动“红旗飘飘，引我成长”征文比赛二等奖，郑静萱、赖睿涵、雷怡柔、王堇瑜获全国青少年建筑模型竞赛省级二等奖；陈熙妍、赖歆怡、邬宗桦、雷怡柔获全国青少年建筑模型竞赛省级三等奖，赖祉烨获厦门市第二十一届南音比赛个人青少年组“十佳选手”，赖睿涵、曾昱泽、雷怡柔、吴诗婷、程嘉蕙、尹于乔获厦门市龙舟创意赛一等奖，廖子尧获厦门市小学生优秀研究性学习报告征集与评选一等奖，冯钰琪获厦门市青少年车辆模型竞赛一等奖，陈永义获厦门市青少年车辆模型竞赛二等奖，陈梓昭获首届厦门市中小学创客大赛之趣味编程项目二等奖。刘抒琳参加第四届全国小学数学课堂教学观摩研讨活动，谢碧玲参加杭州周浦小学建校90周年教学研讨，易姗娜获厦门市小学信息技术优秀论文评选一等奖、厦门市第六届基础教育优质微课程建设评选三等奖，刘抒琳、苏静娟获集美区命题比赛二等奖。学校发挥龙头校辐射引领作用，与新亭小学、杏苑小学签订名校长工作室骨干成员帮扶协议，举办集美小学小片区语文和数学教学研讨活动。邀请甘肃省和政县西关小学参加集美小学105年校庆和教学研讨，组织师生为和政西关小学购买电脑和打印机等设备捐款；接受云南省建水县小学校长、宁德市小学校长和骨干教师、安溪县慈山小学教师跟岗学习。

（陈志良 易姗娜）

【曾营小学】2018年，曾营小学设教学班43个，在校学生2028人，教职工117人，其中专任教师114人、副高及中级职称教师51人。学校邀请集大教授金文伟、省语文教研员黄国才、市特级教师肖俊宇和林至元指导教学研讨工作。邀请从事医生、厨师、警察、律师等职业的家长，走进班级向学生传授相关知识和技能。利用周末开展假日小队活动，先后举办学会消费、就是爱朗读、弘扬孝道、生存教育、水上安全、幼小衔接、小升初衔接、小歌手比赛、赏识力量、爱心义卖、万里传情、非遗进校园、智能科技进校园、我们的节日、植树养护、饮水习惯、养成教育等活动。组织学生参加各级各类比赛，先后获市青少年校园足球联赛第四名、区第十六届中小学生篮球锦标赛女子组第一名、区中小学生广播操比赛团体第一名、区中小学生校园足球比赛男女第一名、全国啦啦操冠军赛第二名、市青少年三大球联赛女子丙组第三名、市青少年三大球联赛儿童男子组第四名。在省青少年建筑模型教育锦标赛中，8人分获一、二、三等奖；在市青少年航天航空模型竞赛中，15人分获一、二、三等奖；在市青少年嘉庚建筑纸模型比赛中，5人分获一、二、三等奖；在市中小学器乐比赛中，校管乐团获二等奖；在上海之春国际音乐节管乐艺术展演中，校管乐团获铜奖；在区、市中小学合唱比赛中，校合唱团分获一、二等奖。另获市、区美术比赛一、二、三等奖，区新时代朗诵比赛一等奖，市汉字听写大赛二等奖，省“冰心杯”征文比赛一等奖，市青少年英语能力大赛二等奖，市中小学创客大赛总决赛趣味编程二等奖。教师参加市教师“下水文”比赛，张舒琪获二等奖，杜鹭昀获三等奖；参加市“一师一优课”评比，张碧慰获评优质课；参加市第七届基础教育课堂改革创新大赛，陈鹤岩、吴珏、杜娜娜分获一、三等奖。学校获评厦门市文明校园、福建省义务教育教改示范性建设学校、福建省中小学心理健康教育特色学校、福建省文明校园培育对象、厦门市首批宪法教育基地学校。

（王 荣）

【集美第二小学】2018年，集美第二小学设教学班38个，招收新生322人，毕业学生285人，在校学生1715人。有教师95人，其中高级职称4人。是年，学生获国家级和省、市、区级奖项99人次，获校级各类竞赛奖800多人次。其中，获国家级集体一等奖（第七届全国全民健身操舞大赛总决赛）3项，获奖学生12人；市级集体奖项2项，获奖学生32人次；区级集体奖项3项，获奖学生55人次。学校获评全省首批义务教育管理标准化学校、第二批义务教育教改示范性建设学校，厦门市文明校园、示范家长学校、健康学校、义务教育管理标准化学校，集美区第一批生活垃圾分类示范校园等称号，通过省级素质教育评估和文明校园检查。全校师生和家长为甘肃省临夏回族自治州和政县贫困学生捐款11.67万元。

（蒋诗凡）

【厦门实验小学集美分校】 2018年，厦门实验小学集美分校（灌口小学）设教学班46个，在校学生2051人。有编内教职工94人，编外18人。其中，

11月30日，曾营小学参加2018年全国啦啦操冠军总决赛并荣获亚军（曾营小学 供图）

省特级教师、省骨干校长、省学科带头人培养对象、省名师培养对象各1人，市专家型教师2人，市十佳班主任、市杰出教师、市专家型教师培养对象各1人，市学科带头人6人，市级骨干教师34人，高级教师11人。是年，学校举办首届闽南童谣节，组织小片区教学活动10场。省普教室黄国才的“教、学、评（考）良性互动，构建小语智慧课堂”讲座、市直属校美术新青年教师成长研修活动、集美区名校长工作室骨干成员校教学观摩研讨活动数学专场、省级课题《问题驱动区域教研模式的案例研究——以集美区小学数学为例》结题仪式、教育部重点课题“国际阅读素养框架下的我国小学阅读教学和测试改革实践研究”成果转化为实践研讨、厦门市教育科学“十三五”规划课题《基于深度学习的探究阅读主问题教学实践研究》开题仪式、区教师进修学校王颖磋主持的省基础教育课程教学研究课题《问题驱动区域教研模式的案例研究》结题鉴定会等活动先后在灌口小学举行。学校选派8位青年教师到广州市花都区棠澍小学参加课堂教学研讨交流活动，接受省扶贫开发重点县甘肃省和政县、福建省宁德市小学校长及教师21人到校跟岗学习。学校教师承担省、市、区级公开课、观摩课60节次，在区级以上报刊（包括汇编）发表论文45篇，其中在《福建教育》等CN类刊物发表论文17篇，获区级以上奖论文21篇。教师参加厦门市基础教育课堂教学改革创新大赛，2人分获二、三等奖；参加国家、省、市、区“一师一优课”“下水文”、试卷命题等比赛，获奖68人次。学生参加区级以上各类比赛，个人获奖250人次，团体获奖20项；林静芸和林钰轩获厦门市青少年闽南话讲古电视大赛A组二等奖。

（郭宏君　叶小静）

普通中学教育

【概况】2018年，集美区新建、改建中学2所（美山中学、诚毅中学），新增学位2100个。至年底，辖区共有普通中学17所。其中，市属中学4所（集美中学、英才学校、启明学校、厦门工学院附属学校），区直12所（厦门十中、杏南中学、灌口中学、乐安中学、上塘中学、后溪中学、杏东中学、集美中学附属滨水学校、园博学校、西亭学校、美山中学、诚毅中学），民办1所（英贤学校），共设班645个，在校学生29783人，其中初中生20817人、高中生8966人；共有教职工2822人，其中专任教师2253人。

2018年集美区普通中学教育情况

表38　　　　单位：个、人

学校性质	学校数	合计		初中阶段								高中阶段							
				小计		一年级		二年级		三年级		小计		一年级		二年级		三年级	
		班数	人数	班数	人数	班数	人数	班数	人数	班数	人数	班数	人数	班数	人数	班数	人数	班数	人数
合计	17	645	29783	441	20817	163	7836	152	7075	126	5906	204	8966	71	3128	70	2992	63	2846
市属	4	164	6577	80	3386	27	1164	28	1127	25	1095	84	3191	31	1174	30	1082	23	935
本区	13	481	23206	361	17431	136	6672	124	5948	101	4811	120	5775	40	1954	40	1910	40	1911
#区直	12	471	22817	351	17042	136	6672	120	5821	95	4549	120	5775	40	1954	40	1910	40	1911
民办	1	10	389	10	389	0	0	4	127	6	262	0	0	0	0	0	0	0	0

【第十五届中学教学教改经验交流会】2018年12月16日，集美区中学教学教改经验交流暨课堂教学观摩研讨活动在乐安中学举行，来自全区各中学1200多名校长、教师和专家，通过开课、评课、校长论坛等活动，交流教学经验，共话课堂教改。此次活动以“以学定教、聚焦素养”为主题。在开幕式上，乐安中学武术队用拳法和剑舞表演拉开会议序幕；校长黄勇介绍学校“以人为本，为学生终身发展奠基”的办学理念，以及践行“和润教育”“文理兼修、艺体见长”的办学思路。在课堂教学环节，乐安中学各学科教师分别进行公开授课、展示教案，与来自杏南中学、西亭学校、上塘中学、厦门十中等校的教师“同课异构”交流互鉴。在校长论坛，各中学校长围绕教学教改、德育工作创新等议题，进行经验交流。此次活动由集美区教育局、区教师进修学校主办，乐安中学（集美大学附属中学）承办。

【厦门十中成为全国“6·27”工程示范校】2018年9月2日，厦门市和集美区禁毒委员会向获评全国青少年毒品预防教育“6·27”工程示范学校——厦门第十中学授牌，向该校教师林建华颁发全国青少年毒品预防教育“6·27”工程优秀教师证书。2001年，厦门十中开始组织学生参加各项青少年禁毒宣传夏令营，到广州虎门踩街宣传禁毒等活动。2013年，开发毒品预防教育校本课程，初二学生每周安排一堂禁毒课。2003—2018年，学校相继获评“厦门市禁毒教育示范学校”“福建省毒品预防教育示范学校”“集美区禁毒教育基地”“全国毒品预防教育创新单位”等称号。

【乐安中学获市科技创新大奖】2018年11月，乐安中学获第三十四届厦门市青少年科技创新大赛大奖。2月，乐安中学建立全省首个中学人工智能实验室。该实验室由乐安中学、集美大学、九三学社厦门市委联合组建。人工智能实验室置有高性能计算机和3D深度摄像头等设备6套。3月，学校从高一年级招收20名有热情、有创意的学生加入实验室科技创新兴趣小组，聘请集美大学理学院博士4人担任兴趣小组导师。根据导师的专长和研究方向确定研究创新项目。9月，乐安中学新设素描、3D建模、VB编程、micro:bit智能设计、CAD制图、科技创新指导、全国人工智能比赛项目指导等课程，由集美大学组织编写人工智能教材和安排授课教师。借此，乐安中学高中学生在全省率先接触和体验人脸识别、3D深度摄像、场景分析等最前沿的人工智能技术。11月17日，在第三十四届厦门市青少年科技创新大赛上，乐安中学选送的6个青少年创新项目和1个辅导员创新项目，从参赛的210所中小学、万余名师生和申报的1165个项目中脱颖而出，全部进入复赛。经过集中展示、选手答辩、专家评审、项目点评，“一种双脉冲、调频电火花的轨道小车”项目获一等奖，“基于模糊综合评价模型的青少年篮球运动员选拔”和“一种新型内聚力实验装置”两个项目获二等奖，另有4个项目获三等奖，其中2个项目被推荐参加省赛，入围与获奖项目在全市区属学校中居第一位。

【集美中学】2018年，集美中学设教学班99个，在校学生4441人。有在编教职工376人，其中专任教师335人。专任教师中，特级教师6人，高级教师94人，占比28%；中级教师130人，占39%；省教学名师1人，省学科带头人9人，市专家型教师6人，市学科带头人14人，硕士以上学历75人。是年，学校以“嘉庚集美、中学百年”为主题，举行建校100周年庆祝大会等校庆系列活动，海内外校友和社会各界鼎力支持学校办学，捐资近千万元。学校申报的课题《基于积极心理学与大数据的高中学科精准教学的研究》被列为全国教育科学“十三五”规划2018年度单位资助教育部规划课题。谢艺明、陈茜茜、林小燕、蔡家谱获4项省教育科学“十三五”规划课题立项。高中生物学科被省教育厅评为福建省普通高中优质学科课程项目，高中数学学科被省普教室评为福建省基础教育学科教学研究基地学校。学校承办陈嘉庚科学奖报告会暨2018年度“嘉庚讲坛”（中学场），陈嘉庚科学奖获得者、中国科学院院士戴金星为师生作报告。学校承担“海上丝绸之路”沿线华侨华人后裔学生或港澳台地区集美校友后裔学生“陈嘉庚奖学金”招生项目，招收泰国生19名。承办2018年市中小学建筑模型竞赛暨嘉庚建筑纸模比赛，协办2018年海峡两岸乒乓球青少年夏令营，举办市姓氏文化知识夏令营，与集美区委宣传部、《厦门晚报》合办2018“人文集美·悦读季”启动会。校内举办“诚毅讲坛”系列讲座和“嘉庚书苑经典诵读会·集美中学专场”活动，利用节假日组织“游我集美、知我嘉庚”学生义务导游活动。学校田径队获市中学生田径锦标赛团体总分第一名、省田径冠军赛暨中学生联赛高中组一等奖，高中学生获第十届海峡两岸青少年中华姓氏源流知识竞赛中学组二等奖，10名高中学生到台北参加厦门台北第六届百名中学生手拉手交流活动。张洋、陈泱宇、吴煦晖、吴啸南4名学生获省“庄采芳·庄重文奖学金”，朱阿合·那恩衣哈提被评为第五届“厦门励志先锋”。汪秀春、黄小露被评为省特级教师。汪会喆获省中小学实验教学说课活动一等奖、全国金奖。张蕾获省教师技能大赛特等奖，王琳获一等奖，尹嵩山获二等奖。王琳获省中小学体育教师教学技能比赛第一名，黄小露获省第二届中小学优质音乐课评选一等奖。4人获第七届厦门市课堂创新大赛一等奖，2人获二等奖，5人获三等奖。李想被评为市骨干班主任，郑翔被评为市业绩突出德育工作者，周宇翔被评为市业绩突出班主任。学校与连城三中、安溪培文中学、安溪五中、惠安净峰中学等签订帮扶协议，接受省“十三五”第一批高中名校长后备培训人选跟岗研修。学校被确定为省首批示范性高中建设学校、省义务教育教改示范性建设学校，被评为首批省级文明校园、全国国防教育特色学校、省心理健康教育特色学校、市2017年学校综治安全目标管理先进单位、市AAAAA级平安校园，被列入2018—2020年全国文明校园先进学校推荐对象。（林红晖）

【厦门市第十中学】2018年，厦门市第十中学设教学班90个，其中初中60个、高中30个；在校生4437人，其中高中生1456人、初中生2981人。校园占地面积67544平方米，建筑面积48222平方米。在职教职员工355人，其中专任教师313人。专任教师中，研究生学历33人，大学本科学历272人；中级职称110人，高级职称90人；青年教师占教师总数50%以上。年内，完成学校艺术长廊、文心亭和师德墙的沙雕建设。学校获评全国青少年毒品预防教育“6·27”工程示范学校、福建省2015—2017年度文明校园、2018年度福建省普通高中课程改革基地建设学校。学生参加各级各类学科竞赛，获区级三等奖以上252人次。其中，青少年科技创新项目“对厦门公交系统存在问题的全面调查及改革建议”获省级三等奖，弘扬陈嘉庚爱国爱乡倾资办学精神的朗诵《照耀前行的光芒》获省第六届中小学艺术节朗诵（中学组）二等奖。初中男子篮球队获省中学生篮球锦标赛第三名，高中男子篮球队获省中学生篮球锦标赛第七名。教师参加各种学科技能比赛，获区级三等奖以上120人次，在CN刊物发表文章98篇，苏婷获省第四届中小学教师教学技能大赛初中组特等奖。林建华获全国青少年毒品预防教育“6·27”工程优秀教师和厦门市首届“最美禁毒人”称号；陈萍获评市级教育教学业绩突出奖，王峰获评市级创优工作业绩突出奖，吴一霞获评市级服务工作业绩突出奖，黄志滨获评西部支教工作业绩突出奖，吴瑞芳获评校际交流工作业绩突出奖，陈振溪获评业绩突出年段长，王舒华获评市级优秀班主任。（张秀红）

【厦门一中集美分校】2018年，厦门一中集美分校（灌口中学）占地面积94302.24平方米，总建筑面积67367.35平方米。设教学班90个，在校学生4465人，其中高中班36个，学生1728人；初中班54个，学生2737人。2018年度招生1512人，其中初中生924人，高中生588人；毕业生1023人，其中初中638人，高中385人；高中学业基础会考6科合格率全部100%，信息技术合格率100%，优良率98.70%；高中会考合格率、优良率均超福建省一级达标高中指标。学生有163人次在区级以上科技竞赛中获奖，其中国家级1人、省级17人、市级115人、区级30人，其中李吉美获第十九届全国青少年航海模型教育竞赛二等奖；有288人次在区级以上学科竞赛中获奖，其中国家级1人、省级19人、市级174人、区级94人次，其中陈鸿柠获第十一届福建省少年儿童艺术创作比赛二等奖，林陈彬获三等奖，周也滨、夏振伟、黄冰分获福建省高中化学竞赛（厦门赛区）一、二、三等奖；校合唱队获厦门市中学合唱比赛二等奖；初二（10）班代表学校参加厦门市中小学中职学生田径锦标赛广播体操比赛，获一等奖。学校有教职员工352人（编内239人），其中专任教师305人。专任教师中，高级教师57名，中级教师77名；研究生学历35人，本科学历266人；省学科带头人1人，市专家型教师4人、学科带头人7人、骨干教师62人，区级专家型教师4人、教坛新秀37人。教师在市级以上刊物发表论文71篇，其中CN刊物61篇、省级4篇、市级5篇。49人次获得区级以上技能竞赛奖励，其中省级2人、市级20人、区级27人。吴国文获省青年数学教师优秀课观摩与交流活动二等奖，石进德的“蝶归”获第三十三届省青少年科技创新大赛二等奖，许峰瑞获省第四届中小学教师技能大赛二等奖。学校获评市第一届文明校园（2015—2017年度）、区教育系统信息工作先进单位、区教育系统生活垃圾分类示范校园、区消防标准化达标校、区5A平安校园。（卢　鹏）

12月15-16日，杏南中学学生陈力泓（中）、宋扬（左）获“WER机器人2018赛季世界锦标赛”二等奖（杏南中学 供图）

【厦门市杏南中学】2018年，厦门市杏南中学设教学班86个，在校学生4190人。有教职工348人，其中专任教师293人。专任教师中，省学科带头人1人，市级专家型教师2人，市学科带头人16人，市级以上骨干教师79人，研究生学历和专业硕士学位26人，拥有中级、高级专业技术职务且在聘的教师173人。学校召开第七届教职工代表大会第三次会议，通过《厦门市杏南中学章程（修订稿）》。学校先后承办市木偶戏夏令营、市学校体育工作展示交流活动、区教育系统“拒绝涉黑涉恶、拒绝校园欺凌”暨法制进校园主题教育宣传活动启动仪式、区中小学心理健康教育师资素质提升计划“萨提亚”模式培训、区青春健康示范家长学校暨厦门市杏南中学学生心理发展中心揭牌仪式、区初中数学教材教法研讨暨五级双带教活动，与区教师进修学校共同组织“校本作业与课堂教学有效整合”教学研讨活动。学校被确认为省文明校园、省级义务教育教改示范性建设学校、第三批省中小学心理健康特色学校、市中小学知识产权教育示范学校。学校获市中小学学生田径锦标赛中学组第九套广播体操评比一等奖、市中学生舞蹈展演中学甲组三等奖。教师通过省学科带头人考核1人、市学科带头人考核3人，获评市级骨干教师6人、单项业绩突出奖3人，获市第七届基础教育课堂教学改革创新大赛二等奖1人、三等奖4人，其他奖项7人；学生参加各项赛事，获WER机器人2018赛季世界锦标赛二等奖2人，第十四届宋庆龄少年儿童发明铜奖1人，全国中小学电脑绘画比赛一等奖1人，省机器人竞赛二等奖、三等奖各1人，第三十五届全国中学生物理竞赛厦门市一等奖、三等奖各1人。（林 晖）

中等专业职业教育

【概况】2018年，集美辖区有中等专业职业学校7所。其中，市属中等专业职业学校2所（集美工业学校、厦门工商旅游学校），区属中等专业职业学校1所（集美职业技术学校），民办中等专业职业学校4所，在校学生17240人，毕业生5909人。9月11日，集美工业学校南校区、原福建化工学校开始搬迁，与北校区合二为一。是年，集美工业学校成立双创中心和中德（厦门）职业培训中心，学校蝉联第四届“中国职业教育百强学校”，学生在全国职业院校技能大赛中，以1金、5银、12铜、获奖37人次成绩位居全国第二名，教师在该项赛事教学能力大赛中获全国第一名。厦门工商旅游学校“三双两段制”现代学徒制人才培养模式，通过教育部现代学徒制第一批试点验收；学生获全国职业院校技能大赛两个项目一等奖，“钳工钻床万能夹具”组合获全国职业学校创新创效创业大赛一等奖；学校获评福建省文明校园、厦门市五一劳动奖状和省级文明校园。集美职业技术学校学生包揽世界技能大赛福建省选拔赛时装技术赛前十名中的5席，获全国职业院校技能大赛焊接技术项目冠军，学校获评全国“优质省级职校师资培养培训基地”“国家中等职业教育改革发展示范学校”。

2018年集美区中职学生分科情况

表39　　单位：人

分科	毕业生数		招生数			在校生数	预计毕业生数
	合计	其中：获得职业资格证书	合计	其中：应届毕业生			
				小计	其中：初中毕业		
总　计	5909	4777	5216	5212	5212	17240	6073
其中：女	2350	2013	2078	2075	2075	6823	2411
农林牧渔类	—	—	—	—	—	6	6
资源环境类	—	—	—	—	—	—	—
能源与新能源类	—	—	—	—	—	—	—
土木水利类	117	108	12	12	12	248	124
加工制造类	803	628	731	731	731	2387	784
石油化工类	150	123	189	189	189	501	160
轻纺食品类	36	35	46	46	46	107	31
交通运输类	922	822	784	784	784	2509	924
信息技术类	1070	732	1061	1060	1060	3149	1030
医药卫生类	42	40	86	86	86	216	39
休闲保健类	111	69	88	87	87	297	105
财经商贸类	1657	1404	1268	1267	1267	4354	1744
旅游服务类	490	340	553	553	553	1877	596
文化艺术类	270	248	208	207	207	760	250
体育与健身	—	—	—	—	—	—	—
教育类	103	96	144	144	144	472	155
司法服务类	—	—	—	—	—	—	—
公共管理与服务类	138	132	41	41	41	345	120
其他	—	—	5	5	5	12	5

（苏燕婷）

【集美工业学校】2018年，集美工业学校编制内教职工351名，其中拥有高级职称的118名、中级职称133名。在校生5743人，其中当年招生2041人、毕业2369人，就业2322人，就业率98.14%。学校获批“智能控制专业群实训基地”“先进制造专业群实训基地”“VR/AR技术专业群实训基地”3个省级专业群实训基地培育项目，“工业机器人”省级产教融合示范专业点培育项目和制冷与空调专业、工艺美术专业（闽南传统工艺方向）、数控技术应用专业3个省级现代学徒制试点项目。学校被评为全国首批云教学管理示范校和全国中小学国防教育示范学校。1月12日，学校“U+双创基地”揭牌，成为中职领域先行者。6月6日，AHK中德（厦门）培训中心揭牌仪式在集美工业学校举行，学校国际化办学进入新的发展阶段。6月28日，学校蝉联第四届“中国职业教育百强学校”。10月10日，泰国学生夏令营在学校开营，来自泰国的30名华人华侨后裔初中学生开启“学习中国文化，服务泰中人民”的中国寻根之旅。10月29日，由中华文化联谊会、厦门市人民政府和福建省文化厅共同主办的2018海峡两岸民间艺术节传统工艺DIY专场在学校闽南传统工艺传承基地举行。在2018年全国职业院校技能大赛中，学校选手获中职组1金5银12铜，获奖人数37人次，位居全国第二名；陈佳琪、何华国、陈晓君团队的作品“少刷屏，多发现——公益活动标识设计与绘制”获全国职业院校教学能力比赛实训教学组一等奖第一名，钟伟、杜伊凡、王颖倩团队制作的“中央空调油加热器检测”获课堂教学赛项三等奖。在2018福建省全国职业院学校创新创效创业大赛中，学校创业项目《“蔬式生活”社区——家庭农场》与《净洗物联网洗衣平台》分获大赛一等奖与三等奖。在省高职招考中，制造类专业两名考生考试成绩并列全省第一名；交通运输类专业学生考试成绩位列全省第二、三、四、七、十名，前十名独居其五。体育比赛，学校获福建省中等职业学校第十四届教工健身运动会团体总分第一名，实现该项赛事“三连冠”；获厦门市教育系统教职工趣味运动会团体总分一等奖；获厦门市中小学中职学生田径锦标赛中职甲组、中职乙组、中职组团体总分三个第一名，实现三年大满贯。学校举办首届校园文化艺术节、读书节、嘉庚文化讲解员比赛、市级夏令营、宁海社区文化夏令营、泰国学生夏令营等活动，建立非遗门户网。

（杨　勇）

【厦门工商旅游学校】2018年，厦门工商旅游学校学生毕业1825人，招收新生1951人，在校生5750人。教师320人，其中全国优秀教师1人、省特级教师2人、省教学名师3人、省级学科带头人4人、正高级讲师2人、高级教师92人。学校开设“3+2五年专”3个：空中乘务、港口与航运管理、物流管理；“三年专”18个：航空服务、学前教育（幼儿方向）、美容美体（形象设计）、旅游服务与管理、导游服务、中餐烹饪（中、西餐及面点）、汽车运用与维修、新能源汽车运用与维修、汽车整车与配件营销（汽车商务）、会计、商务英语、物流服务与管理、商品经营、电子商务、计算机网络技术、数字媒体技术应用、计算机动漫与游戏制作，其中包括“夏商班”“佰翔班”“金龙班”“澜馨美容班”等校企合作班十余个。是年，学校探索形成的“校企双主体管理、校企双主体教学、学生双重身份、校企轮岗学习”的“三双两段制”现代学徒制人才培养模式，通过教育部现代学徒制第一批试点验收。在全国职业院校技能大赛中，信息工程部学生吴晨亮、王元龙获中职组计算机硬件检测维修与数据恢复项目一等奖，汽车部学生林跃腾获中职组汽车钣金项目一等奖；“钳工钻床万能夹具”组合获2018年全国职业学校创新创效创业大赛一等奖。学校获评福建省文明校园、厦门市2017年度五一劳动奖状和2015－2017年度省级文明校园。

（马荣村）

【集美职业技术学校】2018年，集美职业技术学校占地面积6.73公顷，校舍面积72426平方米，年末学校总资产27757万元，其中校有适用教学仪器设备总值9871万元。开设有机械制造、电光源技术、服装设计制作、物流商贸、烹饪技术五大类专业和高职升学部，共有全日制在校学生3398人，其中2018级入学新生1281人，当年毕业949人，就业率100%，对口就业率81.16%。有教职工290人，其中专任教师222人。是年，学校正式通过验收，被确认为“国家中等职业教育改革发展示范学校”。学校助力东西扶贫协作，接收甘肃省和政地区贫困学生24名。在专业建设上，学校率全省乃至全国中职校之先，在中职教育阶段开设飞机维修专业。学校汽修、西点烘焙、美发、模具4个专业获批市级现代学徒制，是唯一区属获批校，获批数量并列全市中高职第一位。在学生技能竞赛上，魏博获国赛焊接项目金牌，成绩位列一等奖第一名；学生另获国赛二等奖1个、三等奖5个，省级竞赛一等奖5个、二等奖5个、三等奖7个、优秀奖3个，市级竞赛一等奖14个、二等奖25个、三等奖33个。在春季高考上，15级高职班在制造类、美术类、计算机类三个类别中，有7名同学跻身全省前10名，25名同学成绩位列全省前50名，其中冯成伟（制造类）以553分的成绩获全省第一名，叶浩（制造类）、余海燕（美术类）分列全省第二名。在服务社会上，学校福建省智能制造公共实训基地承接厦门正新橡胶工业有限公司“工业技术机器人技术应用”培训班、职业院校教师暑期焊接机器人编程操作培训班、龙岩长汀职业中专现代制造群专业教师实践技能提升培训班、全国机械行业职业教育校企合作与社会服务能力提升高级研修班、国培厦门职业院校教师素质提升计划新教师班、高校理工学院数控培训班，助力厦门市第一届焊接机器人大赛。在师资队伍建设上，推荐培养新的市级学科带头人3名、市级骨干教师4名，完成区级骨干教师培养2名、区级学科带头人培养1名；推荐1名校级领导、2名骨干教师赴台湾参加职业教育理念、专业技能培训；一个劳模（名师）工作室通过区级人社局验收；教师发表CN论文10篇，收入市级及以上论文汇编16篇，其中获全国职业教育优秀论文奖1篇，省级优秀论文一、二等奖各1篇，市级优秀论文一等奖1篇、二等奖4篇、三等奖5篇；教师指导学生技能竞赛获全国职业院校技能大赛一等奖1个，二、三等奖各3个。

（洪怡鹭）

特殊教育与社会教育

【集美区特殊教育学校】 集美区特殊教育学校是集美区唯一一所招收6～18周岁中、重度智障及自闭症学生的学校。学校实行全日制寄宿制。2018年，设教学班7个，在校学生65人，另有送教上门学生6人，共71人。有编制教职工25人，其中编内20人、顶编教师4人、校聘校医1人，另配置保育员、保安及后勤人员14人。教职工中，研究生学历1人，本科学历16人，大专学历8人，学历达标率100%，专任教师专业率100%，特教专业率64%。配有心理、计算机、体育、美术、康复等专任教师。学校按照《福建省特殊教育标准化学校评估标准》建设，设功能室24间，各室配备齐全，达到省级一类标准。学校根据《培智学校义务教育课程设置实施方案》开足、开齐、开好相关规定课程。开设职高教育，探索校本课程，加强种植、手工制作、烹饪、洗车等职业培训，提高学生的生活及职业技能。重视学生的心理健康教育，落实“无痕教育”理念，举办“悠度研学之旅，筑梦精彩童年”夏令营活动。开展垃圾分类教育，获评集美区教育系统生活垃圾分类示范校园。组织学生参加厦门市特殊教育学生生活与劳动技能展示活动，获一等奖5个、二等奖12个、三等奖10个，获奖率达到参赛学生的50%以上；教师在论文评选、教学技能竞赛中，获区级奖励5人次、市级奖励6人次。学校获评集美区特教学生劳动技能展示活动优秀组织单位、AAAAA级平安校园，素质教育和综治安全工作考评“优秀”，通过区、市两级特殊教育标准化学校评估，报省级评估验收。

（吴进财）

【集美区教师进修学校】 2018年，集美区教师进修学校通过福建省教育厅评估，被确认为首批福建省示范性县级教师进修学校（全省共6所）。学校举办教育信息化资源应用专题研修班、中小学语文骨干教师阅读指导能力高级培训班、新任教师岗前培训班、中小学幼儿园区级学科带头人培训班、中学青年管理干部培训班等区级培训项目74项，培训17794人次，同时选派教师参加国家、省、市各类培训项目42项，培训558人次。开展全区性教学研讨活动，4月9—13日和5月9—11日，分别在厦门十中、杏东小学开展“手拉手”校际教研活动；10月11日、12月11—13日和12月15—17日，分别在海上五月花幼儿园、康城小学、乐安中学，举办幼儿园（第十四届）、小学（第十四届）、中学（第十五届）教学教改经验交流暨课堂教学观摩研讨活动。4—6月，举办集美区2018年基础教育课堂教学改革创新大赛，选拔教师参加厦门市第七届基础教育课堂教学改革创新大赛，61人获奖，其中一等奖7人、二等奖17人、三等奖37人，获奖率69.6%，灌口中学获评厦门市第七届基础教育课堂教学创新大赛先进单位。11月，组织教师参加福建省第四届中小学教师教学技能大赛，厦门十中苏婷、内林小学郑晓万获省特等奖（全省获特等奖11人），上塘中学林振文、灌口中学许峰瑞分获省一、二等奖。对西亭学校等14所中学、新村小学等24所小学、杏林中心幼儿园等19所幼儿园开展教学视导；组织市、区级各学段各学科教学质量监控考试52场次。受理2014—2016年中长期规划课题50个、2017年微型课题87个，分别给予结题指导；确立和培育集美区教师进修学校教育科学实验基地校18个，立项2018年度区中长期规划课题100个，出版《集美教育》4期，收入文章97篇。

（林燕萍）

【集美区青少年宫】 2018年12月7日，集美区青少年宫新馆正式开放。新馆位于集美新城，2015年12月动工，2017年12月竣工。主体建筑由两栋大楼组成，占地面积1.5万平方米，建筑面积2.7万平方米。其中，五层大楼为素质教育中心，按照体育、舞蹈、音乐、文化、美术五个类别进行分层教学管理；另一栋两层建筑为文化活动中心，一楼为全国最大的心理教室——集美区“心灵绿洲”基地，二楼为可容纳440人的多功能剧场。室外活动区包括一个五人制足球场、两个篮球场和一个网球场，另有一个250个车位的地下停车场，为全省建筑面积最大、配套设施最好的县区级青少年宫之一。新的青少年宫开放后，与原杏林分馆共同使用。是年，青少年宫开设春季、暑期、秋季班，设写作、快乐数学、英语、电子琴、笛子、少儿舞蹈、小主持人等课程40门，招生6500人次。“做一个有道德的人——童心筑梦新时代”主题教育系列活动贯穿全年，共有3000余名师生参加活动。5月24日，参与承办“竹韶杯——我心中的大熊猫”现场美术书法比赛，全区有500余名中小学、幼儿园学生参与。8月5—10日，参与承办“新时代、好少年”主题系列夏令营，来自各小学的200余名学生参赛。10 月 25 日，参与承办全区小主持人比赛，全区 40 多所小学、幼儿园近 160 名小朋友参赛。11 月 9 日，参与举办第八届全区小记者大赛，有来自全区各校的 160 名小记者参赛。集美小记者团和集美广播电视台合作，开设语言类广播节目“我们爱朗读”，有 25 名小记者录制总时长近 300 分钟的广播节目，定期在集美广播台滚动播出。（邱程亮）

【社区书院】 2018 年，集美区新建社区书院 17 家，全部通过达标书院审核。区社区书院指导中心对 20 家社区书院开展确认工作，凤山、滨水、康城 3 家社区书院被市委文明办评为典范社区书院。至年底，全区社区书院共有师资 1061 人，学员 40828 人，举办教学和活动 6805 场次，参与 21.78 万人次。指导中心整合市级、区级、镇街、军营等资源，形成“中央菜系”，供各书院“点菜”；各社区书院亦整合社区内外资源，建立资源清单库，形成多方参与书院服务，丰富书院课程活动内容。指导中心与区关工委、各镇街关工委签订共建协议，向各书院输送优质师资；与集美校友总会建立联系，由校友总会定期向各书院赠送集美文化书刊，提供“嘉庚精神”课程资料；与中国安能集团（原厦门武警水电第六支队）建立共建关系，开启书院学员的军营之旅。沿用政府购买服务方式，引进社工机构，为新建书院配备专业管理员，邀请杨贵华、巨东红教授为管理员开展社区治理能力、社工服务礼仪等培训；组织管理员到海沧区凤山书院、市社区书院总部参观学习，增强管理员的服务能力，提高书院服务质量和水平。社区书院“以社工挖达人，达人带义工”形式，新挖掘“达人”583 名，培育志愿者队伍 48 支，有近 2000 人就近参与社区书院志愿服务活动。6 月 8 日，全国政协港澳台侨委、海峡论坛社区基层治理论坛参会嘉宾一行 70 余人，到集美区园博社区书院进行调研。（许启明）

驻区高校

华侨大学（厦门校区）

【概况】 2018 年，华侨大学厦门校区有学院 22 个，在校生（含港澳台及留学生）17212 人，其中博士、硕士生 3010 人、本科生 14202 人；有教职工 1577 人，其中专业教师 1145 人。专业教师中，高级职称 559 人，双聘院士 6 人。校园总占地面积 133.93 万平方米，建筑面积 54.8 万平方米。是年，华侨大学复办 40 周年，学校召开庆祝改革开放 40 周年大会，举办纪念改革开放 40 周年系列讲座、华侨大学复办 40 年图片展、“回望 40 年”报道等系列活动。学校本科教学工作通过教育部本科教学工作审核评估专家组审核。学校男子篮球队获 2018 世界大学生三对三篮球联赛总决赛冠军。

【学科建设】 2018 年 3 月，华侨大学入选福建省一流大学建设高校名单，4 个学科入选福建省高峰学科建设学科，13 个学科入选福建省高原学科建设学科。是年，新增哲学、应用经济学、化学、土木工程、建筑学 5 个一级学科博士点，数学、外国语言文学、环境科学与工程、公共管理 4 个一级学科硕士点，一级学科博士点增至 8 个。

【师资建设】 2018 年，华侨大学加强师资队伍建设，2 位教授入选科睿唯安 (Clarivate Analytics) 全球“高被引科学家 (Highly-Cited Researchers 2018) 榜单，1 位外籍专家获 2018 年度中国政府友谊奖，1 位特聘教授入选日本工程院院士，1 个团队入选全国高校黄大年式教师团队，13 人获国家高端境外专家项目，15 人入选福建省“海纳百川”高端人才聚集计划，新增省部级及以上人才项目 89 项、厦门市等各类人才项目 100 余项。全校累计拥有各类高层次人才 400 余人次。

【学术研究】 2018 年，华侨大学获批国家地方联合工程研究中心 1 个、国家外专局高等学校学科创新引智基地（111 计划）培育项目 1 项、省公共服务平台 1 个、省产学研合作示范基地 1 个；新增省高校特色新型智库 2 个、省高校以马克思主义为指导的哲学社会科学学科基础理论创新团队 1 个、省社

11 月 18 日，2018 年世界大学生三对三篮球联赛总决赛在华侨大学举行，东道主华侨大学队获得冠军。图为国际大学生体育联合会主席奥列格·马迪钦（前排左）和华侨大学校长徐西鹏（前排右）为获奖球队颁奖（黄昱铭 摄）

科研究优秀基地1个，4个省高校人文社会科学研究基地通过省教育厅验收。学校连续三年入选“一带一路”最具影响力高校智库，1位教师入选“一带一路”公开发声较多的30位专家名单。国家自然基金等各类科技项目立项387项，科研经费9543.26万元；国家社科基金等省部级以上人文社科研究项目立项86项，科研经费138.68万元。获国家科技进步二等奖1项、教育部高等学校科学研究优秀成果奖科技进步二等奖1项、吴文俊人工智能科技进步一等奖1项、福建省科学技术奖3项、厦门市科学技术奖2项、福建省第十二届社会科学优秀成果奖31项。学校科研学术影响力持续提升，在英国自然出版集团发布的2018年度自然指数排名中，名列内地高校TOP200第66位、全球第402位，连续两年进入全球前500名；被SCI、EI、CPCI-S三大检索收录论文824篇，比上年增长6.05%。以华侨大学材料科学与工程学院魏展画教授为第一通讯作者、博士生林克斌为第一作者、华侨大学为第一完成单位的论文《Perovskite Light-Emitting Diodes with External Quantum Efficiency Exceeding 20 percent》首次登上国际顶级学术刊物《NATURE》期刊，实现在《NATURE》发表研究论文零的突破。全年举办第三届国际有机合成前沿讨论会暨2018年中国化学快报青年有机化学家论坛、第四届全国颗粒材料计算力学会议、2018年中国光学学会全息与光信息处理专委会学术年会等高级别学术会议和学术讲座750场。

【科技成果转化】2018年，华侨大学继续深化科技成果转化与产业体制机制改革，“闽台青创”被评为国家级众创空间，华创园竣工开园并获评省级科技企业孵化器，入园企业52家。组织参加“9·8”投洽会、海峡两岸文博会、厦门国际海洋周等展会和项目对接活动20余场，连续三年获海峡两岸文博会优秀组织奖。开展科技成果宣传，推介展示科技成果450余项，获第二十届中国国际高新技术成果交易会优秀产品奖1项、2018红点设计概念大奖1项、专利授权302件、转让发明专利4项。深化校地合作，与集美区、海翼集团共建“汽车小镇”产学研基地，与厦门市交通运输局、鼓浪屿管理委员会等单位签订战略合作协议。对接助推芯光润泽、华南重工、三一重工、华懋科技等60余家龙头企业开展技术创新活动。

【华大主动服务“一带一路”建设】2018年，华侨大学推进《世界华文教育年鉴》《世界华文教学》出版工作，《海外周末制中文学校教学大纲（小学阶段）》通过终审。举办第三十五期华侨华人专业人士回国创业研习班、首届泰国华文媒体培训班等，培训海外侨领和国内侨务干部300余名。举办“一带一路”沿线国家政府官员中文班，招收7个国家政府官员105名。安哥拉政府青年科技人才班被教育部纳入“丝绸之路”中国政府奖学金项目。举办第二届“一带一路”贸易畅通高级研修班等10个培训班，来自20余个国家的500名官员、学者和侨领参加培训。为中国电力建设股份有限公司等70余家中资企业培训员工5000余名。全年接待18个国家华文教育等访问团组7个、港澳台团组27个1200余人次；承办20余个国家华裔青少年文化营36期，接待营员3197人。举办“美国文化周”（10场）、中国—东盟旅游安全峰会、第十二届亚洲设计文化学会国际研究发表大会等国际学术活动，与意大利、立陶宛等12个国家和地区的23所高校和教育机构建立合作关系。选派69名汉语教师志愿者赴21个国家进行汉语教学，获孔子学院汉语国际教育本科及硕士奖学金招生资格。举办华文教师证书研习班等师资培训4期，为19个国家培训华文教师137名，启动泰国出租车司机汉语培训项目。新设立海外招生处7个、研究生工作站16个，选派赴工作站实习研究生30名。成立中教国际师资培训基地，制定“中国教师国际化培养方案”。全年接收8个国家来校学习交流生48名，选派赴境外47所高校交流学习学生413名。

【中国首部《海丝蓝皮书》发布】2018年2月，华侨大学海上丝绸之路研究院、社会科学文献出版社共同发布中国首部海丝研究年度报告——《海丝蓝皮书：21世纪海上丝绸之路研究报告（2017）》。该书瞄准海上丝绸之路建设主题，侧重海上互联互通、海丝经贸合作、海洋安全与风险、海上航道建设、海丝地缘政治等研究领域，致力打造“21世纪海上丝绸之路”的专业化、权威性年度报告。全书分为总报告、东南亚篇、南亚西亚及其他地区篇、专题篇4个部分，总报告对海上丝绸之路的内涵、意义、建设优势和困难、建设路径等进行诠释。

【潮汕、闽南宗教文化国际学术圆桌会议】2018年1月6日，华侨大学哲学与社会发展学院、中国社会科学院基督教研究中心、华侨大学海外华人宗教与闽台宗教研究中心联合主办的“海上丝绸之路中的潮汕、闽南宗教文化”国际学术圆桌会议在华侨大学厦门校区举行。来自中国社会科学院、三联书店、山东大学、复旦大学、汕头大学、厦门大学、集美大学以及泰国、马来西亚、越南等地高校和研究机构的专家学者60余人，围绕“海上丝绸之路中的潮汕闽南宗教信仰与社会文化”“潮汕闽南宗教信仰与海外华人社会”“潮汕与闽南宗教文化互动”等专题，开展学术交流与研讨。

【港澳台侨生“百村千人行”启动】2018年4月10日，华侨大学港澳台侨学生“百村千人行”活动启动。学校计划组织千人次港澳台侨学生深入福建省100个乡村，围绕扶贫、扶智，开展惠农服务，采取“走进去”和“请出来”相结合的形式，引导港澳台侨生争当乡村代言人，为乡村振兴添砖加瓦。“走进去”，即实施“五个一”计划，活动内容包括走进乡村，组织一场慰问演出；走进农户，记录一份村民访谈；走进农田，开展一次农耕实践；走近留守儿童，举办一场乡村读书会；走近空巢老人，帮助拨打一个亲情电话；“请出来”，即实施“四个面对面”，筹办乡村论坛，实现与村支书面对面；筹组乡村艺术团，实现与农民面对面；筹集公益基金，开展夏令营，实现与留守儿童面对面；筹建“八闽乡音”App等互联网平台，实现与乡村面对面。4月11日，港澳台侨学生首批走访的10个乡村的代表接受“百村千人行”实践基地授牌；4月20日谷雨时节，学校二十四节令鼓队走进“中国扶贫第一村”福建省宁德福鼎市赤溪村，开启“百村千人行”文化下乡慰农演出；由港澳台侨学生参与的戏曲广播体操队启程前往中国历史文化名村福建省三明市尤溪县桂峰村，筹组乡村戏曲广播体操队。

【学生获奖】2018年5月，华侨大学学生王鑫宇获由共青团中央、全国学联共同主办的2017年度“中国大学生自强之星标兵”称号。是年，学校本科生共获全国各类学科竞赛一等奖22项、二等奖70项，蝉联全国大学生英语竞赛福建省赛区总决赛A、B类组别第一名；学校留学生获第三届“留动中国”全国总决赛冠军；有36名研究生获学科竞赛奖励，学科竞赛获奖总数、省级以上学科竞赛获奖数均位列全省第二名，中国研究生数学建模竞赛总成绩位居全省高校第一名。在“创青春”全国大学生创业大赛中获1银1铜，获第四届中国“互联网+”大学生创新创业大赛铜奖3项，两个项目入选第十一届全国大学生创新创业年会展示。“华文星火”团队获第四届中国青年志愿服务项目大赛金奖，获第三批福建省高校中华优秀传统文化教育示范基地立项项目1个。舞龙队连续三年获全国大学生舞龙舞狮锦标赛第一名，龙舟队获省运会一等奖4项、二等奖8项和2018年马来西亚槟城国际龙舟赛季军。

链接：

2018年，华侨大学有教学学院28个、本科专业94个，其中10个专业通过工程教育认证；有一级学科硕士点27个、二级学科硕士点2个、专业学位硕士点20个、一级学科博士点8个、二级学科博士点2个、博士后流动站5个。拥有哲学、经济学、法学、教育学、文学、历史学、理学、工学、农学、医学、管理学、艺术学12个学科门类，形成文理渗透、理工结合、工管相济、协调发展的学科体系，有国家重点学科、省部级重点学科41个，福建省高峰高原学科17个，工程学、材料科学、化学3个学科进入ESI全球排名前100名。16个一级学科入选教育部全国高校学科评估排名榜。学校位列泰晤士世界大学排行榜内地高校第65名、2018软科中国最好大学排名综合大学榜单第28名、总榜单第86名；有20个学科入选2018“中国最好学科排名”榜，上榜学科数排名第83名。

2018年，学校有教职工2672名，其中专任教师1792名。有双聘院士6人。有国家“万人计划”领军人才入选者、“国家杰出青年科学基金”获得者、国家“百千万人才工程”入选者、全国文化名家暨“四个一批”人才入选者、国家高端外国专家项目入选者、教育部“新世纪优秀人才支持计划”入选者，以及历年享受国务院政府特殊津贴专家等各类高端人才近400人次，拥有科技部“创新人才推进计划”重点领域创新团队和教育部“长江学者和创新团队发展计划”创新团队。

2018年，学校有全日制普通本科生25551人，研究生5953人，有来自50多个国家和地区的华侨华人、港澳台和外国学生4969人，是全国拥有境外学生最多的大学之一。本年度，学校招收本科生5415名，研究生1690名，境外生1728名。

华侨大学是国家大学生文化素质教育基地和全国深化创新创业教育改革示范高校。2018届毕业生总体就业率99.46%，位居同类院校前列。学校男子篮球队在中国大学生篮球联赛（CUBA）十九届赛事中获九次总冠军，林丹、谌龙、李雪芮等华大学子在奥运会上为国争光。学校连续四年成功举办世界大学生三对三篮球联赛总决赛，连续两年获全国高校校园文化建设优秀成果一等奖。（庄　蕾）

集美大学

【概况】2018年，集美大学设学院21个、本科专业69个，涵盖经济学、法学、教育学、文学、理学、工学、农学、管理学及艺术学9个学科门类。有福建省一级重点学科8个，水产学科博士后科研流动站1个，一级学科博士点2个，一级学科硕士点13个，硕士专业学位类别8个。在校学生2.7万余人，其中全日制本科生2.55万人，研究生1400余人，国际留学生近200人。专任教师1500余人，其中高级职称教师700余人，双聘院士2人，教育部新世纪优秀人才支持计划人选1人，国家“百千万人才工程”人选1人，享受国务院政府特殊津贴专家6人，国家外国专家局外国高端人才（A类）1人；闽江学者特聘教授4人、讲座教授16人；入选福建省引才“百人计划”、高校领军人才、科技创新领军人才、哲学社会科学领军人才、青年拔尖人才、杰出科技人才、优秀人才等高层次人才项目168人次；有省企事业人才高地1个，省高校科技创新团队5个。学校拥有国家级和省部级教学科研平台56个，其中国家地方联合工程研究中心2个、国家级实验教学示范中心2个、国家级虚拟仿真实验教学中心1个、国家级大学生校外实践教育基地1个。有国家级专业综合改革试点项目3个、国家级“卓越”人才培养计划专业6个、国家级特色专业4个、国家级教学团队1个；省级特色专业建设点11个，省级专业综合改革试点11个，省服务产业特色专业8个，省创新创业教育改革试点专业6个，省级教学团队11个。是年，学校与美国、英国、澳大利亚等国家和港澳台地区的100多所高校、科研机构及国际海事组织（IMO）、国际航标协会（IALA）、国际海事大学联合会（IAMU）等开展学术交流与合作，入选“数据中国百校工程”。是大陆唯一获交通运输部海事局批准具有开展台湾船员适任培训资格的院校，陈嘉庚奖学金和福建省政府奖学金招生单位，香港特区政府“青年内地交流计划”福建省唯一资助单位。学校服务国家“一带一路”倡议，作为国家汉办支持周边国家汉语教学的主要院校和福建省首批“海外华文教育基地”，连续十年向菲律宾、泰国、印尼等“一带一路”沿线国家派出汉语教师志愿者逾300人，培训各类华文进修生8000余人。

【集美大学举行百年校庆活动】2018年10月20日，集美大学举办庆祝建校100周年纪念大会。中共中央总书记习近平发来贺信，充分肯定学校人才培养成就并对学校办学发展提出殷切期望。全国人大常委会原副委员长陈至立，省委书记、省人大常委会主任于卫国出席大会。省委常委、厦门市委书记彭金佳讲话，集美大学校长李清彪、厦门大学党委书记张彦、澳大利亚斯威本科技大学副校长莫妮卡·肯尼迪先后致辞，中央人民政府驻澳门联络办公室原主任白志健和教师、学生代表先后发言。省、市、区有关领导及来自海内外的嘉宾和校友数千人参加大会。学校围绕“师生的校庆、校友的校庆、学术的校庆”主题，举办第六届校董会、校友联谊大会、“诚毅颂”文艺晚会和第九届海峡两岸海洋海事大学蓝海策略校长论坛等学术活动130余场，全球35个校友会、12000余名海内外校友返校参加校庆活动。学校编辑出版《嘉庚梦、集美情》，推出《集大往事》100篇。

【科研工作】2018年，集美大学成为武器装备科研生产二级保密资格单位。新增科研项目568项，其中国家级科研项目31项，首次立项国家艺术基金和全国教育科学规划项目；新增科研合同经费7958.1万元。新增省部级科技创新平台4个、教育厅科技创新平台2个、省高校创新团队2个；获省社会科学优秀成果奖6项、厦门市科技进步奖6项。

【“双一流”建设】2018年，集美大学入选福建省一流学科建设高校。其中，船舶与海洋工程学科群、水产与食品工程学科群入选福建省A类高峰学科，航运与港口物流学科群、区域经济与管理学科群、闽台体育文化学科群、数理学科群入选福建省高原学科。学校制定建设一流大学行动方案，提出办学方向、教学科研投入、平台建设、团队引进、学科调整、机构改革、人才政策、政策制度全面改革、教师干部管理、营造发展环境十大举措，推动“大调整”，推进“大改革”，努力实现“大发展”。

【师资建设】2018年，集美大学引进高层次人才17人，新增国家级、省（部）级人才28人次，其中教育部新世纪优秀人才1人、闽江学者特聘教授2人、闽江学者讲座教授7人。学校聘请全职外国专家及外籍教师45人（教学类40人、科研类5人）、台湾专家14名。获授“福建省先进工作者”称号1人。

【人才培养】2018年，集美大学获批“福建省重点马克思主义学院”，入选“全国国防教育特色学校”。结合福建省、厦门市产业发展需求，增设智能科学与技术、微电子科学与工程2个专业。新增教育部产教融合协同育人项目1项、省级教育教学改革项目10项、省级教学团队4个、大学生创新创业训练计划国家级项目36项及省级项目57项、创新创业课程校本教材6门、大学生创新创业实践国家级项目6项及省级项目10项，获评“福建省省级大学生创新创业园”“福建省省级众创空间”。学生累计获省级及以上学科竞赛奖项1136人次，其中国际赛事一等奖2项、国家级奖项377人次。2018届毕业生6351人，毕业生就业率96.36%。

10月20日，集美大学举行庆祝建校100周年纪念大会（张春 摄）

【第十一届全国大学生创新创业年会】 10 月 13—14 日，由教育部主办、集美大学承办的第十一届全国大学生创新创业年会在集美大学召开。教育部高等教育司、福建省教育厅领导出席年会，“国创计划”专家组和协作组专家，来自全国各地的学生、教师、企业家等近 1000 人齐聚一堂，展示交流创新创业成果，探索创新创业教育新路径。有 255 所高校的 394 项成果入选，其中学术论文 176 篇、创新创业展示项目 218 项，评出优秀论文奖 20 篇、最佳创意项目奖 20 项、“我最喜爱的项目”奖 20 项，集美大学获年会优秀展示论文奖。

【海峡两岸大学蓝海策略校长论坛】 2018 年 10 月 20—21 日，第九届海峡两岸海洋海事大学蓝海策略校长论坛暨海洋科学与人文研讨会在集美大学召开，来自海峡两岸 37 所高校及相关单位 200 余位专家学者参加会议。论坛围绕海洋渔业与食品工程卓越人才培养、航海类专业人才培养、海洋人文法制研究三个方面开展主题报告和研讨活动。

【开放办学】 2018 年，集美大学与美国、英国、加拿大、阿根廷等国家的 7 所高校签订合作协议。学校获国家留学基金委（CSC）“优秀本科生国际交流项目”实施院校资格，成为“21 世纪海上丝绸之路”大学联盟成员院校及陈嘉庚奖学金招生院校联盟轮值秘书长单位。举办 2018 年国际一级航标管理人员培训班、2018 年 IEEE 信息暨通信和工程国际学术研讨会、2018 年海峡两岸海洋渔业可持续发展论坛等国际学术会议。招收来自泰国、柬埔寨、马来西亚、俄罗斯、印尼、菲律宾、安哥拉等“一带一路”沿线国家留学生 105 人。

【与兴业银行签署战略合作协议】 2018 年 9 月 10 日，集美大学与兴业银行本着长期合作、互相支持、共谋发展的原则，签署战略合作协议。根据协议，兴业银行发挥自身多金融牌照和多市场运作的优势，利用在科技金融、大数据平台、合作渠道等方面的特色资源，助力集美大学智慧校园建设、产业孵化基地建设和产学研成果落地转化；集美大学将构建学术交流平台、教学合作机制、成果推介渠道，支持兴业银行在经济管理、金融、产业等领域的行业调研、专题调查、课题研究、人才培训等。

【社会服务】 2018 年，集美大学入选地市科技特派员 34 人，人数排名福建省高校第三位。服务国家“一带一路”倡议，成立集美大学福建省航运研究院、集美大学陈嘉庚研究院和智慧海洋技术与产业发展研究院；服务“中国制造 2025”和“军民融合发展”国家战略，成立集美大学装备研究院、现代信息技术研究中心和集美大学军民融合研究院。学校获批首批“厦门市教育立法与政策研究基地”。推进“厦门市智能制造公共服务平台”立项建设。与集美区政府、天津大学、国家海洋局第三海洋研究所签署共建协议，与南安、石狮、晋江、惠安等地政府共建基地（6 个）和研究院。推进集美大学泉州产业技术研究院建设。在第十六届中国·海峡项目成果交易会展示项目成果 33 个。

【“百年传承、情系大田”红色筑梦实践活动】 2018 年 7 月 16 日，集美大学在大田县影剧院举行“百年传承、情系大田”青年红色筑梦实践活动启动仪式。抗日战争期间，集美中学和各职校师生被迫迁移到安溪、大田和南安等地。其中水产航海、商业、农林三校 14 个班 614 名师生，借用大田文庙房舍坚持继续办学，直到抗日战争胜利。大田因此享有“集美第二学村”之美誉。为了厚植和延续与大田的情谊，集美大学组织 15 支青年红色筑梦之旅实践队近 200 名师生，到大田开展嘉庚精神宣讲、乡情文化考察、大田故事讲述、科技支农帮扶、教育关爱服务、生态环境保护、旅游资源开发、文化艺术服务等实践活动。学校与大田县签订框架协议，开展对口支持协作；水产学院遴选 2017 年福建省“创青春”创业大赛一等奖项目“澳洲淡水龙虾养殖技术”，与大田县养殖户签订合作协议，不定期到大田开展技术帮扶活动；财经学院成立由院长等 5 名教授、讲师组成的课题组，到大田县开展调研，编制《大田县产业布局规划》；教师教育学院与大田教师进修学校、大田职业中专学校签订对口支持协议，为该县培训小学语文、数学骨干教师 16 名、乡村教师 20 名。3 月起，在全校开展图书漂流活动，募集书籍 3339 册，协助当地中小学建立图书角。学校将“百年传承、情系大田”作为学校服务地方发展的重要举措，作为学生暑期“三下乡”社会实践的重要组成部分，通过宣传动员、立项申报、项目对接，让实践活动深入人心，落到实处。

【首位博士后出站】 2018 年 1 月 20 日，集美大学首位博士后、福建省第一个水产学博士后钟婵博士通过考核出站。钟婵本科就读海南大学食品科学专业，2008 年到集美大学攻读硕士，2012 年到日本东京海洋大学深造，2015 年获博士学位后重返集美大学，在水产学博士后流动站从事“刺参主要卵黄蛋白”项目研究。该流动站招收博士后 4 名。 （出晓铭）

厦门理工学院

【概况】 2018 年，厦门理工学院新建新能源材料学院、新丝路时尚学院。至年底，共设院（部）19 个、本科专业 58 个。其中，国家级特色专业 1 个、省级 9 个，国家级专业综合改革试点 1 个、省级 7 个， 国家级“卓越工程师教育培养计划”实施专业5个、省级6个，省级高校服务产业特色专业8个。有机械工程、管理科学与工程一级学科硕士学位授权点2个，工程专业硕士学位授权点1个，省级人才培养模式创新实验区9个，省级精品课程57门，教育部新工科研究与实践项目2个，省级教学改革试点项目9个，省级本科高校教育教学改革研究项目50个，教育部产学合作协同育人项目27个，国家级优秀教材4部，国家级实验教学示范中心1个、省级11个，省级虚拟仿真实验教学中心4个，省级虚拟仿真实验教学项目1个，省级公共基础课实验教学平台5个，国家级校企合作实践教学基地1个、省级5个，省级示范性校企共建职业教育实训基地1个，国家级大学生创新创业训练计划项目181个、省级540个，学校被评为教育部在线教育研究中心“2018年智慧教学试点项目”院校。有全日制在校生20081人（含研究生401人、留学生137人），专任教师1116人。专任教师中，拥有高级职称的占51.1%，硕士及以上学位的占90.7%，“双师双能型”教师占53.9%，享受国务院特殊津贴5人，入选教育部新世纪优秀人才支持计划5人，闽江学者7人，国家级教学名师2人，省级教学名师5人，省级青年教学名师1人，省级教学团队2个，省级创新团队5个。是年，学院获教育部授予的“国防教育特色学校”称号，获评2015—2017年度省级文明校园，入选福建省示范性应用型本科高校、福建省一流学科建设高校，机械工程学科入选福建省高原建设学科，学院教师发展中心被评为省级示范中心，学校发展潜力在全省36所本科高校中位居第6名。3月，学院党委书记黄如欣调离。11月6日，省委任命林进川为中共厦门理工学院委员会书记。

【科研工作】 2018年，厦门理工学院获批国家级项目28项。其中，主持国家自然科学基金项目17项、国家社科基金项目4项、国家社科基金后期资助项目1项，参与国家重点研发计划项目3项、国家自然科学基金面上项目2项、国家社科基金中华学术外译项目1项。获批省部级项目73项，纵向科研经费2597万元。新增省部级科技奖9项，其中一等奖1项、二等奖2项；获省社科成果奖5项。获厦门市科技进步奖10项，其中一等奖1项、二等奖3项。获授权发明专利66件，发表SCI、EI、SSCI、A&HCI、CSSCI等收录的学术论文267篇，出版学术著作35部。原备案的厦门市交通基础设施健康与安全重点实验室经考评获正式确认；2个团队获福建省高等学校科技创新团队建设立项，1个团队入选2018年福建省高校以马克思主义为指导的哲学社会科学学科基础理论研究创新团队，“两岸文创研究院”获2018年福建省高校特色新型智库B类立项。

【产学研融合】 2018年，厦门理工学院启动校企关系深化年活动。与莱尔斯特（厦门）股份公司、厦门神特科技有限公司合作，开办新能源材料产业学院；与银联商务股份有限公司、厦门市民数据服务股份有限公司签订三方产学研合作框架协议；与诏安县政府签订产学研战略合作协议；与厦龙山海协作经济区管委会合作，打造全国首个高校红色孵化器，厦龙筑梦红色孵化器落地龙岩厦门协作区。整合风洞、高压电力电器、CNAS认证等项目，成立学院分析测试中心。筹建学院产业技术研究院和海洋装备研究院。福建省时尚设计行业技术开发基地获批开始建设。与厦门船舶重工股份有限公司等单位联合申报的“邮轮薄板分段模块化智能制造新模式”项目获工信部批准立项，总投资1.2亿元，获工信部资助1200万元。实施先导项目，拨付先导项目经费1569.74万元，立项企业委托型项目6个、团队培育型项目2个，累计培育先导科研团队16个，实施企业委托项目24个，产生横向课题经费3267万元，带动350名教师直接参与企业技术研发及新产品、零部件设计，为合作企业带来经济效益10.29亿元。在科技成果转化方面，组织参加2018厦门国际智能制造展、第二届中国高校科技成果交易会、“6•18”中国·海峡项目成果交易会、陕西省“一带一路”科技创新创业博览会、厦门文博会、2018上海宝马工程机械展、义乌国际智能装备博览会等展会，宣传学校研究成果600余项，组织校企洽谈会60余场，转让、转化科研成果347项，金额3208.38万

6月8日，集美区禁毒宣传月活动在厦门理工学院启动。图为理工学院学生现场创作禁毒主题画（林志杰 摄）

元。“海洋环境下高性能混凝土制备关键技术及其产业化”“多光模式高效长亮独立光伏 LED 一体灯”“高压直流继电器用陶瓷金属化技术”“面向工业 4.0 的机器视觉检测系统”“新能源汽车电源管理与控制系统”“多源遥感数据处理服务及应用平台”“多功能儿童约束系统先端设计技术”“固态二氧化碳绿色清洗机器人研发”等技术转让形成的企业经济效益约 3.5 亿元。

【对外、对港澳台交流合作】2018 年，经教育部和英国文化教育交流协会同意，厦门理工学院成为厦门首家雅思 UKVI 承办高校。与美国北卡大学、爱尔兰科克大学等 11 所国外高校签订 18 份合作协议，与 63 所国外高校开展实质性合作。全年实施校际人才联合培养项目 28 个、海外名校本硕连读项目 9 个、世界名校硕士直通项目 15 个、中外本科双学位项目 4 个、全球跨文化研学和实习实训项目 15 个、免学费国际交换生项目 11 个。选派 123 名学生赴海外合作高校攻读硕士学位，支出学生出国（境）交流学习奖助学金 96.5 万元；招收国家政府奖学金资助的留学生 54 名。实施“高端外专引智”“百名海外讲座教授”“校内国际课程班”等跨文化学术交流的“请进来”计划，获批国家外专局高端科研团队项目 6 个、个人项目 1 个，获国家和市财政配套专项经费资助 200 万元。与台湾清华大学、科技大学、艺术大学、金门大学等 10 所台湾优质高校签订协议，共建交换交流生项目。学院开设有闽台合作办学专业 13 个，其中“4+0”项目 9 个、“3+1”项目 4 个。学院闽台师资培训中心组织全省理工类 194 名骨干教师赴台湾培训。全年有 88 名台籍教师在校授课，351 名学生赴台学习交流，接待到访的港澳台师生 38 批次 372 人。举办大型学生交流活动 5 场，其中台湾高校师生交流周期间举办的两岸青年优秀毕业作品联展引起两岸媒体的关注和报道。

【创新创业】2018 年，厦门理工学院作为教育部首批创新创业教育改革示范高校，围绕应用型创新性人才培养，推动专创融合，促进双创教育体系建设，校内创业孵化区工位数由原来的 60 个增至 122 个。与派美特众创、冠兰众创、创业树、海西明珠等 10 家校外知名众创空间共同建设创新创业校外实践基地，与科易网、慧科教育、联合信实等 10 家企业签订创新创业服务合作机构协议，与宁夏大学闽宁高校共建校外实践基地。构建创业生态服务体系，年内有 94 个大学生创业项目入驻园区，其中毕业生团队 10 家，新增注册企业 22 家，累计注册企业 83 家。有 3 家企业获天使轮融资，吸引融资金额 200 万元。全年接待参访人员 800 余人。

【新丝路时尚学院揭牌】2018 年 3 月 14 日，厦门理工学院新丝路时尚学院举行揭牌仪式。新丝路时尚学院是在厦门理工学院原数字创意与传播学院和原设计与服装工程学院的基础上，由新丝路时尚集团和厦门理工学院联合创办的国内首家具备本科学历的时尚学院。新丝路时尚集团董事长李冰应聘出任院长，厦门理工学院原数字创意与传播学院院长郭肖华任执行院长。时尚学院设服装与服饰设计、服装表演、播音与主持艺术、编导、广告模特与空乘、网络与新媒体等专业。9 月，新丝路时尚学院招收第一届本科生 400 名。

【全国首个高校红色孵化器成立】2018 年 7 月 7 日，由厦门理工学院牵头建设的厦龙筑梦红色孵化器成立。该孵化器位于厦龙山海协作经济区，规划总建筑面积 2 万平方米，可同时容纳 80 ～ 100 个创业团队。红色孵化器统筹厦门理工学院创新创业工作资源，从“互联网＋农业”、智能制造、物流电商、生态环保、美丽乡村建设等方向入手，对接龙岩产业需求，将智力、技术和项目送到革命老区，助力精准扶贫和乡村振兴。当天，厦门理工学院与厦龙山海协作经济区管委会签订孵化器入驻协议，与龙岩市科技局签订孵化器共建协议，与新罗区农业局签订扶贫开发协议，与武平县政府签订创新创业合作协议。至年底，入驻孵化器项目 30 个，其中 7 家在孵化器内注册企业；与 10 家单位签订合作协议，为入驻企业提供工商注册、代理记账、法律咨询等服务。同时，创业团队结合当地实际需求开展业务，“冰浪医药”项目为当地居民提供医疗服务，“美村创也”项目为当地水果打造自主品牌，实行科技富农扶贫。

【校园文化特色品牌】2018 年，厦门理工学院开展多种形式的校园文化活动，先后举办高雅艺术进校园之《大梦敦煌》演出、厦门南乐团演出、厦门爱乐乐团演出、厦门歌舞剧院音乐会、纪念改革开放 40 周年学生合唱音乐会和学生管乐团音乐会、“经典永流传”中华诗词大赛等活动，打造校园文化特色品牌。开展学生社会实践活动，获评 2018 暑期“三下乡”社会实践全国优秀团队。

【学生获奖】2018 年，厦门理工学院学生参加省级及以上各类学科竞赛重点赛事 100 余项，获奖 780 余项，获奖学生 2500 人次。其中，获全国特等奖 5 项、一等奖 68 项，福建省特等奖 6 项、一等奖 59 项。在第四届中国“互联网 +”大学生创新创业大赛上，获国赛铜奖、省赛 1 银 4 铜；在第十三届全国大学生智能汽车竞赛中，获全省唯一的一等奖 1 项。校 Amoy 赛车队以总分第三名的成绩，获中国汽车工程学会巴哈大赛季军，并作为代表出战世界大学生方程式汽车大赛。学院健美操运动队在全国健美操冠军赛中获 1 金 1 银 2 铜和成年健将组团体第二名，在第十四届中国大学生健康活力大赛中获 2 金 3 银。学院女子篮球队第五次蝉联 CUBA 中国大学生篮球联赛福建赛区冠军。另获全国大学生数学建模竞赛全国二等奖 1 项、省赛一等奖 4 项，第六届全国大学生光电设计竞赛全国一、二、三等奖各 1 项，第三十届韩素音国际翻译大赛英译汉二等奖，获评“全国啦啦操示范窗口学校”和“全国啦啦操五星级俱乐部”。　（钟　然）

厦门工学院

【概况】2018 年，厦门工学院设有机械与制造工程学院、电子与电气工程学院、建筑与土木工程学院、商学院、文化与传播学院、计算机与人工智能学院、艺术学院、外语与国际教育学院、马克思主义学院、继续教育学院、国学院、体育系 11 个二级学院和 1 个直属系。是年，新增商务英语专业，通过对广告学专业的增列学士学位授权专业评估，共有本科专业 29 个。学校有教师 525 人，其中拥有高级职称的 161 人，硕士、博士学位的 465 人、双聘院士 3 人、长江学者 2 人、享受国务院津贴 1 人、入选教育部新世纪优秀人才 1 人、省高等学校新世纪优秀人才支持计划 3 人、省高校杰出青年科研人才培育计划 8 人、省优秀教师 2 人、省高校优秀辅导员 1 人。

【教改科研成果】厦门工学院在办学实践中，奉行“立德树人、以文化人”的教育理念，全面实施博雅教育，实行书院制的学生管理与教育方式，创造性地运用 CDIO 工程、翻转课堂、MOOCs、工程坊、校企合作等现代教育手段，构建传统文化教育与现代技术教育相融合的教育体系。2018 年，学校获批省级教育教学改革项目 7 项，其中重大项目 1 项；获批省级虚拟仿真实验教学中心、省级在线开放课程建设项目、省级在线开放课程培育项目、省级应用型学科建设项目、省级应用型学科培育项目各 1 项，省中青年教师教育科研项目 17 项，2 个教学团队获批省级教学团队。教师获批各级各类纵向科研项目 104 项，其中省重大教学改革研究项目、省教育科学“十三五”规划课题各 1 项。9 名教师入选省高等学校“新世纪优秀人才支持计划”“杰出青年科研人才培育计划”和“中青年思想政治课教师择优资助计划”。“闽南石雕艺术与产业发展研究中心”入选省高校人文社会科学研究基地重点建设指南目录，与厦门市知识产权局签署厦门工学院知识产权教育与运用研究中心共建协议。

【合作办学】2018 年，厦门工学院与西安交通大学、华侨大学、英国哈德斯菲尔德大学、卡迪夫城市大学、澳大利亚格里菲斯大学、迪肯大学、美国内布拉斯卡大学林肯分校、匈牙利罗兰大学、加拿大维尔弗莱德·劳里埃大学、台湾元智大学、大叶大学建立战略合作关系，丰富教育资源，提升办学境界。学校领导先后造访西安交通大学、台湾大学等知名院校，接待英国赫特福德大学、美国加州浸会大学、加拿大劳里埃大学、台湾东吴大学等境内外高校来访，加强与境内外高校的交流，深化合作。继续推进西安交通大学联培生项目，选派 65 名学生到西交大学习。

【创新创业教育】2018 年，厦门工学院成立创新创业教育领导小组，统筹学校创新创业教育和学科竞赛工作。是年，学校获批大学生创新创业训练计划项目 32 项，其中国家级 10 项、省级 22 项；举办 2018 年“互联网 +”大学生创新创业大赛，共有参赛项目 489 个，其中 3 项晋级全国第四届“互联网 +”大学生创新创业大赛福建赛区决赛，1 项获省级铜奖。学校获评“厦门市科技企业孵化器”“福建省大学生创新创业园”“省级创业孵化基地”。

【德文商学院成立】2018 年 1 月 18 日，厦门工学院德文商学院举行揭牌仪式。厦门工学院董事长李德文、校长蔡远利、党委书记林建华等出席揭牌仪式。德文商学院设普通教室、特殊教室、孔子讲堂、研讨室、学术报告厅等功能区。德文商学院的成立，对强化学校商学的国际化办学，提升学校面向地方经济、文化发展的办学育人功能，带动学校其他专业的发展将起到积极作用。

【国学研究论坛在厦门工学院举办】2018 年 4 月 7 日，国学研究（厦门）论坛暨国学与传统文化教育学术研讨会在厦门工学院召开。来自厦门大学、华侨大学、西北师范大学、山西大学、郑州大学、宝鸡文理学院、兰州城市学院等国内高校的 30 余名专家学者，围绕“国学与传统文化教育”主题，就以国学滋养学生心灵，提高学生人文修养，将国学融入现代高等教育体系，为大学教育注入新的生机和活力进行研讨。

【工程坊揭牌】2018 年 9 月，厦门工学院举行工程坊揭牌仪式。中国工程院蒋庄德院士、厦门工学院李德文董事长与蔡远利校长及学生代表参加此

9 月 20 日，厦门工学院工程坊揭牌
（顾留章　摄）

次活动。厦门工学院工程坊下设实验室和仪器设备管理中心、工程实训中心和创新实践中心，以及工程文化馆和办公室。

【全国青少年校园足球师资培训基地落户】2018年，厦门工学院通过教育部中国教育科学研究所审核，被批准为全国青少年校园足球骨干师资国家级专项培训基地，成为福建省设有培训基地的两所院校之一。6月21—29日，第九期全国青少年校园足球骨干师资国家级专项培训班在厦门工学院举行，来自四川省近200名中学足球骨干教师参加培训。这是厦门高校首次承接此类足球师资培训班。培训班采取集中学习、专题研讨、分组教学、教学实践、竞赛体验等方式进行培训。

（李 文 高 敏）

集美大学诚毅学院

【概况】2018年，集美大学诚毅学院成立新闻中心、教师发展中心，应用技术中心更名应用技术研究院。学院面向全国29个省、市、自治区招生，录取普通本科生2999人，专升本生709人。2018届毕业生3637人，获学位证书3589人，就业率94.01%。是年，学院新增数据科学与大数据技术、数字媒体技术两个本科专业。共有教学院系12个、本科专业36个。学院自有教职工515人，在校生13090人，其中普通本科11769人、专升本1321人。学院位居中国科教评价网《2018—2019年中国独立学院排行榜》第11位；2017年和2018年位居《武书连独立学院排行榜》第13位；2014—2018年中国高校创新人才培养暨学科竞赛评估结果，学院在全国民办及独立学院榜单中位列第2名。10月17日，诚毅学院举行陈企标体育馆揭牌仪式。10月21日，学院召开董事会四届一次会议，选举产生第四届董事会、监事会领导机构和组成人员。

【本科教学】2018年，诚毅学院“互联网+”专业群被列为省示范性应用型专业群，获评教育部在线教育研究中心“智慧教学试点项目”院校。学院获教育部2018年第一批产学合作协同育人项目立项4项、省级教学团队2个、省本科高校教育教学改革项目5项、省自然科学基金项目（高校联合资金）立项1项、省“思政课程”“课程思政”教育教学改革精品项目专项3项、省高校外语教改科研专项3项；省级虚拟仿真实验教学中心培育项目、虚拟仿真实验教学项目各1个；大学生创新创业训练计划项目国家级9项、省级22项。启动学科建设，确定重点建设专业硕士学位培育点7个。

9月20日，诚毅学院举行新生军训汇报表演。图为千人方阵打出校训“诚毅”字样

（牛伟强 摄）

【师资队伍建设】2018年，诚毅学院教职工入选2018年度“省高校杰出青年科研人才培育计划”2人、“省高校新世纪优秀人才支持计划”2人、省高校高级专业技术职务评委库委员8人、省高等学历继续教育专业建设工作专家2人、省终身教育工作专家库2人。获“外教社杯”全国高校外语教学大赛全国总决赛一等奖1项及福建赛区特等奖、三等奖各1项，外研社全国“教学之星”大赛一等奖1项，省青年教师教学竞赛三等奖2项，省高校第一届移动教学大赛二、三等奖各1项，省第七届辅导员素质能力大赛三等奖1项。

【对外对台合作与交流】2018年，诚毅学院新增中美、中澳、中加、中俄、中意、中西、中乌联合办学项目7个。与美国凯泽大学、美国明尼苏达州西南州立大学、澳大利亚南十字星大学、意大利圣雷莫美术学院、乌克兰基辅舞蹈学院、西班牙卡塔赫纳理工大学、德国耶拿应用技术大学、台湾东方设计大学、台湾辅英科技大学9所高校签订合作协议；与厦门布塔信息技术股份有限公司签订合作协议。有15名学生到台湾短期研修，8名参加境外“微留学”项目。

【创新创业工作】2018年，诚毅学院在第四届“互联网+”创新创业大赛省赛中，获银奖1项，9个“青年红色筑梦之旅”项目共获得奖补资金45万元，1名教师获优秀指导老师奖；在第三届女大学生创新创业大赛省赛中，获三等奖2项，3名教师获“金牌创业导师奖”，学院获“优秀组织奖”。获“中国创翼”创新创业大赛省赛二等奖、省黄炎培职业教育创新创业大赛铜奖、“创青春”中国青年创新创业大赛（互联网组）铜奖。

【师生获奖】2018年，诚毅学院“感动诚毅”项目入选省大学生思想政治教育创新项目；“五四青年节快闪为祖国点赞”活动受到共青团中央宣传部和中国青年报·中青在线联合推出的“共青团新闻联播”、《中国青年报》等多家媒体报道；原创话剧《华侨旗帜》获第二届海峡两岸（厦门）大学生戏剧节二等奖，入选2018年度厦门市“三爱”活动重点项目，并进行公演。学院获省高校党支部“立项活动”优秀成果二等奖、省篮球协会2017年度热心篮球事业贡献奖；思政教研部获评市2016—2017年度“三八红旗集体”。学生获各类学科竞赛奖项国际级6项、国家级22项、省级103项。其中，获2018年美国大学生数学建模竞赛二等奖6项；第四届全国高等院校外贸单证岗位（电子化）技能大赛团体一等奖2项，个人赛一等奖1项、二等奖6项、三等奖1项；2018世界机器人大赛一、二等奖各3项；第八届全国大学生机械创新设计大赛二等奖2项；第四届“百蝶杯”全国大学生物流仿真设计大赛一等奖1项；中国高校计算机大赛网络技术挑战赛二等奖4项、三等奖6项。

【全国中小学英语演讲福建省决赛】2018年2月3—12日，第16届中国日报社“21世纪·新东方杯”全国中小学英语演讲比赛福建省决赛在诚毅学院举办。本次福建省决赛由经过初赛复赛层层筛选，从全省近万名参赛学生中脱颖而出的600多名选手，分别参加高中组、初中组、小学高年组、小学低年组决赛。该赛事自1996年创办之初即被指定为每年在英国伦敦举办的国际英语演讲比赛的中国区唯一选拔赛。

【全国独立学院法学教育学术年会】2018年4月20—22日，全国独立学院（含民办高校）法学教育2018年学术年会暨十周年庆典在诚毅学院举行。本次年会由全国独立学院法学教育协作机制主办、诚毅学院承办，来自全国40多所院校近百名专家学者汇聚诚毅学院，共同研讨新时代法学人才培养模式与教育教学改革。

【原创话剧《华侨旗帜》首次公演】2018年6月23日，诚毅学院首部原创话剧《华侨旗帜》在影剧院首次公演。《华侨旗帜》以陈嘉庚的生平事迹为背景，分为“南洋风云”“嘉庚办学”“陈嘉庚在重庆”“陈嘉庚在延安”4幕，展现陈嘉庚校主的生平事迹和爱国情怀。该作品从创作到首演历时近两年，剧本修改十余次，以现实主义话剧为基础，在表演中融入舞蹈和朗诵等元素。全剧贯穿着校主陈嘉庚的伟大抱负和爱国情怀，将历史回顾、道德教育与文化反思溶于其中，是学院学生以身演绎，为百年校庆献礼的大型原创话剧。该话剧获第二届海峡两岸（厦门）大学生戏剧节二等奖，入选2018年度厦门市“三爱”活动重点项目。

【美、意华裔青少年寻根之旅夏令营】2018年7月25日，由国务院侨务办公室主办，福建省侨办、厦门市外侨办承办，集美大学诚毅学院协办的2018美国、意大利华裔青少年“中国寻根之旅”夏令营在诚毅学院举行启动仪式。来自美国和意大利的57名华裔青少年在诚毅学院开启为期12天的寻根之旅。

【铸牢中华民族共同体意识文艺晚会】2018年9月26日，由厦门市委宣传部、市委统战部、市民族与宗教事务局主办，集美区民族与宗教事务局和诚毅学院联合承办的2018“团结奋斗铸牢中华民族共同体意识”文艺晚会在诚毅学院举办。晚会分为“血脉相连、团结之根”“中华文化、源远流长”“和谐发展、锦绣中国”三个篇章。本次晚会以学习贯彻中共十九大精神和习近平新时代中国特色社会主义思想为宗旨，以“团结奋斗铸牢中华民族共同体意识”为主题，是市、区两级开展民族团结进步宣传月的主题活动之一。（张臻颖）

福州大学厦门工艺美术学院

【概况】2018年，福州大学厦门工艺美术学院设有视觉传达设计、环境设计、工艺美术、工业设计、产品设计、服装与服饰设计、数字媒体艺术、绘画、雕塑、漆艺系、艺术史论11个系，公共文化教学、体育教学2部，地域建筑与环境艺术研究、人居空间设计工程研究、游戏设计研究、雕塑与公共艺术研究、工艺美术研究、艺术知识产权研究、文化创意与创新研究、服装与时尚艺术研究、闽南建筑与景观研究9个研究所，图书馆和《艺术·生活》杂志社。拥有美术学、设计学两个一级学科硕士授权点和艺术硕士、工业设计工程专业型硕士两个学位授权点，其中设计学为福建省级重点学科、高原学科。有教职工216人，其中专任教师155人。专任教师中，教授14人、副教授53人、高级工艺美术师8人、教育部教学指导委员会委员2人、中国美协服装艺委会副主任1名、中国美协艺委会委员4人、福建省高校新世纪优秀人才1人、厦门市高层次留学人员5人。有在校学生3044人，其中本科生2891人、研究生153人。8月，学院召开发展战略研讨会，把办学目标从“2020年建成东南地区知名、有特色的艺术类学院”调整为把学院建设成为“亚洲知名、国内一流，以传统工艺美术与现代创意设计为特色的艺术学院”；出台《关于深化体制机制改革的指导意见》，启动改革任务20多项和机关科室“三定”工作，梳理完善科室职能、岗位职责、人员编制、工作流程图和制度文件。

【学科建设】2018年，厦门工艺美术学院成立全国唯一的漆艺系。设计学学科被列入福建省高原学科建设计划，获批经费410万元。制定《福州大学设计学学科省级一流学科建设目标管理

11月14日，福州大学工艺美院创新实验班学生获中美青年创客大赛金奖、银奖，连续四年获此殊荣（工艺美院 供图）

责任书（2018—2020年）》和《全国第五轮学科评估参评学科建设方案（美术学、设计学）》，获学校审核通过。先后完成美术学、设计学、工业设计工程3个硕士学位授权点合格评估和2个本科专业学士学位授权评估工作。

【教学工作】2018年，厦门工艺美术学院制定《教学团队培育实施办法》《教学巡查实施细则》，修订本科人才培养方案及课程大纲，邀请国家级、省级工艺美术大师为学生授课。持续推进教育教学改革，获校级一流本科教学教改项目立项5项、校本科教学成果奖一等奖1项，两名教师获校本科教学优秀奖一、二等奖，一名教师获中国轻工业“十三五”规划教材立项。学院本科生科研训练计划项目（SRTP）获批立项21项，其中国家级2项、省级3项、校级16项。学生参加各类省级以上展览、赛事，获奖312项，其中数媒系学生连续四年包揽“金海豚”国际动画作品大赛“海丝创新奖”金、银、铜奖；创新实验班连续四年跻身中美青年创客大赛“前三甲”。举办首届“我心目中的好老师”评选活动，在厦门美术馆举办2018届优秀毕业作品汇报展。

【科研工作】2018年，厦门工艺美术学院成立科研工作领导小组，制定《学院科研平台设置与管理实施细则》《学院项目与成果经费配套奖励实施细则》和《学院科研与创作团队培育实施办法》，获批纵向课题10项，科研经费59万元，其中国家社科基金2项、国家艺术基金2项、省级重大项目1项、省级一般项目4项。教师发表CSSCI、CSCD核心期刊论文11篇，作品获奖26件，获发明和实用新型专利授权6项。学院设立“鹭潮大讲堂”，邀请名家、大家到学院做学术讲座。提升院刊《艺术生活》层次，着力打造学术核心期刊；邀请各级美协领导、业界名家到学院指导，出台资助办法，备战2019年第十三届全国美展。

【人才队伍建设】2018年，厦门工艺美术学院制定《人才引进工作实施细则》和《教职工进修培训实施细则》，实施人才引育计划，打造高水平师资队伍。引进博士7名、教授2名，意向引进（待毕业）博士6名；支持2名教师在国内外高校在职攻读博士学位，1名教师出国访学进修。全年发放引进人才安家补贴82.47万元、高层次人才生活津贴16.8万元、新引进人才生活补贴28万元。帮助5名教师获得厦门人才房资格、4名教师获得高层次留学人才称号、2名引进人才解决子女入学问题。

【对外对台交流合作】2018年，厦门工艺美术学院成立国际交流与培训工作办公室，对接国际优质教育资源，与俄罗斯莫斯科工艺艺术科学院签订框架合作协议，推进学院、建发集团、法国伽利略教育集团三方联合合作办学项目。支持2名教师因公短期出国（境）进修、25名学生赴海外交换学习，接收7名境外学生到学院学习。

【社会服务】2018年，厦门工艺美术学院制定《关于提升科技开发水平的实施方案》和《横向项目经费管理补充实施细则》，与福州地铁集团、集美区政府、中烟集团等单位开展横向合作，为福州地铁站、集美动漫小镇、卷烟包装等项目提供支持。与晋江科教园、晋江政企对接合作，引导学院科研平台、行业技术基地、研究所等机构和实践教学团队进驻晋江校区。全年共签订各类横向项目合同17项，合同金额281.55万元，获支持经费196.35万元。承办文旅部等部门委托的非遗传承人群研修研习培训班5期，获经费支持230万元。（郑 青）

厦门医学院

【概况】2018年，厦门医学院设本科专业10个、专科专业17个，在校生5000余人。有中央财政支持专业2个，中央财政支持实训基地3个，全国健康服务类示范点1个，全国养老服务类示范点1个，全国行业职业教育教学指导委员会教学成果奖1项；省应用型学科培育专业2个，省级服务产业特色专业1个，精品专业1个，示范专业7个，实验教学示范中心3个，实训基地和生产性实训基地4个，虚拟仿真实验教学中心1个，精品课程9门，精品在线开放课程3门，精品在线开放课程培育课程2门，教学成果奖3项，本科高校重大教育教学改革项目2项、一般项目4项；市级重点专业5个。有省厅级科研平台6个、市级科研平台2个、校级科研平台5个。有教职医护员工2315人（含直属附属医院），其中专任教师311人。专任教师中，教授63人，副教授111人，占专任教师总数的55.9%；拥有博士学位的87人、硕士学位的162人，硕士学位以上教师占专任教师总数的80.1%；“双师型”教师148人，占47.6%；外聘教师70人。有国务院政府特殊津贴者、新世纪百千万人才工程国家级人选、教育部新世纪优秀人才、厦门市“双百计划”引进海外高层次人才、福建省百千万工程领军人才1人，省级教学名师3人，省级专业带头人2人，省高校“新世纪优秀人才支持计划”5人、“杰出青年科研人才培育计划”13人，厦门市医学学术与技术带头人2人、拔尖人才1人、高层次留学人才4人、青年创新人才1人，台湾特聘专家1人、特聘专才4人。拥有直属附属医院2所、非直属附属医院2所、教学医院25所、校外实训基地150多个。学校占地33.48公顷，建筑面积19.6万平方米，图书馆馆藏纸质图书48.7万册，教学科研仪器设备总值2.39亿元。

【教师队伍建设】 2018年，厦门医学院入选福建省高校“新世纪优秀人才支持计划”3人，入选福建省高校“杰出青年科研人才培育计划”5人。全年新招聘引进21人，其中引进高层次人才2人。派出4名教师分赴美国、新加坡、韩国研修，8名教师赴台湾参加闽台师资合作交流，4名教师赴国内高校参加学科（专业）带头人访学研修。完成新一轮职称评聘工作，评聘教授1人、副教授16人、讲师13人、实验师5人和助理研究员2人。

【教育教学】 2018年，厦门医学院新增精神医学、康复治疗学、海洋药学和医学检验技术4个本科专业。口腔医学技术、助产2个专业获厦门市高职重点专业2017—2018学年建设经费25万元。临床医学、口腔医学专业教学团队入选省级本科教学团队。心理健康中心获评福建省大学生心理健康教育工作先进集体。“一条主线、三个转变、六个基本点——‘136’人才培养体系下的临床医学专业课程群建设”入选福建省本科高校应用型建设案例。新增福建省“思政课程”教育教学改革精品项目1项，“课程思政”教育教学改革精品项目4项，省级本科高校重大教育教学改革项目1项、一般项目3项。“基于虚拟仿真操作系统的发酵罐PLC可编程控制示教与考核设备”在第五届全国高等学校教师自制实验教学仪器设备创新大赛中获三等奖。“体格检查方法”获批2018年省级精品在线开放课程建设项目，“生理学”和“情景英语口语”获批2018年省级精品在线开放课程培育项目。新增厦门市第五医院、厦门市海沧医院、漳州市医院、莆田学院附属医院、莆田涵江医院、龙岩人民医院、宁德市医院、宁德市闽东医院、三明市第一医院和三明市第二医院10所教学医院。

【人才培养】 2018年，厦门医学院护理类大专毕业生参加全国护士执业资格考试一次性通过率94.40%，毕业生就业率99.55%。组织学生参加2018年全国卫生职业院校口腔技能比赛，获团体第三名、一等奖2项、二等奖4项、银奖1项；参加全国大学生英语竞赛，获一等奖6项、二等奖16项、三等奖26项；参加福建省职业技能大赛，获二等奖2项、三等奖4项、优秀奖3项；参加福建省大学生运动会，获一、二、三等奖各3项；参加福建省第十六届运动会田径项目决赛，田径队获银牌和铜牌各1枚；参加2018—2019年全国啦啦操联赛（厦门站）和厦门市青少年啦啦操锦标赛，啦啦操队获一等奖3项、二等奖2项、三等奖1项；参加第七届全国全民健身操舞大赛福建赛区暨厦门市青少年健美操锦标赛，健美操队获大学组团体总分第一名。是年，学校举办第四届“互联网+”大学生创新创业大赛，参赛学生近500人次，有100个团队获奖。学校设立专项经费，鼓励学生开展课外自主创新创业活动，校级大学生创新创业训练项目立项102项，资助109万元，其中10个项目获国家级大学生创新创业训练计划资助、20个项目获省级资助，“护牙列车”项目在第四届福建省“互联网+”大学生创新创业大赛中获铜奖。

【科研工作】 2018年，厦门医学院新设口腔生物材料福建省高校工程研究中心。成立厦门医学院呼吸疾病研究所，聘请钟南山院士担任附属第二医院名誉院长、呼吸疾病研究所名誉所

8月31日，第四届全国高校青年教师教学竞赛颁奖大会在浙江师范学院举行。厦门医学院教师武阔（左三）获工科组二等奖（王家熙 摄）

长。全年获各级各类科研立项130项，其中国家自然科学基金立项2项、市级以上科研立项85项（科技类60项、社科类25项），接收企事业单位委托科技项目8项。发表各级各类学术论文200余篇。申请各类专利26项，获授权专利16项。海洋药物创新团队获福建省高等学校科技创新团队立项；学校分析测试中心通过福建省质量技术监督局CMA资质认证。

【对外、对港台合作交流】2018年，厦门医学院全年选派20名教职工和71名学生（含直属附属医院）分赴美国、韩国、新加坡等国和中国台湾等地交流，接待44名来自芬兰、德国、日本、美国、韩国等国家和中国香港、台湾地区的高校师生到校交流和举办讲座。与韩国大邱韩医大学、韩国大田大学、台湾阳明大学、台湾慈济科技大学签署合作协议，与北京大学口腔医学院续签帮扶协议，与CORES齿科俱乐部联合主办日本活动义齿学会（JPDA）首次中国学术会会议。

【社会服务】2018年，厦门医学院进行职业技能培训909人次，进行职业技能鉴定39批次2372人次。举办全科医生师资培训班（省级继续教育项目）2期、乡村医生规范培训标准化考核师资培训班（市级继续教育项目）2期。完成2018年厦门市乡村医生规范化培训877人次及22名全科医生转岗培训结业考核。至年底，学校有成人教育在校生737人、自考专升本衔接助学在校生265人。（李艺宝）

厦门华厦学院

【概况】2018年7月13日，厦门华厦学院新成立的信息与智能机电学院、环境与公共健康学院、商务与管理学院、人文学院4个二级学院揭牌。学校有二级学院4个、本科专业18个、专科专业15个。在校生6063人，年内本科招生1559人、专科招生311人，毕业生初次就业率99.38%。有教职员工415人，其中拥有正高职称的36人、副高职称94人。是年，学校入选教育部数据中国“百校工程”建设院校名单、教育部首批“互联网+中国制造2025”产教融合促进计划项目院校、厦门（集美）对台研学旅行基地、第三批国家级“星创天地”，承办第三届“易木杯”全国供应链创新设计大赛暨全国供应链教学改革学术研讨会、2018年中日韩分析化学研讨会，陈民伟教授出任2018—2022年教育部高等学校物流管理与工程类专业教学指导委员会委员。11月8日，学校智能制造创新工场、华厦人文艺术馆、华厦文体中心、福建省众创空间、学生团队独立创业项目“云鲸无人超市”揭牌。

11月8日，厦门华厦学院学生团队独立创业项目“云鲸无人超市”揭牌运行
（华厦学院 供图）

【教科研成果】2018年，厦门华厦学院获批教育部校企联合育人项目2项（数据中国“百校工程”建设院校、“互联网+中国制造2025”产教融合促进计划项目院校），教育部产学合作协同育人项目6项；获福建省教育教学研究与改革项目5项，中国物流教改教研课题计划3项，餐饮投创与管理等3个项目获评福建省终身教育重点建设项目；2个项目被列入福建省高校工程中心建设指南；3个省、市级项目获批立项；5个项目获2018年福建省本科高校教育教学改革研究项目立项；“胺类化合物的绿色转化与运用开发”入选福建省高等学校科技创新团队培育项目。是年，学校新一代信息技术专业群获评福建省本科高校示范性应用型专业群，环境科学与工程专业和食品科学与工程专业获评福建省高等学校应用型学科，通信工程专业教学团队入选福建省本科教学应用型教学团队，学生资助管理中心获评福建省学生资助管理中心标准化建设达标单位，习近平新时代中国特色社会主义思想读书社入选福建省高校第二批马克思主义理论读书社名单。8位教师分别入选“福建省高等学校新世纪优秀人才支持计划”和“福建省高校杰出青年科研人才培育计划”，陈民伟教授入选2018—2022年教育部高等学校教学指导委员会委员；学校新一代信息通信技术与智慧教育福建省高校工程研究中心通过考核评估，142件专利（软件著作权）获授权，比2017年增长118.5%。

【创新创业】2018年，厦门华厦学院众创空间被省科技厅评为省级众创空间，获市、区两级财政支持。在“和职教杯”第二届福建省黄炎培职业教育创新创业大赛中，学校选送的2个项目分获最佳创意奖和最佳人气奖，3个项目指导教师获“优秀指导教师”称号。在第四届“互联网+”大赛中，学校征集项目650个，参与学生2000余人次，获省赛名额2个；3个项目参加集美区创新创业项目扶持路演，获区众创办资金支持；学生团队创业项目“云鲸生活”无人超市揭牌运营。在“9·8”投洽会上，校企合作项目“食品包装设计和养殖饵料研发的产品”获最佳产品形象奖。

【师生获奖】2018年3月，厦门华厦学院2015级通信工程3班团支部获2017年全国高校“活力团支部”称号。4月，学校两支代表队在2018年美国大学生数学建模竞赛中获国际一等奖2项，获奖数量位列全省第二名。5月，陈民伟教授主持完成的《产教融合引领的物流工程专业“五优一体”人才培养模式改革与实践》项目获省级教学成果奖二等奖；《基于模拟情景实践的供应链管理课程改革——以易木供应链沙盘应用实践为例》获中国物流协会物流教改教研课题一等奖，另有2个课题获教改教研课题三等奖；《澳大利亚高校招生考试制度研究》获福建省第十二届社会科学优秀成果奖三等奖；检验科学与技术系2016级环境科学与工程专业学生黄烨晨获2017年度“福建省优秀共青团员”称号。6月，人文创意系胡星获第四届全省高校青年教师教学竞赛人文社会科学组一等奖和“福建省高校青年教学名师”称号，检验科学与技术系许丽梅、林若川分获自然科学基础学科二等奖和自然科学应用学科三等奖；物流工程专业教师与厦门易木科技有限公司工程师联合研发和申报的计算机软件著作权获国家版权局批准。7月，商管系2015级财务管理（本科）学生获第六届“正保网中网杯”大学生财务决策大赛全国总决赛二等奖；商管系2015级物流工程1班学生赵力澄获“中国大学生自强之星”提名奖；信息与智能机电学院学生陈俊翔、林子锋、郑智林的参赛项目《农产品健康溯源系统》获第八届“锐智杯”福建省大学生智能设计大赛二等奖。9月，王宁获全国青年教师授课竞赛决赛三等奖。11月，审计学专业学生林惠娟、姚琳婷获福建省第二届大学生会计及税务技能创新大赛三等奖。12月，学校王小如领衔编著的学术专著《Novel Nanomaterials for Biomedical, Environmental and Energy Applications》由Elsevier公司出版。12月，学校大学生数学建模队在全国大学生数学建模竞赛中获国家级二等奖1个、省级一等奖3个、省级二等奖8个，总成绩位居全省15所民办本科院校、独立学院之首。（苏文雅）

厦门软件职业技术学院

【概况】2018年，厦门软件职业技术学院设专业29个，其中软件技术（省）、动漫设计与制作（省）、动漫设计与制作（市）、计算机网络技术（市）、产品艺术设计（市）五个专业为省市示范（重点）专业，形成软件与网络技术、数字创意、文化与设计创意、电子信息工程技术、经济与信息服务和国际商务与金融六大专业群。2018年年底，有全日制高职在校生5400人，应届毕业生“双证书”获取率98%以上，就业率100%，其中在厦门市就业约占70%。

【科研工作】2018年，学校获批省、市现代学徒制试点项目3个：“电子信息技术专业现代学徒制”“软件技术专业现代学徒制”和福建省产教融合示范专业“电子商务专业”。学校成立创新创业学院，申报创新创业标准化园区和协同创新中心，形成校内外创新创业导师团队10个。组织各类课题申报20次，收到申报材料35份，纵向课题立项2项，横向课题立项2项，完成省中青课题结题8项。编写学术著作、教材10部，省级课题立项1项，计算机软件著作权7项、专利2项。

【对外对台交流合作】2018年，学校获批成立国际贸易协会跨境电商新考培点，完成学生培训1300多人次，完成职业技能总鉴定量1529人次。与英国兰开夏中央大学、爱尔兰都柏林商学院、澳大利亚迪肯大学签署校际合作协议；敦聘英国创意艺术大学校长玛库教授、英国南安普顿大学教育学院院长戴克教授、澳大利亚斯威本科技大学商法学院副院长钱学技博士、台湾开南大学曹瑞泰博士、台湾逢甲大学王汉民教授等知名学者为客座教授。

【师生获奖】2018年，学校承办厦门市高等职业院校技能大赛赛项4个。组织师生团队参加福建省职业院校技能大赛，获一等奖1项、二等奖5项、三等奖13项、优秀奖10项，其中3组晋级国赛，“移动互联网应用软件开发”和“互联网+国际贸易综合技能”两个赛项获国赛三等奖。参加教育部科技发展中心举办的第四届全国高校移动互联网应用创新大赛，获全国一等奖；参加省教育厅、中华职教社举办的福建省首届黄炎培职业教育奖大学生创新创业大赛，获铜奖；参加省教育厅、省妇联主办的第三届中国（福建）女大学生创新创业大赛，获优秀奖；参加市教育局、市港务集团主办的厦门市大学生创新创业大赛，获优秀奖。（周士丹）

厦门兴才职业技术学院

【概况】2018年，厦门兴才职业技术学院下设经济管理与商贸学院、工学院（含信息学院）、艺术与建筑学院、教育学院和思政教研部、基础教学部6

个教学单位，开设学前教育、软件技术、通信技术、数控技术、会计、酒店管理、建设工程管理、建筑室内设计等25个专业，形成软件信息类、建筑工程类、经管商贸类、艺术设计类等专业群。同时设置与福建师范大学、华侨大学、集美大学联办的9个专本同读专业。学校建有数控实训中心、PLC与单片机实验室、电子商务实训室、会计电算化实训室、企业经营管理沙盘模拟实训中心等实训室和校内生产性实训基地100个。有中央财政支持实训基地2个，省教学成果一等奖1个，省教学成果二等奖2个，省财政支持实训基地1个，省级高职示范专业2个，省级服务产业特色专业群1个，省教育改革试点项目3个，省高等学校教学改革研究项目2个，省级创新创业教育改革试点专业4个，省级科研项目63个，市级重点专业3个，市教学改革综合试验项目1个，市级科研项目12个。有全日制在校生6000余人，教职工300余人。教师中，拥有省级教学名师、省重点大学教学名师、高级职称者占30%，拥有研究生学历教师占38.79%，“双师素质”者占80.6%。2018年，学校在厦门市高职院校技能竞赛中获团体一等奖，并获一等奖5个、二等奖8个、三等奖8个。《践行社会主义核心价值观，构建“大学生文明修身工程”育人新体系》获福建省2018年职业教育省级教学成果奖二等奖。

【评估整改】 2018年4月，学校通过高等职业院校人才培养工作二轮评估。评估结束后，学校董事会成立校内管理体制改革工作小组，着手进行新一轮校内管理体制改革，确立“以改革创新为动力，以教学诊断与改进工作为抓手，以专业（群）建设为龙头，以课程建设为重点，以师资建设为关键，以实训基地建设为基础”的工作思路和工作目标，制定二轮评估整改方案，梳理各部门工作岗位职责，完成定机构、定编制、定薪酬、定人员等工作。将原有的5个二级学院调整为4个，成立教学辅助中心、产教融合与创业就业处、人事处，进一步理顺学校管理体制。同年，学校获厦门市中华职教社、厦门日报社、海西晨报社联合颁发的“市民最喜爱的厦门职业院校”称号。

厦门兴才技术学院创新创业孵化基地——兴才智谷一隅（兴才学院 供图）

【兴才智谷孵化基地取得多项成果】 2018年，学校创新创业孵化基地——兴才智谷累计入驻项目27个，其中26个项目已注册公司或个体工商户。入驻企业中，留学归国企业2个，科技人员企业1个，获投融资的企业2个，投融资总额200万元；入驻企业发明专利22个、软件著作权20个。2018年1月，该基地被厦门市科技局评选为“厦门市级众创空间”，获政府财政补助200万元。3个创业项目获福建省大学生创新创业优秀项目资助，4个项目获集美区第一批创新创业项目启动资金扶持27万元。学生参加福建省第十届大学生职业规划大赛，获三等奖；参加2018年“创青春”福建省大学生公益创业大赛，获创业计划竞赛（专科组）金奖，为全省唯一获此殊荣的民办高职院校；参加2018年“和职教杯”第二届福建省黄炎培职业教育创新创业大赛，获三等奖。

【产教融合新模式】 2018年，学校成立产教融合与创业就业处，牵头各职能部门和二级学院，对学校现有合作企业进行梳理，建立“校企合作地图”；对企业需求进行调研，建立“校企需求地图”；定向企业未来发展，建立“校企对接地图”。共梳理合作企业143家，完成145家企业调研工作，与厦门壹心怡弈教育咨询、厦门味友餐饮管理有限公司、厦门众冠捷管理咨询有限公司、厦门一品威客网络科技股份有限公司等企业实施“壹心围棋研学”“科技超人”“味友高管班”等共建课程项目，探索校企协同育人新方式。

（付蒙蒙）

科学技术

综　述

【概况】2018年，集美区继续增加全社会科技投入，完善科技和创新体系建设，发展高新技术产业，提升自主创新能力。新认定高新技术企业133家、企业技术中心3家。至年底，全区有重点实验室30家、企业技术中心40家、工程技术研究中心45家、博士后科研工作站7家、高新技术企业272家。资助授权专利1133项，兑现专利扶持资金500.4万元。全区专利申请量7105件，与上年同期相比，增长34.72%，其中发明专利申请量1518件；全区专利授权量4653件，增长53.16%，其中发明专利授权量403件。获厦门市科技进步奖17项，其中二等奖8项、三等奖9项。集美区跻身“2018年全国科技创新百强区”榜单第62名。

【重点实验室名录】2018年，集美区有重点实验室30家：福建省客车先进设计与制造重点实验室、福建省光电信息材料与器件重点实验室、福建省高电压技术重点实验室、福建省客车安全与节能技术企业重点实验室、福建省食品微生物与酶工程重点实验室、福建省能源清洁利用与开发重点实验室、福建省海洋渔业资源与生态环境重点实验室、厦门市客车安全节能环保重点实验室、厦门市软件体系结构重点实验室、厦门市水资源利用与保护重点实验室、厦门市粉末冶金技术与新材料重点实验室、厦门市膜技术研发与应用重点实验室、厦门市数据挖掘与推荐重点实验室、厦门市交通基础设施健康与安全重点实验室、厦门市中药生物工程重点实验室、厦门市食品药品安全重点实验室、厦门市饲料检测与安全评价重点实验室、厦门市专用集成电路系统重点实验室、厦门市城市环境代谢重点实验室、厦门市高分子与电子功能材料重点实验室、厦门市海洋与基因工程药物重点实验室、厦门市海洋智能物联终端研发与应用重点实验室、厦门市室内空气与健康重点实验室、厦门市数字化视觉测量重点实验室、厦门市移动多媒体通信重点实验室、厦门市计算机视觉与模式识别重点实验室、厦门市物理环境重点实验室、厦门市光电材料加工重点实验室、厦门市稀土光电功能材料重点实验室、厦门市家用节水与水净化重点实验室。

【博士后科研工作站名录】2018年，集美区有博士后科研工作站7家：厦门涌泉集团有限公司博士后工作站、厦门工程机械股份有限公司博士后工作站、厦门宏发电声股份有限公司博士后工作站、厦门虹鹭钨钼工业有限公司博士后工作站、厦门金龙联合工业有限公司博士后工作站、三达膜科技（厦门）有限公司博士后工作站、厦门产业技术研究院博士后工作站。

【中国高校科技成果转化中心落户软件园】2018年9月13日，中国高校（厦门）科技成果转化中心暨蓝火计划教育机器人研究院揭牌仪式在厦门软件园三期园区举行。“中国高校（厦门）科技成果转化中心”是由教育部科技发展中心与集美区政府、厦门火炬高技术产业开发区管理委员会三方共建的产学研合作公共服务平台。中心由中国技术供需在线厦门中心负责运营，实施教育部“蓝火计划”，通过搭桥梁、建平台、抓项目、引人才，重点集聚高校项目、人才等优质创新资源，融入地方企业转型升级，推动科技创新与实体经济深度融合，探索“需求导向、政府引导、市场运作”的高校科技成果转化产业化新机制、新路径，打造区域创新中心。当天，蓝火计划教育机器人研究院同时揭牌。该研究院由智童时刻（厦门）科技有限公司与中国技术供需在线厦门中心共同筹建，是教育部“蓝火计划”首个合作落地项目，入驻厦门软件园三期园区，将打造“人工智能·教育”行业公共服务平台。

【黑马城市学院集美分院揭牌】2018年10月26日，由集美区政府与创业黑马（北京）科技股份有限公司联手开办的黑马城市学院集美分院正式揭牌，一期班同步开班，63名企业家学员接受为期一年的辅导。创业黑马创立于2008年，是国内领先的产业创新加速服务平台，也是双创服务领域首家创业板上市企业。创业黑马以创业辅导、创业大赛、创业社群、创业媒体、企业参访游学等形式，帮助创新企业实现加速成长，导师有360集团创始人周鸿祎、分众传媒创始人江南春等。厦门一期的63名学员是从上百名候选人中经过严格面试筛选出来的，涉及互联网、智能硬件、纺织、食品、医疗、教育培训、电商、文创等领域。

【航天厦门智能制造研究院在集美成立】2018年4月，航天（厦门）智能制造研究院在海西智能制造协同创新产业园成立。海西智能制造协同创新产业园暨机器人应用转化方案集中解决平台——机器人超市位于集美区灌口中路，成立于2017年8月。至2018年底，德国西门子、瑞士ABB、日本安川、航天思尔特、盈趣等74家智能制造专业厂家以及厦门本地企业入驻产业园。机器人超市既是传统意义上商品买卖的交易场所，还是以制造业用户企业和智能制造研发企业为服务对象，通过集中展示、共享车间、技术交流等方式，开展技术研发、检测分析、仿真验证、集中采购、创新孵化等服务的平台。航天（厦门）智能制造研究院的成立，将进一步推动航天先进技术在智能制造领域的运用，加速科技成果转化。 （纪敦敦）

科技计划项目

【概况】 2018年，集美区实施高性能继电器研发与产业化等科技计划项目10项，区财政投入科技计划项目经费1210万元，带动企业研发投入8085万元。

【高性能继电器的研发与产业化】 项目实施单位：信华科技厦门有限公司。该项目通过对继电器生产工艺及检测工艺的研究，开发继电器端子的焊锡技术及其锡面控制方法、继电器外盖的正反识别技术及其识别方法、采用继电器触点动作特性测试装置等多项技术，获得更高性能及更高电气寿命的高性能继电器。项目研发成功后，可实现年产值2793万元、利润202万元、税收84万元。

【内支撑中空纤维膜研制】 项目实施单位：三达膜科技（厦门）有限公司。该项目利用石墨烯疏水亲油性和对重金属离子的高度吸附性，使内支撑聚偏氟乙烯中空膜表面带有一定的疏水基因，在膜运行的过程中排斥亲水性的污染物质，提高支撑膜的抗污染性能。项目研发成功后，可实现年产值2500万元、利润570万元、税收200万元。

【全自动骨架端子智能组装设备研发】 项目实施单位：厦门科鑫电子有限公司。该项目开发一套全自动骨架端子智能组装设备，利用先进的PLC控制技术、气动驱动技术和光电感应技术，实现产品自动化生产，代替原有的人工治具手工作业模式，提高生产效率和产品良品率。项目研发成功后，可实现年产值1300万元、利润61万元、税收125万元。

【沐浴控制装置研究】 项目实施单位：路达（厦门）工业有限公司。该项目开发一种按钮淋浴龙头，主体控制组控制部分包含温度调节把手和按钮开关组。温度调节控制组采用压力平衡阀及衡压阀控制温度稳定性，按钮开关组采用自主知识产权单功能按钮阀芯。项目研发成功后，可实现年产值10788万元、利润688万元、税收181万元。

【电视背光铝基印制电路板研发】 项目实施单位：厦门利德宝电子科技股份有限公司。该项目对电视背光所用铝基印制电路板，选用原材料热阻小的铝基覆铜板材料和高反光率的阻焊油墨，有利于电视背光运行所产生热量的扩散，提高LED光效和功率输出，降低器件运行温度，提高模块的功率负荷，减小体积，延长LED背光寿命。项目研发成功后，可实现年产值4000万元，利润280万元，税收180万元。

【小型环保型陶瓷电容器用介质材料研发】 项目实施单位：厦门松元电子有限公司。该项目采用固相合成技术，通过预烧获得晶相结构稳定的烧块，以适当的微量元素为掺杂物质，采用粉体超细加工技术，选择适当的制作工艺及生产设备，制作出形貌良好、满足环保要求、性能优异的陶瓷粉体。项目研发成功后，可实现年产值2160万元、利润230万元、税收123万元。

【高精密高压冷却丝锥研发】 项目实施单位：圆兴（厦门）精密工具有限公司。该项目研制一种高压内油孔和高压真孔结构的的冷却冲洗丝锥，使之能够冷却切削牙部分，并将切削牙部分和校正牙部分产生的切削全部冲出螺纹外，实现螺纹内部无切削残留。项目研发成功后，可实现年产值1000万元、利润135万元、税收38万元。

【多层复合功能性智能拉伸缠绕膜工艺研发】 项目实施单位：厦门聚富塑胶制品有限公司。该项目采用高端分配器分层系统，研发全伺服高速收卷系统、自动装卸功能的职能化工艺设施，增加产品层数，提高产业化工艺技术水平，生产出高性能薄膜产品，解决生产中各项技术难题，实现项目产业化规模。项目研发成功后，可实现年产值2800万元、利润160万元、税收60万元。

【带断线监视功能线圈脱扣器研发】 项目实施单位：厦门立林电气控制技术有限公司。该项目采用线路板和线圈结合，通过结构优化设计，达到产品高密度集成化和高绝缘特性兼容，实现产品小型化、智能化。项目研发成功后，可实现年产值1620万元、利润143万元、税收45万元。

【视觉对位多屏贴合机研发】 项目实施单位：厦门力巨自动化科技有限公司。该项目采用上屏上料区域、下屏上料区域与贴合区域隔离的真空贴合技术、UV固化技术，研发精准对位、真空贴合、粘性强、自动化水平高的视觉对位多屏贴合机，解决现有贴合机溢胶、产生气泡、对位不精准、自动化水平低的技术问题。项目研发成功后，可实现年产值900万元、利润94万元、

税收 27 万元。（纪敦敦）

科技管理

【概况】2018 年，集美区推动政策宣传和实务操作为主的高新技术企业认定工作培训制度化，引导各类资源和服务向企业聚集，实现高新技术企业发展质量和数量双提升。围绕投融资、创新创业大赛、创业展示交易开展创新创业活动，吸引高水平人才、项目和资本落户，营造良好的创新创业环境氛围。加强对现有众创空间的跟踪服务，突出运行实绩，推动健康发展。举办知识产权系列培训，邀请专家开设知识产权系列课程，免费为企业科研人员进行培训，提升企业专利运用、保护和应对知识产权纠纷的能力。

【高新技术企业队伍建设】2018 年，集美区加快高新技术后备企业队伍建设，开展市级高新技术企业备案工作；加强宣讲辅导，提高政策知悉率与覆盖面；因势利导，加强软件企业培育力度，促使其提升为高新技术企业。4 月 20 日和 7 月 20 日，分别在软件园三期园区召开高新技术企业政策培训会，解读国家级高新技术企业认定政策和申报注意事项等，共有 420 名企业代表参加培训。

【众创空间建设】至 2018 年底，集美区经认定的众创空间 41 家，位居全市第二名。众创空间总面积约 11 万平方米，主要集中在软件园三期园区、创新创业大厦、杏林湾商务营运中心及高等院校。其中，一品威客创客空间、厦门北站创业大街、大学生创新创业园区等 8 家被认定为国家级众创空间，厦门创星谷众创空间、华厦众创空间、百度（集美）创新中心等 16 家被认定为省级众创空间，厦门游戏创新中心、华侨大学大学生创业园、人工智能移动互联众创空间等 21 家被认定为市级众创空间。2018 年底，全区有创新创业团队 1400 多个，创新创业青年 6000 余人。

【知识产权培训】2018 年 3 月 28 日、8 月 30 日和 11 月 23 日，区科技局先后在创业大厦举办知识产权贯标培训会、高质量专利申请及战略规划培训会、专利侵权诉讼应对策略及专利规避沙龙会，邀请国家知识产权管理体系高级审核员指导和帮助企业强化对知识产权的运用、管理和保护，增强自主创新能力，提高国际国内市场竞争能力，共有 600 名企业技术人员参加培训。

【鼓励台湾青年创业就业政策出台】2018 年，集美区修订《集美区关于落实台湾青年创业就业政策的实施细则》，并依托国家级海峡两岸青创基地（一品威客海峡两岸青年创业基地）、福建省台湾青年创业就业基地（厦门北站台湾青年双创基地、海蛎文创空间）等一批双创平台，吸引台湾青年到集美实习和就业创业。至年底，集美区众创空间入驻台湾创新创业团队 229 个、创新创业青年 448 人，安排近 500 人次台湾青年免费入住人才公寓。

（纪敦敦）

科技活动

【概况】2018 年，第二届海峡两岸青少年航天梦主题活动、世界教育机器人大赛、2018 创客中国产业投资峰会、首届中国双创领袖峰会、国内首次客车实体燃烧防控实验等科技活动在集美区举行，营造了集美区良好科技创新氛围。

【第二届海峡两岸青少年航天梦主题活动】2018 年 4 月 23 日，以“聚力空间站，迈进新时代”为主题的中国载人航天庆祝“中国航天日”活动（厦门分会场）暨第二届海峡两岸青少年航天梦主题活动在集美启动。中国载人航天工程办公室主任杨利伟参加厦门分会场启动仪式。第二届海峡两岸青少年航天梦主题活动包括航天梦绘画大赛和航天梦夏令营，以培养“追梦小航天人”为目标，通过“互联网 + 航天科普探索”形式，加强海峡两岸暨港澳青少年科技文化交流，推动青少年学习航天知识、热爱航天事业。此次活动由中国空间技术研究院、集美区委区政府、厦门市教育局、厦门市科学技术协会联袂主办。

【WER2018 赛季中国赛区南方地区公开赛】2018 年 8 月 5 日，世界教育机器人大赛（WER）2018 赛季中国赛区南方地区公开赛在集美诚毅科技探索中心举行，来自全国 10 多个省的近 200 支队伍参赛。此次大赛主题为“信息时代”，面向小学、初中、高中学生，设有积木教育机器人普及赛、能力挑战赛（电教赛制）、工程创新赛（科协赛制）。经过两轮角逐，宜春市翰林学校学生张博铭、项梓瑜获小学组能力挑战赛冠军，张子健、袁公式阳获小学组积木教育机器人普及赛一等奖，万京、陈泽威、易紫萱获初中组积木教育机器人普及赛一等奖。

【2018 创客中国产业投资峰会在集美举行】2018 年 8 月 19 日，“未来·影响力”2018 创客中国产业投资峰会暨创客中国“互联网 + 大数据”创新创业大赛全国总决赛在厦门软件园三期园区举行。本次峰会由工信部指导，工信部信息中心、集美区政府、厦门火炬高新区管委会等单位主办。16 家“互联网 + 大数据”企业代表出席会议，共同探索促进产业落地之做法。峰会首次举办产业落地主题闭门会，评估机构发布“未来·影响力”中国产业创新榜，“最具发展潜力 50 强”和“最具投资价值 50 强”名单揭晓。

【首届中国双创领袖峰会在集美举行】2018年10月9日，首届中国双创领袖峰会在厦门软件园三期园区青瓦创新社区举行。此次大会围绕投资战略、消费升级、区块链、人工智能、企业服务等热点话题展开探讨。主题演讲阶段，梅花创投创始人吴世春、JLAB九鼎创始人孙健、碳9加速器创始人冯新分别以“从三个故事看新经济的投资逻辑”“区块链对金融市场的革命”“认知赋能助力创业者成长”为题进行演讲。此次峰会由厦门火炬高技术产业开发区管理委员会、集美区政府指导，青瓦孵化器有限公司主办。

【国内首次客车实体燃烧防控实验在集美举行】2018年11月5日，应急管理部天津消防研究所与厦门金龙客车、国安达股份有限公司共同组织的国内首次客车实体火灾燃烧实验在集美区灌口国家场内车辆检测中心举行。公交车着火，造成乘客死伤最关键的问题在于因拥挤造成逃生不及时。此次实验通过数据测试，检验防控设备，记录防控过程，从车辆主动安全的角度，掌握相关数据，进行防控技术研究。

（纪敦敦）

科技成果

【概况】2018年，集美辖区企事业单位共有17个项目获评厦门市科技进步奖，其中“轻量化车身防撞系统及乘员防护关键技术研发与产业化应用”等8个项目获二等奖，“车载儿童约束系统集成关键技术与产业化”等9个项目获三等奖。

【轻量化车身防撞系统及乘员防护技术研发】研发单位：厦门理工学院、东南（福建）汽车工业有限公司、厦门金龙汽车座椅有限公司。该项目采用理论建模分析、数值建模与仿真、事故重建及对比实验、改进优化相结合的研究方法，融入自适应遗传算法技术，提出基于中国儿童人体特征的乘员损伤防护方法和损伤评价准则；采用渐进结构、响应表面等优化方法，开展门槛梁、B柱、防撞杆等车身防撞结构尺寸和形状优化研究，揭示新型高强度、轻量化材料车身防撞溃缩装置碰撞冲击力传递路径和变形吸能特性；完成基于车身防撞技术和乘员损伤防护技术的DX车型产品的自主安全性设计研发；自主研发基于两车碰撞兼容性的安全设计技术及其在SUV、座椅等产品上的应用，并实现整车及座椅产品的批量化。产品安全、节能、环保，获得明显的经济效益和良好的社会效益，获市政府颁发的科技进步奖二等奖。

【琼脂精准提取及高值产品开发】研发单位：集美大学、福建省绿麒食品胶体有限公司、绿新（福建）食品有限公司。琼脂是石花菜、江万等海洋红藻的主要成分，在食品、生物医药、农业领域具有广泛用途。由于原料贮藏及提取工艺粗放、深加工产品开发研究滞后，琼脂工业存在产品质量不稳定、产品价值低等问题，影响了产业可持续发展。研发单位对琼胎提取原料贮藏特性、提取工艺控制、深加工产品开发应用等方面进行长期产学研合作，发现在酶的催化作用下，以琼脂代替明胶，成为一种新型的食品添加剂，可广泛应用于各类食品制造、加工行业。该项目获市政府颁发的科技进步奖二等奖。

2018年集美区获市科技进步奖项目

表40

项目名称	等级	主要完成单位	授奖单位	主要完成人
轻量化车身防撞系统及乘员防护关键技术研发与产业化应用	2	厦门理工学院、东南（福建）汽车工业有限公司、厦门金龙汽车座椅有限公司	市政府	唐友名、许茼、宋名洋
琼脂精准提取及高值产品开发	2	集美大学、福建省绿麒食品胶体有限公司、绿新（福建）食品有限公司	市政府	倪辉、杨远帆、肖安风
基于视频的海面目标智能识别技术	2	罗普特（厦门）科技集团有限公司、集美大学、厦门大学	市政府	陈延行、蔡国榕、张翔
复合式土压平衡盾构机	2	厦门厦工中铁重型机械有限公司	市政府	郑伟、吕专真、李峰
具备自学习功能的楼寓智能系统研发与产业化	2	集美大学、厦门立林科技有限公司、厦门大学	市政府	许志龙、王远春、刘菊东
融合知识图谱技术的医疗保障基金监管平台关键技术研究	2	厦门理工学院、易联众信息技术股份有限公司	市政府	林开标、郭骁昌、卢洪满
进口货物消毒及废水资源化关键技术研究与应用	2	华侨大学、厦门和健卫生技术服务有限公司	市政府	洪俊明、黄柏山、张倩
基于双模通信的智能路灯管控系统研发及应用	2	厦门理工学院、厦门市智联信通物联网科技有限公司	市政府	朱顺痣、查利君、王大寒

续表

项目名称	等级	主要完成单位	授奖单位	主要完成人
车载儿童约束系统集成关键技术与产业化	3	厦门理工学院、福建麦凯智造婴童文化股份有限公司	市政府	韩 勇、陈治宇、王丙雨
基于烟气余热蒸发的脱硫废水零排放技术	3	盛发环保科技（厦门）有限公司、中国科学院城市环境研究所	市政府	万忠诚、郑煜铭、张净瑞
环保舒适型游览船舶动力总成研发与应用	3	集美大学、厦门瀚盛游艇有限公司	市政府	于洪亮、俞万能、吴德烽
高强度汽车零部件特殊热处理与成形关键技术及应用	3	厦门宇龙机械有限公司、集美大学	市政府	郭幼丹、廖德峰、陈益明
面向公路客运的网约车智能调度平台	3	华侨大学、蓝海（福建）信息科技有限公司	市政府	傅顺开、李海波、王 田
高效高光通LED灯技术研发及产业化	3	厦门理工学院、厦门砺德光电高科技股份有限公司、厦门强力巨彩光电科技有限公司	市政府	朱文章、沈汉鑫、何贵聪
中厚板机器人的自适应焊接控制系统	3	厦门理工学院、厦门航天思尔特机器人系统股份公司	市政府	柯晓龙、刘建春、谢传禄
水库蓝藻优势度的变化过程及机制研究和应用	3	中国科学院城市环境研究所	市政府	杨 军、刘乐冕、杨 军
金融软件系统智能风险防控技术研究与应用	3	厦门理工学院、厦门至恒融兴信息技术有限公司	市政府	马 樱、李 峰、卢俊文

（纪敦敦）

驻区科研院所

中科院城市环境研究所

【概况】 2018年，中国科学院城市环境研究所（以下简称城市环境所）共有在职科技人员214人、科技支撑人员23人，在学研究生274人（其中硕士生113人、博士生161人）、在站博士后17人。获得科研项目151项，到位经费10688万元，共有在研项目429项。科技人员发表论文540余篇，其中SCI收录448篇、CSCD收录97篇，申请专利71件，授权发明专利15件、实用新型专利28件，申请软件著作权登记7件，出版专著5部，获福建省和厦门市科技进步奖3项。科研人员出访30个国家145人次，接待29个国家科研人员269人次；引进国际杰出学者和国际访问学者各2人，举办重要国际会议8次。1月26日，中科院批准城市环境所与福建物构所两所融合共建海西创新研究院。5月15日，创新研究院行政班子和党委班子任命，海西创新研究院正式成立。

【科研队伍建设】 至2018年底，城市环境所共有在职职工237人。其中，科技人员214人，科技支撑人员23人，包括中国工程院院士1人、研究员及正高级工程技术人员31人、副研究员及高级工程技术人员46人；全所进入创新岗位178人。科技人员中，国家“万人计划”科技创新领军人才4人（新增1人），国家杰出青年科学基金获得者4人，国家优秀青年科学基金获得者3人（新增1人），获国家青年科技奖2人，入选国家青年千人计划1人，享受国务院特殊津贴7人（新增1人），科技部中青年科技创新领军人才3人，“百千万人才工程”国家级人选3人，入选中科院百人计划12人（新增1人），获中科院青年科学家奖1人，入选福建省百人计划5人（新增1人）、厦门市双百计划7人、浙江省千人计划1人、浙江省“151”人才工程1人、浙江省宁波市“3315”团队1人。共有在学研究生274人（其中硕士生113人、博士生161人）、在站博士后17人。

【科研条件与基地建设】 2018年，城市环境所仪器设备实验中心所新增仪器价值600万元，在科技部“中央级高校和科研院所科研仪器开放共享评价考核”中获得“良好”评价和85万元共享补贴，通过院所级服务中心的复评审和国家认证认可监督管理委员会监督飞行检查，获得环境管理体系认证、质量管理体系论证和职业健康安全管理认证。所级中心设备运行整体情况良好，加入中国科学院共享网63台仪器的总使用机时为12.5万小时，平均使用率144.8%，共享机时11.66万小时，所外共享率34%。服务企业70余家，出具测试报告194份，总测试费用收入425万元，并多次举办仪器使用研讨培训班，提升区域科研、技术人员仪器设备使用水平。

【科研项目】 2018年，城市环境所获得科研项目151项，到位经费10688万元。其中，国家自然基金项目28项（经费1324万元），横向项目74项，中科院项目2项，省市级科研项目23项。共有在研项目429项（包括新增项目151项），其中主持（或承担）国家自然科学基金重点项目2项、面上项目58项（新增11项）、国家杰出青年科学基金项目1项、国际（地区）合作与交流项目3项，主持或承担国家重点研发计划项目2项（新增1项），承担（或参加）课题41项；主持（或承担）中国科学院战略性先导科技专项课题2项、院重点部署项目3项，承担重点国际合作项目4项（新增1项），承担院地合作项目4项。

【科研成果与推广】2018年，城市环境所科技人员发表论文540余篇，其中SCI（科学引文索引）收录448篇（署名第一单位210篇）、CSCD(中国科学引文数据库)收录97篇（署名第一单位56篇）。申请专利71件，其中发明专利56件、实用新型专利15件；授权发明专利15件、实用新型专利28件；申请软件著作权登记7件；出版专著5部。获福建省和厦门市科技进步奖3项（第一完成单位），其中“开展动物养殖环境中抗生素抗性研究”在Science，Nature Microbiology和PNAS等国际知名刊物发表。根据中国科学院《2018研究前沿》年度报告，该领域全球发表“高被引”论文17篇，城环所占4篇，其中发表在PNAS的论文《Diverse and abundant antibiotic resistance genes in Chinese swine farms》为该领域全球引用次数最高的论文。相关科研团队建立国际领先、国内首个环境微生物功能基因“高通量定量PCR”平台，开发出首例对环境中抗生素耐药基因高通量检测芯片，为美国、英国、澳大利亚、新加坡等高校和科研机构提供技术服务。朱永官研究员连续三年入选科睿唯安全球“高被引科学家”名单，城市环境所环境与生态学进入ESI国际排名前100名行列。

【国际合作与交流】2018年，城市环境研究所出访科研人员145人次，出访国家30个；接待来自美国、英国、波兰、日本、伊朗等29个国家的科研人员269人次。通过国际人才计划，引进国际杰出学者和国际访问学者各2名，举办城市健康与福祉国际项目评审国际会议、变化环境中的城市健康与福祉国际研讨会、畜禽养殖污染防治国际研讨会、第七届环境砷国际学术大会、第三届流域城镇化国际研讨会、中日“城市化的水泥和钢铁依赖及其环境影响”双边研讨会、中新城市环境可持续发展合作研讨会、中国科学院与伊朗科技副总统办公室“中伊丝路基金水与环境”研讨会等重要国际会议8次。

【重大课题科研进展】2018年，城市环境研究所围绕“东南沿海城市群大气灰霾污染的形成机制与调控技术”“生物质废弃物资源化关键技术研究与集成示范”和“景感生态学与城市生态文明开展系统研究”三个重大课题，建立全球首个以城镇化为主题的地球关键带观测点位，在国内创建稳定性同位素连续标记平台，有效追踪大气—植物—土壤—微生物系统元素循环过程，定量分析流域气候变化—人类活动—水库水文—水质—藻类的生态耦合过程，揭示典型分层水库藻类群落演替规律。开发出污泥水热脱水耦合热解炭化生产生物炭的创新工艺与成套装备，污泥减量化90%，能量利用率90%；设计出多通道协同活化的高效活性炭生产设备，得率1.8:1，碘值高达1800，在国内同类型设备中为品质最高设备，在福建省、江西省、天津市等多个省市推广，获得良好的经济和社会效益。成功研制高效、低成本的臭氧与VOCs催化分解材料，与空客公司开展实质性技术合作。成功开发VOCs吸附与颗粒过滤一体化、脱硝—除尘耦合等系列新型过滤介质和功能组件，完成中试应用验证。围绕柴油车尾气净化和固定源烟气治理，开发出多种具有优异催化活性的催化剂，在天津、北京、邯郸等地用于900余辆在用柴油车的后处理改造升级。构建景感生态学的理论和方法框架，以土地利用规划、建设与管理为研究对象，以提高城市居民对生态系统整体和持续的满意度为目标，结合趋善化模型、谜码数据和环境物联网等技术和方法，联合中信国安集团有限公司共同提出“生态环境导向的城市开发”（EOD）模式。（聂璇 陈伟民 白国华）

中科院海西研究院厦门稀土材料研究所

【概况】中国科学院海西研究院厦门稀土材料研究所（以下简称“厦门稀土所”）成立于2012年，坐落于厦门市集美区兑山西珩路258号，占地6.47公顷，建筑面积11万平方米，总投资4.3亿元，建有物理工程楼、材料制备楼、孵化工程楼、辅助工程楼、研究生宿舍、流动人员公寓等。2018年，共有各类在所人员160人，科研项目76项，发表SCI论文71篇，获授权专利6件（中国发明专利5件，实用新型专利1件），申请中国发明专利9件。至2018年，成立有厦门稀土所产业化基地、厦门稀土所公共技术服务中心和科技型公司9家。

【科研队伍建设】至2018年，厦门稀土所从德国、美国、加拿大、日本等国家引进产业化研发团队8个，共有各类在所人员160人。其中，ARP在册正式职工68人，在读(包括联合培养)博士、硕士研究生50余人，博士后5人。ARP在册职工中，正高级职称10人，副高级职称19人，中级职称29人，初级职称5人，职员5人；博士学历36人，硕士学历23人。引进海外留学人才27人。有69人次入选各级各类人才计划，其中国家杰出青年基金获得者1人、国家青年海外高层次人才引进计划2人、中科院“百人计划”2人、中科院“现有关键技术人才”计划1人、福建省“百人计划”引进高层次创业创新人才3人、福建省“双百计划”3人、福建省高层次人才5人、厦门市“双百计划”12人、厦门市拔尖人才1人，拥有海外留学背景的超过 40%。

【科研条件与基地建设】 厦门稀土所拥有物理工程楼、材料制备楼、孵化工程楼、辅助工程楼，购置各种科研设备 226 台，其中专用仪器 205 台、50 万元以上的 7 台、100 万元以上 6 台，通用设备 21 台。2013 年，成立厦门稀土所公共技术服务中心，先后获得中科院海西院、中科院“十三五”修购计划、福建省重大专项及厦门市科技局重大科技创新平台等多项经费支持，购置各种设备 40 余台，资产总额 2300 万元，已具备一定的科研服务能力。2015 年，成立中科院福建物质结构研究所厦门稀土材料检验检测中心，2016 年通过国家认监委审核，获得国家级 CMA 资质认证资格。2018 年，厦门稀土所全资子公司厦门中科投资管理有限公司和泰伟智科实业（厦门）有限公司共同成立厦门中科泰伟育成科技有限公司，建立和运营厦门稀土所产业化基地。至 2018 年底，入驻企业 30 家，总注册资本 2.31 亿元，年产值近 1 亿元。2018 年，成立中科院海西育成中心厦门育成中心厦门新材料产业园。稀土所成立后，先后成立厦门奥德生物科技有限公司、厦门卓厦光电科技有限公司、厦门熙途科技有限公司、中科新镧系（厦门）科技有限公司、厦门中科希弗新能源科技有限公司、卡酷安（厦门）新材料科技有限公司、厦门汇美集智科技有限公司、厦门中烁光电科技有限公司、厦门通涵新材料科技有限公司 9 家科技型公司，总注册资本 6198 万元。

【科研项目】 2018 年，厦门稀土所立项科研项目 31 项，其中国家自然科学基金项目 6 项、福建省科技计划项目 2 项、福建省发改委项目 2 项、中科院重点实验室开放课题 1 项、福建物构所与城市环境所融合发展基金项目 3 项、厦门市科技计划项目 5 项、横向合作项目 12 项，总到位经费 2816.91 万元。共有在研项目 76 项，其中科技部国际科技创新合作重点专项 1 项、国家自然科学基金项目 15 项、福建省自然科学基金项目 5 项、福建省 STS 项目 7 项、中科院 STS 项目 1 项、福建省发改委项目 3 项、中科院先导专项项目 1 项、中科院科研仪器设备研制项目 1 项、横向项目 15 项。

【科研成果与推广】 2018 年，厦门稀土所发表 SCI 论文 71 篇，其中一区论文 30 篇、影响因子大于 10 的 15 篇；获授权专利 6 件（中国发明专利 5 件，实用新型 1 件），申请中国发明专利 9 件。至年底，共有授权专利 15 件，其中获美国发明专利 1 件；受理专利申请 45 件，其中外国发明专利 3 件。在稀土萃取分离与高质利用研究方面，针对离子型稀土矿钇分离工艺升级换代的企业技术难题和行业共性问题，开展新型钇分离萃取剂的研制和分离工艺开发，高纯稀土制备用新型材料和提纯工艺研发，在新型钇分离工艺及除杂分离材料的关键技术上获得突破。开发基于新型苯氧基氧化膦类萃取剂 ODP 及离子型稀土矿放射性废渣处理的优选工艺路线 Cyanex572 的盐酸浸出法，实现钍和稀土的高效分离；研发可循环利用的新型固体萃取剂及分离工艺，可对离子型矿物中的痕量稀土元素进行富集，不需要使用挥发性稀释剂，萃取体积相对较小，安全性提高。结合钕铁硼稀土磁材成型加工工艺，研究、分析废料成分，研究精密分离提纯技术，将所得钕铁硼干粉进行精密分离提纯，使得所得钕铁硼干粉满足直接火法回用的各项技术指标。在新型稀土发光材料及其器件研究上，突破低成本高纯原料制备、高质量大尺寸晶体生长与器件制备的关键技术，并掌握关键的产业化生产技术。研制出高闪烁性能的溴化镧器件，申请中国发明专利 7 件、实用新型专利 7 件，其中获授权发明专利 5 件，实用新型 7 件。

【国际合作与交流】 2018 年，厦门稀土所安排 2 人出访，接待奥地利、日本等国家来访科研人员 3 人；与奥地利格拉茨大学签署合作备忘录，重点聚焦人类疾病形成机制、诊断以及治疗的研究。举办第六届海峡两岸稀土学术研讨会，促成厦门稀土所与国际相关领域科研院所交流互动平台的建立。（陈 祺 洪子龙 叶培华）

文化·体育

文化

综述

【概况】 2018年，集美区文化部门继续实施“人文集美”发展战略，巩固全国文化先进区创建成果，强力推动“文化强区”建设。以学习宣传新思想、弘扬嘉庚精神和庆祝改革开放40周年为主线，加强文艺创作力度，提高文化服务供给质量。加快构建现代公共文化服务体系，统筹推进公共文化服务均衡化发展，后溪镇综合文化站和12个村（社区）综合文化服务中心通过市基层综合性文化服务中心建设验收。举办海峡两岸龙舟文化节、集美·阿尔勒国际摄影季、人文集美·悦读季、“听见集美”集美学村周末音乐会等特色品牌活动，文化影响力进一步提升。举办文艺演出、文化进村（居）巡演巡展近60场次，群众文化活动更加丰富。加强文化市场监管与服务，首起破坏文物案件办结，保持打击无证网吧和“扫黄打非”高压态势，文化市场整治成效显著，顺利通过省文明城区和全国文明城市测评。加强文化综合执法体系建设，增设旅游体育执法中队，执法大队参加省第二届文化市场综合执法岗位练兵技能竞赛预赛取得优异成绩。公布第三批区级非遗项目和代表性传承人，继续办好闽南曲艺创作基地和中小学闽南戏曲示范点，开展闽南传统文化进校园、下基层巡演、非遗图片展示，全区非物质文化遗产普查暨民间文学、海洋文化专题调查，举办2018年厦门市“文化和自然遗产日”暨集美区主会场宣传展示系列活动，对“三普”不可移动文物点进行老化电线改造和设立文物保护碑。落实“互联网+”“文化+”行动，将文化演艺产业作为集美区“4+x”现代产业体系的主导产业，将文化创意与旅游产业纳入集美区“双千亿”工程重点打造的六大产业链群。“集美集”影视文创园等一批专业性园区成长快速，初具规模。引入厦门吉比特集美园区和罗普特软件信息中心两个省级重大文化产业项目。2018年，集美区文化产业规模以上企业53家。

【基层文化服务场所建设】 2018年，集美区结合市为民办实事项目，进一步完善基层综合性文化服务场所和相关配套设施。后溪镇综合文化站和灌口镇顶许村、陈井村、上头亭社区、第二社区，后溪镇后垵村、东宅村、西溪村，集美街道岑西社区，侨英街道叶厝社区，杏滨街道西滨社区，杏林街道内林社区、杏林社区12个村（社区）综合文化服务中心共投入82.5万元，进行场馆修缮改造和完善设施设备，顺利通过市基层综合性文化服务中心建设验收。其中，后溪镇综合文化站和顶许村、上头亭社区、第二社区、后垵村、东宅村获评“优秀”。

【群众文艺创作】 2018年，集美区以宣传贯彻新思想和中共十九大精神、庆祝改革开放40周年、弘扬嘉庚精神等为主要内容，结合集美优势和闽南特色组织文艺创作，成果丰硕。出版集美区改革开放40周年《新时代的集美音》原创作品音乐专辑，举办原创音乐作品主题音乐会。面向全国征歌300余首，精选集美区庆祝改革开放40周年主题歌曲《集美，汇集天下美》，组织创作《集美夜色美》《千里万里也要回》《我多想对您说》等40首原创歌曲制作专辑，赠送给辖区各学校、图书馆、社区、企业、音乐社团及音乐爱好者，传唱“新时代的集美音”。福建省美术家协会、集美区委宣传部、区文体广电出版旅游局、区文学艺术界联合会共同主办集美区庆祝改革开放40周年美术作品征集活动，面向全国征集作品700余件，评选出125件，与名家特邀创作佳品40件结集出版《人文集美、时代新颜——厦门市集美区庆祝改革开放40周年美术作品集》，并举办专题美术作品展。结合学习宣传新思想、讴歌新时代，庆祝改革开放40周年，组织创作戏剧曲艺节目。区戏剧曲艺骨干创作编排答嘴鼓《幸福的生活比蜜甜》、闽南语三句半《见证辉煌》、木偶戏《改革开放四十年，木偶进行曲》、荷叶说唱《四十年的辉煌》等原创节目，开展“新时代、新思想、新集美”集美区戏曲进基层巡演活动8场。组织创作编排歌仔说唱《假憨骗真巧》《扫黑除恶人人有责》、舞蹈《扫黑除恶扬正气》等“扫黑除恶”主题作品，到基层演出数十场。组织原创节目在庆祝改革开放40周年晚会和端午经典诵读晚会上表演，闽南童谣《咱厝的榕树》、散文《集美的红屋顶》、朗诵《心中的土地》、群诵《诗意集美，我想对你告白》、沙画诗朗诵《放歌新集美》等引发观众共鸣。其中，闽南童谣《咱厝的榕树》曾赴京参加第十三届全国校园文艺会演暨第十八届校园春节联欢晚会，并获金奖；广场舞《四季厦门》和《厦门人》分获“音乐厦门，舞动新时代”广场舞比赛金奖和银奖；舞蹈《丢丢铜》获2018“戴爱莲杯”群星璀璨人人跳全国舞蹈展演（厦门）选拔赛金奖。戏剧、曲艺作品在省、市比赛中频频获奖。黄月娇编导的布袋戏《大英雄郑成功》获福建省民间木偶戏展演大赛银奖，集美区南乐社的《共君断约》获厦门市第二届南音大赛“十佳”节目奖和最佳组织奖。在厦门市首届歌仔说唱征文与展演比赛中，前场歌仔说唱传习中心表演的荷叶说唱《新时代的航向》（杨建成创作）获一等奖，荷叶说唱《不忘初心好民警》（林惠真、陈宝珠创作）、荷叶说唱《四十年的辉煌》（杨建成创作）获二等奖。

【集美朗读亭对外开放】2018年1月，集美图书馆引进的朗读亭正式对外开放。朗读亭位于图书馆博文楼北门，外围材料采用高强度全隔音钢化玻璃，内部配备专业的录音棚设备，包括高保真音响、头戴式耳机和专业麦克风等，以保证朗读者的朗读体验。朗读内容包括唐诗、宋词、元曲等经典国学及传统文化作品，时下热点小说、散文，以及“朗读者”“见字如面”节目中经典文学作品等千余种，还有普通话考试练习、英语口语模拟练习等功能。朗读亭操作简单方便，在屏幕页面显示各种体验套餐，选中朗读或点唱的作品即可马上使用。使用过程中会自动在线录音，扫描“书舒朗读亭”二维码，微信登录即可获取个人录音。

【福建影视创作联盟在集美成立】2018年5月26日，福建省影视创作联盟签约会在集美区杏林湾商务运营中心举行，福建省影视创作联盟正式成立。该联盟以腾讯众创空间（厦门）基地、福建省传播学会、厦门理工学院新丝路时尚学院、创星谷（厦门）投资管理有限公司为联合发起单位，团结爱奇艺、今日头条、移动、电信等平台，将厦门打造成中国IP集散地和中国互联网广告的发布中心。来自全省的近200位影视达人参加签约仪式，首批签约的公司30余家。签约会后，厦门大学、厦门理工学院、泉州师范学院、泉州仰恩大学、厦门软件职业技术学院等省内高校影视传播专业师生参与影视研讨。

【海峡音乐公社在集美启动】2018年6月，原创音乐共同体——海峡音乐公社落户集美杏林湾商务营运中心8号楼星巢越中心。6月18日，海峡音乐公社启动仪式在集美新城市民广场举行。海峡音乐公社将通过举办原创音乐人大赛、大师训练营、原创音乐会等活动，选拔和培养具有潜力的音乐新人，助力优秀音乐人才和作品入选“星巢计划”，获取星巢创投资金，走向歌坛。星巢越中心是北大青鸟文化产业集团投资建设的厦门国家音乐产业基地的组成部分，使用面积1.3万平方米，设有流行音乐剧场、音乐博物馆、音乐创作空间等设施。

【集美区诚毅合唱团成立】2018年7月30日，集美区诚毅合唱团正式成立。合唱团成员83人，其中女性45人、男性38人，来自集美区男声合唱团、教工合唱团、各大专院校和各企事业单位。合唱团特邀武汉音乐学院教授陈国权，厦门理工学院副院长赵振祥，市音乐舞蹈家协会主席、集美大学音乐学院院长臧艺兵，华侨大学音乐舞蹈学院党委书记、集美区音乐舞蹈家协会副主席马海生任艺术指导。合唱团将以习近平新时代中国特色社会主义思想、中共十九大精神为指导，通过演绎嘉庚主题歌曲和中外优秀合唱曲目、开展对外艺术交流等形式，促进嘉庚精神的传承与弘扬，推动嘉庚精神走出厦门、走向全国、走向世界，为全面实施人文集美发展战略、建设新时代“五大发展”示范区提供强有力的文艺力量。合唱团由集美区委宣传部牵头组织，接受区文学艺术界联合会、区民政局的业务指导和监督管理。（苏艳琦）

文化场馆

【集美图书馆】2018年，集美图书馆采编入藏各类图书6731种1.62万册（件），其中视听资料42种42件；入藏报刊570种5988册，接收捐赠图书262册。至2018年12月12日，馆藏各类文献22.13万种45.24万册（件），其中古籍及民国文献1.42万种3.43万册、视听资料1400种2615件。接收报刊630种，其中党刊14种、成人报刊467种、少儿报刊130种、境外报纸5种、境外期刊14种。全年接待进馆读者51.24万人次，较上年增加4.40万人次；图书流通总外借4.35万种36.89万册次，较上年增加5.83万册。联合体总借还回馆图书7896册，本馆转出图书9470册。办理读者借阅证1784本，图书借阅证变换功能773本，退还读者证727本，IC卡升级592本。编撰发表嘉庚研究文献9篇4.7万字，收集整理嘉庚研究外稿11篇。编发《图书馆信息》6期，编撰《南侨回忆录》微阅读《南侨回忆录那些事儿》85篇。招募微阅读志愿者3名，组织志愿者撰写微阅读110篇。收集嘉庚相关信息44条和北京档案馆、国家图书馆、中新社、新华社收藏的有关陈嘉庚的史料数百件。继续携手集美大学文学院海律诗社，举办“最想做的事”“热爱生命”“青春有梦，勇敢去追”“学会感恩，与爱同行”等主题经典诵读活动12场，参与人数600余人次；携手集美土司马斯双语演讲俱乐部，举办双语演讲41场，参与读者1500余人次；携手集美大鱼小猫少儿美术创意基地，开展“悦读绘”绘画小课堂活动33场，吸引小读者1300余人；举办鳌园楹联艺术欣赏、“让爱心汇成海洋，让真情放飞希望”“感恩专场”道德讲堂3场和各类读者活动145次，周末影院为读者放映《海洋奇缘》等影片 44 场，读者观众 2500 余人。举办“4•23”世界读书日活动、第二届“正谊杯”古诗文厦门集美赛区初赛、“盛年如画”迎新春画展和“同筑中国梦，共度书香年”楹联文化展览，观展读者近万人。（刘建勋）

【集美区少儿图书馆】2018 年，集美区少年儿童图书馆新增加办证读者 2767 人，总有效持证读者 1.8 万人，图书年借阅量 48 万册次，年流通总量 41 万人次，开展图书下乡、游园、讲座、征文、图片展、影片展播等读者活动 143 场，其中优秀儿童影片展播 69 场、讲座 21 场、展览 10 场，共有 18150 人参加各项活动。1 月 3 日至 2 月 25 日，举办迎节庆系列活动 14 场，包括元旦交通法规宣传、迎新春图书下乡、中华传统佳节图片展、国家图书馆年俗文化展，“国学经典与当代教育”“传统文化教育——幸福的密码”“传统文化教育——做个有志向的孩子”系列公益讲座，迎新春小读者文艺会演、迎新春读者趣味游园、元宵读者游园等活动，共计参与人数 2780 人。4 月 22 日至 5 月 26 日，承办以“人文集美、诚实守信”为主题的集美区少儿读书月活动，内容有“孩子心性教育”讲座、“诚实守信”征文比赛、宣传“4・23”世界读书日的“办证有礼”、庆“五一”图书下乡、《公共图书馆法》图文展及有奖知识问答、“同读一本书”读书交流会和传统文化系列公益讲座等 13 场，4200 多位读者参与活动。5 月底至 6 月初为图书馆对外宣传周，先后开展庆“六一”少儿绘画比赛、围棋知识讲座、新书推荐、影片欣赏等活动。暑假期间，举办活动 16 场，主要有武周彤亲子阅读分享会、“红色精神”图片展、“传承红色基因、争做时代新人”讲座、“红色精神”有奖知识问答、垃圾分类宣传、“六一”儿童绘画比赛颁奖仪式、亲子手绘环保包、“低碳生活，从我做起”少儿演讲比赛、环保知识有奖问答、环境保护图片展、“中医养生与药膳”讲座、“刮去疾病、走近健康”讲座、“养生先养心”讲座、“习劳知感恩”讲座、“幸福的密码”讲座、“快乐魔方”夏令营等，共有 2515 名读者参与活动。10 月 21 日至 11 月 17 日，举办集美区“书香鹭岛”全民读书月活动，先后举办“消防法”图文展、“孩子心性教育”讲座、“学科记忆法分享”讲座、“陈嘉庚与图书馆”图文展、“预防校园欺凌知识”图文展及知识问答、“教子有方”讲座等活动 8 场，共吸引 1400 多人参与活动。12 月 22 日，举办 2018“人文集美・悦读季”换书大会。8 月，区少儿图书馆参加第六次全国县以上公共图书馆评估定级检查工作，被评为一级图书馆。（区少儿图书馆）

10 月 1 日，厦门市图书馆集美新馆开馆。图为少儿文献借阅区（林志杰 摄）

【厦门市图书馆集美新馆】2018 年 10 月 1 日，厦门市图书馆集美新馆试开馆。新馆大楼位于集美区杏林街道诚毅中路 380 号，总建筑面积 10 万平方米，其中供图书馆使用的建筑面积 6 万平方米，设计馆藏图书 300 万册，设有阅览座席 3000 个，是福建省单体面积最大的公共图书馆建筑。馆舍一层为综合服务大厅、自助图书馆、少儿阅览区和多功能厅，二层为多媒体阅读体验区及影音阅读体验区，三至四层为普通文献阅览室，五层为特色文献和古籍文献阅览区，六层为厦门地区公共图书馆联编中心、物流配送中心、培训活动区和办公区。试开放期间对外开放一层、三层、四层和二层部分区域。集美新馆功能定位为：厦门岛外公共文献信息中心，厦门市公共图书馆服务联合体文献编目与文献配送中心，厦门市公共文献信息资源存储保障中心，台湾文献、闽南地方文献和华人华侨文献保存与研究中心，图书馆数字化和信息技术展示、体验与服务中心。集美新馆依托智能化技术，为读者提供现代科技带来的多元化服务。（1）图书馆设有全国公共图书馆面积最大的自助阅读空间，配置有全国首创的采书柜设备，实现“你选书我买单”服务自动化；设置有预约柜设备，实现预约图书自助取借；置有 122 节智能书架，实现图书智能定位、上架还书；置有蓝牙导航系统，读者寻书方便快捷；还可自助办证、自助借还、自动分拣，支持市民卡二维码扫码登录借书，支持“白鹭分”信用系统免押金借书。（2）图书馆与物流企业合作，开展送书上门服务，读者通过手机预借图书，自付优惠低廉物流费用，即可享受送书上门的便利服务；图书馆微信公众号服务平台，可为读者微信办证缴费、在线缴纳滞纳金、图书续借、读者证挂失、预约图书、数字资源移动阅读、活动讲座在线报名等服务。（3）在一楼西北门厅瀑布流观书屏，读者可通过手机扫码免费下载电子书；在多功能报告厅，可播放电影和举办讲座、小型演出等活动，结合阅读活动每年与院线同步免费播放影片30部；二楼设有影音放映室、自助影院、影音欣赏雅座、演播室及音乐创客空间等文艺体验空间，可开展电影、音乐与阅读欣赏活动和文史沙龙、作家访谈录制活动；三楼开放式艺术空间，常年面向读者举办艺术鉴赏等沙龙活动；全馆设学习交流室40间，向读者开放网络预约，为小型创业团队和师生研究性学习提供互动交流空间。馆内还配置有视障人士阅览区、老人阅读座椅、母婴室、亲子卫生间、智能遮光系统、免干扰电话亭、封闭式充电区等设施，满足不同读者的多样性需求。至年底，集美新馆共接待读者69.4万人次，日均接待读者3800人，最高峰日接待读者2.8万人次；外借图书89.6万册次，日均外借文献4924册次，最高峰日外借文献1.4万册。

（薛寒秋）

【陈嘉庚纪念馆】2018年，陈嘉庚纪念馆举办展览9场：2月14日，在安溪县博物馆举办“敝帚自珍——丰子恺漫画特展”，从“童心”“世相”“朋情”“物我”四个方面展示丰子恺的艺术风格；3月30日，举办“漳州海丝贸易番银特展”，展出番银253件；4月11日，与集美大学党委组织部在集美大学中山纪念堂共同举办“红船精神、永放光芒——中国共产党创建史图片展”，以图片为载体，展示中国共产党的创建历程；5月1日，与民进厦门市委、九三学社厦门市委在嘉庚邮局共同主办“迎接新时代、开启新征程——纪念中共中央发布‘五一口号’70周年邮票展”，再现各民主党派与中国共产党风雨同舟、共同奋斗的光荣历史；5月18日，与首都博物馆共同举办“读城——发现北京四合院之美”福建巡展，从四合院的“格局型制之美”“色彩装饰之美”“秩序规矩之美”“生活情趣之美”及“留予当下的城市记忆及思考”4个方面展示四合院之美；9月12日，在纪念馆临时展厅举办“绿叶对根的情意——华侨华人奉献展”，展览分为“移居海外开枝散叶”“赤子之心铁血报国”“情系故土共圆梦想”3个部分，讲述一代代华侨华人与中国人民同患难、共抗争、自强不息、艰苦创业、情系故土、造福桑梓的故事；10月20日，举办“十年树木、春风化雨——陈嘉庚纪念馆（2008—2018）展”，展出图片240余帧及文物、实物150余件；12月26日，与天津李叔同故居纪念馆联合举办“华侨旗帜、民族光辉——陈嘉庚生平事迹展”，展览分为“南洋巨贾、矢志报国”“倾资助学、情系乡国”“纾难救国、民族之光”“高山仰止、日月同辉”4个部分；12月29日，举办“海河之子——李叔同与天津展”，从“斯土斯人”“少年师友”“逐新求变”和“饮水思源”4个方面展示天津对李叔同的滋养和培育以及李叔同的人生轨迹及其杰出成就。举办报告会、研讨会2场：10月12日，举办“十年树木、春风化雨”展览大纲专家论证会暨“新时期博物馆（纪念馆）发展新契机”专家研讨会；10月26日，在集美大学、集美中学举办陈嘉庚科学奖报告会暨2018年度“嘉庚讲坛”，陈嘉庚科学奖获得者、中国科学院院士、著名天然气地质与地球化学家、中国石油勘探开发研究院教授级高级工程师、博士生导师戴金星院士为师生作“勤勤奋奋争当学术精学风仁”讲座。是年，纪念馆完成《陈嘉庚画传》编撰工作，该书以陈嘉庚生平为主线，甄选图片600桢，图文结合，介绍陈嘉庚卓越奉献的传奇一生；纪念馆递交的“陈嘉庚兴学记”卷轴、镇纸、集美学村E通卡等在厦门首届文博创意产品展示评选活动中获三等奖；接收陈嘉庚故居移交的“中华全国归国华侨联合会成立大会开幕典礼”“中国人民政治协商会议第一届全国委员会第二次会议全体出席列席人员合影”“香港福建同乡回乡观光团全体”等珍贵照片；获捐陈嘉庚公司报关员杨玉良名片、照片，用二战美军援助中国的汽油桶改装的洗衣盆及南侨机工汽车坐垫，私立集美学校建校二十五周年纪念章，以及集美街道移交的陈文确、陈六使旧物。与中国移动厦门分公司共建党风廉政建设教育基地，获厦门市工商联颁授的“理想信念教育基地”牌匾。全年人工讲解488场次，累计提供讲解服务15362人次。

2018年陈嘉庚纪念馆接待来宾情况

表41

时 间	来 宾
2月19日	青海省委常委、宣传部部长张西明一行2人
3月4日	香港国际智库委员会总干事陆宇一行3人
4月3日	中国侨联副主席康晓萍
4月4日	陈嘉庚孙女陈佩仪一行3人

续表

时间	来宾
4月5日	陈嘉庚孙子陈君宝一行13人
4月13日	最高人民法院党组成员、审判委员会委员孙华璞一行
4月18日	著名爱国侨领司徒美堂孙女司徒月桂
7月2日	中国侨联副主席、中央和国家机关侨联筹备组组长、全国政协委员邵旭军一行5人
7月9日	国家文物局原党组成员、副局长童明康一行9人
8月13日	陕西历史博物馆馆长强跃一行10人
9月11日	捷克奥洛穆茨副州长帕维尔一行8人
9月19日	中国人民对外友好协会副会长林怡一行130人
10月9日	中国文化软实力研究中心主任张国祚
10月11日	中国侨联副主席隋军一行10人
10月20日	陈嘉庚后裔陈铭率团35人
10月21日	中国侨联副主席齐全胜一行10人
10月27日	中国科学院院士戴金星一行5人
11月10日	中央政治局原常委、中央书记处原书记刘云山
12月6日	中央政治局委员、中央精神文明建设指导委员会副主任郭金龙一行10人

（洪扬扬）

【嘉庚剧院】嘉庚剧院坐落于集美新城核心区，建筑总高度37米，地上6层，地下1层，总建筑面积63028平方米，由国内文化产业龙头保利文化集团所属的保利院线经营管理，是其国内的第36家、省内第一家直属剧院。嘉庚剧院自2015年6月开业以来，先后迎来维也纳贝多芬爱乐乐团、中央芭蕾舞团、北京人艺等国内外知名艺术团体，赖声川表演工作坊的话剧《暗恋桃花源》、表演艺术家陈佩斯的话剧《戏台》、舞蹈艺术家杨丽萍的舞剧《孔雀之冬》等亦相继在此演出。剧院2018年全年接待各类演出总场次167场，其中自营演出91场、租场演出47场、公益演出及活动29场，年营业收入713万元。

【兑山艺术区】集美兑山艺术区是以美术馆和艺术家聚落为核心的综合艺术园区，采用以艺术为核心，“50%产业+50%学术”的独特文化产业园区的经营模式。2018年，兑山艺术区主办专业艺术展览10场，其中承办“人文集美、时代新颜”集美区庆祝改革开放40周年美术作品展。同时推出“美育研学”，以美术馆参观和艺术体验为内容，接待中小学生逾1万人次。是年，兑山艺术区被评为省级众创空间。

（洪扬扬）

文化活动

【概况】2018年，集美区先后举办“听见集美”集美学村周末音乐会、“人文集美·悦读季”系列读书活动、海峡两岸（集美）龙舟文化节、第二届集美学村文化艺术节、“龙舟唱晚”集美学村音乐节、“集美·阿尔勒”国际摄影季等品牌文化活动。区文化部门先后举办集美区企业文艺调演、庆祝改革开放40周年暨国庆69周年集美区文艺演出、集美区端午经典诵读晚会、集美区庆祝改革开放40周年原创主题音乐会、集美区戏曲进基层巡演活动等文艺演出30余场次，集美区喜迎2018新春暨“新时代、新风采”摄影作品展、集美区学习宣传中共十九大精神暨迎新春书画作品展、鲁北民间剪纸作品巡展、庆祝建国69周年暨改革开放40周年书画摄影展等展览近30场次。开办广场舞、闽南曲艺、摄影、书法、国画、少儿朗诵、声乐等公益培训班224课次，培训万余人次。

【海外华裔青少年中华文化大赛】2018年1月2日，第六届海外华裔青少年中华文化大赛（知识竞赛）总决赛在集美嘉庚剧院举行，来自奥地利、澳大利亚、马来西亚、意大利、美国、泰国的6支优胜队伍参加总决赛。总决赛分为六进三淘汰赛和冠军争夺赛两部分。意大利队、马来西亚队和奥地利队分获状元奖、榜眼奖和探花奖，美国队、泰国队、澳大利亚队共享进士奖。国务院侨办文化司司长雷振刚、华侨大学校长徐西鹏等到现场观看比赛并为获奖者颁奖。“海外华裔青少年中华文化知识竞赛”始于2008年，由国务院侨务办公室发起，旨在提高海外华裔青少年学习汉语和中华文化的兴趣。2012年，比赛更名为“海外华裔青少年中华文化大赛”。

【新年合唱音乐会】2018年1月5日，“新年合唱音乐会”在集美大学诚毅学院影剧院举行。音乐会由诚毅合唱团与集美男声合唱团共同演唱。集美男声合唱团演唱的《厦门沙茶面》《望春风》《太阳出来笑呵呵》3首闽南语歌曲充满本土特色，其创新的表演形式和高水准的演奏技艺令观众大饱耳福。诚毅合唱团演唱的《望春风》《太阳出来笑呵呵》两首闽南歌曲表达了两岸人民彼此思念的情怀和团结向上的期望。

【集美学村微电影主题创作大赛】2018年1月6日，“新时代、正青春”集美学村微电影主题创作大赛颁奖仪式暨作品展映交流会在集美新城华谊兄弟影视中心举行。“新时代、正青春”集美学村微电影主题创作大赛由集美区委宣传部主办，集美辖区各高等院校宣传部（团委）协办，厦门市天下集美文广传媒有限公司承办。此次大赛共收到辖区各高校作品34部，其中理工学院9部、福州大学厦门工艺美术学院8部、华侨大学6部、其余各高校共11部。经过组委会初评和网络投票，有19部作品入围终评。2017年12月26日，在集美新城华谊兄弟电影中心观影厅，19部作品逐一搬上院线银幕，接受评委的评审。在经过打分、讨论后，结合网络投票的成绩，最终确定《心结》《梦回大社》《青春同行》《莫兰蒂》《信》等作品分获一、二、三等奖及优秀奖。展映活动中，本次大赛的一、二、三等奖大学生作品被搬上院线银幕，来自辖区各高校师生共同观看获奖作品，并交流创作的心得体会。

【歌仔剧《陈嘉庚还乡记》验收演出】2018年1月25日，大型歌仔剧《陈嘉庚还乡记》在集美福南堂举行国家艺术基金验收演出，并召开专家座谈会。《陈嘉庚还乡记》是厦门地区首部获得国家艺术基金支持的大型舞台剧。该剧由厦门大学中文系教授陈世雄任编剧，韩剑英任总导演，厦门歌仔戏研习中心创排。该剧以陈嘉庚1940年10月返回故乡集美的四天经历为素材，以戏曲化的艺术，形象地展现陈嘉庚爱国、爱乡、爱民的情怀，对国家、民族命运的高度责任感，以及他嫉恶好善、激浊扬清的精神。《陈嘉庚还乡记》自2017年4月首演后，先后在厦门大学、集美大学、厦门海洋学院等高校，厦门市各中小学，以及安溪县、浙江省金华市演出40场。

【“听见集美”集美学村周末音乐会】2018年“听见集美”厦门集美学村周末音乐会于4月14日启动，持续至12月。音乐会以“新时代、新青年、新风采”为主题，以辖区高校大学生为主要群体，举办开学季专场、年度盛典等综合性音乐演出，涵盖摇滚、流行乐、诗歌等不同类型的专场音乐会。音乐会聘请国家音乐产业基地总裁、北大青鸟（厦门）文化产业有限公司董事长、星巢计划创始人许晓峰，微风乐集创办人、台湾音乐家杨慕等5位知名音乐人为年度艺术导师。本届音乐会由集美区委宣传部主办，集美文教区管委会、共青团集美区委员会、辖区各高等院校宣传部（团委、学生处）协办，厦门市天下集美文广传媒有限公司承办。

【“人文集美·悦读季”】2018年4月21日，“人文集美·悦读季”系列活动在集美中学延平楼前启动。此次悦读季由集美区委宣传部、区文体广电出版旅游局主办，厦门晚报社、集美区融媒体中心、集美区少儿图书馆承办。开幕式当天，举行“点亮小桔灯”活动和福建省首座“冰心奖”儿童图书馆（集美区少儿图书馆）授牌、赠书仪式。本届“人文集美·悦读季”的主要内容是红色文化阅读，通过倡导阅读红色文化图书、传播红色文化精神的方式，发挥红色文化资源的教育作用，弘扬爱国主义精神和嘉庚精神，彰显集美的红色革命情怀。本届“人文集美·悦读季”的主要形式是倡导亲子共读、快乐阅读，带动亲子家庭、青少年学生感受集美的乡土人文魅力，接受“一精神三文化”的熏陶。在作家作品分享会上，“冰心文学奖”最年轻得主武周彤应邀分享获奖作品；在“百对亲子家庭同读一本书”活动中，来自全市的100多对亲子家庭分享亲子阅读故事，畅谈亲子阅读价值；在“研学集美”系列活动中，先后4次组织青少年读者、中小学生300多人，重访红色文化遗址和革命遗址，缅怀革命先烈的光辉事迹，感悟红色精神；

5月31日，集美区举办“百对家庭亲子同读一本书”活动。图为百对家庭分享亲子阅读故事现场（林志杰 摄）

在“为集美打 call”“话说集美”征文、“画说集美”绘画和摄影大赛中，众多亲子家庭走进集美的红色景点、大街小巷，拍出系列展示集美文化魅力的小视频、抖音作品，涌现出诸多视角独特的文学作品和绘画作品。12 月 22 日，“人文集美·悦读季”在集美研学总部大楼闭幕。在闭幕式现场，通过展播“为集美打 call”小视频、抖音制作大赛的获奖作品，展示“画说集美”绘画和摄影大赛、“话说集美”征文大赛优秀作品，以及亲子诵读、儿童剧、换书大会等形式，展现本届“人文集美·悦读季”的精彩活动和亮点。闭幕式颁发征文大赛、绘画大赛、摄影大赛、小视频和抖音制作大赛各大奖项，并为全国“书香之家”得主袁雄天家庭颁发特别奖。

【集美区企业文艺调演】 2018 年 4 月 27 日，集美区企业文艺调演在杏林文体中心广场举行。此次调演得到全区企业文艺爱好者的积极响应，各镇街和企业文联演出舞蹈、小品、朗诵、啦啦操等表演形式的节目 14 个，集中展示集美区企业改革发展的成果，展现新时代企业员工昂扬向上的精神风貌和奋发有为的时代风采。调演活动由区委宣传部、区文体广电出版旅游局、区文联主办，区文化馆、区企业文联承办。

【海峡两岸龙舟文化节】 2018 年 6 月 2—3 日，海峡两岸（集美）龙舟文化节在集美龙舟池举行。本届龙舟文化节是 2018 年海峡论坛的首场活动，由国家体育总局社会体育指导中心、中国龙舟协会、政协厦门市委员会、福建省体育局主办，集美区政府、厦门市体育局、厦门市集美学校委员会、厦门广电集团承办，福建省金门同胞联谊会协办，联发集团总冠名，厦门文广传媒集团有限公司独家运营。本届龙舟文化节以“弘扬传统文化，共绘两岸亲情”为主题，以“龙舟集美行、两岸一家亲”为总口号，围绕“嘉庚杯”“敬贤杯”海峡两岸龙舟赛、第五届中国龙舟拔河公开赛（集美站），开展系列文化活动。配套活动分为风雅端午、古礼端午、竞技端午、民俗端午、创意端午五大版块。“风雅端午”版块，包括论坛、经典诵读、诗歌吟诵、诗歌采风和诗歌墙等活动，通过原创诗人的口口相传，传颂嘉庚精神，营造脍炙人口的“诗意集美”；“竞技端午”版块，包括划龙舟、捉鸭子、包粽子、嘉庚问答，推出“线上过端午”互动小游戏，让不便到集美的市民及游客足不出户也能体验龙舟文化节的快慰；“民俗端午”“创意端午”“古礼端午”等版块，包括古礼祭祀大典、古礼表演、曲艺专场表演、集美童玩、龙船模型展示、模型制作体验、手绘明信片、古礼游园、旱地龙舟趣味比赛、包粽子比赛等趣味文化活动。本届龙舟文化节联合爱奇艺体育、腾讯大闽网、网易组成网络直播矩阵，首次进行龙舟赛事和拔河赛事新媒体直播；联合网红平台，进行龙舟文化节系列配套活动直播。

【庆祝改革开放 40 周年经典诵读晚会】 2018 年 6 月 2 日，庆祝改革开放 40 周年“新时代、新集美”端午经典诵读晚会在集美福南堂影剧院举行。晚会围绕庆祝改革开放四十周年主题，分为“端阳亲韵”“诚毅之光”“放歌新集美”3 个篇章，以诗词朗诵、古琴演奏、荷叶说唱等文艺形式体现历史与现代的触碰、传统与创新的交融。晚会在充满闽南人浓浓乡愁的原创闽南童谣《咱厝的榕树》诵读声中拉开序幕，散文朗诵《集美的红屋顶》，诗朗诵《心中的土地》《诗意集美，我想对你告白》，沙画诗朗诵《放歌新集美》，舞蹈《海峡端午情》，荷叶说唱《新时代的航向》等节目依次上演。集美大学音乐学院、华侨大学音乐舞蹈学院舞蹈团亦在晚会上献歌献舞，展示集美深厚的人文底蕴。晚会由集美区委宣传部、区委文明办、区文体广电出版旅游局和区文联主办，区文化馆、区音乐家舞蹈家协会、区作协和区朗诵艺术协会承办。

【首届创意涂鸦大奖赛】 2018 年 6 月 2—7 日，“打破界限”海峡论坛首届创意涂鸦大奖赛在集美大社举行，来自两岸的 30 名参赛选手以交叉组队方式，以集美大社祠后路、祠前路老街古厝墙面为载体，进行艺术创作。6 月 7 日，首届创意涂鸦大奖赛结果揭晓，由两岸青年共组的团队 BE YOUNG 力压群雄，获得本次涂鸦大奖赛一等奖。中共中央台办、国台办主任刘结一观赏涂鸦作品，并为一等奖获奖者颁奖。省市领导周联清、叶重耕，海协会原副会长张铭清，区领导何东宁等出席颁奖仪式。

【鲁北民间剪纸作品巡展】 2018 年 6 月 20 日至 7 月 4 日，国家艺术基金传播交流推广资助项目——鲁北民间剪纸作品巡展在集美区文化馆展出。鲁北民间剪纸以独特的人文风貌构成特有的区域文化体系，是具有代表性的国家级非物质文化遗产项目。此次展览共展出鲁北民间优秀剪纸作品 146 套，题材丰富多样，包括传统的吉祥纹样、民俗生活、动植物、戏曲人物、神话故事，以及与时俱进的“中国梦”主题创新佳作，剪法精巧细腻，作品线条匀称，体现鲁北文化、民间艺术品的地域性、生动性和多样性，反映不同历史时期的文化面貌和文化内涵。开幕式上，山东宁津晨晟剪纸艺术培训中心向集美区文化馆赠送一幅长 8.8 米的《清明上河图》剪纸。此次巡展由国家艺术基金指导，山东宁津晨晟剪纸艺术培训中心、厦门市集美区文体广电出版旅游局共同主办。

【第二届海峡两岸（厦门）青少年航天梦创意绘画大赛】 2018 年 8 月 26 日，第二届海峡两岸（厦门）青少年航天梦创意绘画大赛在诚毅科技探索中心举行颁奖仪式。本次大赛于6月15日启动，共征集到来自大陆和台湾的绘画作品4000多幅。通过专家和网络评选，选出获奖作品965幅，网络评选参与人数256万人次。此次大赛由中国载人航天工程办公室指导，中国空间技术研究院、集美区委、集美区政府、厦门市政府台湾事务办公室、市教育局、市科学技术协会联合主办，厦门住宅集团承办，厦门万舜文化产业投资发展有限公司、北京神舟航天文化创意传媒有限责任公司执行。本次比赛获得特等奖的海峡两岸9名学生共同创作的“航天梦”画卷，或将跟随飞船进入太空，特等奖和一、二、三等奖作品在诚毅科技探索中心展出。

【首届两岸青年公益摄影展】2018年8月26日至9月13日，首届两岸青年公益摄影展在集美区文化馆一楼展厅展出。本次展览由来自台湾的大学暑期实习生发起，来自海峡两岸的40多名年轻摄影爱好者，通过200多幅作品讲述他们在厦门集美实习的美好记忆。摄影展以“看见集美”为主题，分为“看见·他们的故事”“看见·集美百年学村”“看见·嘉庚精神”“看见·集美村落”“看见·集美新城”“看见·他们的集美记忆”6大展区，从六个不同的维度呈现集美的丰韵。活动由集美区政府台湾事务办公室、区文体广电出版旅游局主办，厦门市台商协会、亚太青年学院联盟、集美区文化馆协办，厦门北站台湾青年双创基地、海蛎文创空间执行。

【第二届集美学村文化艺术节】第二届集美学村文化艺术节于2018年9月开幕，历时3个多月。艺术节以“时代新声、青春集美”为主题，活动内容包括集美学村文化研讨会、大学生嘉庚论坛等3场文化论坛，诗歌朗诵比赛、舞蹈比赛、涂鸦大赛、学村导游大赛、学村微电影比赛等16个比赛项目，周末文化集市、水灯节等12场展演活动，以及开幕式、闭幕式暨颁奖晚会等30多个项目。辖区13所院校宣传、学工、团委等部门共发动6000多名学生参与各个项目，800多名学生分获各类别专业赛事奖项，形成一批富有集美元素的文艺新作。本次活动由集美区委、集美区政府主办，集美校委会、华侨大学、集美大学、厦门理工学院、厦门医学院、福州大学厦门工艺美术学院、集美大学诚毅学院、厦门工学院、厦门华厦学院、厦门软件学院、厦门兴才学院、厦门工商旅游学校、集美工业学校协办，集美区委宣传部、区教育局、区文体广电出版旅游局、团区委、区文联、区文教区管委会承办，由厦门市天下集美文广传媒有限公司执行。

【第二届杏林建设杯摄影大赛】2018年9月30日，第二届杏林建设杯“人文集美、极美新城”摄影大赛获奖作品展开幕式暨颁奖典礼在厦门凹凸影像中心罗卡当代艺术馆举行。本次大赛征稿时间为2018年2月1日至8月10日，共收到全市摄影家与摄影爱好者的作品1678幅，从不同视角展现集美新城的变化。经过评选，其中62幅作品分获金、银、铜奖和优秀奖作品奖。摄影家曾阿论作品《美景入画》获金奖，王玉兰的《远眺》，吴贤斌的《新城美如画》，许建知、王进法的《集美新城崛起》获银奖。本次摄影大赛由集美区委宣传部指导，厦门市杏林建设开发有限公司、厦门市摄影家协会、厦门集美湖豪生大酒店有限公司联合主办，厦门芳华世纪文化传媒有限公司承办。

【戏曲进基层巡演活动】2018年，集美区戏曲宣传队创作编排答嘴鼓《幸福的生活比蜜甜》、闽南语三句半《见证辉煌》、木偶戏《改革开放四十年，木偶进行曲》、荷叶说唱《四十年的辉煌》等以庆祝改革开放为主题的原创节目，到镇街、学校、企业开展“新时代、新思想、新集美”戏曲进基层巡演活动。10月17日，首场演出在灌口镇凤景湖公园举行，至年底共举办8场。巡演活动由集美区委宣传部、区文体广电出版旅游局、区文学艺术界联合会主办，集美区戏剧曲艺家协会承办。

【中国影视基地峰会在集美举行】2018年10月22日，中国影视基地峰会在集美举行。中国电影制片人协会理事长明振江，省新闻出版广电局党组书记、局长陈立华，市政协副主席黄国彬出席会议。国内知名影视策划人、知名影视基地、新兴影视基地代表和影视行业各个产业链领域的专家齐聚一堂，为营建工业化的全产业生态链，推动影视基地发展出谋划策。本次活动由省新闻出版广电局、中国电影制片人协会指导，集美区委宣传部、厦门文广传媒集团主办，厦门市影视产业服务中心承办。

【嘉庚主题大型原创作品音乐会】2018年10月25日，“不忘初心，诚毅前行”嘉庚主题大型原创作品音乐会在嘉庚剧院举行。音乐会分为上下两场，上半场为嘉庚主题作品独唱，共演出女声独唱《嘉庚之梦》《不落的星辰》《巍巍宝塔传真情》《南洋逐梦》《共赴国殇》5首，特别邀请国家一级演员张鹤演唱《嘉庚之梦》。下半场由集美区诚毅合唱团演出大型合唱《嘉庚组歌》，先后演唱《嘉庚组歌》的混声合唱《大爱无疆》、童声合唱《嘉庚伯伯回来了》、男声合唱《南强之光》、女领唱与合唱《延水河畔》、女声合唱《嘉庚星》、混声合唱《民族光辉》，特别邀请音乐理论家、作曲家、指挥家陈国权担任合唱指挥。大型交响合唱《嘉庚组歌》由集美区委宣传部牵头，邀请国内数名资深音乐家历时三年创作而成。作品分3个篇章12个乐章，每个乐章按陈嘉庚生平事迹排序。此次演出选取其中6个乐章。本次音乐会由集美区委宣传部、区文体广电出版旅游局、区文学艺术界联合会主办，厦门保利剧院管理有限公司、集美区音乐舞蹈家协会、集美区诚毅合唱团承办。

【“龙舟唱晚”集美学村音乐节】2018年11月4日，龙舟唱晚集美学村音乐节在集美龙舟池畔南堤公园举行。本届音乐节首次采用“分离式”演出形式，以南堤公园为主会场，集美大社街区为分会场，以此扩大音乐节辐射范围。从下午3点到晚上10点，薄荷绿、隔离岛等12支乐队轮番登场演出。龙舟唱晚集美学村音乐节已连续举办七年，是我国南方地区著名的自主音乐节品牌，也是唯一以“闽南”为主题的地方性音乐节品牌，已成为中国音像与数字出版协会、福建省流行音乐学会、厦门市流行音乐协会、世界闽南语音乐联盟、厦门市闽南语音乐学会的重点发展项目。“嘉庚精神”“闽南文化”“侨乡文化”三大要素贯穿于音乐节的始终。本届音乐节活动由集美区委宣传部、区文体广电出版旅游局、集美街道办事处指导，厦门龙舟唱晚文化传媒有限公司、厦门天下集美文广传媒有限公司、怒放青春（厦门）品牌管理有限公司联合主办。

【集美·阿尔勒国际摄影季】2018集美·阿尔勒国际摄影季于2018年11月23日至2019年1月2日在集美举办。本届集美·阿尔勒国际摄影季共推出来自全球的30多个精彩展览，并首次联动集美市民广场展览馆、三影堂厦门摄影艺术中心、北岸艺术区晶美术馆等岛内外3个展馆，带来包括“年度阿尔勒”“中国律动”“无界影像”“集美·阿尔勒发现奖”“藏家故事”及“韩国影汇”等丰富的展览单元，呈现来自美国、法国、瑞士、波兰、土耳其、韩国、斯洛文尼亚等世界各国70多位艺术家的作品；以及50多场艺术论坛、现场导览、专家见面会、工作坊等艺术活动。岛内外3个展馆累计迎来海内外嘉宾、观众近7万人次，参观人数为历届最多。这是集美·阿尔勒国际摄影季落地厦门的第四年，已经成为厦门乃至全国各地文艺青年每年必“打卡”的艺术盛事，被法国总统马克龙称赞为“中法两国间文化合作项目的典范”。本届摄影季由集美区文联指导，三影堂摄影艺术中心与厦门市天下集美文广传媒有限公司联合主办，厦门银行股份有限公司、厦门农村商业银行股份有限公司、兴业银行股份有限公司厦门分行支持。

【庆祝改革开放40周年歌曲专辑出版】2018年11月28日，集美区庆祝改革开放40周年主题歌曲《集美，汇集天下美》首播暨专辑《新时代的集美音》赠送仪式在集美区文化馆举行。为庆祝改革开放40周年，集美区委宣传部邀请国内知名音乐人创作主题歌曲，同时征集改革开放40年来为集美而创作的歌曲，精选40首结集出版原创音乐作品专辑《新时代的集美音》，其中《人文集美》《浪漫集美》《百年学村》《因为我从未离开》《砖心》等颇具传唱度的佳作，词曲创作和演唱皆由本土文艺工作者、爱好者完成。集美区庆祝改革开放40周年主题歌曲《集美，汇集天下美》由国家一级词作家魏德泮、国家一级作曲家栾凯携手创作，由知名歌手曹芙嘉演唱。

【庆祝改革开放40周年摄影作品展】2018年12月2—20日，集美区庆祝改革开放40周年摄影作品展在集美集影视文创园区举行。本次摄影展由集美区委宣传部、福建省摄影家协会联合主办，集美区文学艺术界联合会、厦门市摄影家协会、集美区档案局共同承办。举办单位面向全国征稿，共收到320名作者的作品3950幅（组）。同时，先后五次举行采风活动，组织对集美新城、园博苑、软件园三期园区、集美北部工业区等进行全方位拍摄。经过专家组、评委会反复评选、数轮投票，评出获奖作品109幅（组），连同组织拍摄的39幅，共148幅（组），分作“集美今昔”和“美丽家园”两部分对外展出。

【庆祝改革开放40周年美术作品展】2018年12月9—18日，以“人文集美、时代新颜”为主题的集美区庆祝改革开放40周年美术作品展在兑山艺术区举行。8月27—29日，集美区组织庆祝改革开放40周年“名家画集美”采风活动，邀请全省各地代表性画家到集美采风，创作画作40件。同时，征集到来自北京、江西、江苏、甘肃等多个省市的画作714件，从中评选出入围作品125件，连同采风创作40件，共165件，结集成册，并举办画展。作品涵盖中国画、油画、水彩画、漆画、综合材料画等多种艺术形式，画家们以画传情，以画言志，用笔描绘新集美的壮丽画卷。本次活动由福建省美术家协会、集美区委宣传部、区文体广电出版旅游局、区文学艺术界联合会主办，省山水画艺委会、集美区书画家协会承办，市美术家协会、福大工艺美院、集大美术学院、厦门理工学院设计艺术学院提供支持。

【庆祝改革开放40周年原创主题音乐会】2018年12月13日，“新时代的集美音”集美区庆祝改革开放40周年原创主题音乐会在嘉庚剧院举行。音乐会分为“春潮涌浔江”“崛起的新城”“领航新时代”3个乐章，演唱歌曲13首，其中11首为集美原创。音乐会在原创歌曲《集美，汇集天下美》歌声中拉开序幕。3个乐章以时间为线索，男声四重唱《相聚在杏林》、女声小组唱《集美这方土》、男女声二重唱《为崛起的集美喝彩》、女声独唱《集美夜色美》、女声独唱《人文集美》等轮番登台，展现集美新时代的新风采。晚会在歌伴舞《领航新时代》中落下帷幕。此次主题音乐会由厦门市委宣传部指导，集美区委宣传部、区文体广电出版旅游局、区文学艺术界联合会主办，集美区音乐舞蹈家协会、区文化馆承办。集美区党员干部、驻集部队官兵代表、各镇街及各高校代表1200余人观看演出。

（苏艳琦）

文化遗产保护

【概况】 2018年，集美区文体广电出版旅游局开展非物质文化遗产普查暨民间文学、海洋文化专题调查。健全非遗项目保护传承体系，评审公布第三批区级非遗项目3项和代表性传承人2人。兑现区非物质文化遗产项目和代表性传承人经费补助，扶持“非遗”项目，支持代表性传承人开展工作。举办厦门市“文化和自然遗产日”暨集美区主会场宣传展示系列活动，推进集美非物质文化遗产的保护与传承。继续办好闽南戏曲示范点，开展闽南传统文化进校园、下基层巡演和非遗图片展示活动。与厦门市公安消防支队集美区大队联合举办文物安全保护工作培训班，开展文博单位和不可移动文物点安全大检查，改造不可移动文物点老化电线，设立文物保护碑。

【非物质文化遗产普查培训班】 2018年3月7日，集美区文体广电出版旅游局、集美区文化馆，举办集美区非物质文化遗产普查暨民间文学、海洋文化专题调查培训班。集美区非遗保护专家组成员高爱民，闽南文化研究会会长、厦门市非遗中心专家组组长陈耕，分别就民间文学和海洋文化专题调查进行授课，讲述闽南文化、厦门海洋文化的历史、内涵、核心精神和调查内容、调查方法。各镇街非遗调查小组成员、各村居文化协管员、各非遗保护单位、传习中心负责人及各级非遗代表性传承人参加培训。

【第三批非遗项目及传承人公布】 2018年4月28日，区政府公布集美区第三批区级非物质文化遗产项目及代表性传承人名单。确定前场陈氏传统糊纸技艺、孙厝乐安传统舞狮和后溪霞城阵头3个项目为集美区第三批非物质文化遗产代表性项目，陈赐勇、陈文革（陈赐坚）为前场陈氏传统糊纸技艺非物质文化遗产代表性传承人。批复成立前场陈氏传统糊纸技艺传习中心、后溪霞城阵头传习中心、孙厝乐安传统舞狮传习馆三个非遗项目传习中心（馆）。

6月9日，2018年厦门市“文化与自然遗产日”宣传活动在集美举行。图为集美大学体育学院舞龙表演（林志杰 摄）

【厦门市“文化和自然遗产日”宣传活动】 2018年6月9日，厦门市“文化和自然遗产日”宣传活动在集美区启动。此次“文化和自然遗产日”活动由厦门市文化广电新闻出版局主办，厦门市非物质文化遗产保护中心、集美区文体广电出版旅游局承办，各区文化馆、福州大学厦门工艺美术研究院、莲福美术馆协办。各区文体局、文化馆、非物质文化遗产项目保护单位、传习中心领导，非物质文化遗产保护专家、各级代表性传承人、社区文化工作者、院校师生、文化志愿者等600余人参加活动。在启动仪式上，市、区政府及市、区文化部门领导先后为集美区少儿图书馆、文化馆、答嘴鼓传习中心授书，为集美区第三批代表性项目和代表性传承人授牌，为闽南童谣传承人林玲、制香技艺传承人陈建兵等14位第四批省级代表性传承人颁发证书，为入选第五批国家级非物质文化遗产项目的高甲戏代表性传承人吴晶晶、闽南传统民居营造技艺传承人陈和永、讲古传承人范寿春颁发证书，为“漆水流觞”艺术展揭幕。在启动仪式现场，精彩的舞龙表演“龙腾盛世”、高甲戏“扒龙舟”和歌仔说唱“光辉四十载”等非遗节目给观众带来恢弘的视听体验。当天，集美区主会场非遗宣传展示系列活动同步开展。举办的展览和活动有：漆画作品《漆水流觞》艺术展、厦门市非物质文化遗产摄影巡回展（集美专场）、集美区非物质文化遗产成果展、“我和非遗面对面”宣传展示、福州大学厦门工艺美术研究院非物质文化遗产作品展、集美区非物质文化遗产会演、厦门市首届歌仔说唱征文与展演比赛。

【委约漆画作品《漆水流觞》艺术展】 2018年6月9日，委约漆画作品《漆水流觞》艺术展在集美区文化馆一楼展厅开展。该展览为2018年厦门市“文化和自然遗产日”宣传活动系列活动之一，由厦门市文化广电新闻出版局主办，厦门市美术馆、厦门市非物质遗产保护中心、莲福美术馆承办。2017年11月23日，莲福美术馆与天津美术学院青年漆画教师胡本七签约，经过主题论证、漆画家选定、草图构思、小稿观摩评审以及创作等多个环节，筹备用时半年，委约漆画作品《漆水流觞》艺术展在2018年全国非遗保护主题日推出。展出的作品，有中国唯一一部大漆髹饰技法的图书《髹饰录》、考古发现的最早的漆器——河姆渡的朱漆碗，以及反映割漆采漆过程等内容的作品，画作体现《兰亭集序》里描述的古代文人雅士“曲水流觞”的宴乐场景和“委约”的意境。《髹饰录》的展出，是继黄公望的《富春山居图》分隔海峡两岸的老画合展后，在全国范围的孤品独展，具有特别的意义。

（陈 威）

文化产业

【概况】2018年，《集美区促进影视产业发展实施办法》出台，将文化演艺产业作为“4+x”现代产业体系的主导产业，将文化创意与旅游产业纳入“双千亿”工程重点打造的六大产业链群，推动文化演艺产业发展。通过引进北大青鸟国家音乐产业基地等一批创新力强、市场活力高的文化产业项目，形成一批带动能力强、特色鲜明的骨干文化企业，建成一批业态集聚的文化创意园区，集聚一批开拓创新、创意丰富的文化创意人才，不断激发文化产业活力。是年，集美区在2018年度市对区文化产业发展情况绩效考评中获得第二名。

【文化产业园区】2018年，集美区引进厦门吉比特集美园区和罗普特软件信息中心两个省级重大文化产业项目。厦门吉比特集美园区，总投资约3.2亿元，选址集美新城软件园三期园区，计划总建筑面积6.01万平方米。罗普特软件信息中心，总投资约9.25亿元，选址集美新城软件园三期园区，占地约2.67公顷，建筑面积逾8万平方米。至年底，全区共有文化产业园区6个（包括在建）。其中，集美集影视文创园以影视招商工作和影视剧组服务为主要业态，有284家影视机构、个人工作室入驻总部园区，累计实现产值4.28亿元；集美兑山艺术区以艺术家工作室、艺术交流中心、艺术商业休闲街区为主要业态，有30多个知名艺术家工作室及30多家艺术与科技企业入驻；海蛎文创空间是以培养两岸文创人才为宗旨，推进文创人才、文化创意等资源共享的创业平台，累计入驻团队75个，创业人数361人，成功孵化企业21家，入驻企业年均产值2000万元；大社文创旅游街区是集商业、美食、文创为主的特色旅游街区，由联发集团有限公司运营，其中大社艺术家部落有30多间艺术家工作室、百名艺术家进驻；一品威客创客空间是以软件开发、信息系统集成服务为主的新型创意托付式服务平台，注册用户逾1700万人，平台交易额逾6亿元，营业额突破8000万元。

【骨干文化企业】2018年，集美区新增规模以上文化产业企业3家。至年底，共有规模以上文化产业企业53家，其中被评为2018年度福建省最具成长性文化企业2家：厦门一品威客网络科技股份有限公司、厦门保利剧院管理有限公司；被评为2018—2019年度厦门市重点文化企业30强和创新成长型文化企业4家：华夏文化旅游集团（厦门）有限公司、厦门灵玲演艺有限公司、厦门创新无限信息科技有限公司、厦门一品威客网络科技股份有限公司；年纳税额超过300万元的文化企业8家：厦门雷霆信息科技有限公司、厦门华夏文化旅游集团（厦门）有限公司、厦门安妮企业有限公司、咪咕动漫有限公司、厦门南辉艺品有限公司、辑美彩印（厦门）有限公司、厦门灵玲演艺有限公司、厦门一品威客网络科技股份有限公司。

【文化产业项目】2018年，集美区引入市级重大文化产业项目——包印厂电影拍摄基地，项目总投资2.3亿元，选址杏林西路18号，已进入规划实施阶段；新增一般性项目4个：罗普特兵器博物馆、闽南戏曲艺术中心、集美新城核心区展览馆、集美档案馆。罗普特兵器博物馆项目，计划总投资3亿元，选址海翔大道与天水路交叉口北侧，尚处于谋划状态；闽南戏曲艺术中心项目，计划总投资1.3亿元，选址集美新城嘉庚艺术中心南侧，总用地面积8991平方米，计划2019年开工；集美新城核心区展览馆项目，总投资1亿元，尚处于谋划状态；集美档案馆项目，总投资2亿元，尚处于谋划状态。

【华邮数字文化产业研究院落户集美】2018年11月17日，数字技术助力文化创新之路论坛及T.621移动终端动漫国际标准2018产业（应用）大会在集美举行。大会由集美区政府、厦门市文化广电新闻出版局、中国移动咪咕公司联合主办。会上，厦门华邮数字文化产业技术研究院（筹）正式挂牌。研究院由火炬高新区管委会、中国移动咪咕公司、北京邮电大学感知技术与产业研究院三方共建，落户厦门软件园三期园区。研究院作为产业知识创新驱动中心，将推动移动终端动漫国际标准在编解码芯片、创意创作工具、内容分发平台等多个产业链环节的应用。

【全国首家版权产业园落户集美】2018年11月2日，第十一届海峡两岸（厦门）文化产业博览交易会在厦门国际会展中心拉开帷幕，厦门海丝版权产业基地在会上正式签约。厦门海丝版权产业基地选址软件园三期园区，签约额8000万元，是火炬管委会、集美区政府、中国版权保护中心联合打造的全国首家版权产业园区。基地包括版权登记与展示大厅、CACC 数字阅读版权分发与费用结算服务平台、海丝版权产业研究院和海丝版权产业基地四大版块。（陈 威）

文化市场管理

【概况】2018 年，区文体广电出版旅游局受理各类文化服务项目行政审批 71 件。其中，营业性演出核准 53 件，申请及变更娱乐经营许可证 5 件，互联网上网服务营业场所经营单位设立审批 1 件，申请出版物经营许可证 12 件。至年底，全区共有互联网上网服务场所 43 家，KTV 娱乐场所 42 家，出版物零售经营单位 150 家。区文化市场综合执法大队出动 1600 余人次，检查监管企业 859 家次，受理文化市场各类投诉举报 77 件，查处各类案件 25 起，罚没款 7.56 万元，收缴盗版非法书籍 730 本、光盘 1885 片。将 2017 年办理的两起当事人未履行处罚、涉及金额 50 余万元的无证网吧案件移送区法院强制执行。

【文化综合执法队伍建设】2018 年 9 月，区文化市场综合执法大队组队参加市文广新局组织的省第二届文化市场综合执法岗位练兵技能竞赛预赛，获 4 个团体单项中的第一名 3 个、第三名 1 个，政策法规赛个人优胜奖 3 个。陈志坚等 2 人参加第二届全国文化市场综合执法岗位练兵抽考，陈志坚获全省中年组第一名，区文化市场综合执法大队获区级代表队第一名。10 月，胡长胜参加省文化厅组织的全省第二届文化市场综合执法岗位练兵技能竞赛复赛，获政策法规赛单项个人第一名。12 月，区文化市场综合执法大队增设旅游体育执法中队。

【出版物市场治理】2018 年 2—3 月，区文化市场综合执法大队在对出版物经营单位进行专项检查的同时，加大对校园周边、大型商场、文具店等非法出版物经常出没场所的检查力度。全年出动 76 人次、车辆 36 台次，检查出版物及各类相关经营场所 100 余家次，收缴非法书刊 200 本。对发行非法出版物和发行进口出版物未从依法设立的出版物经营单位进货的两家企业及一家无证经营书店予以立案查处，责令停业一家。

【娱乐场所整治】2018 年，区文化市场综合执法大队对 46 家文化娱乐场所开展专项执法检查，整改消防通道堆放杂物、消防器材放置不规范、灭火器压力不足等消防安全隐患 5 处。对 1 家播放曲目、屏幕画面不符合《娱乐场所管理条例》规定的企业，予以立案查处，并处罚款 1 万元；对 3 家接待未成年人的娱乐场所进行立案查处，各处罚款 1 万元；对 9 家在营业期间工作人员不穿工作服、超时经营的企业，开具责令整改通知书，并作出警告处罚。

【营业性演出活动执法】2018 年，区文化市场综合执法大队对嘉庚剧院、嘉庚体育馆等场所举办营业性演出活动均派出执法人员到场监管，确保演出依法合规。全年派出执法人员 200 余人次，现场监管演出 100 余场次，未出现违法违规问题。同时，加大对擅自从事营业性演出经营活动行为的查处力度，取缔杏林湾营运中心 8 号楼音乐人一三的“《小镇青年》弹唱会”和“神奇蘑菇咖啡馆”两起非法演出经营活动。

【首起破坏文物案件办结】 2018 年 5 月 13 日，区文化市场综合执法大队接到群众举报，称某建设集团投资有限公司在进行国道 324 线集美段市政化改造工程施工时挖掘到龙仔尾窑文物遗址，即会同厦门市博物馆专家，先后四次到现场进行调查，对遗址毁坏情况作出鉴定，认定该公司在施工中挖掘到不可移动文物和文物遗址，构成发现文物或者文物遗址未立即报告的违法事实。依据《福建省文物管理条例》，对当事人处以罚款 2 万元的处罚。

【“扫黄打非”行动】2018 年，集美区继续开展以出版物印刷市场整治为重点的“清源”专项行动，以治理互联网低俗之风、净化网络空间为重点的“净网”专项行动，以创造未成年人健康成长文化环境为重点的“护苗”专项行动，以打击假报、假刊、假记者以及侵权盗版现象为重点的“秋风”专项行动，以整治“三股势力”和非法出版物为重点的“固边”专项行动。区“扫黄打非”领导小组办公室制定五个专项行动方案，鉴于“扫黄打非”工作涉及面广、各专项整治行动跨度时间长、基层头绪多的特点，将时间相近、内容交叉的行动一起部署、统筹安排，做到同步开展、各有抓手、各有侧重，有所突破。在“清源”行动中，区文化市场综合执法大队检查印刷企业、出版物零售点 170 余家次，在厦门市图书馆华夏分馆（俊秀图书馆）发现并缴非法出版物 3 本。在“护苗”行动中，联合区教育局在杏南中学和康城小学开展“绿书签”签名及宣传活动，向康城小学赠送优秀少儿图书 400 余册。在“净网”和“固边”行动中，联合区公安分局，共出动 65 人次、车辆 23 台次，检查出版物及相关经营场所 100 余家次，办理某网站涉嫌登载淫秽色情及低俗信息案件一起，查处“东方台弘法组委会”在侨英街道孙厝居委会两处出租屋内违法从事宗教活动，收缴非法宗教出版物 8 本、盗版出版物 19 本。（孙鹏云）

新闻传媒

集美报社

【概况】2018 年，集美区新闻报道组（集美报社）精心组织策划新闻宣传工作，为建设高素质高颜值跨岛发展最美新市区营造舆论氛围。全年编辑出版《集美报》51 期，刊发各类文章 3000 余篇；向上级新闻媒体发稿，被中央、省、市级以上媒体采用 200 多篇，并在相关互联网上转发。有 5 篇作品获厦门市新闻奖，刘德英撰写的《用好跨岛发展机遇，推动产城学人融合》在全国副省级城市党报评论理论宣传研讨会上获二等奖。

【改革与融合发展】2018 年，《集美报》深化与《厦门日报》合作，建立采编沟通协调机制，开设文明专刊和“名师名校”“民营企业”等特色专栏，突出报道重点、热点，做精图片，基本每期 8 版，实现无重大政治差错报道。推动区融媒体中心组建，加快与新媒体融合发展，探索“报台微端”运作模式，构建“统一策划、一次采集、多种生成、全媒传播”现代化传播体系。

【全方位立体化展现集美城市新形象】2018 年，集美区新闻报道组（集美报社）围绕区委、区政府中心工作，抓住重点题材、重大新闻事件、重要活动，策划推进“双千亿”产业链、精神文明建设、嘉庚精神宣传月、嘉庚论坛、海峡两岸龙舟文化节、集美学村文化艺术节、荧光夜跑、阿尔勒国际摄影季等主题宣传，在各大主流媒体推出专版、专题及系列报道，扩大集美影响力，展现集美城市新形象。全年接待中央电视台和福建电视台摄制组、《福建日报》采访组等数百人次，在报纸、电视、广播、网络等境内外各级各类媒体推出专题报道 60 版 500 篇，形成强大宣传声势。央视“朝闻天下”报道集美区跨岛发展成就，央视外语频道直播海峡两岸龙舟文化节，央视“新闻 +”客户端直播集美·阿尔勒国际摄影季开幕式，元旦航拍直播集美。分别在《厦门日报》《厦门晚报》《海西晨报》《集美报》、新浪网开设“跨岛发展看集美，深化改革再出发”“改革开放 40 年·潮起浔江”等专题、专栏、专版，浓墨重彩宣传集美区改革开放 40 年取得的成就。其中与新浪网联合推出“人文集美、跨越之路”系列短视频，阅读量超过 2700 万次，播放量近 1200 万次，一度排在新时代话题榜单第七位，全方位、立体化展示集美高素质、高颜值的城市形象，讲好改革开放的集美故事。（刘德英）

集美区广播电视台

【概况】2018 年，集美区广播电视台内设办公室、时政部、技术部、播出部和广播节目部，有编辑（记者）、播音员（主持人）、工程师、技工等专业技术人员 32 人（编内 24 人，编外 8 人），其中新闻系列副高级及以上专业技术职务 4 人、中级 7 人。全年采编制播电视节目 379 档、广播节目 3585 小时。12 月 13 日，集美区融媒体中心挂牌。区广播电视台王辉腾获厦门新闻奖人物系列“优秀新闻工作者”称号。

【电视节目】2018 年，区广播电视台自办电视节目有“集美新闻”“纪实集美”，每周一与“厦视直播室”连线直播的“今日视区”，与区委组织部合办的“集美先锋视界”。全年共采编播电视节目 14860 分钟，其中“集美新闻”每周播出 5 档，首播时间为工作日的每天 20:00，当日 22:30 及次日 12:00 重播，全年共首播 271 档，播出稿件 1300 余篇；“纪实集美”每周 1 档，每周六 20:00 首播，当日 22:30 及次日 12:00 重播，全年播出 48 档，播出稿件 48 篇；“今日视区”每周一在集美广电中心四楼演播厅与厦门电视台二套“厦视直播室”进行现场直播，直播时间为 20:00，全年连线直播 48 档，播出稿件 192 篇；“集美先锋视界”每周日晚上 20:00 首播，当日 22:30 和次日 12:00 重播，全年播出 12 档，播出稿件 12 篇。

【调频广播】2018 年，集美调频广播（FM89.2MHZ）除转播中央、省、市台节目外，自办“早安集美”“集美新闻”（普通话、闽南语双语播出）、“校园门对门”“集美零距离”“城市漫生活”“892 上班路”“岁月如歌”“阅读、阅美”“集美水当当”“集美最生活”“蜻蜓思享会”和“心灵绿洲”11 个栏目。全年共采编制播广播节目 3585 小时，播出时间为每日 6 ~ 24 时，其中自办节目 9 个小时、成品录播节目 0.5 个小时、音乐节目 5 个小时。

【主体宣传】2018 年，区广播电视台先后派出记者 2000 多人次，分赴区直部门、镇街、村居、企业、学校、军营采写新闻报道，全方位、多视角地宣传报道集美经济、社会、人文集美建设和各项事业发展进步情况。围绕区委、区政府中心工作，结合“走转改”，组织记者深入采访，策划制作系列报道，内容涉及区“两会”、区重点工程、河长制、扫黑除恶专项斗争、产业转型升级、征地拆迁、新城建设、文化旅游、文明城市创建、安全生产、海峡两岸龙舟文化节、首届心搏会、集美学村文化艺术节、集美大学集美中学百年校庆等，展示集美区努力建设高素质高颜值跨岛发展最美新市区取得的丰硕成果。对常规性的会议报道，挖掘与百姓关心问题的“共振点”，提炼出符合百姓之所想、之所需的信息和内容进行报道。增加民生和社会新闻份额，让普通百姓、创业者、企业家、文艺爱好者等更多地进入镜头。

【作品获奖】2018 年，区广播电视台获厦门新闻奖一等奖 3 个，分别为电视消息类《闽南“阿婆”美翻了》、纪录片《致童年》和广播类系列报道《砥砺奋进的五年》。“纪实集美”栏目的《致童年》获福建省新闻出版广电局“新时代、新风尚”主题优秀微电影类一等奖、“新时尚、新风尚”主题优秀公益广告微电影优秀作品一等奖；《林忠阳——嘉庚精神的“金牌讲解员”》获厦门市首届党员教育微视频大赛优秀作品奖。（王辉腾 王如意）

天下集美文广传媒有限公司

【概况】2018年，天下集美文广传媒有限公司按照稳中求进的工作总基调和高质量发展的要求，以规范管理为抓手，以改革创新为动力，以文化建设为载体，以彰显“两个效益”为目标，推进各项工作提质增效，全年实现营业收入4287万元，比上年增长6.77%。公司获厦门市总工会授予的“五星职工之家”称号，公司运营的厦门海蛎文创空间被评为福建省级众创空间、福建省级台湾青年就业创业基地、厦门市优秀众创空间，以及厦门文化产业年度风云榜“年度创意空间”。公司拍摄的微电影《致童年》获全省“新时代新风尚”主题优秀公益广告及微电影评选微电影优秀作品奖、厦门新闻奖一等奖；微视频《林忠阳——嘉庚精神的“金牌讲解员”》获厦门市首届党员教育微视频大赛优秀作品奖。

【特色品牌活动】2018年，公司在继续主办集美新城荧光夜跑、集美·阿尔勒国际摄影季、“听见集美”厦门集美学村周末音乐会、第十届海峡论坛两岸特色庙会的同时，承接举办第二届集美学村文化艺术节、彩鹭音乐节、厦门星巢音乐节、第七届国际家政员工节、中国心理产业博览会暨中国心理产业发展论坛等文化品牌活动，积累良好的口碑和显著的文化品牌效应，推动集美城市营销，扩大人文集美知名度和美誉度。

【传统项目升级优化】2018年，公司秉承“以区域化经营为基础，多元化经营为手段”的经营理念，推进传统项目升级，拓宽业务领域，在品牌策划、形象宣传、项目运营、文创产品上出活力、出精品、出效益。加强与各部门、镇街、协会、企业协作的运营能力，承接垃圾分类、信用集美、春节气氛布置、媒体整合服务、文明创建等宣传工作。实施项目带动策略，结合公司品牌主动招商，融入家庭医生签约、全国科普日、诚毅志愿者联盟等职能部门宣传内容，力促活动策划与招商质效双提升。

【影视内容生产】2018年，公司进一步盘活影视市场资源，与北京无限自在文化传媒股份有限公司、福州恒业影业有限公司共同成立子公司——厦门市天下恒在文化传媒有限公司，以拓展影视业务板块，带动影视在集美的聚集发展。以改革开放40周年为契机，参与制作大型文献纪录片《跨越——集美改革开放40年》。制作中国好少年谢伊人物片《让爱传递》，在央视播出并获得热烈反响。制作《集天下之美》等多部短视频、纪录片、招商片，将影视内容生产作为公司核心竞争力和新的盈利增长点。

【全媒体传播格局形成】2018年，公司提升媒体运营与内容生产能力，推动集美区媒体融合发展。公司运营的集美广播与蜻蜓FM和阿基米德FM合作，网络在线收听取得新突破。区属媒体官方微信“天下集美”公众号和“人文集美”手机APP针对热点策划选题，第一时间传递党和政府决策、集美重大活动、民生热点、集美人文、便民信息等，其中“天下集美”公众号推送图文等各类消息1409篇，阅读总次数320万次，2018年传播力超过95.57%的公众号。每逢重大节日提前谋划，组织新闻宣传工作，完成“集美40年”百姓宣讲团系列报道、24小时马拉松式全民学习日、中国首届心理产业博览会、集美学校多所学校百年校庆、扫黑除恶等100多个专题全景式报道，成为全市报道最快的媒体，稳居福建省政务号前10强。在运营报纸、电视、广播和新媒体的基础上，公司新承接集美区属LED运营管理工作，为区属媒体广告的运营拓宽新渠道。

【海蛎文创获评省级众创空间】2018年，公司海蛎文创空间累计吸引200多名台湾青年来集实习、就业和创业，80多家两岸青创企业入驻，为台湾青年搭建创业平台，助推集美区成为两岸青年共同创业、共同生活、共同圆梦的创业热土。海蛎文创空间累计举办两岸文化创意产业人才培训营、“苔芯”志愿服务系列活动、海峡两岸青少年新媒体文创论坛、台商台胞服务年、“创业集美、筑梦两岸”系列活动等60多场，获评福建省级众创空间、福建省级台湾青年就业创业基地、厦门市优秀众创空间，以及厦门文化产业年度风云榜“年度创意空间”。

【杏林书院微信公众号开设】2018年，公司开设杏林书院微信公众号，成立杏林书院线上文化产业联盟，吸引厦门市200多家致力于传承和推广中华优秀传统文化的企业加入，筹建中华优秀传统文化师资库。先后举办“浪漫七夕、心动两岸”“翰墨书香、两岸桥梁”“国学游园”和《庆祝改革开放四十周年厦门故事》发行仪式等文化活动10余场，吸引逾千名传统文化爱好者参加活动。（陈 婧）

体 育

群众体育

【概况】2018年，集美区贯彻《全民健身条例》，进一步完善基层体育设施，引导市民参加各种健身活动。推动成立单项运动协会，发展社会体育指导员队伍，单项运动协会增至17个，社会体育指导员发展到1369人。举办

2018 年集美区第七届运动会暨全民健身运动会。是年，区下拨市体彩公益金 1494.99 万元，用于各镇街和相关单位公共体育场地、健身路径、体育设施建设和添置体育健身器材，体育活动条件进一步改善。

【集美区第七届运动会暨全民健身运动会】 2018 年 6—11 月，集美区第七届运动会暨全民健身运动会在集美区青少年校外体育活动中心、杏林文体中心、集美大学体育学院网球场、沐宇羽毛球馆举行。本届区运会由集美区政府主办，区文体广电出版旅游局、区体育总会承办。比赛项目有趣味田径、游泳、篮球、气排球（设老年组）、足球、羽毛球、乒乓球（设老年组）、网球、体育舞蹈、象棋、围棋、国际象棋、广播体操、扑克 80 分、拔河、广场舞、趣味体育、舞龙 18 个，共有来自各镇街、机关、企事业单位、高校、中小学的 30 个代表团 4500 余名运动员参赛，是一次集中展示集美群众健身成果和精神风貌的体育盛会。

【单项体育协会和社会体育指导员队伍建设】 2018 年，集美区拳击搏击协会、杏林球类协会成立。至年底，全区共有乒乓球、长跑、象棋、自行车、龙舟、体育舞蹈、太极拳、武术、气排球、网球、足球、国际象棋、游泳、羽毛球单项体育协会，以及健身气功协会、拳击搏击协会、杏林球类协会共 17 个，另有区体育总会、区老年人体育协会、区农民体育协会和集美学村体育协会，共有会员 2200 余人。举办三级社会体育指导员培训班，共培训三级社会体育指导员 170 名。至年底，全区共有国家级社会体育指导员 6 名、一级 15 名、二级 11 名、三级 1337 名。

【老年人体育健身活动】 2018 年，集美区先后举办迎新春健步行、气排球赛、乒乓球赛、门球赛、柔力球赛、重阳节健步行等老年人活动 10 余次，参加人数逾 5000 人次。并组队参加厦门市老健会健身球操、气排球、柔力球、门球、乒乓球等项目的比赛，参赛人数 160 余人。

【青少年校外体育活动中心】 2018 年，集美区青少年校外体育活动中心场馆使用人流量近 12 万人次，创历史新高。其中，青少年免费使用总人流量超过 4.1 万人次，开设游泳培训班 4 期，培训学员 430 人。与区少体校承办厦门市中小学中职学生篮球锦标赛、集美区第十七届中小学生乒乓球锦标赛、集美区中小学生跳绳锦标赛、集美区青少年健美操锦标赛、集美区中小学幼儿园棋类锦标赛、集美区第十六届中小学生篮球赛等市、区级青少年比赛 7 场。此外，为集美区第七届运动会暨全民健身运动会足球、游泳、拔河、围棋、象棋、国际象棋、趣味体育、广场舞比赛，以及厦门市第十届老年人气排球交流赛、海沧区和集美区乒协友谊赛、集美区第十三届职工文体节闭幕式暨趣味拔河赛等十余件赛事提供保障工作。

3 月 30-31 日，2018 年集美区中小学、幼儿园棋类锦标赛在集美区青少年校外体育中心举行（区文旅局 供图）

【杏林文体中心体育馆】 2018 年，杏林文体中心体育馆接待 8.6 万人。8 月 8 日，全馆对外免费开放，乒乓球馆对青少年免费开放一周。全年免费为全区各企事业单位文体比赛活动提供场地服务 50 余场。协办省、市、区体育赛事 30 余场，主要赛事有“联发杯”海上丝绸之路国际邀请赛，集美区第七届运动会暨全民健身运动会篮球、乒乓球、体育舞蹈比赛，台湾“黑松油切麦茶杯”乒乓球公开赛等。

（连玉盛）

体育赛事

【概况】 2018 年，集美区先后举办集美区迎新春军警民乒乓球团体邀请赛、集美区庆新春乒乓球团体赛、“体彩杯”厦门集美第七届海峡自行车公开赛暨环青海湖自行车厦门站联赛、“嘉庚杯”“敬贤杯”海峡两岸龙舟赛、“联发杯”海上丝绸之路国际邀请赛、第七届海峡两岸“黑松油切麦茶杯” 乒乓球邀请赛、第七届厦门国际武术大赛、厦门集美二次元半程马拉松等重大赛事。

【中网青少年巡回赛福建赛区厦门站比赛】 2018 年 1 月 27 日，由区体育总会指导的 2018 年中网青少年巡回赛福建赛区厦门站比赛在杏林长青运动馆开赛，有近 20 名青少年选手参加比赛。

中网青少年巡回赛是国内大型青少年业余网球赛事之一，已先后在北京、深圳、湛江、西安、昆明等地举行，参赛选手累计1000余人。该赛事系按照职业巡回赛标准为青少年举办的业余巡回赛。赛事全程设置主裁，并按照中网级别的专业赛事进行运作，参赛的少年球员可通过比赛感受专业赛事氛围，体验职业球员的感觉。中网青少年巡回赛首次登陆集美，通过参加巡回赛事，积分排名前列的选手有望参加在北京举办的总决赛。

【集美区军警民乒乓球团体邀请赛】2018年2月3日，集美区迎新春军警民乒乓球团体邀请赛在杏林文体中心乒乓球馆举行。本次比赛由集美区文体广电出版旅游局、集美区体育总会主办，集美区乒乓球协会承办，共有来自集美区直机关、六个镇街、边防大队及部队官兵等9个队参加比赛，参与人数90人。经过比赛，集美区直机关代表队、灌口镇代表队、杏滨街道代表队分获前三名。

【集美区乒乓球团体赛】2018年2月26日，集美区庆新春乒乓球团体赛在杏林文体中心乒乓球馆举行。本次比赛由集美区文体广电出版旅游局、集美区体育总会主办，集美区乒乓球协会承办，参与人数80人。经过比赛，厦门能源公司队（陈磊欣、谢冲、叶胜利、陈庆辉）获得冠军，芃宇广告公司队（江涛、花启文、江锦东、周维峰）获得亚军，乒友队（郑列雄、吴俊霆、林伟凡）获得季军。

【“三圈”国际车辆模型（越野）大奖赛】2018年3月22—24日，亚洲遥控车辆模型大型赛事——SIGP灌口·三圈国际车辆模型（越野）大奖赛在厦门三圈模型科技体验基地ARC国际赛车场举行。本届赛事由灌口镇政府、厦门三圈电池有限公司主办，厦门三圈体育科技有限公司承办。比赛设1/8内燃机越野车竞速赛和1/8电动越野车竞速赛两个项目，赛事总奖金15万元。1/8内燃机越野车竞速赛参赛人数170人，1/8电动越野车竞速赛参赛70人，来自美国、德国、新加坡、泰国、日本等国家和地区的200多名选手参加比赛。

【集美区中小学生武术（套路）锦标赛】2018年4月27—28日，集美区第二届中小学生武术（套路）锦标赛在乐安中学举行。比赛由区教育局、区文体广电出版旅游局主办，区武术协会和乐安中学承办，共有来自31所中小学的363名运动员参加比赛。比赛分为高中、初中和小学甲、乙组，有南拳、五祖拳、长拳、太极拳、刀、剑、枪、棍、太极扇等参赛项目61个。经过较量，各项目组别、集体奖项目、团体总分前八名全部产生。侨英小学获得小学组团体第一名，乐安中学获得中学组团体第一名。

【第七届海峡自行车公开赛】2018年4月30日，“体彩杯”厦门集美第七届海峡自行车公开赛暨环青海湖自行车厦门站联赛在灌口镇正新（厦门）汽车国际文化中心开赛。本届赛事由集美区政府指导，区文体广电出版旅游局、区体育总会主办，区自行车协会承办。来自海峡两岸的50多支车队350名越野赛选手参加比赛。赛事设置男子山地精英组、男子山地大众组、女子山地公开组、骑跑两项体验组4个组别。经过近四个小时的角逐，森地客鑫元鸿车队的郭鑫伟获男子山地精英组冠军，浙江丽刃车队的郑凯、极致天柴单车俱乐部的梁力麒分获亚军和季军；极致天柴单车俱乐部的曹建华获骑跑两项体验组冠军，CAMP坎普车队的巴特孟开获得亚军，安道中国车队的刘勇获得季军；脉腾伊诺华轮胎车队的廖彬彬、李思分获女子山地公开组冠军和季军，CAMP中国车队的陈小兰获亚军；凯漩单车俱乐部的颜锦弟获男子山地大众组冠军，东莞汇力的黄晓强、邓韬分获亚军和季军。中央电视台“体育世界”、厦门电视台“特区新闻广场”等电视媒体作现场报道。

【厦门市舞龙舞狮大赛】2018年5月25—27日，厦门首次舞龙舞狮比赛——2018年厦门市全民健身运动会舞龙舞狮大赛在集美区杏林体育馆举行，来自全市34支龙狮队伍共365名运动员参赛。比赛分为小学生组、中学生组、大学组及成人组。参赛运动员年龄跨度大，覆盖范围广，年龄最小的7岁，最大的65岁。本次比赛由厦门市体育局、教育局主办，厦门市社会体育指导中心、集美区体育总会、厦门市龙狮运动协会承办。

【第十三届“嘉庚杯”“敬贤杯”两岸龙舟赛】2018年6月2—3日，第十届海峡论坛首场重要活动——2018“嘉庚杯”“敬贤杯”海峡两岸龙舟赛、第五届中国龙舟拔河公开赛（集美站）在集美龙舟池举行。53支队伍经过两天的角逐，2017年首次夺冠的Mr.CaNoe台湾队蝉联“嘉庚杯”冠军，“敬贤杯”则由集美街道龙舟队获得；第五届中国龙舟拔河公开赛（集美站）前三甲得主分别为Mr.CaNoe台湾队、集美大学诚毅学院队、集美街道龙舟队。本次比赛首次启动新媒体直播和自媒体播报，爱奇艺体育、央视外语频道、腾讯大闽网、网易等组成网络矩阵作现场直播，并联合网红平台、十余个官方微信大号和权威纸媒官微对赛事进行推广。

【“联发杯”海上丝绸之路国际邀请赛】2018年6月17—21日，2018“联发杯”海上丝绸之路国际邀请赛在集美区杏林文体中心篮球馆举行。本次比赛由厦门市体育局指导，厦门市篮球协会主办，集美区体育总会协办，联发集团总冠名，7个国家和地区的8支球队

6 月 17-21 日，2018“联发杯”海上丝绸之路国际篮球邀请赛在杏林文体中心篮球馆举行。图为比赛现场（林志杰 摄）

应邀参赛。赛事采用小组交叉式进行，在比赛中场时间设置三分王挑战赛与技巧王挑战赛，并邀请现场球迷与比赛球员 PK。经过 5 天 19 场比赛，澳大利亚 ACBA DRGONS 夺得本次比赛的冠军，菲律宾 NU 获亚军，金门酒厂获季军。

【第七届海峡两岸乒乓球邀请赛】 2018 年 7 月 7—8 日，第七届海峡两岸“黑松油切麦茶杯”乒乓球邀请赛在集美区杏林文体中心篮球馆及乒乓球馆举行。本届比赛由集美区文体广电出版旅游局、区体育总会、区商会主办，杏林街道办、杏滨街道办、厦门万荟贸易有限公司协办，区乒乓球协会承办，黑松商贸（苏州）有限公司冠名，厦门味友餐饮管理有限公司赞助。共有来自马来西亚和中国台湾、澳门、广东、辽宁和福建等地的 101 支队伍 500 多名选手参加比赛，前国手蔡伟、陈曦、叶明辉、侯英超、尹嘉旭，甲 A 队员房胤池、郭琳、江越、苏钰杰等同台竞技。本届比赛设成人男女混合团体、小学男子团体、小学女子团体三个组别。在赛事期间，主办方还在杏林文体中心广场举办以“垃圾分类、变废为宝”环保公益宣传为主题的街头文化节活动。

【第七届厦门国际武术大赛】 2018 年 8 月 18—21 日，“美岁天地杯”第七届厦门国际武术大赛在集美嘉庚体育馆举行。本届赛事由国家体育总局武术运动管理中心、中国武术协会、福建省体育局、厦门市体育局、集美区政府主办，福建省社会体育指导中心、福建省武术运动管理中心、福建省武术协会、集美区文体广电出版旅游局、厦门市武术协会承办。来自美国、俄罗斯、韩国、印度、加拿大等 27 个国家和地区以及国内 27 个省、直辖市、自治区的 405 支队伍 6068 名选手参加本届赛事。比赛除决出各项目的个人金、银、铜牌外，还产生武术套路比赛最大团队奖、团体名次奖、个人全能奖、武德风尚奖，跆拳道品势王中王奖、顽强拼搏奖、体育道德风尚奖。开幕式还举行了武术节目展演、人文集美行、太极拳讲座及指导活动。

【福建省第二届广场舞蹈大赛集美区初赛】 2018 年 9 月 13 日，“广电网络杯”福建省第二届广场舞蹈大赛集美区初赛落幕。在杏林文体活动广场上，14 支队伍各展风采。扇子、油纸伞、红手绢、彩带等道具纷纷上阵，藏族舞、傣族舞、健身操、古典舞等多种风格轮番上演。最终，顶许舞蹈队和二农雅韵舞蹈队分获一、二等奖，并晋级厦门赛区复赛，康城社区舞蹈队获三等奖。

【集美区中小学生排球锦标赛】 2018 年 9 月 25—29 日，由区教育局、区文体广电出版旅游局主办，区少年儿童体育学校承办的集美区第五届中小学生排球锦标赛在杏东小学举行，来自全区 8 所中学、16 所小学的 38 支代表队 569 名队员参加比赛。本次锦标赛分为小学男子组、小学女子组、初中男子组、初中女子组和高中女子组，杏东小学囊括小学男子组和女子组冠军，杏东中学包揽初中男子组和初中女子组冠军，集美职校获高中女子组冠军。

【集美区中小学生篮球比赛】 2018 年 10 月 8—13 日，由区教育局、区文体广电出版旅游局主办，区少年儿童体育学校承办的集美区第十六届中小学生篮球联赛，在滨水学校、曾营小学、乐海小学、窗内小学举行，共有 64 支队伍 768 名运动员参加比赛。经过比赛，高浦小学、曾营小学分获小学组男子组、女子组第一名，厦门一中集美分校、杏南中学分获初中组男子组、女子组第一名，厦门市第十中学、杏南中学分获高中组男子组、女子组第一名。

【首届“嘉庚杯”高校羽毛球联赛】 2018 年 10 月 27—28 日，首届“嘉庚杯”高校羽毛球联赛总决赛在集美大学陈企标体育馆举行。本届赛事由集美街道办事处、集美学校委员会、集美文教区管委会、共青团集美区委员会共同举办，赛事分高校学生组和社会特邀组，学生代表队通过高校分站赛产生。厦门大学、华侨大学、集美大学、厦门理工学院、闽南师范大学、厦门工学院、华厦学院、福州大学厦门工艺美术学院、厦门海洋城市职业技术学院等高校组队参赛，参赛队伍137支，参赛学生1300人。经过两天角逐，厦门理工学院、集美街道分获学生组、特邀组冠军。

【集美区中小学生田径运动会】2018年10月26—28日，集美区第25届中小学生田径运动会在厦门一中集美分校举行。运动会由区教育局、区文体广电出版旅游局主办。来自全区中小学的47支代表队1100名运动员参赛，比赛设100米、200米、400米、800米、1500米、4×100米接力、110米栏、跳高、跳远、铅球等项目。

【全国健美操冠军赛暨联赛总决赛】2018年11月9—16日，由国家体育总局体操运动管理中心、中国健美操协会主办，厦门理工学院承办的2018年“建行杯”全国健美操冠军赛暨联赛总决赛在厦门理工学院举行。参赛运动员由全国四站联赛产生，是全国最高水平的健美操赛事，获得前八名的运动员可获得国家一级运动员或国家健将级运动员等级。本次比赛分为成年健将组、成年精英组、国际年龄二组、国际年龄一组、预备组五个组别，各组设单人项目、混合双人操、三人操、五人操、有氧舞蹈、有氧踏板等项目。参赛者按年龄及运动等级划分组别参赛，报名1099人，其中运动员943名、教练员156名。报名单位包括学校、企事业单位、体育俱乐部、体校等，北京大学、清华大学、北京师范大学、同济大学、华东师范大学、长安大学、华中师范大学、厦门大学等28所高校，武汉体院、天津体院、西安体院、广州体院、哈尔滨体院等专业体育院校，北京101中学、人大附中等全国重点中小学组队参赛，共同争夺36樽冠军奖杯。

【第23届全国青少年车辆模型总决赛】2018年11月16—20日，国家级青少年科技体育赛事——“三圈霸道杯”第二十三届“驾驭未来”全国青少年车辆模型教育竞赛总决赛在厦门三圈模型科技体验基地举办。此项赛事由中国航空运动协会、中国航海模型运动协会、中国车辆模型运动协会、中国大学生体育协会、中国中学生体育协会、中国青少年科技辅导员协会联合主办，厦门市体育局、集美区政府、厦门轻工集团有限公司承办。本届赛事设表演比赛、展览展示、技术交流三大版块，遥控电动房车平跑车竞速赛、安全行车积分赛、太阳能动力车直线竞速赛、无人驾驶智能车任务赛、“一带一路”遥控车拉力赛等17个项目。有来自全国29个省市、自治区的43支代表队1000多名青少年运动员参赛。

【“三圈”国际车辆模型(平路)大奖赛】2018年11月9—11日，2018年SIGP灌口·三圈国际车辆模型（平路）大奖赛在厦门三圈模型科技体验基地举行。本次赛事由灌口镇政府、厦门三圈电池有限公司主办，厦门三圈体育科技有限公司承办，总奖金14.6万元。比赛设1/8内燃机平路车竞速赛、1/10电动房车竞速赛、1/8电动平路车竞速赛、1/8和1/5电动摩托车竞速赛5个比赛项目。国际知名RC品牌Infinity队、matrix队、Serpent队、Shepherd队以及意大利队、马来西亚队、中国台湾队、中国香港队等近20个国家和地区的200多名车手及机械师参赛，其中不乏世界冠军、欧洲冠军、亚洲冠军、全国冠军等世界顶级车手，为亚洲地区规模最大的车辆模型赛事之一。

【厦门集美半程马拉松赛】2018年11月18日，工银融e行2018厦门集美二次元半程马拉松在集美区市民广场鸣枪起跑。赛事以“元气集结、活力趣跑”为主题，设置半程马拉松、二次元半程马拉松接力赛、熊猫跑（5公里迷你跑）三大项目，有近5000名选手参赛。本届赛事由厦门市体育局、集美区政府、咪咕文化科技有限公司主办，集美区文体广电出版旅游局、咪咕互动娱乐有限公司、咪咕动漫有限公司承办，共青团集美区委员会、集美城市

11月18日，2018年集美二次元半程马拉松在集美市民中心开赛。图为选手们在杏林湾绿道上比赛（林志杰 摄）

发展有限公司、厦门万舜文化产业投资发展有限公司、园博苑景区管理处、厦门文广传媒集团有限公司协办，“咪咕善跑”运营推广，厦门文广体育有限公司提供支持。本届赛事中的二次元半程马拉松接力赛是国内首个以二次元为主题的马拉松项目。本届赛事起终点均设在集美区市民广场，路线环绕杏林湾一周，穿行于全球最大的水上园博苑内，移步见景，被称为“最美海湾园林赛道”。经过角逐，来自安徽的吴金龙以1小时12分58秒的成绩获半程马拉松男子组冠军，女子组冠军由来自浙江的唐晓芳以1时21分54秒摘得。二次元半程马拉松接力赛冠军则由海沧健康跑团获得，用时1小时12分19秒。有80名选手获得直通厦马名额，厦门户籍的男女前三名选手还被授予厦门市民奖。

【世界大学生三对三篮球总决赛】2018年11月15—18日，2018世界大学生三对三篮球联赛总决赛在华侨大学厦门校区举行。本次比赛由国际大学生体育联合会主办，中国大学生体育协会、华侨大学承办，共有来自五大洲24个国家和地区的32支篮球队参加。经过角逐，中国华侨大学队战胜加拿大麦吉尔大学队，夺得男篮冠军；中国清华大学队力克乌克兰普雷卡尔帕斯安大学队，摘得女篮桂冠。在女子投篮大赛中，斯洛文尼亚卢布亚尔那大学的玛亚·雅各布陈奇夺冠；在扣篮大赛中，立陶宛维陶斯塔·马格纳斯大学的俄麦斯塔·赛德里维基获“扣篮王”称号。

【厦门市航模锦标赛】2018年11月24日，厦门市航模锦标赛在厦门一中集美分校（灌口中学）落幕。本次活动由厦门市体育局、市科协、市教育局、团市委主办，市社会体育指导中心、灌口中学、市航空航海车辆模型运动协会承办。来自全市101所中小学、幼儿园的1600多名选手参加比赛。这是灌口中学第六次承办此项赛事，本届赛事第一次出现幼儿园队伍参赛。锦标赛设比赛项目19个。参赛的载体有木制飞机、一战二战系列飞机、“天戈”遥控直升机、火箭伞降、“轻骑士”橡筋动力飞机、“翼神”橡筋动力扑翼机、“骑士”橡筋动力飞机、“空中拖拉机”橡筋动力飞机、“隐形夜鹰Ⅱ代”飞机、“米奇一号”、遥控飞机、“美嘉欣”四轴飞行器等。此外还举行六轴飞行器任务赛、纸折飞机直线距离赛等项目比赛。

（连玉盛）

集美区少儿体校

【概况】2018`年，集美区少年儿童体育学校有教职员工23人，其中专职教练员11人。专职教练员中，硕士研究生学历2人，本科学历7人，大专学历2人；中级教练员职称1人，初级教练员职称6人。另聘请兼职教练员29人。设有篮球、击剑、射箭、举重、田径、武术、游泳等运动训练项目。是年，少体校向市级训练单位输送竞技体育后备人才56名。黄闽豪获得2018年举重世锦赛男子67公斤级抓举冠军、总成绩亚军。

【专项训练与人才输送】2018年，区少体校聘用篮球、武术、击剑、射箭、田径、举重等项目专职教练员11名，同时聘请29名小学体育教师为兼职教练员，分布在杏林文体中心体育馆、青少年校外体育活动中心体育馆及全区各中小学的27个训练网点。运动员在训总人数逾400人，其中田径185人、武术40人、举重31人、篮球70人、游泳39人、射箭36人、击剑50人。暑假期间，少体校田径队选拔64名优秀苗子进行集中封闭式训练，并组织选拔比赛。全年共向市级训练单位输送运动员56名，包括篮球、田径、举重、击剑、武术、拳击、射箭、柔道、跆拳道、划艇、赛艇等项目。

【体育赛事获奖】2018年，区少体校历年输送的运动员参加国际级、国家级、省级等比赛，取得优异成绩。其中，黄闽豪获2018年举重世锦赛男子67公斤级抓举冠军、总成绩亚军；詹林鑫、杜俊逸等运动员代表厦门市参加2018年全国U系列举重锦标赛，获个人总成绩金牌2枚、银牌1枚、铜牌2枚；在福建省第十六届运动会上，区少体校输送的运动员获金牌12枚、银牌11枚、铜牌3枚。另外，少体校先后组织运动员参加部分项目的市级锦标赛。在2018年厦门市中小学生射击锦标赛中，获少体校组女子团体总分第一名、男子团体总分第三名；在厦门市中小学生射箭锦标赛中，获少体校组女子团体总分第四名、男子团体总分第五名；在厦门市中小学生举重锦标赛中，获个人总成绩8个第一名、男子团体总分第四名、女子团体总分第五名；在厦门市青少年三大球联赛中，获篮球项目金牌2枚、铜牌3枚。

（连玉盛）

驻区体育机构

【福建省皮划赛艇运动管理中心】2018年，福建省皮划赛艇运动管理中心核定编制133人。其中，管理人员12人，专业技术人员23人，运动员98人。有国家级教练2人、高中级教练11人，在训运动员354人。至年底，中心有国际级运动健将15人、国家级运动健将68人、国家一级运动员134人。组织参加国际性比赛7次、全国性比赛23次，17人次获全国性比赛赛场体育道德风尚奖。年内，省皮划赛艇运动管理中心运动员获亚运会金牌、银牌各1枚；世界杯冠军3人、亚军2人、第五名2人、第七名2人、第八名1人；全国锦标赛和冠军赛金牌26枚（全运会项目3个）、银牌21枚（全运会项目5个）、铜牌24枚（全运会项目6个）。

2018 年省皮划赛艇中心运动员参加国际比赛成绩

表 42

项 目	姓 名	比赛名称及项目	名次	月份	地 点
皮划	林文君	2018 年第七届女子划艇世界杯赛女子 200 米单人划艇	2	5	匈牙利赛格德
皮划	陈汪婷	2018 年第七届女子划艇世界杯赛女子 500 米双人划艇	2	5	匈牙利赛格德
皮划	林文君	2018 年皮划艇世界杯第一站 200 米女子双人划艇	1	5	匈牙利赛格德
皮划	林文君	2018 年皮划艇世界杯第二站 200 米女子双人划艇	1	5	德国杜伊斯堡
激流	全 鑫	2018 年第 18 届亚运会男子单人皮艇	1	8	印度尼西亚雅加达
激流	陈芳佳	2018 年第 18 届亚运会男子单人划艇	2	8	印度尼西亚雅加达

2018 年省皮划赛艇中心激流队运动员参加全国性比赛成绩

表 43

姓 名	比赛名称及项目	名次	月份	地 点
吕敏贞	全国皮划艇激流回旋冠军赛公开组女子单人划艇（春季）	2	4	四川米易
郑家欣	全国皮划艇激流回旋冠军赛（春季）公开组男子单人划艇团体组合艇（与辽宁、四川）	1	4	
全 鑫	全国皮划艇激流回旋冠军赛（春季）跨项男子单人皮艇团体组合艇（与辽宁、广东）	1	4	
许燕茹	全国皮划艇激流回旋冠军赛（春季）公开组女子单人划艇团体组合艇（与辽宁、四川）	1	4	
许燕茹 陈芳佳 郭琳珑 谢远聪 陈清莹	全国皮划艇激流回旋冠军赛（春季）公开组男女混合双人划艇团体组合艇（与山东）	1	4	
肖庆鸿	全国皮划艇激流回旋冠军赛青少年组 u18 男子个人全能（春季）	1	4	
郭琳珑 谢远聪	全国皮划艇激流回旋冠军赛公开组男女混合双人划艇（春季）	2	4	
陈天路 余海杰	全国皮划艇激流回旋冠军赛（春季）跨项男子单人皮艇团体组合艇与贵州	2	4	
黄燕芝 曾惠婷	全国皮划艇激流回旋冠军赛（春季）跨项女子单人皮艇团体组合艇与甘肃（林伟婷）	2	4	
陈丽婷	全国皮划艇激流回旋冠军赛青少年组 u16 女子个人全能（春季）	2	4	
肖庆鸿	全国皮划艇激流回旋冠军赛（春季）公开组跨项男子单人皮艇团体组合艇（与贵州、甘肃）	3	4	
陈清莹 郭琳珑 吕敏贞	全国皮划艇激流回旋冠军赛女子单人划艇团体（春季） 公开组女子单人划艇团体	3	4	
吕敏贞	全国皮划艇激流回旋冠军赛（春季）公开组男女混合双人划艇团体组合艇与贵州、辽宁、广东	3	4	
黄燕芝	全国皮划艇激流回旋冠军赛青少年组 u18 女子个人全能（春季）	3	4	
陈芳佳	首届中国皮划艇激流回旋公开赛男子单人划艇	1	4	
全 鑫	首届中国皮划艇激流回旋公开赛男子跨项单人皮艇	2	4	
郭琳珑 谢远聪	首届中国皮划艇激流回旋公开赛男女双人混合划艇	2	4	
陈清莹	首届中国皮划艇激流回旋公开赛男女双人混合划艇组合艇与山东	3	4	

续表

姓 名	比赛名称及项目	名次	月份	地 点
舒 亮	全国皮划艇激流回旋青年锦标赛暨全国青少年 u 系列总决赛男子 u18 单人划艇	1	8	湖南张家界
谢祯靖	全国皮划艇激流回旋青年锦标赛暨全国青少年 u 系列总决赛男子 u18 单人划艇	2	8	湖南张家界
黄燕芝 舒 亮	全国皮划艇激流回旋青年锦标赛暨全国青少年 u 系列总决赛男女 u18 混合双人划艇	1	8	湖南张家界
谢祯靖	全国皮划艇激流回旋青年锦标赛暨全国青少年 u 系列总决赛男子 u18 皮划艇个人全能赛	2	8	湖南张家界
黄燕芝	全国皮划艇激流回旋青年锦标赛暨全国青少年 u 系列总决赛女子 u18 皮划艇个人全能赛	2	8	湖南张家界
梁卢健	全国皮划艇激流回旋青年锦标赛暨全国青少年 u 系列总决赛男子 u16 皮划艇个人全能赛	1	8	湖南张家界
梁卢健	全国皮划艇激流回旋青年锦标赛暨全国青少年 u 系列总决赛男子 u16 单人划艇全能赛	2	8	湖南张家界
林玉叶	全国皮划艇激流回旋青年锦标赛暨全国青少年 u 系列总决赛女子 u16 单人划艇全能赛	2	8	湖南张家界
钟梓进	全国皮划艇激流回旋青年锦标赛暨全国青少年 u 系列总决赛男子 u16 单人皮艇全能赛	2	8	湖南张家界
李 榕	全国皮划艇激流回旋青年锦标赛暨全国青少年 u 系列总决赛女子 u16 皮划艇个人全能赛	3	8	湖南张家界
李福亮	全国皮划艇激流回旋青年锦标赛暨全国青少年 u 系列总决赛男子 u16 单人皮艇全能赛	3	8	湖南张家界
李福亮	全国皮划艇激流回旋青年锦标赛暨全国青少年 u 系列总决赛男子 u16 皮划艇个人全能赛	3	8	湖南张家界
谢雪婷	全国皮划艇激流回旋青年锦标赛暨全国青少年 u 系列总决赛女子 u14 单人皮艇全能赛	1	8	湖南张家界
谢雪婷	全国皮划艇激流回旋青年锦标赛暨全国青少年 u 系列总决赛女子 u14 单人划艇全能赛	1	8	湖南张家界
谢雪婷	全国皮划艇激流回旋青年锦标赛暨全国青少年女子 u14 皮划艇个人全能赛	1	8	湖南张家界
李诗婷	全国皮划艇激流回旋青年锦标赛暨全国青少年 u 系列总决赛女子 u14 单人皮艇全能赛	2	8	湖南张家界
黄小丽	全国皮划艇激流回旋青年锦标赛暨全国青少年 u 系列总决赛女子 u14 单人划艇全能赛	3	8	湖南张家界
张 翔	全国皮划艇激流回旋青年锦标赛暨全国青少年 u 系列总决赛男子 u14 单人皮艇全能赛	3	8	湖南张家界
全 鑫	全国皮划艇激流回旋夏季冠军赛公开组男子单人皮艇	2	9	河南宜阳
陈芳佳	全国皮划艇激流回旋夏季冠军赛公开组男子单人划艇	2	9	河南宜阳
吕敏贞	全国皮划艇激流回旋夏季冠军赛公开组女子单人划艇	2	9	河南宜阳
王晓东	全国皮划艇激流回旋夏季冠军赛公开组男子单人划艇	3	9	河南宜阳
谢远聪	全国皮划艇激流回旋夏季冠军赛公开组男子双人划艇组合艇（与湖北张航）	3	9	河南宜阳
陈清莹 谢远聪	全国皮划艇激流回旋夏季冠军赛公开组男女混合双人划艇	1	9	河南宜阳
郭琳珑	全国皮划艇激流回旋夏季冠军赛公开组女子双人划艇组合艇（与辽宁陈诗）	1	9	河南宜阳
吕敏贞	全国皮划艇激流回旋夏季冠军赛公开组女子双人划艇组合艇（与湖北杨柳）	2	9	河南宜阳

续表

姓名	比赛名称及项目	名次	月份	地点
曾惠婷 黄燕芝	全国皮划艇激流回旋夏季冠军赛公开组女子双人划艇	3	9	河南宜阳
谢雪婷	全国皮划艇激流回旋夏季冠军赛青少年组 U14 女子个人全能	2	9	
蔡秀凤	全国皮划艇激流回旋夏季冠军赛青少年组 U14 女子个人全能	3	9	
全 鑫	首届中国皮划艇激流回旋公开赛河南宜阳站男子单人皮艇	1	9	
全 鑫	首届中国皮划艇激流回旋公开赛河南宜阳站总排名	2	9	
陈芳佳	全国皮划艇激流回旋锦标赛男子单人划艇	1	10	贵 州
谢远聪 王晓东	全国皮划艇激流回旋锦标赛男子双人划艇	1	10	
全 鑫	全国皮划艇激流回旋锦标赛男子单人皮艇（跨项）	2	10	
陈天路	全国皮划艇激流回旋锦标赛男子单人皮艇（跨项）	3	10	
郭琳珑 吕敏贞	全国皮划艇激流回旋锦标赛女子双人划艇	2	10	
陈清莹 谢远聪	全国皮划艇激流回旋锦标赛男女混合双人划艇	2	10	
郭琳珑	全国皮划艇激流回旋锦标赛男女混合双人划艇组合艇（与湖南黄发）	3	10	
吕敏贞	全国皮划艇激流回旋锦标赛女子单人划艇团体赛 组合艇(与四川杨洁、辽宁陈诗）	1	10	
全 鑫	全国皮划艇激流回旋锦标赛男子单人皮艇跨项团体赛 组合艇（与贵州黄利蛮、广东朱浩然）	1	10	
郑家欣	全国皮划艇激流回旋锦标赛男子单人划艇团体赛 组合艇(与湖南黄发、湖北张航）	1	10	
许燕茹	全国皮划艇激流回旋锦标赛女子单人皮艇跨项团体赛组合艇(与四川杨洁、王顺芳）	1	10	
王晓东	全国皮划艇激流回旋锦标赛男子单人划艇团体赛 组合艇（与广东邹伟健、山东许永召）	2	10	
郭琳珑	全国皮划艇激流回旋锦标赛男女混合双人划艇团体赛组合艇（与四川杨洁、湖北杨柳、山东任钦康、贵州晏佳华和吴文鹏）	1	10	
陈清莹 谢远聪	全国皮划艇激流回旋锦标赛混合双人皮划艇混合团体赛组合艇（与浙江谢炜斌、甘肃林伟婷、山东侯肖逸、贵州黄娟和吴文鹏）	2	10	
余海杰	全国皮划艇激流回旋锦标赛男子单人皮艇跨项团体赛组合艇（与甘肃刘煜、贵州王亮）	2	10	
陈天路	全国皮划艇激流回旋锦标赛男子单人皮艇跨项团体赛组合艇（与贵州袁涛、广东谭亚）	3	10	
黄燕芝	全国皮划艇激流回旋青年赛 U 系列锦标赛（福建分赛区）u18 女子划艇	1	12	福建长泰
	全国皮划艇激流回旋青年赛 U 系列锦标赛（福建分赛区）u18 女子皮艇	2	12	
王建滨	全国皮划艇激流回旋青年赛 U 系列锦标赛（福建分赛区）u18 男子皮艇	2	12	
林 鸿	全国皮划艇激流回旋青年赛 U 系列锦标赛（福建分赛区）u18 男子划艇	3	12	
李诗婷	全国皮划艇激流回旋青年赛 U 系列锦标赛（福建分赛区）u16 女子皮艇	1	12	
谢雪婷	全国皮划艇激流回旋青年赛 U 系列锦标赛（福建分赛区）u16 女子划艇	1	12	
梁卢健	全国皮划艇激流回旋青年赛 U 系列锦标赛（福建分赛区）u16 男子划艇	1	12	
吴依珊	全国皮划艇激流回旋青年赛 U 系列锦标赛（福建分赛区）u16 女子皮艇	2	12	
钟梓进	全国皮划艇激流回旋青年赛 U 系列锦标赛（福建分赛区）u16 男子皮艇	2	12	
巴祎航	全国皮划艇激流回旋青年赛 U 系列锦标赛（福建分赛区）u14 男子皮艇	2	12	

2018 年省皮划赛艇中心冲浪队运动员参加全国性比赛成绩

表 44

姓 名	比赛名称及参赛项目	名次	月份	地 点
魏碧兰	全国冲浪项目 U 系列赛（青岛站）子 u18 短板团体跨单位组合（与海南王灵莉、海南王雪敏）	2	9	青岛
林珊珊	全国冲浪冠军赛女子短板团体跨单位组合（与辽宁孙婕、山东张振秀）	1	12	
管 丹 魏碧兰	全国冲浪冠军赛女子短板团体跨单位组合罗玲（深圳）	3	12	
林珊珊	全国冲浪冠军赛女子短板	1	12	
	全国冲浪青年锦标赛女子短板团体跨单位组合孙婕（与辽宁孙婕、山东张振秀）	1	12	
魏碧兰	全国冲浪青年锦标赛女子长板团体跨单位组合（与四川杨雨齐、钟小莉）	1	12	
黄汪茏	全国冲浪青年锦标赛男子长板团体跨单位组合（与海南黄子洋、卓延斌）	2	12	海南
叶偲琪 汤雨婷	全国冲浪青年锦标赛女子短板团体跨单位组合（与四川杨思琪）	3	12	
林珊珊	全国冲浪青年锦标赛 u18 女子短板	2	12	
	全国冲浪锦标赛公开组女子短板	2	12	
	全国冲浪锦标赛女子短板团体赛跨单位组合（与辽宁孙婕、山东张振秀）	1	12	
吴思彤	全国冲浪锦标赛 u15 组别女子长板	1	12	

（高艳华）

【福建省帆船帆板运动管理中心】 2018 年，福建省帆船帆板运动管理中心人员编制 97 名，其中管理人员 8 人、专业技术人员 16 人、运动员 73 人。运动员代表国家队、福建省参加各类国际性、全国性重大比赛，获奖牌 109 枚，其中金牌 38 枚、银牌 36 枚、铜牌 35 枚、第 4 名至第 8 名 153 人次。年内，福建省帆船帆板运动管理中心运动员卢云秀参加国际帆联举办的世界锦标赛，获帆板女子 RS:X 级场地赛第三名，为中国女子帆板项目拿到奥运会入场券，并分获亚锦赛冠军、世界杯分站赛第三名。余雪彬和邱钰龙分获第十八届亚运会帆船 49erFX 级第四名和激光级第六名；陈静乐获风筝板亚青赛和多次国际公开赛冠军，并获青奥会资格。另有 15 人次在亚锦赛上分获帆板和风筝板项目前八名。

2018 年省帆船帆板中心运动员参加国际比赛成绩

表 45

姓 名	性 别	项 目	地 点	名 次
卢云秀	女	世界帆船锦标赛帆板女子 RS:X 级	丹麦	3
余雪彬	女	第十八届亚运会帆船女子 49erFX 级	印度尼西亚	4
邱钰龙	男	第十八届亚运会帆船男子激光级	印度尼西亚	6
卢云秀	女	帆船世界杯日本站帆板女子 RS:X 级	日本	3
卢云秀	女	帆船世界杯法国站帆板女子 RS:X 级	法国	8
卢云秀	女	西班牙公主杯帆船赛帆板 RS:X 级	西班牙	4
陈静乐	女	青奥会亚洲区资格赛（亚青赛）风筝板女子水翼板级	博鳌	1
卢云秀	女	亚洲帆船锦标赛帆板女子 RS:X 级	印度尼西亚	1
邱钰龙	男	亚洲帆船锦标赛帆船男子激光级	印度尼西亚	7
卢云秀	女	帆船亚洲杯日本站帆板女子 RS:X 级	日本	3
陈静乐	女	世界风筝水翼板金杯赛暨风筝双向板国际公开赛风筝板女子水翼板级	平潭	1

续表

姓 名	性 别	项 目	地 点	名 次
邓晓成	男	世界风筝水翼板全杯赛暨风筝双向板国际公开赛风筝板男子水翼板级	平潭	5
陈静乐	女	东山岛国际风筝板公开赛风筝板女子水翼板级	东山	1
邓晓成	男	东山岛国际风筝板公开赛风筝板男子水翼板级	东山	4
叶 兵	男	亚洲帆板锦标赛帆板男子 RS:X 级	珠海	4
卢云秀	女	亚洲帆板锦标赛帆板女子 RS:X 级	珠海	2
钟良伟	男	亚洲帆板锦标赛帆板男子 Gaastra 级	珠海	8
沈伟杰	男	亚洲帆板锦标赛帆板男子 T293(U17) 级	珠海	7
董一诺	女	亚洲帆板锦标赛帆板女子 T293(U15) 级	珠海	2
熊 敏	女	亚洲帆板锦标赛帆板女子 T293(U15) 级	珠海	3
梁文雅	女	亚洲帆板锦标赛帆板女子 T293(U15) 级	珠海	5
练艳婷	女	亚洲帆板锦标赛帆板女子 T293(U15) 级	珠海	7
董一诺	女	亚洲帆板锦标赛公开级公开组	珠海	4
熊 敏	女	亚洲帆板锦标赛公开级公开组	珠海	5
梁文雅	女	亚洲帆板锦标赛公开级公开组	珠海	7
王 炜	男	亚洲帆板锦标赛公开级公开组	珠海	8
陈静乐	女	亚洲风筝板锦标赛 风筝板女子水翼板级	珠海	1
邓晓成	男	亚洲风筝板锦标赛 风筝板男子双向板级	珠海	3
陈静乐	女	亚洲风筝板锦标赛 风筝板女子双向板级	珠海	1
邓晓成	男	风筝板国际公开赛 风筝板男子水翼板级	海南海口	3
邓晓成	男	风筝板国际公开赛 风筝板男子双向板级	海南海口	4
陈静乐	女	风筝板国际公开赛 风筝板女子双向板级	海南海口	1

2018 年省帆船帆板中心运动员参加全国比赛成绩

表 46

姓 名	性 别	项 目	名 次
一、全国帆板锦标赛，时间：2018 年 3 月 10—17 日，地点：广东汕头			
林志伟	男	全国帆板锦标赛男子 RS:X 级长距离赛	1
黄 震	男	全国帆板锦标赛男子 RS:X 级长距离赛	6
黄依丹	女	全国帆板锦标赛女子 RS:X 级长距离赛	6
黄先婷	女	全国帆板锦标赛女子 RS:X 级长距离赛	7
林志伟	男	全国帆板锦标赛男子 RS:X 级障碍赛	1
卢云秀	女	全国帆板锦标赛女子 RS:X 级障碍赛	1
黄先婷	女	全国帆板锦标赛女子 RS:X 级障碍赛	3
戴燕芬	女	全国帆板锦标赛女子 RS:X 级障碍赛	6
王雅妮	女	全国帆板锦标赛女子 RS:X 级障碍赛	7
黄 震	男	全国帆板锦标赛男子 RS:X 级场地赛	3
林志伟	男	全国帆板锦标赛男子 RS:X 级场地赛	7

续表

姓　名	性 别	项　　　目	名 次
卢云秀	女	全国帆板锦标赛女子 RS:X 级场地赛	1
黄先婷	女	全国帆板锦标赛女子 RS:X 级场地赛	7
邓晓成	男	全国帆板锦标赛男子风筝板场地赛	2
谢伟鑫	男	全国帆板锦标赛男子风筝板场地赛	7
		二、全国青年帆船锦标赛，时间：6 月 3—10 日；地点：辽宁瓦房店	
林维岳	男	全国青年帆船锦标赛男子 470 级场地赛	4
孙宏鑫	男		4
李　撒	女	全国青年帆船锦标赛女子 470 级场地赛	5
李　洁	女		5
王俊龙	男	全国青年帆船锦标赛男子激光级场地赛	2
李文浩	男	全国青年帆船锦标赛男子激光级场地赛	3
林炜琪	男	全国青年帆船锦标赛男子激光级场地赛	4
陈　榕	男	全国青年帆船锦标赛男子激光级场地赛	7
罗海燕	女	全国青年帆船锦标赛女子雷迪尔级场地赛	4
王怡文	女	全国青年帆船锦标赛女子雷迪尔级场地赛	8
蔡雅婷	女	全国青年帆船锦标赛激光 4.7 级公开组场地赛	2
王宝鑫	男	全国青年帆船锦标赛激光 4.7 级公开组场地赛	4
林维岳	男	全国青年帆船锦标赛男子 470 级长距离赛	4
孙宏鑫	男	全国青年帆船锦标赛男子 470 级长距离赛	4
李　撒	女	全国青年帆船锦标赛女子 470 级长距离赛	4
李　洁	女	全国青年帆船锦标赛女子 470 级长距离赛	4
王俊龙	男	全国青年帆船锦标赛男子激光级长距离赛	1
陈　榕	男	全国青年帆船锦标赛男子激光级长距离赛	2
林炜琪	男	全国青年帆船锦标赛男子激光级长距离赛	4
李文浩	男	全国青年帆船锦标赛男子激光级长距离赛	5
罗海燕	女	全国青年帆船锦标赛女子雷迪尔级长距离赛	5
王怡文	女	全国青年帆船锦标赛女子雷迪尔级长距离赛	8
王宝鑫	男	全国青年帆船锦标赛激光 4.7 级公开组长距离赛	1
蔡雅婷	女	全国青年帆船锦标赛激光 4.7 级公开组长距离赛	5
		三、全国翻波板锦标赛，时间：6 月 10—17 日，地点：浙江宁波	
叶　兵	男	全国翻波板锦标赛男子 RS:X 级长距离赛	2
林志伟	男	全国翻波板锦标赛男子 RS:X 级长距离赛	4
叶露垣	男	全国翻波板锦标赛男子 RS:X 级长距离赛	8
黄依丹	女	全国翻波板锦标赛女子 RS:X 级长距离赛	4
黄先婷	女	全国翻波板锦标赛女子 RS:X 级长距离赛	5
王子昀	男	全国翻波板锦标赛男子 T293 级长距离赛	6
杨猷强	男	全国翻波板锦标赛男子 T293 级长距离赛	8

续表

姓　名	性 别	项　　　目	名 次
钟良炜	男	全国翻波板锦标赛男子 Gaastra Fun 级长距离赛	2
杨荣煜	男	全国翻波板锦标赛男子 Gaastra Fun 级长距离赛	5
叶　兵	男	全国翻波板锦标赛男子 RS:X 级障碍赛	2
黄　震	男	全国翻波板锦标赛男子 RS:X 级障碍赛	3
黄依丹	女	全国翻波板锦标赛女子 RS:X 级障碍赛	2
黄先婷	女	全国翻波板锦标赛女子 RS:X 级障碍赛	4
杨荣煜	男	全国翻波板锦标赛男子 Gaastra Fun 级障碍赛	5
钟良炜	男	全国翻波板锦标赛男子 Gaastra Fun 级障碍赛	7
叶　兵	男	全国翻波板锦标赛男子 RS:X 级场地赛	1
林志伟	男	全国翻波板锦标赛男子 RS:X 级场地赛	3
黄依丹	女	全国翻波板锦标赛女子 RS:X 级场地赛	1
黄先婷	女	全国翻波板锦标赛女子 RS:X 级场地赛	4
陈思蓉	女	全国翻波板锦标赛女子 RS:X 级场地赛	7
王子昀	男	全国翻波板锦标赛男子 T293 级场地赛	4
杨荣煜	男	全国翻波板锦标赛男子 Gaastra Fun 级场地赛	5
四、全国攀岩联赛兰州站，时间：6 月 15—17 日，地点：甘肃兰州			
黄　鑫	男	全国攀岩联赛兰州站男子全能	4
陈知行	男	全国攀岩联赛兰州站男子速度	1
陈卓莹	女	全国攀岩联赛兰州站女子全能	2
黄伟君	女	全国攀岩联赛兰州站女子全能	8
陈卓莹	女	全国攀岩联赛兰州站女子速度	2
五、全国攀岩联赛增城站，时间：7 月 6—8 日，地点：广东增城			
黄　鑫	男	全国攀岩联赛广东增城站男子全能	2
刘永钺	男	全国攀岩联赛广东增城站男子全能	4
陈知行	男	全国攀岩联赛广东增城站男子速度	4
陈卓莹	女	全国攀岩联赛广东增城站女子全能	1
陈卓莹	女	全国攀岩联赛广东增城站女子速度	3
六、全国攀岩联赛齐河站，时间：7 月 20—22 日，地点：山东齐河			
黄　鑫	男	全国攀岩联赛山东齐河站男子全能	3
陈卓莹	女	全国攀岩联赛山东齐河站女子全能	1
陈卓莹	女	全国攀岩联赛山东齐河站女子速度	3
七、全国攀岩联赛长沙站，时间：8 月 10—12 日，地点：湖南长沙			
黄　鑫	男	全国攀岩联赛长沙站男子全能	4
刘永钺	男	全国攀岩联赛长沙站男子全能	8
陈卓莹	女	全国攀岩联赛长沙站女子全能	1
陈卓莹	女	全国攀岩联赛长沙站女子速度	3

续表

姓　名	性 别	项　　目	名 次
八、全国帆船冠军赛，时间：8月26—9月2日，地点：河北秦皇岛			
林桂坤	男	全国帆船冠军赛男子激光级场地赛	1
邱钰龙	男	全国帆船冠军赛男子激光级场地赛	6
李买华	男	全国帆船冠军赛男子芬兰人场地赛	3
罗仁焕	男	全国帆船冠军赛男子芬兰人场地赛	7
黄彬斌	男	全国帆船冠军赛男子芬兰人场地赛	8
林桂坤	男	全国帆船冠军赛男子激光级长距离赛赛	6
王宝鑫	男	全国帆船冠军赛男子激光级长距离赛赛	7
李买华	男	全国帆船冠军赛男子芬兰人级长距离赛赛	2
黄彬斌	男	全国帆船冠军赛男子芬兰人级长距离赛赛	8
九、全国攀岩联赛紫云站，时间：8月31—9月2日，地点：贵州紫云			
刘永铖	男	全国攀岩联赛贵州紫云站男子全能	7
陈知行	男	全国攀岩联赛贵州紫云站男子速度	7
陈卓莹	女	全国攀岩联赛贵州紫云站女子全能	2
陈卓莹	女	全国攀岩联赛贵州紫云站女子速度	4
十、全国攀岩联赛江山站（总决赛），时间：9月14—16日，地点：浙江江山			
黄　鑫	男	全国攀岩联赛浙江江山站总决赛男子全能	4
刘永铖	男	全国攀岩联赛浙江江山站总决赛男子全能	5
陈卓莹	女	全国攀岩联赛浙江江山站总决赛女子全能	1
陈卓莹	女	全国攀岩联赛浙江江山站总决赛女子速度	6
黄　鑫	男	全国攀岩联赛年度总积分男子全能	3
刘永铖	男	全国攀岩联赛年度总积分男子全能	8
陈知行	男	全国攀岩联赛年度总积分男子速度	4
陈卓莹	女	全国攀岩联赛年度总积分女子全能	1
黄伟君	女	全国攀岩联赛年度总积分女子全能	8
陈卓莹	女	全国攀岩联赛年度总积分女子速度	4
十一、全国OP帆船锦标赛，时间：9月13日-20日，地点：广东湛江			
郭烨斌	男	全国OP帆船锦标赛男子乙组场地赛	1
林伟斌	男	全国OP帆船锦标赛男子乙组场地赛	4
许毅宏	男	全国OP帆船锦标赛男子乙组场地赛	5
肖湘湘	女	全国OP帆船锦标赛女子乙组场地赛	1
郑惠玲	女	全国OP帆船锦标赛女子乙组场地赛	5
郤美珍	女	全国OP帆船锦标赛女子乙组场地赛	8
欧宏滨	男	全国OP帆船锦标赛男子丙组场地赛	1
潘孝凯	男	全国OP帆船锦标赛男子丙组场地赛	3
林瑞杰	男	全国OP帆船锦标赛男子丙组场地赛	4
雷雯茜	女	全国OP帆船锦标赛女子丙组场地赛	1

续表

姓 名	性 别	项 目	名 次
林子涵	女	全国 OP 帆船锦标赛女子丙组场地赛	2
陈淑馨	女	全国 OP 帆船锦标赛女子丙组场地赛	5
郭烨斌 林伟斌	男	全国 OP 帆船锦标赛男子团体	3
肖湘湘 郑惠玲	女	全国 OP 帆船锦标赛女子团体	3
十二、全国帆船锦标赛，时间 10 月 14—21 日，地点：宁波象山			
李买华	男	全国帆船锦标赛男子芬兰人级场地赛	4
罗仁焕	男	全国帆船锦标赛男子芬兰人级场地赛	5
邱钰龙	男	全国帆船锦标赛男子激光级场地赛	2
林桂坤	男	全国帆船锦标赛男子激光级场地赛	5
王俊龙	男	全国帆船锦标赛男子激光级场地赛	7
罗仁焕	男	全国帆船锦标赛男子芬兰人级长距离赛赛	2
李买华	男	全国帆船锦标赛男子芬兰人级长距离赛赛	4
陈华奇	男	全国帆船锦标赛男子芬兰人级长距离赛赛	6
邱钰龙	男	全国帆船锦标赛男子激光级长距离赛赛	1
林桂坤	男	全国帆船锦标赛男子激光级长距离赛赛	3
十三、全国青年帆板锦标赛，时间：11 月 1—8 日，地点：四川西昌			
陈思蓉	女	全国青年帆板锦标赛女子 RS:X 级场地赛	2
钟良炜	男	全国青年帆板锦标赛男子 GaastraPro 级场地赛	2
周乾坤	男	全国青年帆板锦标赛男子 GaastraPro 级场地赛	3
王子昀	男	全国青年帆板锦标赛男子 GaastraPro 级场地赛	6
王伟杰	男	全国青年帆板锦标赛男子 GaastraPro 级场地赛	8
沈伟杰	男	全国青年帆板锦标赛男子 T293 级场地赛	5
杨猷强	男	全国青年帆板锦标赛男子 T293 级场地赛	7
钱闽瑶	女	全国青年帆板锦标赛女子 T293 级场地赛	4
姚 闽	女	全国青年帆板锦标赛女子 T293 级场地赛	6
熊 敏	女	全国青年帆板锦标赛女子 T293 级场地赛	7
陈晓峰	女	全国青年帆板锦标赛女子 Glide 级场地赛	2
陈思蓉	女	全国青年帆板锦标赛女子 RS:X 级长距离赛赛	4
王子昀	男	全国青年帆板锦标赛男子 GaastraPro 长距离赛赛	3
周乾坤	男	全国青年帆板锦标赛男子 GaastraPro 长距离赛赛	4
钟良炜	男	全国青年帆板锦标赛男子 GaastraPro 长距离赛赛	5
杨荣煜	男	全国青年帆板锦标赛男子 GaastraPro 长距离赛赛	7
杨猷强	男	全国青年帆板锦标赛男子公开级长距离赛赛	7
陈晓峰	女	全国青年帆板锦标赛女子公开级长距离赛赛	5
钱闽瑶	女	全国青年帆板锦标赛女子公开级长距离赛赛	8

续表

姓　名	性 别	项　　　目	名 次
陈思蓉	女	全国青年帆板锦标赛女子 RS:X 级障碍赛	4
王子昀	男	全国青年帆板锦标赛男子 GaastraPro 障碍赛	1
周乾坤	男	全国青年帆板锦标赛男子 GaastraPro 障碍赛	3
钟良炜	男	全国青年帆板锦标赛男子 GaastraPro 障碍赛	4
王伟杰	男	全国青年帆板锦标赛男子 GaastraPro 障碍赛	5
杨荣煜	男	全国青年帆板锦标赛男子 GaastraPro 障碍赛	8
熊　敏	女	全国青年帆板锦标赛女子公开级障碍赛	4
钱闽瑶	女	全国青年帆板锦标赛女子公开级障碍赛	6
十四、全国帆船锦标赛（激光级），时间：12 月 1—6 日，地点：广东深圳			
林桂坤	男	全国帆船锦标赛（激光级）男子激光级场地赛	2
王俊龙	男	全国帆船锦标赛（激光级）男子激光级场地赛	7
陈　榕	男	全国帆船锦标赛（激光级）男子激光雷迪尔级场地赛	1
郑伟强	男	全国帆船锦标赛（激光级）男子激光雷迪尔级场地赛	2
王宝鑫	男	全国帆船锦标赛（激光级）男子激光雷迪尔级场地赛	4
余隆涛	男	全国帆船锦标赛（激光级）男子激光雷迪尔级场地赛	6
杨文冠	男	全国帆船锦标赛（激光级）男子激光雷迪尔级场地赛	7
蔡雅婷	女	全国帆船锦标赛（激光级）女子激光 4.7 级场地赛	2
邱钰龙 林桂坤 王宝鑫	男	全国帆船锦标赛（激光级）男子场地赛团体	2
黄　辉 王俊龙 陈　榕	男	全国帆船锦标赛（激光级）男子场地赛团体	3
李　澍 曹亮伟 余隆涛	男	全国帆船锦标赛（激光级）男子场地赛团体	5
黄淑娟 邱晓明 蔡雅婷	女	全国帆船锦标赛女子场地赛团体	5
林桂坤	男	全国帆船锦标赛（激光级）男子激光级长距离赛赛	1
王俊龙	男	全国帆船锦标赛（激光级）男子激光级长距离赛赛	7
郑伟强	男	全国帆船锦标赛（激光级）男子激光雷迪尔级长距离赛赛	1
陈　榕	男	全国帆船锦标赛（激光级）男子激光雷迪尔级长距离赛赛	2
王宝鑫	男	全国帆船锦标赛（激光级）男子激光雷迪尔级长距离赛赛	5
余隆涛	男	全国帆船锦标赛（激光级）男子激光雷迪尔级长距离赛赛	6
杨文冠	男	全国帆船锦标赛（激光级）男子激光雷迪尔级长距离赛赛	7
蔡雅婷	女	全国帆船锦标赛（激光级）女子激光 4.7 级长距离赛赛	3

续表

姓　名	性 别	项　　　目	名 次
十五、全国帆板冠军赛，时间：12 月 1—8 日，地点：广东阳江			
林志伟	男	全国帆板冠军赛男子 RS:X 级场地赛	2
刘　凌	男	全国帆板冠军赛男子 RS:X 级场地赛	3
黄　震	男	全国帆板冠军赛男子 RS:X 级场地赛	4
叶　兵	男	全国帆板冠军赛男子 RS:X 级场地赛	4
卢云秀	女	全国帆板冠军赛女子 RS:X 级场地赛	2
黄先婷	女	全国帆板冠军赛女子 RS:X 级场地赛	4
黄依丹	女	全国帆板冠军赛女子 RS:X 级场地赛	6
董一诺	女	全国帆板冠军赛女子 T293 级场地赛	2
林志伟	男	全国帆板冠军赛男子 RS:X 级长距离赛赛	2
黄先婷	女	全国帆板冠军赛女子 RS:X 级长距离赛赛	1
黄依丹	女	全国帆板冠军赛女子 RS:X 级长距离赛赛	6
沈伟杰	男	全国帆板冠军赛男子 T293 级长距离赛赛	7
董一诺	女	全国帆板冠军赛女子 T293 级长距离赛赛	3
钱闽瑶	女	全国帆板冠军赛女子 T293 级长距离赛赛	6
林志伟	男	全国帆板冠军赛男子 RS:X 级障碍赛	4
刘　凌	男	全国帆板冠军赛男子 RS:X 级障碍赛	6
杨敏海	男	全国帆板冠军赛男子 RS:X 级障碍赛	7
黄先婷	女	全国帆板冠军赛女子 RS:X 级障碍赛	6
黄依丹	女	全国帆板冠军赛女子 RS:X 级障碍赛	7
钟良炜	男	全国帆板冠军赛男子 GaastraPro 障碍赛	6
杨荣煜	男	全国帆板冠军赛男子 GaastraPro 障碍赛	7
十六、全国 OP 帆船冠军赛，时间：12 月 9—16 日，地点：广西北海			
郭烨斌	男	全国 OP 帆船冠军赛男子乙组场地赛	1
林伟斌	男	全国 OP 帆船冠军赛男子乙组场地赛	2
许毅宏	男	全国 OP 帆船冠军赛男子乙组场地赛	3
倪世梁	男	全国 OP 帆船冠军赛男子乙组场地赛	6
郑惠玲	女	全国 OP 帆船冠军赛女子乙组场地赛	1
肖湘湘	女	全国 OP 帆船冠军赛女子乙组场地赛	2
郜美珍	女	全国 OP 帆船冠军赛女子乙组场地赛	3
欧宏滨	男	全国 OP 帆船冠军赛男子丙组场地赛	1
潘孝凯	男	全国 OP 帆船冠军赛男子丙组场地赛	2
林瑞杰	男	全国 OP 帆船冠军赛男子丙组场地赛	5
陈淑馨	女	全国 OP 帆船冠军赛女子丙组场地赛	1
林子涵	女	全国 OP 帆船冠军赛女子丙组场地赛	2
雷雯茜	女	全国 OP 帆船冠军赛女子丙组场地赛	3

续表

姓　名	性 别	项　　　目	名 次
十七、全国翻波板锦标赛（总决赛），时间：12 月 9—14 日，地点：广西北海			
周乾坤	男	全国翻波板锦标赛（总决赛）男子 RS:X 级场地赛	8
周乾坤	男	全国翻波板锦标赛（总决赛）男子 RS:X 级长距离赛赛	8
钱闽瑶	女	全国翻波板锦标赛（总决赛）女子 T293 级长距离赛赛	6
陈晓峰	女	全国翻波板锦标赛（总决赛）女子 T293 级长距离赛赛	6
姚　闽	女	全国翻波板锦标赛（总决赛）女子 T293 级长距离赛赛	6
林　烨	女	全国翻波板锦标赛（总决赛）女子 T293 级长距离赛赛	6
董一诺	女	全国翻波板锦标赛（总决赛）女子 T293 级长距离赛赛	6
梁文雅	女	全国翻波板锦标赛（总决赛）女子 T293 级长距离赛赛	6
钟良炜	男	全国翻波板锦标赛（总决赛）男子 GaastraPro 长距离赛赛	5
钟良炜	男	全国翻波板锦标赛（总决赛）男子 GaastraPro 障碍赛	4
十八、全国帆船锦标赛（49er 级），时间：12 月 22—28 日，地点：广东深圳			
余雪彬	女	全国帆船锦标赛女子 49er 级场地赛	1
杨　颖	女	全国帆船锦标赛女子 49er 级场地赛	4
石诗情	女	全国帆船锦标赛女子 49er 级场地赛	4
郭　凡	女	全国帆船锦标赛女子 49er 级场地赛	5
元昱倩	女	全国帆船锦标赛女子 49er 级场地赛	6
李　洁	女	全国帆船锦标赛女子 49er 级场地赛	6
李子鹤	男	全国帆船锦标赛男子 49er 级场地赛	5
吴　霖	男	全国帆船锦标赛男子 49er 级场地赛	6
吕东武	男	全国帆船锦标赛男子 49er 级场地赛	6
余雪彬	女	全国帆船锦标赛女子 49er 级长距离赛赛	1
郭　凡	女	全国帆船锦标赛女子 49er 级长距离赛赛	4
元昱倩	女	全国帆船锦标赛女子 49er 级长距离赛赛	5
李　洁	女	全国帆船锦标赛女子 49er 级长距离赛赛	5
杨　颖	女	全国帆船锦标赛女子 49er 级长距离赛赛	7
石诗情	女	全国帆船锦标赛女子 49er 级长距离赛赛	7
吴　霖	男	全国帆船锦标赛男子 49er 级长距离赛赛	4
吕东武	男	全国帆船锦标赛男子 49er 级长距离赛赛	4
李子鹤	男	全国帆船锦标赛男子 49er 级长距离赛赛	6

（邱　斌）

卫生与计划生育

综　述

【概况】2018年，集美区卫生系统按照强基础、补短板、建机制的思路，推进健康集美建设。以“项目推动年”为契机，一批医疗民生补短板项目先后实施，医疗信息化便民惠民工作次第开展，群众健康获得感和幸福感提高。集美街道社区卫生服务中心在全市39家基层医疗机构综合绩效考核中排名第二位，并参加国家卫计委组织的《健康管理师职业标准修订和基层医疗机构等级评审标准》制定工作；全科医生李娜获“全国最有人气的家庭医生”称号。至2018年底，全区共有医疗卫生机构281家，其中社区卫生服务中心4家、卫生院2家、社区卫生服务站（村卫生所）32家、民营医院4家、门诊部32家；共有执业医师1659人，常住人口每千人拥有执业医师2.46人；共有全科医生99人，每万人拥有全科医生1.47人；共有病床2138张（厦门医学院附属第二医院1300张、厦门市第一医院杏林分院428张、区属医疗卫生机构80张、民营医疗机构330张），每千人拥有床位3.17张。区属基层医疗机构全年门诊量突破110万人次，比上年增长22.69%。

2018年集美区卫生防疫单位基本情况

表47

单位名称	年末职工人数（人）	固定资产（万元）	门诊数（万人次）	病床（张）	业务用房面积（平方米）
合计	2667	59740.0	282	1808	10466017
集美区疾病预防控制中心	33	938.5	—	—	5239
集美区妇幼保健院	63	1052.2	5.39	—	1500
厦门第二医院	1419	20717.0	108	1300	10380000
厦门第一医院杏林分院	640	29010.0	66	428	48070
灌口镇中心卫生院	112	3880.8	16.39	50	8009
后溪镇卫生院	78	2324.8	16.87	30	10302
集美街道社区卫生服务中心	37	1127.0	17.7	—	1864
杏林街道社区卫生服务中心	58	744.0	18	—	1650
侨英街道社区卫生服务中心	83	1399.0	23.44	—	5659
杏滨街道社区卫生服务中心	75	2106.4	26.75	—	3400
集美区卫生与计划生育监督所	69	320	—	—	324

【医联体建设】2018年，区卫生部门支持辖区内厦门市第二医院呼吸介入等重点专科建设，完善与第二医院和市第一医院杏林分院医联体协作机制，实现辖区内胸痛区域性网络救治。继续落实专家医师下基层坐诊制度，全年45名专家下基层1734人次，接诊3万余人次。畅通基层医疗机构和大医院的检验、心电、DR通道，二院开展远程医疗服务近5000人次。医院与社区卫生服务中心上下联动、双向转诊、优化配置和方便群众的分级诊疗格局初步形成，家门口的社区医院吸引力不断增强。

【医疗卫生信息化建设】2018年，集美区强化“互联网+医疗健康服务”，开通电子医保卡诊间结算功能，开放居民健康档案及就诊记录，居民可自助查阅。利用可穿戴智能健康监测设备，结合多种终端设备，提供个性化健康管理。开展线上长处方续方服务，慢性病患者在家门口即可取到药物。畅通社区医院和大医院的检验、心电、

DR 通道，群众在社区医院做检查可得到大医院专家的诊断。

【卫生应急能力建设】2018 年，集美区全年报告传染病疫情预警信号 360 条，均及时排除；处置聚集性疫情苗头事件 47 起（其中 2 起为未定级的突发公共卫生事件），均予以指导并得到控制。积极推进急救“六进活动”，开展各类培训 41 场，培训 4588 人次。开展医疗保障行动 30 余场，出动医护人员 150 余人次、救护车 50 余辆次。

【补短板项目建设】2018 年，区卫生部门编制《医疗卫生补短板项目规划方案》，实行短期规划和中长期规划相结合。是年，梳理医疗卫生补短板项目 14 个，推动落地项目 9 个，前期工作项目 5 个。至年底，集美新城医院、市妇幼保健院集美院区项目落地建设，灌口医院现址提升改造项目进场施工，锦园社区卫生服务中心、软件园三期社区卫生服务中心、北站社区卫生服务中心项目前期工作进展顺利。

（周源源）

医　疗

【概况】2018 年，集美区推进分级诊疗和基本公共卫生服务均等化工作。全区组建家庭医生签约服务团队 74 个，家庭医生签约 9.8 万人，签约覆盖率 33.96%，重点人群中 65 岁以上老年人签约率 72.52%。建立常住人口健康档案 58 万份，建档率 85.39%；建立预防接种证 1.3 万个，建证率 100%；提高早孕建册率，由 2017 年的 79.95% 提高至 2018 年的 85.9%。探索医养结合、家庭病床新模式，在纺织、高浦社区 24 户老人家庭开展家庭病床服务试点工作，全年入户服务 7883 人次，并在全市率先将 60 ~ 64 周岁老年人体检纳入为民办实事项目。是年，区属基层医疗机构门诊量突破 110 万人次，比上年增长 22.69%。

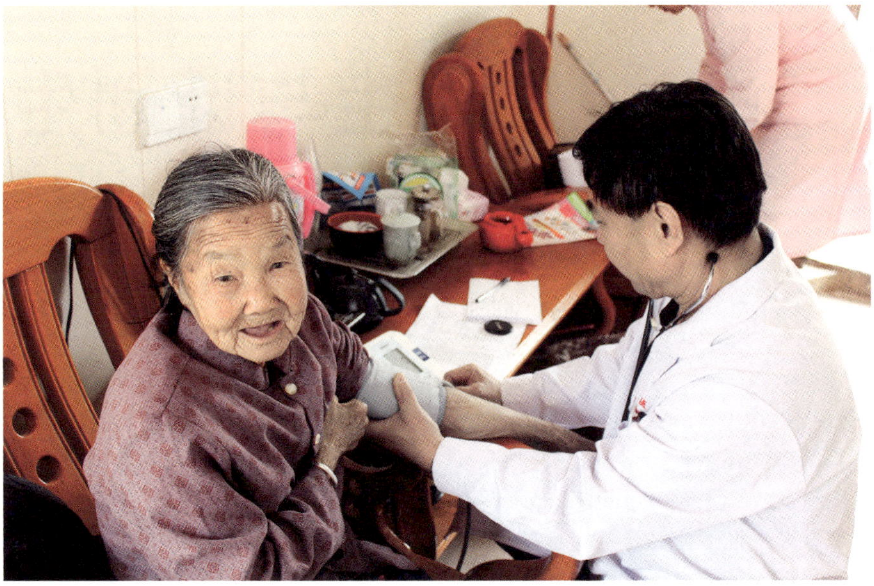

12 月 26 日，李林村家庭医生吕一林入户为 80 岁以上老人健康体检（蔡爱梅 摄）

【慢病传染病治疗与管理】2018 年，区卫生部门加强慢性病、传染病、严重精神障碍患者管理。传染病疫情总体平稳，无甲类传染病报告，未出现人感染 H7N9 禽流感和本地登革热等重大传染病疫情。高度重视和积极处置百白破疫苗和长春长生狂犬病疫苗事件波及的效应，做好跟踪观察、咨询服务、续种补种等工作，疫苗冷链管理及接种工作规范有序。国家免疫规划疫苗接种率均在 99% 以上（除麻风类疫苗），二类疫苗使用量 11.37 万剂次，比上年增长 45%。巩固慢性病综合防控示范区创建成果，实施《厦门市集美区防治慢性病中长期规划（2017—2025 年）》，开展“三减三健”专项行动，推进全民健康生活方式。加强严重精神障碍患者管理，全区在册患者报告患病率 4.08‰，年在管患者管理率 89.23%。

【医疗安全管理】2018 年，区卫生部门处理各类医疗投诉 150 余起，区医疗纠纷人民调解委员会调解医疗纠纷 5 起。各医疗机构落实各项医疗核心制度以及医疗技术操作规程，医院核心制度和岗位职责知晓率 100%；强化“三基培训”和业务学习，举办各类培训 50 余场；依托三级医院专科医师下社区传、帮、带，45 名专家共带教 1583 人次。全区未发生重大医疗差错和事故。加强医疗卫生监督执法，开展医疗服务新业态专项检查，结合扫黑除恶专项斗争，打击“两非”和非法行医等违法违规行为。全年开展打击无证行医监督检查 150 次，取缔无证行医 11 起，其中立案 9 起，向区扫黑办移交线索 5 条。

【中医中药】2018 年，集美区制定《集美区基层中医药服务能力提升工程“十三五”行动计划》，开展《中华人民共和国中医药法》普法宣传活动。遴选 5 名基层中医师作为基层师带徒继承人，开展中药饮片清查，印发《关于做好中药饮片采购验收配送代煎监管工作的通知》，加强基层中药饮片配送、代煎服务等质量安全管理。全区全年开具中药处方 48.42 万张，占总处方数的 58.38%。其中，中药饮片处方 5.25 万张、中医非药物处方 4.21 万张，分别占总处方数的 6.32% 和 5.07%。

（方琳颖）

疾病防控

【概况】2018年，集美区疾病预防与控制中心编制35人，在岗33人。其中，正高职称2人、副高3人、中级12人、初级10人；研究生学历6人、本科19人、大专中专7人。全区儿童疫苗接种率，卡介苗100%，脊灰糖丸99.69%，百白破三联苗99.73%，麻风疫苗92.22%，乙肝疫苗99.99%，乙脑疫苗99.75%，流脑疫苗99.64%，甲肝疫苗99.76%。全年收到预警信号360条，经核实均为非疑似事件。无甲类传染病报告；乙类传染病发病率223.74/10万，比上年增长3.01%；丙类传染病发病率596.74/10万，上升15.65%。是年，区疾病预防与控制中心获厦门市第二十四届职工技术比赛卫生应急技能项目比赛团体一等奖，章冬获个人项目一等奖，并获厦门市五一劳动奖章。

【重点疾病监测】（1）霍乱监测。2018年，全区各级医疗单位肠道门诊报告腹泻病例173例，粪检173例，未检出霍乱弧菌，未发现霍乱病人和带菌者。5—10月，在农贸市场、水产品养殖场等场所采集水产品240份、养殖水180份，其中7月份海产品1份阳性（为稻叶型，非产毒株），余未检出霍乱弧菌。（2）人感染高致病性禽流感监测。3月21日，开展禽流感职业暴露人群血清学监测，采集灌口镇三社活禽养殖户血清学标本20份，送市疾控中心检测；3月和9月，分别采集三社散养户、白泉市场禽类外环境标本40份，未检出人感染H7N9流感病毒，全年未接到本地人感染H7N9流感疫情报告。（3）疟疾监测。6—10月，在灌口镇双岭村开展蚊媒监测10次。4月，在灌口中心卫生院对250名“三热”病人进行疟原虫血检，无阳性病例。（4）登革热监测。3—12月，在4个镇街开展登革热媒介伊蚊滋生地监测，登革热防控属中度传播风险。（5）碘缺乏病监测。上半年，在5个镇街开展8—10岁儿童合格碘盐食用率、碘营养和甲状腺发育状况、孕妇合格碘盐食用率、碘营养水平、水碘含量水平调查；下半年，在杏林街道完成孕妇、哺乳妇女和20—49岁人群的碘营养水平监测采样工作，样品送省疾控检测。（6）艾滋病防治与管理。报告HIV感染者、艾滋病病人首次流调率、现存活病人随访率均为100%，cd4细胞检测率90%，现存活病例配偶HIV抗体检测率88.9%，病例完成结核病筛查率94%，抗病毒治疗覆盖率87%，完成发廊、桑拿、按摩店等重点人群干预1776人次，抽血检测HIV抗体431份，检出阳性1份；男性行为人群干预791人次，抽血检测HIV抗体206份，检出阳性7份；全区三家自愿咨询门诊完成HIV抗体检测983人，检出阳性50人。（7）结核病防治。非结防机构报告肺结核患者总体到位率95.7%，追踪到位率100%，督导免费治疗肺结核病406人，治疗成功率90.1%，新涂阳病人治疗满2个月转阴率68%，系统管理率96.1%。（8）计划免疫相对传染病监测。报告麻疹监测病例17例，经流行病学调查及实验室检测，2例为麻疹实验室确诊病例，1例为麻疹临床诊断病例，7例为风疹实验室确诊病例，其余7例为排除麻疹风疹病例。报告15岁以下乙肝5例，百日咳7例，流行性腮腺炎91例，甲肝7例，无脊髓灰质炎、新生儿破伤风、乙脑、流脑、白喉等病例报告。（9）严重精神障碍患者管理，全区累计建档严重精神障碍患者2745例，在册患者2628例，报告患病率4.08‰。在管患者管理率89.23%，规范管理率84.44%，服药率86.61%。精神卫生知识知晓率调查结果：知晓度好占44%，基本知晓占47%，知晓度低占9%。（10）完成辖区居民死因监测、伤害监测、心脑血管事件和肿瘤随访登记报告工作，至年底，死因监测报告1398例，伤害监测报告16369例，心脑血管事件报告1436例。（11）居民健康素养监测，全区抽样15～69岁调查对象603名，监测问卷调查结果：2018年集美区居民健康素养水平为23.05%，基本知识和理念素养水平为38.30%，健康生活方式与行为素养水平为15.75%，基本技能素养水平为26.86%。六类健康问题素养水平由高到低依次为：安全与急救57.05%，科学健康观53.23%，健康信息38.47%，慢性病防治素养26.04%，传染病防治素养18.41%，基本医疗素养18.41%。（12）开展成人烟草调查工作，全区共抽取600户，完成有效问卷474份。调查结果：成人吸烟率25.11%，其中男性吸烟率48.16%，女性吸烟率0.44%，工作场所、餐厅及大学二手烟接触率分别为32.64%、47.99%、8.00%。（13）健康危害因素监测，完成公共场所委托监测715家次，合格665家次，合格率93.00%，检测项目4245项，合格4187项，项目合格率98.63%；生活饮用水采集52点次，其中采集末梢水32份，二次供水20份；食品安全风险监测采样126批次，食源性疾病病例报表审核234份，有毒有害作业工人健康监护汇总表审核67份；处置食源性疾病暴发事件10起，均未达到突发公共卫生事件级别。

【免疫预防接种】2018年，集美区儿童常规免疫接种，卡介苗实种11856人，接种率100%；脊髓灰质炎疫苗实种14046人，接种率99.69%；百白破三联苗实种14743人，接种率99.73%；麻风疫苗接种14324人，接种率92.22%；乙肝疫苗实种14944人，接种率99.99%；乙脑疫苗实种15710人，接种率99.75%；流脑疫苗实种15469人，接种率99.64%；甲肝疫苗实种15163人，接种率99.76%。加强免疫接种人数，百白破15508人，麻腮风15735人，乙脑（1.5～2岁）14822人，流脑A＋C（3岁）14991人，流脑A＋C（6岁）14257人，白破实种 13828 人。开展 2013—2017 年出生未按免疫程序完成接种儿童的查漏补种活动，共摸底调查适龄儿童 21392 人，目标儿童 1786 人，其中含麻类疫苗应种 1483 人，实种 1424 人，补种率 96.02%；脊灰疫苗应种 1502 人，实种 1456 人，补种率 96.94%。活动结束后，进行快速接种率评估，共抽查适龄儿童 107 名，发现目标儿童 11 人，其中含麻类疫苗应种 1 人、实种 1 人，脊灰疫苗应种儿童 11 人、实种 11 人，快速评估接种率 100%。

【公共卫生事件处置】2018 年，集美区报告传染病聚集性疫情 47 起，波及病例数 293 例，均及时规范处置，未新增病例。其中，流感样聚集性疫情 22 起，手足口病 12 起，水痘 6 起，急性胃肠炎疫情 6 起，结核病聚集性疫情 1 起。其中 1 起水痘和 1 起胃肠炎疫情达到突发公共卫生事件报告标准，属未定级事件，中心按规范要求网络直报。

【传染病疫情信息】2018 年，区疾病预防与控制中心收到预警信号 360 条，经核实均为非疑似事件。无甲类传染病报告；乙类传染病发病率 223.74/10 万，比上年增长 3.01%，发病数前五位依次为肺结核、梅毒、肝炎、淋病、猩红热；丙类传染病发病率 596.74/10 万，上升 15.65%，发病数前五位依次为手足口病、其他感染性腹泻、流行性感冒、流行性腮腺炎、风疹。

【健康教育】2018 年，区疾病预防与控制中心召开健康教育工作例会 4 次，实行基本公共卫生项目督导 2 次，对各镇、街、村、居进行基层健康教育工作督导 1 次；围绕世界帕金森日、爱国卫生月、世界无烟日、全民健康生活方式日、全国高血压日开展健康教育活动，共发放宣传手册 8 种 14024 份、小折页 39 种 47656 份、书签 8 种 6900 份；举办讲座 165 场，受益人数 14240 人；开展健康咨询 74 场，受益人数 16459 人。创建“无烟单位”81 家，健康社区 20 个，健康食堂、健康餐厅、健康单位、健康学校各 8 个（所），健康小屋 67 个，率先实现全区村（居）健康小屋全覆盖。集美区通过国家级慢性病综合防控示范区建设评估组的调研评估，被国家卫计委确定为第四批国家慢性病综合防控示范区。

【健康素养促进社区工作】2018 年，区疾病预防与控制中心开展健康素养促进社区工作。对各镇街申报的 6 个健康素养促进社区进行现场评选，并举办健康素养促进社区工作培训，做好指导工作。开展“三减三健”工作，利用微信公众号推送“三减三健”内容，与社区联合开展宣传活动，举办社区义诊、测量血压、讲座 2 场，外环境宣传 6 场，受众 700 余人，发放宣传折页 1000 余份，以及腰围尺、限盐勺、BMI 计算转盘等支持工具 150 份。

（李标雄）

妇幼保健

【概况】2018 年，集美区妇幼保健院在编人员 63 人，其中卫生专业技术人员 59 人。卫技人员中，副高及以上职称 5 人，中级 25 人，初级 27 人，未定级 2 人；本科学历 45 人，大专 13 人，中专 1 人。是年，全区妇女孕早期检查率 96.21%，早孕建册率 97.11%，孕妇系统保健管理率 95.04%，住院分娩率 100%，产后访视率 97.68%，剖宫产率 37.38%，6 个月母乳喂养率 95.77%，7 岁以下儿童健康管理率 95.08%，3 岁以下儿童系统管理率 94.42%，妇女常见病筛查率 97%，婚前医学检查率 92.11%，新生儿死亡率 1.12‰，婴儿死亡率 2.23‰，5 岁以下儿童死亡率 2.97‰，孕产妇死亡率 0，孕产妇艾滋病病毒、梅毒、乙肝病毒检测率均为 99.62%，孕产妇产前筛查率 95.95%，新生儿访视率 98.87%，婚检率 92.11%，孕前优生健康检查任务数 3900 人，完成 4608 人，完成率 118.15%。

（廖怡婷）

【妇幼健康教育】2018 年，区妇幼保健院加强妇幼健康教育。每周开设孕妇课堂一次，进行孕产及婴幼儿喂养基本知识教育，全年举办 48 次，听课率 86%；联合有关部门，以春节“三下乡”、世界卫生日、世界母乳喂养周为契机，举行妇幼保健咨询及健康教育宣传和现场义诊 13 场，印发宣传品 7 种 4 万余份，展出各类展板、海报 30 余份；定期更新健康教育宣传栏、候诊厅 LED 显示屏、移动电视循环播放内容，利用官方网站、官方微信公众号等平台，推送科普文章 100 余篇。

（周碧菲）

【孕产妇系统保健管理】2018 年，区妇幼保健院按照孕产妇系统保健规范项目、内容，做好孕妇建卡、产前检查及高危孕妇筛查、转诊追踪管理工作。全年完成孕产妇系统保健建卡 13730 人，高危孕妇筛查 10856 人，高危孕妇筛查率 79.07%。按照《厦门市高危孕产妇转诊救治网络建设实施方案》要求，与市妇幼保健院签订高危孕妇双向转诊协议，转诊高危孕妇 75 例，同时做好转诊登记、辖区高危孕妇专案管理及跟踪随访工作，高危孕妇管理率 100%。

【危重孕产妇及新生儿救治中心成立】2018 年 9 月，区卫生和计划生育局印发《关于完善集美区危重孕产妇和危重新生儿转诊救治网络的通知》及《集美区危重症孕产妇及转诊救治网络实施方案》，将厦门医学院附属第二医院设定为集美区危重孕产妇及新生儿救治中心，建立健全集美区危重孕产妇及新生儿救治协调机制。12 月 21 日，集美区危重孕产妇及新生儿救治中心

12月21日，集美区危重孕产妇暨新生儿救治中心在厦门医学院附属第二医院揭牌
（区妇幼保健院 供图）

授牌仪式在厦门市医学院附属第二医院举行。（郑 冰）

【儿童系统保健管理】 2018年，区妇幼保健院执行福建省新的《儿童保健系统管理办法》，加强对儿童生长发育的监测。开展听力筛查管理，全年医院新生儿听力筛查7972人，对707例筛查未通过的婴儿及时转厦门市听力筛查诊断中心确诊。对27例确诊听力障碍婴幼儿建立高危档案并进行追踪随访；开展学龄前儿童听力筛查3011人，筛查未通过229人，转市妇幼保健院诊治并追访。开展儿童心理保健门诊，做儿童神经发育筛查和行为发育评估2595人。开展集体儿童视力筛查，对在园儿童进行验光检查，共筛查21026人。把好入园体检关，完成入园入托体检21682人。开展托幼机构儿童行为发育筛查，在公办幼儿园大班开展感觉统合筛查2464人次，评估发现感觉统合失调率50%。加强卫生保健培训，举办托幼机构保健老师卫生保健培训班2次，召开卫生保健例会4次，举办卫生保健讲座5次，完成新上岗保健教师体检4958人。

（林秀珠）

【计划生育技术服务】 2018年，区妇幼保健院向实行计划生育的夫妻提供免费计划生育技术服务1095例。添置药具免费自助发放机4台，全区共有药具免费自助发放机54台、网点238个，全年发放避孕套2.27万人次55.94万只。开展避孕药具宣传活动25场次，举办镇（街）村（居）药具培训3期，累计培训200余人次。全年下基层指导30余人次。

【公共卫生项目得到落实】 2018年，区妇幼保健院继续做好农村妇女“两癌”检查工作，全年筛查6142人，筛查率102.4%；对细胞学异常对象进行随访，做阴道镜检查67人，发现CIN级43例、CIN2-3级8例、炎症1例、宫颈癌3例、乳腺癌0例，转上级医院治疗。开展地中海贫血筛查1818例，发现异常12例；葡萄糖-6-磷酸脱氢酶（G6PD酶）筛查4608例，发现异常22例；落实孕产妇住院分娩补助项目，发放辖区户籍产妇分娩补助4200人，完成率30%；落实免费增补叶酸预防神经管缺陷项目，通过一站式婚育服务中心、6个社区卫生服务中心和卫生院，免费发放叶酸4165人，完成率28.3%；开展预防艾滋病、梅毒、乙肝病毒筛查，做HIV筛查15096人，梅毒筛查15056人，乙肝病毒筛查15055人。开展孕期产前筛查，完成产前筛查早期623例、中期2911例，孕前优生健康检查4608人，完成率118.15%。（陈丽红）

【出生医学证明管理】 2018年，区妇幼保健院受区卫计局委托，设立出生医学证明管理办公室，承担辖区出生医学证明申领、发放、遗失补发、机构外出生人员首次签发，以及灌口镇中心卫生院、后溪卫生院2017年12月31日前出生对象出生医学证明的首签和换发，报表统计上报、辖区助产机构业务培训和督导等工作。至年底，补发遗失的出生证明95份，机构外出生人员出生医学证明首签16份、换发2份。（蒋惠端）

卫生监督

【概况】 2018年，集美区卫生和计划生育监督所开展各类公共场所、二次供水单位和医疗机构卫生监督检查工作，共监督检查公共场所2754家次、二次供水单位258家次、学校59家次、游泳场所29家次，完成二次供水承诺制现场审核65件、公共场所承诺制审核14件。处理各类医疗投诉、医疗纠纷100余起，对违反《福建省医疗机构不良执业行为记分管理暂行办法》的14家医疗机构给予违规记分处理。受理并办结行政许可件和公共服务件2090件。

【卫生行政许可】 2018年，区卫计监督所实施卫生健康领域“放管服”改革，继续简除烦苛，砍掉奇葩证明、循环证明，实行“一窗受理、集成服务”，推进“证照分离”改革试点工作。1月1日至11月30日，行政许可科接收并回复咨询件4500件，受理并办结行政许可件和公共服务件2090件。其中，医疗机构放射诊疗许可17件，公共场所卫生许可564件，供水单位卫生许可117件，乡村医生执业许可16件，医疗机构设置许可42件，医疗机构执业许可346件，医师执业注册389件，放射诊疗建设项目卫生审查16件，护士执业注册349件，母婴保健技术服务人员资质许可120件，母婴保健技术服务机构资质许可3件，医疗广告审查10件，放射工作人员证发放5件，二次供水设施设计卫生审查35件，医师多机构执业备案41件，内部医疗机构设置20件。电子证照系统录入证照及批文4996件，国家卫生和计划生育监督平台信息录入和维护1022件，公共信用管理工作平台上报信息2091件，商事信息管理平台系统录入信息416件，维护福建省网上办事系统和厦门市权责清单系统信息1506次，制作许可档案2000件。

【医疗服务市场整治】2018年，区卫计监督所对全区重点无证行医高发场所进行巡查，开展打击无证行医监督检查活动150余次，责令无证行医者停止执业活动，其中立案行政处罚10起，没收医疗器械和违法所得1.21万元，罚款12.10万元。通过日常巡查、监督检查与专项治理，拓宽投诉举报途径等方式，多举措打击“两非”。至11月30日，立案调查“两非”8起，结案5起，没收B型超声诊断仪7台，罚款13.03万元。

【卫生监督稽查】2018年，区卫计监督所继续做好案件的审查工作。全年受理投诉件158件，其中涉及公共场所案件22件，涉及医疗机构案件136件；受理案件64件，其中一般程序案件58件（医疗25件、公卫25件、计生8件）、简易程序案件6件（医疗4件、公卫2件），结案48件（医疗18件、公卫26件、计生4件），罚款28.56万元（医疗26万元、公卫2.56万元），没收违法所得1.04万元。每月定期开展稽查工作，全年稽查发现问题49个。片区监督员经过核查，立案查处问题13个。

【公共场所卫生】2018年，区卫计监督所坚持“双随机、一公开”原则，委托第三方有资质的水质监测机构，采用现场检测与采样检测“双保障”方式，监督抽检计立案11件，其中住宿场所2件、沐浴场所2件、美容美发场所7件，罚款1.1万元。全年接收和处理商事平台案件898件，上报市监督所、区卫计局工作报表、总结与建议60余份，处理公共场所、二次供水投诉件20件，查处案件24件，罚款2.31万元；制作现场检查笔录629份、监督意见书305份，下达办证通知350份。发放卫生管理档案册506份、宣传材料1425份、卫生监督信息量化公示牌370块、禁止吸烟标识2300张。

3月6日，区卫生监督所工作人员检查杏东小学教室卫生（陈锦珊 摄）

【创卫期间卫生监督】2018年为厦门市创建国家卫生城市接受复审之年，区卫计监督所开展形式多样的创卫活动。对辖区公共场所、“四小”场所、生活饮用水、学校卫生等进行巡查摸底，共出动执法人员1036人次，检查单位718家次；抽检公共场所17家、二次供水单位18家、学校3所，对4家不合格的公共场所罚款4000元。同时，结合“5·31”世界无烟日，召开集美区禁烟工作会议，开展禁止吸烟宣传月活动，制发禁止吸烟标识4000份。

（彭欣梅）

爱国卫生

【迎接国家卫生城市复审】2018年，区政府召开迎接国家卫生城市复审工作会议，各成员单位建立台账管理制度，每周上报自查整改情况，及时发现问题并整改落实。采用多载体、多形式，在城区路口、主要街道、车站、公园等公共场所营造浓厚的创建氛围。

【除“四害”活动】2018年1月，全区开展冬季灭鼠灭蟑统一行动；4月，开展爱国卫生月活动；6—7月，开展以灭蚊为主的除“四害”统一行动；11—12月，开展秋季、冬季灭鼠灭蟑统一行动。统一行动期间，组织中标的PCO公司同步开展辖区四轮公共外环境消杀工作。全年共分发给居民灭蟑药15万包、灭鼠药7吨、粘鼠板 11950 块。

【公共场所控烟工作】2018 年，区卫生部门继续做好全区禁烟宣传督导和无烟学校、无烟单位创建与巩固工作，推动室内公共场所和工作场所全面禁烟。全年共出动执法人员 570 人次，检查各类场所 341 家次，张贴各类禁烟标识标牌 900 余份。7 月，区卫计监督所在厦门杏花村酒店有限公司开出集美区第一起控烟处罚单，处罚金额 50 元。（林秀明）

镇街卫生机构

【灌口镇中心卫生院】2018 年，灌口镇中心卫生院设妇产科、外科、内儿科、口腔科、耳鼻喉科、康复理疗科、中医科、B 超与心电图室、检验科、放射科、药剂科、防疫科、儿保科 13 个科室，下设标准化村卫生所 11 个、社区卫生服务站 2 个，开通医保 13 家，有编内职工 92 人。（1）医疗业务。全年门诊 163859 人次（校正后比上年增长 9.71%），住院 421 人次，出院 417 人次，抢救急、重、危病人 12 人次，业务收入 2400 万元。（2）健康教育。设置健康教育宣传栏 21 个，更新内容 6 期，举办讲座等健康宣传活动 32 场次，接受健康教育咨询 7130 人，发放常见病、多发病防治宣传材料 50110 份。累计建立居民健康档案 117939 份，规范建档 117939 份，规范电子建档率 89.46%，健康档案使用率 47.09%。（3）儿童保健。新建儿童保健卡 2519 人，建卡率 99%；3 岁以下系统管理 5340 人，占 67.4%；5 岁以下和 7 岁以下儿童体检率分别为 96.17% 和 96.14%。高危儿管理 648 人，集体儿童龋齿预防 14888 人次。建预防接种证 5141 人，建证率 100%，常规免疫接种一类苗 47058 针次、二类苗 5540 针次，接种率大于 95%。（4）妇女保健。全镇总活产数 1557 人，其中厦门户籍 756 人，省内流动 340 人，省外流动 416 人。本地建卡率 99.7%，早建卡率 96%，产后访视率 98.9%，42 天健康体检率 92%，产检 5 次率 92.5%，产检筛查高危孕妇 626 人，临产高危并住院分娩 626 人，孕管规范化管理率 95.5%，育龄妇女死亡 7 人，孕产死亡 0 人，叶酸服用 558 人。“两癌”普查 1043 人。（5）老年人保健。建立 65 岁以上老年人健康档案 5381 人，规范管理 3359 人，65 岁以上老年人体检 3359 人，体检率 54.13%。（6）慢性病管理。管理高血压患者 5159 人，规范管理 3491 人，规范管理率 67.67%，随访 46426 人次；管理糖尿病患者 1779 人，规范管理 1252 人，规范管理率 70.38%，随访 20853 次。（7）重性精神疾病管理。重性精神疾病患者建卡 657 例，规范管理率 88.28%，完成精神疾病知识问卷调查 100 份。（8）传染病管理。填报传染病报告卡 135 人，死因管理 213 人，协助管理非住院结核病人 77 人。（9）中医药健康管理。为 65 岁以上老年人提供中医药健康管理服务 2648 人次，覆盖率 42.67%。为 0 ～ 3 岁儿童提供中医药健康管理服务 5920 人，覆盖率 73.57%。（张淑斌）

【后溪镇卫生院】2018 年，后溪镇卫生院设内、外、妇、儿、骨伤、中医、口腔、五官、皮肤、医技、预防保健等科室，下设永祥、英村、新村、三兴、黄地 5 个卫生站（室）。核定人员编制 74 人，在职职工 79 人，其中卫技人员 68 人，其他专业技术人员 4 人，管理人员 7 人；卫技人员中，高级职称 6 人，中级 33 人，初级 29 人。（1）医疗业务。卫生院开放病床 30 张，病床使用率 50%，全年开展各类手术近 100 台；门诊 168676 人次，比上年增长 19.27%，其中预防保健 37714 人次，增长 13.82%；业务总收入 2508.2 万元，增长 45.27%。新增检验项目有肺炎支原体和衣原体检测、C13 呼气试验、心梗三项、BNP 检测，并在家签服务区开展糖化血红蛋白及血脂快测项目。新增检查项目有远程心电图、远程动态心电图、动态血压检查，其中远程心电检查 115 人次，动态心电图检查 20 余人次，动态血压检查 25 人次。（2）家庭签约及分诊诊疗。家庭医师签约 14497 人，签约率 31.72%，其中高血压病人 2826 人，覆盖率 74.96%；糖尿病病人 974 人，覆盖率 94.11%；65 岁以上老年人 2959 人，覆盖率 71.25%；“三师共管”高血压病人续签率 85.81%，糖尿病病人续签率 88.33%，65 岁以上老年人续签率 83.53%；80 岁以上行动不便的老年人上门服务 550 人次。专家下社区 229 人次，接诊 3428 人次，开展各类业务学习 10 场，经院内直接向上级专科转诊 30 余人，专科医师下转 50 余人。（3）基本公卫。设置健康教育宣传栏 2 个，更新内容 12 期，举办健康讲座 13 次、义诊宣传活动 15 次。新建居民健康档案 382 人份，建立电子信息档案 70550 份，占全镇总人口的 78.51%。新生儿家庭访视 1082 人次，访视率 91.69%；0 ～ 6 岁儿童 9692 人，接受过 1 次以上随访的 9285 人。完成幼儿园儿童健康体检 3663 人，龋齿防治 7436 人次。孕妇建卡 1056 人，建册率 88.29%；产妇 1082 人，产后访视率 91.69%；“两癌”筛查 2430 人，免费发放避孕药具 10667 只；举办线下孕妇课堂 20 场，听者 368 人次。65 岁以上老年人 4778 人，体检 1903 人。管理高血压患者 3770 人，规范管理 3324 人，规范管理率 88.17%；管理糖尿病患者 1223 人，规范管理 848 人，规范管理率 53.97%。在册严重精神障碍患者 408 人，在册率 4.72‰，规范管理 361 人，管理率 88.48%，服药率 89.58%。发现传染病 35 例，无突发公共卫生事件，报告并转诊疑似肺结核患者病例 4 例，转诊率 100%。儿童中医保健 4097 人，服务率 78.77%；65 岁以上老年人中医体质辨识 1831 人，服务率 38.32%。是年，卫生院与厦门市中山医院协作，共同开展慢性胃肠病分级诊疗工作；与厦门市心血管病医院合作，开展心电协同工作。卫生院获评厦门市文明单位，张小芬获评福建省传染病疫情及突发公共卫生事件报告管理先进个人，黄宝玉入选厦门队参加福建省中医药实践技能大赛，获团体优秀奖。

（黄禾庚）

【集美街道社区卫生服务中心】 2018年，集美街道社区卫生服务中心在岗人员39人，其中副高职称2人、中级17人、初级18人、乡医2人。（1）医疗业务。全年门诊177160人次，总收入2169.25万元；预防接种21789人次，二类疫苗收入104.11万元。中医科、理疗科为中心特色科室，有主治中医师3名，能开展针灸、推拿、穴位贴敷、拔罐、艾灸、刮痧、小针刀、放血、药膳、三伏灸等疗法，全年中医门诊17862人次，理疗门诊10047人次，中药饮片处方占7.68%，非药物处方占0.76%。推广慢病长处方，做到“三省”，大于28天的长处方8049张，比2017年增长465%，节省诊查费14.5万元（按每人次6元）。与集美大学、华侨大学华文学院建立医疗共建合作协议，方便师生就诊，同时为外籍学生提供专人服务，解决乙方外籍学生就医难等问题。中心自2016年起与厦门爱欣老年人公寓签订医养结合协议，2018年为老年人公寓免费体检144人，双向转诊2人，绿色检验通道12例。年内专家下社区426人次，双向转诊665人次。心电协同1938次，DR共1563人次。（2）健康教育。设置健康教育宣传栏5个，更新内容25期，举办健康讲座20次、宣传活动15次、院内健康教育讲座12次，发放常见病、多发病防治宣传材料16540份，接受健康教育咨询3032人；新建居民健康档案1097人份，累计建档40864人份，建档率74.6%。（3）儿童保健。新生儿家庭访视945人次，健康管理（0～3岁）5975人次，学前管理（3～6岁）2606人次，儿童健康管理率98.62%，儿童系统管理率93.12%，建卡率、建证率均为100%，第二针含麻类接种率100%，第二针乙脑苗接种率97.6%，甲肝接种率97.8%。（4）妇女保健。孕妇建卡661人，产前体检858人次，叶酸发放1056瓶，“两癌”筛查294人，产后随访590人次。举办线下孕妇课堂18场，共216人次，线上孕妇学校课程学习8033人次。（5）老年人保健。65岁以上老年人3856人，体检2203人，体检率57.13%；管理高血压患者3464人，管理率96.67%，体检1933人；管理糖尿病患者1301人，管理率54.21%，体检872人。（6）重性精神疾病管理。在册严重精神障碍患者252人，在册率4.77‰，规范管理228人，管理率85.83%，服药率65.5%，体检率28.4%。（7）传染病管理。发生传染病38例，其中乙类20例，无突发公共卫生事件，协助管理非住院结核病人13人，管理率、服药率均为100%。（8）中医药健康管理。儿童中医保健2583人，65岁以上老年人中医体质辨识2172人，服务率95%。（9）家庭签约。签约9058人，签约率30.12%，其中高血压签约率74.6%，糖尿病签约率100%，65岁以上老年人签约率77.28%。80岁以上行动不便的老年人上门服务1752人次。同时对签约的家庭提供B超、心电图、生化、血常规、血糖、血脂等服务。家庭医生签约团队回访，全年门诊回访14149人次，日常回访3511人次，发送生日祝福8555人次，健康指导11.42万人次，互动咨询9220人次，随访3228人次，预约1378次。2018年，中心获国家级“健康促进试点医院”称号，全科团队获评2018“厦门市工人先锋号”。

（黄慧玲）

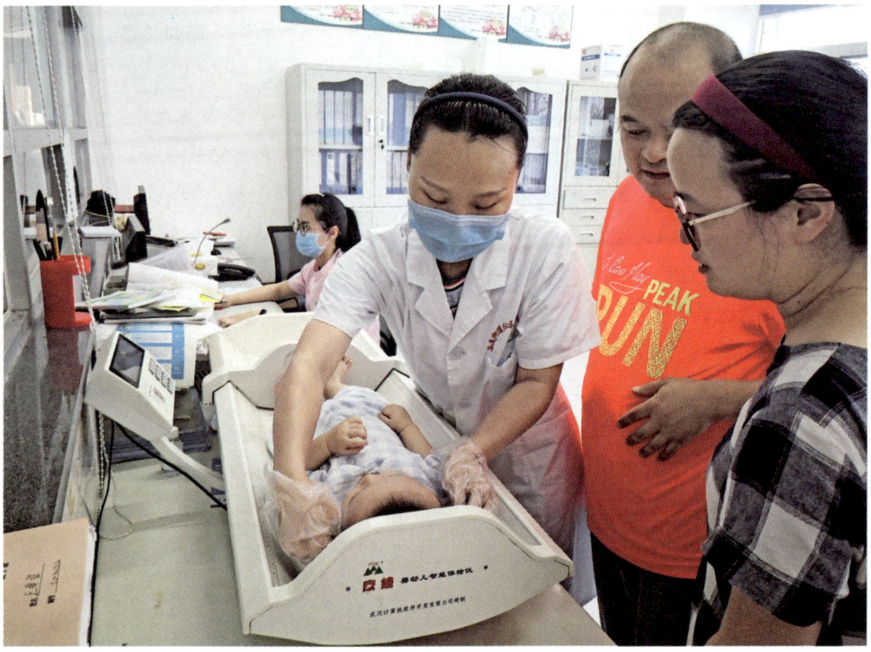

8月15日，集美街道社区卫生服务中心儿科医生为新生儿做身体健康检查（黄慧玲 摄）

【杏林街道社区卫生服务中心】 2018年，杏林街道社区卫生服务中心门诊176581人次，比上年增长23.7%。小学学生体检9892人，中学学生体检4768人，B超检查5946人次，放射检查889人次，心电图检查5705人次，检验科完成标本104282人次。门诊护理雾化5323人次，注射1443人次。中医康复理疗科开具中医中药治疗处方12576张，占总处方数9.37%；中医非药物治疗处方1691张，占总处方数1.26%。家庭医生签约20117人，签约率30%，“厦门i健康”绑定率35%。建居民电子健康档案96652人，建档率 98.09%，发放健康教育材料 16 种 10261 份、健康教育音像资料 12 种 1706 小时，更换健康教育宣传栏（11 个）10 次，举办健康教育讲座 40 次，受众 2223 人次；举办健康教育咨询活动 11 次，参与活动 955 人。登记管理并随访高血压患者 5462 人，其中规范管理 3897 人，管理率 71.34%；管理糖尿病患者 1946 人，其中规范管理 1641 人，管理率 84.33%；常住 7 岁以下儿童 21056 人，体检 20253 人，儿童保健率 96.1%。幼儿园管理 62 所，儿童 10693 人，体格检查应检 9417 人，实检 9308 人，检查率 98.8%；龋齿防治应做 20007 人次，实做 19464 人次，防治率 97.28%。全年共有产妇 1657 人，新生儿活产数 1675 人，接受产前检查 1655 人，产前检查率 98.80%；孕早期建卡 1547 人，孕早期检查率 92.35%；产后访视 1635 人，产后访视率 97.61%；高危孕产妇 1243 人，管理率 100%；孕产妇系统管理 1541 人，系统管理率 92%。登记管理 65 岁及以上老年人 5752 人，接受健康管理 1951 人。新生儿、新流入儿童预防接种新建卡 7793 人，建卡率 100%。一类疫苗接种 62888 人次，二类苗接种 18521 人次。传染病报告 77 例，结核病随访管理 111 例，协助疾控中心电话随访 1332 人次，下乡 48 次；完成治疗 14 例，规范服药 109 例。登记确诊严重精神障碍患者 422 人，规范管理 325 人，管理率 77.01%。接受中医药健康管理服务 65 岁以上老年人 1951 人，管理率 33.92%；应管理的 0 ~ 36 个月儿童 9948 人，接受中医药健康管理服务的 9170 人，管理服务率 92.18%。（吴振霖）

【侨英街道社区卫生服务中心】2018 年，侨英街道社区卫生服务中心利用“聚贤集美”柔性人才引进优惠政策，引进儿科、妇科、外科、骨伤科专家各 1 人。至年底，在岗职工 79 人，其中医疗专业技术人员 57 人。全年总门诊量 32.30 万人次，比 2017 年增长 30.11%。其中，医疗门诊 23.19 万人次，增长 38.68%；防疫门诊 91127 人次。业务收入 2844.89 万元。建立居民健康电子档案 11.64 万份，建档率 79.42%，其中 65 岁以上老年人健康档案 3194 份、高血压患者 3975 份、糖尿病患者 1532 份。社区入户 8521 人次，电话随访 3950 人次，完成健康体检 6106 人，其中 65 岁以上老年人体检 2154 人。80 岁以上老年人上门服务 1168 人次。中医保健体质辨识 1512 人次，65 岁以上老年人中医体质辨识 1766 人次，0 ~ 3 岁中医体质辩证 8566 人，儿童中医药适宜技术推广完成量达标。儿童入托体检率 100%，规范管理 0 ~ 6 岁儿童 2331 人，覆盖率 96.1%，儿童体检 33340 人次。妇女“两癌”普查 879 人，发现阳性 20 例次。孕妇产后随访 2850 人，访视率 100%；孕妇建卡 2868 人，建卡率 87.7%；新生儿访视 2680 人。辖区常住老年人 5122 人，规范管理老年人 2154 人。管理高血压患者 3975 人，规范管理 3049 人，血压控制良好 2493 人。管理糖尿病患者 1532 人，规范管理 1228 人，控制满意 684 人；糖尿病精细化管理 204 人，糖化血红蛋白达标率 35%。计划免疫预防接种 91585 人次，接种率 98.5%。传染病报告 89 例次，协助管理肺结核病人 90 例次。开展健康教育宣传活动 23 场次，更新宣传栏 6 期（每期 12 栏），发放健康宣传材料 19800 份，举办讲座 41 场次，义诊接受健康咨询 1180 人次。中小学学生体检 9815 人，为居民免费办理健康证 13546 个，老年人体检 2154 人。有效管理重性精神病患者 416 人，发现率 3.01‰，在管患者 355 人，管理率 85.5%，药物使用率 95.2%，面访率 80% 以上。残疾人建档评估率 100%。组建家庭医生服务团队 20 个，签约居民 19335 人，覆盖率 44.47%。其中高血压 2688 人，占 67.62%；糖尿病 1121 人，占 79.05%；65 岁以上老人 1907 人，完成 77.46%。本地户籍重点人群续签率 95% 以上。完成“i 健康”微信绑定 10771 人，绑定率 55.71%。（官德平）

【杏滨街道社区卫生服务中心】2018 年，杏滨街道社区卫生服务中心编制 78 人，在岗职工 73 人，其中拥有正高职称的 1 人、副高 4 人、中级 30 人，全科医生 20 人。中心设有全科、内科、外科、儿科、妇产科、儿保科、防疫科、中医科、口腔科、骨伤科等科室，

杏滨街道社区卫生服务中心医务人员为康城社区居民开展义诊活动
（杏滨街道社区卫生服务中心 供图）

下设滨海、康城、锦鹤3个服务站和前场、锦园2个村卫生所。全年医疗门诊190855人次，预防接种76624人次。家庭签约15335人，户籍人口签约覆盖率32.81%，厦门“i健康”绑定率55.62%。参与厦门糖研所糖尿病标准化管理233人，糖尿病达标率32%，群众满意度97.5%。新开展消化系统C-13检测、呼吸系统肺功能筛查、儿童骨密度检测等临床项目。全年累计完成居民健康档案130067份，其中电子档案129437份，建档率84.97%。举办讲座等健康教育宣传活动21场次，累计参加活动及接受健康教育咨询3540人次，发放宣传材料9923份，更新宣传栏12次。预防接种76624人次，建立预防接种证5825人。0～6岁应管儿童22750人，纳入规范管理19603人。应管孕产妇2841人，规范管理2137人，产后28天访视2025人。活产数2231人，新生儿访视2030人。65岁以上老年人6001人，其中规范管理4617人，65岁以上老年人体检4429人。高血压患者6383人，其中规范管理6067人，随访62434人次；糖尿病患者2562人，其中规范管理2502人，随访35708人次。中医药健康管理14459人次，其中0～3岁儿童7805人次，65岁以上老年人4485人次，糖尿病2169人次。登记并填报传染病报告卡87人，协助开展传染病调查、随访及死因调查等159人次，协助管理非住院结核病人611人。完成11所中小学学生体检17562人次。

（姜静怡）

驻区医疗机构

厦门医学院附属第二医院

【概况】2018年年末，厦门医学院附属第二医院有职工1419人，其中卫生技术人员1138人，包括博士17人、硕士237人、正高职称74人、副高职称133人。医院学科设置齐全，拥有厦门市呼吸疾病诊治中心和市级名医工作室各1个，市级优势亚专科2个。全年门急诊107.6万人次，出院3.82万人次，住院手术9869人次，内镜检查治疗2.23万人次，三、四级手术占60.33%，危重病人抢救成功率87.16%，平均住院日8.5天，医疗业务收入7.04亿元。全年共发放满意度调查问卷表3954份，总体满意率94.62%，其中出院病人电话回访满意率95.04%，医技科室满意率91.39%。

【学科建设】2018年，医院选定肾内科、神经内科、放射影像科、胸心外科、血液风湿免疫科和肝胆外科6个科室，作为院级重点学科进行立项资助培育；设立韩宝惠教授呼吸介入与肺癌专家工作室、胡建达教授血液病专家工作室、吕良敬教授风湿免疫病专家工作室、纪勇教授神经变性病专家工作室。医院呼吸科支气管镜和介入治疗专业、肾内科血液透析专业获市级优势亚专科立项资助，陈荣昌名医工作室获立项。医院构建多学科联合诊治（MDT）平台，通过多学科联合救治危重患者25例。院胸痛中心与厦门市医疗急救中心、医联体内的6家基层医疗卫生机构签署胸痛中心区域合作项目。胸痛中心全年完成冠脉造影409例、冠脉支架150例、主动脉支架3例、射频消融13例、起搏器10例、单纯球囊扩张10例、血管内超声4例，手术成功率100%。卒中中心完成医院首例颅内血管介入取栓术，实现缺血性卒中介入治疗零的突破。全年完成脑梗静脉溶栓35例，脑梗取栓3例，脑梗急诊介入球囊扩张3例，成功率100%。放射科与厦门大学电子科学与技术学院合作，共建智能医学影像联合实验室，开展人工智能临床诊断技术的研发和应用；输血科与雅森医疗科技合作，研发外周血淋巴细胞微核形态人工智能分析系统、外周血细胞形态人工智能分析系统和出凝血疾病辅助诊疗系统的人工智能项目。

【医疗新技术】2018年，医院先后开展“超负荷运动应用于脑血管病恢复期的新技术”“TCD发泡试验及微栓子监测新技术”“脑血管介入治疗新技术”“肝纤维化定量分析用于肝胆疾病术前评估新技术”“经食道超声检查新技术”“超声造影检查新技术”“三才配穴诊治乳腺良性疾病综合疗法新技术”“动静脉内瘘血管瘤切除并血管重建和动静脉内瘘血管瘤整复术”等新技术8项。

【科研教学】2018年，医院申报科研

2018年厦门医学院附属第二医院医疗业务情况

表48

年度	门急诊量（人次）			住院手术（人次）	出院（人次）	血液透析（例）	内镜检查治疗人数	三四级手术占比（%）	危重抢救成功率（%）	病床使用率（%）	平均住院日
	门诊	急诊	合计								
2017	666955	365010	1031965	9293	36906	30757	19018	55.21	85.14	93.17	8.71
2018	706560	369099	1075659	9869	38244	33210	22282	60.33	87.16	90.31	8.5
对比（%）	5.94	1.12	4.23	6.20	3.63	7.98	17.16	9.27	2.37	−3.07	−2.41

项目30项，其中国家级项目1项、省部级3项、市厅级10项、厦门医学院开放性课题4项、厦门医学院呼研所课题12项；获立项17项，其中继续医学教育项目6项，“呼吸内镜护理技术学习班”“肺癌微创介入诊疗新技术学习班”“风湿免疫病的基础理论与诊疗技术新进展学习班”已实施，参会学员近2000人次。是年，厦门医学院升本后的首批本科生陆续进入临床教学和实习阶段，医院完成医学院临床、口腔、医学技术、护理4系2017—2018学年第二学期、2018—2019学年第一学期本科、大专合计2632学时的理论教学任务，并完成内科学、外科学、麻醉学、神经病学、核医学、皮肤性病学6门课程教学大纲、见习大纲的编写工作。医院23名学员参加省卫计委组织的综合结业考试，通过率100%。

【肺癌诊治精英团队组建】 2018年，厦门医学院附属第二医院呼吸病医院着力打造肺癌诊治精英战队。二院呼吸病医院成立于2016年7月，平均每年收治住院患者8000余人次，门诊6万人次，支气管介入诊疗6000人次，为福建省规模最大的呼吸病诊疗平台。9月30日，医院与广州呼吸与健康研究院合作，成立“陈荣昌名医工作室”。陈荣昌是国内著名的呼吸病专家、全国呼吸病学领军人物、中国工程院院士钟南山团队成员。陈荣昌领衔的工作室的成立，将助力二院补齐短板，推动该院呼吸病院的发展。11月26日，呼吸病院与上海交通大学附属胸科医院携手，成立“韩宝惠介入与肺癌专家工作室”。韩宝惠是全国顶尖的肺癌诊治专家、CSCD肿瘤血管靶向治疗委员会主委、中国抗癌协会肺癌专业委员会委员、上海交通大学附属胸科医院呼吸内科主任、上海市胸部肿瘤研究所副所长，双方携手合作，将在肺癌治疗领域开辟新途径。

【气管重度狭窄产妇被成功救治】 2018年4月，怀孕27周的产妇周某因突发气喘、咳血痰转入厦门医学院附属第二医院治疗。医院在支气管镜检查中，发现患者气管重度狭窄，实施临时支架置入术后，症状缓解，患者要求出院。5月底，患者气喘复发，再次入院治疗。检查显示，第一次检查时发现的压迫支气管的疑似恶性肿瘤增大，导致器官再次重度狭窄，已九成堵塞，只剩一条细缝，病情凶险，母子命悬一线。医院医务部召集呼吸科、麻醉科、产科、新生儿科、LCU、手术室等科室专家进行会诊，分析病情，研究制定手术方案。5月30日，在硬质气管镜技术保障下，剖宫术顺利完成，女婴成功娩出。紧接着实行气管镜下气道肿物清除术，置入覆膜支架，气管恢复畅通。此项手术的成功，标志着该院对急危重症产妇的抢救能力及呼吸介入治疗技术已达到国内先进水平。

【九旬老翁全胃切除术成功施行】 2018年，厦门医学院附属第二医院胃肠外科应用快速康复法，救治一名九旬曾姓重症病人。曾某，93岁，因胃贲门部溃疡大出血到厦门医学院附属第二医院就诊。经消化内科、内镜室、介入科、麻醉科和LCU等多学科会诊，决定应用“快速康复（ERAS）”方法为病人治疗。胃肠外科为病人施行急诊“剖腹探查＋全胃切除＋鼻空肠营养管置入术”，重症医学科调整术后病人肠内营养，促进肠功能恢复，预防肠道菌群异位。同时控制补液量，加强心功能保护和肺部护理，预防心衰发生和肺部感染。经过十多天精心护理，病人康复出院。是年，该院还沿用此法为两例年届90岁患者施行直肠癌手术，病人均康复出院。

【信息化建设】 2018年，医院继续开展信息化建设，门急诊收费窗口、自助机、手机App和微信公众号全部实现移动充值，移动支付量达50%。在移动结算车上安装收费系统，收费处人员可推车至患者床边办理结算充值业务。丰富就诊提醒类型，完善检查检验结果查询便捷服务，优化收费自主查询功能；完成与厦门市卫计委电子健康卡系统的接入，实现医保患者无卡就诊和在手机上医保结算。完成移动护理系统和门诊电子病历系统建设，并投入使用。将原分散的超声影像预约、放射及CT影像预约等进行集合，开设专病门诊27个，引导患者按病精准就医。

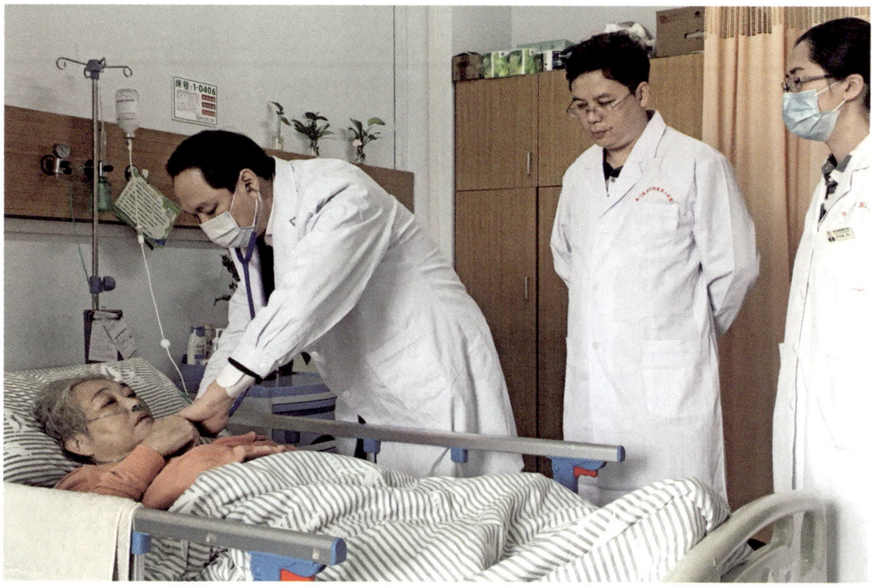

厦门医学院附属第二医院肺癌专家韩宝惠（左二）为患者检查体征（第二医院 供图）

2018年，全市医疗单位首个医疗意外保险窗口在厦门医学院附属第二医院推出。图为保险公司工作人员向患者介绍保险内容（林志杰 摄）

【二院在全市首家推出医疗意外险】2018年，医院联合保险公司在全市首家推出医疗意外险。医疗意外险是指承保患者在保险期间接受手术治疗中或手术后发生医疗意外导致的死亡、残疾和并发症等不良后果，保险公司按照条款的约定给付保证金的保障性保险。厦门医学院附属第二医院开展的医疗意外险，包括母婴安康生育保险、妇科手术安心保障险、心胸外科手术安心保障险等11个险种，为患者就医过程中发生医疗意外后提供一种解决方案，让患者放心、医务人员安心，受到患者的欢迎。至年底，参加保险患者211例，理赔5.5万元，解决了医疗意外发生时病人的经济补偿问题，促进了医患和谐。（李晓兰）

厦门大学附属第一医院杏林分院

【概况】2018年，厦门大学附属第一医院杏林分院在职职工642人，其中医技人员244人，护理人员289人，副高以上职称134人，硕士、博士62人，另有临时工106人，返聘9人。全年门急诊663197人次，出院16057人次，平均住院日8.41日，手术5575台次。全院岗前培训80人次，接收进修人员9人次，发表SCI论文3篇、国家级论文4篇、省级论文21篇、护理论文87篇。6月14日和11月22日，先后迎接全国人大代表《中华人民共和国传染病防治法》执法检查和国家消除疟疾技术评估组检查。

【分级诊疗工作】2018年，杏林分院开展分级诊疗工作，多个科室与基层医疗单位对应科室进行对接，并接收其医务人员来分院进修、学习、参加业务讲座等。分诊转诊总监在各社区卫生服务中心协助管理、质控、教学等。同时，建立医院双向转诊绿色通道，除传统的纸质转诊单外，门诊预约、双向转诊和心电平台启动运行，检验科和放射科一体化亦在筹备中。全年共组织专家24人，到灌口医院和杏林、杏滨社区卫生服务中心坐诊754次，接诊11727人次，上转123人，下转68人。组织骨科、皮肤科、耳鼻喉科等39名专家开展“百名专家进杏林”坐诊活动7次，共接诊545人次。开展结对帮扶活动，组织专家下社区义诊服务10人次，对基层单位全科医师进行糖尿病、高血压等慢病诊疗培训。与社区患者互动，发放糖尿病友服务手册、高血压保健宣传手册80册。指导健康管理师对社区内的慢性病患者进行建档、随访工作。

【医疗质量和医疗安全工作】2018年，杏林分院严格落实医疗质量和医疗安全核心制度。开展抗菌药物专项检查，执行药品用药“双十排名”情况通报制度，促进医疗质量的提高。完善科室医疗质量控制登记本制度，详细记录质控存在问题及整改情况。每月组织院内专家对在架病历及归档病历、死亡病例进行病历质量检查，共检查病历198份，其中甲级病历210份，甲级率100%；每季度检查输血病历，并及时反馈检查中存在的问题。组织全院医护人员业务讲座4次、慢病管理讲座5次，举办巡回医疗咨询、义诊及健康教育活动3次。组织职工体检550人次，对放射人员每季度进行放射剂量监测，共监测82人次。

（第一医院杏林分院）

计划生育

计生工作

【概况】2018年计生统计年度，集美区总人口771421人，其中户籍人口296872人、流入人口474549人；出生13557人，其中户籍人口5126人、流入人口8431人；户籍人口出生人口政策符合率97.09%（比市下达指标高4个百分点），流入人口出生人口政策符合率93.50%；户籍人口出生人口性别比112.26，流入人口出生人口性别比111.78，均控制在市下达指标113以下。全区立案调查涉嫌“两非”案件13起，结案9起，其中1起移交公安机关追究刑事责任。

【计生宣传教育】2018年，集美区继

续做好卫生和计划生育宣传工作，共投入宣传经费65万元。开展把“健康带回家”“健康幸福过大年”“健康中国行”以及早期教育进社区、文化科技卫生“三下乡”等卫生计生关怀关爱专项行动。利用“天下集美”、集美区卫计局、集美妇幼保健院微信公众号，发布文章300余篇。与《集美报》合作，开辟“婚育新风”与“健康知识”专栏，刊登文章23篇。举办计生科普讲座240场，参加人次1.2万余人。更新维护10个婚育新风园、4个新家庭文化屋、2个计生文化一条街，强化计生宣传阵地的作用。各镇（街、场）计生协会把“六项重点任务”作为宣传主基调，开展形式多样、内容丰富、群众欢迎的生殖健康咨询、义诊检查、健康促进、计划生育和优生优育指导、计生家庭权益维护等服务活动。

【计生奖扶体系建设】2018年，集美区做好计生奖励扶助政策的落实工作，全年兑现奖金和扶助资金2023.08万元，各类计生奖励扶助政策全部兑现到位。救助失独家庭31户，发放救助金53.5万元；帮扶计生困难女孩家庭23户，发放帮扶资金6.2万元。为全区计生特殊家庭投保计生意外伤害险，与8家医疗单位签订就医绿色通道协议，为283个计生特殊家庭办理个人VIP便民就医卡，享受先诊疗、后结算服务。为167个计生特殊家庭建立联系人制度，将计生特殊家庭纳入医疗救助范围，按照二类群体标准的85%给予报销自费部分。

【流动人口计生服务管理】2018年，集美区继续做好每年两轮的流动人口清查工作，实现流动人口卫生计生管理服务无缝隙覆盖、动态监测调查质量零误差，排名全国区县级第一位，区卫计局被评为全国流动人口动态监测先进单位，杏林街道曾营社区和侨英街道海凤社区被评为社会融合市级示范点，侨英街道乐海社区和杏滨街道锦鹤社区被评为流动人口基本公共卫生计生服务均等化市级示范点。区财政拨付社会融合示范社区创建资金6万元、均等化示范点创建资金5万元。投入54万元，为590名外来育妇提供免费孕前优生健康检查，为3000名外来已婚育妇提供免费健康体检。

【妇幼健康服务能力建设】2018年，集美区为辖区居民提供免费婚前保健和孕前优生健康检查系列服务，兑现7个工作日出具孕前优检风险评估报告承诺，提供优生优育咨询服务及高风险夫妇的个性化孕前咨询指导2000余人次。建立高危对象早孕随访和指导的医生指导微信群、基层孕前优检信息反馈协调群。开展出生缺陷综合防治，完成1818对地中海贫血防控筛查，完成率146%；免费孕前优生健康检查项目目标人群覆盖率118.15%，免费婚前医学检查率92.62%。做好国家免费提供避孕药具服务管理工作，添置药具免费自助发放机4台，全区共有药具免费自助发放机54台、网点238个。规范孕产妇系统保健管理，孕产妇建卡5320人，高危筛查4212人，筛查率79.07%，高危孕妇管理率100%。

2018年集美区计划生育情况

表49

项 目	计量单位	合计	灌口镇	后溪镇	集美街道	杏林街道	侨英街道	杏滨街道
一、全年出生人数	人	5126	943	745	415	1185	881	847
#男	人	2711	500	387	219	628	464	448
女	人	2415	443	358	196	557	417	399
出生率	‰	17.91	17.05	18.63	14.97	18.20	21.69	18.26
1. 一孩数	人	1661	314	208	132	387	310	271
一孩率	%	32.40	33.30	27.92	31.81	32.66	35.19	32.00
计划内出生人数	人	1635	303	208	132	383	305	267
2. 二孩数	人	3226	574	489	268	741	539	550
二孩率	%	62.93	60.87	65.64	64.58	62.53	61.18	64.94
计划内出生人数	人	3211	572	488	267	740	534	547
3. 多孩数	人	239	55	48	15	57	32	26
多孩率	%	4.66	5.83	6.44	3.61	4.81	3.63	3.07
计划内出生人数	人	131	34	23	7	36	17	11
4. 计划外出生人数	人	149	34	26	9	26	25	22

续表

项　目	计量单位	合计	灌口镇	后溪镇	集美街道	杏林街道	侨英街道	杏滨街道
计划生育率	%	97.09	96.39	96.51	97.83	97.81	97.16	97.40
二、全年死亡人数	人	990	220	160	111	221	91	158
死亡率	‰	3.14	3.98	4.00	4.00	3.39	2.24	3.41
三、全年自然净增人口数	人	—	—	—	—	—	—	—
自然增长率	‰	—	—	—	—	—	—	—
四、计划生育数	人	11669	2152	1783	1527	2705	1200	2020
已婚育龄妇女数	人	—	—	—	—	—	—	—
领证率	%	—	—	—	—	—	—	—
女性初婚数	人	1602	273	207	182	341	313	237
女晚婚数	人	1413	225	172	174	305	284	210
晚婚率	%	—	—	—	—	—	—	—
15–49 岁妇女数	人	83442	15240	10838	7549	19679	12552	13515
已婚育龄妇女数	人	65703	12409	8930	5965	15851	10378	11125
#生二孩	人	25578	5637	3942	1681	5667	3773	4480
生多孩	人	2174	420	306	127	575	298	423
已落实节育措施人数	人	39201	8054	5899	3202	8281	4831	8336
节育率	%	—	—	—	—	—	—	—

注：此表合计数字中，包含第二农场、天马种猪场、华侨农场和大中专院校

（曾振盛）

集美区计划生育协会

【概况】2018 年，集美区有镇（街）计生协会 6 个、农场计生协会 2 个、村（居）计生协会 65 个、村（居）计生协会小组 887 个、企业计生协会小组 365 个。390 家企业组建计生协会 319 个，组建率 81.79%；189 家百人以上企业组建计生协会 174 个，组建率 92.06%，形成横向到边、纵向到底的计生群众工作网络。5 月 11 日，集美区获省人口和计划生育领导小组通报表扬。

【计划生育宣传】2018 年，集美区各镇（街、场）计生协会开展形式多样的生殖健康咨询、义诊检查、健康促进、计划生育和优生优育指导、计生家庭权益维护等服务活动，宣传计生协的品牌项目、重要平台、先进典型，讲好协会故事，传播协会声音，回应群众关切，树立计生协的贴心人、娘家人形象。5 月 7—13 日，各镇（街、场）计生协会参加市计生协会组织的“鹭岛生育关怀”“最美小组长”微信公众号评选表彰活动，3 名“最美小组长”和 15 名“优秀小组长”获市计生协会通报表扬。

【“集爱浔畔”行动】2018 年，区计生协会制订《2018 年计生特殊家庭“暖心工程”实施方案》，将“集爱浔畔”特殊家庭关怀帮扶服务项目试点从杏滨街道、集美街道扩大到杏林街道，开展经常性探访、节日慰问、家政服务、情感慰藉和医疗体检等服务活动，帮助计生失独家庭解决家庭发展、生育与领养、医疗与养老以及生活等方面的困难。召开村（居）民主听证会和审核小组会议，评定计生家庭紧急救助对象 4 户、幸福工程帮扶对象 10 户和农村帮扶对象 27 户。3 月，为纳入系统管理的 50 户失独家庭发放“暖心保健箱”，并配备家庭常用药品、器材、耗材。4 月，区计生协会与区财政局联合印发《集美区金秋助学资金使用管理办法》，规范金秋助学助学金申报、审核、发放工作。全年资助家庭困难学生 22 名，发放助学金 7 万元。中秋节期间，各村（居）计生协会联合社工专业机构、社会志愿者组织，举办计生特殊家庭情满中秋联谊交流和节日慰问活动 13 场，近 600 人参加活动。

【计生家庭意外伤害保险服务】2018 年，区计生协会、区卫计局印发《集美区计生家庭意外伤害保险补充说明》，对投保对象的认定、独生子女户和二女户的界定、投保家庭户的组成及管理作出明确规定，确保投保对象跟踪

到位，防止漏保。2017 年 6 月 20 日至 2018 年 6 月 19 日，全区共投入 370.14 万元，为 37014 户 97799 人自愿投保的计划生育家庭办理意外伤害保险。6 月 19 日，开始新一轮计生家庭意外伤害保险投保工作，共投入资金 374.45 万元，为 37445 户 97807 人自愿投保的计划生育家庭办理意外伤害保险。同时，为 82 名集美区户籍年龄 40 岁以上的失独父母办理失独家庭住院护理补贴保险，保费标准每人 300 元。2018 年，办理意外伤害保险案 165 例，赔付金额 272.77 万元，简单赔付率 73.69%。

【青春健康关怀行动】2018 年，集美大学理学院计生协会再次申报全国高校青春健康项目。10 月，区计生协会在集美大学理学院举办“我青春、我健康”舞台剧大赛，理学院青春健康俱乐部推荐的《青春不年少》、理学院青年志愿者协会推荐的《无毒无艾》、理学院心理健康协会推荐的《意外》分获前三名，《青春不年少》被中国计生协评为优秀奖。5 月，区计生协会与区教育局、卫计局联合发文，确认曾营小学、侨英小学、宁宝小学、厦门一中集美分校、厦门十中、杏南中学 6 所学校为集美区青春健康示范家长学校。11 月 13 日，集美区青春健康示范家长学校揭牌仪式在杏南中学后溪校区举行，仪式结束后，举办家长讲座，组织家长参观阵地建设。

【优生优育指导】2018 年 5 月，集美区人口和计划生育工作领导小组印发《集美区儿童早期发展项目实施方案》。区计生协会与区教育局、区卫计局联合发文，确认杏滨街道锦鹤社区和日东社区、灌口镇黄庄社区和安仁社区、集美街道盛光社区和浔江社区 6 个单位为集美区 0—3 岁婴幼儿早期教育示范基地；杏林中心幼儿园、杏滨中心幼儿园、灌口中心幼儿园、集美实验幼儿园、集美幼儿园、后溪中心幼儿园 6 所幼儿园为早期教育指导中心，为辖区内婴幼儿家庭提供早教指导服务。8 月 12 日，区计生协会与区卫计局、集美和杏滨两个街道党工委、办事处在杏滨街道日东公园开展“亲子同乐、共促成长”早教亲子活动。9 月 26 日，由区卫计局、计生协会、杏滨街道党工委办事处主办，杏滨街道卫计办、计生协会、日东社区居委会承办的“儿童早期发展”公益讲座在日东社区举行，100 多名企业员工家长出席。

【法律援助维权服务】2018 年，集美区各级计生协会有法律援助站（点）69 个，聘请法援律师 63 人，受理法律援助案件 12 宗，调解民事纠纷 480 件，接受法律咨询 415 人次，举办宣传活动 30 场、业务培训 9 场，参加业务培训 124 人。

【计生基层群众自治】2018 年 5 月，区计生协会发布《2018 年中国计生协会计生基层群众自治示范县创建项目实施方案》。11 月 7 日，在侨英街道召开中国计生协计生基层群众自治示范县项目工作推进会，新增灌口镇深青村、后溪镇英村社区、集美街道岑东社区、侨英街道浒井社区、杏林街道西亭社区、杏滨街道锦鹤社区为重点示范村（居）。全区 65 个村（居）全部实行基层群众自治，49 个村（居）被市计生协会评为“六好”示范村（居）。

【流动人口计生协建设】2018 年，区计生协会继续抓好路达（厦门）工业有限公司、厦门姚明织带饰品有限公司、厦门新凯复材科技有限公司、厦门民兴工业有限公司 4 个全国、市、区流动人口计生协示范点建设，以点带面，带动其他企业流动人口计生协会建设。2 月 5 日，区计生协会协同区工会、团委、妇联、卫计局、司法局、人社局、杏滨街道、疾控中心、妇幼保健院、杏滨街道社区卫生服务中心，在杏滨街道（山后张）文化广场，开展“把健康带回家”流动人口卫生计生关怀关爱专项行动，现场为流动人口代表发放健康包，为流动人口困难家庭代表发放慰问金，并举行文艺演出、义诊、咨询、有奖问答等活动。春节期间，区计生协会对路达、民兴两家企业流动人口计生协会示范点的 13 户困难计生家庭进行慰问。6 月 25 日，区卫计局、计生协会联合印发《关于开展 2018 年流动人口基本公共卫生计生服务均等化工作自查自评工作的通知》，从投入保障、重点项目服务、健康宣传、拓展服务模式等方面入手，查问题、补短板、强弱项，稳步推进流动人口基本公共卫生计生服务均等化工作。8 月，区计生协会与路达公司共同举办“幸福计划”路达员工子女夏令营活动，组织外来员工子女参观父母的工作环境，体验父母的工作内容，与父母共进午餐，帮助清洁婚育新风园，观看励志影片等活动，促进亲子情感交流。

（濮文昌）

社会民生

劳动就业

【概况】2018年，集美区实现城镇失业人员再就业10975人，完成市下达任务的228.65%，其中城镇就业困难人员再就业2149人，完成市下达任务的165.31%；实现农村富余劳动力转移就业1300人，安置公益性岗位就业250人。全年征集创业项目59个，完成市下达任务数的147.5%。累计核发各类奖补资金1.65亿元。

【农渔民转产就业】2018年，集美区以被征地农民和海域退养渔民转产转业、增加收入为乡村振兴工作重点，以就近就业、转移就业、创业带动就业为转产就业途径，全年实现农村富余劳动力转移就业1300人。利用市人力资源数据中心，开展供需信息精准匹配对接和精准推送工作，落实“112”工作机制，为失业人员提供上门走访、职业推荐和技能培训。主动为被征地农民和海域退养渔民搭建求职平台，累计举办村居专场招聘会85场，吸引652家（次）企业为失地失海农渔民和农村富余劳动力提供岗位1万余个（次）。

【精准就业帮扶试点】2018年，区人社局创新工作方式，在就业服务领域率先尝试闽台合作，与台湾“1111”人力银行、中国海峡人才市场厦门分部合作，引进推广台湾科学系统的人力资源管理与服务的先进工作理念和经验，在灌口镇田头村试点，实施“精准就业帮扶”服务平台构建与服务外包项目。项目于2018年11月启动，三方携手打造集职业测评、职业生涯规划、职业技能培训和就业创业指导于一体的科学化、规范化的就业服务体系，通过“一对一”指导，有序开展精细化就业帮扶，打造高质量的充分就业城区。

【集美区与三明清流县开展劳务协作】2018年，区人社局本着“优势互补、共同发展、合作共赢”的原则，与三明市清流县人社部门开展劳务协作。9月，与清流县签订两地合作协议，在该县建立劳务输转站和信息对接机制，定期交流人力资源政策和劳务信息，邀请清流县劳务人员到集美用工企业参观考察。组织路达（厦门）工业有限公司、厦门新凯复材科技有限公司、厦门宏发电器有限公司等12家重点用工企业赴清流县举办专场招聘会，提供岗位1000余个，现场录用10人。

【集美区与甘肃和政县开展劳务协作】2018年，区人社局与甘肃省和政县人社部门合作，把该县贫困人口稳定就业作为帮扶重点，动员企业参与，提供用工信息，创造就业机会，实现服务企业用工与脱贫攻坚双赢。全年输转和政县劳务人员719人，其中建档立卡贫困户301人，核发对口帮扶类奖补资金321.81万元。

【“聚贤集美”人才计划】2018年，集美区落实人才强市战略，向新引进的硕士、博士研究生分别发放每人3万元和5万元的一次性生活补贴，累计核发补贴631万元，惠及企事业单位93家（次）209人。实施“聚贤集美”人才计划，支持大学生落户集美就业创业，对辖区企业新引进落户厦门的全日制“985”或“211”工程大学本科毕业生，提供每人1.5万元生活补贴；对集美区企业人才，按照技能型人才、学历型人才、复合型人才，分层次、分类别分别给予每人每月600元、1200元、2000元的房租补贴，全年累计发放房租补贴2865.28万元，惠及企业113家（次）3530人次。支持重点企业引才育才，鼓励企业自主引进或通过人力资源服务机构引进急需紧缺台湾专业人才，并提供相应奖励和补助。

2018年集美区城镇非私营单位在岗职工及工资情况

表50

行　业	单位	全部单位	国有单位	集体单位	其他单位
年末从业人数	人	195212	20521	733	173958
年平均人数	人	195226	20324	857	174045
年工资总额	万元	1571256	317194	6962	1247100
年平均工资	元	80484	156069	81232	71654

续表

行 业	单位	全部单位	国有单位	集体单位	其他单位
1. 农林牧渔业					
年末人数	人	241	241	—	—
年平均人数	人	243	243	—	—
年工资总额	万元	1327	1327	—	—
年平均工资	元	54600	54600	—	—
2. 制造业					
年末人数	人	102650	319	22	102309
年平均人数	人	105303	321	22	104960
年工资总额	万元	772214	1854	66	770294
年平均工资	元	75978	57763	29864	73389
3. 电力、燃气及水的生产和供应业					
年末人数	人	318	—	—	318
年平均人数	人	317	—	—	317
年工资总额	万元	2845	—	—	2845
年平均工资	元	89763	—	—	89763
4. 建筑业					
年末人数	人	32130	25	93	32012
年平均人数	人	32514	29	96	32389
年工资总额	万元	187930	93	551	187286
年平均工资	元	57800	32103	57365	57824
5. 批发零售贸易业					
年末人数	人	5857	10	11	5836
年平均人数	人	5786	11	11	5764
年工资总额	万元	44793	62	51	44680
年平均工资	元	77416	56273	46093	77516
6. 交通运输、仓储和邮政业					
年末人数	人	1617	—	—	1617
年平均人数	人	1659	—	—	1659
年工资总额	万元	12266	—	—	12266
年平均工资	元	73935	—	—	73935
7. 住宿和餐饮业					
年末人数	人	2501	463	—	2038
年平均人数	人	2453	429	—	2024
年工资总额	万元	12748	3281	—	9467
年平均工资	元	51968	76471	—	46775
8. 信息传输、计算机服务和软件业					
年末人数	人	4700	—	—	4700

续表

行　业	单位	全部单位	国有单位	集体单位	其他单位
年平均人数	人	3585	—	—	3585
年工资总额	万元	49111	—	—	49111
年平均工资	元	136992	—	—	136992
9. 金融业					
年末人数	人	9	—	—	9
年平均人数	人	9	—	—	9
年工资总额	万元	188	—	—	188
年平均工资	元	209444	—	—	209444
10. 房地产业					
年末人数	人	3072	15	—	3057
年平均人数	人	3268	15	—	3253
年工资总额	万元	37246	68	—	37178
年平均工资	元	113972	45200	—	114289
11. 租赁和商务服务业					
年末人数	人	5354	67	17	5270
年平均人数	人	5055	67	17	4971
年工资总额	万元	25648	948	67	24633
年平均工资	元	50736	141463	39353	49553
12. 科学研究、技术服务业					
年末人数	人	597	413	15	169
年平均人数	人	586	405	15	166
年工资总额	万元	8100	6768	96	1236
年平均工资	元	138217	167099	63800	74476
13. 水利、环境和公共设施管理业					
年末人数	人	3365	536	4	2825
年平均人数	人	3075	555	122	2398
年工资总额	万元	16502	4498	383	11621
年平均工资	元	53665	81050	31402	48460
14. 居民服务、修理和其他服务业					
年末人数	人	9089	116	30	8943
年平均人数	人	8014	116	30	7868
年工资总额	万元	48412	1858	235	46319
年平均工资	元	60409	160181	78267	58870
15. 教育					
年末人数	人	17081	12762	321	3998
年平均人数	人	16612	12463	321	3828
年工资总额	万元	250260	204513	2907	42840

续表

行　业	单位	全部单位	国有单位	集体单位	其他单位
年平均工资	元	150808	164096	9058	111911
16. 卫生和社会工作					
年末人数	人	2542	2193	220	129
年平均人数	人	2542	2192	223	127
年工资总额	万元	40882	37291	2607	984
年平均工资	元	160827	170122	116910	77504
17. 文化体育和娱乐业					
年末人数	人	1038	310	—	728
年平均人数	人	1043	316	—	727
年工资总额	万元	9238	3088	—	6150
年平均工资	元	88573	97734	—	84591
18. 公共管理、社会保障和社会组织					
年末人数	人	3292	3292	—	—
年平均人数	人	3405	3405	—	—
年工资总额	万元	52873	52873	—	—
年平均工资	元	155280	155280	—	—

（曾泽霖）

社会保障

【概况】2018年，集美区进入社会化管理退休人员39265人，其中本年新增4359人，与上年同期相比增长11.1%，社会化管理率99%以上。受理进入社会化管理退休人员困难资助金申请290人次，审批发放困难资助金135.79万元。社会保险工作抓好市政府涉及社会保险减负政策的落实，职工“五险”（基本养老保险、医疗保险、失业保险、工伤保险和生育保险）单位费率由24.98%降至19.54%，合计降低5.44个百分点；全区社会保险参保612899人，增长11.53%。其中，城乡居民养老保险参保13452人，下降14.19%；城乡居民医疗保险和未成年人医疗保险参保251393人，增长7.67%；企业职工参保331476人，增长9.84%，其中城镇职工养老、医疗、失业、工伤、生育保险人数分别为322145人、330430人、309574人、310767人、294667人，分别增长10.13%、9.84%、9.79%、10.12%和10.37%。全区社会保险综合增长率10.02%，社会保险参保人数持续增长。

【企业职工基本养老保险】2018年1月1日起，集美区企业退休及退养人员基本养老金调整按照《厦门市人民政府关于2018年调整企业退休及退养人员基本养老金的通知》精神，继续采用“定额调整、挂钩调整与适当倾斜相结合”的方法，月增加标准由定额调整部分与挂钩调整部分构成，对符合条件的人员予以适当倾斜。定额调整部分，企业退休人员、被征地退养人员、未安置就业上山下乡退养人员，每月增发118元；外来员工退休人员，每月增发71元。挂钩调整部分，上述人员在定额调整的基础上，按本人2017年12月基本养老金标准的2.1%调整增加。适当倾斜部分，对2017年12月31日前办理退休手续的企业军转干部，其2017年12月的基本养老金（不含军转补贴和各类代发项目）低于3422元的，补齐至3422元后再参加本次基本养老金调整；高龄补贴继续执行现行标准和做法。2018年度，全区办理企业职工退养1491人，比上年增长26.46%。至年底，全区企业职工平均养老金为每月3526元。

【机关事业单位养老保险】2018年，集美区机关事业单位养老保险参保登记单位224个，参保登记在职7180人、退休登记1763人，总人数8943人。全区机关事业单位基本养老保险基金收入19106.94万元，职业年金3132.34万元，合计22239.28万元。完成机关事业单位养老待遇发放单位150个，人员1806人，发放养老待遇14518.17万元。

【被征地人员基本养老保险】2018年，集美区新增被征地人员办理养老保险参保手续2654人（其中贷款参保241人），比上年增长22.81%；新增被征地人员办理退养手续1745人，落实被征地人员参保财政补助4047.63万元。至年底，全区有27942人开始享受养老待遇，人均月退养金1669元，有32618人参加被征地人员养老保险，区级财政累计补助4.34亿元。

【城乡居民基本养老保险】2018年，集美区落实《城乡居民养老保险工作实施（修订）方案》，加大对厦门市户籍居民参加城乡居民养老保险的扶持力度，区财政当年补助136.88万元。至年末，全区城乡居民参加养老保险累计13452人，45周岁以上目标人群参加城乡居民基本养老保险参保率100%。办理城乡居民基本养老退休人员114人，平均养老待遇每月290元。

【失业保险】2018年，集美区审核厦门市失业人员保险2481人，发放失业保险金1520.46万元；受理外来员工领取生活补助金1011人，发放一次性生活补助163.75万元。发挥失业保险稳就业作用，全年共发放失业保险支持稳定岗位补贴5108家1750.13万元，发放支持参保职工提升技能补贴141人22.56万元。

【工伤保险】2018年，集美区做好工伤保险待遇的审核发放工作，按时足额发放工伤保险待遇。审核工伤保险待遇2144人次，核发工伤待遇5027.95万元，比上年增长13.48%。落实《厦门市工伤保险待遇管理办法》，进一步提高工伤待遇标准，提升工伤职工获得感，减轻用人单位负担。

【退休老年人节日慰问】2018年春节、敬老节期间，集美区广泛开展退休老年人慰问活动。春节期间，慰问退休老人3.62万人次，发放慰问品（金）价值570.35万元；敬老节期间，慰问退休老人3.76万人次，发放慰问品（金）价值449.684万元。全年，共组织退休老人活动21场次，2600多人次参加活动，动用经费17.89万元。

2018年集美区社会保险基本情况

表51　　单位：人

项目		2018年	比上年增长（%）	本年区财政补助（万元）
各险种参保总人数		612899	11.53	—
企、事业“五险”参保情况	职工参保总人数	331476	9.84	—
	基本养老保险	322145	10.13	—
	基本医疗保险	330430	9.84	—
	失业保险	309574	9.79	—
	工伤保险	310767	10.12	—
	生育保险	294667	10.37	—
被征地人员基本养老保险	参保人数	2654	22.81	4047.63
	退养人数	1745	0.005	—
城乡居民基本养老保险	参保人数	13452	−14.91	136.88
	退养人数	114	−4.2	—
企业人员领取退休金	退休人数	1491	26.46	—
社会保险关系转移	总人数	10149	52.75	—
本市户籍领取失业金	人数	2481	14.81	—
	领取金额（万元）	1520.455	13.46	—
外来人员领取一次性生活补助	人数	1011	108.89	—
	领取金额（万元）	163.75	142.02	—
工伤保险待遇	人数	2144	2.59	—
	支付金额（万元）	5027.95	13.48	—

（王智进）

民 政

【概况】2018 年，集美区继续实行“绿洲计划”，全年支出 24787.05 万元，惠及 381718 人次。全区投入运营的养老服务机构 3 家（区社会福利中心、集美爱欣老年公寓、兴锦园老年公寓），养老床位 778 张，入住 441 人。完成 2018 年全区村居党组织、村委会换届选举，增设侨英街道凤安社区、后溪镇二农社区。推动社会组织电子证照库建设，推进智能审批和全程网办。区全国第二次地名普查工作通过国家验收，推进二普成果转化应用。区民政局获评 2018 年度全国民政系统先进集体。

【“绿洲计划”继续实施】2018 年，集美区继续实行“绿洲计划”，推出惠民政策 69 项，全年支出 24787.05 万元，惠及 381718 人次。其中，贫有所济 11 项，惠及 4725 人次，支出 975 万元；学有所教 6 项，惠及 8287 人次，支出 1014 万元；病有所医 10 项，惠及 165684 人次，支出 2082.7 万元；老有所养 10 项，惠及 61205 人次，支出 5322.8 万元；住有所居 3 项，惠及 3136 人次，支出 535.2 万元；灾有所救 1 项，惠及 21 人次，支出 9.81 万元；难有所帮 13 项，惠及 3555 人次，支出 901.76 万元；劳有所得 8 项，惠及 98817 人次，支出 12106.09 万元；残有所助 7 项，惠及 36288 人次，支出 1839.69 万元。

【救助救济】2018 年，集美区利用厦门市经济核对平台，采用入户调查结合平台数据核对的模式，精准掌握救助对象家庭信息，累计审核低保对象信息 1192 户 2631 条、临时救助 237 户 748 条，为各项社会救助审批提供信息支撑。为全区低保户 392 户 549 人发放低保金 513.13 万元；救助特困供养对象 54 人，发放特困供养金 129.98 万元；临时救助 543 人次，发放临时救助金 110.49 万元；残疾人两项补贴政策惠及 35551 人次，发放补助金 1509.87 万元。组织开展物价、电价补贴工作，为 1671 户次救助对象发放电价补贴 3.75 万元；为低保对象、特困供养人员、重点优抚对象、革命“五老”人员共 1943 人次发放价格临时补贴 7.28 万元。

【养老服务】2018 年，集美区新建镇街级日间照料中心 1 家，增加养老服务床位 30 张；新建农村幸福院 13 家，增加养老服务床位 130 张；引进京闽悦府园博湾温泉康养中心，增加养老服务床位 400 张。至年底，全区共有养老床位 1624 张，其中区社会福利中心、集美爱欣老年公寓、兴锦园老年公寓、京闽悦府园博湾温泉康养中心 4 家养老服务机构共 1178 张，杏林日间照料中心 30 张，幸福院 29 家 290 张，居家养老服务站 63 个 126 张。推动《集美区进一步推进养老服务若干措施》制定工作，建立健全养老服务设施运营监督管理制度。继续落实《集美区老年人入住养老机构补助实施办法》，对符合入住补助政策人员给予每月 500 ~ 1000 元的入住补助，为 98 人发放补助金 23.95 万元。

【社区建设】2018 年 9 月 20 日，集美区村（居）党组织、村（居）委会换届选举工作结束，产生新一届村（居）党组织和村（居）委会班子成员 461 名。“两委”成员组成呈现“四高一快”的特点：“一肩挑”比例高，除 3 个由下派干部担任书记的村（居）外，其余 61 个村（居）全部实现书记、主任“一肩挑”；学历水平高，高中以上学历 438 人，与上届相比，提高 13%，大专以上学历 354 人，增加 48%，且每个村（居）至少有 1 名；女性比例高，女性成员 203 人，增加 22%，且每个村（居）至少有 1 名；交叉任职比例高，交叉任职 136 人，占“两委”总数的 30%，比上届增加 92%；班子新陈代谢快，35 周岁以下 218 人，增加 27%，新进班子成员 127 人，占比 28%，新任党组织书记 29 人，占比 45%。是年，增设侨英街道凤安社区、后溪镇二农社区。确定 8 对村居开展城乡社区结对共建，探索出“组织联建、项目联促、活动联办”的结对共建方法。新招考社区工作人员 96 名，配强配优社区工作者力量。出台《关于加强社区（村）网格化建设的实施意见》，进一步完善社区网格化巡查走访和信息采集工作机制，规范网格员工作职责。

（陈文艺）

【双拥支前】2018 年，区民政局落实《集美区现役立功受奖军人奖励实施办法》和军人子女教育优待政策，协调解决军人子女入学、入园 120 人；奖励驻集部队立功官兵 117 人，发放奖金 12.3 万元。开展双拥支前工作，投入 1000 余万元，支持驻集部队住地护坡建设和某部机关出入道路“白改黑”建设。春节、八一建军节期间，区领导带队慰问部队单位 35 个，赠送慰问金、慰问品 149 万元。完成海警三支队“集美号”艇命名工作。

【优抚安置】2018 年春节、建军节期间，集美区慰问优抚对象 1120 人次 202.72 万元。发放残疾军人伤残抚恤金 198.17 万元、重点优抚对象生活补助金 532.25 万元、大学生入伍奖励金 131.60 万元、义务兵家属优待金 507.56 万元、农村籍 60 周岁以上退役士兵老年生活补助金 80.28 万元、重点优抚对象医疗救助金 24.98 万元。发放退役士兵自主就业补助金 640.17 万元，增发 47 名立功受奖退役士兵义务兵家属优待金 9.65 万元。

（退役军人事务局）

【社会组织登记管理】2018 年，区民政局核准登记社会组织 18 家。至年底，全区依法登记注册的各类社会组织共 699 家，其中社会团体 80 家、民办非企业单位 200 家、备案社区社会组织

419家。民政综合窗口全年共受理社会组织业务489件，其中行政许可57件、公共服务212件、年检220件。共有220家社会组织接受年度检查，年检率87%，其中合格205家，基本合格15家。实施社会组织信用承诺制，176家社会组织自愿签署社会组织诚信自律承诺书。

2018年集美区新核准登记社会组织一览

表52

社会团体名称	法定代表人	业务主管部门	登记日期
集美区四大名补教育培训中心	郭　标	厦门市集美区教育局	2018.1.31
集美区柏乐艺体培训中心	刘柏林	厦门市集美区文体广电出版旅游局	2018.2.5
集美区健身气功协会	陈秋毅	厦门市集美区文体广电出版旅游局	2018.3.30
集美区宁宝快乐学习教育培训中心	张　浩	厦门市集美区教育局	2018.4.4
集美区卓蒙艺术培训中心	李　健	厦门市集美区文体广电出版旅游局	2018.7.17
集美区龙之杰文艺培训中心	张龙清	厦门市集美区文体广电出版旅游局	2018.7.31
集美区拳击搏击协会	郭建煌	厦门市集美区文体广电出版旅游局	2018.8.17
集美区救心圈志愿服务中心	林晨晖	厦门市集美区委精神文明建设办公室	2018.8.30
集美区兑艺美术馆	阙　远	厦门市集美区文体广电出版旅游局	2018.9.14
集美区禁毒协会	程祥超	厦门市集美区禁毒委员会办公室	2018.9.21
集美区聚义社工服务中心	于耐涛	（直登）	2018.9.29
集美区后溪霞城阵头传习中心	陈谋伸	厦门市集美区文体广电出版旅游局	2018.10.15
集美区前场陈氏传统糊纸技艺传习中心	陈赐勇	厦门市集美区文体广电出版旅游局	2018.10.26
集美区咖乐职业培训学校	陈伟宏	厦门市集美区人力资源和社会保障局	2018.10.26
集美区常青藤社工服务中心	江舟祺	（直登）	2018.10.31
集美区孙厝乐安传统舞狮传习馆	孙顺进	厦门市集美区文体广电出版旅游局	2018.11.29
集美区福寿康宁社工服务中心	朱文军	（直登）	2018.12.11
集美区集爱社工服务中心	陈小亮	（直登）	2018.12.11

【区划地名管理】2018年，集美区加强门楼牌管理规范化建设，编制《关于进一步推进实施标准地址二维码室牌换发及管理工作方案》，新增二维码门牌2.04万块，补发1638块，换发二维码室牌63.26万块。建设全区地名导向链，新增路名牌384块，做好全区路牌版面双语化更换工作，换装版面510个。区全国第二次地名普查工作通过国家验收，推动二普成果转化应用。

【婚姻登记与殡仪服务】2018年，区婚姻登记处办理结婚登记2037对、离婚登记778对。区殡仪服务站全年运尸887具，迁坟330座，减免372人丧葬费用，免除金额33.66万元。（陈文艺）

老年人服务

【概况】2018年，集美区推进社区居家养老服务和适老化改造项目，落实老年福利政策，提升老年人幸福感和获得感。规范基层老年人协会建设，至年底，全区有村（居）老年人协会63个，其中民政局注册登记6个、镇（街）备案管理57个；区级规范化老年人协会22个，市级规范化老年人协会19个；会员总数1.24万人，占全区户籍老年人口的34%。

【社区居家养老服务】2018年，集美区在城市社区（含村改居）推行居家养老服务站专业化信息化运营，完成区委、区政府下达的14个村改居社区居家养老服务站专业化运营任务。至年底，全区共有42个城市社区居家养老服务站实现专业化信息化运营，常驻社区助老员78名，合同金额797万元。

【适老化改造项目建设】2018年，集美区在三兴社区生活小区、宁宝社区杏东生活小区、岑西社区地震局小区和日东社区电厂生活小区实施老旧小区适老化改造项目，共投入26万元，安装防滑扶手63处（约250米）、休息椅42张、助浴椅6张，改造室内卫生间32间，加高过道护栏77米，安装声控灯 17 梯，建造凉亭 1 座。

【落实老年福利政策】2018 年，集美区做好高龄津贴发放工作，全年累计发放高龄津贴 715.06 万元，覆盖全区 80 岁以上户籍高龄老人 5299 人。建立对发放对象的定期访视制度，访视逾 5000 人次。为全区老年人购买幸福安康险，2016—2017 年度保险期全区投入保费 145 万元，完成报案理赔 267 起，赔付保险金 154 万元，赔付比 106%（保险有效期尚有一年）；2017—2018 年度保险期全区投入保费 157 万元，完成报案理赔 222 起，赔付保险金 111 万元，赔付比 71%（保险有效期尚有二年）。

【老年文体活动】2018 年，集美区加强基层老年教育，协调银龄公益讲师团和其他部门师资力量，为老年人授课 1354 场，参与人数 6.5 万余人次。开展“五有”示范校创建活动，园博社区、盛光社区和英村社区老年学校被评为市级示范校，全区共有市级示范校 12 所，占全部老年学校的 18%。加强区老年活动中心建设，新增乒乓球馆、羽毛球馆、气排球馆、门球（地掷球）馆、健身房、桌球室、投篮室、排练厅等活动场馆 4727 平方米。开展敬老月活动，围绕改革开放四十周年主题，举办各类敬老活动 124 场，各成员单位举办书画摄影展、生日会、敬老座谈会、趣味游园等活动 95 场。全区共慰问困难老人、高龄老人及退休干部职工 4.8 万人（次），累计发放慰问金（物）572 万余元。（周源源）

居民生活

【城镇居民收入】2018 年，据城镇居民家庭抽样调查，集美区城镇居民人均可支配收入 48746 元，比 2017 年增长 8.9%。（1）工资增长是城镇居民增收的主要来源，持续提升的社会工资水平推动居民工资性收入稳步增长。城镇居民人均年工资性收入 34895 元，增长 9.2%，占家庭总收入的 71.59%。（2）经营收入增长较快。近年，政府陆续出台创业就业新政策，通过扩大扶持对象面、提高补贴和奖励标准、延长奖励补贴年限等方式，加大对个体工商户和自主创业者的扶持力度，个体私营经济得到快速发展。城镇居民人均年经营净收入 5331 元，增长 11.1%。（3）房屋租赁收入增加。2018 年，厦门房屋租赁价格稳中有升，集美区居民家庭住房“由购转租”和“以租养贷”者趋多，城镇居民人均年财产净收入 4851 元，增长 9.4%。（4）居民转移净收入增长。随着社会保障体系建设步伐加快，保障机制逐步完善，最低生活保障范围逐步扩大，城镇居民养老金标准、低保标准不断提高。城镇居民人均年转移净收入 3669 元，增长 2.2%。

2018 年集美区城镇常住居民人均可支配收入构成情况

表 53

项　目	人均收入（元）	比上年增长（%）	占总收入比重（%）
合计	48746	8.9	—
工资性收入	34895	9.2	71.59
经营性收入	5331	11.1	10.94
房屋租赁收入	4851	9.4	9.95
转移净收入	3669	2.2	7.49

【城镇居民消费】2018 年，据城镇居民家庭抽样调查，集美区城镇居民人均消费支出 30259 元，增长 8.8%。八大类消费支出均有不同程度的增长，其中居住类增长 29.3%、医疗保健类增长 8.4%、食品类增长 3%、衣着类增长 7.5%、教育文化娱乐服务类增长 4.9%、生活用品及服务类增长 8.8%、交通和通信类增长 1.7%、其他商品及服务类增长 5.9%。（1）食品和居住依然是城镇居民消费支出的主要组成部分。居民人均年食品烟酒支出 9646 元，增长 3%，居民恩格尔系数 31.88%；居住支出 6488 元，增长 29.3%，分别占生活消费支出总额的 31.85% 和 21.44%。（2）医疗保健日益受到重视。城镇居民人均年医疗保健消费支出 1681 元，增长 8.4%，仅次于居住类及生活用品及服务增幅。（3）生活用品及服务消费平稳增长。城镇居民人均生活用品及服务年支出 2037 元，增长 8.8%。人均其他商品和服务消费年支出 662 元，增长 5.9%。（4）衣着消费稳定增长。城镇居民人均年衣着支出 2134 元，增长 7.5%，占消费支出的 7.05%，是仅次于食品、居住、交通和教育的第五大消费类别。（5）教育文化娱乐消费仍是消费亮点。近年，城镇居民消费观念不断更新，旅游、休闲、健身活动成为生活中不可缺少的内容，节假日和闲暇时去电影院、健身房，进酒吧、茶楼等成为消费潮流；同时，居民对于孩子综合素质教育日益重视，外语、音乐、舞蹈等培训支出增长迅速。城镇居民人均教育文化娱乐消费年支出 3202 元，增加 151 元，增长 4.9%。

表 54

2018 年集美区城镇常住居民消费支出构成情况

项　目	人均支出（元）	比上年增长（%）	占消费支出比重（%）
合计	30259	8.8	—
食品烟酒	9646	3.0	31.88
居住	6488	29.3	21.44
衣着	2134	7.5	7.05
生活用品及服务	2037	8.8	6.73
交通通信	4409	1.7	14.57
教育文化娱乐	3202	4.9	10.58
医疗保健	1681	8.4	5.56
其他用品及服务	662	5.9	2.09

【农村居民收入】2018 年，据农村居民家庭抽样调查，集美区农村居民人均可支配收入 27077 元，比上年增长 9.7%。收入构成中，工资性收入依然占主体地位，人均收入 19354 元，占人均可支配收入的 71.48%；经营净收入次之，人均 4053 元，占 14.97%，增长 3.4%；由财产净收入和转移净收入组成的非经营性收入人年均 3670 元，占 13.55%，增长 17.33%。

表 55

2018 年集美区农村常住居民人均可支配收入构成情况

项　目	人均收入（元）	比上年增长（%）	占总收入比重（%）
合计	27077	9.7	—
工资性收入	19354	9.2	71.48
经营性收入	4053	3.4	14.97
非经营性收入	3670	17.3	13.55

【农村居民消费】2018 年，据农村住户抽样调查，集美区农村居民全年人均消费支出 25184 元，比上年增长 7.5%。其中，食品消费 8960 元，占全部消费支出的 35.58%；居住类消费 5893 元，占 23.4%；交通和通信消费 4299 元，占 17.07%；教育文化娱乐服务消费 2067 元，占 8.21%；衣着消费 1381 元，占 5.48%；生活用品及服务消费 1443 元，占 5.73%；医疗保健消费 683 元，占 2.71%；其他用品及服务消费 458 元，占 1.82%。八类消费增长率从高到低依次为：教育文化娱乐服务消费增长 17.1%，医疗保健消费增长 11.4%，生活用品及服务消费增长 9.7%，其他商品及服务消费增长 9.6%，衣着消费增长 8.5%，居住类消费增长 8.2%，食品消费增长 6.1%，交通和通信消费增长 3.6%。

表 56

2018 年集美区农村常住居民消费支出构成情况

项　目	人均支出（元）	比上年增长（%）	占消费支出比重（%）
合计	25184	7.5	—
食品烟酒	8960	6.1	35.58
居住	5893	8.2	23.40
衣着	1381	8.5	5.48
生活用品及服务	1443	9.7	5.73
交通通信	4299	3.6	17.07
教育文化娱乐	2067	17.1	8.21
医疗保健	683	11.4	2.71
其他用品及服务	458	9.6	1.82

（苏凌昀）

镇街概貌

灌口镇

【概况】2018年，灌口镇下设行政村12个、社区居委会7个，辖域面积70.2平方千米。常住人口154105人，其中户籍人口57124人、流动人口96981人。实现工业总产值252.12亿元，固定资产投资78.95亿元，国内招商41.66亿元；财政总收入14.79亿元，其中镇级财政收入1.90亿元，位居"2018年度全国综合实力千强镇"第46名。获评福建省征兵工作先进单位。

【农业】2018年，灌口镇种植水稻89.6公顷，总产533吨；种植花生26.33公顷，总产79吨；种植蔬菜（含菜用瓜）890.6公顷，总产16014吨；种植花卉353.4公顷，其中盆栽花14公顷、盆景园艺28.4公顷、其他花卉311公顷。家禽存栏19729羽，出栏3288羽。开展家禽饲养户清点工作，清点饲养户127户、家禽75.31万羽，拆除禽舍35130.1平方米。清退牛蛙养殖场19处、牛羊636头。建立防止规模化家禽养殖"回潮"长效监管机制，清退"回潮"生猪124头、家禽1700余羽。做好禽流感、重大动物疫病防疫工作，存栏家禽免疫密度90%，防疫率100%，秋季使用禽流感疫苗1.2万毫升。加强水产品监测工作，做好鱼虾病害、市场销售动态测报与报告。全面落实河（湖）长制，开展饮用水源地、黑臭水体整治和小流域综合治理，加强污水收集管网建设和分散式污水处理站运行维护管理，在全市率先完成许溪和深青溪两个省控断面劣V类水质销号任务。加强农业面源污染防治，推广太阳能杀虫灯、粘虫板等生物防治措施，减少农药使用，推广使用配方化肥。

【工业】2018年，灌口镇加大引资招商力度，正信电子等9家制造企业入驻安仁产业园，厦钨稀土永磁电机一期和厦晖气门嘴等重点项目开工建设，新兴海峡物流园建成投用。海翼物流一期、三期建成，二期完成规划设计。厦门电商谷一期竣工，二期正在办理前期手续。嘉晟物流供应链二期和普洛斯中马供应链项目加快建设。成功引进橙联跨境电商运营总部，亚德客等18家汽车产业研发公司入驻海翼智创园，金龙无人驾驶"阿波龙"项目小规模量产，深青工业组团10家规上企业实现年税收9256万元。全年实现固定资产投资5.79亿元，完成省级特色小镇年度固投任务的109.25%。启动全程代办机制，协助橙联注册关联公司11家，注册资本3.57亿元。

【基础设施建设】2018年，灌口镇基础设施建设进度加快。至年底，324国道复线（灌口段）建设竣工通车，灌田线提升改造工程、深青工业组团公交场站及配套工程完工，瑶山溪（灌中路—海翔大道）绿道慢行系统工程、县道416线路面改造及交通设施完善工程有序推进。三社村综合服务中心、铁山社区等3家社区书院、李林村等3家农村幸福院竣工投用。是年，辖区重点路段全部移交集美城发公司保洁，19个村（社区）全面推行垃圾分类管理和上门收集垃圾。"两违"整治持续深入，全年拆除"两违"363处25.60万平方米，腾出土地36.46万平方米。"卫片"整治取得突破，整改疑似"卫片"图斑328宗，整改率98.50%，并同步实施复耕。

【征地拆迁】2018年，灌口镇实施征地拆迁项目60个（其中市对区考核项目28个），完成征地224.35公顷，完成年度计划（含未委托项目）的

灌口镇双岭村田李溪流域（林志杰 摄）

88.54%、已委托征地量的 300.4%；完成拆迁 35.58 万平方米，完成年度计划（含未委托项目）的 112.61%、已委托拆迁量的 180.18%。全年召开片区指挥部调度会、议题会、专题会、镇级项目周调度会 99 场，攻克新城医院用地、灌口东部新区 22 号地块等重点难点征拆项目。

【民生保障】2018 年，灌口镇民生保障支出 1.91 亿元，占一般公共预算支出的 82.98%。落实救助政策，发放最低生活保障金、高龄老人津贴、残疾人补助等 1205.29 万元，惠及群众 16161 人次。投入 1419 万元，落实各项计生惠民政策。落实养老服务，投入 318.86 万元，引入和欣、爱欣等社工机构，对 3 家农村幸福院和 7 家居家养老服务站实行专业化营运服务。投入 320.36 万元，用于城乡基本医疗保险，参保率 99%，惠及群众 33442 人。落实自主创业奖励政策，发放奖金 14.40 万元，惠及 41 人。开展就业培训，转移农村富余劳动力 331 人。

【文体事业】2018 年，灌口镇组织群众性文体活动及各类文艺演出 20 余场次、电影下乡 180 余场次；联合厦门市歌仔戏研习传承中心，送戏下乡 10 场次，扶持各村（社区）开展文体活动 40 余场次。组织 19 个村（社区）文化协管员参加各级文体业务培训 6 次。先后举办灌口镇庆元旦篮球赛、庆五一乒乓球邀请赛、集美区第七届海峡自行车公开赛和灌口三圈国际车辆模型大奖赛等赛事。组织参加集美区迎新春军警民乒乓球团体邀请赛，获亚军；参加集美区第七届全民健身运动会 12 个项目比赛，获团体第三名。投入体育彩票公益金 455.54 万元，实施铁山社区等 5 个村（社区）文体惠民项目。灌口图书馆全年接待读者 11.32 万人次，办理图书借阅证 599 本，图书借阅流通 32531 册次。

【教育事业】2017—2018 学年，灌口镇 3 ~ 5 周岁户籍人口 2850 人，学前三年教育入园率 97.5%，公办幼儿园幼儿占 46.8%，公办园和普惠性民办幼儿园占 95.2%，各级示范幼儿园就读幼儿占 34.9%。有 6 ~ 14 周岁残疾人口 17 人，残疾儿童入学率 100%。妥善解决幸福家园和上塘花园安置群众子女就学问题。黄庄社区凤山书院“承传统、启未来”传统文化教育品牌被列入福建省社区教育品牌申报名单。

【卫生事业】2018 年，灌口镇落实大卫生、大健康理念，完成家庭医生签约 16790 人。投入 60 万元，为 4456 位 60 周岁以上老人免费体检。在村（社区）健康教育宣传栏刊登“推进厕所革命，共享清新健康家园”为主题的爱国卫生月宣传海报 19 版。利用 LED 显示屏、短信平台开展迎接国家卫生城市复审宣传工作，累计发送短信 5.4 万条。铁山社区和第一社区获评市级老年人健身康乐家园。实施村级医疗设施“一村一所”全覆盖建设，灌口中心卫生院提升工程开工建设，灌口医院新址项目完成征地拆迁。

【计划生育】2018 年，灌口镇育龄妇女 42245 人，其中已婚 34880 人；户籍人口女性初婚 273 人。户籍人口出生 943 人，其中政策内生育 909 人，出生政策符合率 96.39%；男婴 500 人，女婴 443 人，出生性别比 112.87。流入人口出生 1246 人，其中政策内出生 1142 人，出生政策符合率 91.65%。实施节育术 130 例。办理独生子女父母光荣证 39 本，生育服务登记 810 例，其中网上办证 616 例，再生育服务审批 19 例。参加优生检测 797 人，提供“两非”线索 2 例，并配合完成查处工作。审核计生“一票否决”273 例。全年发放避孕套 12.8 万只，随访 35 周岁以上育妇 12849 人次。审核外来务工人员子女计生状况证明 2896 份，查验电子婚育证明 33476 份。审批“增加一人份额”570 例，兑现到位 508 例 1441.48 万元。审核失地农民养老保险 904 户，其中独子二女户 336 户、计生户 175 户、多生育户 393 户，为计生家庭减轻负担 186.9 万元。发放各类计划生育奖励扶助 1349 人，发放扶助款 295.81 万元；兑现长效节育措施奖励 99 人 3.81 万元、独子奖励费 31 对夫妇 3.22 万元；兑现独生子女和农村二女户升学奖励 27 人 17 万元、困难女孩家庭帮扶 7 户 2 万元。

【安全生产】2018 年，灌口镇落实党政领导、部门监管，狠抓企业主体责任，坚持标本兼治、源头管控，推进“123”安全生产网格化监管机制的经验在全省推广。全年召开安全生产工作专题会议 18 次，组织各类安全生产培训班 24 次，下发安全生产文件 38 份。实行镇、村（社区）两级网格管理，设镇级大网格 1 个、中网格 19 个、小网格 6 个。全年检查企业 2167 家，发现并督促整改隐患 6267 条，签订安全生产责任书 2167 份，下达责令限期整改通知书 8 份，向相关职能部门函报隐患 3 次。投入安全生产宣传经费 29.7 万元，发送短信 2 万余条，印发各类宣传材料 3 万余份，制作宣传横幅 44 条、活动宣传展板 10 块，更换宣传栏、LED2 期，进行烟花爆竹禁放流动宣传 9 天，播放安全警示教育片 19 场，举办安全生产月咨询日活动 1 次，组织企业法人代表及安全管理人员资格取证（复审）培训 183 人，配合区安办举行政企联合应急疏散与救援演练 1 场，为村（社区）、企业订阅《中国应急管理报》和《安全与健康》杂志 90 份。

【依法行政】2018 年，灌口镇开展“项目推动年”活动，健全镇便民服务中心及村（社区）便民服务代办点，推进“放管服”改革，梳理权责事项 214 项、“一趟不用跑”事项 6 项、“最多跑一趟”事项 81 项，取消公共服务事项 4 项，增加公共服务事项 2 项。健全政府法律顾问制度，聘请镇政府法律顾问2名，通过购买服务聘请常驻法律顾问助理2名，法律顾问出具法律意见书31份。全年办理人大代表建议23件，处置行政诉讼案件7件。

【精神文明建设】2018年，灌口镇兴起习近平新时代中国特色社会主义思想大学习热潮，全年组织学习1608场次，理论宣讲轻骑兵宣讲12场次，制作宣传栏20版，在LED屏循环播放1000余次，签订党员干部、工作人员带头移风易俗承诺书2191份，发放移风易俗倡议书1万余份，新媒体公众号发布移风易俗倡议书阅读量逾2000次。举办科技、文化、卫生“三下乡”服务活动，到田头、双岭、东辉等村居演出、义诊、义剪服务6场，全年开展环保、农耕、文明、支教、敬老、助残、便民、交通秩序维护等志愿服务100余场，服务群众逾4万人次，参与服务志愿者4000余人次，总服务时长逾1万小时。加强与媒体合作，在《厦门日报》、厦门电视台等媒体报道扫黑除恶、党风廉政建设等工作44次，在《海峡导报》、台海网设立灌口频道专栏，全年发布各类新闻报道300余篇次。（王小杰）

后溪镇

【概况】2018年年底，后溪镇下设行政村9个、社区居委会5个，辖域面积110平方千米，常住户籍人口56832人，流动人口6112人。工业总产值首次突破百亿大关，达105亿元，与上年相增长长15%；镇本级财政收入2.08亿元，完成年度预算数106.69%，财政总收入10.24亿元，增长13.93%；固定资产投资突破百亿元，达107亿元，规模居全区第一位；限额以上批零销售额43亿元，增长11.6%；农民人均纯收入首次突破2万元。全年完成国内招商60亿元，超额完成区下达的55亿元任务，完成合同外资1283万美元。

【基本建设】2018年，后溪镇实施6个村级组织活动场所规范化建设提升工程，完成6个村部装修提升任务。制定业态布局规划，与中绿集团合作策划“欢乐宋，农旅小镇”项目。完成前进村苏营社周边环境整治，黄地村、溪西村地灾隐患点治理，前进村、二农等村（居）戏台新建和改造任务。市级乡村振兴示范村二农社区埭溪桥社建设初显成效，完成村庄建设规划制定、村庄内部及村口道路两侧绿化景观提升工程，以及“平改坡”和29栋裸房整治工程。推动农村道路提升整治39处，实行“路长制”，设置垃圾分类投放点350处、接驳点40个，实现垃圾分类全覆盖，完成道路保洁移交265.7万平方米。孙坂北路、中秋街、珩山一里3条“门前三包”标准街建设完成。城市化进程显著加快，基本形成东部文教片区、中部北站片区、软件园三期片区、中部中心区、西部工业组团片区以及水源保护片区六大主体功能区的城市布局。

【征地拆迁】2018年，后溪镇承接省市区重点项目59项，涉及征地拆迁市对区考核项目35项，全年完成征地172.07公顷，比上年增长102.3%，全区排名第二位；完成拆迁33.84万平方米，完成年度任务154%，增长30.16%，排名全区第二位，其中住宅拆迁3.61万平方米，占全区住宅拆迁完成量的78.6%；征地、拆迁在市对区考核项目中均排名全区第一位。圆满解决名城造花、天河物流园征地问题，北站片区、动漫小镇片区、软件园三期片区等省、市、区重点项目建设快速推动。

【农业】2018年，后溪镇主要农作物播种面积793.5公顷，总产量14064吨；水果种植1218.87公顷，总产量13649.3吨；花卉种植30公顷，绿化苗木63.3公顷，草皮21公顷。家禽存栏15430羽，出栏10900羽；水产养殖面积53.30公顷，产量138.3吨，产值123.9万元；蜜蜂养殖，养殖蜂王3345只，其中中蜂3213只、意蜂132只，产蜂业春夏两季产值529.20万元。推广“企业+合作社+农户”经营模式和无公害现代农业管理技术，培植特色农产品基地，提高规模化生产水平，扶持壮大“一村一品”特色农产品品牌，促进农业结构由粗耕粗放型向精细集约型转变。百乐居家庭农场为后溪镇农业“五新”示范基地，在农业生产过程中推广应用新品种、新技术、新肥料、新农药、新机具，完成农村富余劳动力转移就业350人。组织重点专业户、农技员和防检员参加市级举办的农业专业培训8期，参加人数96人次。龙眼、脐橙、设施蔬菜、设施花卉栽培等亩产稳定增长，其中龙眼年产量4200吨，比2017年增加3000吨；脐橙年产量1310吨，增加550吨；蔬菜年产量12010吨，增加1690吨。百乐居花卉集散中心年销售鲜切花1亿枝、盆栽360万盆、多肉植物120万盆、蝴蝶兰和洋兰等35万株，实现产值1.6亿元。白虎岩休闲项目位于后溪镇白虎岩山，项目范围包括第二农场共计242公顷。市级重点农业产业化龙头企业晟宝良品米业发展有限公司以多品种经营和薄利多销为特色，全年实现产值1亿元。

【社会事业】2018年，后溪镇投入300余万元，用于英村幼儿园、窗内小学、杏南中学校园文化建设及硬件提升改造。在城内里244号成立霞城阵头非遗项目传习中心，传习中心理事会5人，参加活动人员150人。组建队伍参加区第七届运动会，参加12个项目比赛，其中体育舞蹈、扑克80分获第三名，象棋、篮球、广场舞获第五名。三兴社区适老化改造项目动工，为5户老人家庭增设扶手、休息椅及室内浴椅。在老人活动中心、外口公寓福寿堂活动广场加装无障碍通道、不锈钢栏杆，消除安全隐患。完成溪西村等农村幸福院建设，建筑面积共计1674平方米。全年化解社会矛盾纠纷417起，调解成功率100%。推动“平安企业”“平安校园”创建工作，110家单位安全生产标准化建设通过复评。开展扫黑除恶专项斗争，打掉黑恶势力团伙2个，刑拘12人，破获黄赌毒团伙4个，抓获嫌疑人99人，行政处罚32人，缴获赌资125万元；拆除涉黑违法建筑32处8.4万平方米，在全市镇街与派出所治安责任捆绑考核中排名第三位，获评2018年度治安责任先进集体。

【民生保障】2018年，后溪镇累计投入370余万元，用于保障各类困难人员生产生活。全年实现失业人员再就业520人，农村富余劳动力转移培训220人，失地养老人员保险参保396人，城乡居民医疗保险参保22613人，参保率100%。发放低保金58.4万余元，惠及66户114人。办理特困人员救助供养证1本、低保证65本。是年，全镇持二代残疾人证1107人，3906人次申请重度残疾人护理补助，发放补助款171.91万元。1421人次申请困难残疾人生活补助，发放补助款56.84万元。后溪商会、永祥人力资源市场解决逾150人就业问题。

【村（居）换届选举】2018年，后溪镇实行村居党组织、村委会换届选举，选举产生新一届村（居）“两委”班子成员79人，其中党组织班子成员52人、村（居）委会班子成员51人（包括交叉任职）；女性29人，新进25人；平均年龄38.75岁。13个村居中，除1个为下派书记外，其余12个村居实行“一肩挑”，其中新进5人、女书记3人。年龄结构方面，35周岁以下28人，占35.44%；36～45周37人，占46.83%；45岁以上14人，占17.73%。学历结构方面，大专以上学历51人，占64.55%；中专（含高中）学历21人，占26.59%；初中及以下学历7人，占12.66%。

【二农社区成立】2018年6月，后溪镇二农社区居民委员会成立。该社区位于集美区西北部，东倚南山岭，与同安区凤南农场及后溪镇后溪村交界；西沿马仔墓水库西侧坑沟，与灌口镇东辉村毗邻；南与后溪镇前进村、新村社区接壤；背倚白虎岩、凤髻山。社区下辖11个社，分为垵山片区和碗瑶片区，总面积8.3平方千米，户籍人口2602人。垵山片村社周边已被征用，北侧山地已规划白虎岩山地休闲景区；碗瑶片区耕地面积31.94公顷，林地面积446.27公顷，果园地143.49公顷。辖区埭溪桥社古时为交通要道，拥有独特的古驿站文化。社区境内还有始建于北宋大观年间(1107-1110)的石构古桥——苎溪桥以及观音寺。2018年，被列为市级乡村振兴示范点。

【生态环境保护】2018年，后溪镇辖区内46个污水收集处理项目全面完工投用。其中，分散式污水收集处理项目15个，涉及20个自然村；集中纳管污水收集处理项目31个，涉及38个自然村。落实河（湖）长制度，出台湖长制实施方案，清理河道垃圾及漂浮物1.48万立方米。投资400万元，用于安全生态水系建设工程，鹭埭溪集美北大道至海翔大道段、天马溪英村段等6项安全生态水系建设工程竣工。投入350万元，开展黑臭水体整治，治理水体面积7889平方米。开展饮用水源地环境保护及小流域专项整治，退养牛、羊养殖场22场954头。开展“大棚房”整治，完成“两违”整治211处，占地面积39.65万平方米，建筑面积32.43万平方米。完成土地复耕57宗7.17公顷。

【精神文明建设】2018年，后溪镇开展习近平新时代中国特色社会主义思想大学习活动，镇领导、理论宣讲轻骑兵、百姓宣讲团深入村（居）、企业集中宣讲40余次，覆盖基层群众2400余人。开展文明新风宣传活动6场，印发移风易俗倡议书1.3万份，覆盖群众1500余人，党员干部签订承诺书700余份。新建后溪村、黄地村、新村社区3家社区书院，社区书院增至6个。推荐后溪村黄宇星、崎沟村王盛福参加第七届厦门市敬业奉献模范和助人为乐模范评选；挖掘后溪村郑赞生、郑赞勤兄弟孝亲敬老事迹，以鲜活案例引导村民学习先进、向上向善；支持厦门北站大学生志愿服务驿站开展活动，驿站获评2018年集美区优秀志愿服务项目，负责人获评先进个人。开展东宅、英村等6个村（居）乡风文明建设试点工作，申报创建2018—2020年省级文明村（居）。全年出动3667人次，清理乱张贴、乱涂写25815处，清运垃圾3333.5吨。是年，后溪镇蝉联“全国文明村镇”称号。（郭丽玲）

杏林街道

【概况】2018年年末，杏林街道下设11个社区居委会，其中莲亭社区是年内新设的社区，辖域总面积24.7平方千米，总人口155738人，其中常住人口72120人、流动人口83618人。辖区19家规模以上企业完成工业总产值91.90亿元，比2017年增加13.90亿元，增长17.82%。完成国内招商75.37亿元，外资实际到资1.26亿元。完成固定资产投资98.75亿元，其中房地产项目70.95亿元、城镇项目27.80亿元。完成财政总收入27.61亿元，增加1.91亿元，增长7.41%。完成街道本级财政收入2.35亿元，减少661万元，下降2.74%。

【征地拆迁】2018年，杏林街道累计完成征地401.61公顷，完成率109.65%；拆迁4.51万平方米，完成率170.85%。至年底，完成第一医院杏林分院项目、服务业集中区9地块、中交和美新城西侧出让用地1号地块、原祥泰苑地块、杏林村集体用地等一批重点项目交地工作。

【基础设施建设】2018年，杏林街道11个社区策划生成项目59个，安排资金2800余万元，实施市政道路设施修缮、外立面市容市貌提升、道路及排污改造、文体设施场所改造、电力系统改造等工程。投入1193万元，完成32045部队地质灾害点整治；投入366万元，进行黑臭水体整治。至年底，竣工验收并办理结算项目42个，结算金额2038万元；竣工验收未结算项目11个，在建项目6个。

【平安建设】2018年，杏林街道以落实市、区综治责任制为主线，以扫黑除恶为重点，以“五安”工程创建为抓手，加强基层综治建设，完善各项工作长效机制，加大投入，全力打造和谐平安杏林。举办主题宣讲活动、培训会55场，组织扫黑除恶专项知识测试42场1532人次。健全矛盾纠纷多元化解决机制，街、居两级综治维稳中心共调处矛盾纠纷73起，调解率100%。本级接受来信53件、来访17件，受理网上信访件1543件。办理政民互动163件、来访17件，全部办结，未发生不可控的矛盾纠纷。推进“雪亮工程”建设，按照“一年打基础、二年上台阶、三年见成效”的思路，总投资1700万元，工程进入实施阶段。投资1100余万元的校园周边监控系统即将投用。杏北、曾营、西亭3个社区获评消防安全示范社区，宁海社区获省级消防安全示范社区认定。

【计划生育】 2018年，杏林街道常住人口出生1185人，出生政策符合率97.72%，性别比112.75；流动人口出生1923人，出生政策符合率95.32%，性别比113.90；登记和办理一、二孩“生育服务证”915个，独子证39个，审核“再生育服务证”16个。完成优检708人，拿到告知书885人，超额125%完成任务。开展“生育关怀行动”，全年摸底上报帮扶家庭“幸福工程”5户、高考“金秋助学”6户，办理计划生育特殊家庭紧急救助对象1人、不孕不育47户，年审省级城镇奖扶对象1244人、全国农村奖扶对象309人、区级城镇奖扶对象411人、特殊扶助对象23人、区级精神抚慰26人、农村二女扎奖励对象535人、贡献奖励对象80人。

【生态环境建设】2018年，杏林街道建立网格化环保监管体系，街道三级网格员出动巡查761人次，巡查处理环保事件365起，办结率100%。其中影响大气类303起、影响水环境类52起、焚烧垃圾6起、其他类10起。通过网格化平台上报事件343起，事件处理率100%，并形成长效监管机制。拆除违法建设34处，拆除面积11432.49平方米；查处乱张贴乱悬挂110起、占道经营跨店经营2706起，拆除违规广告187块，整治僵尸车37辆，纠正违法搭建、违规装修、非法扩建等700余处，受理群众来信来访投诉300余件，印发宣传材料2万余份。

【民生保障】2018年，杏林街道实施集体经济发展项目10个，覆盖未完成集体资产改制的“村改居”社区3个(高浦、杏林、西亭)、已完成改制社区2个(曾营、内林)，其中7个项目已投用并产生效益，全年收益1500余万元。至年底，杏林社区外口公寓、大众温泉、高浦社区生鲜超市及公寓、西亭社区农贸市场、内林社区鹭诚达购物广场、汇宏大楼、曾营店面租金等项目投入使用，琦珏商业中心、外口公寓及杏林社区“金包银”项目正在建设中。宁宝幼儿园华铃分园、杏苑小学新校、诚毅中学3所学校落成。落实民生政策，发放灵活就业补贴5318人次1094.52万元、就业补助金12.65万元、残疾人各项补助233.12万元，办理养老保险2332人次，安排公益性岗位就业40人；扩大社会救助体系，帮助各类困难群众1534人次107.65万元；投入76.64万元，实施居家养老服务站信息化运营项目；投入60.53万元，用于西亭、高浦农村幸福院建设；投入763万元，用于改善学校教学设备、办学条件和开展各项活动的经费补助等，诚毅中学、杏苑小学、宁宝幼儿园华铃分园建成并投入使用；亭北中学、亭北小学和集美工业学校征地拆迁工作完成，正在建设中。下拨文体工作经费219万元，举办群众性文体活动170多场。

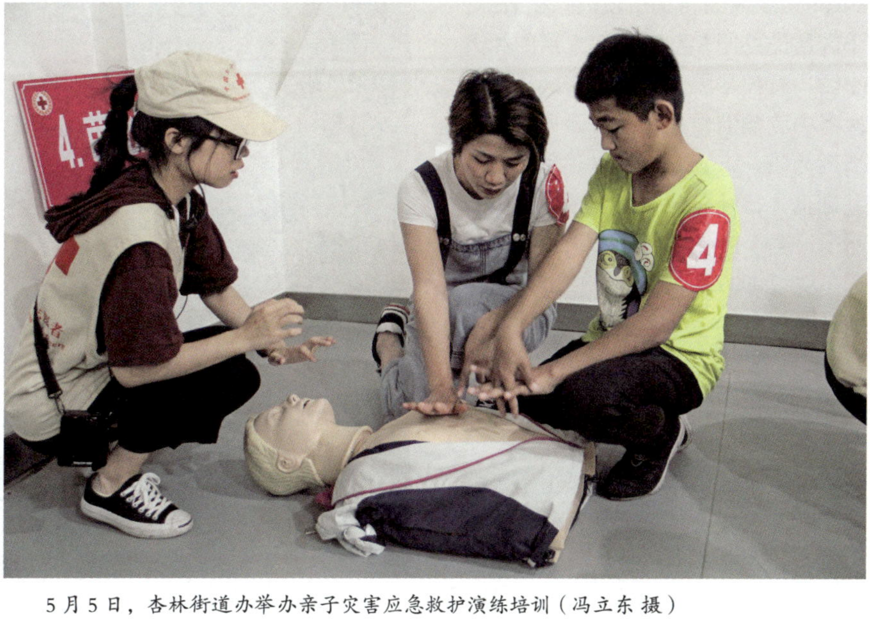

5月5日，杏林街道办举办亲子灾害应急救护演练培训（冯立东 摄）

【社区建设】2018年，杏林街道按照市、区关于2018年社区村级组织换届选举的工作部署，以“一居一案”为要求，集中力量做好换届选举工作，完成10个社区换届选举任务。10个社区全部实现书记、主任“一肩挑”，共新产生“两委”班子成员81名。“两委”班子整体平均年龄36.5岁，女性42人，党组织成员47人，社区居委会成员54人，交叉任职10人，大专以上文化程度的70人，换届后的村、社区“两委”班子年龄、学历等结构，较上一届班子更加优化。搭建三级党群活动阵地，建立街道党群服务中心1个、社区党群活动服务中心7个、小区党群之家16个，打通辖区党组织和在职党员联系群众的主渠道；强化非公队伍建设，新聘城市非公党建指导员5人，非公企业党组织覆盖率95%，以蓝思公司党员创新工作室为载体，培育打造全区首个非公互联网党建示范点。聚焦社区党建“最后100米”，推行“支部建在小区上”，探索金博水岸小区党支部成员与业委会成员以及物业成员的深度融合，构建起党工委、居委会、小区党支部、业委会、物业“五位一体”的社区治理新模式。构建“365”党建机制，以3方共管为主导，以6项服务为抓手，以5项工作机制为支撑，构建以小区党支部为引领，小区自治、小区居民共同参与、统筹发展的和美小区，发挥基层党组织在小区建设和服务中的领航作用。在将园博社区打造成为省、市城市基层党建示范点的基础上，持续提升园博社区党建工作水平，全年接待来自台湾等40多个地区参观者2000多人次。（陈祺琛）

集美街道

【概况】2018年年底，集美街道下辖5个社区居委会，辖域总面积4.6平方千米，总人口85622人，其中常住人口26577人、暂住人口18710人、学生人口35957人、从业人员4378人。财政总收入6.55亿元，比上年增长32.83%，完成103.90%；街道本级收入7300万元，增长11.55%，完成101.84%；固定资产投资4.52亿元；招商引进合同内资28.25亿元，完成任务的188.33%，合同外资6778万元。完成限额以上批零销售额1.19亿元，完成102.59%。是年，集美街道蝉联省级文明单位，通过省级侨乡文化名镇名村创建试点考评；街道社区卫生服务中心跻身全国百强社区卫生服务中心；银亭社区蝉联全国文明单位和“工人先锋号”；盛光社区获评厦门市总工会“职工之家”、厦门市交通安全示范村居、厦门市基层老年学校规范化建设点；岑东社区获评福建省创建无邪教示范社区、厦门市交通安全示范村居；岑西社区获评福建省创建无邪教示范社区、厦门市交通安全示范村居、老年人健身康乐家园、厦门市总工会“职工之家”。

【社区换届选举】2018年6月和7月，集美街道先后完成社区党组织和居民委员会换届选举工作，无投诉、无信访，党员平均参与率94.5%。5个社区依法选举产生新一届社区“两委”成员43人，其中女性33人，占76.74%；35岁以下22人，36～45岁15人，46～50岁6人，平均年龄36.3岁；学历全部高中以上，其中大专以上40人，占93.02%。5个社区全部实现党组织书记、居委会主任“一肩挑”，交叉任职20人，占两委成员总数的46.51%。

【招商引资】2018年，集美街道加大招商引资力度，完成合同内资招商28.25亿元，完成区下达任务数15亿元的188.33%；完成合同外资招商6602万元，外商到资100万元，完成区下达任务的100%。新注册企业515家（不含自贸区），注册资金12.65亿元。新增企业476家，新增注册资金12.18亿元。注册资金500万元以上企业102家，注册资金78130万元；内资增资企业41家，增资27891万元，其中中交一公局增资10亿元、厦门富养康生物科技有限公司增资0.8亿元。集美万达商圈全年销售额8.99亿元，比上年增长9.86%，客流量1600万人次，上升5.5%。2018年，集美集影视文创园区招商127家，累计招商入驻332家。12月，园区入驻企业产值新增0.9亿元，累计产值新增6.91亿元。2015年至2018年，产值累计9.82亿元。

【基础设施和重点项目建设】2018年，

位于集美街道浔江路的特色侨房——文确楼（林志杰 2018年3月摄）

集美街道建设项目 9 项，总投资 2.3 亿元。街道财政统筹支付的建设项目 18 个，其中旅游景区部分道路及景观提升改造工程等 7 个项目完工，项目总投资 1821 万元。第二轮外立面改造建筑物 17 栋，全部完工。5 个社区集中式污水治理项目完成第三方测绘，即将验收，海域截污已委托第三方公司进行调查。集美大社池塘（文确楼旁清风池）、敬贤公园水池、龙舟池 3 处黑臭水体改造列入计划。截污纳管二期、水上运动中心污水治理、学村站污水治理 3 个项目正在设计中。星集地块停车场改造、石鼓路 168 号停车场改造及配套公共停车场 3 个项目，建筑面积 9576.11 平方米，共计车位 245 个，其中小车停车位 233 个、大巴停车位 12 个，完成投资额 254 万元。其中印斗校区地下停车库开工，A 区即将完工。

【民生保障】 2018 年，集美街道便民服务中心建成投用，建筑面积 163 平方米。落实“放管服”改革，制定办事指南 80 项，推进“互联网 + 政务”服务，实现“一趟不用跑”事项 2 项、“最多跑一趟”事项 71 项。办理医疗救助系统补助 2204 人 27 万元，发放临时救济补助 10 户 23 人 4.99 万元。办理退休关系转移 59 人、被征地人员养老保险 76 人、就业困难认定 50 人、灵活就业 43 人，开发公益性岗位 30 个，发放就业失业登记证 155 个。举办培训 3 期，培训面点师 41 人、美容师 18 人、高级计算机师 22 人，实现失业人员再就业 555 人。全年发放防灾减灾资金 3 万元，为居民建立健康档案 49220 人份。开展爱国卫生运动，落实动物疾病春防、秋防工作，消杀面积 73550 平方米。

【民生救济】 2018 年，集美街道发放最低生活保障金 28 人 20.73 万元、特困人员补贴 2.69 万元、低保户和特困户电费补贴 29 人 2100 元、临时价格补贴 53 人 3870 元、遗属补助 7 人 15.96 万元、残疾人护理补贴 232 人 122.97 万元、残疾人生活补贴 90 人 40.57 万元、残疾儿童康复费补贴 12 人 25.79 万元、80 岁以上户籍老人高龄津贴 842 人 114.58 万元。春节、中秋节、重阳节、国庆节慰问困难人群 553 人 33.29 万元，全年慰问特困老人 27 人 1.08 万元、困难失能老人 12 人 14.4 万元、困难半失能老人 12 人 9600 元。办理 60 岁老人优待证 121 人、70 岁老人优待证 74 人。落实住房保障政策，向区住房保障办移交保障性住房档案 5 批次 138 户，其中保障性租赁房 3 批次 88 户、保障性商品房 2 批次 50 户。

【平安创建】 2018 年，集美街道着力做好群防群治工作，形成街道、社区、居民结合的综治维稳体系。投入综治平安建设专项经费 1348.88 万元，刑事警情比上年下降 40.72%，全市排名第一位，“平安三率”、群众安全感率电话调查全区排名第一位。“一标三实”工作，摸排走访地址 900 多个，重点摸查人数 4000 余人，排查重点类型领域 11 个。落实接访下访制度，受理群众来访 46 件 156 人次，调解居民矛盾纠纷成功率 100%。受理市长专线 408 件、上级交办 19 件、区信访局批办案 19 件，自办件 3 件，办结信访案 19 件，办结率 100%。

【安全生产】 2018 年，集美街道出动检查组 58 次 391 人次，检查生产经营单位 176 家，查处隐患 89 处，全部督促整改完毕。企业签订安全生产大检查自查自改承诺书 88 家。开展安全生产宣传培训 36 场、应急救援演练 28 场，发放宣传材料 5.6 万份，总参与人数 4.2 万人。在水坑、池塘、海域入口处设立警示牌 53 块，补充更新安全警示牌 31 块，发放致辖区学生家长的一封信 1.5 万份，聘请安全巡查员 5 名，对水域进行每日巡查，防止出现未成年人溺水事故。继续推进瓶装燃气“两换”工作，“两换”瓶装燃气 5664 户，居民用户更换 3939 户，完成率全区第一名。联合多部门对瓶装燃气进行查“黑”查“违”，排查使用瓶装燃气的餐饮场所 1322 处，查处安全隐患 46 处，全部整改到位。开展消防专题宣传活动和培训 10 次，张贴电动车规范充电和加强火灾防范的通知及海报 160 张，发放出租房消防安全宣传手册 226 份。开具安全生产监督检查记录 168 次，督促整改隐患 76 处，发放消防安全承诺书 80 份，处理居民投诉 6 起。排查市政消火栓 125 处，清理住宅楼道违规停放摩托车电动车 474 辆、小场所违规住人 28 人、住宅阳台可燃物 92 处、消防通道违规停放车辆和障碍物 225 处，发现并处置违规用火、用电、用气、用油 16 起。完成地震局小区、集美大社、集美街道办事处电气改造 3 处，安装集中充电桩 4 处。为出租户配发手提式灭火器 7048 个，为无物业管理小区安装悬挂式干粉灭火器 534 个。

【生态文明建设】 2018 年，集美街道投入生态文明建设经费 2900 万元。建立海域水产养殖回潮监管长效机制，联合海洋综合执法支队、区农林水利局等单位，拆除海涛楼外侧非法养殖设施。委托集美城市发展有限公司，对街道海岸沿线外侧的环境卫生进行保洁和管理，全年共清理沿岸生活垃圾和岸滩垃圾 2855 吨。配置垃圾分类专职管理员 3 名、督导员 60 名、垃圾分类辅助人员 120 名，投放 120 升垃圾桶 228 个、240 升垃圾桶 8 个，投入工作经费 600 万元，达到居民垃圾分类知晓率 100%、覆盖率 100%、投放准确率 60.4% 以上，市第三方考评位居全区第一位，实现小区垃圾分类全覆盖，是集美区唯一实现垃圾分类全覆盖的街道。纠正违规投放生活垃圾 329 起，开具责令改正通知书 6 份、行政执法通知书 1 份。开展“百日治违”行动，基本实现违法占地“零增长”。至年底，拆除各类违法搭建 85 处，面积 1.22 万平方米，拆后土地利用（或还原）率

100%。推进“门前三包”和“街长制”，依托社区网格管理，做到“一日两巡”，完成1881家店面“一店一档”工作。办结环保类投诉1120件。

【精神文明建设】 2018年，集美街道新成立岑东社区书院和岑西社区书院，按照“4+2+1+x”体系设置课程，实现社区书院全覆盖。开展习近平新时代中国特色社会主义思想教育20场次，受众2600余人次。依托社区书院、道德讲堂，开展嘉庚精神、社会主义核心价值观、新时代新思想新作为、“讲述集美40年”等基层宣讲活动。街道志愿服务队不定期开展洁净家园、垃圾分类、嘉庚文化等志愿服务活动300余场次。每周末定期举办“嘉庚书苑经典诵读会”，全年共举办100余场。加大文明城市宣传力度，设置5块户外LED屏，滚动播放《文明厦门爱相随》等公益广告，更新公益广告100余块，制作落地草地牌50块。（吴静泓）

侨英街道

【概况】 2018年年底，侨英街道下辖10个社区居委会，辖域总面积19.437平方千米，常住人口243559人，其中户籍人口49070人，流动人口194489人。经济以工业为主，辖区有企业1500多家，其中规模以上工业企业117家，产值上亿元工业企业38家。实现规上工业总产值335.82亿元（含火炬园53.14亿元），与上年相增长长11%；财政总收入42.11亿元，增长17.4%；街级财政收入3.09亿元，增长33.7%；限额以上批零企业销售额129.66亿元，增长67.4%；固定资产投资22.88亿元，国内招商40.84亿元，实际利用外资9.26亿元。

【工业】 2018年，侨英街道实现规上工业总产值335.82亿元（含火炬园53.14亿元），完成年度预计目标359.38亿元的93.4%，比上年增长11%；117家规模企业中，产值过亿元的38家，实现产值245.44亿元，占辖区规上企业总产值的86.8%。产值超过10亿元的企业有6家，分别是世纪宝姿（厦门）实业有限公司、厦门TDK有限公司、厦门宏发电声股份有限公司、际诺思（厦门）轻工制品有限公司、宝宸（厦门）光学科技有限公司、宸展光电（厦门）有限公司。世纪宝姿（厦门）实业有限公司产值31.11亿元，增长25.5%，产值排名第一位，占街道总产值的9.3%，增速上升12.3个百分点。

【基础设施建设】 2018年，侨英街道实施社区基础设施建设项目18个，总投资787.81万元。祖厝边美丽乡村项目工程全部完成，东安社区塘边社池塘整治、古榕树公园建设、仙祖庙广场建设3个项目完成工程量的95%，塘边社房前屋后清杂、整治工程招标进行中。田集连接线下蔡、双塔、浒井立面提升改造工程进场施工。兑山社区南尾井篮球场前2口池塘、东安社区后垵三里真武殿3口池塘黑臭水体整治项目完成95%。25个污水集中纳管项目基本完成，污水集中收集率95%。

【征地拆迁】 2018年，侨英街道有区级以上征地拆迁项目4个，分别是侨英中学、奥佳华、东安集体发展用地和天马种猪场2009C45、2010C02号政府储备用地，其中涉及征地项目2个，征地10.04公顷，全部完成任务；涉及拆迁项目4个，住宅拆迁1895平方米，非住宅拆迁76342.98平方米，拆迁任务全部完成。

【安全生产】 2018年，侨英街道配合相关部门开展“打非治违”专项整治，开出现场检查记录168份，发现事故隐患246条，全部报上级部门处理。开展燃气安全排查整治，居民用户更换燃气胶管、减压阀14641套，餐饮用户全部更换；摸排出租房4368栋、“不放心”场所5家，所在社区均已落实“一事一策”管控措施；检查出租屋810家次、沿街店面810家次、三合一场所116家，抽查企业及餐饮店235家，发现火灾隐患或违法行为1289处。是年，辖区发生工矿商贸事故1起，受伤2人；火灾7起，无人伤亡。

【计划生育】 2018年，侨英街道户籍人口出生881人，政策符合率97.16%，性别比111.27；非户籍人口出生2848人，政策符合率94.52%，性别比112；省内出生人口2049人，政策符合率95.46%，性别比112。办理失地保险补助363户，保险金额502.72

侨英街道东安社区的古榕公园（林志杰 2018年3月23日摄）

万元；慰问计生困难对象、困难母亲和金秋助学帮扶等，计 11.31 万元。已创建或正在创建的流动人口卫生计生基本公共服务均等化示范点 5 个、流动人口社会融合示范社区 3 个，向流动人口发放宣传品 3 万余份，计生政策咨询 160 余人次，发放避孕套等计生用品 10 多箱，办理流动人口生育登记服务 70 户。

【民生保障】2018 年，侨英街道发放低保、社会救助、优抚、老龄、残疾人等各类补助金、生活补贴和慰问金 589 万元。办理老年人幸福安康险 4000 人，办理被征地人员养老保险 259 人、退休被征地人员退休待遇 168 人、医疗困难补助 314 人次，计 37 万元。辖区 46 ~ 60 周岁以及 60 周岁以上符合参保城乡居民养老保险条件居民全部参保，严格审核辖区内医疗保险、医疗困难补助费用，做到全部现办现结。进入街道人力资源市场招聘的企业 1498 家，促成就业 993 人。引进厦门智宇信息技术有限公司、厦门国太亚医互联网科技有限公司、厦门市爱欣老年公寓 3 家专业养老服务机构，开展社区居家养老工作，成为集美区首个实现社区专业化居家养老服务全覆盖的街道。

【综治工作】2018 年，侨英街道率先在社区成立治安网格员队伍，共有治安网格员队伍 10 支、网格员 287 人。对凤安路、纵二路、滨水校园周边、英瑶路、环珠路等校园周边、人流集中区域，进行交通隐患整治，为治安巡逻及“一标三实”工作打下基础。开展扫黑除恶专项斗争，侦破辖区“1202”霞梧大排档聚众斗殴案和“0122”寻衅滋事案，抓获犯罪嫌疑人 11 人；打掉长期盘踞在辖区的陈某伟等恶势力团伙。全年辖区刑事案件报案数 950 起，比 2017 年 1418 起下降 33.01%。

【凤安社区成立】2018 年 3 月 14 日，侨英街道新成立凤安社区。凤安社区位于集美北部新城区，北至天马路、东安北路，东至滨海西大道、红林路、东安南路、东莲社、侨英路、浔江北路，南至凤林三路，西至乐天路、东安路、凤田路，面积 84.69 万平方米。辖区内驻有乐海幼儿园、乐海小学、美山小学、美山中学、集美中学高中部等事业单位，有海上五月花、海德公园、中央公园城、颐和花园和天籁等生活小区 11 个，住宅 6491 户，商铺 496 个，人口 17900 人，入住 3744 户，入住率 60%。社区分为 8 个网格，实行社会综合网格化管理。社区便民服务中心设立集卫计、民政、调解等服务于一体的综合服务窗口和文化活动站，为居民提供一站式服务。（简琛华）

杏滨街道

【概况】2018 年年底，杏滨街道下辖 8 个社区，辖域总面积 21.6 平方千米，总人口 19.42 万人，其中流动人口 14.22 万人，占 73.22%。完成工业总产值 223.11 亿元，与上年相增长长 7.16%，其中 133 家规模以上工业总产值 209.92 亿元，增长 7.13%。实现财政总收入 11.78 亿元，增长 9.21%，其中街道级财政收入 1.08 亿元，增长 11.06%。完成国内招商 40.66 亿元，外资实际到资 1338 万元。完成固定资产投资 40.66 亿元，增长 52.22%。

【招商引资】 2018 年，杏滨街道国内招商项目 179 个，注册资金 40.66 亿元，完成年度任务的 90.35%。合同外资 3342 万元。新设立企业注册资金较多的有：鲲之曼信息科技有限公司 5000 万元，绿胜源汽车销售有限公司 5000 万元，厦门兴盛鸿贸易有限公司 2088 万元；增资较多的企业有：厦门兆玥珑房地产开发有限公司增资 9900 万元，厦门正新房地产有限公司增资 5000 万元，厦门展懋投资管理有限公司增资 2000 万元；迁入企业注册资金较多的有：厦门海德有限公司 9717 万元，大渊环境技术（厦门）有限公司 8000 万元，厦门鑫川瑞投资管理有限公司 5000 万元。

【固定资产投资和基础设施建设】2018 年，杏滨街道投入 4338.2 万元，建设马銮、西滨、前场、锦园 4 个社区综合服务中心，其中锦园社区综合服务中心、马銮社区综合服务中心投入使用。投入 3740.07 万元，改造 3 个社区农村自来水管网，均完工，实现一户一表，抄表到户。投入 1.09 亿元，用于西滨、锦园、日东、马銮、三秀 5 个社区的污水管网改造，纳管工程完成并验收，基本实现生活污水集中收集排放。投资 118.18 万元，实施西滨、蔡林等 3 个黑臭水体整治工程，基本完工。投入 353.06 万元，完成 4 个地质灾害点治理工作，消除地质灾害隐患。投入 1049 万元，完成社区公厕、道路、文体活动场所等 29 个基础设施项目改造提升任务。

【征地拆迁】2018 年，杏滨街道以“项目推动年”为抓手，推进马銮湾新城、集美新城片区等项目土地房屋征拆工作。街道有省、市、区级重点征拆项目 23 个，计划总征地面积 31.79 公顷，拆迁面积 15.18 万平方米。扣除因项目前期手续、公告手续不完善以及未下达委托的项目 10 个，实际征地面积 23.92 公顷，拆迁面积 6.34 万平方米。全年完成征地 23.89 公顷，占年计划总征地面积的 75%，占实际征地面积 100%；完成拆迁面积 9.41 万平方米，占年计划总拆迁面积的 63%，占实际拆迁面积的 148%。有市对区考核项目 13 个，计划总征地面积 10.26 公顷，拆迁面积 1.14 万平方米。年底核减任务项目 2 个，全年共完成征地 10.74 公顷，完成序时计划 105.07%；完成拆迁 5.73 万平方米，完成序时计划 502.43%。

【宜居环境建设】2018年，杏滨街道加大第二轮市容环境提升整治力度，拆除“两违”82宗，面积12.61万平方米，完成省下达年度工作任务的126.07%；拆除2017年度卫片24宗，完成率100%；全年拆除航拍图斑102宗，面积6.6万平方米。落实环卫体制改革，投入7000余万元，聘请专业公司承担环卫保洁，辖区环境卫生水平提升。扩大垃圾分类覆盖范围，推动垃圾分类微信小程序投入使用，调动居民参与积极性，提高垃圾分类准确率。推行“河长制”，加大流域周边鱼塘清淤直排监管力度，整治流域周边“四乱”现象，瑶山溪、董任排洪沟、锦园渠水质改善。配合做好日东湖黑臭水体整治迎检工作，协助做好入户满意度调查，满意度达98%。开展辖区日新排洪沟、瑶山溪、锦园渠、董任排洪沟及4个入海口的污染源溯源排查，确认排口19处，摸排溪流段8.2千米，排查污染源90处、小作坊740处。联合区建设局、杏滨执法中队、环保等部门进行现场执法检查，全年参加排查380人次，处罚企业29家，罚款276.42万元，责令停产22家，督促60家企业、6处工地进行整改。

【民生保障】 2018年，杏滨街道实施“绿洲计划”，累计投入民生保障事业资金946万元，实现全民医保参保26873人，参保率100%，城乡居民养老保险60周岁以上目标人群参保率100%。发展社会养老服务业，锦园、前场2个社区农村幸福院建成并投入使用。开展扶残助残工作，打造西滨社区为区残疾人康复体育进家庭服务社区。持续做好富余劳动力转移工作，引导马銮湾片区、集美新城片区失地农民、失海渔民就业转移，开办免费职业技能培训班5期，覆盖136人。持续推进集体资产改制，出台社区集体产权制度改革工作方案、集体经济组织成员身份确认方案、股份合作改革方案，完成马銮、西滨、前场和锦园4个村改居社区清产核资工作，做到底数清、台账明。

【社会事业】2018年，杏滨街道推进分级诊疗与家庭医生签约服务，签约率超过30%；推动流动人口均等化服务，厦门姚明织带饰品有限公司为创建市级企业协会流动人口示范点，康城社区为创建市级流动人口社会融合示范试点和区级流动人口均等化示范点，三秀社区为创建区级流动人口社会融合示范试点，锦鹤社区为创建市级流动人口均等化示范点。在流动人口动态监测工作中，获评国家级和市级优秀调查员各1名、优秀指导员1名。推动教育事业均衡发展，马銮和新纪元2所公办幼儿园开办招生，推进蔡林小学和中锐双语学校开工建设。完善公共文化服务体系，筹建西滨社区文化活动中心，支持前场社区“荷叶说唱”非遗项目进校园，鼓励“荷叶说唱”创作曲目《廉政建设社会和谐》《新时代的航向》等参加省、市展演。深入社区、企业，开展“我们的节日”等主题活动60余场。

【基层党建】2018年，杏滨街道顺利完成8个社区党组织换届选举工作，依法选举产生新一届社区党组织班子成员40人，全部实现“一肩挑”，完成新一届社区党组织班子成员培训工作。加强社区党群活动服务中心建设，8个社区党群活动服务中心平均建筑面积2296平方米，锦园社区新建党群活动服务中心启用，马銮、西滨、前场社区党群活动服务中心在建中。推进城市基层党建，打造康城社区城市基层党建示范点。推进全面从严治党工作，党工委班子成员每半年开展一次廉政谈话，了解落实“一岗双责”情况，共开展廉政谈话190人次。做好“权责清单”梳理工作，梳理党工委主体责任清单任务54项、党工委书记清单任务57项、班子成员清单任务105项。

【宣传文化工作】2018年，杏滨街道持续开展理论学习活动，围绕习近平新时代中国特色社会主义思想、中共十九大精神、“两学一做”等主题，举行中心组学习活动20次。加强社区书院建设，新建马銮、西滨2家社区书院，利用6个社区书院和锦鹤社区党风廉政示范点等阵地，宣传社会主义核心价值观，开展“弘扬嘉庚精神、做诚信集美人”等宣传活动，培育文明新风尚。开展志愿服务活动，共组织各类志愿服务活动70场。

【平安杏滨建设】2018年，杏滨街道深化扫黑除恶专项斗争，建立线索摸排机制，重点摸排在社区换届选举、征地拆迁中的黑恶势力及黄赌毒行为，自主摸排线索11条，上报3条，杏滨派出所打掉全区第一起涉黑“沙霸”。推进“五安”创建工作，全年共发生交通亡人事件8起，死亡8人，比上年下降38.64%，通过市亡人事故动态整治验收，成功摘牌。加大矛盾纠纷化解排查力度，群众信访件及时受理率100%，办结率100%。固化“金砖会晤”期间“一标三实”工作成果，辖区两个派出所“一标三实”工作首批进入省白名单，马銮边防派出所代表市公安局参加省公安厅白名单对抗赛，取得零扣分的优异成绩。 （苏晓玲）

人物・名录

新任区级干部履历

连坤明　汉族，福建厦门人，1973年4月出生，1995年7月参加工作，1994年1月加入中国共产党，大学学历。1991年9月至1993年7月，福州师范专科学校政治教育专业学习。1993年9月至1995年7月，福建师范大学经法学院思想政治教育专业学习。1995年7月至1996年4月，任厦门市公安局杏林分局见习干部。1996年4月至1997年4月，任厦门市公安局东孚派出所见习干部、科员。1997年4月至1998年6月，任厦门市公安局杏林分局科员。1998年6月至2003年8月，任厦门市公安局杏林分局办公室副主任。1991年至2002年6月，参加中国人民公安大学公安管理专业高教自考本科学习。2001年2月至2003年2月，挂职任厦门市同安区马巷镇镇长助理。2001年7月至2004年9月，参加厦门大学法律硕士研究生班学习，获法律硕士学位。2003年8月至2004年2月，任厦门市公安局杏林分局办公室副主任、主任科员。2004年2月至2004年7月，任厦门市公安局办公室研究室副主任。2004年7月至2009年6月，任厦门市公安局办公室信访处处长（副处级）。2009年6月至2010年9月，任厦门市公安局办公室信息处处长。2010年9月至2011年7月，任厦门市委政法委政治部副主任。2011年7月至2016年7月，任厦门市集美区副区长（公选）。2015年5月至2018年5月，挂职任甘肃省临夏州政府副州长。2016年7月至2018年2月，任厦门市集美区副区长级干部。

陈友谊　汉族，福建厦门人。1959年8月出生，1982年8月参加工作。无党派人士，中专学历。1979年9月至1982年7月，福建省龙溪地区农校畜牧兽医专业学习。1982年7月至1990年5月，任厦门市郊区（集美区）外事办、外经委干事。1990年5月至1993年6月，任厦门市集美区外经委副主任。1993年6月至1997年3月，任厦门市集美区外经委副主任、集美建设发展公司副总经理（1994年2月确定为副处级）。1995年6月至1996年12月，参加厦门大学成人教育学校社会工作与管理专业证书班学习。1997年3月至2002年9月，任厦门市集美区经济贸易局副局长。2002年9月至2003年10月，任厦门市集美区外商投资局局长。2003年10月至2010年4月，任厦门市集美区招商局局长。2010年4月至2013年1月，任厦门市集美区发展和改革局局长。2013年1月至2013年10月，任厦门市集美区政协副主席。2013年10月至2018年7月，任厦门市集美区政协副主席、区侨联主席。

（蔡华东）

新闻人物

全　鑫　2018年第十八届雅加达亚运会激流回旋男子单人皮艇冠军。

1996年11月出生，集美大学体育学院2016级运动训练专业本科学生，福建省皮划赛艇中心激流回旋项目运动员，国家健将级运动员。2014年，获福建省第十五届运动会激流回旋单人皮艇冠军和张家界全国青年锦标赛单人皮艇冠军；2015年，入选中国皮划艇激流回旋队，获广州全国锦标赛男子单人皮艇冠军、皮艇团体冠军；2016年，获宜阳全国春季冠军赛单人皮艇亚军、贵州下司夏季冠军赛单人皮艇冠军、河南宜阳全国锦标赛单人皮艇冠军和皮艇团体亚军、日本亚洲锦标赛男子单人皮艇亚军；2017年，获全运会预赛暨全国锦标赛单人皮艇冠军、第十三届天津全运会激流回旋男子单人皮艇冠军；2018年，获四川全国冠军赛男子划艇团体冠军、四川全国公开赛男子划艇亚军、第十八届雅加达亚运会激流回旋男子单人皮艇冠军。曾获福建省直机关优秀共青团员称号。

（出晓铭）

张河林（女）　2018年首届福建省“最美学生”。厦门工学院2014级国际经济与贸易专业学生。

2014年8月，创立贵州“追梦者”大学生公益组织并担任会长。2014—2017年，多次举办以贵州贫困山区留守儿童为对象的公益活动，共募集善款数十万元，资助留守儿童近百人。2014年12月，获厦门工学院“十佳主持人”称号。2015年，编导并主演话剧《当爱来临》，获厦门工学院第五届心理话剧大赛一等奖。2016年，以留守儿童与大学生志愿者的故事为题材，创作并主演话剧《留守的天空》，在厦门工学院音乐厅成

功上演。2017 年 5 月，《留守的天空》话剧获评第二届福建省大学生戏剧文化节剧目奖、编剧奖、舞美奖、表演一等奖等 7 个大奖；同年 6 月，《留守的天空》参加福建团省委与福建省学联举办的第二届福建省社团嘉年华比赛，在全省 135 所高校 351 个项目中脱颖而出，荣获金奖；同月，获厦门工学院“互联网 + 创新创业”大赛二等奖、厦门工学院十佳歌手赛第三名；10 月，代表厦门工学院参加首届海峡两岸大学生国际贸易沙盘大赛，获一等奖。2018 年 3 月，在福建省委教育工委、省教育厅主办的首届福建省“最美学生”评选活动中，获“最美学生”称号。同年 7 月，于厦门工学院毕业。毕业后，担任贵州团省委驻南安工委副秘书长、纳雍县大学生联合会常务副主席。（出晓铭）

陈惠颖（女）　2018 年第二届世界杯女子南拳冠军。

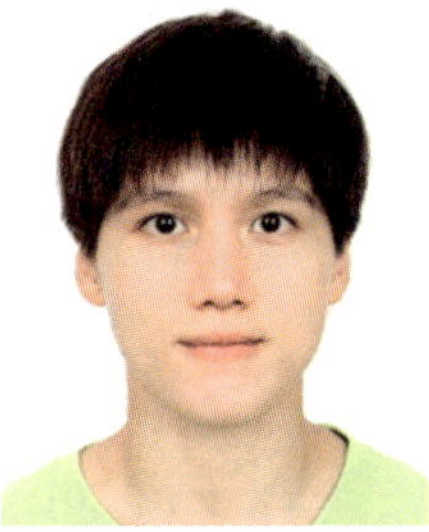

1993年2月出生，集美大学体育学院 2016 级运动训练专业本科学生，福建省武术运动管理中心运动员，国际健将运动员。2013 年，获世界运动会女子南拳南刀冠军；2016 年，获第九届亚洲锦标赛女子南拳冠军；2017 年，获全运会预赛暨全国锦标赛女子南拳南刀南棍全能冠军、第十三届天津全运会女子南拳南刀南棍全能冠军、第十四届世界武术锦标赛女子南拳冠军、国家体育运动一级奖章、福建省五四青年奖章、五一劳动奖章，记福建省一等功；2018 年，获第二届世界杯女子南拳冠军、国家体育运动一级奖章。曾获福建省直机关“优秀共青团员”称号。（出晓铭）

姜汉祥　2018 年“全国乡镇卫生院优秀院长”。1972 年 6 月出生于湖北鄂州市，1996 年 7 月咸宁医学院毕业，分配到集美区灌口医院内科工作。2002 年晋升为主治医师，作为医务科科长参与医院管理，因 2003 年组织抗击“非典”工作突出，2004 年任命为灌口医院副院长，2009 年聘为内科副主任医师。2012 年开始在集美区侨英街道社区卫生服务中心主持工作，同年带领中心职工成功创建“国家级优秀社区卫生服务中心”。2015 年 6 月回到灌口镇中心卫生院（灌口医院）任支部书记、院长。2016 年带领全院职工成功创建了“国家级群众满意的乡镇卫生院”；2017 年取得全科主任医师资格。（灌口镇卫生院）

栗志峰　2018 年世界杯武术套路锦标赛刀术冠军。

1994 年 3 月出生，集美大学体育学院 2014 级运动训练专业本科学生，河北省体育局武术运动管理中心运动员，国家级运动健将。2014 年，获第一届全国武术运动大会棍术第一名、全国武术套路王中王争霸赛挑战赛男子棍术第一名；2015 年，获全国武术套路冠军赛长拳第二名、棍术第二名；2016 年，获全国武术套路冠军赛拳刀棍第二名；2017 年，获第十四届世界武术锦标赛刀术第一名；2018 年，获世界杯武术套路锦标赛刀术冠军。（出晓铭）

黄闽豪　2018 年世界举重锦标赛男子 67 公斤级抓举冠军、总成绩亚军。1992 年生于集美区灌口镇，2002 年 6 月从灌口中心小学选入厦门市竞体中心举重队，跟随陈强教练训练；2010 年进省队集训，2012 年省队报调，2013 年转正，2014 年进入国家队。2017 年，获第十三届全运会男子举重 62 公斤级亚军，亚锦赛抓举第一名、总成绩第三名。2018 年 11 月 6 日，在土库曼斯坦阿什哈巴举行的世界举重锦标赛男子 67 公斤级抓举比赛中，以 152 公斤的成绩获得冠军，并以 323 公斤成绩获得总成绩亚军。（区志办）

刘丽华家庭　2018 年福建省“最美家庭”。刘丽华是集美区地方税务局党务办主任；丈夫黄世玉是集美大学水产学院副教授；女儿黄文颖是湖里区金山街道科员。刘丽华夫妻以“诚以待人、毅以处事”为家训，在工作上相互鼓励，在家庭中相互支持，遇到困惑相互开导，家务琐事共同分担，家庭事务民主协商，尊重关爱老人，培养孩子谦逊有礼的良好性格和感恩惜福的美德。在社会上，丈夫黄世玉担任所居住的职工住宅楼小区业委会主任，热心公益，服务邻里；女儿黄文颖为村干部选调生，并继续坚持在职研究生学习，不断自我提升。刘丽华家庭是一个获邻里、同事称羡和点赞的幸福家庭。

（张应欣）

吴会明家庭　2018 年福建省“最美家庭”。吴会明是集美区广播电视台职工；妻子简琛华是侨英街道办事处职工。吴会明从事新闻业务，工作较忙，双休日经常加班。简琛华在单位从事文字工作，好学上进，爱岗敬业，恪尽职守，并承揽全部家务，默默支持丈夫工作，两人同舟共济，均事业有成。在家里，夫妻俩互相尊重，坦诚相待，设身处地，换位思考，妥善处理教育孩子和家庭琐碎事务。尊老爱幼，对长辈嘘寒问暖，殷勤侍奉，不忘感恩；对孩子以身作则，培养孩子读书看报习惯，教育孩子熟读名言警句，堂堂正正做人。两人勤俭持家，科学理财，合理消费，修旧利废，出门关灯，节约每一度电和每一滴水。（张应欣）

林月敏家庭　2018 年福建省“五好家

庭”。林月敏是中共党员，大专文化，厦门市集美区侨英街道凤林美社区主任。在工作上，林月敏不计名利，情系社区，社区各项工作走在全市全区社区的前列，曾多次被评为市级文明社区，深受社区群众的拥护和爱戴。林月敏家四世同堂，上有高龄婆婆，下有襁褓孙儿。她与丈夫互敬互爱，互商互谅，尊老爱幼，共同建造温馨、和谐、向上的文明家庭。2013 年，林月敏家庭分获厦门市妇联授予的“厦门市爱心之家”、福建省妇联授予的“福建省平安家庭示范户”称号。2018 年再次获评省级五好家庭。（张应欣）

潘登家庭 第十一届全国“五好家庭”。潘登是集美大学教师，多次被评为先进工作者，1998 年获省教育厅、省人事厅授予的“福建省优秀教师”称号；1997 年当班主任所带集美大学财经学院投资经济 961 班，被国家教委、团中央表彰为“全国先进班集体”；2013 年通过国家统一司法考试。妻子庄一凡，集美大学教师，爱岗敬业，教学成果多次测评均获优秀，深受学生喜爱。女儿潘牧云，集美中学学生。潘登家庭，夫妻互敬互爱，尊老爱幼，全家关系和谐；生活上勤俭持家，崇尚环保，穿着不攀比，不随波逐流；为人处事坦诚相待，谦恭有礼，与邻里互助友爱，关系融洽；热心公益事业，关心社区建设，无偿献血、捐助灾区、慈善一日捐、捐助衣物等公益活动踊跃参加，从不缺席。（张应欣）

名 录

【概况】2018 年，集美区有 43 个集体获市级以上荣誉称号，其中获福建省委、省政府表彰 5 个，获厦门市委、市政府表彰 11 个，获国家部委表彰 3 个，获省直厅局表彰 24 个；有 25 名个人获市级以上荣誉称号，其中获福建省劳动模范称号 4 人，获福建省五一劳动奖章 1 人。（张燕红）

2018 年集美区先进集体名录

表 57

单位名称	荣誉称号	授予单位	授予时间
厦门士林电机有限公司	福建省企业民主管理规范化建设示范单位	省总工会	2018.1
杏林街道宁宝社区	省级充分就业星级社区	省人力资源与社会保障厅	2018.4
中汽客汽车零部件（厦门）有限公司组装班组	福建省五一巾帼标兵岗	省总工会	2018.4
集美区	计划生育协会“四联创”活动成绩突出通报表扬	福建省人口和计划生育领导小组	2018.5
厦门市集美第二小学	福建省第二批义务教育教改示范性建设学校	福建省教育厅	2018.5
集美法院杏林法庭	2018—2020 年省级“金砖”青年文明号	省创建青年文明号活动组委会	2018.5
厦门市杏南中学	福建省级义务教育教改示范性建设学校	省教育厅	2018.5
集美区乐安中学	福建省义务教育教改示范性建设学校	省教育厅	2018.5
集美区内林小学	福建省义务教育教改示范性建设学校	省教育厅	2018.5
集美区杏东小学	福建省省级义务教育教改示范性建设学校	省教育厅	2018.5
厦门市第十中学	全国青少年毒品预防教育“6·27”工程示范学校	国家禁毒委员会办公室 中国禁毒基金会	2018.6
集美区杏滨中心幼儿园	福建省第二批保教改革建设幼儿园	省教育厅	2018.6
集美区实验幼儿园	福建省第一届（2015-2017 年度）文明校园	省委、省政府	2018.7
集美区人民法院	第十三届省级文明单位	省委、省政府	2018.7
集美区实验幼儿园	福建省第一届（2015-2017 年度）文明校园	省委、省政府	2018.7
厦门市第十中学	福建省第一届（2015-2017 年度）文明校园	省委、省政府	2018.7
厦门市公安局集美分局	第十三届（2015-2017 年度）省级文明单位	省委、省政府	2018.7
集美区滨水学校	全国青少年校园足球特色学校	教育部	2018.7

续表

单位名称	荣誉称号	授予单位	授予时间
乐海社区居委会	厦门市级文明社区	市委、市政府	2018.8
移动通信集美分公司	厦门市第十五届（2015-2017 年度）文明单位	市委、市政府	2018.8
集美区人民检察院	厦门市城乡共建 2015-2017 年度先进单位	市委、市政府	2018.8
集美街道岑西社区	创建无邪教示范社区	省政府防范和处理邪教问题办公室	2018.8
集美街道岑东社区	创建无邪教示范社区	省政府防范和处理邪教问题办公室	2018.8
集美区曾营小学	厦门市第一届（2015-2017 年度）文明校园	市委、市政府	2018.8
集美区曾营小学	福建省中小学心理健康教育特色学校	省教育厅	2018.8
厦门市集美小学	厦门市第一届（2015-2017 年度）文明校园	市委、市政府	2018.8
厦门市杏南中学	福建省中小学心理健康教育特色学校	省教育厅	2018.8
集美区滨水学校	厦门市第一届（2015-2017 年度）文明校园	市委、市政府	2018.8
厦门一中集美分校（灌口中学）	厦门市第一届（2015-2017 年度）文明校园	市委、市政府	2018.8
集美区后溪中心幼儿园	厦门市第一届（2015-2017 年度）文明校园	市委、市政府	2018.8
集美区后溪中学	厦门市第一届（2015-2017 年度）文明校园	市委、市政府	2018.8
集美区杏滨中心幼儿园	厦门市第一届（2015-2017 年度）文明校园	市委、市政府	2018.8
集美区归国华侨联合会	全国侨联系统先进集体	人力资源社会保障部 中国侨联	2018.8
集美区灌口中心小学	少儿舞蹈美育工程试点校	省政协办公厅、省文联、省教育厅、省舞蹈家协会	2018.9
集美区内林小学	厦门市 2015-2017 年度文明学校	市委、市政府	2018.9
厦门医学院“蒲公英计划”爱心社会实践团队	福建省大中专学生志愿者暑期“三下乡”社会实践活动优秀团队	团省委	2018.11
厦门医学院爱心医疗服务队赴安徽实践团	福建省大中专学生志愿者暑期“三下乡”社会实践活动优秀团队	团省委	2018.11
厦门医学院为爱知行社会实践团队	福建省大中专学生志愿者暑期“三下乡”社会实践活动优秀团队	团省委	2018.11
杏林街道办事处	福建省三八红旗集体	省妇联	2018.11
厦门市第十中学	福建省普通高中课程改革基地建设学校	省教育厅	2018.11
厦门医学院教务处	五一先锋号	省总工会	2018.12
厦门医学院基础医学部	五一先锋号	省总工会	2018.12
集美区职工服务中心	福建省五一先锋号	省总工会	2018.12

（区志办）

2018 年集美区先进人物名录

表 58

姓　名	单　位	荣誉称号	授予单位	授予时间
王金勇	厦门力巨自动化科技有限公司	福建省劳动模范	省政府	2018.4

续表

姓　名	单　位	荣誉称号	授予单位	授予时间
王　波	厦门宏远达电器有限公司	福建省劳动模范	省政府	2018.4
王　敏	公安分局	个人二等功	省公安厅	2018.7
苏敏昌	区法院	全国“两会”期间 驻京接访工作先进个人	省高院	2018.5
李上委	集美区商务局	厦门市精神文明建设先进工作者	市委、市政府	2018.8
杨媛媛（女）	厦门医学院	2018 年福建省大中专学生志愿者暑期 “三下乡”社会实践活动先进个人	团省委	2018.11
张凤鸣	公安分局	全省公安系统成绩突出教官	省公安厅	2018.9
张冬皓	厦门医学院	2018 年福建省大中专学生志愿者暑期 “三下乡”社会实践活动先进个人	团省委	2018.11
张河林（女）	厦门工学院	首届福建省“最美学生”	省委教育工委 省教育厅	2018.9
张婵娟（女）	集美职业技术学校	福建省五一巾帼标兵	省总工会	2018.12
陈新梅（女）	集美街道社区 卫生服务中心	福建省五一巾帼标兵	省总工会	2018.4
武　闯	厦门医学院	五一劳动奖章	省总工会	2018.12
林少玲（女）	海凤社区居委会	厦门市（2015—2017 年度） 文明市民标兵	市委、市政府	2018.8
林华桑	公安分局	个人三等功	市委、市政府	2018.8
林俊赏	区法院	全国法院司法警察先进个人	最高人民法院	2018.9
林晓晖	厦门市消防支队 集美区大队杏林中队	福建省消防总队比武竞赛嘉奖	福建省消防总队	2018.9
周云明	厦门 EPCOS 有限公司	福建省劳动模范	省政府	2018.4
胡长胜	集美区文化市场 综合执法大队	福建省第二届文化市场综合执法 岗位练兵技能竞赛“政策法规” 个人一等奖	省文化厅 省总工会	2018.1
胡　亮	厦门市消防支队 集美区大队杏林中队	总队比武竞赛三等功	福建省消防总队	2018.7
黄惠芳（女）	厦门士林电机有限公司	福建省劳动模范 全国优秀工会工作者	省政府 中华全国总工会	2018.4 2018.9
康　宁（女）	厦门医学院 附属第二医院	全国归侨侨眷先进个人	国务院侨务办公室 中国侨联	2018.8
蔡颖雯（女）	厦门医学院	2018 年福建省大中专学生志愿者暑期 “三下乡”社会实践活动先进工作者	团省委	2018.11
戴振华	厦门医学院	2018 年福建省大中专学生志愿者暑期 “三下乡”社会实践活动先进个人	团省委	2018.11
王瑞祥、 林月敏家庭	凤林美社区	第十一届福建省五好家庭	省妇联 省委文明办	2018.9
吴会明、 简琛华家庭	乐海社区	2018 年度福建省最美家庭	省妇联 省委文明办	2018.9

（区志办）

附　录

文献辑存

中共集美区委常委会工作报告（节选）

一年来，在市委的坚强领导下，区委常委会深入学习宣传贯彻党的十九大会议精神，以习近平新时代中国特色社会主义思想和习总书记对福建、厦门工作的重要指示精神为指导，坚持稳中求进工作总基调，贯彻落实坚持高质量发展落实赶超部署，以“6+7”工作为主抓手，强化创新驱动，狠抓改革攻坚，突出环境提升，优化民生保障，扎实推进扫黑除恶专项斗争，全区经济、政治、文化、社会、生态文明和党的建设等各项工作取得新进展、新成效。上榜全国综合实力百强区、全国科技创新百强区、全国新型城镇化质量百强区，荣获福建省教育工作先进县和首批“教育强县”等荣誉。

一、进一步兴起习近平新时代中国特色社会主义思想“大学习”热潮，推进高质量发展举措持续优化

把学习宣传贯彻习近平新时代中国特色社会主义思想作为首要政治任务，引导广大干部群众在学懂弄通做实上下功夫，进一步学出坚定信念、学出绝对忠诚、学出使命担当。印发《关于在全区进一步兴起习近平新时代中国特色社会主义思想“大学习”热潮的通知》《关于进一步开展习近平新时代中国特色社会主义思想“大宣讲”工作实施意见》，全面兴起“大学习”热潮。制定下发《2018年全区各级党委（党组）理论学习中心组学习意见》《集美区贯彻落实 < 中国共产党党委（党组）理论学习中心组学习规则的实施意见 > 的通知》《关于加强和改进区委理论学习中心组学习的实施办法》《关于加强领导干部学习教育的通知》，组织好《习近平谈治国理政》《习近平新时代中国特色社会主义思想30讲》等学习读本的学习推广，全年区委理论学习中心组集中学习24次。组织开展两轮全区领导干部十九大精神集中轮训活动，全区处级以上干部参加轮训超过500人次，区委书记带头作专题报告。发挥区委党校干部教育主渠道作用，培训干部722人次，持续办好“集美讲堂”，传递新理念，启迪新思维。

区委常委会坚持将集美各项工作放在新征程中来考量，进一步提升发展标杆、深化发展思路举措。主动融入全市坚持高质量发展落实赶超建设高素质高颜值现代化国际化城市决策部署，着力完善发展战略、打好创新转型发展“组合拳”。相继就全区重点项目和“重中之重”项目、实施乡村振兴战略、加快高质量发展推动“双千亿”工作、建设高素质创新创业之城高颜值生态花园之城、推进生态环境保护和国家生态文明试验区建设、第二轮城市改造提升、坚持高质量发展落实赶超建设高素质高颜值跨岛发展最美新市区等作出专题部署，出台《集美区2018–2020年实施乡村振兴战略行动纲要》《贯彻落实厦门市加快高质量发展推动“双千亿”工作实施方案》《关于建立“6+7”工作协调推进机制的通知》等重要文件，既结合集美发展实际，又创造性地破瓶颈、开新局，切实将新思想贯穿到推动集美新时代“五大发展”示范区建设的全过程、各方面。

二、突出创新创业高素质，经济发展质量效益稳步提升

区委常委会始终坚持稳中求进总基调，坚定不移推动质量变革、效率变革、动力变革，全区经济稳的基础继续巩固，进的势头不断增强，预计2018年地区生产总值增长7.7%，固定资产投资增长15%，财政总收入和区级财政收入各增长8%，城镇居民人均可支配收入和农民人均可支配收入分别增长9%和9.1%，经济总量连续三年位居岛外第一。

1. 现代产业体系不断壮大。新兴产业动力增强。软件园三期获评省级现代服务业集聚示范区，全年预计实现营收175亿元，同比增长40%，东片区达到岛内软件园二期规模。优尼康、好慷在家、永兴东润等一批互联网经济龙头企业实现快速增长。中科院厦门稀土材料研究所投用，金鹭特种合金、春保钨钢大幅增长，厦钨稀土永磁电机产业园开工，新材料产学研共进格局初步形成。先进制造业基础更加坚实。企业技改核准备案项目数量和投资金额逐年提高，今年分别达到115个、42.36亿元；9家企业入选“中国制造隐形冠军”。机械装备制造业完成产值364.3亿元，同比增长12.1%，高于

全区增速 3.7 个百分点。金龙联合新能源汽车大幅扩产，国内首款无人驾驶巴士“阿波龙”实现小规模量产。商贸物流、文创与旅游业态势良好。新零售巨头银泰百货开业，尚柏奥特莱斯项目主体基本建成，橙联跨境电商运营总部落户。集美集影视文创园成效明显，实现产值 6.4 亿元。星巢越中心投用，熊猫馆运营，铛铛车旅游专线开通，新增2个3A级景区，集美研学旅行产业基地获评省对台交流和国家第二批港澳青少年内地游学基地。全区限上批零增长 30%，10 亿元企业数翻一番。全年接待游客突破 2000 万人次，增长 53.97%；实现旅游收入 105.29 亿元，增长 58.21%，接待游客数和旅游收入增速领跑全市。

2. 创新创业体系不断完善。与火炬开发区管委会、教育部科技发展中心签订《推进高校科技成果转化产业化•服务实体经济发展战略合作框架协议》及《教育部“蓝火计划”落地合作协议》，举办校企精准对接会持续深化产学研合作。引导企业加大研发投入，对首次认定的 30 家国家级高新技术企业、145 家市级高新技术企业、2 家市级创新型企业及 3 项省、市级科技进步奖予以奖励。落实众创空间扶持政策，1-11 月共兑现各类众创空间扶持资金约 5002.45 万元。目前经认定的众创空间共 38 家，其中厦门理工工业设计众创空间、一品威客创客空间等 8 家被认定为国家级众创空间。成功举办 2018“创客中国”互联网 + 大数据全国创新创业大赛、一带一路创新大会、2017 英特尔创新加速器智胜未来创新大赛总决赛、第二届中国地理信息技术创新创业大赛等 6 场创新创业大赛。修订台湾青年创业就业政策，154 个台湾青创团队 319 名台湾青年入驻创业。杏林湾基金聚集区开业，区产业引导基金参股子基金数量及规模保持全市第一。

3. 营商环境建设不断优化。制定《集美区 2018 年营商环境改进目标》，优化企业开办、投资建设、区域融资、企业经营和政务服务环境，狠抓政策落地。全面启动工程建设审批制度改革试点工作，加快推进流程再造，促进财政性投融资项目开工建设。加快社会信用体系建设，加强市场主体信用信息归集、共享和应用，建立健全联合惩戒机制。深入推进多证合一、证照分离等改革试点，强化事中事后监管，实现“双随机一公开”监管全覆盖。大力推进“马上办、网上办、就近办、一次办”，累计梳理“一趟不用跑、最多跑一趟”事项累计达 1559 项，占总事项的 92%。区行政服务中心开设“重点建设项目前期手续帮办窗口”，跟踪帮办项目手续；实行周末轮班制度，实现群众办事无休日。开展全区“双百计划”人才企业发展情况专项调研，修订“聚贤集美”人才计划，新引进各类高层次人才 93 名，同比增长 20.78%，人才扶持引进力度进一步加大。

三、突出城市建设高颜值，人居环境持续优化

区委常委会始终遵循新型城镇化发展规律，进一步提速第二轮城市环境整治提升，持续完善精细化管理，城市承载力宜居度持续提升。

1. 新城建设和城市更新加速推进。集美新城建设再提速，全年可实现固定资产投资超 200 亿元，人气商气快速集聚；动漫小镇咪咕动漫基地、电子城等载体和路网建设有效推进；汽车小镇核心街区、产学研基地启动建设，服务配套逐步完善，发展后劲不断增强。马銮湾新城（集美片区）轮廓基本成型，骨干路网建设全面启动，蔡林小学、亭北中学、中锐双语学校开工建设。项目调度力度加大，11 月底 154 个重点项目完成年度计划 106.12%。征地拆迁强力推进，省市重点项目征拆完成量分列全市第三、第二名。持续改善城乡居住环境，推动 7 个老旧小区改造提升。建成区绿地率达 39.8%，绿化覆盖率 43.8%；持续完善道路路网，完成 7 项重要道路改造和建设，新增停车场 6 个、停车位 1435 个。调整优化公交线路 72 条，轨道 1 号线站点周边绿化和区域内交通接驳进一步配套完善。持续高压推进“两违”治理，全年拆违 95 万平方米，完成市下达年度任务 135%。实施部分镇街 7 米以下道路市场化保洁管养，垃圾分类工作实现建成区和行政村全覆盖，市容环卫精细化管理考评排名全市前列。

2. 美丽乡村持续深化。大力实施乡村振兴战略，梳理 2018-2019 年度项目 146 个，今年投入 4.36 亿元推动实施。都市现代农业加快发展，花卉、果蔬等生产基地初步成型，果乐园一期休闲农业项目对外营业。大力实施农村“厕所革命”、农村垃圾治理行动、农村生活污水治理行动、农房整治行动、村容村貌提升行动等“一革命四行动”，加强村庄规划管理，完成 3 个乡村振兴市级示范村建设规划编制；完善建设和管护机制，启动 11 条农村公路改造提升工程，建成 49 个交通示范村居。组织文明单位和村居结对开展文明共建活动，推动移风易俗。农村集体产权制度改革序时推进，国有农场改革和农村集体资产清产核资全面完成。培训新型职业农民 853 人次，村居换届圆满完成，乡村振兴人才支撑进一步强化。

3. 生态环境质量显著改善。全力打好蓝天碧水净土保卫战，率先全市设立驻区河长办检察室，全面推行“湖长制”，全流域治理深入推进，顺利通过国家生态环境部全国集中式饮用水水源地专项督查。全区 138 个村庄实现截污纳管，55 个分散式处理设施全面完工。建成 25 个水流域环境综合治理项目。开展敬贤公园、月美池等 19 个受污染水体治理，排查九天湖源头污染。2 个省控断面劣 V 类水质完成销号。落实土壤污染防治行动计划，建立健全多元化土壤防治体系。率先全市建成网格化大气污染监控平台，空气质量综合指数排名全市前列。

四、突出以人民为中心思想，民生事业持续改善

区委常委会全面贯彻“以人民为中心”的理念，始终把改善民生作为一切工作的出发点和落脚点，加快打造民生幸福典范城区，全年民生领域支出占一般预算支出的 78%。

1. 社会保障日益增强。就业保障积极落实，组织开展各类培训3762人，实现城镇失业人员再就业近万人，各镇街核发自由职业者社保补贴2265.33万元，惠及1.3万人次。城乡居民和未成年人基本医疗保险参保率达到100%，45周岁以上目标人群参加城乡居民养老保险参保率达到100%。发放各类教育补助约8400万元，近6万人次受惠。城乡低保、临时救助力度进一步加大，社会保险综合增长率为7.58%。住房保障工作有效推进，新增保障性住房2354套、安置房1887套，探索推动农村集体预留发展用地建设租赁住房。养老服务水平持续提升，继续为全区3.86万名老人购买老龄安康险。新增6家农村幸福院，引进高端养老项目“京闽悦府园博温泉康养中心”，开办杏林街道居家社区养老服务照料中心，新增养老床位500张。

2. 社会事业取得积极进展。教育资源供给加快完善，新开办11所中小学、幼儿园，新增学位6780个。成立集美教育公司，举办普惠性幼儿园，缓解入园难问题。6所优质校与农村校结对帮扶。教育质量稳步提升，全国中小学校责任督学挂牌督导创新县评估认定通过国家验收，获评福建省教育工作先进县及首批“教育强县”，区教师进修学校获评“福建省示范性县级教师进修学校”。参加省教师教学技能大赛取得历史性突破，首获2个特等奖。医卫条件持续改善，基层医疗机构全年门诊量突破110万人次，增长24%。家庭医生签约9万人，建成6家医联体，市妇幼保健院集美院区、灌口医院新址前期工作进展顺利。文体事业加快发展，市图书馆集美新馆开馆，成为全省单体面积最大的公共图书馆、读者的网红打卡地。区青少年宫新址投用。成功举办第二届嘉庚论坛、第七届区运会暨全民健身运动会等活动。集美大学、集美中学建校100周年纪念大会顺利召开。区侨联获评全国侨联系统先进集体。

3. 社会治理水平持续提升。全面开展扫黑除恶专项斗争，重拳打击整治各类违法犯罪和社会乱象。1−11月，刑事警情同比下降30.77%，降幅全市第一。二维码门牌信息采集、安装和管理工作走在全省前列，成为全省第一批“一标三实”质量攻坚“白名单”满分单位。强化城市公共安全管理指挥平台建设，建立事件的指挥、调度和督办机制，实现业务应用系统无缝联动。“家住厦门”智慧小区共治平台创新“枫桥经验”的做法，代表我市在中央电视台宣传推广，并获评中国“互联网＋政务”优秀实践案例50强。建成全省面积最大的区级社区矫正中心，被省司法厅指定为“中芬社区矫正发展性研讨会”现场考察点。1−11月，生产安全事故起数下降28%，死亡人数下降37%，经济损失下降31%。率先全省建成食品药品网格化智慧监管体系。跟踪企业信贷风险，银行不良贷款率持续下降，政府性债务风险可控。开展宗教商业化治理，依法管理宗教事务水平全面提升。妥善化解涉及退役军人等一批信访问题，安全生产、信访维稳形势总体平稳。保密、档案、双拥、人防、残联、气象等工作得到加强，人民群众获得感、幸福感、安全感进一步增强。

五、突出增强凝聚力引领力，人文集美新风貌持续展现

区委常委会牢牢掌握意识形态工作的领导权和主动权，新形势下意识形态和宣传思想工作取得新成效，特色鲜明、亮点纷呈。

1. 意识形态工作责任制落实有力。将意识形态工作责任制列入区委常委会重要议事日程中，落实党委主要领导的第一责任、分管领导的直接责任、领导班子成员的“一岗双责”，区委领导班子成员把落实意识形态工作责任制作为民主生活会、述职报告和述责述廉的重要内容，作为向全委会报告工作的重要内容，较好地构建了党委统一领导、党政齐抓共管、宣传部门组织协调、有关部门分工负责的工作格局。研究制定《区委直属党组织意识形态工作责任制考核实施细则》，对区委直属15个党组织2017年落实意识形态工作情况进行考核，以考核促落实，进一步推动了考核工作规范化、制度化和常态化。严格落实主管主办和属地管理原则，出台《集美区报告会、研讨会、讲座、论坛等意识形态阵地管理办法》，建立全区舆情信息工作制度、意识形态领域分析工作机制，各类意识形态阵地可管可控，没有发生意识形态错误倾向、造成不良影响等问题。

2. 宣传思想文化工作取得新成效。组织开展“新时代 新思想 新作为”理论宣讲轻骑兵暨“讲述集美40年”百姓宣讲团进基层宣讲活动、“学习新思想 奋力新作为”理论征文活动，举办“全民大学习、奋进新时代•24小时马拉松式全民学习日”，2018社科论坛暨集美学村文化研讨会等活动，《阿集小美说十九大》在全市多个平台广为传播。围绕学习宣传贯彻新思想、党的十九大精神、庆祝改革开放40周年、推进“6+7”工作、扫黑除恶等中心工作和重大活动精心组织策划新闻宣传，1250多篇新闻在中央和省市媒体刊播，在新浪网推出系列短视频《人文集美•跨越之路》，阅读量达2700多万，总播放量1100多万，《砥砺奋进的五年》等三篇作品获得市新闻奖一等奖，为建设高素质高颜值跨岛发展新市区营造良好舆论氛围。加强区全媒体阵地建设，推动媒体融合发展，区融媒体中心挂牌。大力弘扬嘉庚精神，组织开展“嘉庚精神宣传月”“嘉庚文化周”系列教育活动，举办2018“海峡两岸青少年航天梦”主题活动，持续开展时代楷模陈清洲等先进典型学习宣传，大力培育践行社会主义核心价值观。总结“心灵绿洲”十年工作经验和成果，打造心理健康宣传教育品牌，举办我国首次心理产业全景式成果展示——2018中国心理产业博览会暨中国心理产业发展论坛，在业界内产生较大影响。大力提高公共文化服务效能，深入实施文化惠民工程，广泛开展形式多样、丰富多彩的群众性文化活动，丰富群众

精神文化生活。出台《集美区文艺发展专项资金扶持奖励办法》，组织开展庆祝改革开放40周年系列文艺活动，创作广播剧《跨岛筑梦人》、歌曲《集美，汇集天下美》、纪录片《跨越》等文艺精品，举办集美区庆祝改革开放40周年原创主题音乐会、美术作品展、摄影作品展等一系列活动，举办“不忘初心、诚毅前行”嘉庚主题大型原创音乐会，彰显人文集美发展成就和文化内涵，一批作品在全国全省评比中获奖。成功举办海峡两岸龙舟文化节、特色庙会、第二届集美学村文化艺术节、集美•阿尔勒国际摄影季、集美新城荧光夜跑、“听见集美”集美学村周末音乐会、人文集美•悦读季等品牌文化活动，提升城市文化品位。传承弘扬优秀传统文化，组织编撰“集美历史文化丛书”，推动“非遗”项目和民间文艺团队建设。

3. 文明内涵更加丰富。蝉联全省文明城区，不断完善文明创建机制，连续刊播22期《集美报》文明专刊，曝光文明创建暗访和回头看情况，通过“随手拍”栏目刊登市民发现、举报的问题，推动各责任单位落实文明创建责任制。设立各镇街、各单位分管领导在线的“集美文明创建巡查督办微信群”，形成区创建办实地巡查、在线督办，区效能督查办在线督查，责任单位线下整改、即时反馈的工作机制。组建区级文明创建暗访团，对创建问题进行巡查暗访。制定进一步做好“讲文明树新风”公益广告宣传实施方案，推动“讲文明树新风”公益广告宣传工作深入开展。发起“我们这样爱国”微话题，倡导健康过节、文明过节、点赞身边爱国情怀，活动阅读量超180万，参与讨论8000多人次。深化诚毅志愿者联盟建设，整合22支志愿服务品牌队伍，形成总基地+志愿服务驿站格局。提升全区志愿服务质量。抓好社区书院品牌建设，实现辖区书院个性化特色服务“百花齐放”。当前，全区书院师资1276人，已开展课程和活动场次7820场，参与226596人次，学员43882人。积极打造未成年人健康成长环境，常态化开展美德少年推荐评选活动，西亭学校谢伊同学获评全国首批“新时代好少年”。

六、突出统领全局协调各方，政治生态持续优化

区委常委会坚持党的领导、人民当家作主、依法治国有机统一，把抓好党建作为最大政绩，全面落实“两个责任”、树牢“四个意识”，切实为加快建设新时代“五大发展”示范区提供坚强政治保障。

1. 社会主义民主政治进一步巩固和发展。组织区委班子成员认真学习贯彻《中国共产党地方委员会工作条例》和《区委工作规则》，深入进行民主集中制教育，坚持议大事、谋大事，区委总揽全局、协调各方的工作体制机制更加完善。支持区人大及其常委会依法行使职权，依法决定重大事项，在依法治区、维护社会和谐稳定、城市管理补齐民生短板等方面加强工作监督。印发《关于加强和改进人民政协民主监督工作的实施意见》，支持区政协创新履职形式，打造政协高校委员季谈会特色品牌活动。为各民主党派、工商联和无党派人士参政议政、开展工作创造良好条件，加强合作共事和民主协商。党外知识分子、新的社会阶层、港澳台海外人士等方面工作进一步加强，支持建设新时代“五大发展”示范区的力量更加广泛。支持工青妇切实发挥社会协同功能，进一步有效凝聚各方面的智慧和力量。

2. 基层党建基础进一步夯实。抓实村居换届选举，实现党组织和村（居）委会一次性选举成功率100%，61个村（居）实现“一肩挑”，完成既定目标100%，各项结构性指标均全面完成，换届的经验做法受到省委、市委领导的高度肯定。召开党（工）委书记抓基层党建述职评议大会，查摆各领域基层党建工作突出问题，明确整改措施，以问题为导向进一步压紧压实基层党建工作责任。整顿软弱涣散党组织，通过派驻整顿工作组，组织“样板支部”与软弱涣散党组织结对共建，实行“一村（居）一策”等方式，逐个落实整顿措施，全部实现转换提升。组织开展党员领导干部落实“双重组织生活”制度情况专项检查，推动机关党建走在前。推进村级组织活动场所标准化建设，新建、扩建村级组织活动场所22个，新建4处集党员教育、文体活动、便民服务为一体的户外远教党群广场。深化联动服务机制，非公党建覆盖面和影响力进一步扩大，创业大厦党建综合服务中心抓园区党建工作受到中组部调研组高度肯定。

3. 干部队伍进一步建强。鲜明一线导向，选派23个部门37人到镇街、征拆指挥部、重点工作办公室参与班子分工、承担重点项目。提拔处科级一线干部40人，占干部提拔数的64.51%。推进干部交流，安排14名处级干部在镇街与区直部门间交流，27名处科级干部在镇街、区直部门内部交流轮岗。统筹处级非领导职数用于解决长期服务在重点项目、重要工作上的优秀干部职级待遇，占同期非领导职数使用数的75%。2名村居主干参加考试选拔分别被录用为公务员和事业干部。加快年轻干部培养，提拔使用7名80后干部到一线部门参与班子分工，占全区80后处级干部70%，提拔85后科级干部22名，其中13名任领导职务，干部的精气神得到较大提升。

4. 全面从严治党纵深推进。成立区委落实全面从严治党主体责任领导小组，印发《2018年全区党建工作要点》《2018年度区委班子及成员全面从严治党主体责任清单》，推动全面从严治党不断向基层延伸。建立区委法律顾问制度，积极稳妥推进党务公开工作。认真组织省对市和市对区责任制检查反馈问题整改。组织开展对区委直属党组织2017年度全面从严治党主体责任落实情况进行实地检查，移交问题128个。坚持失责必问、问责必严，先后对5个党组织、21名履责不力的领导干部进行问责追责，党纪处分5人。

5. 党风廉政建设和反腐败工作深入推进。运用“四种形态”处理党员干部316人次，其中第一、二种形态处理286

人次，占 90.5%；第三、四种形态处理 30 人次，占 9.5%，“惩治极少数”“管住大多数”的效果不断显现。驰而不息正风肃纪，出台群众反映强烈问题专项治理方案，明确文山会海、检查散滥、为官不为等 11 个治理重点。先后组织各类检查 104 次，查处违反中央八项规定精神问题 7 起 8 人，党政纪处分 7 人。突出整治形式主义、官僚主义问题，查处 10 起 31 人，党纪政务处分 10 人。保持反腐高压态势，立案查处违纪违法问题 73 件 73 人，同比增加 59%。深入开展扫黑除恶专项斗争，全面排查涉黑涉恶腐败问题线索，立案 6 件 6 人，其中“保护伞”3 人。坚持“受贿行贿一起查”，先后立案查处 11 名行贿人员。深入推进国家监察体制改革，完成监委大楼改造，开展内设机构调整，完成第二批干部转隶，建立健全业务运行机制。积极适用监察法，成功办理 2 起留置案件，留置 4 人。

6. 巡视巡察工作有力有序开展。始终保持政治清醒，切实扛起巡视整改重大政治责任，成立了以区委书记为组长的区委巡视整改工作领导小组，全面加强组织领导，严格对表细化落实整改任务。坚持当下改和长久立相结合，建立健全组织领导机制、责任落实机制、工作推进机制、督促检查机制，坚持以“一表”“一单”形式推进整改，组织全区处级以上领导干部召开省委巡视整改专题民主生活会，推动巡视整改工作全面到位。加强巡察队伍建设，坚持问题导向，突出政治巡察，先后开展 2 轮 5 批次 15 家单位 23 个村居常规巡察，3 次专项巡察，1 次联动巡察和 1 次巡察“回头看”，发现问题 212 个，移送问题线索 80 个，给予党纪政务处分 11 人，清退各类经费 113.2 万元，督促完善制度 38 项，巡察“利剑”作用持续彰显。根据巡察政治“体检”“画像”结果，对区卫计局、农林水利局领导班子进行大面积调整，巡察整改和成果运用进一步强化。

在看到成绩的同时，我们也清醒看到，当前还面临一些困难和问题：国内外经济大环境存在不确定因素，特别是贸易保护主义抬头，对辖区外向型企业将产生较大影响。二是经济发展的一些原有支撑点在削弱，而新的支撑点尚未壮大。三是城市化水平亟待提升，而“城市病”的困扰已经到来，交通拥堵、环境污染、幼儿园及小学学位紧张等问题进一步显现，城市建设管理压力不断加大。四是部分干部担当意识不强，改革创新能力不足、精神状态有待提升等。我们必须正视问题和差距，在下一步工作中加强分析研判，找准切入点，确保出实招办实事见实效。希望同志们对区委班子的工作提出意见和建议，帮助我们更好地推动全区各项事业发展。

（本文选自中共集美区委书记李钦辉 2018 年 12 月 29 日在区委八届十六次全会上的工作报告）

集美区人民政府工作报告（节选）

（何东宁）

一、2018 年工作回顾

2018 年，在市委市政府和区委的正确领导下，在区人大和区政协的监督支持下，我们全面贯彻落实习近平新时代中国特色社会主义思想和党的十九大精神，积极践行新发展理念，以供给侧结构性改革为主线，强化创新驱动，狠抓改革攻坚，突出环境提升，优化民生保障，防范各种风险，深入开展“项目推动年”活动，全区经济社会发展稳中向好。

预计全年地区生产总值增长 7.7%；固定资产投资 334 亿元，增长 15%；财政总收入 121.35 亿元，增长 8%，其中区级财政收入 33.78 亿元，增长 8%；城镇居民人均可支配收入和农民人均可支配收入分别增长 9% 和 9.1%。经济总量连续三年位居岛外第一。荣获全国综合实力百强区、全国科技创新百强区、全国新型城镇化质量百强区，福建省教育工作先进县及首批“教育强县”等荣誉。

一、坚持项目推动，产业发展凸显高素质

实体经济更具活力。机械装备业迈向高端智能。国内首款无人驾驶巴士“阿波龙”小规模量产。奥佳华、厦工智能电传控制系统产业化项目开工建设。宏发电声被工信部评为制造业单项冠军企业。路达、建霖等 9 家企业入选《寻找中国制造隐形冠军》权威丛书。新材料产业蓄势起航。中科院厦门稀土材料研究所投入运营，金鹭特种合金、春保钨钢大幅增长，厦钨稀土永磁电机产业园开工，新材料产学研共进格局初步形成。盘活存量用地建设安仁产业园，引进正信电子、迈睿环境等优质企业投产运营。软件信息业发展全面提速。软件园三期获评省级现代服务业集聚示范区，东片区研发办公楼、公寓楼超过 200 万平方米，相当于再造一个软件园二期，入驻企业增至 938 家，预计营收 175 亿元，同比增长 40%。商贸物流业加快发展。限上批零增长 30%，10 亿元企业数翻一番，新零售巨头银泰百货开业，尚柏奥特莱斯项目主体基本建成，橙联跨境电商运营总部落户。文化创意与旅游产业发展态势良好。星巢越中心投用，熊猫馆运营，铛铛车旅游专线开通，新增 2 个 3A 级景区，集美研学旅行产业基地获评省对台交流和国家第二批港澳青少年内地游学基地。国庆黄金周接待游客总数首次位列全市第一，全年旅游接待预计突破 2000 万人次，增长 54%；实现旅游收入 105 亿

元，增长 58%。

降成本优服务更富成效。优化提升产业政策体系，出台和修订 16 项企业扶持政策，全年累计为企业减负超 30 亿元，兑现各类扶持资金近 5 亿元。强化金融服务保障，支持 201 家企业投保出口信用险，保额 22.68 亿美元。区产业引导基金财政承诺出资 20 亿元，撬动社会资本形成 123 亿元基金总规模，参股子基金数量及规模保持全市第一。全市首个基金聚集区开业，吸引 166 家股权投资类企业注册，管理规模达 160 亿元。招商引资质效双提升。1-11 月，实现国内招商 250.4 亿元，新增 5000 万元以上项目 89 个，实际利用外资 7.8 亿元。滴滴系新业务板块相继注册落地。宝姿等一批知名企业增资扩产。

创新创业更有"含金量"。新增高新技术企业超过 40 家、科技小巨人企业 33 家。形成以机器人及数控技术应用研发平台、教育部"蓝火计划"中国高校（厦门）科技成果转化中心、快速制造国家工程研究中心、中科院协同创新体四大创新平台为支撑的创新发展新格局。成功举办国家级双创活动"创响中国"厦门站暨"一带一路"创新大会，理工工业设计等 8 家众创空间被认定为国家级众创空间。修订台湾青年创业就业政策，154 个台湾青创团队 319 名台湾青年入驻创业。加大人才扶持引进力度，新引进各类高层次人才 93 名，其中国家"千人计划"人才 1 名，省级各类人才计划 42 名，市级各类人才计划 50 名。

二、坚持生态宜居，城市建设彰显高颜值

基础短板加快补齐。推动新城建设和城市更新。集美新城连片成势，连续三年固投超 200 亿元，企业入驻率、商品房入住率等指标强势上扬，人气商气快速集聚。马銮湾新城（集美片区）轮廓基本成型，骨干路网建设全面启动，蔡林小学、华锐双语学校开工建设。汽车小镇核心街区、产学研基地启动建设，服务配套逐步完善。动漫小镇咪咕动漫基地、电子城等产业载体和路网建设有序推进。加快公园绿地建设，建成区绿地率达 39.8%，绿化覆盖率 43.8%，宁宝公园基本建成。群众出行环境不断改善。新增停车场 6 个、停车位 1435 个。轨道 1 号线站点周边绿化和区域内交通接驳进一步配套完善。调整优化公交线路 72 条，建成充电桩 466 根，新能源公交车占比和公交线路总数居全市前列。完成国道 324 改线、集灌路提升改造等 7 个道路项目建设。

城市管理日趋精细。第二轮城市改造提升进一步提速，策划实施 9 个立面整治及 29 个绿化提升项目。居住环境持续改善，推动 7 个老旧小区改造提升。高压治理"两违"，共查处拆除违建 832 起 95 万平方米，完成市下达年度任务 135%，腾出土地面积 117 万平方米，拆除违规广告牌 2566 起 3.65 万平方米。全面推行生活垃圾分类，实施部分镇街 7 米以下道路市场化保洁管养，一把扫把扫到底，在全市市容环卫精细化管理考评中名列前茅。治理同集路等交通堵点，整治道路交通隐患 336 处。

生态环境持续向好。首次推行领导干部自然资源资产任期审计。开展第二次全国污染源普查。全面打响碧水保卫战。加强饮用水源地、黑臭水体和小流域综合治理，排查整治九天湖源头污染，完成敬贤公园等 12 个受污染水体治理，月美池综合整治工程开工。率先全市设立驻区河长办检察室，全面推行湖长制，河湖长制工作走在全市前列。巩固主要溪流两侧和规模化家禽养殖退养成果。小石材厂、牛蛙养殖按时全面清退。率先全市完成 2 个省控断面劣 V 类水质销号任务。持续打好蓝天保卫战。率先全市建成网格化大气污染监控平台，1-11 月空气质量综合指数排名全市第一。扎实推进净土保卫战。强化源头严防、过程严管、后果严惩，建立健全多元化土壤防治体系。

三、坚持问需于民，群众收获更多更实

兜底保障持续强化。全区民生领域支出占一般预算支出的 78%。征集办理 23 项为民办实事项目，已完成 20 项，剩余 3 项将于明年全部完成。组织开展各类培训 3762 人，实现城镇失业人员再就业近万人，全区社会保险综合增长率 7.58%。发放各类教育补助约 8400 万元，近 6 万人次受惠。新增保障性住房 2354 套、安置房 1887 套，办理产权证 203 套。继续为全区 3.86 万名老人购买老龄安康险。新增 6 家农村幸福院，引进高端养老项目"京闽悦府园博温泉康养中心"，开办杏林街道居家社区养老服务照料中心，新增养老床位 500 张。

统筹均衡持续强化。全国中小学校责任督学挂牌督导创新县评估认定通过国家验收。新开办 11 所中小学、幼儿园，新增学位 6780 个。成立集美教育公司，举办普惠性幼儿园，缓解入园难问题。6 所优质校与农村校结对帮扶。实施教师教学能力提升工程，荣获省教师教学技能大赛 2 个特等奖。双塔小学获评全国中小学德育工作典型。群众对家门口的社区医院越来越信任，基层医疗机构全年门诊量突破 110 万人次，增长 24%，集美街道社区卫生服务中心获评全国健康促进试点医院。家庭医生签约 9 万人，建成 6 家医联体，灌口镇中心卫生院提升工程开工。市图书馆集美新馆开馆，成为全省单体面积最大的公共图书馆、读者的网红打卡地。区青少年宫新址投用。《集美年鉴（2017）》获评福建省一等年鉴。成功举办海峡两岸龙舟文化节、第二届集美学村文化艺术节、国际集美节等品牌活动。第七届区运会暨全民健身运动会圆满落幕。我区输送的选手在国际赛场上屡摘桂冠，涌现出举重世锦赛冠军黄闽豪、世界武术散打冠军王文忠、亚洲残疾人运动会田径冠军朱德宁等金牌运动员。成功举办第二届嘉庚论坛。集美大学、集美中学建校 100 周年纪念大会顺利召开。区侨联获评全国侨联系统先进集体。

治理创新持续强化。全面开展扫黑除恶专项斗争，重拳打击整治各类违法犯罪和社会乱象。1-11 月，刑事警情同比

下降30.77%，降幅全市第一。上半年省对市、区测评中群众安全感达98.48%，位居全市第二。二维码门牌信息采集、安装和管理工作走在全省前列，成为全省第一批“一标三实”质量攻坚“白名单”满分单位。强化城市公共安全管理指挥平台建设，建立事件的指挥、调度和督办机制，实现业务应用系统无缝联动。“家住厦门”智慧小区共治平台创新“枫桥经验”的做法，代表厦门在中央电视台宣传推广，并获评中国“互联网+政务”优秀实践案例50强。整合22支志愿服务品牌队伍，形成总基地+志愿服务驿站格局。建成全省面积最大的区级社区矫正中心，被省司法厅指定为“中芬社区矫正发展性研讨会”现场考察点。1-11月，生产安全事故起数下降28%，死亡人数下降37%，经济损失下降31%。率先全省建成食品药品网格化智慧监管体系。跟踪企业信贷风险，银行不良贷款率持续下降，政府性债务风险可控。

乡村振兴持续强化。投入4.36亿元推动乡村振兴项目建设。都市现代农业加快发展，花卉、果蔬等生产基地初步成型，果乐园一期休闲农业项目对外营业。完成田头等3个乡村振兴市级示范村村庄建设规划编制，示范村人居环境整治工作全面展开。启动11条农村公路提升改造工程，建成49个交通安全示范村居。全区138个村庄实现截污纳管，55个分散式污水处理设施全面完工并投入使用，出水口水质抽检合格率超过90%。建成25个流域水环境综合整治项目。组织文明单位和村居结对开展文明共建活动，推动移风易俗。农村集体产权制度改革序时推进，国有农场改革和农村集体资产清产核资全面完成。村级组织换届选举一次成功率100%，书记主任“一肩挑”比例全省第一。乡村振兴人才支撑进一步强化，培训新型职业农民853人次。

四、坚持忠诚履职，营商环境对标一流

提高政治站位。持续兴起习近平新时代中国特色社会主义思想“大学习”热潮，扎实推进“两学一做”学习教育常态化制度化。开展庆祝改革开放40周年系列活动。把巡视整改作为“四个意识”的试金石和检验“两个责任”的重要标尺，全面认领省委巡视反馈的问题，实行动态管理、挂账销号，集中整改取得阶段性成效。政府系统党的建设进一步加强。严格贯彻落实中央八项规定及其实施细则精神、省实施办法和市区执行办法，坚决反对“四风”新表现，文风会风显著改善。

深化“放管服”改革。推行权责清单动态管理，压缩审批时限至规定时限35%以内。优化再造建设工程项目审批流程，建设电子证照库。不断强化事中事后和“双随机一公开”监管。开展证明事项清理，公布取消区政府规范性文件设定的证明事项51项。“一趟不用跑”和“最多跑一趟”事项占比达92%，推行办理结果快递送达。台商台胞服务年活动深入开展，落深落细厦门“惠台60条”。

推进依法行政。持续深入学习宪法。全面推行行政执法公示制度、执法全过程记录制度、重大执法决定法制审核制度。严格贯彻落实重大行政决策听取意见等六项制度。对以区政府名义发布的规范性文件进行清理，保留56件，待修订4件，废止和宣布失效22件。对16件新出台规范性文件进行合法性审查。不断强化信访复查、行政复议和行政应诉工作。办理区人大代表议案1件、建议115件，区政协提案144件。强化审计监督整改和预算绩效管理。

力促比学赶超。开展区政府系统“项目推动年”活动。围绕项目策划、引进、落地等主要环节，实行月协调季调度。全年“五个一批”新开工、投产及增资项目累计127个、总投资800亿元。第一季度区级“五个一批”项目综合考评位居全省第五。攻克福厦客专、轨道交通、软件园三期等征拆难点，有效保障重点项目建设。1-11月，完成征地6581.5亩，拆迁82.56万平方米。省市重点项目征地和拆迁完成量分列全市第三、第二名。

同时，我们大力支持工会、共青团、妇联等群团组织开展工作；不断深化东西部对口帮扶、山海协作等工作，获甘肃省脱贫攻坚先进帮扶单位表彰；积极开展友好城市合作交流；国防动员、双拥优抚、外事、港澳台事务、侨务、民族宗教、人防、气象、保密、老龄等工作都取得了新的发展。

我们也清醒地认识到，集美的发展仍存在不少困难和问题：一是经济增长的压力加大，经济转方式、调结构、促转型任务比较繁重，中美经贸摩擦不确定性影响依然存在；二是生态环境特别是水环境治理任务还很艰巨；三是城乡发展不平衡不充分，乡村振兴任重道远；四是交通、教育、医疗、养老、文体等公共服务数量不足、质量不高、分布不均衡，与群众的期盼还有相当差距；五是干部队伍改革创新、干事创业的精气神有待提高，隐形变异“四风”问题仍时有发生。我们将正视这些问题，着力加以解决。

（本文选自集美区人民政府区长何东宁2018年12月27日在集美区第十二届人民代表大会第三次会议上的报告）

中共集美区委　集美区人民政府
关于推进农村集体产权制度改革的实施意见

厦集委〔2018〕5号

为深入贯彻《中共中央、国务院关于稳步推进农村集体产权制度改革的意见》（中发〔2016〕37号）精神，根据《中共厦门市委、厦门市人民政府关于推进农村集体产权制度改革的实施意见》（厦委发〔2017〕34号）部署，现就推进我区农村集体产权制度改革提出以下实施意见。

一、总体要求

（一）指导思想。全面学习贯彻党的十九大精神，深入贯彻习近平新时代中国特色社会主义思想，认真落实习近平总书记对福建、厦门工作的重要指示，紧紧围绕统筹推进“五位一体”总体布局和协调推进“四个全面”战略布局，深入实施乡村振兴战略，立足集美发展实际，以明晰农村集体产权归属、维护农村集体经济组织成员权利为目的，以推进集体经营性资产改革为重点任务，以发展股份合作等多种形式的合作与联合为导向，坚持农村土地集体所有，坚持家庭承包经营基础性地位，探索集体经济新的实现形式和运行机制，不断解放和发展农村社会生产力，促进农业发展、农民富裕、农村繁荣，为推进城乡协调发展、巩固党在农村的执政基础提供重要支撑和保障。

（二）基本原则。一是把握正确改革方向。坚持社会主义市场经济改革方向，充分发挥市场在资源配置中的决定性作用和更好发挥政府作用，明确农村集体经济组织市场主体地位，完善农民集体资产股份权能，把实现好、维护好、发展好广大农民的根本利益作为改革的出发点和落脚点，促进集体经济发展和农民持续增收。

二是坚守法律政策底线。坚持农民集体所有不动摇，不能把集体经济改弱了、改小了、改垮了，防止集体资产流失；坚持农民权利不受损，不能把农民的财产权利改虚了、改少了、改没了，防止内部少数人控制和外部资本侵占，切实保障农民财产权利。严格依法办事，妥善处理各种利益关系。

三是尊重农民群众意愿。坚持发挥农民的主体作用，支持农民创新创造，确保农民的知情权、参与权、表达权和监督权。成员资格确认、股权设置等重要环节要经过民主协商，坚持把公平、公正、公开精神贯穿于改革的全过程，真正让农民成为改革的参与者和受益者。

四是因地制宜有序推进。坚持从实际出发，根据集体资产的不同类型和不同区域条件确定改革任务，分类实施、稳步推进，因村施策，不搞一刀切。明确改革路径和方式，着力在关键环节和重点领域取得突破，做到稳慎有序，确保农村社会稳定。

五是坚持党的领导。坚持农村基层党组织的领导核心地位不动摇，注重调动广大干部群众的积极性、主动性、创造性，围绕巩固党在农村的执政基础来谋划和实施农村集体产权制度改革，确保集体经济组织依法依规运行，逐步实现共同富裕。

（三）改革目标和进度安排。通过改革，逐步构建归属清晰、权能完整、流转顺畅、保护严格的中国特色社会主义农村集体产权制度，保护和发展农民作为农村集体经济组织成员的合法权益。2018年基本完成清产核资，并着手开展股份合作制改革；2019年基本完成全区有经营性资产的村（居）集体经济组织成员身份确认和股权量化工作；2020年基本完成全区有经营性资产的村（居）股份合作制改革。

二、全面开展集体资产清产核资

（四）明确清产核资的对象、范围、重点和基准日。按照摸清集体家底、健全管理制度、防止资产流失的要求，对集体所有的各类资产进行全面清产核资。清产核资的对象是全区辖区内含有集体经济的所有村（居）及其村民小组。清产核资的范围是农村所有账内账外的集体资产，包括农民集体所有的土地、森林、山岭、荒地、滩涂等资源性资产，用于经营的房屋、建筑物、机器设备、工具器具、农业基础设施、集体投资兴办的企业及其所持有的其他经济组织的资产份额、无形资产等经营性资产，用于公共服务的教育、科技、文化、卫生、体育等方面的非经营性资产。重点清查核实未承包到户的资源性资产和集体统一经营的经营性资产以及现金、债权债务等，查实存量、价值和使用情况，做到账证相符和账实相符。对经营性资产的清产核资，重点是明晰集体产权归属并作价，资产价值可采取按资产账面价值进行登记，也可进行价值重估，无原始凭证的资产要按同类设备的市价加上应支付的相关税费估价入账，不得账外滞留；对需估价入账的固定资产应当由依法取得相应资质的资产评估机构评估；无需资产评估机构评估的可由农村集体经济组织按照国家有关规定进行评估，评估结果须经村民会议或村民代表会议确认。本次清产核资的基准日为2017年12月31日。

责任单位：各镇（街）党委（党工委）、政府（办事处），农林水利局、财政局、土房分局。

（五）有序开展清产核资。区农村集体产权制度改革领导小组办公室统筹清产核资工作。各镇（街）要成立由包村领导、经管干部、财会人员等组成清产核资工作组，负责组织和指导村（居）清产核资工作，协调解决清产核资过程中遇到的相关问题。村（居）要建立由“两委”成员、村务监督委员会成员、村民小组长、部分村民代表等组成的工作组，组织实施清产核资工作。村（居）清产核资工作由区农村集体产权制度改革工作领导小组办公室提供具有相关资质、熟悉农村财会制度的会计师事务所名单供各镇（街）自行选择确定实施单位（每家会计师事务所最多承办2个镇（街）的相关业务）。清产核资结果要向农村集体经济组织成员公示，接受村（居）务监督委员会检查监督，并经成员（代表）大会确认。清产核资结束后，要建立健全集体资产登记、保管、使用、处置等制度，实行台账管理。

责任单位：各镇（街）党委（党工委）、政府（办事处），农林水利局、财政局。

（六）明确集体资产所有权。在清产核资基础上，把农村集体资产的所有权确权到村（居）或村民小组的农村集体经济组织成员集体，并依法由农村集体经济组织代表集体行使所有权。属于村（居）农民集体所有的，由村（居）集体经济组织代表集体行使所有权，未成立集体经济组织的由村民（社区）委员会代表集体行使所有权；分别属于村（居）内两个以上农民集体所有的，由村（居）内各集体经济组织代表集体行使所有权，未成立集体经济组织的由村（居）民小组代表集体行使所有权。集体资产所有权确权要严格按照产权归属进行，不能打乱原集体所有的界限。

责任单位：各镇（街）党委（党工委）、政府（办事处），农林水利局。

（七）强化农村集体资产财务管理。区直有关单位、各镇（街）要加强农村集体资金资产资源监督管理，健全管理制度，稳定农村财会队伍，落实民主理财，规范财务公开，切实维护集体成员的监督管理权。加强农村集体经济组织审计监督，做好日常财务收支等定期审计，继续开展村干部任期和离任经济责任等专项审计，建立问题移交、定期通报和责任追究查处制度，防止侵占集体资产。对集体财务管理混乱的村（居），各镇（街）党委（党工委）和政府（办事处）要及时组织力量进行整顿，防止和纠正发生在群众身边的不正之风和腐败行为。

责任单位：各镇（街）党委（党工委）、政府（办事处），组织部，农林水利局、财政局、审计局。

三、开展集体经营性资产股份化改革

（八）确认农村集体经济组织成员身份。依据有关法律法规，按照“尊重历史、兼顾现实、程序规范、群众认可”的原则，统筹考虑户籍关系、农村土地承包关系、履行义务等实际情况，协调平衡各方利益，做好农村集体经济组织成员身份确认工作，解决成员边界不清的问题。要按照中央、省、市要求，结合本地实际，制定集体经济组织成员身份确认的指导意见。成员身份确认既要坚持民主协商、让多数人认可，又要防止多数人侵犯少数人权益，切实保护妇女合法权益。各镇（街）、村（居）根据区指导意见制定集体经济组织成员身份确认办法，并经集体经济组织成员大会或成员代表大会讨论通过后执行，确认结果要张榜公示。对经确认的集体经济组织成员要按户登记造册，准确记载村集体经济组织成员的具体信息，并报镇政府（街道办事处）和区农村经管部门备案。

责任单位：各镇（街）党委（党工委）、政府（办事处），农林水利局、民政局、妇联、集美公安分局。

（九）合理设置股权。在清产核资基础上，将经营性资产折股量化，合理设置股权，明确份额。股权设置应以成员股为主，是否设置集体股由本集体经济组织成员民主讨论决定。股权种类设置、股权分配对象确认、股权配置比例的确定，由本集体经济组织成员民主讨论决定，结果要张榜公布，并报镇政府（街道办事处）审核。村民小组有独立经营性资产的，参照村级程序设置小组独立股权。股权设置后要建立农村集体资产股权名册，并报镇政府（街道办事处）和区农村经管部门备案。

责任单位：各镇（街）党委（党工委）、政府（办事处），农林水利局。

（十）保障农民集体资产股份权利。建立集体资产股权登记制度，记载农村集体经济组织成员持有的集体资产股份信息，出具股权证书。股权以户或人为单位发放股权证书，作为其占有集体资产股份、参与管理决策、享有收益分配和承担义务的有效凭证。股权管理按照“量化到人、确权到户、户内共享”的原则，提倡实行不随人口增减变动而调整的方式，新增人口主要通过分享家庭内拥有的集体资产权益的办法，按章程获得集体资产份额和集体成员身份。情况特殊的村（居）、村民小组可明确一定条件和范围内的变动，但需报经镇政府（街道办事处）审核并报区农业行政主管部门同意。探索农民对集体资产股份有偿退出条件和程序，现阶段农民持有的集体资产股份有偿退出不得超出本集体经济组织的范围，可以在本集体内部转让或者由本集体赎回。内部转让要防止一股独大，个人持股比例上限由村（居）改革章程明确并报镇政府（街道办事处）同意。

责任单位：各镇（街）党委（党工委）、政府（办事处），农林水利局。

（十一）构建治理机制。新型集体经济组织要制定组织章程，构建治理机构，明确机构产生办法、职权和议事规则，明确股东权利和义务，建立健全资产经营、财务管理和收益分配等各项管理制度。涉及成员利益的重大事项要实行民主决策，防止少数人操控。村（居）干部为本集体经济组织成员的前提下，可兼任新型集体经济组织机构成员。

责任单位：各镇（街）党委（党工委）、政府（办事处），农林水利局。

四、探索发展农村集体经济有效实现形式

（十二）发挥农村集体经济组织功能作用。集体经济组织是集体资产管理的主体，是特殊的经济组织，可以称为经济合作社，也可以称为股份经济合作社。有集体经营性资产的村（居）都要成立经济合作社（经济联合社）或股份经济合作社（股份经济联合社）；没有经营性资产的，根据群众意愿决定是否成立。现阶段，可由区农业行政主管部门向农村集体经济组织发放组织登记证书，农村集体经济组织可据此向有关部门办理银行开户等相关手续，以便开展经营管理活动。已先期开展集体资产改制的“村改居”社区，也要进行农村集体经济组织成员登记备案和新型集体经济组织登记。原参照《农民专业合作社法》注册登记的社区股份经济合作社，在取得新型集体经济组织登记证书后可向相关部门申请注销。在基层党组织领导下，探索明晰农村集体经济组织与村民委员会的职能关系，有效承担集体经济经营管理事务和村民自治事务，探索推动村（居）自治事务和集体经济组织经营管理事务相分离。

责任单位：各镇（街）党委（党工委）、政府（办事处），组织部，农林水利局、民政局、财政局。

（十三）维护农村集体经济组织合法权利。严格保护集体资产所有权，防止被虚置。农村承包土地经营权流转不得改变土地集体所有性质，不得违反耕地保护制度。以家庭承包方式承包的集体土地，采取转让、互换方式流转的，应在本集体经济组织内进行，且需经农村集体经济组织等发包方同意；采取出租（转包）或者其他方式流转经营权的，应报农村集体经济组织等发包方书面备案。在农村土地征收改革试点中，探索正确处理国家、集体、农民三者利益分配关系的有效办法。对于经营性资产，要体现集体的维护、管理、运营权利；对于非经营性资产，不宜折股量化到户，要根据其不同投资来源和有关规定统一运行管护。

责任单位：各镇（街）党委（党工委）、政府（办事处），农林水利局。

（十四）多种形式发展集体经济。从实际出发探索发展集体经济有效途径。农村集体经济组织可以利用未承包到户的集体“四荒”地（荒山、荒沟、荒丘、荒滩）、果园、养殖水面等资源，集中开发或者通过公开招投标等方式发展现代农业项目；可以利用生态环境和人文历史等资源发展休闲农业和乡村旅游；可以在符合规划前提下，探索利用闲置的各类房产设施、集体建设用地等，以自主开发、合资合作等方式发展相应产业。支持农村集体经济组织为农户和各类农业经营主体提供产前产中产后农业生产性服务。鼓励本区国有企业参与发展集体经济。鼓励整合利用集体积累资金、政府帮扶资金等，通过入股或者参股农业产业化龙头企业、村与村合作、村企联手共建等多种形式发展集体经济。没有或少量经营性资产的村，可以结合当地实际，积极开展资源（如林地、滩涂）变资产、资金变股金、农民变股民等改革，赋予农民更加充分的财产权，维护农民的收益权，增强集体经济发展活力和实力。

责任单位：各镇（街）党委（党工委）、政府（办事处），农林水利局、发改局、财政局、土房分局。

（十五）搭建农村产权流转交易平台。坚持政府主导、公益方向前提下，建立符合农村实际需要的产权流转交易市场，开展农村承包土地经营权、集体林地经营权、林木所有权、“四荒”地使用权、农业类知识产权、农村集体经营性资产出租等流转交易。要根据农村产权要素性质、流转范围和交易需要，制定产权流转交易管理办法，健全市场交易规则，完善运行机制，实行公开交易，加强农村产权流转交易服务和监督管理。维护进城落户农民土地承包权、宅基地使用权、集体收益分配权，探索支持引导其依法自愿有偿转让上述权益的有效办法。

责任单位：各镇（街）党委（党工委）、政府（办事处），农林水利局、财政局、土房分局。

五、切实加强组织领导

（十六）建立工作机制。为稳步推进我区农村集体产权制度改革工作，经研究决定成立由区委书记任组长，区长任常务副组长，区委副书记、分管副区长任副组长的区农村集体产权制度改革领导小组，成员由相关职能部门负责人组成（详见附件）。领导小组下设办公室，设在区农林水利局，办公室主任由区农林水利局局长担任，具体负责全区农村集体产权制度改革日常工作，抽调成员单位人员或聘请社会人员集中办公。各镇（街）、村（居）成立相应的组织机构，党委（党工委）书记、村（居）党组织负责人要亲自挂帅。要建立健全组织协调机制，层层分解任务，落实工作措施，提出具体要求，提供保障条件，确保事有人管、责有人负。要加强改革的统筹协调，着力落实改革重大事项，切实解决改革中遇到的矛盾问题。涉及重大政策调整的，及时请示汇报。要加强工作经费保障，改革所需工作经费列入区、镇（街）财政预算。

责任单位：各镇（街）党委（党工委）、政府（办事处），区直有关单位。

（十七）精心组织实施。区农村集体产权制度改革办、各镇（街）要加强领导，梳理细化各项改革任务，明确任务承担单位，制定配套的分工实施方案。有关部门要加强调查研究和工作指导，及时协调解决改革中遇到的困难和问题。各镇（街）党委、政府要强化责任落实，指导各村（组）成立工作小组，制定改革实施方案，经村（组）成员大会或成员代表大会讨论通过后实施。农村基层党建、选派党员干部驻村等工作要把农村集体产权制度改革作为重要内容统筹兼顾，合力推进。

责任单位：各镇（街）党委（党工委）、政府（办事处），组织部、编办、农林水利局、财政局。

（十八）加大政策支持力度。进一步完善财政引导、多元化投入共同扶持集体经济发展机制。支持财政项目资金直接投向符合条件的农村集体经济组织，允许财政补助形成的资产转交集体经济组织持有和管护。对政府拨款、减免税费等形成的资产归农村集体经济组织所有，可以量化为集体成员持有的股份。逐步增加政府对农村的公共服务支出，减少农村集体经济组织的相应负担。按规定落实好税费优惠政策，在农村集体产权制度改革中，免征或不征因权利人名称变更登记、资产产权变更登记涉及的契税，免征签订产权转移书据涉及的印花税，免收确权变更中的土地、房屋等不动产登记费。落实对农村集体经济组织的融资、担保等政策，为发展壮大集体经济营造良好金融环境。

责任单位：各镇（街）党委（党工委）、政府（办事处），农林水利局、财政局、土房分局、地税局。

（十九）做好宣传培训。各级要广泛宣传动员，通过广播电视、新媒体、报纸、发放致农民朋友的一封信、召开座谈会、入户走访、张贴标语、政策宣讲会等形式，让群众明白改革的目的、意义、方式和政策，形成群众了解改革、支持改革的良好氛围，调动基层干部和广大群众参与改革的积极性和主动性。要积极借鉴各地成功经验，总结推广本地典型案例，发挥示范作用。要按照分级负责、分级培训的原则，做好基层党政领导、农业部门领导和业务骨干培训工作，确保准确领会中央政策精神，有效推进我区农村集体产权制度改革工作落到实处。

责任单位：各镇（街）党委（党工委）、政府（办事处），组织部、宣传部，农林水利局。

（二十）加强监督检查。农村集体产权制度改革列入区委、区政府重点督查内容。各镇（街）要建立工作目标考核机制，制定详细、符合实际的责任清单，建立定期和不定期通报制度，通过多种形式的督导检查，抓好各年度工作计划的推进落实。对工作进度缓慢、成果质量存在问题的地方，要重点督导，限期整改。要加强调查研究，注重改革的系统性、协同性，与正在推进的有关改革做好衔接，提高改革的综合效应。要严肃工作纪律，坚决杜绝借改革之机谋取私利。要严肃查处和纠正弄虚作假、侵害集体经济组织及其成员权益等行为。要严肃财务纪律，对利用改革之机造成集体资产流失的，按规定追究相关人员责任，涉嫌犯罪的，移送司法机关依法处理。要加强改革过程中的矛盾纠纷排查调处工作，认真做好农村产权纠纷调解仲裁和司法救济工作，努力把矛盾化解在基层，确保社会和谐稳定。

责任单位：各镇（街）党委（党工委）、政府（办事处），农林水利局、司法局、集美公安分局。

附件：集美区农村集体产权制度改革工作领导小组名单（略）

中共集美区委　集美区人民政府
关于开展质量提升行动推动质量强区建设的实施意见

集府〔2018〕83 号

为深入贯彻落实《中共福建省委 福建省人民政府关于开展质量提升行动加快建设质量强省的实施意见》和《中共厦门市委 厦门市人民政府关于开展质量提升行动推动质量强市建设的实施意见》文件精神，充分发挥质量工作在经济社会发展中的基础和促进作用，全面提升我区质量发展水平和综合竞争力，现就开展质量提升行动推动质量强区建设，制定我区实施意见。

一、总体要求

（一）指导思想

全面贯彻党的十九大精神，深入学习贯彻习近平新时代中国特色社会主义思想以及对福建、厦门工作的重要指示精神，全面贯彻落实新发展理念，紧紧围绕统筹推进“五位一体”总体布局和协调推进“四个全面”战略布局，认真落实中央支持福建、厦门进一步加快经济社会发展的重大决策部署，坚持以提高发展质量和效益为中心，将质量强区战略放在更加突出的位置，大力开展质量提升行动，加强全面质量监管，全面提升质量水平，争创发展新优势，为深化人文集美建设，打造高素质高颜值跨岛发展最美新市区奠定坚实的质量基础。

（二）基本原则

——坚持优质发展、以质取胜。牢固树立质量第一的强烈意识，把提高供给体系质量作为主攻方向，把全面提高产品和服务质量作为提升供给体系的中心任务，推动经济发展质量变革，更加注重以质量提升减轻经济下行和安全监管压力。引导和动员全社会增强质量意识，真正形成各级党委和政府重视质量、企业追求质量、社会崇尚质量、人人关心质量的价值导向。

——坚持以人为本、质量惠民。落实以人民为中心的发展思想，把增进民生福祉、满足人民群众质量需求作为提高供给质量的出发点和落脚点。持续提高产品、工程、服务的质量水平，增强城市综合实力，促进质量发展成果全民共享，增强人民群众的质量获得感。

——坚持企业主体、标杆示范。强化企业质量提升主体意识和主体责任，推动全面质量管理，推广应用先进质量管理方法，提高全员全过程全方位质量管理水平。深化标准、质量、品牌、信誉一体化建设，打造一批质量标杆，充分发挥其示范引领作用，带动企业提升质量管理水平和核心竞争力。弘扬企业家精神和工匠精神，提高决策者、经营者、管理者、生产者质量意识和质量素养。

——坚持改革引领、创新驱动。以改革创新为根本途径，充分发挥市场在资源配置中的决定性作用，积极引导推动各类质量提升要素向产品和服务的供给端集聚，推动技术创新、管理创新，提高质量创新能力，以新技术新业态改造提升产业质量和发展水平。大力发挥标准引领作用，用先进标准引领产品、工程和服务质量全面提升。

——坚持党管质量、全民共治。强化各级党委对质量工作的领导，将质量工作摆上更加重要的议事日程，统筹规划质量发展工作。调动全社会力量参与质量建设，构建“党委领导、政府主导、部门联合、企业主责、社会参与”的质量工作格局。

（三）主要目标

到 2020 年，质量强区建设取得明显成效，质量意识素养持续提升，质量安全形势保持稳定向好，质量总体水平不断提升，质量供给体系持续改善，质量发展效益稳步提高，人民群众的质量获得感显著增强。

——产品、工程和服务质量水平持续提升。产品质量保障体系更加完善，品种、质量、效益显著改善，产品、工程和服务业总体质量水平均高于全市平均水平。工业产品质量合格率稳步提高，产品质量市级监督抽查合格率达到 97% 以上；工程质量水平全面提升，工程竣工验收一次合格率达到 100%；现代服务业转型升级持续加快，生产性服务业向专业化和价值链高端延伸，生活性服务业向精细化、高品质转变。

——产业发展质量和效益不断提高。产业规划和布局不断优化，主要行业和战略性新兴产业质量达到或接近国际先进水平，规模持续增长，创新能力和竞争力明显提高，基本形成具有集美自身优势和特点的现代产业体系，成为海峡西岸强大的先进制造业基地和最具竞争力的现代服务业集聚区。

——区域质量竞争力显著增强。充分利用区域特色资源、环境容量和产业基础等资源优势，精心培育和打造一个竞争力强、信誉度高、示范性好的全国客车及零配件产业知名品牌示范区。

——质量基础设施建设得到新加强。布局新建和优化提升一批国家级和省级工程（技术）研究中心、工程（重点）实验室、企业技术中心等公共技术服务平台。推动技术机构与产业发展深度融合，完善计量、标准、检验检测、认证认可等质量基础设施，提高技术水平和服务能力，技术服务效能充分释放，有力支撑科技进步、产业升级、社会治理和民生改善。

二、全面优化质量供给结构

（四）提升农产品、水产品供给质量

大力发展蔬菜、水果、食用菌、畜禽等优势特色农业产品，优化农产品供给结构、产业结构和生产力布局，保障城乡居民的生活需求。建设高标准农田，保护提升耕地质量。推行种养殖清洁生产，强化农业投入品监管，严格规范化肥、农药、抗生素和激素类药物使用。丰富优质海洋水产品供给量和供给品种，严格水产品养殖源头的苗种查控，加强水产种苗标准化生产推广，落实水产品养殖基地质量日常监管和专项整治，推行水产品产地准出和批发市场准入制度，保障水产品质量安全。

（国土房产分局、区农林水利局、质监二分局等按职责分工落实）

（五）提升食品、药品质量安全保障水平

大力实施食品安全战略，全面落实“四个最严”要求，构建从“农田到餐桌”的覆盖人民群众日常基本消费食品的“一品一码”全过程追溯体系。全面落实食品安全治理体系，提升食品质量安全及品牌竞争力，实施“同线同标同质”示范工程和“一个标准、两个市场”行动计划，培育更多标杆示范企业。

大力开展药品生产专项整治，落实日常监管“全覆盖 + 双随机”检查制度，消除风险隐患，确保药品安全。全面落实医疗器械生产经营企业的主体责任。鼓励和支持医疗器械生产经营者采用先进技术和先进管理规范，实施高于国家标准或行业标准的医疗器械产品注册标准或技术要求。

（区卫计局、市场监督管理局、质监二分局、厦门海关同集办事处等按职责分工落实）

（六）提升工业品质量水平

加快消费品标准和质量提升，推动消费品企业增品种、提品质、创品牌。推动企业发展个性定制、规模定制、高端定制，推动产品供给向“产品 + 服务”转变、向中高端迈进。巩固水暖厨卫、纺织服装、运动器材等传统产业的优势地位，大力推广智能卫浴产品，推进服装行业经营业态向服装时尚产业、服装文化产业发展，推动文教体育休闲用品多样化发展。

加快装备制造业标准化和质量提升，提高汽车、工程机械、电力电器等高端装备和关键领域核心竞争力，成为国内重要的机械装备制造生产基地。实施工业强基工程，提高核心基础零部件（元器件）、关键基础材料产品性能，推广应用先进制造工艺。发展智能制造，提高工业机器人的加工精度和精度保持能力，实施技术改造，提升自动化生产线、数字化车间的生产过程智能化水平。推行绿色制造，推广清洁高效生产工艺，降低产品制造能耗、物耗和水耗，提升终端用能产品能效、水效。

提高高端材料质量稳定性和创新水平，增强高性能、功能化、差别化的先进基础材料供给能力。重点发展稀土功能材料和锂离子电池材料等新能源领域材料，优化先进结构材料和高性能复合材料等其它领域新材料生产布局，提升硬质合金、碳纤维材料、催化材料研发及产业化能力，实现碳化硅、石墨烯等关键技术突破。支持新材料产业发展，对经认定的新材料企业，按现行研发政策给予一定的研发补助。开展新材料“首批次”产品认定，鼓励下游企业积极应用新材料“首批次”产品。

（区经信局、科技局、财政局、文体局、质监二分局等按职责分工落实）

（七）提升对外贸易质量优势

加快外贸发展方式转变，培育以技术、标准、品牌、质量、服务为核心的对外经济新优势。加快跨境电子商务发展，支持有条件的外贸综合服务企业为国际品牌商、境外高端采购商、国内大型出口商提供专业化、定制化的供应链服务，支持企业兼并、收购、整合境外技术品牌和营销网络，通过“跨境电子商务＋海外仓”模式开拓国际市场，打造国家跨境电子商务综合试验区试点。

（区商务局、质监二分局等按职责分工落实）

（八）提升建设工程质量水平

强化工程质量监督管理，对工程规划、设计、施工、竣工验收等实行全过程质量监管，推进网格化、差异化、标准化、信息化监管。规范重大项目基本建设程序，坚持科学论证、科学决策，加强重大工程的投资咨询、设备监理、建设监理，保障工程项目投资效益、重大设备质量和工程建设质量。全面施行工程质量终身责任制度、书面承诺制度、永久性标牌制度、信息档案制度和工程质量安全生产标准化制度。落实工程参建各方主体质量责任，强化建设单位首要责任和勘察、设计、施工单位主体责任，形成有效闭合的管理链条。落实“双随机”监督检查制度，建立联合执法机制，严厉打击各类工程质量违法行为。

高标准、高质量建设和改造城乡道路交通设施、供热供水设施、排水与污水处理设施。深化海绵城市建设和地下综合管廊建设，推进绿色生态小区建设。按照国家绿色建材推广工作的统一部署，探索执行适宜本地经济和地域特点的建筑节能标准。

（区建设局、交通局、农林水利局等按职责分工落实）

（九）提升服务业质量效益

提高生活性服务业品质。实施旅游服务质量提升计划，完善星级饭店管理制度和旅游信用管理机制，打造多样化、个性化的旅游产品，培育更多旅游精品。支持发展大众化餐饮，引导餐饮企业建立集中采购、统一配送、规范化生产、连锁化经营、线上线下融合的现代生产经营模式，支持龙头企业开展创新示范。加快城乡养老网格化布局和标准化建设，实现居家社区养老服务全覆盖，推进“互联网＋养老”和“智慧养老”，完善以居家为基础、社区为依托、机构为补充、医养相结合的多层次、智能化养老服务体系。

促进生产性服务业专业化发展。加强物流标准化建设，提高物流供应链现代化水平和服务质量，培育和打造一批具有影响力的现代物流品牌。推进电子商务规制创新，加强电子商务产业载体、物流体系、人才体系建设，不断提升电子商务服务质量，引导企业建设专业性、垂直型平台，打造一批地方特色突出、示范带动性强的电商平台。提升银行服务、保险服务的标准化程度和服务质量，开展银行文明规范服务示范单位评选活动和保险服务质量监测工作。加强运输安全保障能力建设，推进铁路、公路等多式联运发展，提升交通运输服务质量。强化网约车、共享汽车、共享单车行业规范管理，提升公交、出租、旅游客运等行业的服务质量。完善知识产权服务业扶持政策，健全知识产权服务诚信信息、信用评价等管理制度，培育规模化、专业化、市场化、国际化的知识产权中介服务机构。支持发展工业设计、计量测试、标准试验验证、检验检测认证等高技术服务业。

（区发改局、科技局、教育局、财政局、民政局、交通局、商务局、文体局、执法局、质监二分局、市场监督管理局等按职责分工落实）

（十）提升社会治理和公共服务水平

推进行政审批标准化改革，加快行政审批标准体系建设，进一步优化服务流程，简化办事环节，提高行政效能。大力推广“互联网＋政务服务”，构建“线上线下一体化”的电子政务服务体系，提升政务服务协同化、主动化、智慧化水平。推进城市精细化、规范化管理，提升城市治理水平。促进义务教育优质均衡发展，扩大普惠性学前教育和优质职业教育供给，促进和规范民办教育。稳步推进医疗服务改善行动计划，建立健全医疗纠纷预防调解机制，构建和谐医患关系。健全覆盖城乡的公共就业创业服务体系，建立本区户籍劳动力资源动态数据库，实现精准就业帮扶。加强职业技能培训，创造多元就业机会，推动实现比较充分和更高质量就业。鼓励创造优秀文化服务产品，推动文化服务产品数字化、网络化，加快建设数字图书馆和数字文化馆联合网，推进基层公共数字文化服务推广试点建设。提高供电、供气、供热、供水服务质量和安全保障水平。提升社会救助、社会福利、优抚安置等保障水平，加大对因病（学）致贫返贫群众、困境老年人、残疾人、儿童救助力度。开展公共服务质量监测和结果通报，引导提升公共服务质量水平。法律援助应严格执行福建省司法厅关于《福建省法律援助案件管理质量标准》、《福建省刑事法律援助案件质量标准》和《福建省民事法律援助案件质量标准》，提升法律援助服务质量。

（区卫计局、教育局、公安局、民政局、司法局、人社局、交通局、文体局、建设局、执法局、政务中心管委会、综治办、审改办、质监二分局等按职责分工落实）

三、全面实施质量提升工程

（十一）实施质量创新工程

落实质量分级制度，倡导优质优价，引导、保护企业质量创新和质量提升的积极性。推动企业加大质量技术创新投入，加快科技成果转化，促进创新成果的标准化和专利化。加强与国际优质产品的质量比对，支持企业瞄准先进标杆实施技术改造。鼓励企业优化各类设计，推行个性化定制、柔性化生产，提高产品扩展性、耐久性、舒适性等质量特性，满足绿色环保、可持续发展、消费友好等需求。开展重点行业工艺优化行动，组织质量提升关键技术攻关，推动企业积极应用新技术、新工艺、新材料。加强可靠性设计、试验与验证技术开发应用，推广采用先进成型方法和加工方法、在线检测控制装置、智能化生产和物流系统及检测设备。鼓励企业开展质量提升小组、质量风险分析与控制、质量成本管理、质量管理体系升级等活动，提高质量在线监测、在线控制和产品全生命周期质量追溯能力，推行精益生产、清洁生产等高效生产方式，促进质量管理、质量技术、质量工作法创新。广泛开展质量技术“双零”精准服务活动，助力中小企业全面质量管理创新。

（区经信局、科技局、商务局、质监二分局、厦门海关同集办事处等按职责分工落实）

（十二）实施标准引领工程

发挥标准的引领作用，推进标准化工作改革，加快建立政府主导制定标准与市场自主制定标准协同发展、协调配套的新型标准体系，健全统一协调、运行高效的标准化运行机制。引导和支持通讯设备、机械装备等先进制造业和新材料等战略性新兴产业加快标准研制，争取国内外标准制修订的话语权。支持、鼓励企业对标先进标准，制定实施高水平的企业标准。全面实施企业标准自我声明公开和监督制度，探索推行企业标准领跑者制度。强化科技与标准的互动支撑及标准与创新的有机结合，发挥技术标准在促进新技术推广应用中的引领作用，支持有条件的企业主导或参与制定国际标准、国家标准、行业标准和地方标准，抢占标准竞争的制高点。开展重点行业国内外标准比对，引导企业标准提升和产品改进，推进内外销产品“同线同标同质”工程，逐步消除国内外市场产品质量差距。

（区经信局、科技局、商务局、质监二分局、厦门海关同集办事处等按职责分工落实）

（十三）实施品牌带动工程

深入实施品牌带动战略，争创更多的各级名牌产品、驰名商标、“三品一标”、工业企业品牌、老字号、高新技术企业、科技小巨人企业、知识产权运用标杆示范。推动集美客车及其零配件产业争创全国知名品牌创建示范区，着力打造具有集美特色的区域品牌。制定实施名牌产品滚动培育与发展计划，打造一批产品品牌。推动工程建设领域争创鲁班奖、大禹奖、鼓浪屿杯、优质工程等一批高质量工程品牌。在旅游、家政、养老、医疗、文化、教育、体育、物流等领域，打造一批具有品牌影响力、带动力的服务品牌。支持鼓励企业参与中国品牌价值评价活动，不断提升品牌价值和品牌影响力。鼓励企业开展多渠道的品牌营销开拓国内外市场，加强品牌国际化。支持工贸企业参加各类展会、行业产品对接会、市场营销培训和行业市场开拓研讨会，提升厦门产品知名度和市场竞争力。提升海峡两岸龙舟赛事品牌的国际影响力。

（区经信局、卫计局、教育局、科技局、民政局、财政局、建设局、交通局、农林水利局、商务局、文体局、市场监督管理局、质监二分局、厦门海关同集办事处等按职责分工落实）

（十四）实施标杆示范工程

实施政府质量奖滚动培育计划，支持鼓励企业争创中国质量奖和省、市政府质量奖，广泛创建全国优秀质量管理小组、质量信得过班组等荣誉，在各行各业树立质量标杆。鼓励各级质量奖获奖企业设立质量管理模式推广基地，开展质量管理先进经验分享活动，发挥质量示范引领作用，推行全员全方位全过程质量管理，促进提质降本增效。推动行业骨干企业将质量管理的成功经验和先进方法向产业链两端延伸推广，带动提升整体质量水平。发挥优势企业对中小企业的带动提升作用，实施技术改造升级和管理创新，提升专业化分工协作水平和市场服务能力，引领新产品开发和品牌创建，增强质量竞争力。引导鼓励企业发布社会责任报告，强化诚信自律，践行质量承诺，在经济、环境和社会方面创造综合价值，树立良好形象，形成示范效应。以产业集聚区为重点依托，积极创建集美省级出口汽车及其零部件质量安全示范区，打造产业集群整体质量竞争优势。

（区经信局、财政局、科技局、市场监督管理局、质监二分局、厦门海关同集办事处等按职责分工落实）

四、全面强化质量治理能力

（十五）加强质量制度建设

完善制度设计和激励政策，大力推广企业首席质量官制度，推动企业落实质量主体责任，促进企业加强质量管理，塑造质量核心竞争力，提升企业质量发展水平。坚持促发展和保底线并重，加快推进质量诚信体系建设，完善质量守信联合激励和失信联合惩戒制度。按照工业产品生产许可证制度改革要求，配合上级部门做好工业产品生产许可证清理工作，加强工业产品生产许可证证后管理制度建设。建立质量安全风险监控和质量安全事故强制报告制度，健全重大质量违法突发事件快速反应机制和执法联动机制。探索建立产品、服务、工程等质量安全责任保险制度，建立社会帮扶并行发展、符合市场经济规则、有利于消费者维权的质量安全多元救济机制。

（区建设局、交通局、农林水利局、商务局、市场监督管理局、质监二分局、厦门海关同集办事处等按职责分工落实）

（十六）完善质量激励机制

完善政府质量激励政策，加快制定质量提升相关政策，支持鼓励各企业、行业协会、技术机构等单位开展质量提升活动。研究制定技术技能人才激励办法。建立政府质量奖获奖企业先进质量管理经验的长效宣传推广机制，激励企业等各类组织重质量、讲诚信、树品牌。

（区经信局、财政局、人社局、质监二分局等按职责分工落实）

（十七）强化全面质量监管

深化“放管服”改革，强化事中事后监管，依法依规从各个领域、各个环节加强对质量的全方位监管。加强打击侵犯知识产权和制售假冒伪劣商品工作，加强跨部门、跨地区执法协作，健全打击侵权假冒长效机制。加大重点领域、重点区域、重点问题产品的质量监督抽查和风险监测力度，持续开展食品、药品、农产品、日用消费品、特种设备等关系人民群众生命财产安全的重要产品专项整治行动，及时消除质量安全隐患。完善产品伤害监测体系，提高产品安全、环保、可靠性等要求和标准。积极参与服务质量监测基础建设工程。建立权责明确、执法有力、行为规范、保障有效的旅游市场综合监管机制，严厉打击扰乱旅游市场秩序、侵害旅游者合法权益的违法违规行为，规范旅游市场秩序，净化旅游消费环境。健全质量违法行为记录及公布制度，加大行政处罚等政府信息公开力度。

（公安分局、区建设局、交通局、农林水利局、卫计局、商务局、文体局、市场监督管理局、质监二分局等按职责分工落实）

（十八）推进质量全民共治

注重社会各方参与，健全社会监督机制，推进以法治为基础的社会多元治理，构建市场主体自治、行业自律、社会监督、政府监管的质量共治格局。鼓励消费者组织、行业协会、商会、第三方中介机构等开展行业倡议、质量评比和体验式调查等活动，制定和发布行业规范。强化质量社会监督和舆论监督，畅通各举报投诉渠道，加强舆情跟踪处置和投诉举报信息的研判。及时解决市民关心关注的质量问题，不断提高市民质量知晓度、参与度和满意度。深入开展消费品质量安全“进社区、进校园、进镇街”消费者教育活动，激发公众消费品质量安全意识，引导科学消费、理性消费、绿色消费。

（区建设局、交通局、农林水利局、文体局、科技局、市场监督管理局、质监二分局、集美环保局等按职责分工落实）

五、全面完善质量支撑体系

（十九）加强质量技术服务能力建设

加快构建现代先进测量体系，开展“优化计量，提质增效”活动，鼓励企业按照国际标准导入、建立测量管理体系，增强过程计量保障能力，提高计量管理和测量过程控制的有效性。开展质量管理体系升级行动，培育发展检验检测认证服务业，深化质量认证制度改革创新，推进电子商务等新业态认证认可制度实施，贯彻统一绿色产品认证制度，健全进出口食品企业注册备案制度。

（区科技局、商务局、质监二分局、厦门海关同集办事处等按职责分工落实）

（二十）加强公共技术服务平台建设

创新“互联网 + 质量服务”模式，促进移动互联网、大数据、云计算、物联网和个性化定制等在质量服务中的集成运用，推动质量服务数字化、便捷化、智能化。推进质量技术资源、信息资源、人才资源、设备设施开放共享，鼓励企业建设重点实验室，推进仪器设备等平台资源共享，提升平台的公共性和服务能力。

（区经信局、科技局、商务局、质监二分局、厦门海关同集办事处等按职责分工落实）

（二十一）加强财政金融政策支持

将质量工作经费纳入财政预算，鼓励和引导更多资金投向质量攻关、质量创新、质量治理、质量基础设施建设等质量提升领域。借助各级科技计划，对获得国家重大科技专项、重点研发计划、重大科技成果转化项目支持，按照相关规定给予补助。探索建立产品损害赔偿、产品质量安全责任保险和社会帮扶并行发展的多元救济机制，加大产品质量保险推广力度，鼓励保险公司积极承保首台（套）重大技术装备保险。构建质量增信融资体系，探索以质量综合竞争力为核心的质量增信融资制度，将质量水平、标准水平、品牌价值等纳入企业信用评价指标和贷款发放参考因素。

鼓励政府部门向社会力量购买优质服务，加强政府采购需求确定和采购活动组织管理，将质量、服务、安全等要求贯彻到采购文件制定、评审活动、采购合同签订全过程，加强联合惩戒，依法限制严重质量违法失信企业参与政府采购活动，形成保障质量和安全的政府采购机制。

（区经信局、科技局、财政局、质监二分局等按职责分工落实）

（二十二）加强质量人才队伍建设

紧贴集美产业发展需求，鼓励职业院校与企业开展质量相关专业的现代学徒制人才培养。充分发挥中小学生质量教育社会实践基地作用，开展质量教育活动和质量主题夏令营，提升青少年的质量意识和质量素养。支持鼓励有条件的企业、检验检测机构等单位与大中专院校合作设立质量实训基地，共同开展质量实训活动。支持重点企业开展“一企一策”职工职业技能培训，全面提高企业经营管理者、一线员工的质量意识。实施青年职业能力提升计划，完善技术技能人才培养培训工作体系，培育众多“厦门工匠”。加大高技能人才引进培养力度，整合社会培训资源，充分利用厦门技师学院、集美职业技术学校、厦门理工学院等技工培训基地，加大高技能人才培训研修。发挥工会组织和共青团组织作用，广泛开展劳动技能竞赛、青年质量提升示范岗创建、质量控制实践小组、创新工作室等活动。

（区经信局、教育局、财政局、人社局、工会、团区委、质监二分局等按职责分工落实）

六、强化组织领导

（二十三）切实加强质量工作领导

加强党对质量工作的领导，健全质量工作体制机制，完善研究质量强区战略、分析质量发展形势、决定质量方针政策的工作机制。加强对质量发展的统筹规划和组织领导，统筹推进质量发展规划制定、质量强区建设、质量品牌发展、质量基础建设。党委和政府要将质量工作摆到重要议事日程，认真落实质量工作责任制。强化政府质量监管职责，构建统一权威的质量工作体制机制。

（区委组织部、区委编办、各镇街等按职责分工落实）

（二十四）深入实施质量强区战略

坚持走质量效益型发展道路，以提高发展质量和效益为中心，全面推进建设质量强市。把质量发展目标纳入区国民经济和社会发展规划，明确质量发展目标任务，研究编制质量强区年度工作要点，统筹各方资源，密切协同配合，形成工作合力。持续开展质量强区、质量强镇（街）、质量强业、质量强企活动，构建自上而下的“大质量”工作格局，推动经济提质增效，走出一条具有厦门特色的质量发展道路。

（区发改局、经信局、质监二分局、各镇街等按职责分工落实）

（二十五）不断强化质量督察考核

深刻领会和把握中央探索建立质量督察工作机制的重要意义，强化政府质量工作考核，将质量工作考核结果纳入区绩效考核指标体系。

（区效能办、区质量强区工作领导小组成员单位按职责分工落实）

（二十六）更加重视质量宣传工作

大力宣传党和国家质量工作方针政策，树立质量提升的先进典型。围绕世界计量日、世界标准日、国际认可日、中国品牌日、全国质量月等重要时间节点，广泛开展质量文化和质量工作主题宣传，讲好厦门质量品牌故事。将质量文化作为社会主义核心价值观教育的重要内容，加强质量公益宣传，提高全社会质量、诚信、责任意识。将质量强区战略纳入党校教学计划，让质量第一成为党委政府的根本理念和领导干部工作责任，成为全社会、全民族的价值追求和时代精神。

（区委组织部、区委宣传部、区经信局、文体局等区质量强区工作领导小组成员单位按职责分工落实）

各部门要认真学习贯彻本实施意见精神，结合各自实际研究制定具体行动方案，完善推动质量提升的具体政策措施。要明确责任分工和时间进度要求，确保各项工作举措和要求落实到位。要在各行各业各个领域，持续深入开展质量提升行动，切实提升我区质量总体水平，为建设高素质高颜值跨岛发展最美新市区奠定坚实的质量基础。

中共集美区委办公室　集美区人民政府办公室
关于集美区党政机关国内公务接待管理实施办法

集委办〔2018〕8号

第一条　为进一步规范我区党政机关国内公务接待管理工作，根据《厦门市党政机关国内公务接待管理实施办法》，结合我区实际，制定本实施办法。

第二条　本实施办法适用于全区各级党政机关（含区党的机关、人大机关、行政机关、政协机关、审判机关、检察机关，以及工会、共青团、妇联等人民团体、民主党派和参照公务员法管理事业单位）的国内公务接待活动。

第三条　本实施办法所称国内公务，是指出席会议、考察调研、执行任务、学习交流、检查指导、请示汇报工作等公务活动。

第四条　区机关事务管理部门为本级党政机关国内公务接待管理部门，负责监督管理本级党政机关国内公务接待工作，指导下级党政机关国内公务接待工作。

第五条　全区党政机关国内公务接待实行分级负责、对口接待。根据接待对象的身份和公务活动内容等，由相应接待单位组织实施，或以牵头单位的对口单位为接待单位。

第六条　接待单位应当严格控制国内公务接待范围，无公函或邀请函的公务活动和来访人员一律不予接待。

不得将休假、探亲、旅游等非公务活动纳入国内公务接待范围。

第七条　接待单位应当严格遵循“先审批、后接待”的程序。安排公务接待活动前，应当填写国内公务接待审批单，连同派出单位公函或接待单位邀请函，报单位相关负责人审批。审批单内容包括：填报单位、承办部门及承办人、派出单位、接待事由、活动安排、经费预算、是否协助安排住宿、日常用餐及标准等。

第八条　国内公务接待应当简化礼仪，不得在机场、车站、码头和辖区边界组织迎送活动，不得跨地区迎送，不得张贴悬挂标语横幅，不得打电子屏幕标语，不得安排群众迎送，不得铺设迎宾地毯，不得献花插彩旗；各单位主要负责人不得参加迎送。严格控制陪同人数，不得层层多人陪同。

第九条　接待单位不得超标准接待，不得组织旅游和与公务活动无关的参观，不得组织到营业性娱乐、健身场所活动，不得安排专场文艺演出，不得以任何名义赠送礼金、有价证券、纪念品和土特产品等。

第十条　接待对象住宿按照派出单位所在地财政部门制定的差旅住宿标准执行，住宿费回本单位凭据报销。接待单位不得超标准安排住房，不得额外配发洗漱用品。

参加会议、培训人员的住宿费按照会议培训费管理有关规定执行。

第十一条　接待对象应当按照规定标准自行用餐，接待单位可协助安排。确因工作需要，接待单位可以为接待对象安排工作餐 1 次，并严格控制陪餐人数，接待对象在 10 人以内的，陪餐人数不得超过 3 人；接待对象超过 10 人的，陪餐人数不得超过接待对象人数的三分之一。

工作餐应当供应家常菜，不得提供鱼翅、燕窝等高档菜肴和用野生保护动物制作的菜肴，不得提供香烟，不得使用私人会所、高消费餐饮场所，一律不饮酒。

安排工作餐时，除陪餐人员以外的其他工作人员视情况可安排简餐。严格控制工作人员人数，无关人员不予安排。

第十二条　同城公务活动一般不安排用餐。跨岛参加会议、培训、调研、检查工作等临时性公务活动视情况可安排简餐。安排简餐的接待单位陪餐人数不得超过 3 人。凡由接待单位安排就餐的跨区域临时性公务出行人员不再报销伙食补助费。

第十三条　区党政机关国内公务接待工作餐及简餐开支标准按市接待开支标准（厦管〔2017〕53 号）执行。

第十四条　全区各级党政机关应当优先利用本单位会议场所，保障接待对象会议需要。确需租赁会议室的，按照方便、节俭的原则，选择会议定点场所开会，执行协议价格。

第十五条　出行活动可安排集中乘车，根据团组人数和公务活动情况合理安排相应车型，原则上 3 人以下安排轿车，4－5 人安排商务车，6－15 人安排中巴车，16 人以上安排中巴车或大客车。接待用车优先选择机关内部车辆，严格控制随行车辆。确需租用车辆的，租车费用从各单位交通费中列支。

第十六条　全区各级党政机关应当加强公务外出计划管理，科学安排和严格控制公务外出的时间、内容、路线、频率、人员数量。公务外出应当按照程序履行报批手续。

禁止异地部门间没有特别需要的一般性学习交流、考察调研，禁止重复性考察，禁止以各种名义和方式变相旅游，禁止违反规定到风景名胜区举办会议和活动。

公务外出确需接待的，派出单位应当向接待单位发出公函，告知内容、行程、人员和需协助安排的食宿标准。

第十七条　公务接待实行一事一结，每批次公务活动结束后应及时结算。接待费用报销凭证应当包括财务票据、派出单位公函或接待单位邀请函、接待审批单、接待清单及公务卡刷卡消费 POS 机凭条或银行转账相关凭证等。超标准、超范围开支的公务接待费，一律不予报销。

接待清单包括接待对象的单位、姓名、职务、公务活动项目、时间、场所、费用等，由接待单位如实填写、相关负责人审签。接待清单内容应当与派出单位公函相一致。

第十八条　接待费用支付应当严格按照国库集中支付制度和公务卡管理有关规定执行。具备条件的地方应当采用银行转账或者公务卡结算，不得以现金方式支付。不具备条件确需以现金支付的，经办人应当书面说明原因，报单位相关负责人审批。

第十九条　区机关事务管理部门会同本级财政部门按年度组织公开国内公务接待制度规定、经费支出、接待场所、接待项目等有关情况，接受社会监督。

第二十条　全区各级党政机关应当于每年 3 月 15 日前汇总本部门上一年度国内公务接待情况，报区机关事务管理部门、财政部门和纪检监察机关备案。

区机关事务管理部门应当会同本级财政部门对年度国内公务接待情况进行统计分析并报同级党委、政府和纪检监察机关。

第二十一条　区国内公务接待管理部门应当会同有关部门加强对本级党政机关各部门和下级党政机关国内公务接待工作的监督检查。

财政部门应当对党政机关国内公务接待经费开支和使用情况进行监督检查。

审计部门应当对党政机关国内公务接待经费进行审计，并加强对机关内部接待场所涉及相关资金管理使用情况的审计监督。

各部门监督检查中发现的问题应及时报同级纪检监察机关。

第二十二条 全区各级党政机关应当将国内公务接待工作纳入问责范围。纪检监察机关应当加强对国内公务接待违规违纪行为的查处，严肃追究接待单位相关负责人、直接负责人的责任并进行通报，涉嫌犯罪的移送司法机关依法追究刑事责任。

第二十三条 邀请外宾来厦参加经贸、文体、科教等国际性活动，应当加强邀请的针对性、时效性，邀请单位应当严格按照有关规定安排接待活动，从严从紧控制外宾团组和接待费用。

严格执行厦门市外事接待、招商引资等活动的接待办法，严格审批，强化管理，严禁扩大接待范围、增加接待项目，严禁以招商引资等名义变相安排公务接待。

第二十四条 国有企业、国有金融企业和不参照公务员法管理的事业单位参照本实施办法执行。

第二十五条 本实施办法具体解释工作由区机关事务管理局承担。

第二十六条 本实施办法自发布之日起施行。此前发布的有关规定与本实施办法不一致的，按照本实施办法执行。

中共集美区委办公室 集美区人民政府办公室 关于集美区全面推行湖长制实施方案

集委办〔2018〕78 号

为深入贯彻习近平新时代中国特色社会主义思想和党的十九大精神，全面落实中共中央办公厅、国务院办公厅印发的《关于在湖泊实施湖长制的指导意见》，根据中共福建省委办公厅、福建省人民政府办公厅印发的《关于在湖泊实施湖长制的实施意见》，中共厦门市委办公厅、厦门市人民政府办公厅印发的《厦门市全面推行湖长制实施方案》，结合集美区实际，制定本实施方案。

一、总体要求

（一）指导思想。全面推行湖长制，是以习近平同志为核心的党中央坚持人与自然和谐共生、加快文明体制改革作出的重大部署，是贯彻落实党的十九大精神、统筹山水林田湖草系统治理的重大政策举措，也是加强湖泊管理保护、维护湖泊健康生命的重大制度创新。各部门、各镇（街）要深入贯彻落实习近平新时代中国特色社会主义思想，站在全面建成小康社会的高度，站在加快推进国家生态文明试验区建设的高度，站在建设“五大发展示范区”的高度，深化落实湖长制，打造河长制管理升级版。

（二）基本原则。坚持深化落实河长制，以全面推行河长制工作为基础，进一步强化湖泊管理保护，将实施湖长制纳入河长制工作体系。坚持人与自然和谐共生，牢固树立尊重自然、顺应自然、保护自然的理念，处理好湖泊管理与开发利用的关系，加强对湖泊水域的管理与保护，改善湖泊生态环境，维护湖泊健康生命，实现湖泊功能永续利用。坚持党政领导负责制，党政同责，部门联动，一级抓一级、层层抓落实。坚持问题导向，系统治理，标本兼治。坚持强化监督、严格考核问责，统筹做好部署、推进、督导、考核等工作。坚持动员引导公众广泛参与，拓展公众参与渠道，完善公众参与和社会监督机制，让湖泊管理保护意识深入人心，营造全社会共同关心和保护湖泊的良好氛围。

（三）实施范围。在全区湖泊、水库、山塘、池塘等所有水域（不包括私人水域）全面推行湖长制，按照属地管理原则，设立湖长、库长、片区湖长（以下简称“湖长”），负责湖泊管理保护工作。

（四）主要目标。到 2018 年 9 月底，在全区湖泊推行湖长制，构建起责任明确、协调有序、监管严格、保护有力的湖泊管理保护机制。2018 年底，重要饮用水水源水质达标率保持 100%。2020 年，区级以上集中式饮用水水源水质达到或优于Ⅲ类，比例总体高于 95%；主要湖泊水库水质达标率总体保持稳定向好，水质达标率总体达到 60% 以上。将河流与湖泊的管理保护有机结合，同步部署、同步实施、同步考核，在持续深化和推进河长制，逐步实现河流管护目标的同时，通过持续不断努力，全面建成湖泊健康保障体系，使全区湖泊、水库水环境功能全面恢复，实现水域不萎缩、功能不衰退、生态不退化，环境优美、水清岸绿。

二、组织体系

建立健全以党政领导负责制为核心的责任体系，落实属地管理责任，把湖长制纳入河长制工作体系，实现湖长制与河长制的有机衔接、无缝融合。全区湖长体系与河长体系设置充分结合，全面建立区、镇（街）、村（居）三级湖长组织体系。

（一）区级湖长。区级设总湖长 2 人，由区委、区政府主要领导担任，负责领导全区湖长制工作；设副总湖长 2 人，由区政府相关领导担任，协助总湖长开展全区湖泊管理保护工作。集美区杏林湾水库（湖区）由吴金平副区长担任湖长、属地镇（街）政府（办事处）主要领导担任副湖长；石兜水库（包括坂头水库）由吴金平副区长担任湖长、厦门水务原水投资运营有限公司总经理黄志鹏、属地镇（街）政府（办事处）主要领导担任副湖长；其余区级湖长按照片区划分，建成区片区湖长由吴金平副区长担任，其他片区湖长由李大出副区长担任。

（二）镇（街）、村（居）级湖长。全区所有镇（街）、村（居）要参照区级模式，建立健全湖长组织体系，负责领导本辖区内湖长制工作。要逐个湖泊明确湖长，实行网格化管理。跨行政区域的湖泊，原则上由上一级党委或政府相关领导担任湖长。水库、山塘、池塘等小微水体（不包括私人水域）所在属地镇（街）按行政区域分级分区设立湖长，由镇（街）党工委、政府（办事处）的主要领导担任，负责领导相应湖泊管理保护工作，村（居）湖（段）长由镇（街）指导具体分区逐片设立湖（段）长。

（三）河湖长制办公室。区、镇（街）应将湖长制纳入全面推行河长制工作体系，由各级河长制办公室统一负责组织实施河长制、湖长制具体工作。区级河长制办公室增加湖长制职能，设置在区农林水利局，设主任 1 名，由区农林水利局局长兼任；设专职副主任 1 名；区农林水利局、集美环保局、区建设局各抽调一位副处级干部担任兼职副主任，并增配 2 — 3 名湖务管理人员。各成员单位由区委办公室、区政府办公室、区发改局、区经信局、区卫计局、区财政局、区规划分局、区公安分局、区国土房产分局、区市场监督管理局、集美环保局、区建设局、区农林水利局、区执法局、区交通运输局、检察院等相关单位组成。石兜水库（包括坂头水库）管理单位要指定责任领导，直接参与区及属地的湖长制工作，承担湖泊管理范围内的湖长制组织实施具体工作。

区河湖长制办公室日常工作由区农林水利局水利科承担，从集美环保局、区建设局、区农林水利局各选派 1 名业务骨干到该办公室挂职，集中办公，每 2 年轮换一次。

镇（街）已设置河长制办公室的，参照区级河长制模式，增加湖长制相关工作职责；没有设立河长制办公室的街道，参照区河长制办公室设立街道湖长制办公室，按照要求设置办公场所并配备相关工作人员。

（四）湖库管理员。各镇（街）应当遵循公开、公平、公正、择优的原则，按照区域内湖泊数量、规模大小合理配置湖库管理员，实现应设尽设，并配备必要的日常巡查设备。原则上每名湖库专管员负责一个或若干个村（居）湖库管理，辖区内湖库多、任务重的地方可酌情调整配置。各镇（街）要根据辖区内湖泊、水库、山塘、池塘等水体数量、大小和任务，科学合理地确定湖库管理员数量和具体分布。湖库管理员的聘任方式及待遇问题参照河道专管员的模式执行，具体待各单位需求上报后由区委、区政府根据工作需要研究确定。

三、工作职责

（一）各级湖长职责。区级总湖长是本行政区域湖长制工作的第一责任人，负责统筹协调湖泊与入湖河流（含重要沟渠）管理保护工作。副总湖长负责协助总湖长统筹协调湖长制的实施工作。区级湖长要确定湖泊管理保护目标任务，协调解决湖泊管理保护中的重大问题，督导相关部门和下级湖长履行职责；镇（街）、村（居）级湖长对湖泊在本辖区内管理保护负直接责任，按职责分工组织实施湖泊管理保护工作。

（二）湖长制办公室职责。除了履行河长制工作职责外，也要负责协助湖长履行指导、协调和监督职责，制定湖泊综合治理工作方案和年度工作计划，拟定巡查、处理、反馈、督察、考核等各项管理制度，组织湖长制办公室成员单位的联席会议，协调开展水环境监测工作，收集和反映湖长制实施工作的各种信息，提出决策建议，组织实施湖长制考评工作以及负责全区湖长制实施的日常组织协调工作。

（三）湖长制成员单位职责。各成员单位按照职责分工，加强协调配合，形成工作合力，共同推进湖长制工作。

区发改局负责协调推进湖库保护管理有关重点项目，协调湖库保护管理相关重点产业规划布局。

区经信局负责推进工业企业去产能和产业结构提升的节能减排技术改造和工业节水提升改造，协同处置湖库保护管理有关问题。

区卫计局负责协助相关部门处置突发公共卫生事件，减小对水环境的影响。

区财政局负责落实区级湖长制专项经费，协调湖库保护管理所需资金，监督资金使用。

区规划分局负责湖库水系空间管控，编制“多规合一”，协助湖库生态保护蓝线划定，协助推进规划水资源论证，严格按规定开展湖库生态蓝线规划管理。

区公安分局负责建立河湖警长机制，依法打击破坏河湖水域环境、影响社会公共安全的违法犯罪行为。

区国土房产分局负责做好湖库治理项目用地保障，协助做好重要水利工程确权划界工作；监督指导做好地下水环境监测、矿产资源开发整治过程中地质环境保护和治理工作。

区市场监督管理局负责配合做好湖长制相关监管责任落实工作。

集美环保局负责水污染防治的统一监督指导，组织实施水污染防治规划，严格落实国家水污染物排放标准，加强涉水建设项目环保监管，指导协调推进湖库水环境治理，开展涉水建设项目的调查执法和达标排放监督，组织实施地表水水环境质量监测。

区建设局负责组织城市节水，牵头开展农村生活污水分散式治理和农村生活垃圾治理，推进美丽乡村建设；负责城市建成区范围内水域环境治理工作，负责城市排水、污水处理、中水回用等工作的规划建设管理，负责城镇集中式生活污水截污纳管牵头协调工作。

区农林水利局负责生猪回潮排查并抄告区执法局打击处罚，推进农业废弃物综合利用，加强畜禽养殖环节病死动物无害化处理监管，协助做好农业面源、畜禽养殖污染防治；负责贯彻落实最严格水资源管理制度，负责水资源管理保护和水功能区水质监测，做好安全生态水系、节水型社会和水生态文明建设，加强河流划界确权、河道采砂管理、水土流失治理、堤防工程管护和河道水利工程建设，开展河道生态补水，依法查处水事违法行为，强化水资源管理系统建设；负责协调督促陆域水产养殖污染防治工作，依法查处水产养殖污染及电毒炸鱼等违法行为；指导、监督生态公益林保护管理、造林绿化、湿地保护与修复工作。

区执法局负责协调查处城市河湖管理范围内的违章建筑、渣土倾倒和涉河违法洗砂等，巩固生猪养殖整治成果，严防生猪养殖回潮，配合建设局、环保局对污水乱排放行为进行查处整治。

区交通运输局负责推进已纳入区农村公路路网数据库的道路、桥梁中涉河湖陆路交通污染防治，开展临河湖、跨河湖道路桥梁改造整治。

区检察院驻河长制办公室检察室负责实现行政执法与刑事司法的衔接，强化河湖长制办公室的协调监督作用，强化对湖库管理的司法保护。

（四）湖库管理员职责。湖库管理员具体承担区域内湖泊、水库、山塘、池塘等水体日常巡查与信息反馈工作，协调、监督各专业养护队伍做好日常湖库养护工作，配合涉湖泊、水库、山塘、池塘等水体违法违规事项的查处，引导公众参与护河工作。

四、主要任务

（一）加强空间管控。按照《厦门市河道水系生态蓝线保护范围划定报告》原则，完成全区主要湖泊生态保护蓝线范围划定，优先保护湖泊及其生态缓冲带，严控开发利用，严禁以任何形式围垦湖泊、违法占用湖泊水域。流域、区域涉及湖泊开发利用的相关规划、建设项目和活动，应当从严执行《厦门市河道水系生态蓝线管理办法》，符合相关规划并科学论证，依法开展规划环评、严格执行工程建设方案审查、环境影响评价、防洪影响评价等制度，最大限度减少对湖泊的不利影响。

（二）加强岸线管护。实行湖泊岸线分区管理，沿湖泊土地开发利用、产业布局应与岸线分区要求相衔接。强化岸线用途管控和节约集约利用，严格控制土地开发利用强度，最大限度保持湖泊岸线自然形态。

（三）加强水资源保护和水污染防治。落实最严格水资源管理制度，坚持节水优先，控制取水总量，维持湖泊生态用水和合理水位。严控入湖泊污染物总量，强化富营养化防治，加强对湖泊区周边及入湖泊河流工矿企业污染、城镇生活污染、畜禽养殖污染、漂浮垃圾、农业面源污染等综合整治。严格入湖排污口设置与管理，依法清理饮用水水源保护区等区域内的排污口。深入实施水污染防治行动计划，打好碧水保卫战，重点打好小流域综合治理、城市黑臭水体治理、水源地保护、农业农村污染治理、工业园区污水治理等标志性战役。

（四）加强水环境综合整治。开展入湖泊河流整治和湖泊区周边污染治理，建设清洁型小流域，限期消灭劣五类小流域，全面消除城市建成区黑臭水体；建立湖泊垃圾收集转运体制机制，漂浮垃圾日产日清；要采取生物净化、生态清淤和引水排水等措施，增强湖泊水体的流动性，构建良好水生态系统，打造清水绿岸、鱼翔浅底的碧水环境。作为饮用水水源地的水库，要开展饮用水水源地安全保障达标和规范化建设，发展生态农业，采取生态补偿、控源治理、林相改造、退果还林、生态林建设，严格落实饮用水源地“划、立、治”要求，确保饮用水水源水质达标率持续改善，保障城乡用水安全。

（五）加强生态治理与修复。强化生态恶化湖泊的治理与修复，推进江河湖库连通、安全生态水系建设、水土流失防治，实施退田还湖还湿、湖泊宜渔治理，逐步恢复河湖水系自然连通。加强水生生物保护，科学开展增殖放流，提高水生生物多样性，促使涉湖违法违规人员、单位按照有关规定进行生态修复。推进湖泊生态岸线、滨湖绿化带、沿湖湿地公园和水生生物保护区建设。

（六）加大执法监管力度。建立健全湖泊、入湖河流多部门联合执法机制，支持检察机关派驻河长制办检察联络工作向涉湖领域延伸，完善行政执法与刑事司法衔接机制，严厉打击涉湖违法违规行为，着力整治侵占水域、乱占岸线、超标排污、私自捕捞、违法养殖、非法采砂洗砂等问题，整治一片、巩固一片。建立日常监管巡查制度，实行湖泊动态监管。

五、保障措施

（一）强化责任落实。各级河湖长要切实负起提升河长制、落实湖长制的领导责任，要增强“四个意识”，负起河湖保护与管理第一责任人的责任，做到守土有责、守土尽责，统筹做好部署、推进、督查、考核等工作，层层压实责任，努力做到水陆共治、河湖联治和统筹齐治，确保湖泊管理保护落到实处。区河湖长制办要将各镇（街）全面落实湖长制工作纳入河长制日常监督检查中。

（二）强化工作机制。建立联席调度会议制度、信息共享制度、工作督察制度、工作验收制度、考核问责和激励制度、信息报送制度。各级河湖长要定期召集相关责任单位，协调解决河湖水域保护管理重点难点问题，定期通报河湖水域管理保护情况，督察督办实施情况、责任部门及责任人履职情况。各责任部门要加强日常工作沟通与协调，定期报送工作信息，通报典型事例。各级河湖长制办公室要加强组织协调，督促相关部门和单位按照职责分工，落实责任，密切配合，协调联动，共同推进河湖水域管理保护工作。

（三）强化要素保障。要切实摸清全区湖泊基本情况，抓紧编制完善湖泊名录，及时划定管护范围，建立“一湖一档”。要加强分类指导，针对不同湖泊的自然特性、功能属性和存在的突出问题，制定“一湖一策”，因湖施策，分年实施。要优化湖泊监测站点，及时分析掌握湖泊水域、水体、水质、水量变化趋势，建立湖泊水域动态档案，强化应急处置能力建设。各镇（街）根据实际情况，同步制定全面推行湖长制实施方案，并于 9 月底前印发实施。

（四）强化社会参与。要加大湖泊管理保护宣传教育力度，在湖泊岸边明显位置设立湖长公示牌，接受社会监督和举报。将河湖长制举报专线纳入 12345 便民服务中心，实施有奖举报制度。要运用微信群、第三方监管，以及借助志愿者、监督员等社会力量加强湖泊管护。要充分利用网站和新闻媒体，广泛宣传湖长制工作，激发社会参与热情。

（五）强化督查考核。要充分运用河长制相关制度抓好湖长制工作，通过下发督查督办单、逐级述职等措施，确保湖长制工作责任落到实处。要将全面推行湖长制工作纳入河长制工作年度考核，考核结果与生态补偿、以奖代补等挂钩。要建立激励问责机制，对落实湖长制工作成绩突出的先进集体和个人进行表扬，对落实不力的单位和个人，及时开展约谈，对履职不到位、责任不落实导致较严重后果的，严格按照有关规定问责追责。

各镇（街）党（工）委和政府（办事处）要在每年 1 月 4 日前将上年度湖长制实施情况上报区委、区政府。

厦门市集美区人民政府关于集美区统筹推进城乡义务教育一体化改革发展的实施方案

集府〔2018〕65 号

为深入推进我区城乡义务教育均衡发展，健全一体化改革发展机制，提高区域义务教育发展水平，根据《国务院关于统筹推进县域内城乡义务教育一体化改革发展的若干意见》（国发〔2016〕40 号）、《福建省人民政府关于统筹推进县域内城乡义务教育一体化改革发展的实施意见》（闽政〔2017〕47 号），结合我区实际，制定如下实施方案。

一、总体要求

认真贯彻落实党的十九大精神，以习近平新时代中国特色社会主义思想为指导，坚持“优先发展、统筹规划、改革创新、提高质量、共享公平，分类指导、有序推进”的原则，把均衡优质作为城乡义务教育一体化发展的重要内涵，聚焦薄弱环节和热点难点问题，强化政府职责，加大统筹力度，加快补齐发展短板，努力实现城乡学校布局更加合理、城区“大班额”基本消除，学校标准化建设水平、标准化管理水平进一步提升，教师资源配置更加均衡、农村教师队伍结构素质进一步优化，学校内涵建设得到加强、薄弱学校教育质量明显改善，优质教育资源覆盖面进一步扩大、城乡教育差距进一步缩小，力争到 2020 年基本达到国家优质均衡发展要求。

二、工作措施

（一）优化城乡学校建设规划

1. 完善城乡学校布局规划。认真贯彻落实《福建省教育厅关于制定实施“十三五”中小学布局规划的指导意见》（闽教基〔2017〕45 号）和《厦门市“十三五”教育事业发展专项规划》，根据我区常住人口、学龄人口变化趋势，统筹考虑人口流动等因素，坚持动态平衡、适度超前的原则，重新修订完善中小学校布局规划。

（责任单位：规划分局、发改局、国土房产分局、教育局、各镇街）

2. 落实学校建设保障机制。严格执行《厦门经济特区学校用地保护规定》，采取盘活存量、用好增量等方式，对学校周边长期闲置和待开发土地，优先规划为教育增容预留用地。落实教育与规划、建设等部门在规划、设计、验收环节的会商机制。规划条件及土地出让文件要求配套建设中小学的住宅建设项目，确保配建学校与住宅建设首期项目同步规划、同步建设、同步交付使用。未按规划条件要求配建学校的，不得办理竣工规划条件核实手续。

（责任单位：规划分局、发改局、国土房产分局、建设局、教育局、各镇街）

3. 科学规划建设学校。持续实施“加快学校建设三年行动计划”、实施城区学校“改扩建”工程，加快推进地铁社区配套学校建设。按照省定有关设置标准，适度超前规划建设一批义务教育学校，满足就近划片入学要求。

（责任单位：规划分局、发改局、国土房产分局、建设

局、教育局、各镇街）

（二）提升学校标准化建设和管理水平

4. 提高学校标准化建设水平。实施中小学美育设施设备补缺提质工程，提高学校教育教学设施设备配置水平。实施义务教育标准化学校建设再提升工程，落实省定新标准和国家优质均衡建设标准，确保到2019年区域内义务教育学校资源配置综合差异系数基本达到国家“义务教育发展优质均衡县”认定要求。

（责任单位：教育局、发改局、财政局）

5. 加快义务教育管理标准化创建工作，力争在全市率先完成公办学校“义务教育管理标准化学校”创建工作，提升学校管理水平。加强对民办学校的管理与指导，努力推进全部民办普惠性义务教育学校管理评估均达到二级以上水平。

（责任单位：教育局、财政局）

6. 加强对农村完小的管理。分步推进农村完小全部调整为隶属于区教育局直接管理，赋予农村完小更多的办学自主权。

（责任单位：教育局、编办、财政局、人社局）

7. 完善招生管理。积极控制办学规模。积极挖掘办学潜力，适当增加班级数，严格控制班生额，小学班生额一般不超过45人，初中班生额一般不超过50人。严格执行免试就近入学、划片招生、阳光招生等政策，积极推行在线招生，按照有关要求规范民办学校招生，加强计划管理，落实免试入学规定。完善随迁子女小学积分入学制度，按照量力而行、尽力而为原则，做好随迁子女入学工作。

（责任单位：教育局、各镇街）

8. 健全学校安全管理机制。认真落实《中小学校岗位安全工作指南》，严格落实学校安全目标责任制，健全学校安全保障体系和运行机制，深入开展“平安校园”等级创建和学校安全标准化建设工作，加强学校人防、物防、技防建设，强化校园及周边治安综合治理，依法严厉打击涉校涉生违法犯罪。密切家校联系，及早发现、依法依规处置校园欺凌和暴力事件。加强学校食品卫生安全、传染病防控等，保障学生身体健康。

（责任单位：教育局、综治办、公安分局、卫计局、市场监管局、各镇街）

（三）统筹城乡教师队伍建设

9. 完善编制管理机制。根据义务教育学校教职工编制标准，充分考虑教育教学的实际需要，合理核定义务教育学校教职工编制。探索建立城乡义务教育学校教职工编制统筹配置机制，实行教职工编制城乡、区域统筹和动态管理。编外聘用教师实行人员总额管理，所需经费纳入同级财政预算，保障配足配齐师资。

（责任单位：编办，教育局、财政局、人社局）

10. 落实教师“区管校聘”改革。认真贯彻落实省教育厅、省委编办、省财政厅、省人社厅《关于深入推进中小学教师“县管校聘”管理体制改革的实施意见》（闽教师〔2017〕85号），在各学校不超编（控制数）的前提下加强区域内中小学教师统筹管理，合理分配各校教职工编制数，细化岗位结构比例，着力解决教师结构性缺编、教师配备不足、编制与岗位不相适应等问题。全面推进校长教师交流轮岗制度，重点组织骨干校长教师向农村学校、薄弱学校流动，超编学校向缺编学校流动，推进区域内城镇学校、优质学校教师每学年交流轮岗到乡村学校和薄弱学校的比例不低于符合交流条件教师总数的10%，其中骨干教师不低于交流轮岗教师总数的20%。

（责任单位：教育局、编办、财政局、人社局）

11. 完善教师职称评聘机制。进一步完善以师德和业绩能力为导向的职称岗位评聘体系，完善按岗聘用制度，建立健全竞争择优、能上能下的用人机制。建立优师特聘制度，拓宽优秀教师职称晋升的通道，充分发挥职称评聘在促进教师专业发展、提高师德水平、提高教育教学质量的导向作用。

（责任单位：教育局、人社局）

12. 加强校长队伍建设。健全校长选聘制度和后备人才选拔机制，按照《义务教育学校校长专业标准》，加强校长队伍的专业培训。探索校长职级制改革，健全激励机制，促进校长专业发展。实施农村校长助力工程，着力培养一批农村学校优秀校长。

（责任单位：教育局、财政局、人社局）

13. 实施农村教师素质提升工程。深入开展教师岗位大练兵、师德建设和百名校长万名教师进村居进家庭三项主题活动，开展师德评议，增强农村教师爱岗敬业、为人师表的事业心和责任感。完善分岗分类分层培训体系，全面开展课程改革新理念、新课程标准、专业素养、学科技能等培训活动，努力于2018年年底前实现中学教师全员轮训、2020年小学教师全员轮训，大力提升农村教育业务能力。加强骨干教师培养，着力培养一批农村优秀教师。

（责任单位：教育局、财政局、人社局、各镇街）

14. 完善教师待遇保障机制。健全教师工资保障机制，完善绩效工资制度，健全激励机制，改进考核办法，使绩效工资充分体现学校、教师的工作量和实际业绩，做到多劳多得、优绩优酬，进一步提高教师待遇。

（责任单位：教育局、人社局、财政局）

（四）进一步提升教育质量

15. 深化课程改革。加强课程实施管理，采取措施统筹解决体育、美育师资不足问题，鼓励农村探索多种“走教”模式，开齐开足开好国家规定的课程。加强综合实践活动课程建设，加强科技创新教育，培养学生综合解决问题的能力。健全以学生发展为本的教学关系，注重因材施材，在初中试行分层走班教学。健全学习指导机制，推行课后服务，实行校本作业，提高学生自主学习质量。

（责任单位：教育局）

16. 健全德育工作系统化落实机制。健全以社会主义核心价值观为引领的一体化德育体系，推进社会主义核心价值观进课堂、进活动、进头脑。加强学校教育、家庭教育、社会教育相结合，构建党政机关、社会团体、企事业单位及街道、社区、镇村、家庭共同育人的格局，形成共同育人合力，着重培养学生提升自我的认知能力、与人交往的合作能力、面向未来的创新能力和奉献社会的职业能力。

（责任单位：教育局）

17. 加强教科研训工作。推进区级教师进修学校标准化建设，切实把区教师进修学校建设成为集培训、教研、科研、电教为一体的区域性教师发展中心。推进中小学教师专业发展示范校建设，鼓励有条件的学校创建教师专业发展基地校，提高教师研训基础能力。进一步完善进修学校、片区、学校三级教研网络。加强教研活动的组织领导，全面推进集体教研制度，强化教研活动规划设计，健全针对教学实际问题的教研训体系，提高教研针对性和实效性。

（责任单位：教育局、编办、人社局）

18. 提高农村学校教育质量。落实《厦门市农村义务教育提升行动计划》，完善农村小规模学校管理，健全小片区管理、中心校管理机制，提高管理效能。健全城区学校与农村学校结对帮扶制度，参照“高位嫁接”模式，每年设立专项资金用于结对校培训帮扶并纳入财政年度预算，实现对农村学校对口支援、帮扶全覆盖。加强农村优质义务教育学校培育，扩大农村优质教育资源，缩小城乡教育差距。

（责任单位：教育局、财政局、人社局）

19. 实施“互联网＋农村教育”计划。加强农村学校信息化建设，实现农村学校无线局域网络全覆盖，到2020年，实现“一校带多校”的教学、教研互动网络基本实现全覆盖。构建农村教师在线备课共享、教学质量分析等系统，提高农村教学管理信息化水平。探索微课推送学习资料等方式，引导农村学生进行移动式学习。

（责任单位：教育局、财政局）

20. 提高民办学校教育质量。鼓励和支持民办学校高水平有特色发展。加大对民办普惠性义务教育学校的扶持力度，促进民办学校提高教育信息化水平。健全小片区管理、委托管理等机制，加强优质教育资源向民办薄弱学校辐射，缩小公民办义务教育质量差距。

（责任单位：教育局、财政局）

21. 推进学段衔接教学体制改革试点。加强小学与初中的衔接教育与指导工作，帮助小学生尽快适应初中学习。鼓励和支持九年一贯制学校开展“五四”学制改革实践。

（责任单位：教育局、人社局）

22. 深化考试评价制度改革。改革各学段考试评价内容和方式，建立健全初中学生综合素质评价制度，强化育人方式与国家考试招生制度改革的衔接。健全质量监测机制，定期开展义务教育质量监测评价、诊断反馈等工作。健全发展性评价机制，加强对经费核拨、评先评优等工作的统筹协调，对教学质量进步明显的学校给予倾斜。

（责任单位：教育局、财政局、人社局）

（五）精准关爱特殊群体

23. 做好随迁子女义务教育工作。切实将随迁子女义务教育纳入城镇发展规划和财政保障范围，对通过积分入学派入民办普惠义务教育学校，且入学期间父（母）持有我市居住证的随迁子女，免除其学杂费、课本费和簿籍费。落实好随迁子女接受义务教育后在流入地参加升学考试的配套政策。

（责任单位：教育局、发改局、财政局）

24. 关爱保护农村留守儿童。健全留守儿童关爱保护工作体系。每年开展农村留守儿童摸底排查工作，建立详实完备、动态更新的留守儿童信息库。优先改善留守儿童的学习条件、寄宿条件和营养状况，不断完善家校联动、社区关怀和志愿服务等机制，加强心理健康、道德法治和公共安全教育，确保农村留守儿童健康成长。

（责任单位：民政局、教育局、妇联、各镇街）

25. 提升残疾儿童义务教育水平。实施特殊教育第二期提升计划，建设标准化特殊教育学校，加快普通学校随班就读资源教室建设，强化随班就读和送教上门工作的指导管理，开展“医教结合”实验，完善特殊教育服务体系。提高特殊教育教职工津贴标准，补足配齐特殊教育教职工，加强特教师资培养培训。健全特殊教育质量监测机制，落实“一人一案”全纳教育，全面普及残疾少年儿童15年免费教育。

（责任单位：教育局、残联、卫计局、财政局、人社局、各镇街）

26. 完善经济困难学生资助体系。在全面实施“两免一补”的基础上，对在城市义务教育公办学校食堂寄午餐的家庭经济困难学生以及在农村义务教育学校食堂寄午餐的学生，进行营养餐补助；对城乡义务教育公办寄宿制学校家庭经济困难寄宿生给予营养餐补助及生活费补助，帮助困难家庭子女接受教育。

（责任单位：教育局、财政局、民政局、各镇街）

三、保障措施

（一）强化组织保障。要加强党的领导，认真落实党委全面从严治党主体责任，进一步加强新形势下党对城乡义务教育一体化改革发展工作的领导，强化义务教育学校党建工作，实现党组织全覆盖，充分发挥学校党组织的战斗堡垒和党员教师的先锋模范作用，提高办学质量。要高度重视义务教育城乡一体改革发展工作，认真开展“义务教育发展优质均衡县”创建工作，切实加强组织领导、统筹落实。各相关部门要加强协作，各司其职，密切配合，在项目审批、土地供应、资金投入、职称评定、教师编制、人才流动等方面制定出台政策措施，着力破除体制机制障碍，协同促进义务教育均衡发展。

（二）强化经费保障。切实履行政府主体责任，构建城乡一体化资源均衡配置、保障水平稳步提升、管理规范的新型义务教育经费保障机制，坚持把教育作为财政支出重点领域给予优先保障，经费投入重点向农村义务教育倾斜。逐步提高义务教育学校生均公用经费标准，适当提高寄宿制学校、规模较小学校公用经费补助水平。调整优化义务教育经费支出结构，从重点投硬件到软硬件并重转变，逐步加大学校内涵建设投入。

厦门市集美区人民政府关于集美区推动企业上市实施办法

集府〔2018〕114号

第一条　为加快集美区企业上市步伐，鼓励企业通过资本市场上市融资，促进上市公司发展，推动集美区经济发展，根据《厦门市人民政府关于推进企业上市的意见》（厦府〔2016〕362号），结合集美区实际，制定本办法。

第二条　本着“企业自愿、市场主导、政府推动”的原则，按照“储备一批、培育一批、改制一批、辅导一批、申报一批、上市一批”的工作思路，坚持企业改制上市与推动投融资体制改革、实现产业结构优化升级、促进建立现代企业制度相结合，力争到“十三五”期末，集美区的境内外上市公司超过8家，新三板挂牌公司超过15家，区域性股权交易市场挂牌公司超过100

第三条　集美区企业上市工作领导小组负责研究制定、统筹协调、指导服务集美区企业上市过程的相关事宜。涉及企业改制的重大事宜，开辟“一企一议”上市绿色通道，及时帮助企业协调改制上市的具体问题。领导小组下设办公室（以下简称“集美区上市办”），负责牵头做好企业上市的宣传、协调、推动、服务、上市后备资源的培育以及兑现扶持政策等具体工作，挂靠区发改局。

第四条　区财政每年在年度预算中安排专项资金，落实推进企业上市各项扶持措施。

第五条　本办法所称的企业是指注册及税收缴纳地在集美区，第六、七、八、十一条所称的企业还需纳入集美区上市后备企业资源库。

企业纳入集美区上市后备企业资源库的程序为：由企业（基本符合上市或新三板挂牌要求、且企业有近三年内上市或挂牌的设想和初步方案）自愿申报，经集美区上市办审核后纳入。

第六条　企业聘请保荐机构进行上市辅导并正式签订协议，并经厦门证监局辅导备案后，给予一次性补助150万元。

第七条　企业向中国证监会提出发行上市申请并经正式受理的，给予一次性补助200万元。

第八条　企业依法在境内外证券市场上市后，募集资金的50%（含）以上在集美区投资的，按照融资金额（包括首次融资、再融资扣除发行费用后的金额，下同）给予企业补助。

（一）补助标准：

1. 融资金额在10亿元（含）以上人民币（或等值外币）的，给予一次性补助700万元；

2. 融资金额在5亿元（含）— 10亿元人民币（或等值外币）的，给予一次性补助400万元；

3. 融资金额在2亿元（含）— 5亿元人民币（或等值外币）的，给予一次性补助300万元；

4. 融资金额在5000万元（含）— 2亿元人民币（或等值外币）的，给予一次性补助200万元。

（二）企业在首次公开募股后，一次性补助200万元给予企业高管人员。

（三）企业的控股母公司或其下属控股子公司在境内外证券市场上市后，将其募集资金的50%（含）以上用于企业在集美区增资扩产的，参照本条第（一）款规定执行。

本款所指控股母公司可往上追溯，下属控股子公司可往下延伸；控股指持有公司股份50%（含）以上；融资额为外币的，以投资集美区实际资金到位日的外汇中间价计算对应人民币金额。

第九条　按规定异地“买壳”、“借壳”上市的企业或注册在厦门市域外的上市企业，将上市企业注册地且税收迁至集美区的，给予企业一次性补助200万元，并一次性补助200万元给予企业高管人员。

第十条　企业依法进入全国中小企业股份转让系统（新三板）创新层挂牌的，给予一次性补助150万元；依法进入新三板基础层挂牌的，给予一次性补助130万元；基础层的挂牌公司首次调整进入创新层后，给予一次性补助20万元。

注册在厦门市域外的新三板挂牌企业，将注册地且税收迁至集美区的，参照本条规定执行。

第十一条　企业在总部注册于厦门的区域性股权交易市场挂牌且实现交易的，给予一次性补助30万元；在厦门以外的区域性股权交易市场挂牌且实现交易的，给予一次性补助20万元。

第十二条　企业进入新三板或区域性股权交易市场挂牌后，依法在境内外证券市场上市，可按本办法第六、七、八条申请补助。

第十三条　企业享受本办法第六条补助后，再依法进入新三板或区域性股权交易市场挂牌的，则不再享受第十、十一条的挂牌补助。

第十四条　本办法扶持政策兑现的程序为：企业提出书面申请并附相关资料，经纳税所属镇街初审后，由集美区上市办审核确认后给予拨付。

第十五条　享受本办法补助的企业，若在领取补助后十年内将注册地和纳税归属地迁出集美区的，应将所得补助全额退还集美区上市办，并按同期银行贷款利率加计利息。

第十六条　享受本办法补助的企业，不履行承诺的义务或者采取弄虚作假等手段骗取优惠政策的，按有关规定收回已享受的补助，并按同期银行贷款利率加计利息，同时在三年内取消申请本办法补助资格。涉嫌犯罪的，依法追究法律责任。

第十七条　本办法涉及的优惠政策，与集美区出台的其他优惠政策类同的，可按就高原则申请享受，但不重复享受。若企业已享受厦门火炬高新区相关政策且符合本办法的，可按差额进行补助。

第十八条　本办法由集美区上市办负责解释。

第十九条　本办法自颁布之日起执行，有效期5年。对于在2018年3月24日前，已符合《厦门市集美区人民政府关于推动企业上市的意见》（集府〔2016〕47号）扶持政策但尚未申请兑现上市扶持资金的企业，应于2018年8月31日前依据集府〔2016〕47号文完成申请。2018年3月24日起至本办法颁布之日前符合条件的，按本办法申请补助。

厦门市集美区人民政府关于集美区促进商贸业加快发展扶持办法

集府〔2018〕192号

为促进我区商贸业加快发展，推动经济转型升级，根据《国务院办公厅关于推动实体零售创新转型的意见》（国办发〔2016〕78号）、《厦门市商务局关于印发加快内贸流通发展扩大消费实施方案的通知》（厦商务〔2017〕376号）等文件精神，结合我区实际，制定本办法。

第一条、鼓励做大批零住餐总量

（一）批发企业销售增长奖励

对年度批发销售额同比增长10%以上的限额以上（以下简称“限上”）批发企业，享受以下扶持措施，单家企业当年度批发销售增长奖励最高不超过200万元。

1. 对年度批发销售额2000万元以上的企业，按其当年度批发销售额增量的1‰给予奖励。

2. 对年度批发销售额达2亿元以上的，再给予奖励：其中年度批发销售额2亿元以上、5亿元以下的企业奖励10万元；5亿元以上、10亿元以下的企业奖励20万元；10亿元以上的企业奖励30万元。

（二）批零企业社会消费品零售增长奖励

对年度零售额同比增长10%以上的限上批零企业，享受以下扶持措施，单家企业当年度社会消费品零售增长奖励最高不超过200万元。

1. 对年度零售额500万元以上的企业，按其当年度零售额增量的4‰给予奖励。

2. 对年度零售额达1亿元以上的，再给予奖励：其中年度零售额1亿元以上、2亿元以下的企业奖励5万元；2亿元以上、5亿元以下的企业奖励10万元；5亿元以上、10亿元以下的企业奖励20万元；10亿元以上的企业奖励30万元。

（三）住餐企业社会消费品零售增长奖励

对年度零售额同比增长10%以上的限上住宿餐饮企业，享受以下扶持措施，单家企业当年度社会消费品零售增长奖励最高不超过50万元。

1. 对年度零售额200万元以上的企业，按其当年度零售额增量的6‰给予奖励。

2. 对年度零售额达5000万元以上的，再给予奖励：其中年度零售额5000万元以上、1亿元以下的企业奖励3万元；1亿元以上、2亿元以下的企业奖励5万元；2亿元以上的企业奖励10万元。

（四）新增限上商贸企业奖励

对由限额以下企业发展为限额以上企业、新迁入我区当年主营业务收入增长10%的限上商贸企业、在我区新设立的限上商贸企业，纳入集美区国家一套表统计（以下简称“纳统”）当年批发业年主营业务收入2000万元以上、零售业年主营业务收入500万元以上、住宿餐饮业年主营业务收入200万元以上的，给予每家5万元一次性奖励。

（五）限上汽车销售企业售车奖励

在集美区限上汽车销售企业购车，该限上汽车销售企业当年主营业务收入若实现正增长的可获车价1‰的奖励，单家企业每年累计奖励最高不超过50万元。

第二条、鼓励服务外包企业发展

对新增纳入商务部服务外包管理信息系统统计，且新增当年度填报执行金额达50万美元的服务外包企业，在取得厦门市“支持培育服务外包新增长点”中“新注册并填报数据”奖励的基础上，区财政再按照补助金额1:1比例给予一次性配套奖励。

第三条、鼓励电子商务发展

（一）对年度网络零售额首次达到1000万元以上的电子商务企业，给予10万元一次性奖励，超过1000万元的部分，按每增加1000万元再给予5万元奖励，依次递增后，对同一企业奖励最高不超过100万元。

（二）对年进口或出口商品销售收入首次突破500万美元的跨境电子商务企业，给予30万元一次性奖励，超过500万美元的部分，按每增加500万美元再给予10万元奖励，依次递增后，对同一企业奖励最高不超过100万元。

（三）对获得国家、福建省、厦门市电子商务示范基地或示范企业称号的电子商务园区实际运营单位或电子商务企业，分别给予30万元、20万元、10万元的一次性奖励，其中已获得较低等级奖励的，在获得同类较高等级奖励时，给予补足相应的奖励差额。

第四条、鼓励打造区域性商业中心

对商业综合体、专业市场、商业街实行统一运营管理（含统一结算）的实际运营单位，若其2018年1月1日起销售额首次纳统，其中年度零售额首次达5亿元以上的，给予一次性奖励100万元。

第五条、鼓励连锁便利店发展

在集美区登记注册，具有独立法人资格，注册资本500万元以上的商业连锁经营企业，三年内自新增连锁经营门店（包括便利店、生鲜超市、生鲜菜店，门店营业面积100平方米以上）达15家以上（其中在集美辖区8家以上）当年起，给予100万元奖励，奖励金额分三年兑现，三年对应的拨付比例为4:3:3。若商业连锁经营企业申请奖励时已停止经营的，不再给予奖励。

第六条、鼓励举办商贸活动

（一）对建筑面积3万平方米以上的商业综合体、专业市场、商业街举办节庆促消费活动，若提前15天以上向区商务局备案，并经区商务局认可的，给予实际运营单位活动费用30%的补助，单次补助不超过30万元，每家实际运营单位每年申报促消费活动补助不超过2次。

（二）对上一年度或本年度销售额1亿元以上的限上商贸企业，开展各类促消费活动（含展销、订购、比赛等），若提前15天以上向区商务局备案，并经区商务局认可的，给予企业活动费用30%的补助，单次补助不超过20万元，每家企业每年申报促消费活动补助不超过2次。

第七条、鼓励限上商贸企业参加展会

限上商贸企业参加以下展会，在参加展会前若提前15天以上向区商务局备案，并经区商务局认可的，可按以下条款享受补助，每家企业每年累计补助总额不超过10万元。

（一）参加市、区两级政府或商务部门统一组织的国内或国外（境外）博览会、展销会、贸洽会等商品展销展示活动的，每个展位给予50%的展位费补助，若市区两级展位费补助合计超过展位费的，超出部分不予补助。

（二）自行参加国外（境外）博览会、展销会、贸洽会等商品展销展示活动的，给予每个标准展位（按9平方米/标准展位折算）1万元展位费补助。

（三）除本条第（一）款外，自行参加国内博览会、展销会、贸洽会等商品展销展示活动的，给予每个标准展位2000元的展位费补助。

第八条、鼓励引进高端商业品牌

（一）入驻装修费用补贴。对高端商业品牌首次新注册在集美区开设专卖店，完成装修正式入驻营业后按照以下标准给予入驻装修费用补贴。若高端商业品牌经营者与商业场地实际运营单位（仅指与高端商业品牌经营者签订租赁合同的出租方，下同）联合经营，由商业场地实际运营单位实行统一运营管理（含统一结算），且完成装修正式入驻营业的高端商业品牌销售额纳统和税收实际归属集美区的，按照以下标准给予商业场地实际运营单位入驻装修费用补贴，对该高端商业品牌经营者不再给予入驻装修费用补贴。

补贴金额按照该高端商业品牌的类型计算。属国际顶级品牌的，每平方米装修费用补贴为5000元。属国际一线品牌的，每平方米装修费用补贴为3000元。属国际其他品牌的，每平方米装修费用补贴为2000元。

补贴面积按照该实际经营面积（不含配套部分面积）计算。服饰类补贴面积最高不超过300平方米。珠宝、腕表类补贴面积最高不超过100平方米。

混合经营的，按照实际营业额最高的类别对应的补贴标准计算。补贴金额自该高端商业品牌正式营业次年起分三年兑现，三年对应的拨付比例为4:3:3。享受补贴期间经营的高端商业品牌类别出现变化，补贴标准不作调整，仍以首次认定为准，若申请补贴时已停止经营的，不再给予补贴。对同一经营场所因更名、转让、合并等出现变更的，不予重新计算补贴。

（二）对满足以下条件之一的商业场地实际运营单位，每入驻一个国际顶级品牌给予一次性奖励20万元；每入驻一个国际一线品牌给予一次性奖励10万元；每入驻一个国际其他品牌给予一次性奖励5万元。

1. 对高端商业品牌首次新注册在集美区入驻开设专卖店的商业场地实际运营单位。

2. 商业场地实际运营单位与高端商业品牌经营者联合经营，由其实行统一运营管理（含统一结算），且完成装修正式入驻营业的高端商业品牌销售额纳统和税收实际归属集美区。

第九条、鼓励可回收物回收体系建设

对参加集美区垃圾分类可回收物回收体系建设的企业，

在社区（村）、学校、旅游景点等公共场所每设置一个回收箱(屋)，按市商务局的普及推广阶段补贴标准给予1:1配套补助，每家企业最高补助不超过10万元。

第十条、鼓励安全生产标准化达标

对商贸企业、商业综合体管理服务企业、市场管理服务企业完成安全生产标准化体系建设通过达标认定的，分别给予一级达标企业4万元、二级达标企业3万元、三级达标企业2万元一次性奖励，其中已获得较低等级奖励的，在获得较高等级奖励时，给予补足相应的奖励差额。

第十一条、鼓励企业融资

（一）对上一年度零售额达5000万元以上的限上商贸企业，可依据《集美区政策性担保公司信用担保管理办法》（集府办〔2018〕041号）向厦门市集美区融资担保有限公司申请融资担保，首年免收担保费。

（二）对上一年度零售额达1亿元以上的限上商贸零售企业，通过厦门市集美区融资担保有限公司向银行贷款所产生的利息，每次给予利息总额50%的补助。其中，上一年度零售额达1亿元以上、5亿元以下的企业当年度利息补助累计不超过20万元；上一年度零售额达5亿元以上、10亿元以下的企业当年度利息补助累计不超过40万元；上一年度零售额数在10亿元以上的企业当年度利息补助累计不超过60万元。

第十二条、鼓励商业外资企业发展

外商投资企业投资我区商贸业项目，自企业年实际利用外资金额达1000万美元以上年度起3年内，对年缴纳个人所得税达8万元以上的员工，按其年缴纳的个人所得税区财政实际贡献的一定比例给予补贴，其中：年纳税额8万元的部分，补贴比例为75%；年纳税额8万元以上的部分，补贴比例为100%。由企业于次年向区商务局集中申报，符合条件的人员领取补贴时须为企业的在职员工。

第十三条、其他事项

（一）扶持对象。本办法第一、四、七条款扶持对象为纳统的商贸企业，其中对工商注册、税务登记不在我区的商贸企业扶持额度按照扶持标准20%执行；本办法第二、三、五、六、八、十、十一、十二条款适用于工商注册、税务登记均在我区的商贸企业、商业场地实际运营单位和商贸活动主办机构。

（二）资金来源。从区产业发展引导专项资金中安排鼓励商贸业发展扶持经费，纳入区商务局年度部门预算。

（三）申报时间。企业每年5月份和10月份向区商务局申报当年度或上年度本办法第六条款至第十条款扶持资金；企业每年5月份和10月份向区商务局申报上一年度本办法其他条款扶持资金。其中企业可申报当年度扶持资金却没有申报的，可延至次年10月31日前申报，逾期申报视为放弃扶持资金；申报上年度扶持资金的，当年10月31日前未申报视为放弃上一年度扶持资金。申请融资担保扶持由厦门市集美区融资担保有效公司负责受理。

（四）申报材料。企业需根据申报项目提交《集美区产业发展引导专项资金申请审批表》及其申报材料，具体申报材料清单及申报指南由区商务局另行发布。

（五）本办法所指电子商务企业，是指以利用因特网直接从事电子商务交易或为其他经济活动主体开展网上商务交易活动提供平台服务为主营业务，独立核算并独立承担民事责任的纳入统计的商业经济组织。第三条扶持对象需纳入集美区国家一套表电商统计。享受集美区和厦门火炬高新区管委会出台的软件和信息服务业扶持政策的电子商务企业不再享受本办法扶持措施。

（六）本办法所指的高端商业品牌包括国际顶级品牌、国际一线品牌和国际其他品牌，并以目录的形式作为附件一并公布，该品牌是根据福布斯年度世界顶级奢侈品调查、世界品牌实验室关于世界顶级奢侈品牌100强、世界奢侈品协会历年发布的全球奢侈品牌100强的名单筛选确定。所指的高端商业品牌专卖店是指在集美区设立并具备独立法人资格、所引进品牌的税收关系归属集美区、单店面积不低于50平方米的企业。同一个高端商业品牌的入驻装修费用补贴和入驻奖励均仅限享受一次。

（七）本办法所指年度是指以公历计算的一个完整年，即1月1日至12月31日。本办法所涉及的数字，“以上”、“不超过”均含本数，“以下”不含本数。企业同时符合本办法和区政府其他同类扶持政策时，可择优但不得重复享受；本办法第一条的第（二）（三）款不可重复享受；本办法第一条第四款不可重复享受；本办法第三条的第（一）（二）款不可重复享受；本办法第六条第（一）（二）款不可重复享受；符合市级相关扶持政策的，对市级扶持政策中应由我区承担的资金，我区在企业按本办法所享受的扶持中不予扣除。

（八）享受本办法扶持资金的企业，采取弄虚作假等手段骗取扶持资金的，需无条件于限期内全额退回，并按同期银行基准贷款利率支付利息，同时取消其3年内申报扶持资金的资格。触犯法律法规的，依法追究其相关法律责任。本办法执行中涉及失信被执行人的，按照厦门市有关规定执行。

（九）本办法由区商务局负责解释。实施过程中如遇国家或福建省、厦门市颁布新政策，按新规定执行。

（十）本办法自发布之日起施行，有效期至2020年12月31日。2018年1月1日起至本办法发布之日符合本办法扶持条件的，可按本办法享受扶持措施。

厦门市集美区人民政府关于集美区成长型工业企业认定和扶持办法

集府〔2018〕194 号

第一章 总 则

第一条 为培育和扶持一批成长潜能大、发展前景好的企业，促进全区经济稳定增长，根据市经信局《关于开展2018-2019 年度厦门市成长型中小微企业考核认定的通知》（厦经信企业〔2017〕542 号）和有关文件精神，结合我区实际情况，制定本办法。

第二条 本办法所称成长型工业企业是指科技创新、产品研发能力较强，效益质量突出、发展预期良好的工业企业。由企业自愿申请，按照科学、公正、公平、公开的原则进行认定。

第二章 认定条件

第三条 申请认定为成长型工业企业须同时具备以下条件：

1. 工商登记注册地和税务登记地在集美区，具有独立的法人资格，纳入规上统计范围的工业企业；

2. 企业申报前的两个年度（不包含申报当年，下同）主营业务收入、在本区实际纳税总额均需同比增长 10% 及以上。

荣获省级及以上名牌产品、企业知名字号的企业，主导或参与制定国际标准、国家标准、行业标准工作的企业，上市企业，已纳入市级及以上成长型企业等四类企业，只需申报前的两个年度主营业务收入或在本区实际纳税总额同比增长 10% 及以上。

3. 符合国家产业政策，申报前的两个年度至申报之日没有安全生产、环境污染、纳税等方面违法违规记录。

第三章 认定程序

第四条 企业每年按集美惠企惠职指定时间提出申请，并提交申报材料。

第五条 区经信局根据认定条件和要求，对企业申报材料进行初审，由区财政局核实企业纳税情况，由区安监局、集美环保局审核企业是否存在相关违法违规行为。

第六条 区经信局根据各部门意见，拟定“集美区成长型工业企业”名单，在区政府官方网站公示 5 天，公示无异议的，正式发文公布。

第四章 扶持措施

第七条 扶持资金从集美区产业发展引导专项基金中安排，纳入扶持措施受理部门预算，按国库集中支付相关规定安排支出。

1. 入库奖励：首次认定的成长型工业企业，给予一次性奖励 10 万元。（受理部门：区经信局）

2. 技改补助：经核准或备案、当年技术改造设备投资额超 100 万元（含）以上的项目，按企业当年度技术改造设备投资额的 10% 给予补助，补助金额最高不超过 200 万元。企业若符合《集美区工业转型升级奖励办法》（集府〔2017〕121 号）技术改造补助条件，可同时享受补助。（受理部门：区经信局）

3. 厂房补助：企业扩大产能在集美辖区内新租用厂房，对其新租用厂房的租金给予 7 元 / 平方米 / 月的补助，补助金额不超过企业年度新租用厂房的租金总额，且单家企业年补助金额不超过 100 万元；企业在符合土地、规划等相关规定的范围内增加容积率扩建厂房，通过验收后对增加的建筑面积给予 120 元 / 平方米的一次性补助，单家企业补助金额不超过 200 万元（受理部门：区经信局）

4. 研发奖励：企业申报立项的产学研合作市级及以上科技计划项目，按该项目获得科技部门立项资助额的 10% 再给予奖励，奖金最高不超过 30 万元。（受理部门：区科技局）

5. 购买专利技术补助：企业购买高等学校、科研单位职务专利技术，属非关联交易并在我区实施转化的，按技术交易额的 10% 给予补助，单项奖励最高不超过 200 万元。（受理部门：区科技局）

6. 支持企业融资：对企业在区融资担保有限公司的担保免收担保费（对上年度主营业务收入在 1000 万元以上的企业，可由区融资担保有限公司按最高不超过企业上年度缴纳区级税收的 9 倍予以担保，对单个企业担保额最高不超过 2000 万元）。（受理部门：区融资担保公司）

第八条 成长型工业企业每年认定、公布一次，实行动态管理，区经信局负责对成长型企业进行监督管理。

第五章 附 则

第九条 以上扶持措施补助期限适用于认定年度；企业当年度享受的各项奖励补助总金额不超过其对集美区财政的实际贡献。

第十条 除特殊说明，企业同时符合本办法和集美区出台的其他类同扶持政策时，可择优但不得重复享受。

第十一条 本办法由区经信局负责解释。

第十二条 本办法自公布之日起实施，有效期两年。2018 年 3 月 23 日起至本办法颁布之日前符合本办法规定条件的，按本办法执行。

要文目录

2018年区委、区政府重要文件目录

表

文 件 名 称	发布文号	发布机关	发布日期
关于认真贯彻习近平总书记重要指示大力学习弘扬"红船精神"的通知	厦集委〔2018〕2号	区委	2018.01.22
关于推进农村集体产权制度改革的实施意见	厦集委〔2018〕5号	区委 区政府	2018.02.23
印发《集美区关于安全生产领域改革发展的实施意见》的通知	厦集委〔2018〕7号	区委 区政府	2018.03.06
关于印发《集美区2018—2020年实施乡村振兴战略行动纲要》的通知	厦集委〔2018〕10号	区委 区政府	2018.03.26
关于开展2018年为民办实事工作的通知	厦集委〔2018〕14号	区委 区政府	2018.03.29
关于转发《关于新时代加强全市政法队伍建设的若干意见》的通知	厦集委〔2018〕29号	区委	2018.05.08
2018年集美区卫生和计划生育工作意见	厦集委〔2018〕34号	区委 区政府	2018.05.15
关于印发贯彻落实厦门市加快高质量发展推动"双千亿"工作实施方案的通知	厦集委〔2018〕40号	区委 区政府	2018.08.01
关于印发《2018年集美区绩效管理工作方案》的通知	厦集委〔2018〕50号	区委 区政府	2018.09.14
印发《关于开展质量提升行动推动质量强区建设的实施意见》的通知	厦集委〔2018〕83号	区委 区政府	2018.12.24
关于印发集美区实施标准化及品牌发展战略奖励办法的通知	集府〔2018〕46号	区政府	2018.03.21
关于印发集美区统筹推进城乡义务教育一体化改革发展实施方案的通知	集府〔2018〕65号	区政府	2018.04.17
关于公布第三批区级非物质文化遗产项目及代表性传承人的通知	集府〔2018〕67号	区政府	2018.04.28
关于印发集美区防止畜禽养殖回潮举报奖励办法（修订）的通知	集府〔2018〕83号	区政府	2018.05.25
关于印发推动企业上市实施办法的通知	集府〔2018〕114号	区政府	2018.07.09
关于划定牛羊养殖禁养区的通告	集府〔2018〕122号	区政府	2018.07.20
关于印发促进商贸业加快发展扶持办法的通知	集府〔2018〕192号	区政府	2018.11.29
关于印发工业稳增长促转型六条措施的通知	集府〔2018〕193号	区政府	2018.11.29
关于印发成长型工业企业认定和扶持办法的通知	集府〔2018〕194号	区政府	2018.11.29
关于印发集美区党政机关国内公务接待管理实施办法的通知	厦集委办〔2018〕8号	区委办 区政府办	2018.02.08
关于印发集美区企业高技能人才政府津贴实施办法的通知	厦集委办〔2018〕11号	区委办 区政府办	2018.03.02
关于做好城乡社区结对共建工作的通知	厦集委办〔2018〕17号	区委办 区政府办	2018.03.22
关于印发集美区区级河长名单的通知	厦集委办〔2018〕23号	区委办 区政府办	2018.03.30
印发《关于建立完善集美区食品安全责任体系的实施意见》的通知	厦集委办〔2018〕24号	区委办 区政府办	2018.04.02
印发关于加快推进失信被执行人信用监督、警示和惩戒机制建设的实施方案的通知	厦集委办〔2018〕30号	区委办 区政府办	2018.04.18
关于印发《全面推进法治集美建设2018年工作要点》的通知	厦集委办〔2018〕42号	区委办	2018.05.17

续表

文 件 名 称	发布文号	发布机关	发布日期
转发中共厦门市委办公厅 厦门市人民政府办公厅《关于加强全市各镇(街)服务能力建设的实施方案》的通知	厦集委办〔2018〕50 号	区委办 区政府办	2018.05.28
中共集美区委办公室关于印发《群众反映强烈问题专项治理方案》的通知	厦集委办〔2018〕53 号	区委办	2018.05.31
关于印发集美区开展守信联合激励与失信联合惩戒工作实施细则的通知	厦集委办〔2018〕57 号	区委办 区政府办	2018.06.15
关于建立"6+7"工作协调推进机制的通知	厦集委办〔2018〕77 号	区委办 区政府办	2018.09.21
关于印发《集美区全面推行湖长制实施方案》的通知	厦集委办〔2018〕78 号	区委办 区政府办	2018.09.30
印发《关于进一步实施"聚贤集美"人才计划全面打造高素质区域创新中心的意见》的通知	厦集委办〔2018〕92 号	区委办 区政府办	2018.12.21
关于印发集美区政策性担保公司信用担保管理办法的通知	集府办〔2018〕41 号	区政府办	2018.05.09
关于印发集美区科技计划项目管理办法的通知	集府办〔2018〕113 号	区政府办	2018.10.31
关于印发集美区加快推进村（居）集体预留发展用地项目建设管理实施意见的通知	集府办〔2018〕125 号	区政府办	2018.11.14
关于印发促进商贸业加快发展扶持办法的通知	集府〔2018〕192 号	区政府	2018.11.29
关于印发工业稳增长促转型六条措施的通知	集府〔2018〕193 号	区政府	2018.11.29
关于印发成长型工业企业认定和扶持办法的通知	集府〔2018〕194 号	区政府	2018.11.29

索　引

说　明

（1）本索引分设条目索引、图片索引和表格索引。（2）为便于图片和表格检索，对图片的说明文字和表格标题稍作提炼和改造，删除有关限制词。（3）索引按主题词首字的汉语拼音字母排列，首字相同按第二字的汉语拼音字母顺序排列。主题词后的数字内容为所在页码，并用 a、b、c 分别表示左、中、右栏。（4）类目标题在索引中用黑体字体标明。（5）大事记、附录不做索引

条目索引

A

B

C

D

E

F

G

H

J

M

N

P

Q

R

S

T

W

X

Y

Z

图片索引

B

C

D

E

F

G

H

J

L

N

Q

R

S

T

W

X

Y

Z

表格索引

缩略语注释

说　明

缩略语分为数字类和文字类。其中，数字类以阿拉伯数字在先，汉字数字在后，均按数值大小为序；文字类按汉语拼音字母顺序排列。

112：对辖区未就业劳动力至少进行一次上门走访调查、一次培训推荐和二次就业推荐。

123：签订 1 份安全生产责任书、填写 2 张检查表和 3 张基础信息表。

1+12：一个总基地，12 个志愿服务驿站。

1+X：一个对台研学总部和 X 个课程基地。

1+X："1"指区纪委对相关职能部门履行落实中央八项规定精神职责情况的再督查；"X"指相关职能部门根据职能和管理权限，在职责范围内对各级各部门落实中央八项规定精神情况进行督查。

2+1：2 个业务受理窗口加 1 个收费制证窗口。

3+1：3 年学校课程学习 +1 年合作培训实践。

4+2+1+X：4 个常设课堂 +2 个流动课堂 +1 个特色讲堂或特色活动。

4+X：以机械装备制造、软件和信息服务、商务商贸物流、文化演艺传媒为支柱的"4+X"现代产业新体系。

5 个 100%：工地 100% 围挡，工地砂土 100% 覆盖，工地路面 100% 硬化，出工地车辆车轮 100% 冲洗，暂未施工及停工超过 3 个月以上工地 100% 绿化或覆盖。

"5·12"干部：1949 年 10 月 1 日至 1950 年 5 月 12 日参加工作并享受供给制待遇的退休干部。

6+7："6"指机械装备、软件和信息服务、文化创意与旅游、现代物流、新材料、都市现代农业 6 大重点产业链群，"7"指产业投资、轨道及配套开发、集美新城、马銮湾新城、乡村振兴、民生补短板、城市更新 7 大投资工程。

7+1：开展一次消防安全评估，签订一份消防安全告知书，签订一份消防安全承诺书，维护保养一次消防设施，组织检测一次电气和燃气线路设施，全面清洗一次油烟道，集中培训一下全体员工，建立一支志愿消防队或微型消防站。

一方案：指推广随机抽查规范事中事后监管实施方案。

一心一片三基地：30.92 平方千米的西亭中心区，8.45 平方千米的厦门北站片区，8.13 平方千米的软件园三期园区、9.1 平方千米的机械工业集中区、4 平方千米的铁路物流园。

一岗双责：一个岗位承担两方面的职责。

一个带头、三个表率：带头维护党中央权威和集中统一领导，在深入学习贯彻新时代中国特色社会主义思想上作表率、在始终同党中央保持高度一致上作表率、在坚决贯彻落实党中央各项决策部署上作表率。

一单两库一方案："一单"指随机抽查事项清单，"两库"指执法人员名录库和市场主体名录库。

一肩挑：社区党组织书记和居委会主任两个职务由同一个人担任。

一房一宽：酒店每个房间都有一条独立的光纤宽带，电信再提供一台云盒，可播放高清互动电视，并可通过二维码认证身份的方式连接 WIFI 上网，实现上网人员的信息管控。

一标三实：标准地址，实有人口、实有房屋、实有单位。

一符四无："一符"为帐和物相符，即粮食的数量和账本相吻合；"四无"即无虫、无鼠雀、无霉变、无事故。

一精神三文化：嘉庚精神、闽南文化、学村文化、侨乡文化。

"一趟不用跑"和"最多跑一趟"："一趟不用跑"指可以全流程网上办理的事项，申请、受理、审查、批准、办结全部实现网上通办。"最多跑一趟"指的是群众和企业到政府办理行政权力和公共服务等事项，在申请材料齐全、符合法定受理条件时，最多跑一趟就能够办结。

双千亿：即千亿产业和千亿投资。"千亿产业"指着力打造一批产值或营收超过千亿、具有更高产业水平与带动力的产业链群；"千亿投资"指实施一批拉动投资快速增长、提升城市承载力和宜居度的工程项目，涵盖产业投资、基础设施、新城建设、乡村振兴、民生保障、城市更新各个领域。

双高龙头：指高科技、高成长性的龙头企业。

双登：1988年厦门市开展的土地使用权登记、房屋所有权登记。

双随机一公开：即在监管过程中随机抽取检查对象，随机选派执法检查人员，抽查情况及查处结果及时向社会公开。

两个一次、三个一批：开展一次全面摸底，开展一次风险排查；抽检一批工地食堂，整治一批重点隐患，约谈一批违规企业。

两个维护：坚决维护习近平总书记党中央的核心、全党的核心地位，坚决维护党中央权威和集中统一领导。

“两环六横六纵”：指规划建成的集美区内部主干路网体系。“外环”为国道新324线－灌新路－海翔大道－西滨路－杏滨路－集杏海堤－银江路－同集南路－天马路－圣岩路－天水路；“内环”为灌口中路－孙霞路－天水路－杏林湾路－杏林北路－杏林北二路－锦园南路。“六横”为横一：灌口大道－后溪大道（国道324线）；横二：灌口中路－孙霞路；横三：集美北大道；横四：海翔大道；横五：杏林南路－杏林北路－杏林湾路；横六：银江路－同集南路。“六纵”为纵一：灌口南路；纵二：安仁大道－杏前路；纵三：灌口北路－锦园南路－杏林北二路；纵四：杏锦路；纵五：新山路－孙坂北路－集美大道；纵六：天马路。

两抢：抢劫、抢夺。

两违：违法占地、违法建设。

两非：非医学需要的胎儿性别鉴定、非医学需要的人工终止妊娠。

两委：村民委员会、社区居民委员会。

两换：更换胶管和减压阀。

两癌：乳腺癌、宫颈癌。

三下乡：送文化、送科技、送卫生下乡。

三大一严：大抽检、大排查、大整治，严打击。

三大攻坚战：指防范化解重大风险、精准脱贫、污染防治。

三车：汽车、摩托车、电动车。

三必：对重点人员、重点警情、重点隐患必访、必查、必处。

三关键：科学规划布局、规范建设标准、加强环境保护。

三合一：住宿与生产、仓储、经营一种或一种以上使用功能违章混合设置在同一空间内的建筑。

三非：未经合法手续而在中国非法就业、非法入境和非法居留的所有外国人的统称。

三知四会一联通：“三知”，即知道消防设施和器材的位置，知道安全通道和出口，知道建筑布局和功能；“四会”，即会疏散逃生，会扑救初期火灾，会穿戴防护装具，会使用消防器材；“一联通”，即公安消防支队或大中队与微型消防站、微型消防站与队员要保持通信联络畅通。

三股势力：暴力恐怖势力、民族分裂势力、宗教极端势力。

三品一标：无公害农产品、绿色食品、有机农产品和农产品地理标志。

三保障：解决用地问题、优化扶持机制、培育从业人员。

三类六种案件：包括发生在边境管理区和沿海地区的组织他人偷越国（边）境案，运送他人偷越国（边）境案，偷越国（边）境案和破坏界碑、界桩案，以及边防管理部门在边境管理区和沿海地区查获的走私、贩卖、运输毒品和走私制毒物品案件等。

三爱两史：爱祖国、爱学习、爱劳动，党史、国史。

三基培训：基本理论、基本知识、基本技能。

三停：停产停业、停止使用、停止施工。

三减三健：减盐、减油、减糖，健康口腔、健康体重、健康骨骼。

三超：严重超速、超员、超限超载。

三普：第三次全国文物普查。

三献：无偿献血、捐献造血干细胞、捐献遗体和器官。

三溪一库：后溪、深青溪、瑶山溪，杏林湾水库。

三融合：与乡村旅游相融合，与民俗文化相融合，与现代营销相融合。

四个自信：中国特色社会主义道路自信、理论自信、制度自信、文化自信。

四个意识：政治意识、大局意识、核心意识、看齐意识。

四个能力：检查消除火灾隐患能力，组织扑救初期火灾能力，组织人员疏散逃生能力，消防宣传教育培训能力。

四小场所：小旅馆、小理发店、小美容店、足浴店。

四不两直：不发通知、不打招呼、不听汇报、不用陪同和接待，直奔基层、直插现场。

四不放过：事故原因未查清不放过，事故责任者和领导责任未追究不放过，广大职工未得到教育不放过，防范措施未落实不放过。

四必访：重大节日必访，身体遭遇不适必访，生活遇到困难必访，家庭出现重大变故必访。

四有两责：食品药品监管有责、有岗、有人、有手段，切实履行监管职责和检验职责。

四乱：乱占、乱堆、乱采、乱建。

四项迅速：迅速报告、迅速协调、迅速救护、迅速疏导。

四种形态：让“红红脸、出出汗”成为常态；党纪轻处分、组织调整成为违纪处理的大多数；党纪重处分、重大职务调整的成为少数；严重违纪涉嫌违法立案审查的成为极少数。

四重点、五部位、六先拆：“四重点”为违法占用耕地、影响公共安全和重点项目建设、严重影响城乡规划、交通干线两侧的违建；“五部位”为水源保护区、开发区和工业园区、城市公共用地、小区公共空间、临时建设用地改变用途；“六先拆”为党员干部的违建、安全隐患大的违建、影响“三边三节点”整治的违建、顶风突击的新违建、妨碍重点项目建设的违建、社会影响恶劣的违建。

四害：害百姓、害家庭、害社会、害国家。

四害：鼠、蚊、蝇、蟑。

四黑：制售假劣食品药品的黑作坊，制售假劣生产生活资料的黑工厂，收赃销赃的黑市场，涉黄涉赌涉毒的黑窝点。

四就近：就近学习，就近活动，就近得到关心照顾，就近发挥作用。

五大发展示范区：创新、协调、绿色、开放、共享发展示范区。

五个一批：谋划一批、签约一批、开工一批、投产一批、增资一批。

五个一律：凡没有法律法规依据的一律取消，能够通过个人有效证照证明的一律取消，能够采取申请人书面承诺方式解决的一律取消，能够由行政机关及相关机构调查核实的一律取消，能够通过部门之间信息共享解决的一律取消。

五个一活动：读一本书，看一次电影，游一次园，参观一次展览，参加一次文化活动。

五小：小革新、小发明、小改造、小设计、小建议。

五失：指失足、失管、失学、失业、失亲的青少年。

五老：老干部、老战士、老专家、老教师、老模范。

五有：上课有老师、教学有教材、课堂有设备、办学有经费、服务有专人。

五安：家安、路安、食安、业安、心安。

五好：领导班子建设好、“五老”作用发挥好、制度健全执行好、活动经常效果好、积极探索创新好。

五类重点车：营运客车、营转非大客车、旅游客车、危化品运输车、校车。

五类十项：“五类”，即车辆违法类，无证、酒（毒）驾类，“三超一疲劳”类，影响通行安全类，涉牌涉证类；“十项”，即醉驾毒驾，酒驾，劳动客车超员，摩托车超员，其他车辆超员，货车超载30%以上，现场超速，涉牌，涉证，其他。

六个基本：基本组织、基本队伍、基本活动、基本作用、基本制度、基本保障。

六有标准：有实训场所，有设施设备，有管理团队，有典型示范户，有专家服务团，有政策扶持。

六好：组织保障好、政策倡导好、民情联络好、家庭关怀好、文明诚信好、群众参与好。

六进：进社区、进农村、进学校、进企业、进机关、进家庭。

六项重点任务：宣传教育、生殖健康咨询服务、优生优育指导、计划生育家庭帮扶、权益维护和流动人口服务。

六熟悉：熟悉消防队责任区的交通道路、水源情况，熟悉责任区内重点单位的分类、数量及分布情况，熟悉责任区内主要灾害事故处置的对策及基本程序，熟悉责任区内重点单位建筑物使用及重点部位情况，熟悉重点单位内部的消防设施情况，熟悉重点单位的消防组织及其灭火救援任务分工情况。

七个有之：搞任人唯亲、排斥异己的有之，搞团团伙伙、拉帮结派的有之，搞匿名诬告、制造谣言的有之，搞收买人心、拉动选票的有之，搞封官许愿、弹冠相庆的有之，搞自行其是、阳奉阴违的有之，搞尾大不掉、妄议中央的也有之。

八个一：学一次《条例》原文，讲一次纪律教育党课，重温一次入党誓词，举办一次专题研讨，组织一次纪律知识测试，开展一次警示教育活动，组织一系列线上宣传，开展一轮监督检查。

九合一选举：台湾九种地方公职同一天选举。

九类案件：聚众斗殴、强迫交易、寻衅滋事、敲诈勒索、非法拘禁、组织卖淫、强迫卖淫、开设赌场、故意毁坏财物。

门前三包：包卫生，包秩序，包设施。

中科院协同创新体：指由中科院知识产权运营管理中心、集美区政府、社会资本、本地企业共同发起建设中科院（厦门·集美）知识产权协同创新体。

平安三率：群众安全感率、平安建设知晓率、执法工作满意率。

专精特新：即专业化、精细化、特色化、新颖化。

全域旅游：指在一定区域内，以旅游业为优势产业，通过对区域内经济社会资源尤其是旅游资源、相关产业、生态环境、公共服务、体制机制、政策法规、文明素质等进行全方位、系统化的优化提升，实现区域资源有机整合、产业融合发展、社会共建共享，以旅游业带动和促进经济社会协调发展的一种新的区域协调发展理念和模式。

独角兽：指投资界对于10亿美元以上估值，并且创办时间相对较短的公司的称谓。

制造业单项冠军企业：指长期专注于制造业某些细分产品市场，生产技术或工艺国际领先，单项产品市场占有率位居全球或国内前列的企业。

枫桥经验：指20世纪60年代初，浙江省诸暨市枫桥镇干部群众创造的“发动和依靠群众，坚持矛盾不上交，就地解决。实现捕人少，治安好”的“枫桥经验”。

放管服：简政放权、放管结合、优化服务。

隐形冠军：指在一个细分市场长期精耕细作、具有市场领导地位的企业。

惠台60条：厦门市于2018年4月10日出台《关于进一步深化厦台经济社会文化交流合作的若干措施》，在厦台经济交流合作、社会文化交流合作、台胞在厦学习实习、就业创业、居住生活五个方面推出了60条具体措施。

瞪羚：指银行对成长性好、具有跳跃式发展态势的高新技术企业的一种通称。

图书在版编目（CIP）数据

集美年鉴. 2019/ 厦门市集美区地方志办公室　编
——北京：方志出版社，2019.12
ISBN 978-7-5144-4127-7

Ⅰ.①集…　Ⅱ.①厦…　Ⅲ.①区（城市）- 厦门 - 2019- 年鉴　Ⅳ.① Z525.74

中国版本图书馆 CIP 数据核字（2019）第 035641 号

集美年鉴（2019）

编　　者：厦门市集美区地方志办公室
责任编辑：冯　松
出 版 人：冀祥德
出 版 者：方志出版社
地址　北京市朝阳区潘家园东里 9 号（国家方志馆 4 层）
邮编　100021
网址　http://www.fzph.org
发　　行：方志出版社图书经销中心
电话（010）67110500
经　　销：各地新华书店
印　　刷：深圳中华商务安全印务股份有限公司
开　　本：889×1194　　1/16
印　　张：21.5
字　　数：739 千　　40 彩插
版　　次：2019 年 12 月第 1 版　　2019 年 12 月第 1 次印刷
印　　数：0001~1000 册

ISBN 978-7-5144-4127-7　　定价：180 元